SECCIÓN DE OBRAS DE HISTORIA

HISTORIA DE LA VIDA COTIDIANA EN MÉXICO

Dirigida por
PILAR GONZALBO AIZPURU

Tomo II
LA CIUDAD BARROCA

El Colegio de México y el Fondo de Cultura Económica
agradecen el apoyo brindado por el
Instituto Nacional de Antropología e Historia
para esta edición

EL COLEGIO DE MÉXICO
FONDO DE CULTURA ECONÓMICA

HISTORIA DE LA VIDA COTIDIANA EN MÉXICO

Tomo II
LA CIUDAD BARROCA

Antonio Rubial García
coordinador

EL COLEGIO DE MÉXICO
FONDO DE CULTURA ECONÓMICA
México

917.2521
H67326

Historia de la vida cotidiana en México : tomo II : La ciudad barroca / Antonio
Rubial García, coordinador. -- México : El Colegio de México : Fondo de
Cultura Económica, 2005.

v. : il., fot. ; 21 cm. -- (Sección de obras de historia).

ISBN 968-12-1086-7 (Colmex, obra completa)
ISBN 968-12-1088-3 (Colmex, tomo II, empastado)
ISBN 968-12-1102-2 (Colmex, tomo II, rústico)
ISBN 968-16-6828-6 (FCE, obra completa)
ISBN 968-16-6829-4 (FCE, tomo II, empastado)
ISBN 968-16-6830-8 (FCE, tomo II, rústico)

1. Ciudad de México (México) -- Vida social y costumbres. 2. Etnología --
México -- Ciudad de México. 3. Espacios públicos -- México -- Ciudad de México. 4. Ciudad
de México (México) -- Civilización. 5. Ciudad de México (México) --
Historia. I. Gonzalbo Aizpuru, Pilar, directora de la serie

Investigación iconográfica de Ernesto Peñaloza (Instituto de Investigaciones Estéticas, UNAM) y los autores

Diseño de portada: Agustín Estrada

Asesoría gráfica: José Francisco Ibarra Meza

DR © 2005, EL COLEGIO DE MÉXICO, A.C.
    Camino al Ajusco 20; 10740 México, D.F.
    www.colmex.mx

DR © 2005, FONDO DE CULTURA ECONÓMICA
    Carretera Picacho-Ajusco 227; 14200 México, D.F.
    www.fondodeculturaeconomica.com

ISBN 968-12-1086-7 (Colmex, obra completa)
ISBN 968-12-1088-3 (Colmex, tomo II, empastado)
ISBN 968-12-1102-2 (Colmex, tomo II, rústico)
ISBN 968-16-6828-6 (FCE, obra completa)
ISBN 968-16-6829-4 (FCE, tomo II, empastado)
ISBN 968-16-6830-8 (FCE, tomo II, rústico)

Impreso en México / *Printed in Mexico*

CONTENIDO

Presentación, **11**
Antonio Rubial García

PRESENTACIÓN

AL MISMO TIEMPO QUE LOS FRAILES LLEVABAN A CABO SU LABOR de congregar a las comunidades indígenas en poblaciones trazadas a la europea, las autoridades virreinales y los encomenderos y colonos desarrollaban una intensa actividad fundadora de villas y ciudades "españolas", que muy pronto se convirtieron en los centros del poder político, económico y religioso de la Nueva España. El traslado a los territorios americanos de esa vocación urbana de la península ibérica (producto de la presencia islámica y del proceso repoblador cristiano) encontró en la tradición urbanística mesoamericana una fértil tierra para consolidarse. De hecho, la conquista del territorio se inició con la toma de una gran metrópoli, protegida por una "muralla de agua", y sobre cuyos edificios y plazas, semidestruidos por el prolongado sitio, se alzó la nueva capital hispana.

Debemos recordar, sin embargo, que salvo México-Tenochtitlan, las ciudades novohispanas fueron emplazamientos de nueva creación, situadas cerca de poblados indígenas, pero no encima de ellos. Por instancia de las autoridades o de los colonos se llevaba a cabo el establecimiento del núcleo, el cual recibía de la Corona un título y un escudo de armas, y se regía por un cabildo de españoles. Éste, llamado también Ayuntamiento, repartía los solares de acuerdo con un rito de fundación en el que se leía una cédula del rey que autorizaba la creación de la nueva ciudad. Muy pronto junto a la población española se congregaron indios, mestizos y negros, por lo que la ciudad se convirtió en la más importante matriz de mestizaje tanto biológico como cultural en Nueva España.

La vida cotidiana en esas ciudades siguió en la mayoría de los casos el modelo de la capital del virreinato, razón por la cual la mayor parte de los artículos incluidos en el presente volumen están referidos a la Ciudad de México. Los trabajos se han distribuido en tres apartados: la base material, la interacción social y la confrontación entre normas y prácticas.

El complejo de necesidades fisiológicas que requieren ser satisfechas para hacer posible la vida humana forman la base material de lo cotidiano. En la facilidad o dificultad de conseguir alimento, vestido y techo inciden factores como el clima o la posesión de bienes. En las ciudades novohispanas de la era barroca (lo mismo que en todas las del mundo preindustrial), las epidemias, las hambrunas o los cataclismos se abatían sobre la población causándole no sólo una gran mortandad sino también dificultando o imposibilitando la satisfacción de sus necesidades primarias. Ciertamente los menos afectados eran aquellos grupos sociales con recursos; de hecho conocemos mucho mejor la vida material de ellos, dado que dejaron abundante documentación de sus bienes, que de los pobres y marginados, cuyas carencias podemos sólo intuir.

El primer apartado de este volumen se inicia con un estudio sobre la distribución urbana de la capital, sus espacios significativos y las actividades cotidianas y de ruptura que los caracterizaron (Carmen León); a continuación se hace una categorización de las distintas viviendas en las ciudades de México y Puebla, y a partir de ellas se nos descubre el mundo de la propiedad urbana y del arrendamiento con base en la importante documentación de los archivos notariales (Martha Fernández). La casa, con todo, no era el único signo que marcaba el estatus, el ajuar doméstico y el vestido constituían no sólo necesidades que había que satisfacer, sino también "teatros" o escenarios de representación para hacer patente la posición que se tenía en el cuerpo social, posición que dejó su huella en cartas de dote, testamentos y un sinnúmero más de registros de bienes (Gustavo Curiel). Pero, ¿cómo llegaban a estos "ámbitos del estar" todos esos satisfactores? La vida material se alimentaba gracias a un intenso y continuo movimiento de mercancías, siendo las ciudades los centros fundamentales del abasto y de la comercialización de los productos agropecuarios y suntuarios y los ejes de una vasta red de caminos terrestres y marítimos (Ivonne Mijares). De hecho, Nueva España se encontraba en el centro de un inmenso imperio comercial que iba desde Europa hasta Asia, imperio por el que circulaban no sólo una gran cantidad de bienes, sino también personas; el barco, principal medio de transporte para comunicar mundos tan distantes, se volvió un importante espacio de vida cotidiana (Flor Trejo).

En la segunda parte de este volumen se concentraron aquellos trabajos relacionados con la interacción social dentro del marco de algunas instituciones. El hecho más sobresaliente de este periodo es que una buena parte de la vida cotidiana de muchos individuos se desarrollaba dentro de las cofradías, los gremios, las provincias religiosas, los cabildos eclesiásticos y civiles, las comunidades indígenas, etc. Las corporaciones eran el medio por el cual los individuos podían hacer valer sus derechos ante el Estado, recibir asistencia social e incluso obtener ascenso personal. A través de ellas, las autoridades intentaban vigilar el cumplimiento de obligaciones fiscales y legales y dirimir disputas. Cada corporación poseía sus propios reglamentos y estatutos internos que regulaban el ingreso y las obligaciones de los miembros; cada una elegía por sufragio a sus autoridades, controlaba sus recursos económicos para gastos colectivos y organizaba las celebraciones de sus santos protectores; por último, cada una detentaba sus estandartes, galardones, imágenes y trajes propios, sistemas simbólicos que la corporación configuraba, transmitía y exhibía en las procesiones y fiestas civiles y religiosas, defendiendo en ellas su posición respecto a los otros cuerpos sociales, su espacio predeterminado y su situación jerárquica. En algunas de ellas, se exaltaban también los logros de sus miembros destacados por medio de crónicas y retratos, pues con esto la corporación obtenía prestigio. Quien no pertenecía a uno o varios cuerpos corporativos era un verdadero marginado del orden social. Dentro de estos cuerpos, finalmente, se produjo la sofisticada cultura barroca con sus obras científicas, sus crónicas, sus sermones, su poesía, su música y su arte.

Entre todas las corporaciones fueron quizá las provincias religiosas las que mejor ejemplificaron el espíritu de cuerpo que caracterizó a estas instancias y la posibilidad de ascenso social que fueron para muchos individuos (Antonio Rubial); precisamente por estos intereses personales, unidos a los fuertes vínculos que el convento tenía con las capas dirigentes y con las autoridades, la vida cotidiana de sus habitantes se vio trastornada continuamente tanto por los conflictos como por las constantes solicitudes externas de favores de todo tipo, incluidas las asesorías científicas y técnicas (Elías Trabulse). La intensa comunicación que existía entre la clausura conventual y la sociedad es también notable en los monasterios femeninos, consumidores de bienes y servicios, otorgadores de estatus para quienes los ayudaban e importantes centros educativos y culturales (Nuria Salazar). Este mismo papel cumplía la universidad, corporación coyuntural que reunía a órdenes religiosas, Cabildo catedralicio, Audiencia y Protomedicato y en cuya vida cotidiana convivían muy diversos sectores sociales (Enrique González).

Junto con la universidad, la otra institución dedicada a la educación fue el colegio de los jesuitas, forjador de normas de sociabilidad y civilidad y de un sentido de la nobleza basado en la virtud y en las letras (Elsa Frost). El modelo educativo reflejaba así los valores de una aristocracia cuyo ámbito doméstico fue sede de muy variados códigos y cuyos vínculos y estrategias familiares se estaban consolidando en este periodo (Javier Sanchiz). La aristocracia novohispana tenía su modelo de comportamiento más acabado en la corte virreinal, espejo para acercarse a la realidad de sus congéneres europeos y para saber cómo debían comportarse con propiedad, cómo ser fieles vasallos del rey, devotos y buenos cristianos (Iván Escamilla); el último ámbito tratado en este apartado es el laboral, es decir el de las relaciones entre los trabajadores y sus amos, relaciones marcadas ciertamente por la explotación y la discriminación étnica, pero también por la solidaridad, el clientelismo y la convivencia (Douglas Cope).

En la tercera parte del volumen se han reunido los trabajos que tienen relación con las normas, con los aparatos de control y con los mecanismos de adaptación creados por los individuos y los cuerpos sociales. En un mundo donde la pluralidad étnica, la marcada jerarquización y las brutales diferencias económicas provocaban fuertes tensiones, las prácticas se distanciaban más a menudo de las normas que en otras latitudes. Sin embargo, los brotes de violencia, es decir la abierta ruptura de la norma, fueron poco comunes en el ámbito urbano. La estructura corporativa (con sus vínculos clientelares, sus solidaridades y sus sentimientos de pertenencia) limaba muchas asperezas entre los individuos y la institución; por otro lado, el rumor y la denuncia actuaban como mecanismos de control a falta de agentes policiacos; por último, la estabilidad social se aseguraba por medio del "pactismo", entendido como una continua actitud de negociación en cada momento de conflicto entre los diversos cuerpos de la sociedad y las autoridades. La convivencia en un mundo tan variado y complejo (racial y culturalmente) como el novohispano, hubiera sido imposible sin ese ambiente en el que todos eran vigilados por todos y en el que las concertaciones y los compromisos entre individuos, corporaciones e instituciones se daban en todos los niveles del entramado social.

A veces los pactos se establecían dentro de los cauces institucionales marcados por el Estado, cuya función principal era la de ser árbitro. Éste también intervenía, cuando la negociación se había hecho imposible, por medio de sus aparatos de administración de justicia, responsabilidad de gobierno tan importante que su ejercicio se distribuía en múltiples tribunales: Audiencia, Provisorato Episcopal, Santo Oficio, Consulado, Ayuntamiento, Tribunal de Cuentas, etc. Tal pluralidad era especialmente notable en la Ciudad de México donde se sobreponían múltiples jurisdicciones. En la vida cotidiana este ejercicio mostraba un rígido parámetro moral en la teoría religiosa y jurídica pero una gran permisividad en la práctica; para muchos individuos no fue difícil encontrar los intersticios legales para evadir la justicia.

Esta compleja aplicación de la norma a la práctica podía observarse muy claramente en los espacios de excepción que rompían las rutinas laborales cotidianas, situaciones en las que convivían lo público oficial y lo incontrolable popular. Uno de estos espacios, el más común y continuo a lo largo del año, era la fiesta, eje donde coincidían el interés de la Iglesia y de la monarquía por imponer la fe en el Dios cristiano y la sumisión al rey de España con el sentido carnavalesco, burlesco e irrespetuoso del pueblo (Dolores Bravo). El otro era el teatro en sus múltiples manifestaciones, ámbito en el que también se daban cita tanto la autoridad censora y normativa, que trataba de imponer sus esquemas morales, como un público que sólo buscaba entretenerse o unos actores y autores que, para sobrevivir, intentaban darle gusto a todos (Germán Viveros).

Aunque las normas y la tradición estaban avaladas por un sistema de valores cristianos y caballerescos, en la vida cotidiana su aplicación era inoperante, más aún si pensamos en una práctica religiosa en la que lo ritual tenía un mayor peso que lo moral. En una sociedad como la novohispana, los controles ejercidos sobre el cuerpo humano, la brutal ejemplaridad de los castigos públicos, la culpa interiorizada o la amenaza de terribles sufrimientos en el más allá fueron insuficientes para atajar los comportamientos desviantes. En materia de sexualidad, por ejemplo, los ideales caballerescos y la virtud de la castidad confrontaron una realidad donde eran comunes las relaciones fuera del matrimonio, el estupro, la violación, el incesto, la homosexualidad y la bigamia (Asunción Lavrin). En cuanto a la ingestión de comida y bebida, normas y prácticas se manifestaban en dos niveles: uno, el de los conceptos escolásticos sobre el pecado de la gula y las teorías galénicas de los humores; el otro, el de la adaptación y mestizaje de los alimentos y cocinas provenientes del Viejo Continente con una rica y variada realidad prehispánica (Sonia Corcuera).

Con todo, la mayor parte de las normas no estaban establecidas de manera específica, muchas se habían infiltrado en la conciencia de los novohispanos desde su infancia en la familia, la iglesia, la escuela, la cofradía o la fiesta y estaban avaladas por una tradición cristiana que se había adaptado a la realidad americana. Quizá la vivencia más significativa al respecto es la de la muerte, omnipresente en una sociedad continuamente azotada por epidemias y que había recibido la influencia de dos tradiciones religiosas con elaboradas creencias sobre el destino de los muertos y con complejos ritos fúnebres (Concepción Lugo).

El número infinito de las pequeñas acciones cotidianas no parecieron significativas ni dignas de ser registradas, aunque el siglo barroco fue para la cultura occidental un periodo que se interesó por dejar constancia de hechos insignificantes, reflexión que servirá como epílogo al presente volumen (Perla Chinchilla). Para la Nueva España del siglo XVII (un siglo que para nosotros va desde 1550 hasta 1750) muchos documentos y testimonios escritos y visuales nos han dejado datos para reconstruir algunos de los espacios de esa cotidianidad; nos quedan, por ejemplo, media docena de diarios, varias relaciones de viajes y cuantiosos informes, juicios inquisitoriales, cartas, testamentos, actas notariales, edictos, instrucciones de virreyes, reales cédulas y un sinnúmero más de documentos que muestran la necesidad de normar la cotidianidad. Están, por otro lado, las pinturas sobre telas y los biombos. La era barroca en México (sobre todo desde la segunda mitad del siglo XVII) fue la primera que tuvo necesidad de representar su entorno social plásticamente; hay un interés por dejar constancia de costumbres y espacios. A veces ese interés estaba muy vinculado a la religión, en óleos que describían la vida de los santos y en los que la presencia de lo cotidiano era accidental al cuadro y no su razón de ser; en otros, la intención de plasmar una realidad cotidiana era explícita, como en las "vistas" que los virreyes mandaban pintar y se llevaban como recuerdo a su regreso a España, o en los llamados "cuadros de castas", la mayoría de ellos pintados a partir de la segunda mitad del siglo XVIII. Para ilustrar este volumen utilizaremos a menudo tanto las obras del siglo XVII, como esas imágenes que pertenecen a la época ilustrada, inmediata posterior a la que aquí tratamos; la razón de ser de esta permisividad de debe a que, salvo algunos vestidos que cambiaron con los vaivenes de las modas aristocráticas, las prácticas, utensilios y valores que en estos cuadros se plasman no sufrieron modificaciones notables de una época a otra.

Al igual que los pintores de nuestro barroco, los colaboradores de los artículos incluidos en este volumen han plasmado algunos rasgos de ese mundo complejo y plural que se ha ido. El paisaje que se nos presenta, elaborado con esos retazos de testimonios escritos y visuales, narran los hechos "intrascendentes" de quienes construyeron día a día sus vidas en las ciudades barrocas de Nueva España.

ANTONIO RUBIAL GARCÍA

PRIMERA PARTE

LA BASE MATERIAL

A CIELO ABIERTO.
LA CONVIVENCIA EN PLAZAS Y CALLES

MARÍA DEL CARMEN LEÓN CÁZARES

Centro de Estudios Mayas,
Instituto de Investigaciones Filológicas,
Universidad Nacional Autónoma de México

EL ESCENARIO

"CENTRO DE PERFECCIÓN, DEL MUNDO EL QUICIO" cantaba el poeta barroco para exaltar la grandeza de la Ciudad de México, en el amanecer del siglo XVII novohispano.[1] Sobre los cimientos de la otrora imperial Tenochtitlan se levantaba la ciudad concebida, un siglo antes por su conquistador, como capital política y núcleo de expansión sobre un dominio territorial inmenso y de fronteras desconocidas. Urbe que, en unos cuantos años, alcanzó el rango de corte virreinal y sede de arzobispado. Foco de la cultura europea, donde se abrió la primera universidad que funcionó en el continente, en ella se establecieron colegios de altos estudios especializados y se instaló la imprenta. Ámbito que resultó favorable a la implantación de comunidades religiosas y propició al florecimiento de fundaciones caritativas. Localidad donde prosperó el trabajo artesanal e hizo fortuna el comercio. Una ciudad que, por lo tanto, había llegado a ser, desde la centuria anterior, no sólo metrópoli de toda la Nueva España sino también la de mayor importancia del imperio ultramarino español.

"Bañada de un templado y fresco viento",[2] con un horizonte visual enmarcado por volcanes plateados de nieve y elevaciones boscosas, bajo cielo transparente de cambiantes tonos, en un reducido y llano islote, sin más cerco defensivo que las chinampas, las huertas y arboledas del entorno, México se posaba sobre la laguna y extendía los brazos de sus calzadas hasta alcanzar tierra firme. Su traza, cuya regularidad permitía al poeta compararla con un tablero de ajedrez,[3] respondía a la afortunada conjugación del modelo rectilíneo desarrollado por la cultura europea mediterránea con las amplias dimensiones de los espacios abiertos que caracterizaron al urbanismo mesoamericano. Desde la plaza Mayor, anchas, derechas y, en su mayoría, empedradas calles corrían paralelas y se entrelazaban con acequias hasta entroncar con alguna de las calzadas, desembocar en la ribera lacustre o perderse en los vericuetos de los barrios indígenas periféricos.[4]

Según un refrán repetido entre viajeros, esas calles eran, junto con mujeres, vestidos y caballos, una de las cosas hermosas que se encontraban en esta capital.[5] Y si por su rectitud y anchura aventajaban a las arterias de las viejas ciudades europeas, pues por las de México podían transitar al mismo tiempo "tres carretas juntas o nueve y diez hombres a caballo sin impedirse los unos a los otros",[6] también resultaban favorecidas en la comparación respecto de su "limpieza y aseo";[7] aunque el juicio resulte sorprendente, si se considera que en ésta el único drenaje eran las acequias y que, aunque funcionaba un servicio de carretones de limpia, gran cantidad de basura se desechaba sin control.[8]

La plaza Mayor no sólo era el corazón de la ciudad, sino también el centro simbólico de la Nueva España. Tenía la forma de un enorme rectángulo, limitado al norte por la muy antigua calzada de Tacuba, al oriente por la calzada Tepeyac-Ixtapalapa, al sur por el brazo de la laguna que formaba la acequia y al poniente por la calle conocida como Empedradillo. En su contorno y sobre su plataforma se concentraban los edificios de las instituciones, civiles y religiosas, encargadas de gobernar la sociedad producto del proceso de conquista y colonización.[9] Dominaba su costado oriente el palacio virreinal, residencia del representante directo del soberano y asiento también de la Real Audiencia, máximo tribunal de justicia del reino de México. Construcción que, ya para entonces, había aligerado su primitivo aspecto exterior de fortaleza medieval y lucía una fachada plateresca de gusto renacentista. Sobre su portada principal destacaba la torre del reloj, instrumento imprescindible para marcar el ritmo de las actividades oficiales propias de una capital. A su derecha, en el cruce de la calle (la actual de Moneda), pero de costado a la mitad norte de la plaza y con su fachada viendo al sur, se encontraba la morada del jerarca eclesiástico de mayor rango, el palacio arzobispal; no lejos de donde, sobre la superficie de la plaza, en el sector conocido como plazuela del Marqués y frente a frente del viejo palacio del Conquistador, se levantaba la primera catedral, que pronto caería demolida. Templo modesto, sobre todo si se contrastaba con los avances de una edificación de grandes dimensiones, que ocupaba el amplio terreno abierto a sus espaldas. Preliminares que ya testificaban la majestuosidad que, con el transcurso de los siglos, llegaría a ostentar la catedral definitiva.[10] A la sombra de aquellos muros consagrados por el culto divino se extendía el cementerio. Camposanto que, además de brindar reposo a los vecinos difuntos, era aprovechado para el entretenimiento de los vivos, pues en ocasión de ciertas festividades allí se representaban comedias. En el límite sur, con la corriente de la acequia delante, se situaban las casas de Cabildo. Eran "muy grandes y espaciosas de cantería, con portales bajos y corredores altos de piedra".[11] En la

Detalle de la plaza Mayor con la catedral y el palacio, visión idealizada en el biombo *Vista de la Ciudad de México* o de los condes de Moctezuma, atribuido a Diego Correa, *ca.* 1692.

parte posterior se encontraban la cárcel y la carnicería, dos recintos relacionados con las funciones de la corporación responsable de mantener la ciudad en "policía", es decir, en orden y con el abastecimiento necesario. En sus cercanías, pero sobre la plaza, se encontraba la picota o rollo, monumento que simbolizaba la jurisdicción ejercida por las autoridades municipales; éste era una columna a cuyo pie se celebraban las almonedas o subastas públicas, y atados a su fuste se exponía a los reos a la general vergüenza. Como temible complemento de tal emblema de la justicia ciudadana se erguía la horca.

También en la mitad sur de la plaza destacaba la edificación de mayor utilidad pública: la fuente. Surtidor en el que se abastecían los aguadores ambulantes y los vecinos pobres cuyas viviendas o negocios carecían de cañerías o se encontraban lejos de alguna de las piletas que los conventos habían abierto en sus muros con este fin. Dos acueductos montados en arquerías transportaban desde tierra firme el líquido potable que proveía la ciudad lacustre. Uno corría desde los manantiales del bosque de Chapultepec hasta la plaza del mercado indígena de San Juan, en el límite suroeste de la ciudad, donde el agua era recibida por "una muy hermosa y deleitosa pila"[12] (después conocida como del Salto del Agua). El otro nacía en Santa Fe, bajaba a Chapultepec y de

La fuente central de la plaza Mayor con la horca y el mercado a su alrededor, detalle del cuadro *Visita de un virrey a la catedral de México*, 1720.

allí entraba por la calzada de Tacuba para rematar en una caja de agua (llamada de La Mariscala) a la orilla noroeste de la misma.[13] Ambos, puntos de arranque del endeble sistema de cañerías subterráneas que sólo beneficiaba a ciertos propietarios de inmuebles, como las órdenes religiosas.

A lo ancho de la plaza Mayor, cuatro puentes permitían el cruce de la acequia: los dos situados en los extremos eran el conocido como de Pregoneros, porque junto a su pretil se leían, previo toque de tambor o de corneta y en alta voz, los bandos reales o del Cabildo, y el de Palacio que comunicaba con la plaza del Volador, llamada así por el rito o juego de raíz prehispánica que, sobre un alto poste clavado en el suelo, seguían ejecutando los naturales para asombro de los compradores que acudían al mercado indígena asentado en ella. Al fondo de esa explanada, que también llegó a conocerse como de las Escuelas, se levantaba, con su portada plateresca, el edificio adonde después de varios cambios halló lugar definitivo el centro de estudios novohispanos de mayor renombre: la Real Universidad de México.

Abierto al paso de la acequia y contiguo al *tianguis* del Volador, como pórtico de un conjunto de casas particulares que cerraba la plaza Mayor por el sureste, se encontraba el portal de las Flores o de doña Marina, en cuyo frente las canoas desembarcaban a diario, temprano por la mañana, los frescos productos cultivados en los huertos chinamperos.

Las tiendas de los comerciantes establecidos más importantes de la ciudad abrían también sus puertas a la plaza Mayor bajo otro famoso portal, el de Mercaderes. Edificio cuya planta alta, adornada de balcones, se reservaba para viviendas. Los pórticos con arcadas habían sido proyectados con el propósito de que los transeúntes pudieran resguardarse de la lluvia o del sol, pero al construirse, de inmediato, fueron invadidos por despachos de escribientes, puestos de libreros, barberías y talleres artesanales de todo género; así, mientras los tratantes de sedas, porcelanas, cristales, joyas, especies y otras mercancías finas traídas de Europa o Asia atendían en el interior a una selecta clientela, una variada concurrencia mantenía, a todas horas, convertida la galería en centro de animación popular.

El comercio de objetos de importación, telas, ropa y calzado se extendía a la esquina suroeste de la superficie de la plaza, donde, desde el siglo anterior, se había establecido un conjunto de tiendas de madera o cajones, dispuestas en hileras formando un cuadrado, con uno de sus costados alineado con el portal de Mercaderes y el otro al pórtico de las casas de Cabildo. Centro comercial que, con el tiempo, fue ocupado por los tratantes de artículos filipinos y por ello conocido con el nombre de Parián, como se llamaba al mercado de Manila.[14] Esos almacenes se colmaban de novedades con la periódica arribada de las flotas venidas de España y de la nao de Filipinas. Objetos de procedencia tan distinta y distante que, después de un intento de recogerlos en sus versos, el poeta no pudo más que concluir:

al fin, del mundo lo mejor, la nata
de cuanto se conoce y se practica,
aquí se bulle, vende y se barata.[15]

Por ser México una ciudad que desde su reconstrucción como capital novohispana había quedado "libre del fiero Marte y sus vaivenes",[16] su plaza Mayor perdió muy pronto el carácter de centro defensivo, adecuado para la concentración de fuerzas armadas frente a un potencial levantamiento de la población autóctona, para dar lugar a una incesante actividad mercantil. Así, en el resto de su explanada, en los alrededores de la fuente y hasta bajo la sombra siniestra de la horca, a lo largo del día, durante todo el año, se realizaban ventas de una gran variedad de productos. Operaciones en las que todavía era posible usar el cacao como valor de intercambio.[17]

En puestos semifijos, sobre mesillas, canastos o petates, bajo alguna sombra improvisada con carrizos o a pleno sol, el curioso comprador podía encontrar en estado natural los frutos propios de la tierra y los aclimatados por los colonos europeos, así como una gran variedad de animales comestibles, acuáticos y terrestres, algunos llevados vivos al mercado, como guajolotes, patos y cerdos, además de textiles, leña, carbón, forraje para caballos y mulas, y un sinnúmero de enseres domésticos, pero también herramientas y materiales de construcción. Después de caminar entre los tenderetes, sorteando a los cargadores y cuidándose de "rajabolsas" y "arrebatacapas", de practicar su habilidad para el regateo en el Baratillo con uno de los españoles "zaramullos", dedicados a negociar objetos robados y de segunda mano, o con alguno de los innumerables vendedores indios que deambulaban llevando a cuestas sus mercancías, el cliente podía detenerse junto al calor de un anafre a consumir alimentos preparados, y comprobar el sabroso entendimiento que, en manos de cocineras mestizas, surgió entre el maíz y el queso, el chile y el carnero o el frijol y la manteca. Pero si era tiempo de vigilia, bien le vendría un guisado de ajolotes laguneros, para enseguida refrescarse, al lado de una tinaja, con una buena jícara de tepache, aguamiel o pulque.

El mercado de la plaza era, además, el sitio indicado para la contratación de trabajadores libres que allí acudían a ofrecer, herramienta en mano, sus eventuales servicios.

Tanta variedad de mercancías y continuo movimiento inspiraron al poeta el siguiente terceto:

Pues de su plaza el tráfago y concurso,
lo que en ella se vende y se contrata
¿en qué suma cabrá o en qué discurso?[18]

Romance del mestizo

—"Ay, señora Juana!
Vusarcé perdone,
y escuche las quejas
de un mestizo pobre;
    que, aunque remendado,
soy hidalgo y noble,
y mis padres, hijos
de Conquistadores;
    y si es menester,
por Dios que me enoje,
porque me conozcan
esos españoles,
    y en mi palotilla
—a la media noche—
con mi media luna
les dé cuatro golpes...
    ...No temo alguaciles,
ni a sus porquerones,
que —por Dios del cielo—
que los mate a coces;...
    ...ni temo arcabuces,
ni a sus perdigones,

que por mí, contento
los como en chilmole.
    Ay, señora Juana!
Por Dios, que me enoje
si vuesé no cura
aquestos dolores.
    Ay, Juanica mía,
carita de flores!
¿Cómo no te mueres
por este *coyote*...;
    ...el que en la laguna
no deja *ajolote*,
rana ni jüil,
que no se lo come;
    el que en el *tiánguez*,
con doce chilchotes
y diez *aguacates*,
come cien camotes?"
    —Aquesto cantaba
Juan de Diego el noble,
haciendo un cigarro;
chupólo y durmióse.

Mateo Rosas de Oquendo (1598?), en Alfonso Méndez Plancarte, *Poetas novohispanos. Primer siglo (1521-1621)*.

La actividad artesanal y mercantil se derramaba por las calles que partían de la plaza. Vías ocupadas en varios de sus tramos por los negocios de gremios especializados en ciertos productos, como la de Tacuba, donde destacaban los herreros y talabarteros. Algunas de ellas llegaron a nombrarse según el tipo de artículos que en sus establecimientos se manufacturaban y vendían, como las de Tlapaleros, Meleros o la de Plateros, famosa por la calidad y belleza de los trabajos de orfebrería que podían adquirirse en sus tiendas. Otra zona donde se concentraron estas actividades fue en las callejuelas resultado del fraccionamiento del enorme solar a las espaldas del palacio del Marquesado del Valle. Allí se instaló la Alcaicería, pero también almacenes y talleres de todo género.[19]

Por las calles cercanas a la plaza Mayor se levantaban templos, que durante esos años elevaron cada vez más sus torres, como si sus alarifes no temieran los frecuentes sismos, cuya variable duración se contaba rezando credos; enormes recintos conven-

Caballeros cerca de una fuente en la Alameda de la Ciudad de México,
detalle del biombo *Ciudad de México*, siglo XVII.

tuales de macizos muros y casas suntuosas; edificios labrados con las piedras características de la tierra, el rojo tezontle y la cantera blanca, que se engalanaban con ventanas y balcones de artísticas herrerías, sin que en sus remates esculpidos faltaran las di-

visas nobiliarias. Construcciones que daban a la ciudad el aspecto de hidalguía y prosperidad que tanta admiración despertó en los visitantes europeos.

Al concluir el siglo XVI, en las afueras de la ciudad, junto a la calzada de Tacuba, pudo realizarse una iniciativa del virrey don Luis de Velasco el II, la apertura de un paseo para la recreación de sus vecinos. Así nació la Alameda, en su origen un terreno cuadrangular rodeado por una amplia acequia, sembrado de árboles frondosos y atravesado por senderos interiores de suficiente extensión para permitir el tránsito de carruajes, literas y jinetes, con glorietas y, en medio, "una muy linda y graciosa pila" y otras cuatro en sus ángulos.[20] "Paseo delicioso"[21] y más cercano que el bosque de Chapultepec o el distante Tlalpan, al que solían asistir los virreyes y que, por lo tanto, llegó a ser el preferido de los aristócratas, que allí acudían a lucir sus engalanados carruajes y corceles, acompañados de séquitos de esclavos africanos, cuyo lujoso vestuario presumía la fortuna de sus amos. Sitio de galanteo y de frecuentes desafíos, donde, sin embargo, el paseante libre de cuidados amorosos podía disfrutar con tranquilidad de la compra de golosinas y beber agua fresca "en vasos de cristal muy puro y muy limpio".[22] Lugar que llegó a contar con bardas y puertas para defenderlo del ganado y de las incursiones nocturnas de malhechores, pero que siempre estuvo franco al paso de toda la población.

Con estos elementos, la Ciudad de México durante el siglo XVII había llegado a ser para los novohispanos el espacio por excelencia en el cual podían desarrollar la vida urbana, según el modelo de una corte europea, pero concebida como convivencia organizada, pacífica y productiva, entre habitantes muy diferentes. Era el escenario donde se representaba el drama cotidiano de la existencia, actuado por una sociedad marcada por los contrastes característicos de la época barroca.

Las desigualdades se manifestaban en la condición económica, nivel social, situación legal, pertenencia a distintos grupos étnicos y hasta variedad lingüística de sus moradores. México constituía una populosa concentración humana, formada por españoles (peninsulares y criollos), indígenas nahuas y de otras regiones, africanos y asiáticos; a lo largo de aquel siglo, la ciudad presentó varios cambios de proporción en sus componentes debido a las epidemias que diezmaron a los naturales y a la introducción de esclavos negros y filipinos. Las mezclas originales de mestizos y mulatos pronto resultaron en novedosas, innumerables y coloridas variantes. Hijos engendrados en la legalidad del matrimonio sacramental o al calor de lascivos apetitos, libres o esclavos, hidalgos o plebeyos, opulentos o miserables, pero finalmente reconocidos como vasallos del rey y aceptados, merced al bautismo, como miembros del cuerpo místico de Cristo bajo el amparo de la Iglesia. Acostumbrados, no obstante sus muchas diferencias de fortuna y condición, a encontrarse en forma cotidiana, comunicarse en un idioma abierto a las palabras, giros y cadencias de lenguas extrañas, y a compartir los espacios públicos de esta ciudad que de una manera u otra pertenecía a todos.

LA RUTINA

Apenas despuntaba el alba, por las calzadas empezaba el tráfico de jinetes, recuas, carretas y hasta hatos de ganado en tan gran número que, a pesar de su amplitud, el congestionamiento las hacía aparecer angostas. Al mismo tiempo que por las acequias se deslizaban canoas y barcas que transportaban desde tierra firme el abasto cotidiano. A tan temprana hora, no sólo llegaban quienes venían a vender sus mercancías, sino también las cuadrillas de trabajadores indígenas de los pueblos comarcanos obligados a colaborar en las obras de beneficio público, como la limpieza de los acueductos, el desazolve de las acequias, el empedrado de las calles o la construcción y reparación de puentes y edificios.

Los gritos y silbidos de los arrieros, animando a sus bestias, al internarse por las calles rumbo a la plaza eran contestados por los ladridos de la multitud de perros que deambulaba por la ciudad. Ruidos que acababan sofocados por el sonoro tañido de las campanas de catedral y de los cada año más numerosos templos. El amanecer se anunciaba con el toque del avemaría o del ángelus y, poco después, empezaban las tres llamadas para convocar a los fieles a participar en las misas matutinas,[23] celebraciones litúrgicas a las que acudían los devotos antes del desayuno, para poder recibir la eucaristía.

Enseguida, el toque del reloj de la Audiencia señalaba el inicio de las actividades oficiales que daban comienzo a las siete en los meses de abril a septiembre y a las ocho en los de octubre a marzo, es decir, según se tratara del horario de verano o de invierno.[24] A lo largo de la mañana, acudían los litigantes a presentar sus causas, armados con prolijos expedientes, plagados de fórmulas latinas y escritos en endemoniada letra procesal.

La población se animaba en el acto. Se abrían los portones de los conventos y grupos de religiosos salían apresurados, mientras iban llegando los primeros solicitantes de limosnas.

Los comerciantes de la plaza aparecían entre las tablas y petates de sus propios puestos, donde algunos pernoctaban; se encendían los anafres de los expendios de comida, y los aguadores llenaban en los surtidores de la fuente sus tinajas. En medio de aquel ruidoso trajín, por encima de tantas voces humanas o animales, empezaban a destacar los sonsonetes, que a fuerza de repetirse atropellaban las palabras, hasta volverlas ininteligibles, con que los ambulantes anunciaban sus productos y los limosneros pedían caridad, ofreciendo bendiciones a nombre de toda la corte celestial.

Al terminar la misa en catedral, llegaban los primeros compradores, piadosos comulgantes en busca de un jarro de atole o chocolate para reponerse del ayuno, sirvientes de familias adineradas y amas de casa de condición modesta en busca del recaudo necesario para preparar la comida del día. Entonces se abrían los cajones, las tiendas y los talleres de los portales, y la animación de la plaza se comunicaba al resto de la ciu-

La Acequia Real, detalle del cuadro de Cristóbal de Villalpando
Vista de la plaza Mayor de México, 1695.

dad. El bullicio sólo se apaciguaba, por un momento, cuando una campanilla anunciaba el paso del carruaje del viático, entonces los vehículos se detenían y los transeúntes, quitado el sombrero, se arrodillaban.

Los novohispanos habían heredado de las costumbres mediterráneas el gusto por la vida al aire libre.[25] Y si es verdad que los pobres salían de sus estrechas viviendas en las vecindades para buscar la diaria subsistencia, por el trabajo, la mendicidad o el robo, los acaudalados no permanecían en sus confortables habitaciones. Excursionar por los alrededores de la ciudad, tal vez de cacería, visitar los santuarios de Guadalupe o los Remedios, asistir a ceremonias litúrgicas, atender negocios, ir de compras o simplemente acudir a enterarse de las novedades que difundían los ociosos reunidos bajo los portales, los entretenían fuera de casa a lo largo de la mañana.

En punto del mediodía, con el segundo campaneo del ángelus, se suspendían los trabajos. Era la hora destinada a la comida. Para los desocupados, la pausa se prolongaba durante la siesta, cuya terminación marcaba el toque solemne de las tres de la tarde dado por la campana mayor de la catedral y seguido por las del resto de las iglesias, en recuerdo de la pasión de Cristo.[26] Por la tarde la actividad repuntaba. El comercio callejero continuaba mientras la luz solar o la de velas, faroles o mecheros lo permitía, pero también era el momento preferido por los acaudalados para salir en sus lujosos carruajes y literas a cumplimentar visitas, satisfacer devociones, testificar certámenes literarios, escuchar música en locutorios monjiles, asistir a las comedias, recorrer almacenes y, si no llovía, para pasear por la Alameda o navegar por el canal de Jamaica.

Con el tercer llamado a repetir la salutación angélica a María se anunciaba el anochecer.[27] En una ciudad sin alumbrado público, de noche las calles quedaban reservadas a los guardianes del orden, los piadosos y los audaces. Los faroles de la ronda de alguaciles apenas las iluminaban de cuando en cuando, a trechos. Al escucharse el tañido de las ocho, la cofradía de ánimas las recorría invitando con un pregón lastimero a dedicar una plegaria por el eterno descanso de quienes habían fallecido o se encontraban en trance de muerte y en pecado mortal; mientras otros trasnochadores, de in-

---

Ahorcados y cómplices

Lunes 4 de junio (1657). Ajusticiaron a un hombre español, vecino de la Puebla de los Ángeles, de edad de ochenta y cinco años; habiéndole dado tormentos hasta quebrarle los brazos; y a un mestizo que de edad de catorce años empezó a robar, destechando las casas; y a un indio que era el que acarreaba los hurtos, y el español el que hacía centinela: ahorcáronlos en la plaza pública de esta ciudad, y delante de ellos sacaron a una india pulquera y a un chino viejo y les dieron doscientos azotes por encubridores, y los vendieron en un obraje por seis años: fueron los robos que hizo el mestizo de mucha cantidad de reales y mercaderías de mucho valor: aserraba las vigas por una cabeza, y servíales de escalera lo que colgaba de la viga para bajar y subir.

Gregorio Martín DE GUIJO [1648-1664], *Diario*, vol. I (1853), pp. 376-377.

clinaciones más mundanas, se encaminaban rumbo a las casas de mancebía o en busca de una buena partida de naipes, donde no faltara el vino y el tañer de una guitarra. Después del toque de queda, que marcaban las campanas a las diez, resguardados por las sombras los asaltantes buscaban víctimas y los ladrones de casas saltaban tapias y forzaban puertas. Eran aquellas horas propicias para los que durante el día actuaban con disimulo a causa de sus creencias religiosas anticatólicas o por su forma de vida condenada, como los judaizantes y los sodomitas, que entonces acudían, con sigilo, a celebrar sus encuentros clandestinos. También aquellos empeñados en un duelo aprovechaban la noche, y a la luz que velaba alguna imagen en su nicho se citaban para dirimir, espada en mano, sus diferencias.

LA COSTUMBRE

La rutina de la vida cotidiana de la ciudad se rompía con relativa frecuencia debido a la gran cantidad de actividades, religiosas y civiles, realizadas en los espacios públicos, en las cuales participaba de manera directa o como espectadora toda la población. Cualquiera que fuera el motivo, en ellas siempre se encontraban, como organizadores o invitados de honor, los funcionarios de la Corona y de la Iglesia, en una manifestación visible de que la lealtad a la primera no se podía concebir sin la fidelidad a la segunda. Sin embargo, no todo fue armonía entre ambas instituciones. Por intromisiones de una jurisdicción en otra, por razones de preeminencia y hasta por cuestiones de simple protocolo tuvieron serios desacuerdos y rivalidades, que cuando se manifestaban en público trastornaban la tranquilidad de la población.

La celebración más estrechamente ligada con la historia de la ciudad fue el Paseo del Pendón, desfile repetido año tras año en conmemoración de la caída de Tenochtitlan, el 13 de agosto, día de San Hipólito, que así se convirtió en uno de los patronos celestiales de México. Consistía en dos cabalgatas encabezadas por las autoridades municipales que enarbolaban el pendón, rojo y blanco, de la ciudad. Marchaban, el día 12 para las vísperas y el siguiente para la misa solemne, desde las casas de Cabildo hasta el templo del santo. Un gran concurso de gente engalanada acompañaba al cortejo; complementaban la fiesta juegos ecuestres y una corrida de toros.

Otra causa de regocijo público eran las fiestas organizadas con motivo de la recepción de virreyes, sólo comparables en suntuosidad, derroche de ingenio y de lujos con las que se realizaban en honor de los arzobispos. Acompañado por las altas autoridades del reino, el representante del monarca cabalgaba desde las puertas de la ciudad hasta la plaza Mayor. Los edificios del trayecto lucían en ventanas y balcones profusión de colgaduras, lienzos y tapices, y servían de palco a las damas principales para

Descripción de la llegada de la imagen de la Virgen de los Remedios a la Ciudad de México en 1616

Llegada la imagen a la parroquia de la Veracruz y dispuesta la solemne procesión a las seis de la tarde, comenzaron las campanas de toda la ciudad con su solemnísimo repique, que siendo tantas y tan grandes era tanto y tan sonoro el ruido, que no se oían; a esto ayudaba la música de trompetas, flautas y chirimías, que de todo el contorno de México mandó su excelencia que viniesen... Estaban las calles, desde este puesto, todas entapizadas hasta la catedral, de riquísimas colgaduras de terciopelos, telas, brocados, damascos, devotísimos lienzos y tablas, por una y otra parte, que para haberlo de ver era menester muchos días y escribirlo en particular es imposible... Todas las calles tenían a muy cortos trechos, que era a menos de veinte pasos, arcos ricamente aderezados de flores, volatería y gallardetes de varios colores. Encima de cada cual estaban las trompetas, chirimías y flautas (que para todo tiene el contorno de México). A cada cual de los pueblos comarcanos se encomendó cada arco de éstos, que como había emulación, cada uno se esmeró en su adorno. Salió la santa imagen de este puesto y comenzaron a encenderse los fuegos en toda la ciudad, que por mandado del corregidor se había pregonado, así puesta pena a quien no lo hiciese, aunque ésta no era menester, pues todos, sin faltar hombre, ni convento de religiosos ni religiosas, encendieron grandes fuegos en azoteas, torres, ventanas y calles, que parecía que toda la ciudad se abrasaba, y muy pocas hubo donde no hubiese muy grandes artificios de fuego, cohetes, bombas y ruedas... Puesta así la ciudad para recibir a su gran patrona, al amparo de sus necesidades, a la autora de su fe y creencia, a los ojos de su rostro, a su bien y felicidad, comenzó a caminar la procesión, y al salir le hizo una maravillosísima salva de cámaras, bombas, cohetes y otros artificios de fuego, que allí estaban prevenidos por la Ciudad. Era tanto el aprieto de la gente, que aunque quisieron proseguir con orden fue imposible... Iban delante las andas de los indios, que eran muchas, tras ellas se seguían los estandartes de las cofradías de los indios, acompañados cada uno por lo menos de seis cirios y algunos con veinte y cuatro. Hay en esta ciudad más de doscientas cofradías de indios. Tras ellas iban los estandartes de los oficios y cofradías de los españoles, que son más de ciento, todas adornadas de mucha cera. Tras ello se seguía la clerecía debajo de la cruz de la catedral. Remataba el Cabildo de la iglesia con su arzobispo, que nunca dejó de seguir a la imagen, desde que salió de su casa, a pie y con un cirio encendido en la mano. Luego venía la imagen debajo del palio, y tras ella venía toda la Audiencia Real, con sus oficiales y ministros, en medio de la guardia, y por remate de todo, el excelentísimo Marqués [de Guadalcazar] con su cirio encendido. De esta manera llegaron a la iglesia mayor a las ocho de la noche.

Luis DE CISNEROS (1621), *Historia de el principio, y origen progressos venidas a México, y milagros de la Santa Ymagen de nuestra Señora de los Remedios, extramuros de México*, ff. 109-110.

lucir ricos atuendos y joyas, mientras el pueblo se apretujaba en calles, zaguanes y azoteas. El séquito se detenía ante los arcos de triunfo: fábricas efímeras levantadas para la ocasión, construidas sobre un armazón de madera, pintadas con figuras alegóricas e ilustradas con versos referentes a las virtudes imputables a los gobernantes; bondades que en alguna ocasión se ejemplificaron con las atribuibles a los propios soberanos aztecas.[28] Un actor explicaba la metáfora que disfrazaban sus elementos, causando la admiración del celebrado y el aplauso entusiasta de la concurrencia. Luego el cortejo seguía hasta la catedral, a cuyas puertas el arzobispo esperaba al nuevo virrey para invitarlo al solemne tedeum. Terminada la misa, se dirigía a tomar posesión del palacio de gobierno. Las fiestas continuaban con representación de comedias en el cementerio, mascaradas serias o "a lo faceto y ridículo", juegos de cañas y por supuesto corridas de toros.

Fuera de los templos, la manifestación religiosa más importante eran las procesiones, que podían tener carácter festivo o penitencial, según el motivo que las inspirase. Se efectuaban en los días señalados por el calendario litúrgico como de mayor solemnidad, complementaban las funciones de la Semana Mayor o del Jueves de Corpus; con ellas se celebraban las advocaciones marianas y a los santos patronos, tanto de la ciudad como de órdenes religiosas y cofradías. La canonización de un santo y la dedicación de un nuevo templo eran también motivo para organizarlas, así como las rogativas del pueblo afligido ante una calamidad natural como la sequía, el granizo, los sismos, la peste o las inundaciones.

Cuando las procesiones eran preludio de solemnes celebraciones litúrgicas se levantaban altares en las esquinas de las calles, engalanados con profusión de alfombras, candelabros y flores. Los particulares adornaban ventanas y balcones con tapices y a lo ancho de la calle colgaban dispositivos que, al paso de las imágenes o la custodia, se abrían y dejaban caer lluvias de pétalos de flores o papelillos de colores. Se edificaban arcos floridos y las azoteas se iluminaban con enormes fogatas.

Las procesiones eran un acto de convivencia colectiva donde todos podían intervenir, desde el virrey y el arzobispo hasta un humilde mecapalero o un esclavo. Así, mientras unos cargaban las andas de la imagen venerada o llevaban el palio que la cubría, otros la iluminaban y sahumaban, portaban estandartes, cantaban letanías, respondían a las oraciones, tocaban instrumentos musicales, echaban cohetes, danzaban o se flagelaban —para castigar su debilidad ante el pecado— unidos en un sentimiento común de búsqueda de protección celestial ante las desgracias públicas o de agradecimiento a la divinidad por sus muestras de misericordia.

Si al término de estas celebraciones, los vecinos piadosos regresaban a sus casas con el espíritu reconfortado, no debió haber ocurrido lo mismo cuando asistían, compelidos por los edictos del Santo Oficio, a la ceremonia de un auto general de fe. Entonces el tribunal se adueñaba de las calles y la plaza, mandaba construir tarimas altas para el paso de la procesión que conducía a los penitenciados desde la cárcel; un gran escenario en la plaza para destacar el estrado de los jueces, y tribunas que se alquilaban a los asistentes. Estas complicadas ceremonias constituían un escarmiento público; buscaban que el castigo de los reos sirviera, como lección preventiva para la concurrencia, contra las ideas heterodoxas y las conductas reprobadas.[29] Como la denuncia secreta era el principio de los procesos inquisitoriales, los autos de fe mermaban la confianza entre los vecinos y atacaban las bases de la vida comunitaria, por lo menos mientras su recuerdo ocupaba la memoria; luego, la rutina sanaba heridas mentales y la gente volvía a interactuar sin temor.

LO IMPREVISTO

Durante aquel siglo, la ciudad sufrió una serie de calamidades que, en mayor o menor medida, trastornaron la vida cotidiana y pusieron a prueba el equilibrio que sustentaba la convivencia. La más significativa, por su gravedad y prolongados efectos, fue la llamada gran inundación, catástrofe provocada por las lluvias torrenciales de 1629 y que afectó la Ciudad de México por más de un lustro. El fracaso para encontrar una solución técnicamente adecuada al problema de mantener una ciudad con caracterís

---

Un incendio en la plaza

Sábado 16 de noviembre [1658], víspera de San Gregorio Taumaturgo, a las ocho de la noche prendió fuego a un cajón de un chino barbero que le tenía a las espaldas de los loceros que estaban en la plaza grande de la ciudad, y hacía rostro a las casas de cabildo, y esquina y calle de la Platería, y de allí prendió a otros dos o tres; tocaron a fuego en la catedral y conventos; procuraron derribar los demás que lindaban con ellos, para reparar no prendiesen los portales de la plaza ocurrió el señor arzobispo, y sacó de la catedral el Santísimo Sacramento, y se puso de rostro enfrente del fuego: ocurrió la religión de Santo Domingo con su patriarca, la de San Francisco con San Antonio de Padua, la de San Agustín con San Nicolás, la de la Merced con la Virgen, la de San Diego con su patrón, la de San Juan de Dios con dicho Santo, la Compañía de Jesús con una carta de San Ignacio, los devotos de la Virgen de las Angustias que está en el hospital del Amor de Dios con su imágen, y todos rodearon el fuego, arrojando en él reliquias de los santos, y luego teniendo en hombros sus santos hincados de rodillas delante del Santísimo Sacramento, dijeron las letanías en interin derribaron gran parte de los cajones con maromas y barretas: en esta confusión fue mucho el daño de los cajoneros por los robos que les hicieron: quedó el fuego en los dos cajones que estaban cargados de jarcia, y fue tan vivo, que haciendo una noche tenebrosa, alumbraba toda la ciudad... asistían el virrey, oidores, corregidor, justicia y la infantería para reparar los daños; duró el fuego en su fuerza más de dos horas, y lo lento de él hasta el domingo siguiente por todo el día.

Gregorio Martín DE GUIJO [1648-1664], *Diario*, vol. I (1853), pp. 412-413.

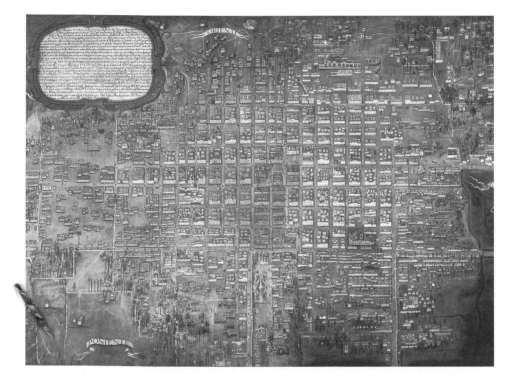

Catastro pintado de la Ciudad de México, plano de Pedro de Arrieta,
en el que se puede apreciar el trazo de las calles en forma de damero.

ticas europeas en medio de una laguna, aunado a las abundantes precipitaciones de
aquel año, causó que se anegara hasta niveles nunca antes alcanzados. El 20 de septiembre se desató una tormenta que duró casi dos días. Hubo miles de muertos, heridos y damnificados; las casas de adobe se derrumbaron y otras muchas se arruinaron
de techos y cimientos; las calles desecadas el siglo anterior recuperaron su aspecto de
canales y sólo el circuito de la plaza Mayor se mantuvo fuera de las aguas; el comercio sufrió grandes pérdidas; los alimentos escasearon, y las enfermedades hicieron presa de los más débiles. El virrey, el Cabildo y las órdenes religiosas acudieron en auxilio de la población, pero fue el arzobispo don Francisco Manso y Zúñiga quien se
destacó por su prontitud, diligencia y eficacia. En la canoa de catedral recorrió los barrios repartiendo provisiones, improvisó hospitales y recogió en su palacio cantidad de
gente que había quedado a la intemperie. Para consuelo de los afligidos que clamaban
al cielo, permitió la celebración de misas en azoteas y terrazas, y trasladó, desde su

El palacio semidestruido a raíz del motín popular de 1692,
detalle del cuadro de Cristóbal de Villalpando *Vista de la plaza Mayor de México*, 1695.

santuario en el Tepeyac, en medio de una impresionante procesión formada por casi
200 canoas, la imagen de la Virgen de Guadalupe a la catedral.[30] Si había sido costumbre traer a la Virgen de los Remedios para propiciar las lluvias, ahora se esperaba de
la Guadalupana protección contra el exceso de aguas. Sin embargo, muchas familias
pobres, desesperadas, abandonaron la ciudad. Aunque por algunas muestras de descontento, las autoridades temieron una insurrección, ésta no estalló nunca,[31] a pesar
de que la falta de alimentos, las enfermedades y los duros trabajos de reconstrucción
afectaron sobre todo a los indígenas, de quienes podía presumirse un levantamiento,
la paz se conservó.

LO EXCEPCIONAL

A lo largo de este siglo, el enojo de los vecinos con sus gobernantes sólo se manifestó
en dos ocasiones por medio de revueltas que cobraron numerosas vidas y pusieron en
crisis la convivencia, al afectar a toda la población.

El escándalo más ruidoso fue el gran tumulto del 15 de enero de 1624, provocado por el enfrentamiento entre el virrey marqués de Gelves y el arzobispo Pérez de la Serna. Sus desavenencias empezaron cuando el virrey, empeñado en una campaña de depuración administrativa, se permitió censurar la participación del prelado en ciertos negocios. Entonces, éste hizo causa común con funcionarios reales afectados por la severidad del gobernante. Uno de los acusados de corrupción era el corregidor de la ciudad, quien había evitado ser aprehendido acogiéndose al asilo eclesiástico en el convento de Santo Domingo. El virrey, para prevenir su fuga, mandó situar guardias dentro de ese recinto, lo que levantó una airada protesta del arzobispo, que declaró violentada la inmunidad eclesiástica y decretó la excomunión contra todos los implicados en el proceso, además de fulminar entredicho sobre la ciudad. El lúgubre toque de las campanas y las nunca vistas ceremonias de anatema que realizaron los clérigos de catedral, durante una procesión, provocaron angustia entre la gente. A solicitud de la Audiencia, intervino el obispo de Puebla como juez apostólico, quien no sólo quitó las censuras sino también impuso una multa al arzobispo. La ira del prelado no tuvo límites. Furioso, se presentó, rodeado de numerosos seguidores, ante la Audiencia a exigir justicia. El alboroto fue tan grande que los oidores lo prendieron por desacato y lo condenaron a destierro fuera de Nueva España. De camino a Veracruz, el arzobispo excomulgó al virrey y a la Audiencia, y declaró la general cesación *a divinis*, determinación que suspendía la celebración de las ceremonias litúrgicas y la impartición de los sacramentos. Como la Audiencia aceptó revocar la orden de destierro, el virrey ordenó encarcelar a los oidores, aunque luego los liberó.

Mientras el desacuerdo crecía entre el virrey y la Audiencia, los clérigos de catedral amotinaron al pueblo a los gritos de "Viva Cristo, la Iglesia y el rey. Muera el hereje excomulgado". Una multitud enardecida marchó sobre el palacio, quemó sus puertas y logró ocuparlo, no obstante la resistencia de la guardia. En medio del desorden provocado por la destrucción y el saqueo, el marqués pudo huir y buscar refugio en el convento de San Francisco. También las casas de sus allegados fueron asaltadas. No cabe duda de que la obtención de botín fue un poderoso estímulo para quienes se unieron a la revuelta. A las doce de la noche el arzobispo hizo su entrada triunfal en la ciudad, al frente de una numerosa comitiva iluminada por antorchas. La Audiencia, que había asumido el gobierno, le dio la bienvenida, con lo que la población recuperó la tranquilidad.[32] El levantamiento quedó impune, pues sólo recibieron castigo unos cuantos a quienes se probó haber participado en los saqueos. Ésta fue la única vez que un virrey se vio obligado a abandonar su puesto como resultado del ataque violento de la población. Sin embargo, la gente común no había actuado en defensa de sus propios intereses, representados en este caso por el virrey, sino como instrumento ciego al servicio de otro órgano de poder.

A casi 70 años de distancia, estalló la única revuelta de raíz popular, iniciada por los naturales, que conmovió a la Ciudad de México en el siglo XVII; fue el llamado motín del hambre, ocurrido el domingo 8 de junio de 1692. Estallido espontáneo que, sin embargo, puso en evidencia la debilidad de las autoridades frente al potencial de la fuerza popular. Después de un año de calamidades en que exceso de agua y plagas arruinaron las cosechas, la población enfrentaba la carestía de trigo y maíz, y luego también empezó a fallar el abastecimiento de carne. Conforme subían los precios el malestar se generalizaba; llovían las críticas sobre los funcionarios, a quienes no sólo se tachaba de imprevisores o incapaces sino de sospechosos de acaparamiento. Lo que había empezado a murmurarse se convirtió en voz pública, después del sermón que un franciscano predicó en catedral, en el que atribuyó las diligencias hechas por el virrey para traer granos a la ciudad a propósitos de lucro personal. Ya nada de lo que dispuso el gobernante pudo frenar el descontento. A principios de junio empezó a ser notoria la falta de maíz en la alhóndiga. Conforme las filas de compradores se hacían más largas, éstos se volvían más impertinentes. La tarde del día 8, las clientas asiduas del pósito, indias tortilleras que surtían la ciudad vendiendo en la plaza y por las calles, se alborotaron de tal manera que los dos repartidores del grano, un mulato y un mestizo, trataron de contenerlas con azotes. En la zacapela una mujer resultó mal herida o muerta. Sus compañeras la recogieron y se fueron a quejar con el arzobispo. En el ca-

---

Fragmento del relato de Carlos de Sigüenza y Góngora
sobre el motín de 1692

A nada de cuanto he dicho que pasó esta tarde me hallé presente, porque me estaba en casa sobre mis libros y, aunque yo había oído en la calle parte del ruido, siendo ordinario los que por las continuas borracheras de los indios nos enfadan siempre, ni aun se me ofreció abrir las vidrieras de la ventana de mi estudio para ver lo que era, hasta que, entrando un criado, casi ahogando, se me dijo a grandes voces: "¡Señor, tumulto!". Abrí las ventanas a toda prisa y, viendo que corría hacia la plaza infinita gente, a medio vestir y casi corriendo, entre los que iban gritando: "¡Muera el virrey y el corregidor, que tienen atravesado el maíz y nos matan de hambre!", me fui a ella. Llegué en un instante a la esquina de Providencia y, sin atreverme a pasar adelante, me quedé atónito. Era tan extremo tanta la gente, no sólo de indios, sino de todas castas, tan desentonados los gritos y el alarido, tan espesa la tempestad de piedras que llovía sobre el Palacio, que excedía el ruido que hacían en las puertas y en las ventanas al de más de cien cajas de guerra que se tocasen juntas; de los que no tiraban, que no eran pocos, unos tremolaban sus mantas como banderas y otros arrojaban al aire sus sombreros y burlaban otros; a todos les administraban piedras las indias con diligencia extraña; y eran entonces las seis y media.

Carlos DE SIGÜENZA Y GÓNGORA [1692], "Alboroto y motín de los indios de México" (1986), pp. 197-198.

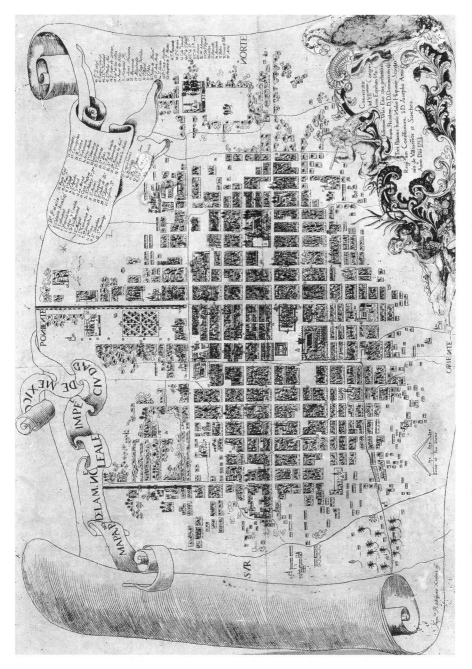

Plano de la Ciudad de México, obra de Francisco Rodríguez Juárez, principios del siglo XVIII.

Damas y caballeros paseando en la Alameda,
detalle del biombo *Ciudad de México*, siglo XVII.

mino se les unieron muchas otras. Los asistentes del prelado las despidieron, diciendo que solicitaran justicia al virrey. Éste no se encontraba en palacio y los guardias les impidieron el paso. Las que llevaban a la golpeada se retiraron a su barrio de Tepito, mientras una treintena de indios que había acudido al oír el griterío, empezó a dar voces contra el virrey y el corregidor y a lanzar vivas al Santísimo Sacramento, a la Virgen, al rey y hasta al pulque. De los gritos pasaron a lanzar piedras contra puertas y ventanas. Los guardias salieron a rechazarlos, pero como a cada momento el número de atacantes se multiplicaba, tuvieron que replegarse y cerrar las puertas del palacio, no sin dejar compañeros muertos en la retirada. Entonces, los agresores prendieron fuego a las puertas con los materiales combustibles que encontraron a montones en los puestos del mercado. Todos los que se sentían de algún modo agraviados por los poderosos: mulatos, mestizos, criollos y españoles pobres se unieron a los indios en la destrucción. Hacia las seis de la tarde ardía la horca, las casas de Cabildo y los cajones de la plaza, que habían sido previamente saqueados. Como era de esperarse, también se prendió fuego a la puerta de la alhóndiga. Es decir, se trataba de arrasar con los símbolos de la administración pública y del poder económico que habían lucrado a costa del infortunio popular. El incendio era espantoso y amenazaba con propagarse a toda la ciudad. El virrey, a quien sorprendió la asonada en el convento de San Francisco, no se atrevió a regresar al palacio. Por su parte, el arzobispo hizo un intento de salir a tratar de calmar a los rebeldes, pero la cantidad de piedras que caían de todas partes lo hizo retroceder. El tesorero de la catedral, en un alarde de osadía, salió a la plaza llevando en alto una custodia con el Santísimo, sólo escoltado por algunos clérigos y monaguillos, a tratar de detener a los incendiarios. Así logró que quienes le habían prendido fuego a la puerta principal del palacio del marqués del Valle, lo apagaran. Nadie se atrevió a agredirlo y muchos lo siguieron pidiendo misericordia. La presencia de un símbolo espiritual tan poderoso como la Eucaristía, en un momento de gran tensión emocional, consiguió que numerosos amotinados transformaran su ira en desahogo religioso. De los alaridos coléricos pasaron a las lágrimas penitentes. Ante los buenos resultados, otro sacerdote empezó a predicarles en náhuatl para que se retiraran a sus casas. Mientras tanto, los que andaban entretenidos en el saqueo comenzaron a disputarse el botín a cuchilladas. Conseguida cualquier ganancia emprendían la huida. Así, poco a poco, la plaza fue quedando libre de amotinados. A las nueve de la noche, el virrey envió un grupo de nobles de la ciudad para que reconociera los daños. Se sofocó el incendio y los muertos fueron sepultados en una fosa común en el cementerio de catedral.

Al amanecer del día siguiente, en los ennegrecidos muros del palacio se descubrió un letrero que decía: "Este corral se alquila para gallos de la tierra y gallinas de Castilla". Sería el último alarde de los sediciosos, pues ese día empezó una severa represión. El virrey organizó milicias para el resguardo de la ciudad, se iniciaron las aprehensiones y se restituyó la horca, que de inmediato se puso a funcionar en la ejecución de quienes se hallaron culpables. El peor suplicio lo padeció un individuo calificado como "lobo amestizado", a quien se acusó de haber quemado la horca, pues lo sentenciaron a ser quemado vivo bajo la que de nuevo se había instalado. Como escarmiento, las cabezas y manos de los ajusticiados se colgaron de las puertas de palacio y en postes junto a la horca.

Enseguida, se decretaron leyes rigurosas en prevención de otro motín, como que los indios no vivieran dentro de la traza, ni pudieran andar en la ciudad por la noche, ni se reunieran en grupos. Se limitó la venta de pulque, pues a la embriaguez se achacó la causa del tumulto.

La vida de la ciudad se trastornó por completo: el comercio se paralizó y las instituciones dejaron de funcionar. Como suele ocurrir en casos semejantes, circularon todo tipo de rumores fantásticos y la población vivió por algunos días en sobresalto continuo.[33] Al normalizarse la situación, se relajaron las restricciones impuestas a la población indígena y se restauraron la libertad de residencia y de tránsito, que habían caracterizado a lo largo de aquel siglo a la Ciudad de México.

A pesar de las desgracias de origen natural, como sequías, inundaciones, terremotos y enfermedades epidémicas, de las calamidades provocadas por el hombre y de las marcadas diferencias entre sus vecinos, la Ciudad de México durante el siglo XVII fue un espacio propicio para el desarrollo social. Era una ciudad de proporciones humanas. Su plaza Mayor, plazuelas y calles fueron modelo de diseño urbano y cumplieron, con eficacia, la función de comunicar, sin restricciones, a todos los sectores de la población. En ellas transcurría buena parte de la vida de sus habitantes, tanto cuando realizaban actividades cotidianas como al celebrar acontecimientos especiales. Constituyeron el escenario de las manifestaciones festivas o doloridas al estilo barroco novohispano y sirvieron como vehículos de integración donde grupos con identidades distintas, pero con un sentido de pertenencia respecto de su ciudad pudieron convivir, casi siempre, en armonía.

> que yo en México estoy a mi contento,
> adonde si hay salud en cuerpo y alma,
> ninguna cosa falta al pensamiento.[34]

NOTAS

[1] BALBUENA, 1941, p. 9.
[2] BALBUENA, 1941, p. 10.
[3] BALBUENA, 1941, p. 27.

[4] Los barrios indígenas originales permanecieron como suburbios del centro urbanizado o traza. Al noroeste Santa María Cuepopan, al noreste San Sebastián Atzacualco, al suroeste San Juan Moyotlan, al sureste San Pablo Zoquipan y en el extremo norte, separado por un canal, el antiguo Santiago Tlatelolco.

[5] GAGE, 1994, p. 138.

[6] TORQUEMADA, 1975, vol. I, p. 409.

[7] GAGE, 1994, p. 75.

[8] *Guía de las Actas de Cabildo de la Ciudad de México, años 1601-1610*, 1987, p. 331.

[9] LEÓN, 1982, pp. 87 y ss.

[10] La primitiva catedral fue demolida en 1626. Luego, al lograr un avance significativo en la nueva, se dedicó el 1 de febrero de 1656. Su dedicación definitiva fue el 22 de diciembre de 1667, si bien la construcción se concluyó hasta principios del siglo XX.

[11] CERVANTES, 1963, p. 168.

[12] TORQUEMADA, 1975, vol. I, p. 411.

[13] TORQUEMADA, 1975. La caja de agua de La Mariscala, que se situaba a espaldas del actual Palacio de Bellas Artes.

[14] RUBIAL, 1998, pp. 23-24.

[15] BALBUENA, 1941, p. 42.

[16] BALBUENA, 1941, p. 45.

[17] RUBIAL, 1998, p. 28.

[18] BALBUENA, 1941, p. 51.

[19] TOVAR, 1990, vol. I, pp. 55 y ss.

[20] TORQUEMADA, 1975, vol. I, p. 410.

[21] GAGE, 1994, p. 80.

[22] GAGE, 1994, p. 80.

[23] GONZÁLEZ OBREGÓN, 1976, p. 291.

[24] "Ordenanças de Audiencia", Madrid, 20 de abril de 1528, en PUGA, 1945, f. 28v.

[25] LEONARD, 1996, p. 118.

[26] GONZÁLEZ OBREGÓN, 1976, p. 291.

[27] GONZÁLEZ OBREGÓN, 1976, p. 291.

[28] Esta idea original la realizó don Carlos de Sigüenza y Góngora en el arco que el Ayuntamiento le encomendó para la recepción del virrey marqués De la Laguna en 1680. MORENO DE LOS ARCOS, 1986, pp. xxxii-xxxv.

[29] Los más notables autos de fe de aquel siglo, por el número de penitenciados, su nivel social y la fastuosidad con que se llevaron a cabo, se celebraron en 1649 y 1659. LEÓN, 1982, pp. 143-149.

[30] BOYER, 1975, pp. 26-29.

[31] BOYER, 1975, p. 34.

[32] LEÓN, 1982, pp. 152-156.

[33] LEÓN, 1982, pp. 156-162. Existen dos versiones del motín, una escrita por CARLOS DE SIGÜENZA Y GÓNGORA (1986) y otra por ANTONIO DE ROBLES (1946, vol. II, pp. 250 y ss.).

[34] BALBUENA, 1941, p. 59.

REFERENCIAS

BALBUENA, Bernardo de
  1941   *Grandeza mexicana y fragmentos del Siglo de Oro y El Bernardo*, edición y prólogo de Francisco Monterde. México: Universidad Nacional Autónoma de México (Biblioteca del Estudiante Universitario, 23).

BOYER, Richard Everett
  1975   *La gran inundación. Vida y sociedad en México (1629-1638)*, traducción de Antonieta Sánchez Mejorada. México: Secretaría de Educación Pública (SepSetentas, 218).

CERVANTES DE SALAZAR, Francisco
  1963   "Descripción de la Ciudad de México", apéndice segundo de *México en 1554 y Túmulo imperial*, edición, prólogo y notas de Edmundo O'Gorman. México: Editorial Porrúa (Sepan cuantos…, 25).

CISNEROS, Luis de
  1621   *Historia de el principio, y origen progressos venidas a México, y milagros de la Santa Ymagen de nuestra Señora de los Remedios, extramuros de México*. México: Imprenta del Bachiller Juan Blanco de Alcázar.

GAGE, Thomas
  1994   *Nuevo reconocimiento de las Indias Occidentales*, prólogo de Brian F. Connaughton. México: Consejo Nacional para la Cultura y las Artes. [1648].

Guía de las Actas de Cabildo de la Ciudad de México, años 1601-1610
  1987   Edición de María Isabel Monroy Padilla. México: Comité Interno de Ediciones Gubernamentales, Secretaría General de Desarrollo Social, Departamento del Distrito Federal-Universidad Iberoamericana.

GUIJO, Gregorio Martín de
  1853   *Diario (1648-1664)* (2 vols.), *Documentos para la historia de México*, primera serie. Méjico: Imprenta de Juan R. Navarro.

GONZÁLEZ OBREGÓN, Luis
  1976   *Leyendas de las calles de México*, prólogo de Antonio Castro Leal. México: Aguilar.

LEÓN CÁZARES, María del Carmen
  1982   *La Plaza Mayor de la Ciudad de México en la vida cotidiana de sus habitantes. (Siglos XVI y XVII)*. México: Instituto de Estudios y Documentos Históricos, Claustro de Sor Juana.

LEONARD, Irving A.
  1996   *La época barroca en el México colonial*, traducción de Agustín Ezcurdia. México: Fondo de Cultura Económica.

MAZA, Francisco de la
  1968   *La Ciudad de México en el siglo XVII*. México: Fondo de Cultura Económica.

MÉNDEZ PLANCARTE, Alfonso (estudio, selección y notas)
  1942   *Poetas novohispanos. Primer siglo (1521-1621)*. México: Universidad Nacional Autónoma de México (Biblioteca del Estudiante Universitario, 33).

MORENO DE LOS ARCOS, Roberto

    1986   Prólogo a Carlos de SIGÜENZA Y GÓNGORA, *Teatro de virtudes políticas que constituyen a un príncipe: advertidas en los monarcas antiguos del mexicano imperio*. México: Universidad Nacional Autónoma de México-Miguel Ángel Porrúa.

PUGA, Vasco de

    1945   *Provisiones, cédulas, instrucciones para el gobierno de la Nueva España*. Madrid: Ediciones Cultura Hispánica.

ROBLES, Antonio de

    1946   *Diario de sucesos notables (1655-1703)* (3 vols.), edición y prólogo de Antonio Castro Leal. México: Editorial Porrúa.

RUBIAL GARCÍA, Antonio

    1998   *La plaza, el palacio y el convento. La ciudad de México en el siglo XVII*. México: Consejo Nacional para la Cultura y las Artes.

SIGÜENZA Y GÓNGORA, Carlos de

    1986   "Alboroto y motín de los indios de México", en *Teatro de virtudes políticas que constituyen a un príncipe: advertidas en los monarcas antiguos del mexicano imperio,* prólogo de Roberto Moreno de los Arcos. México: Universidad Nacional Autónoma de México-Miguel Ángel Porrúa, pp. 197-198.

TORQUEMADA, Juan de

    1975   *Monarquía indiana* (7 vols.), edición preparada bajo la coordinación de Miguel León-Portilla. México: Instituto de Investigaciones Históricas, Universidad Nacional Autónoma de México.

TOVAR DE TERESA, Guillermo

    1990   *La Ciudad de los Palacios: crónica de un patrimonio perdido* (2 vols.), textos introductorios de Enrique Krauze y José E. Iturriaga. México: Vuelta.

VALLE-ARIZPE, Artemio de

    1976   *Virreyes y virreinas de la Nueva España. Tradiciones, leyendas y sucedidos del México virreinal*, nota preliminar de Federico Carlos Sainz de Robles. México: Aguilar.

2
DE PUERTAS ADENTRO: LA CASA HABITACIÓN

MARTHA FERNÁNDEZ

Instituto de Investigaciones Estéticas,
Universidad Nacional Autónoma de México

PARA COMPRENDER NO SÓLO LAS CARACTERÍSTICAS ARQUITECTÓNICAS de las casas novohispanas, sino también las imágenes y apreciaciones que sobre ellas se difundieron a lo largo del siglo XVII, es necesario plantear algunas consideraciones acerca de la situación general de la Nueva España en aquella época.

La historia del siglo XVII estuvo marcada por varios problemas: la crisis económica, las constantes y muy severas inundaciones de la capital, los sismos y los motines. Lógicamente todos influyeron de alguna manera en el desarrollo de la arquitectura novohispana de ese periodo. En la Ciudad de México, además, el subsuelo fangoso que posee también constituyó un reto para los ingenieros y arquitectos quienes tuvieron que buscar soluciones particulares para sortear —no siempre con éxito— los persistentes hundimientos de los edificios.

La más notable de las inundaciones que padeció la Ciudad de México fue la que tuvo lugar de 1629 a 1634. De acuerdo con el padre Alonso Franco, testigo presencial de esa tragedia, el 21 de septiembre de 1629 llovió de tal manera, que la ciudad "quedó toda anegada y hecha un mar de agua en todas sus calles, plazas, casas, templos, y todos sus vecinos aislados en sus casas, sirviéndoles de vivienda lo superior de ellas, [porque] todos sus bajos los tenía ocupados el agua".[1]

Algunas estadísticas que dio a conocer Francisco de la Maza muestran que murieron 30 000 indios entre ahogados, aplastados por los derrumbes y de hambre; de 20 000 familias españolas y criollas quedaron 400,[2] no todas por fallecimiento, sino porque muchas decidieron salir de la ciudad e irse a otras capitales. Alonso Franco se lamentaba de que "una ciudad tan populosa, grande, rica, insigne, a quien todos acudían y a todos albergaba, y que los más extraños hallaban en ella amparo, en esta ocasión sus vecinos y naturales la desampararon huyendo de ella"; según él, "fueron muchos millares de personas las que la dejaron, saliéndose a vivir a otros pueblos y lugares".[3]

Quienes se quedaron en la Ciudad de México tuvieron que padecer los inconvenientes de esa situación y, para tratar de aislar los edificios del agua, debieron cavar zanjas o "calzadillas" —como las llamaba Alonso Franco— a lo largo de todas las manzanas, "y para que pudiesen pasar las encrucijadas y bocas de las calles, se hicieron muchos puentes de madera, altos, para que por lo bajo pasasen las canoas",[4] transporte que a partir de ese momento y a lo largo de los cinco años siguientes sería el único posible de emplear en la ciudad, lo mismo para cargar mercancías que para conducir personas.

Los sismos, sin embargo, no sólo fueron más temidos por la población, sino que también fueron más frecuentes y ello fue un factor realmente determinante en las construcciones, que no pudieron rebasar ciertas alturas y tuvieron que emplear materiales específicos, sin escatimar en costos y cantidades. A manera de ejemplo, se puede citar el temblor de tierra que cita Antonio de Robles en su *Diario de sucesos notables*, el 30 de julio de 1667: "a las diez y tres cuartos de la mañana, tembló la tierra por gran rato de Norte a Sur, que causó a todos mucho temor. Hizo daño en la torre de Santa Clara de México y mayor en la iglesia de la Santísima de Puebla".[5]

Del mismo modo, el 19 de marzo de 1682 ocurrió el conocido como "temblor del señor San José". De acuerdo con Antonio de Robles, ese día "tembló la tierra horrorosísimamente cerca de un cuarto de hora; y se abrió la tierra por muchas partes, y se cayeron algunas casas viejas de adobe, a las tres de la tarde".[6] Ese sismo también ocasionó muchos daños en Oaxaca.

Las casas de la Ciudad de México y la inundación

El año de mil seiscientos y veinte y uno, tenía México siete mil y setecientas casas, y aunque el año de mil y seiscientos y veinte y nueve, con la inundación que padeció... quedó como un cadáver, el *Memorial de las Noticias Sacras y Reales* deste Imperio numera el año de mil seiscientos y cuarenta y seis, tres mil casas en esta Corte, aumento digno de ponderación, y advertencia, que debe apagar las voces más seguidas del uso, que de la razón, en que hablando la costumbre, y no la verdad, lamenta destruido a México, cuando nunca ha estado más rico en edificios suntuosos. El año de mil y seiscientos y siete con ocasión de haberse inundado esta Corte, se trató de mudar su fábrica a Tacubaya, y se apreciaron sus muebles, mercaderías y posesiones en cerca de veinte millones y medio. El año de mil y seiscientos y treinta y siete se volvió a tratar de esta mudanza... por la inundación que padeció el año de veinte y nueve y entonces con tasaciones moderadas se avaluó en cincuenta millones. Discurra pues el curioso con atención, cuánto habrá crecido esta República en estos cuarenta años, en que nuevamente se han fabricado sumptuosísimas viviendas y edificado nuevas iglesias y templos, si en treinta años creció de la suerte referida, a millón por año.

Fray Baltasar DE MEDINA (1682), *Crónica de la Santa Provincia de San Diego de México.*

La Ciudad de México concretamente, por haber sido fundada sobre dos lagunas, ha tenido enormes problemas para conseguir la estabilidad de los edificios. Quizás el caso más notable en ese sentido haya sido el de la construcción de su catedral. El primer proyecto que se elaboró para levantar la actual, contemplaba un edificio de siete naves, orientada de oriente a poniente; se comenzaron a abrir los cimientos en 1562, pero en 1565 fueron abandonados "por no se poder proseguir por aquella orden a causa del agua, que no se podía agotar aunque a contina andaban trabajando en ello con sus bombas", como explica Alonso de Zorita.[7] Lógicamente, el proyecto se tuvo que cambiar para hacer una catedral más pequeña, de cinco naves, como se conserva hoy día, pero además se tuvo que volver a buscar otro sitio para levantarla, dentro de la misma plaza Mayor, y se decidió el que ahora tiene, con orientación de norte a sur, en una plataforma artificial construida por los mexicas, que después de la gran inundación de 1629 llegaría a ser conocida como "Isla de los Perros", sitio que parecía más firme para levantar el templo; sin embargo, un error de cálculo en la elección del lugar, hizo que la cara poniente quedara fuera de la plataforma, lo que ha provocado, hasta la fecha, constantes desniveles de la catedral que han puesto en peligro su integridad física.

Pero no sólo la catedral, también gran cantidad de iglesias, conventos y casas particulares tuvieron que ser constantemente reparadas a lo largo de la época virreinal, a causa de los hundimientos que padecían, hundimientos que no eran equilibrados y que causaban constantes derrumbes en los techos y muros.

No obstante, la Nueva España en el siglo XVII fue mucho más que desastres naturales, sociales, políticos y económicos. Algunos estudiosos lo llaman "el siglo de la integración", otros, el de la "consolidación", pues en ese momento se lograron integrar valores y principios nacidos en el siglo anterior, lo que dio paso a la consolidación de la cultura que otorgó su personalidad a la Nueva España: la criolla, a partir de la cual hemos de entender las características arquitectónicas de la casa habitación de la Nueva España durante el siglo XVII y las descripciones e imágenes que de ellas conservamos.

LA CASA DEL SIGLO XVII SEGÚN LOS CRONISTAS

Cuenta fray Baltasar de Medina que en el año de 1621 "tenía México siete mil y setecientas casas y, aunque el año de mil y seiscientos y veinte y nueve, con la inundación que padeció… quedó como un cadáver, el *Memorial de las Noticias Sacras y Reales* de este Imperio, numera el año de mil seiscientos y cuarenta y seis, treinta mil casas en esta corte".[8]

El sentimiento de la "grandeza mexicana" y la necesidad competitiva frente a Europa tuvieron como consecuencia que las representaciones gráficas y escritas de las ciudades y villas novohispanas, durante los siglos XVI y XVII, no reflejaran los problemas

Los materiales de construcción

Casi todos los edificios de esta ciudad son de piedra, y la mezcla de cal y arena, con que son for-tísimos. Goza de una piedra muy singular, colorada y llena de hoyos y esponjosa, y tan liviana, que no se hunde en el agua: la mezcla aferra tan fuertemente en esta piedra, que si se ofrece derribar pared que esté así edificada, más fácil es partir la piedra, que apartarla de la mezcla.1 Las casas en lo común son lindísimas, alegres, grandes y espaciosas, de patios, corredores y corrales, venta-nas rasgadas con mucha rejería de hierro curiosamente labrado, hermosas y grandes portadas. To-das las casas cubiertas de azotea o terrado, enladrillado o encalado, con tal modo, que despiden fácilmente el agua que llueve... A una, dos, tres y cuatro leguas hay muy buenas canteras, unas de piedra blanca berroqueña y otra de piedra pómez colorada, que ya dijimos, esponjada y tan li-viana que nada sobre el agua, y ésta es la común para los edificios y muy propia para edificar en tan mal suelo...

Fray Alonso FRANCO [1645], *Segunda parte de la Historia de la Provincia de Santiago de México...* (1900), cap. 31, pp. 531-536.

que padecían sus habitantes, sus edificios, sus calles, sus plazas; prueba de ello es el re-lato transcrito de fray Baltasar de Medina, en el que, a partir de dos censos de casas, concluye que los cinco años de inundación no perjudicaron en nada ni el crecimiento, ni la suntuosidad de la Ciudad de México. Los números que proporciona, sin embar-go, parecen un tanto exagerados, si tomamos en cuenta que para finales del siglo XVIII existían 3 389 casas de vivienda en la Ciudad de México, de acuerdo con la informa-ción recogida por Francisco Sedano en sus *Noticias de México*;[9] claro es que en esta ci-fra no están contemplados los "barrios y suburbios" de indios que circundaban la ciu-dad, tal como aclara el autor y, en cambio, fray Baltasar de Medina no especifica los límites de sus censos, por lo que tal vez en ellos estuvieran incluidos barrios tan popu-losos como el de Santiago Tlatelolco.

Con lo dicho, se comprende que las diversas imágenes que nos ofrecen cronistas y pintores son representaciones idealizadas, que intentan no reflejar de manera precisa los problemas cotidianos, sino sólo difundir la belleza de ciudades bien trazadas y lim-pias, con buenas perspectivas, espectaculares paisajes y edificios de gran "solidez, per-manencia y hermosura". Nuevamente, fray Baltasar de Medina nos proporciona datos importantes en este sentido; dice, por ejemplo, que el año de 1607, "con ocasión de ha-berse inundado esta Corte", se trató de cambiar la capital a Tacubaya "y se apreciaron sus muebles, mercaderías y posesiones, en cerca de veinte millones y medio". El mis-mo proceso se llevó a cabo el año de 1630, a causa de la gran inundación que en ese momento padecía la ciudad "y entonces, con tasaciones moderadas, se avaluó en cin-cuenta millones".[10]

Casas dispersas en los barrios de San Salvador el Verde
y San Salvador el Seco, detalle del *Catastro pintado de la Ciudad de México*,
obra de Pedro de Arrieta.

Pese al idealismo que contienen, no podemos pasar por alto los testimonios del siglo XVII, al menos como primeras aproximaciones al estudio de las casas y de sus habitantes. Así, por ejemplo, el viajero inglés Thomas Gage decía, en 1625, que los edificios de la ciudad eran "de piedra y buenos ladrillos; pero no son altos, a causa de los terremotos frecuentes que se padecen en aquel clima, y que podrían derribarlas si tuvieran más de tres pisos… casi todas las casas de México son espaciosas y cómodas, y tienen jardín para servir de recreación y desahogo a los que las habitan".[11]

De acuerdo con la traza que se hizo en el siglo XVI, la Ciudad de México quedó dividida en manzanas rectangulares, cuyo lado mayor, que corría de oriente a poniente, era más del doble del menor, situado de norte a sur. Esta forma rectangular permitió que teniendo las casas suficiente fondo, no hubiera espacios vacíos e innecesarios en el centro.

Los jardines, por su parte, fueron también esenciales en todas las casas virreinales. Algunos eran huertas donde se sembraban árboles frutales y otros no eran sino los patios centrales, alrededor de los cuales se distribuían las habitaciones. Al centro por lo general se encontraba una pila o una fuente para abastecer de agua a los habitantes, siempre que éstos hubieran adquirido con anterioridad del gobierno la "merced de agua". Pero también eran importantes, porque eran los que dotaban de luz a las habitaciones y porque, ciertamente, permitían a los habitantes aprovechar las muchas horas de sol al día que proporciona la situación geográfica de México.

Aunque en España también fueron frecuentes las casas distribuidas alrededor de patios, sobre todo en Andalucía, donde igualmente el clima y las horas de sol los hacían —como ahora— posibles y hasta necesarios, parece que en Madrid éstos no fueron tan espaciosos e importantes, tanto que el 30 de julio de 1769 José Antonio de Areche, fiscal de la Real Audiencia de México, afirmaba que en la corte, "en rara de sus casas hay patios o, las que lo tienen, son con extremo cortos y capaces sólo para dar luces al centro o interior de ellas".[12]

En 1628, el arquitecto Juan Gómez de Trasmonte realizó el plano titulado "Forma y levantado de la Ciudad de México",[13] en el cual representa a la ciudad en perspectiva desde Chapultepec. Intenta ser objetivo en cuanto a la representación de los edificios más importantes, en especial los religiosos, así como en los canales y las acequias que la atravesaban. Las casas, en cambio, aparecen como un abigarrado conjunto de construcciones con techos que dan la impresión de ser a dos aguas, dato alejado de la realidad, como lo muestra la crónica de Alonso Franco, en la cual el fraile dominico nos aclara que "todas las casas" estaban "cubiertas de azotea o terrado, enladrillado o encalado, con tal modo, que despiden fácilmente el agua que llueve" y, además subraya que "ninguna casa tiene tejado".[14]

Aunque las azoteas fueron desprestigiándose con el paso del tiempo y con los cambios de costumbres y tipos de habitación, a lo largo de la época virreinal y aun en el siglo XIX, fueron importantes sitios de esparcimiento, asoleaderos que las personas aprovechaban para conversar e incluso para tomar el chocolate a media tarde, como lo muestran pinturas y litografías del siglo XIX, en las cuales se puede apreciar que las azoteas incluso se decoraban con lujosos tapetes orientales para hacer más confortable la estancia en ellas. En algunos palacios del siglo XVIII, que conservamos, todavía se pueden apreciar los miradores y torreones que se construyeron en las azoteas precisamente como sitios de reunión; tal es el caso, por ejemplo, del llamado Palacio de Iturbide y el antiguo palacio de los condes de San Mateo Valparaíso.[15]

El uso de las azoteas y la construcción de estancias en ellas para recibir, probablemente proviniera de la cultura musulmana, pues el escritor marroquí León Africano, escribió en el siglo XVI que en la ciudad de Fez se tenía la costumbre de "construir en el tejado de la casa, una torre de observación con una habitación confortable, donde las mujeres, cuando se cansan de coser y bordar, pueden divertirse, ya que, debido a la altura de estas torres, se puede ver toda la ciudad, con sus más de setecientos oratorios y cincuenta grandes mezquitas".[16] Por su parte, Titus Burckhardt, comenta que en la

Azoteas con macetas en la Ciudad de México, en un cuadro anónimo del siglo XIX.

actualidad "cuando se pone el sol, las mujeres y las muchachas tienen la costumbre de subir a los tejados planos de las casas, a veces para hacerse visitas cruzando por encima de los muros de altura vertiginosa, y otras, paseando simplemente a lo largo del borde del tejado, con sus amplios vestidos ondeando al viento del atardecer".[17] La diferencia con las casas de la Nueva España estaría en que mientras en ellas las azoteas eran ámbitos de socialización familiar, en las ciudades musulmanas fueron y son exclusivamente femeninos.

Una de las características más importantes de las ciudades novohispanas, en especial de aquellas que en sus orígenes fueron trazadas en damero, fue el hecho de que su morfología no cambió durante el periodo virreinal, de hecho, los habitantes intentaron mantener tanto la alineación de las calles como la altura de sus edificios; así, por ejemplo, a mediados del siglo XVIII, un arquitecto de la misma ciudad, cuyo nombre desgraciadamente desconocemos, escribió en su tratado de arquitectura titulado *Architectura mechánica conforme la práctica de esta ciudad de México*, que el "aire de una casa" también se compraba y solía suceder "ser una casa de dos dueños: el suelo de uno y el aire de otro", es decir, lo que actualmente se conoce como casas *duplex*, aunque el mismo autor aclaraba que, al parecer, "hay ordenanza para que las casas no puedan subir más que a una medida prefija, como se puede entender por las que están construidas en esta ciudad".[18]

Si eso era así en el siglo XVIII, podemos deducir que en el siglo XVII las casas tampoco debieron rebasar la altura de dos o tres niveles, contando las accesorias de la planta baja. Por esta razón, tanto la vista panorámica de la Ciudad de México, representada en el biombo conocido como de los condes de Moctezuma, atribuido al pintor Diego Correa,[19] como en la vista similar que se pintó en el reverso del llamado Biombo de la Conquista,[20] lo primero que apreciamos es una ciudad de perspectivas, con casas bajas, construidas todas alrededor de patios, en las que sobresalen las bóvedas que cubrían los cubos de las escaleras y las capillas domésticas de las casas más señoriales.

Por ser estas cúpulas el elemento más sobresaliente de las casas, según los planos citados, conviene dedicar unas palabras precisamente a las capillas domésticas, que permitían a las familias adineradas de la Nueva España contar con los servicios de culto en su propia casa. Como bien explica Xavier Moyssén, el santo patrono de cada capilla "se nombraba atendiendo a la particular devoción de la familia, o bien obedecía al caso específico de 'un milagro' recibido en una situación conflictiva o a la buena fortuna y bienandanza alcanzada bajo al amparo de tal o cual advocación de Jesús, de María o de cualquier santo o santa".[21]

Las capillas se solían construir en el planta noble de las casas, es decir, en la zona donde habitaban los dueños de la casa. Según la época era el estilo artístico que reflejaban en sus elementos arquitectónicos. Por lo general, eran de planta rectangular y po-

Casas de uno y dos pisos, detalle del biombo *Vista de la Ciudad de México*
o de los condes de Moctezuma, atribuido a Diego Correa, *ca.* 1692.

dían estar cubiertas por medio de bóvedas o de viguerías de madera. Algunas marcaban de cierta manera el presbiterio y un pequeño recinto servía de sacristía. La iluminación la recibían por medio de ventanas y óculos, así como a través de las cúpulas.[22]

No es seguro que las cúpulas del siglo XVII hubieran estado cubiertas con azulejos, tal como se acostumbró en el siglo XVIII, pues los planos que hemos mencionado no lo manifiestan y la documentación es muy poco precisa en ese sentido, sin embargo, tampoco podemos descartar esa posibilidad, pues los azulejos, además de proporcionar un lujoso adorno a las cúpulas, desde el punto de vista constructivo fueron excelentes impermeabilizantes.

Por supuesto, como cualquier iglesia, las capillas domésticas también tuvieron muy ricos retablos dorados que, al igual que sus portadas, manifestaban el estilo artístico de la época de su construcción, tal es el caso, por ejemplo, del retablo que contrató el capitán Tomás de Contreras con el "maestro del arte de ensamblador" Francisco de Arjona Montalbo, el 8 de julio de 1670, para realizar un retablo, dedicado a San Juan Bautista, para la capilla de un obrador cercano a Coyoacán, el cual debía ser como "el que está en la capilla de Nuestra Señora de la Concepción, de los maestros de platero de esta ciudad y en la iglesia de la Santa Catedral de ella", mientras que el sagrario seguiría el modelo del que se había levantado en el retablo mayor del oratorio de San Felipe Neri, de la Ciudad de México. Sería dorado y, amén de la escultura de San Juan Bautista, luciría pinturas que representarían "la devoción que pidiera el dicho capitán".[23]

Estas vistas pintadas y descritas de las casas de la Ciudad de México en el siglo XVII, nos proporcionan un panorama general de sus características, las cuales hemos de conocer más de cerca de partir de las "memorias de obra" que elaboraron algunos arquitectos de aquella época, a través de las cuales podremos acercarnos mejor a algunos tipos de casa habitación que existieron en la Ciudad de México.

LAS CASAS PRINCIPALES

Fueron las más grandes y lujosas las que contribuyeron a que los escritores del siglo XIX bautizaran a la otrora capital de la Nueva España, como "ciudad de los palacios". Solían tener dos patios: el principal, alrededor del cual se distribuían las habitaciones más importantes, y el patio de servicio que se abría, a manera de azotehuela, a un costado de la escalera. También solían tener dos niveles de altura: el bajo estaba siempre destinado para "casitas accesorias", y el alto para la habitación de los dueños o de los inquilinos adinerados.

La documentación que se refiere a este tipo de casas es abundante, de manera que tomaremos sólo algunos ejemplos para darnos cuenta de la manera en que se construyeron y distribuyeron las casas, al menos durante la segunda mitad del siglo XVII, de acuerdo con el tipo y dimensiones de solares con los que se contaba. Nuestro punto de partida es una memoria de obras que se refiere a un par de casas que se construyeron en un solar ubicado "en la esquina que viene de el Relox de el Real Palacio, a el dicho convento de religiosas" de Nuestra Señora de Santa Catalina de Siena, esto es, en las actuales calles de Justo Sierra y República de Argentina.[24]

El contrato para construir esas casas lo estableció el arquitecto Cristóbal de Medina Vargas con las religiosas del convento de Santa Catalina de Siena, el 22 de octubre de 1676, después de aprobadas "la memoria y condiciones" de obra, que presentó a las monjas el 4 de octubre de aquel año. En este último documento, Medina Vargas precisó que el sitio tenía en su fachada "veinte y ocho varas y media,[25] que corren de norte a sur, contándose dos de la esquina de la Alcantarilla, hasta topar con la pader [sic] de las casas que tocan con los religiosos de Nuestra Señora del Carmen", y de fondo tenían "treinta y tres varas que corren de oriente a poniente". En ese solar se habrían de levantar dos casas, cada una de las cuales tendrían "catorce varas y cuarta" de fachada.

Cada una de las casas tendría un zaguán para ingresar a ella, una casita accesoria y una cochera. Las casas accesorias tendrían una habitación hacia la calle, con un tapanco o entresuelo y una trastienda. Cada tienda tendría una ventana hacia la calle. El tapanco sería de madera, lo mismo que la escalera que daría acceso a él. Las cocheras tendrían "sus puertas de en medio, para que las mulas salgan a el patio". Es importante consignar, que el nivel del piso calculado para las accesorias era "más de media vara más alto que la calle", con el propósito, claro está, de evitar lo más posible daños en el interior, en caso de alguna inundación.

Durante toda la época virreinal, las accesorias formaron parte integral de los edificios de la Ciudad de México, tanto públicos como privados; de hecho, incluso el palacio virreinal las tuvo, como también se construyeron en hospitales, colegios, conventos, vecindades y las grandes casonas, como las que ahora analizamos. Todas eran de renta, por lo que constituían una ayuda económica para sus propietarios. De acuerdo con el servicio que prestaban, las accesorias pueden dividirse en tres categorías: accesorias habitacionales, comerciales o casas-tienda y casas-taller.[26] Por lo menos a partir del siglo XVII, las accesorias solían tener, además de una habitación a manera de trastienda, un tapanco en la habitación principal o tienda; por ese hecho, esas casas fueron conocidas como de "taza y plato".

De la documentación se desprende que los entresuelos, característicos de las casas de la Ciudad de México durante el siglo XVIII, fueron empleados también desde el siglo XVII; en un documento del 22 de junio de 1684, en el cual se especifican las reparaciones que el arquitecto Juan Montero habría de llevar a cabo en 18 casas que se encontraban en la Alcaicería, se asienta que en "la segunda casa —casa grande— que cae a la Alcaicería, como entramos de dicho 'Empedradillo'", había necesidad de cambiar la madera del techo en "una pieza del entresuelo".[27] Quizás, esa clase de habitaciones comenzaran a construirse a finales del siglo XVII para aprovechar mejor la altura del primer nivel, que debió de ser elevada en vista de los problemas de inundaciones que padecía la ciudad; de hecho, las casas accesorias que se abrían en el primer nivel tenían doble altura, de manera que tanto en la habitación principal como en el tapanco que se les construía podía entrar un hombre de una estatura de 1.70 metros.

Pero volviendo a las casas principales que construiría Cristóbal de Medina para el convento de Santa Catalina de Siena, éstas tendrían derecho al uso de los dos patios, por lo que en la parte de abajo del patio principal se abrirían cuatro piezas: una, que podría "servir de almacén" y tendría la puerta de acceso y una ventana; en tanto que la última pieza podría servir como caballeriza, "con su puerta y ventana", además de "su pesebre y zanja" para almacenar el agua de los animales. Aunque este documento no lo especifica, en los patios de las casas solían ponerse "cuatro relojes verticales de sol," como lo aclara el tratado de arquitectura novohispano del siglo XVIII mencionado antes.

Frente a la puerta de la calle se abriría la caja de la escalera que daría acceso a los aposentos principales. Su arranque y su desembarque estarían constituidos por un arco cada uno; el primero habría de albergar la "tinajera" para almacenar el agua; es obvio que estas casas no contaban con "merced de agua", por lo que no tenían pozo ni fuente en el patio y los inquilinos debían traerla de las fuentes públicas y almacenarla en la tinaja. Por su parte, la escalera iría "armada sobre vigas de cedro y, sobre dichas vigas, sus escalones de tenayuca, de bocel moldeado"; por supuesto, tendría su pasamano hecho, en este caso, "de cal y canto, con su bocel por encima, de lo mismo".

En el nivel de la vivienda principal se abrirían tres corredores, que recorrerían igual número de costados del patio: "uno, delante de la sala, otro delante de la escalera" y otro más, seguramente delante de las recámaras y de la segunda sala que tenía esta casa. El más angosto de los corredores sería el que hacía frente a la sala, pues ésta, por ser la habitación más importante de la casa, solía tener mayores dimensiones, como veremos enseguida. Los corredores se levantarían "sobre pilares de cantería con sus basas y capiteles de lo mismo" e irían techados con vigas de madera, "porque el agua no se meta dentro de la escalera, ni la sala". El documento especifica que "en lugar de barandillas" se haría un antepecho constituido por "arquillos de ladrillo, de una vara de alto, pintados de almagre".

Alrededor del patio central, la casa tendría la sala principal, una sala más pequeña, dos recámaras, aposento de mozas y cocina. La habitación más importante y amplia de la casa era la sala principal, mejor conocida como "salón del estrado", porque en ella se levantaban tarimas o estrados y estaban acondicionados con el mobiliario más lujoso de la casa; era el sitio donde se recibía a las visitas y donde se efectuaban los banquetes y saraos. En estas casas, la sala principal tendría "catorce varas menos cuarta, de largo y de ancho, siete". En este caso, no se precisa el sitio que ocuparía el estrado o, por lo me-

Escena en el interior de una casa virreinal, detalle del
Retablo de los pecados capitales: La pereza, 1735.

nos, no se especifica que la habitación estuviera compartimentada para destacar alguna parte o sección de ella, pero en otra memoria de obras, la presentada por el arquitecto Juan de Morales Romero el 15 de marzo de 1672 para construir una casa para la
señora Juana de Aguirre, en la calle de los Donceles, se aclara que la sala tendría "siete
varas de largo y cuatro y media de ancho", espacio al que se agregaban dos cabeceras,
denominadas en el documento como "testeros", que medirían "cuatro varas de largo y
cuatro y media de ancho",[28] los cuales seguramente estarían separados del espacio central por un elemento diferenciador como, por ejemplo, algún tipo de arco o una pequeña escalinata; quizá fuera la parte más importante y amueblada del salón. En las casas
que construiría Cristóbal de Medina para el convento de Santa Catalina de Siena y otras
similares, la sala tendría un balcón y una ventana, ambos hacia la calle, y el primero estaría protegido por una reja de hierro.

La otra sala que se construiría en estas casas podría ser una antesala o pieza de recibimiento, o bien una sala de estar o un salón de juegos, o quizás el sustituto burgués
del "salón del dosel" que existía en las mansiones pertenecientes a las familias que poseían títulos nobiliarios. Como explica Gustavo Curiel, ese salón estaba "destinado a
honrar a la Corona española… donde invariablemente estaba colocado un trono sobre
una tarima, al que cobijaba un imponente dosel de ricas telas, de ahí el nombre del salón del dosel. El trono estaba preparado a todo lujo para recibir, si se daba el caso, a los
representantes de la monarquía española". En él estaban los retratos de los reyes en turno y es posible que también estuvieran los de los virreyes en funciones, representantes
de la monarquía española en América.[29]

Cada una de las dos casas a las que nos hemos referido tendría además dos recámaras, seguramente de forma cuadrada, pues según el tratado ya citado *Architectura
mechánica* las "alcobas se hacen cuadradas", es decir, que esta disposición parecía una
regla, por lo menos en las casas novohispanas.

Finalmente, el aposento de mozas tendría "cuatro varas de largo y cinco y media
de ancho". Junto a este cuarto se encontraba la cocina, acondicionada con su fogón y
su chimenea. En aquella época, la cocina era un sitio importante de convivencia en la
vida familiar, pues además de ser uno de los centros de intercambio de las noticias más
relevantes, era el lugar donde la familia se reunía a comer, cuando no lo hacía en las recámaras, pues el comedor, como tal, se incorporó a los espacios habitacionales a fines
del siglo XVIII.

En las casas que tenían dos patios, el acceso al patio de servicio se conseguía por
medio de un pasillo o "pasadizo" que se abría a un lado de la escalera. En el de las casas que construiría Cristóbal de Medina para el convento de Santa Catalina, en el segundo patio o "azotehuela" se construiría un corral para gallinas y una "secreta de cal
y canto", es decir, una letrina, "echándole su tablón con sus dos agujeros", que tendría

"dos varas en cuadro, profundándola hasta dar en el agua", o sea, que su profundidad tendría que ser suficiente para que los desechos se dispersaran por los canales de agua subterráneos de la ciudad. En el siglo XVIII, el ya mencionado fiscal José de Areche propuso que en la casas que no tuvieran "lugar común o secretas", se construyera un conducto en forma de "y griega", como en Madrid, "sin que se haya experimentado posteriormente incomodidades, ni perjuicio sensible a los vecinos".[30]

Otro problema que se trató de solucionar en el siglo XVIII fue el de la basura que se generaba en todas la casas de la ciudad; el citado fiscal propuso que se construyera un cuarto especial para ella en alguno de los dos patios o incluso en los zaguanes, pues al parecer, la basura se sacaba a la calle y ahí se acumulaba hasta que pasaban los carros, lo que provocaba incomodidades a los transeúntes, malos olores e incluso inundaciones en las calles durante el tiempo de lluvias.[31]

Finalmente, al estar las casas construidas por Cristóbal de Medina en esquina, en la fachada se abriría "un nicho para poner una imagen pequeña de Nuestra Señora de el Rosario" tallada en cantería. La costumbre de hacer estos nichos continuó hasta el siglo XVIII, como se aprecia en muchas casas y palacios que todavía se conservan; esto se debió a diversos factores, todos relacionados con las devociones y costumbres religiosas de la Nueva España; en el caso de las casas que hemos venido analizando, la imagen escogida estaba vinculada con la devoción de la Orden de Santo Domingo, a la cual pertenecía el convento de Santa Catalina de Siena. Pero también se daba el caso de que la imagen seleccionada estuviera relacionada con las de los patronos de las órdenes religiosas que mandaban construir este tipo de casas; en las casas de particulares, es seguro que también tuvieran que ver con las devociones de los propietarios. En un contexto más amplio, es posible que la costumbre de colocar esa clase de imágenes en las esquinas de las casas, estuviera en función de las rutas de las procesiones que se llevaban a cabo en la ciudad en diversos momentos de la liturgia religiosa.

Aunque cada casa tenía ciertas particularidades, en general todas siguieron un patrón parecido al que se encuentra en los documentos citados, lo que no resulta extraño si tomamos en cuenta que las costumbres y requerimientos de las familias que podían construir, comprar o alquilar una casa principal debieron de ser muy similares.

LA CASA DE LAS BÓVEDAS

Los afanes de modernidad de los siglos XVIII y XIX, así como los ideales progresistas del siglo XX, provocaron la desaparición de muchas obras de los siglos XVI y XVII, especialmente en lo que se refiere a la casa habitación; esto es lógico, si pensamos que quienes pertenecían a la nobleza o tenían dinero buscaban que ambas situaciones se vieran re-

Salón del estrado en la Casa de las Bóvedas, en Puebla,
obra del arquitecto Diego de la Sierra, siglo XVII.

flejadas en sus propiedades, de manera que la arquitectura de habitación se vio constantemente sujeta a diversos procesos de modernización o de sustitución. Por ello, resulta de gran importancia ocuparnos de una casa poblana del siglo XVII, que por fortuna se conserva, conocida como la "Casa de las Bóvedas".

Este magnífico edificio fue construido por el arquitecto Diego de la Sierra entre 1684 y 1685 para habitación del racionero de la catedral de Puebla, don Diego Peláez Sánchez; su mote se debe a que dichas casas se techaron "todas de bóvedas" en los dos pisos que las conforman. Ese hecho causó gran asombro en su tiempo, al punto de que hubo quien afirmó que "no ha habido quien no las haiga [sic] alabado".[32]

En este sentido, es necesario hacer la precisión de que todas las casas habitación del siglo XVII, incluidas las casas de las monjas, se cubrieron siempre con vigas de madera hacia el interior y con terrado cubierto con enladrillado hacia el exterior; de manera que una de las grandes novedades de la casa poblana que nos ocupa es justamente el hecho de que toda la casa se cubriera por medio de bóvedas.

El predio en el que se levanta la casa es irregular, pues es más ancho en la fachada que en el fondo, lo que hace que la planta adopte una forma ligeramente trapezoidal, como bien lo hizo notar Montserrat Galí.[33] Su fachada fue decorada en el siglo XVIII con los ladrillos y los azulejos que luce actualmente. Aunque es atribuible a Diego de la Sierra la asimetría con la que se encuentran dispuestos los vanos de la portada, los del primer piso fueron también alterados en el siglo XVIII al prolongar los jambas de los vanos hasta la cornisa.

En el primer nivel se abren tres vanos, ahora convertidos en balcones, que en su tiempo debieron albergar casitas accesorias. En esta casa, el zaguán no se encuentra al centro, como era costumbre por lo menos en las casas de la Ciudad de México, sino en el extremo oriente de la fachada.

En el piso superior se abren cuatro puertas que desembocan a un balcón corrido. Estas cuatro puertas se encuentran ornamentadas por medio de columnas, almohadillas y frontones dobles, que no hacen sino manifestar hacia la calle la riqueza del propietario y del interior de la misma casa.

Después de cruzar el zaguán, se ingresa al patio principal que está constituido, como era común, por tres corredores o un corredor que recorre tres paños de la casa: el norte, el sur y el oriente, con arcos de medio punto soportados por columnas y pilastras. En el primer piso, los arcos se encuentran sostenidos por columnas sin ornamentación, mientras que en el segundo, las columnas se encuentran totalmente cubiertas de estrías. Quizá lo más interesante sea que esas estrías también decoran todos los arcos que se construyeron en el segundo nivel del patio, lo que además de enriquecer muchísimo la casa, le otorga una interesante sensación de movimiento.

Es importante hacer notar que en el segundo nivel del paño poniente se abren

Piso superior de la Casa de las Bóvedas, en Puebla,
obra del arquitecto Diego de la Sierra, siglo XVII.

cuatro ventanas similares a las de la fachada, también asimétricas y ricamente ornamentadas.

Esta casa contó con merced de agua —no podía ser de otro modo si el dueño era un funcionario de la catedral— por lo que al centro del patio se encuentra una fuente de forma octogonal que, al parecer, también pertenece al siglo XVII.

En el primer nivel hay una serie de habitaciones, que ahora es imposible saber a qué tipo de usos estuvieron destinadas en su momento, con excepción de las que corresponderían a las accesorias.

En el muro norte, frente al zaguán, se encuentra la escalera para acceder al segundo nivel, cubierta por una cúpula decorada con ricas yeserías. En el segundo nivel se distingue la sala principal o salón del estrado que, como era costumbre, miraba hacia la calle y desembocaba al balcón corrido de la fachada. Los demás espacios fueron alterados desde el siglo XVIII,[34] de manera que es muy difícil conocer el número de habitaciones que tuvo en el siglo XVII, así como el uso que pudo haber tenido cada una, pero no deja de ser interesante distinguir la variedad de bóvedas que cubrieron las habitaciones, solución que no deja de recordar la que suelen tener los palacios orientales de origen árabe, como la Alhambra de Granada.

Como también se acostumbraba, a un lado de la escalera se encuentra el pasillo o "pasadizo" que comunicaba con el segundo patio o azotehuela, lo que sugiere que en ese sitio se encontraría la cocina, en el piso superior, y el corral de gallinas debajo de ella. Es posible también que en ese segundo patio se encontrara una letrina o "secreta", así como las caballerizas. Esto es, que en medio de la riqueza ornamental que posee la Casa de las Bóvedas de Puebla, su distribución espacial responde al modelo de cualquier casa principal del siglo XVII, lo que resulta comprensible si consideramos que por muy importante que fuera su propietario, no dejaba de compartir el tipo de vida de la sociedad a la que pertenecía.

LA CASA DE HUÉSPEDES

Cuando los señores fallecían, muchas veces el único patrimonio que heredaban las viudas eran las casas que habitaban, de manera que no debió de ser infrecuente que muchas de ellas las modificaran y las convirtieran en casas de huéspedes, para hacerse de recursos. Tal fue el caso, por ejemplo, de las casas propiedad de la señora María de Campos y Contreras, viuda del capitán don Matías de Cuncia, ubicadas "en la calle que viene de los Mesones al hospital de Jesús Nazareno", en la Ciudad de México. De acuerdo con la "memoria de obra" que presentó el arquitecto Cristóbal de Medina Vargas el 19 de diciembre de 1684,[35] la casa principal, donde vivía doña María, era muy parecida a las que hemos descrito antes, con la única diferencia de que no eran casas en esquina; sin embargo, tenía casas accesorias en la planta baja, dos patios y una cómoda vivienda alta, que constaba de la sala principal, otra sala más pequeña y, por lo menos, tres recámaras; aunque no se menciona la cocina, con seguridad la tendría en la colindancia del segundo patio. Sin embargo, ya para 1684, la sala chica se había convertido en una habitación donde vivía un bachiller, mientras que en una de las recámaras habitaba "el licenciado Coba"; asimismo, en la planta baja de los dos patios se habían construido varios cuartos que ese momento estaban alquilados.

Probablemente, la necesidad de mejorar las condiciones de habitación de los inquilinos y con ello las rentas de los cuartos, obligó a la señora María de Campos a plantear una serie de modificaciones en la casa, entre ellas, las más importantes serían las siguientes: abrir una puerta en el muro de la recámara que colindaba con la sala principal, para que ambas habitaciones se pudieran comunicar; cancelar una de las casas accesorias para transformarla en cochera; demoler la escalera principal que, al parecer, se encontraba junto a la sala principal, para volverla a levantar en el muro de enfrente, al cual habría que hacerle otro corredor alto, y, finalmente, abrir un corredor para comunicar los cuartos del primer patio con los del segundo. Quizá, después de esos cambios, el destino de doña María habría sido habitar sólo la recámara y la sala principal que tendrían comunicación entre sí, o bien cambiar su lugar de residencia a la otra casa, que se habría de construir junto a ésta.

Esta segunda casa era más pequeña y el documento no aclara si se habría de levantar en el mismo solar o en otro diferente. Su distribución no variaba mucho respecto a la de las casas principales, pues también tendría "una casita accesoria con tienda y trastienda" en el piso bajo y obviamente con entrada desde la calle. Al lado de ella, se abrirían dos zaguanes (uno detrás de otro) que darían acceso a la casa, la cual, igual que la casa grande, tendría dos patios: en el principal se levantaría una escalera "de dos idas", esto es, de dos tramos, con un descanso en medio. Junto a esta escalera, se abrirían dos cuartos, cuyo uso no se precisa, pero se aclara que sobre uno de ellos, que colindaba con el pasillo de comunicación al segundo patio, se construiría "otro cuarto alto, a modo de escritorio", es decir, un despacho.

La vivienda principal, como de costumbre, se distribuiría en el piso alto; allí se encontrarían la sala principal, abierta hacia la calle por medio de un balcón que tendría su reja de hierro. Además del "escritorio", se haría un cuarto de mozas y una cocina, al lado de la escalera. El documento no se ocupa de aclarar el número de recámaras que tendría la casa. En el segundo patio se ubicaría solamente un "dormitorio de gallinas".

LAS CASAS DE VECINDAD

En toda sociedad, las casas habitación reflejan el nivel socioeconómico de sus propietarios y de su inquilinos. Como en cualquier otro sitio, en la Nueva España no todos sus habitantes eran ricos y, por lo tanto, no todos podían vivir en una casa sola. Una de las respuestas a esa situación fue la construcción de casas de vecindad, es decir, no sólo casas adaptadas como vecindades, sino casas diseñadas ex profeso para ese fin.

Así tenemos, por ejemplo, que a raíz de un reconocimiento que llevó a cabo el arquitecto Cristóbal de Medina Vargas a las propiedades del convento de San Lorenzo de la Ciudad de México, el 18 de junio de 1680, sugirió que "en consideración de lo dilatado que está de el comercio de esta ciudad", resultaría "muy útil y conveniente" que en "el sitio y aposentos viejos que están frontero de la iglesia de señor San Gregorio… se fabriquen a la parte de la fachada de la calle, dos casitas accesorias con sus recámaras, dejando en medio de dichas casitas, una puerta para que sirva de entrada de vecindad, porque a la parte de adentro, se han de hacer diez y seis aposentos de vivienda, ocho en cada lado".[36]

Por las mismas razones que expuso Cristóbal de Medina, fue frecuente que las vecindades, como toda casa particular, tuvieran accesorias comerciales; pero hubo también ocasiones en que no eran sólo esos locales los que flanqueaban el ingreso a las vecindades, sino casas completas, como fue el caso de una vecindad, propiedad del licenciado Francisco Corchero Caneiro, ubicada "en la calle que llaman de los Mesones", el año de 1674.[37]

Igual que en las casas, las viviendas de las vecindades novohispanas estuvieron siempre distribuidas alrededor de un patio y el número de aposentos variaba según las dimensiones del solar; así, la vecindad que Cristóbal de Medina proponía construir para el convento de San Lorenzo, tendría 16 cuartos, en tanto que la vecindad que poseía don Francisco Corchero, sólo 14. En ninguno de los dos casos se menciona un segundo patio, ni tampoco los servicios que tendrían esas casas, como cocina, caballerizas o "secretas" y es seguro que, de haberlos tenido, habrían sido compartidas por todos los vecinos.

Casas de vecindad en Tlatelolco y una procesión de
Santiago Apóstol que sale de la iglesia de los franciscanos, siglo XVIII.

Al contrario de lo que ocurrió con las accesorias, las vecindades no fueron bienvenidas en la Ciudad de México pese a que, al parecer, se tienen noticias de su existencia desde mediados del siglo XVI.[38] El aumento en la densidad de población alteró el orden tanto espacial como social, de manera que en el capítulo primero de las ordenanzas de policía de 1769, las autoridades determinaron "que siendo las casas de vecindad, las que desaliñan las calles, por los muladares que hacen en sus fronteras, cuyo daño se experimenta en el centro de esta capital, en que se han fabricado unas y, por utilidad particular de los dueños, se han reducido a vecindad otras, como sucede aun en los portales, sin permiso de este Juzgado de Policía, considerando que, de retirarlas a los barrios (en donde sólo podrán fabricarse de aquí adelante) se seguirá daño de entidad, para obviar el inconveniente de la inmundicia y desaliño que causan, deberá destinarse un cuarto en cada una, en que se recojan todas las basuras, para que cuando pasen las brigadas, se arrojen a las orillas del caño y las pongan los galeotes en los carros".[39]

De esta ordenanza se desprenden varios asuntos importantes. Primero, confirma el hecho de que en la época virreinal no todas las vecindades fueron construidas ex profeso para ese tipo de vivienda, sino que algunas casas fueron desde entonces adaptadas para cumplir esa función, lo que sin duda provocó un terrible desorden, no sólo en las calles, debido a la multiplicación de vecinos, sino también en la distribución espacial de las casas y en las dimensiones de sus patios y habitaciones tradicionales. Resulta interesante constatar que los mismos portales se vieron invadidos por cuartos de vecindad y debieron quedar inutilizados para el fin para el que fueron construidos: "arcadas, bajo las cuales se puede andar en tiempo de lluvia, sin mojarse", como afirmara Thomas Gage en 1625.

El crecimiento de la población que hizo necesarias las vecindades, trajo consigo también un aumento indiscriminado de basura y suciedad, cuya recolección las autoridades no pudieron solucionar, de manera que se propuso que no se autorizaran más casas de esa naturaleza en el centro y que las basuras se almacenaran en un cuarto especial, hasta que llegara el carro a recogerlas.

Si la vida en la Ciudad de México durante la etapa virreinal no debió ser cómoda, dadas las limitaciones tecnológicas propias de aquel tiempo, no sólo en la Nueva España sino en todo el mundo, es seguro que en las vecindades debió de ser todavía más severa, de manera que sus cuartos eran ocupados básicamente para dormir, en tanto que los vecinos hacían su vida en la calle, con las consecuencias previsibles tanto en lo referente al crecimiento del número de personas en ellas, como en el hecho de que todo —incluso sus necesidades fisiológicas— tenían que hacerlo ahí, fuera de su vivienda, como consta en varios testimonios, entre ellos el de don Juan de Areche, quien entre otras muchas cosas relacionadas con la mala costumbre de "los naturales de la baja plebe" de hacer sus necesidades en la calle, comentó que "parecen contrarias al natu-

ral instinto de las gentes o primeros movimientos de la razón; todos los hombres en todas las partes, aun sin usar de los actos reflejos de ellas, como por un instinto natural
buscan las tinieblas y los lugares más ocultos para exonerarse de las corporales inmundicias, aquí parece que haciendo ostentación de su propia porquería, hacen también
las excreciones de sus cuerpos en el medio del día, en las plazas y en los lugares más
públicos".[40]

Pese a todo, las vecindades se popularizaron tanto que para finales del siglo XVIII
llegaron a ser 722 en el centro de la Ciudad de México, "sin las de los barrios", de
acuerdo con el plano que se realizó por órdenes del segundo conde de Revillagigedo,
siendo virrey de la Nueva España, tal como lo consignó Francisco Sedano en sus *Noticias de México*.[41]

LAS CASAS DE BAÑOS Y LAVADEROS

En las ordenanzas de la Ciudad de México, correspondientes al año de 1718, se dispuso "que en las pilas de esta ciudad, ni junto a ellas, se lave ropa alguna por la inmundicia que le resulta y perjuicio a la vecindad",[42] lo cual se reiteró en las ordenanzas de
1769.[43] Estas disposiciones sugieren la falta de sitios apropiados en la ciudad para lavar la ropa; no obstante, una pequeña nota en un documento fechado el 22 de junio de
1684, que informa de las reparaciones que el arquitecto Juan Montero llevaría a cabo
en 18 casas en la Alcaicería, propiedad del convento real de Jesús María, menciona que
se tenía que modificar la atarjea del segundo patio de la "casa grande, que cae a la plazuela que llaman 'Empedradillo'", pues llegaban a él todas las aguas de la casa "y de otra
que está a su linde por las espaldas, así las llovedizas, como las de los lavaderos".[44] El
documento es confuso y no especifica si los lavaderos eran de esa casa o de la que colindaba con ella y no precisa el número y función de esos lavaderos.

No obstante, podemos recurrir a fuentes posteriores para darnos idea de la importancia que tuvieron las "casas de baños y lavaderos" en la época colonial. En las casas
particulares, por lo menos durante los siglos XVI y XVII, no existieron baños o tocadores
como tales, es decir, que no se construía un espacio específico para ese fin; ya hemos
visto que las letrinas o "secretas" se abrían en el segundo patio y no se menciona nunca la existencia de lavaderos, ni de sitios donde se encontrarían los implementos del
aseo personal. Es muy probable que, aunque los documentos no lo digan, algunos de
los lavaderos en las casas principales de los nobles y de la alta burguesía se encontraran en el segundo patio, sin embargo, ya desde entonces muchas azoteas fueron ocupadas también para ese fin, no sin causar inconvenientes a los vecinos, tanto que en las
ordenanzas de 1769 se tuvo que determinar "que dentro del término de quince días y

Vista de casas de diferentes tipos en la Ciudad de México, detalle en el
anverso de un biombo de la conquista, siglo XVII.

bajo la pena de cincuenta pesos, se muden los canales que salen a las calles de las cocinas y azoteas, en que se han hecho lavaderos, por los cuales vierten aguas sucias, en perjuicio de los que pasan",[45] a quienes manchaban sus trajes, sombreros y vestidos.

Por su parte, las tinas, aguamaniles y tocadores se ubicaban en las propias recámaras, resguardadas de la vista por medio de biombos. Tal vez, en algún caso, hubiera algún placer en alguna casa lujosa, sin embargo, lo normal era que las personas se asearan en sus propias habitaciones.

Hacia el siglo XVIII, al parecer, se popularizaron las "casas de baños y lavaderos", construidas ex profeso para los fines que su propio nombre anuncia: como baños públicos y lavaderos de ropa. A manera de ejemplo, podemos citar las que fueron proyectadas por el arquitecto Francisco Antonio de Roa el año de 1746, propiedad de Sebastiana Romero Dávila y de su esposo Francisco Ramírez de Arellano, ubicadas en la calle "que iba de la pila de la Santísima Trinidad, para subir el puente de San Lázaro".[46]

Las casas en cuestión se habrían de construir en una vieja vecindad que tenía "siete cuartos de adobe", mismos que sería necesario demoler para llevar a cabo el proyecto. Como era usual, la antigua vecindad tenía, hacia el frente, dos casas accesorias de tres piezas cada una. Una de ellas contaba, además, con "dos patiecillos y una cocina capaz"; ambas accesorias se conservarían "en la forma en que están".

Tanto el baño como los lavaderos, los construiría en el patio principal. Su distribución sería la siguiente: "un zaguán, un pasadizo que diera entrada al patio... dos accesorias-salas, dos recámaras, un corral, cuatro cuartos, un temascal y un cuarto de temascal; un placer, un cuarto para cama del placer y un cuarto para el que cuidara el baño".

El lavadero, por su parte, tendría su portal, "una pila, un tanque del lavadero y dos patios: uno para los tinacos y otro para los tendederos", aunque —según el arquitecto— las azoteas también podrían utilizarse para tender la ropa, por lo que las tendría que "apretilar" para que cumplieran cabalmente con ese fin.[47]

En 1790, el arquitecto Francisco Antonio Guerrero y Torres también proyectó un casa de baños y lavaderos, que edificaría en un corralón cercado, propiedad del convento de religiosas de la Encarnación, que se encontraba dentro de una casa de vecindad, ubicado detrás de la casa y mesón de Señora Santa Ana, contiguo por detrás con el llamado mesón de Sánchez. Los baños tendrían un temascal para hombres y otro para mujeres, "seis placeres", un cuarto para el "temascalero", una pieza para almacenar la leña y un tinaco para calentar el agua. Los lavaderos, por su parte, estarían construidos bajo un portal y contarían con "un tanque de retén, para agua".[48]

Aunque, al parecer, el proyecto de Guerrero y Torres fue modificado después, no deja de ser interesante conocer los planteamientos para una casa de este tipo, de uno de los arquitectos más importantes del virreinato.

LAS CASAS DE COMERCIO Y ALMACÉN

Era una costumbre en la época virreinal que los comerciantes y empleados de las tiendas y sitios donde se fabricaban productos de consumo, habitaran en las sedes del comercio mismo. En las casas donde se fabricaba, por ejemplo, el pan, o se cortaba la carne para la venta solían estar también las tiendas para su expendio. Así, por ejemplo, en las citadas ordenanzas de 1718 se dispuso que en las carnicerías habría de existir un sitio específico donde estaría la tabla para pesar la carne "y debajo de ella, tenga el puesto del matadero limpio y bien aderezado y la carne colgada en sus escarpias y no en el suelo. Y del mismo modo ha de estar en las carnicerías".[49]

En el caso de las panaderías, por lo menos en el siglo XVIII, se presentaron algunos problemas; así, en las citadas ordenanzas se dispuso "que ningún panadero pueda vender en su casa el pan que en ella hiciere, por las ocasiones que para faltar a las posturas se pueden ocasionar, sino que todo salga a las calle y lugares públicos, donde se repese".[50]

Además, en esas disposiciones se ordenó "que el que tuviere trato de panadear, no pueda ser tendero"; no obstante, parece ser que la falta de cumplimiento de esa ordenanza motivó constantes controversias entre panaderos y tenderos, pues Francisco Sedano cuenta que a finales del siglo XVIII, "por pleito promovido entre tenderos y panaderos", se dispuso que el pan no se vendiera en las panaderías, sino en los parajes públicos "y se pusieron los puestos de pan en la Plaza, frente del Real Palacio, plazuelas, portales y esquinas"; según él, la medida se comenzó a aplicar el 9 de diciembre de 1773 y se suspendió el 17 de septiembre de 1777.[51]

Ignoramos si en el siglo XVII existieron problemas y disposiciones similares, en cambio, conocemos la escritura del día 9 de noviembre de 1684, por medio de la cual el arquitecto Cristóbal de Medina Vargas se comprometió con el capitán Juan Jerónimo López de Peralta Urrutia a reconstruir una casa ubicada en la calle de Tacuba, que había sido utilizada como carnicería, para transformarla en una panadería.[52]

La casa tendría, como otras, una accesoria "con puerta de cochera y su tapanco"; a un lado, se encontraría el zaguán para ingresar a la casa y junto a él se abriría una sala con su ventana a la calle, pero el documento aclara que "en caso de que no sea sala para dicha panadería, se ha de formar zaguán para lo alto", es decir, un segundo zaguán, como en otras casas que hemos mencionado en este texto.

En el patio, que estaría limitado por dos corredores con sus "arquillos de ladrillo", se abrirían tres aposentos en la planta baja, junto a los cuales estaría ubicado el amasijo y frente a él "un portal para repartir el pan". Esta casa contaba con merced de agua, de manera que al centro del patio se abriría un pozo y, a un lado, el "bebedero para las cabalgaduras"; en ese primer patio se construiría la caballeriza, con su pesebre y su zan-

Detalle del *Plano de la ciudad de Puebla*, en el que se puede observar
la traza urbana semejante a la de la capital.

ja. En el segundo patio se habría de "formar un horno de ocho costales" y se construirían siete aposentos "para viviendas de indios".

Como hemos dicho, la casa también habría de servir de vivienda para el dueño o el encargado del negocio, de manera que, como era costumbre, en la planta alta se distribuirían, como en cualquier otra casa habitación de esa época, la sala principal, ubicada hacia la calle, una recámara, dos aposentos y un cuarto más, construido sobre el amasijo; un aposento de mozas, la cocina con su fogón y su chimenea, y una azotehuela o terraza se construirían "encima de dos aposentos de los indios", en el segundo patio.

La escalera para subir a la casa habitación estaría ubicada, como era usual, enfrente de la sala principal y, debajo de ella, se aprovecharía el espacio para almacenar "leña o carbón".

Todo eso pensado para el mejor funcionamiento tanto de la casa como de la panadería que estaría instalada en ella.

Para darnos una idea más completa de la distribución del comercio en la Ciudad de México, debemos contemplar no sólo este tipo de casas, sino también las accesorias, de las que hemos hablado antes. Todo ello formaba un conjunto que de igual manera trató de regularse con el objeto de mantener el orden en la ciudad; así, por ejemplo, en las ordenanzas de 1718 se dispuso que "los herradores, ni otro oficial de martillar, no viva, ni ponga banco, donde con los golpes dagnifique a los vecinos que fueren cercanos y profesaren literatura, ni junto a las iglesias, universidad, convento, ni monasterio, ni junto a las casas de los doctores, porque de cualquiera de estas partes los debe el Corregidor expeler a lugares donde no perjudiquen". Igualmente, se determinó que "todos los que tuvieren oficio de coheteros y obradores de él, estén en los barrios y arrabales de la ciudad, lo cual ejecutasen dentro de veinte días, pena de cincuenta pesos y diez días de cárcel".[53] Con el paso del tiempo, podemos convenir con don Juan de Areche, quien en 1769 afirmó: "son infructuosas las Leyes y Ordenanzas… si no se cela con esmero y rígido cuidado su observancia".[54]

LAS CASAS DE LAS MONJAS

Aunque por las disposiciones de todas las órdenes y de las autoridades religiosas, las monjas de los diversos conventos de la Nueva España estaban obligadas a vivir en comunidad y habitar las celdas de los claustros, en realidad esa reglamentación era aplicada para las religiosas de menores recursos económicos. Durante el siglo XVII, las monjas que tenían familiares o protectores ricos solían habitar en celdas particulares que, en general, eran de dos tipos: casas agregadas y las construidas ex profeso. Como explica Josefina Muriel, las primeras eran inmuebles contiguos a los conventos que sus dueñas al ingresar anexaban, cerrando puertas y ventanas a la calle y abriendo comunicaciones con los edificios monásticos, tal como ocurrió con el convento de la Encarnación que se amplió cuando se agregaron, en calidad de celdas, "dos casas situadas en la calle de la Perpetua, frente al edificio de la Inquisición, y otra en la esquina de la Encarnación y Santa Catalina". Algo similar debió ocurrir en el convento de San Bernardo, al que se agregó una casa de la calle de don Juan Manuel.[55] Otras religiosas construían casitas, a manera de celdas, dentro de los enormes patios y jardines de sus monasterios, logrando convertir esos espacios en laberintos de callejones.

En ambos casos, sin embargo, las monjas ocupaban su casa para dormir, recibir a sus compañeras religiosas, albergar a sus educandas, estudiar y, por supuesto, para comer los platillos que sus propias esclavas y sirvientas les preparaban. A veces, vivían en una misma celda, o en la casa agregada a la institución religiosa, varios miembros de una misma familia: madres e hijas, hermanas, primas, tías, etc.; en otros casos, cada monja ocupaba una celda privada.[56]

Para aproximarnos un poco a ese tipo de casa habitación para las monjas, podemos recurrir a la memoria de obras que presentó el arquitecto Cristóbal de Medina Vargas el 18 de diciembre de 1692 para la señora doña Juana de la Rocha.[57] La celda estaría construida en dos plantas: en el primer nivel se levantarían dos cuartos, seguramente para mozas, una despensa y la tinajera para guardar el agua. En el piso alto se encontrarían la sala y la recámara, su "cocinita" acondicionada con su fogón y su chimenea y una azotehuela donde estaría el corral para las gallinas.

Era, como se ve, la reproducción en pequeño de una casa principal, incluso la escalera que comunicaría los dos niveles de la celda sería de dos tramos y estaría cubierta por una bóveda.

En otros documentos se especifican otros lujos para las celdas como, por ejemplo, que la cocina tendría, además del fogón y la chimenea, una despensa con llave; el corredor estaría sostenido por "un pilar en el medio, así en lo bajo como en lo alto" y luciría un antepecho formado a base de arquillos de ladrillo; su tinajera estaría "guarnecida con sus balaustres de cedro", y en uno de los cuartos bajos se instalaría "un cuarto de baño". Tal es el caso de la memoria de obras que presentó el mismo arquitecto Medina Vargas para levantar otra celda en el convento de San Bernardo, costeada por el capitán Pedro de Ledesma, el 27 de noviembre de 1692.[58]

No se conserva ningún convento del siglo XVII con sus casitas, pero se conoce un plano del año de 1635 en el cual se representa una celda del convento de San Jerónimo, donde se aprecian un corredor muy amplio, una recámara y un salón.[59] Sin embargo, puede ser más significativo imaginar, como sugiere Josefina Muriel, la celda que compró sor Juana Inés de la Cruz en ese mismo convento. De entrada, se piensa que debió de ser de dimensiones considerables, pues en ella tenía "una biblioteca con más

Contrato para construir una celda en el convento
de San Bernardo de la Ciudad de México

Y dicha celda es por cuenta del señor capitán Ledesma... se compone de dos cuartos por lo bajo y dos por lo alto, su escalera de dos idas que desemboca a un corredor... va techado por lo alto, formando los cimientos en su cuadrado, y en las cuatro esquinas, los estribos que les fortalezcan desde arriba abajo, por cuanto dicha obra es suelta y sin arrimo. Y dichos cimientos han de ir... estacados con morillos de cedro. Y encima de dichos cimientos, sus paredes: las maestras...de piedra dura. Y de allí parariba [sic] de tezontles, dejando el primer suelo a el peso de la otra. Y las maderas de los techos serán de vigas... labradas y acepilladas... techadas con tablas de Zuchimilco, y enladrilladas. El suelo bajo, con ladrillo raspado y bruñido... el alto, revocado con mezcla de tezontlales, apretilando todo su contorno de media vara en alto y una tercia de grueso, con dos canales de cantería con sus chiflones de plomo. Y los dos techos, alto y bajo, del corredor, han de ir armados sobre sus planchas [de] cedro, con un pilar en el medio, así en lo bajo como en lo alto, y sus zapatas. El corredor alto, con sus arquillos de ladrillo. Y la escalera ha de ser de bóveda con sus escalones de tenayucas, abocelados. Y en el corredor ha de...[ir] su tinajera guarnecida, con sus balaustres de cedro. Y en él un cuarto bajo, un baño, y asimismo entablados los dos cuartos bajos, con cuartones. Y su patio, empedrado de guijarro, con su corriente y su caño. Y su escalera con su pasamano de cantería. Y toda la dicha fábrica aplanada y blanqueada y con sus cenefas de almagre. En los dos cuartos altos, sus cenefas de pinturas. Las puertas altas y bajas con sus ventanas. Todas han de ser de ayacahuite de tableros, hechas en Juchimilco, de obra hechiza; las puertas con sus llaves, y las ventanas con sus aldabas. Y las alacenas, con sus cerrojos, las cuales también serán de ayacahuite. Y toda la dicha obra ha de ser de cal y canto y mezclas finas. Más un hornito pequeño.

[Firmaron]: Pedro de Ledesma y Cristóbal de Medina Vargas.
Memoria y condiciones de obra presentadas por Cristóbal de Medina el 27 de noviembre de 1692. AN, Notario Diego de Marchena, 1 de diciembre de 1692.

de cinco mil volúmenes, aparatos científicos e instrumentos musicales, cómodas y estantes para guardar las preseas ganadas en concursos literarios y los regalos de sus amigos virreyes e intelectuales"; obviamente, esa celda también contaba con cocina propia, "donde la esclava que tenía para su servicio personal le prepararía el sabroso chocolate y los deliciosos dulces que luego compartiría con sus distinguidos amigos en el locutorio o les enviaría de regalo, según ella misma cuenta".[60]

Desde luego, en este espacio no ha sido posible extenderse más en relación con la tipología de las casas novohispanas del siglo XVII; las mencionadas son sólo una muestra que intenta reflejar la multiplicidad de necesidades que la casa habitación tuvo que satisfacer para la sociedad de entonces, al mismo tiempo que manifiestan algunos interesantes usos y costumbres de aquella época, algunos de los cuales, hay que decirlo, no son tan diferentes de los que hoy tenemos los mexicanos.

NOTAS

[1] FRANCO, 1900, p. 453.

[2] MAZA, 1985, p. 28.

[3] FRANCO, 1900, p. 453.

[4] FRANCO, 1900, p. 454.

[5] ROBLES, 1946, vol. I, p. 40.

[6] ROBLES, 1946, vol. II, p. 16.

[7] ZORITA, 1909, p. 176.

[8] MEDINA, 1977, ff. 234r-234v.

[9] SEDANO, 1974, vol. III, pp. 8-18.

[10] MEDINA, 1977, f. 234v.

[11] GAGE, 1838, vol. I, p. 124.

[12] AGI, Audiencia de México, 2783, cuaderno noveno. Documento localizado por Martha Fernández; versión paleográfica de Martha Fernández.

[13] El plano original se encuentra en la Biblioteca Laurentiana Medicea de Florencia, Italia.

[14] FRANCO, 1900, p. 534.

[15] El primero se encuentra en la actual calle de Madero y el segundo en la esquina que forman las actuales calles de Isabel la Católica y Venustiano Carranza.

[16] Citado por BURCKHARDT, 1999, p. 139.

[17] BURCKHARDT, 1999, p. 157.

[18] *Architectura mechánica conforme la práctica de esta ciudad de México*, f. 4r. El tratado ha sido atribuido al arquitecto Lorenzo Rodríguez.

[19] Este biombo se encuentra en el Museo Nacional de Historia del Castillo de Chapultepec de la Ciudad de México.

[20] Este biombo se encuentra en el Museo Franz Mayer de la Ciudad de México.

[21] MOYSSÉN, 1982, p. 25.

[22] MOYSSÉN, 1982, pp. 27-28.

[23] MOYSSÉN, 1982, pp. 26-27.

[24] AN, Notario José de Anaya, 22 de octubre de 1676, ff. 349r-353r. Documento del archivo del Instituto de Investigaciones Estéticas de la UNAM; versión paleográfica de Raquel Pineda.

[25] La vara era una unidad de medida que equivaldría a 0.835 m.

[26] Al respecto, véase MURIEL, 1992, pp. 272-274.

[27] AN, Notario Antonio de Anaya, vol. 29, año de 1684, f. 95v.

[28] AN, Notario José de Anaya, vol. 16, año 1672, ff. 76v-80v.

[29] CURIEL, 2000, p. 87.

[30] AGI, Audiencia de México, 2783, cuaderno noveno.

[31] AGI, Audiencia de México, 2783, cuaderno noveno.

[32] FERNÁNDEZ, 1986, pp. 81-87, y FERNÁNDEZ, 1990, p. 128. *Apud*: AGI, Audiencia de México, 560, y AGN, Reales Cédulas. Duplicados, 55, ff. 308r-309v.

[33] GALÍ BOADELLA, 1997, p. 17.

[34] De acuerdo con documentación recogida por Monserrat Galí, a mediados del siglo XVIII la casa ya estaba dividida en varias viviendas: GALÍ BOADELLA, 1997, p. 8.

[35] AN, Notario Diego de Marchena, 19 de diciembre de 1684; versión paleográfica de Mina Ramírez Montes.

[36] AGN, Bienes Nacionales, 242. Documento localizado por Mina Ramírez Montes; versión paleográfica de Martha Fernández.

[37] AGN, Templos y conventos, caja 155, exp. 2, ff. 4r-4v. Documento localizado por Carmen Saucedo Zarco; versión paleográfica de Martha Fernández.

[38] MURIEL, 1992, p. 275.

[39] AGI, Audiencia de México, 2783, cuaderno noveno.

[40] AGI, Audiencia de México, 2783, cuaderno noveno.

[41] SEDANO, 1974, vol. III, pp. 8-18.

[42] AGI, Audiencia de México, 2783. Documento localizado por Martha Fernández; transcripción de Martha Fernández.

[43] AGI, Audiencia de México, 2783, cuaderno noveno.

[44] AN, Notario Antonio de Anaya, vol. 29, año de 1684, ff. 93v-100r; versión paleográfica de Edén Mario Zárate Sánchez.

[45] AGI, Audiencia de México, 2783.

[46] GONZÁLEZ FRANCO, s.f., pp. 23-24. *Apud:* AGN, Bienes Nacionales, vol. 91, exp. 72.

[47] GONZÁLEZ FRANCO, s.f., p. 24.

[48] GONZÁLEZ FRANCO, s.f., p. 27. *Apud:* AGN, Bienes Nacionales, vol. 143, exp. s.n.

[49] AGI, Audiencia de México, 2783.

[50] AGI, Audiencia de México, 2783. Las "posturas" eran los momentos en los que se fijaba el precio de los productos.

[51] SEDANO, 1974, vol. III, p. 33.

[52] AN, Notario Pedro del Castillo Grimaldos, 114, vol. 749, año de 1684, ff. 172v-174r; versión paleográfica de Edén Mario Zárate Sánchez.

[53] AGI, Audiencia de México, 2783.

[54] AGI, Audiencia de México, 2783.

[55] MURIEL, 1992, p. 278.

[56] MURIEL, 1992, p. 277.

[57] AN, Notario Diego de Marchena, 20 de diciembre de 1692, lib. 2538, s.f. Dato publicado por RAMÍREZ MONTES y LUCKIE, 1993; versión paleográfica de Raquel Pineda.

[58] AN, Notario Diego de Marchena, 1 de diciembre de 1692, s.f. Dato publicado por RAMÍREZ MONTES y LUCKIE, 1993; versión paleográfica de Raquel Pineda.

[59] El plano se encuentra reproducido en MURIEL, 1992.

[60] MURIEL, 1992, p. 279.

SIGLAS Y REFERENCIAS

AGI   ARCHIVO GENERAL DE INDIAS, SEVILLA
Sección Audiencia de México, 560.
Sección Audiencia de México, 2783, cuaderno noveno.
Sección Audiencia de México, 2783. Ordenanzas de la Fiel Ejecutoria, formadas por la No-

bilísima Ciudad de México en el año de 1718, para el mejor régimen y gobierno de aquella República, aprobadas y confirmadas por la majestad del señor rey D. Luis Primero, por su real despacho de 6 de mayo de 1724.

AGN   ARCHIVO GENERAL DE LA NACIÓN, MÉXICO

Ramo Bienes Nacionales, vol. 91, exp. 72; vol. 143, exp. s.n., vol. 242.

Ramo Reales Cédulas. Duplicados, vol. 55.

Ramo Templos y conventos, caja 55, exp. 2.

AN   ARCHIVO GENERAL DE NOTARÍAS, CIUDAD DE MÉXICO

Notario Antonio de Anaya, vol. 29, año de 1684.

Notario José de Anaya, vol. 16, año de 1672, 22 de octubre de 1676.

Notario Pedro del Castillo Grimaldos, vol. 749, año de 1684.

Notario Diego de Marchena, 19 de diciembre de 1684; 1 de diciembre de 1692, lib. 2538, 20 de diciembre de 1692.

BN   BIBLIOTECA NACIONAL DE MÉXICO. FONDO RESERVADO

Manuscrito anónimo, atribuido a Lorenzo Rodríguez, siglo XVIII: *Architectura mechánica conforme la práctica de esta ciudad de México.*

BURCKHARDT, Titus

1999   *Fez, ciudad del Islam*, traducción de Esteve Serra. Palma de Mallorca: José J. de Olañeta, Editor.

CURIEL, Gustavo

2000   "El efímero caudal de una joven noble. Inventario y aprecio de los bienes de la marquesa doña Teresa Francisca María de Guadalupe Retes Paz Vera (Ciudad de México, 1695)", en *Anales del Museo de América*, 8, pp. 65-101.

FERNÁNDEZ, Martha

1986   *Retrato hablado. Diego de la Sierra, un arquitecto barroco en la Nueva España.* México: Instituto de Investigaciones Estéticas (Monografías de Arte, 14), Universidad Nacional Autónoma de México.

1990   *Artificios del barroco. México y Puebla en el siglo XVII.* México: Coordinación de Humanidades (Colección de Arte, 44), Universidad Nacional Autónoma de México.

FRANCO, Alonso

1900   *Segunda parte de la historia de la Provincia de Santiago de México. Orden de Predicadores de la Nueva España.* México: Imprenta del Museo Nacional. [1645].

GAGE, Thomas

1838   *Nueva relación que contiene los viajes de Thomas Gage en la Nueva España: sus diversas aventuras, y vuelta por la Provincia de Nicaragua hasta La Habana: con la descripción de la ciudad de Méjico, tal como estaba otra vez y como se encuentra ahora (1625): unida una descripción exacta de las tierras y provincias que poseen los españoles en toda América, de la forma de su gobierno eclesiástico y político, de su comercio, de sus costumbres, y la de los criollos, mestizos, mulatos, indios y negros (2 vols.).* París: Librería de la Rosa. [1648].

GALÍ BOADELLA, Monserrat
    1997   *Casa de las Bóvedas. Antigua Academia de Bellas Artes*. Puebla: Gobierno del Esta-
            do de Puebla-Instituto de Ciencias Sociales y Humanidades, Benemérita Univer-
            sidad Autónoma de Puebla-Secretaría de Desarrollo Urbano y Ecología del Esta-
            do de Puebla.

GONZÁLEZ FRANCO, Gloríenla
    s.f.   "Casas de baños y lavaderos en la ciudad de México. Siglo XVIII", en *Boletín Monu-
            mentos Históricos*, 1, pp. 23-28.

MAZA, Francisco de la
    1985   *La ciudad de México en el siglo XVII*. México: Fondo de Cultura Económica (Lectu-
            ras Mexicanas, 95). [1a. ed. en Presencia de México, 1968].

MEDINA, Baltasar de
    1977   *Crónica de la Santa Provincia de San Diego de México*, introducción de Fernando B.
            Sandoval, bibliografía de Jorge Denegre-Vaught, 2a. ed. México: Editorial Acade-
            mia Literaria. [1a. ed.: México: Juan de Ribera, Impresor y Mercader de Libros en
            el Empedradillo, año de 1682].

MOYSSÉN, Xavier
    1982   "Las capillas domésticas", en *Boletín Monumentos Históricos*, 7, pp. 23-32.

MURIEL, Josefina
    1992   "La habitación plurifamiliar en la ciudad de México", en *La ciudad y el campo en
            la historia de México. Memoria de la VII Reunión de Historiadores Mexicanos y Nor-
            teamericanos* (2 vols.). México: Instituto de Investigaciones Históricas, Universi-
            dad Nacional Autónoma de México, vol. I, pp. 267-282.

RAMÍREZ MONTES, Mina, y Guillermo LUCKIE
    1993   *Archivo de Notarías de la Ciudad de México. Protocolos I*. México: Instituto de Inves-
            tigaciones Estéticas (Catálogos de Documentos de Arte, 16), Universidad Nacio-
            nal Autónoma de México.

ROBLES, Antonio de
    1946   *Diario de sucesos notables (1655-1703)*, edición y prólogo de Antonio Castro Leal
            (3 vols.). México: Editorial Porrúa.

SEDANO, Francisco
    1974   *Noticias de México* (3 vols.). México: Departamento del Distrito Federal (Colec-
            ción Metropolitana, 35). [1880].

ZORITA, Alonso de
    1909   *Historia de la Nueva España*. Madrid: Librería General de Victoriano Suárez.

3
AJUARES DOMÉSTICOS.
LOS RITUALES DE LO COTIDIANO

GUSTAVO CURIEL

Instituto de Investigaciones Estéticas,
Universidad Nacional Autónoma de México

AL CONCLUIR EL SIGLO XVI, los miembros de los estamentos más acaudalados de la Ciudad de México habían cifrado buena parte de su prestigio social en la acumulación de una serie de objetos de uso cotidiano. Estos bienes, de eminente carácter suntuario, les permitían vivir con lujo. Los interiores de las casas de los ricos, y de otros personajes en claro ascenso social, estaban, pues, repletas de sorprendentes tapicerías, finas alfombras, magníficas piezas de plata, relucientes cristales de Venecia y muebles de lujo extremo.[1] Todo personaje que se preciara de ser "principal" debía tener con prodigalidad esta clase de objetos (hoy conocidos como "artes útiles" o "artes suntuarias"). Si bien la mayoría de estas obras fueron bienes de ultramar, salidos de los más afamados talleres europeos, la Nueva España ya producía piezas de gran calidad artística en los campos de la orfebrería y la plumaria.

Al despuntar el siglo XVII, otra clase de bienes de carácter suntuario hicieron su aparición en las casas de los potentados novohispanos y se vinieron a sumar a los ya existentes. Recuérdese que en 1571 se fundó la ciudad de Manila y en 1573 se estableció la navegación regular con las islas Filipinas.[2] La ruta del tornaviaje, en este nuevo y productivo contacto intercontinental, trajo consigo una avalancha de variados objetos orientales de gran lujo. Una característica de los menajes de casa del siglo XVII es la presencia de un alto número de bienes suntuarios asiáticos, principalmente chinos. Puerta adentro de cualquier casa de altos recursos económicos coexistían bienes europeos, asiáticos y los producidos en el territorio novohispano. Puede decirse que un peculiar gusto artístico, de carácter tripartita, se gestó en esta época.

LA SALA PARA VISITAS DE CUMPLIMIENTO Y EL ESTRADO

En todas las casas de personas acomodadas existía una sala para recibir a las visitas de cumplimiento; su funcionamiento se regía por un protocolo muy especial. Bajo el mismo techo de esta lujosa habitación —generalmente situada en la planta alta de la vivienda y con acceso directo al balcón principal de la fachada— encontraba acomodo el estrado de la señora de la casa. Los estrados eran, ante todo, espacios femeninos; estaban perfectamente delimitados dentro de las salas de visitas y tenían, al igual que ellas, normas de sociabilidad propias. En el estrado, la señora de la casa recibía formalmente a invitados de su mismo nivel social, aquéllos con quienes había que quedar bien. Estas reuniones eran un medio eficaz para la consecución de algún favor que beneficiaría a la familia, y por ello la anfitriona se esmeraba en cuidar todos los detalles. Puesto que se trataba de un ámbito femenino, el estrado era también el lugar donde se juntaban las mujeres para bordar o tocar música.

Este espacio tomó su nombre de las tarimas de madera que se colocaban sobre el piso de la sala de visitas. Lo anterior permitía la creación de un espacio a mayor altura que el nivel general de la habitación; es decir, con el uso de las tarimas se creaban dos sitios de distintas calidades sociales dentro de una misma sala. En las casas de los ricos las tarimas del estrado estaban cubiertas por ostentosas alfombras de importación. El largo de estos textiles oscilaba entre las tres y las diez y media varas (una vara equivale a 0.835 metros). Las alfombras de mayor largura indican, en cierta forma, las medidas de los estrados más grandes (aunque a veces se usaran dos o tres de ellas para cubrirlos). Los precios variaban según las calidades y los tamaños; las hubo que costaban decenas de pesos y otras casi los 1 000. Todo parece indicar que las alfombras más caras eran las de seda de China; fueron muy estimadas en esta época por su exotismo, colorido y riqueza. Cuando en la documentación de este periodo se hace referencia a alfombras de Castilla o a alfombras moriscas, es muy probable que se haya tratado de textiles elaborados en las localidades de Cuenca, Neira o Alcaraz. En esos sitios de la península ibérica se tejieron alfombras de gran calidad, muy apreciadas en el medio novohispano. Las llamadas turquescas procedían de Turquía y las cairinas eran alfombras españolas que empleaban el famoso nudo egipcio de Fostat (El Cairo).

No hay que perder de vista que también hubo tapetes; se les llamaba alcatifas (sus precios y calidades eran menores que las alfombras). Se usaron tanto en estrados como en cualquier sitio de importancia. En casas de personas de escasos recursos, a falta de las lujosas alfombras y las alcatifas, se colocaban "petates de estrado pintados", que imitaban los ricos textiles de importación.

Sobre las alfombras de los estrados se disponían los asientos para las señoras, a saber, cojines y taburetes; para los varones había sillas y canapés. Las mujeres se senta-

Biombo y alfombra en una habitación, detalle del
Exvoto de don Juan García Trujillo a la Virgen de los Dolores de Xaltocan,
obra de José de Páez, 1751.

ban a la manera morisca (sobre voluminosos cojines); otras veces, las señoras hacían que la servidumbre deslizara, mientras ellas bajaban acompasadamente su cuerpo, pequeños taburetes que quedaban ocultos bajo sus faldas. Ambas formas de sentarse obedecían a la falta de movilidad que producían los enormes y rígidos emballenados y las ampulosas bombachas de la vestimenta femenina de este periodo. Las mujeres, cabe advertir, pasaron de los cojines a los taburetes y de éstos a las sillas a partir del siglo XVIII; el proceso de traslación del cojín a la silla implicó un cambio en el estatus femenino hasta situarse a la misma altura que los hombres.

Un estrado de importancia podía contar con varias docenas de cojines. En la confección de estos asientos femeninos se usaban telas muy ricas: sedas chinas o brocados y terciopelos europeos. Los cojines se bordaban con costosos hilos de oro, seda y plata. Llama la atención el enorme gasto de dinero que significó para los miembros de las élites el hacerse de estos asientos de lujo extremo. Como si el lujo del estrado no fuera suficiente, este espacio podía estar cubierto por una "colgadura de estrado", es decir, un rico dosel, hecho también con sedas y otras opulentas telas de importación, que completaba la escenografía y le daba abrigo.

Fue precisamente en el siglo XVII cuando los biombos se convirtieron en piezas relevantes de los ajuares domésticos.[3] Desde el punto de vista estructural había dos tipos de biombos: los de menor altura se desplegaban en los estrados, en tanto que los más altos

---

Cojines de estrado

"1602. Doce cojines de terciopelo carmesí [y] rosado, aforrados en damasco carmesí de China; llenos de lana; en ciento y noventa y dos pesos de oro común"; "1617. Seis cojines de terciopelo carmesí, nuevos; con sus asientos de damasco carmesí de Castilla, y pasamanos de oro y bellotas de lo mismo"; "1617. Tres cojines de terciopelo negro de Castilla; con asientos de cordobán"; "1644. Veinte cojines de terciopelo"; "1650. Seis cojines de terciopelo y damasco de China; en sesenta pesos"; "1671. Doce cojines, diez de brocatel azul y seis colorados, raídos"; "1674. Doce cojines de un haz, los ocho de damasco y los cuatro de terciopelo, bien tratados"; "1675. Más doce cojines de terciopelo y brocatel, nuevos; a diez pesos cada uno"; "1677. Seis cojines afelpados, de matices, nuevos, con fundas de cotense; apreciados en sesenta pesos"; "1677. Doce cojines, los seis de catalufa y los otros dos de badana pintada, a dos pesos cada uno"; "1677. Seis cojines nuevos de damasco mandarín"; "1680. Seis cojines nuevos de catalufa verde y encarnada"; "1689. Doce cojines de damasco encarnado, de China, de dos haces, con su galón, llenos de lana y borlollas [borlas] de oro y seda, nuevos"; "1690. Diez y ocho cojines de terciopelo, fondo en oro, con galón de borlas de oro fino"; "1694. Seis cojines de damasquillo, embutidos en lana y aforrados por dentro en badana, en doce pesos".

Documentos varios.

se colocaban en las recámaras. Los primeros recibieron el nombre de rodaestrados o ruedaestrados, los segundos fueron los biombos de cama. Los rodaestrados (también mencionados en la documentación de la época como arrimadores de estrado) tenían la finalidad de delimitar los estrados, a la vez que servían como telones de fondo a estos espacios. Si bien estos muebles orientales arribaron a las casas de los ricos en el último tercio del siglo XVI, fue en la siguiente centuria cuando proliferaron, tanto los de importación como los hechos en Nueva España. Fue condición de toda familia de importancia poseer varios de estos prácticos muebles. Hubo, pues, entre la gente adinerada, una marcada competencia por la adquisición de estos novedosos aparatos que, a la vez que permitían la subdivisión de los espacios interiores de las casas, proporcionaban cierta privacidad y protegían a sus habitantes de las molestas corrientes de aire y del frío. De hecho, los biombos de cama estuvieron en íntima relación con el único espacio privado que había en la casa: el lecho de la cama. Cuando una familia no podía afrontar los altos precios de los biombos de laca china o de pintura al óleo utilizaba los biombos de tela.

En las superficies de los rodaestrados y los biombos de cama quedaron representados pasajes de la historia novohispana, imágenes de paseos y lugares de interés, temas etnográficos del mundo indígena, vistas a vuelo de pájaro de la gran capital, historias mitológicas y alegorías de concepción europea, así como gran variedad de

Biombos (biobos o biogos en la época) de importación para estrados y recámaras

"1617. Dos biogos"; "1620. Dos biogos grandes, dorados"; "1635. Un biogo de China, todo dorado"; "1644. Un biombo de doce tablas grandes"; "1652. Un rodaestrado de *Las cuatro partes del mundo*, de diez tablas..., en veinte pesos"; "1652. Un biombo de ocho tablas, de dos varas de alto, de dos haces pintados, *Fábula de Píramo y Trebe* [sic], en cuarenta pesos"; "1677. Un, biogo que llaman rodastrado, de raso amarillo, pintadas unas *Jarras*, nuevo, en cuarenta pesos"; "1679. Tres biobos pequeños, de estrado, de China, de *Montería*, en cincuenta pesos cada uno"; "1679. Un biombo grande del Japón, todo dorado, en ciento cincuenta pesos"; "1681. Un biobo de diez tablas, a dos haces, de la pintura que remeda a la del Japón"; "1683. Un biogo de ocho tablas, en dos pedazos, del Japón, fundado en manta de hilo, embutido con realce de oro y variación de *Flores y animales*..., en doscientos pesos"; "1685. Un rodaestrado de doce tablas, de pintura, en treinta pesos"; "1689. Sesenta pesos, en que se halla apreciado un biobo de diez tablas, a dos haces, de dos varas y tercia de alto; por el uno *Las cuatro partes del mundo*, y por el otro *Las nueve musas*"; "1695. Otros dos biobos de lienzo; el uno de diez tablas y el otro de ocho, de tres varas de alto; apreciados en cien pesos ambos"; "1695. Un arrimador de maque de China, con veintitrés tablas, de vara y media de alto, apreciado en ciento quince pesos"; "1697. Un biobo de estrado, de diez tablas, con *Los cinco sentidos*, bien tratado, en cuarenta pesos apreciado".

Documentos varios.

asuntos orientales (*chinoiserie*). En las hojas de los biombos se pintaron multitud de imágenes al servicio de los intereses de la ideología criolla, como es el caso de la alegoría histórico-geográfica denominada las *Cuatro partes del mundo* (tema en el que se incluía a América como una parte más de la ecúmene occidental), el *Encuentro de Cortés con Moctezuma* o la *Toma de México-Tenochtitlan* por el ejército español. Las vistas de la Ciudad de México y sus paseos eran también una forma de aprehensión, asimilación y transmisión de los valores propios. Destacan asimismo, en un lugar importante, los biombos con alegorías sensoriales, como *Los cinco sentidos*, y los de carácter mitológico, basados principalmente en textos del poeta latino Ovidio (*Historia de Píramo y Tisbe*). El número de hojas de los biombos variaba mucho y a veces se pintaban por las dos caras; los más comunes fueron los de seis, ocho, 10 o 12 hojas. Los biombos más largos fueron los arrimadores de estrado que llegaron a tener 40 hojas.

Por las tardes, los visitantes se entretenían en los variados "juegos de estrado" que había preparado la señora de la casa; también se jugaba a las cartas y a las tablas reales. De igual manera, era costumbre beber varios litros de chocolate, rosolí, clarete o los aguardientes de frutas de la temporada. Mientras permanecían en los estrados, hombres y mujeres fumaban delgados cigarrillos o se daban a la tarea de aspirar por las narices polvo de rapé (tabaco molido) con el fin de estornudar; aparte de liberar presiones y despejar las vías respiratorias, los estornudos eran el pretexto idóneo para lucir las cajas de polvos y los finos "pañuelos de narices o pañuelos de polvos", adornados con ricas puntillas de Flandes, la Lorena, Barcelona o Milán. Algunas cajas para rapé, las de plata o de oro, eran costosas; otras estaban adornadas con piedras preciosas. Si de fumar se trataba, había cigarreras, braseros y pinzas.

Un sirviente de importancia capital en el funcionamiento de los estrados era el maestresala de la casa; él era quien ofrecía a los invitados las delicias que se habían preparado en la cocina. Todo aquello que se comía o se bebía aparecía dispuesto en un reluciente servicio de salvas de plata (bandejas) y se hacía circular con tiempos definidos. Fue común en estas reuniones que la señora de la casa tocara el clave, el arpa o la guitarra de Castilla.

Una actividad reiterada en los estrados del siglo XVII fue beber chocolate acompañado de pan dulce. Para ello había utensilios especiales, creados ex profeso para tan agradable ritual. Una vez que la bebida era preparada en las chocolateras de cobre, el preciado líquido podía servirse en cuatro diferentes tipos de recipientes para tomarlo. Éstos eran: los cocos con asas y pies de plata, los cocos sin asas ni pies —o tazas— que se acomodaban en las mancerinas, las tazas de maque oriental y, por último, las salvas para chocolate (*chocolateries*). En las casas importantes, los cocos con asas y pies de plata, al igual que las mancerinas, se contaban por docenas; las alacenas de las despensas estaban repletas de estos objetos. Las mancerinas y las salvas chocolateras servían para colocar alrededor del recipiente que contenía el chocolate —ya fuera un coco o una ta-za— pequeñas piezas de pan de dulce para ser sopeadas. Estas bandejas se manejaban con una sola mano, al tiempo que la otra quedaba libre para poder introducir en el cho-colate los bizcochos. El cotidiano ritual del chocolate requería el uso de paños falderos y de servilletas, hecho considerado de un exquisito refinamiento social.

Otra actividad dominante en los estrados era "el arte de la conversación"; allí se co-mentaba, no sin envidia, la delicada belleza del sorprendente aderezo de perlas que la señora virreina había lucido en la comedia de palacio; el devastador incendio que había sufrido tal o cual iglesia; lo largo —un credo— del último temblor de tierra; la escasez de maíz y sus altos precios; las constantes inundaciones que sufría la capital, o la fortu-na que habían gastado los patronos de cierto templo, al cargar sobre sus bolsillos con la onerosa construcción de la iglesia de su preferencia. Curiosamente, el "arte de la conver-sación" podía ser cifrado; mediante el galante lenguaje de los abanicos, las mujeres ha-cían llegar mensajes amatorios y signos ocultos a sus pretendientes. Fue tan grande el éxito de los abanicos en esta época que doña Bernarda Laurencia de Torres, camarera de la virreina doña Elvira de Toledo, era dueña de 60 abanicos de China y de España.[4]

De los muros de la sala de visitas colgaban magníficos espejos de importación (los mejores y más caros que había logrado obtener la familia). En ocasiones se les mencio-na como "espejos de vestir". Debido a problemas técnicos no era posible hacer láminas azogadas de gran formato; eran piezas mas bien pequeñas. El uso de espejos dentro de las casas remite a los palacios europeos, donde estaban de moda las galerías y los salo-nes de espejos. Estas piezas —símbolos por excelencia de la vanidad humana— se con-virtieron en distintivos sociales (toda familia de importancia debía tener espejos en sus casas). Sus precios aumentaban todavía más cuando los marcos eran de plata labrada, de ébano y marfil, de maque oriental, de carey o de fina marquetería.

Una gran variedad de muebles eran colocados tanto sobre la tarima del estrado co-mo en la sala de visitas. Escritorios, papeleras, bufetes (mesas), bufetillos (cajas de es-cribir), contadores, cajas de varios tipos, baúles y sillas fueron los muebles más comu-nes en estos espacios. Los más caros y de gran fineza se destinaban al moblaje del estrado. Por ejemplo, la marquesa de San Jorge poseía, en 1695, un sorprendente bu-fete de estrado de plata maciza.[5] Medía una vara de largo y su peso alcanzaba los 175 marcos de plata (más de 40 kilos del preciado metal). Junto con esta mesa se inventa-rió otra, más pequeña, también catalogada como de estrado; según el aprecio que se hi-zo pesaba 43 marcos de plata y fue descrita como "un bufete de luces".

Llama la atención que en las salas de visitas, los estrados, las recámaras y otras habi-taciones de importancia se acumularan —a veces apilados unos sobre otros— numero-sos escritorios, papeleras, bufetes, bufetillos y escribanías; muebles, todos, relacionados con la escritura, aunque sus dueños no supieran escribir o lo ejecutaran con torpeza. To-

Estrado con damas e instrumentos musicales,
en el cuadro de Luis Berrueco en el que San Juan de Dios muestra
a prostitutas de Granada el camino de la salvación, 1743.

da casa importante guardaba entre sus muros una buena dotación de estos muebles. Tan no estaban destinados a las funciones para las cuales habían sido creados, que en sus interiores se guardaban joyas, rosarios, pañuelos, pedacería de plata, hilos, chaquiras, telas para remiendos o chucherías. La posesión de muebles para escribir fue, de nueva cuenta, un asunto más ligado al prestigio social que a la escritura *per se*. Sentado frente a uno de los muchos escritorios de la casa, el jefe de la familia tomaba un papel, para luego hacer uso del recado para escribir; en el papel se asentaba una orden, al terminar de redactarla le imprimía su sello personal con un punzón y lacre, y por último, el señor de la casa llamaba con una campanilla de plata al sirviente, quien entregaría la orden para ser ejecutada. El proceso de escribir órdenes era, y sigue siendo, todo un acto de poder, de ahí el éxito de estos muebles. Por imitación, los muebles para escribir no faltaron en las casas de estratos sociales menos afortunados, aunque nunca se escribiera en ellos.

Otros muebles que encontraron acomodo en las salas de visitas eran las alacenas con puertas de alambre y los escaparates. En las primeras —a veces también situadas en las despensas, junto a la cocina— se guardaban costosos lotes de porcelana de China (la blanca con decoraciones en azul era la más socorrida; provenía de la localidad de Jingdezhen). También era usual encontrar alacenas repletas de búcaros de barro colorado bruñido de Tonalá (Jalisco) y de Chile. Los barros fueron bienes muy estimados por las élites; se exportaron en grandes cantidades a Europa (estaban de moda entre los círculos cortesanos del Viejo Continente). Con objeto de dotarlos de mayor belleza y riqueza, estos recipientes eran enviados a los talleres de orfebrería para que se les agregaran adornos y otras labores de plata.

Los escaparates funcionaban como "cámaras de maravillas"; imitaban a los gabinetes de curiosidades europeos. Eran muebles muy lujosos. Entre los más caros se cuentan los de ébano y marfil. Los escaparates tenían vidrieras traslúcidas; en ellos se exhibían —a manera de colección— variedad de piezas de carácter preciosista, objetos raros (procedentes de lejanos sitios), así como chucherías y juguetes. Un escaparate podía albergar copias de muebles en miniatura realizadas en plata, flores orientales talladas en piedras preciosas, leones tasetse (también llamados perros de Fo o leones de Fou Kien), finas tazas de porcelana, vidrios de Venecia, cocos de la tierra, amuletos, perfumadores de filigrana de plata, ramos de coral, caracoles de mar guarnecidos con labores de plata, salvas y confiteras incrustadas con piedras bezoares, etc. Cabe aclarar que las piedras bezoares o piedras bezales eran los cálculos biliares de los venados, a los cuales se les atribuyeron múltiples poderes; si se encontraban engarzadas en tazas, platos, bandejas o confiteras se creía que detectaban posibles venenos y hacían nulos sus efectos; si se colgaban en el cuerpo, como joyas, servían para contrarrestar influencias negativas y acabar con el "mal de ojo".

La forma de iluminar estas salas era por medio de candiles de plata que colgaban de los techos de las habitaciones. El candil de la sala de visitas de la marquesa de San Jorge era una pieza de gran belleza. Fue descrita de la siguiente manera: "un candil de 20 luces, con una varilla de fierro que sirve para armarlo".[6] Pesaba más de 21 kilos del noble metal. En la capilla familiar de los Retes había otro candil, era de 20 luces y los brazos tenían forma de hojas de acanto. El resto de la casa de los marqueses se alumbraba con otros candiles de plata, en forma de hojas de parra; sobre los estantes y otros muebles había pequeños candiles de filigrana de plata.

A partir de los primeros años del siglo XVII, los relojes de repetición, llamados también "de muestra", y otros complejos aparatos de sonería irrumpieron en las salas de los ricos.[7] Los monarcas españoles de esta época mandaron como regalo a los gobernantes del Japón relojes occidentales; eran objetos suntuarios muy estimados en todo el mundo. Estaba de moda medir el tiempo sin tener que tratar de escuchar el sonido de las campanas de las iglesias, ir a la plaza Mayor para ver el reloj público u observar los relojes de sol, con los inconvenientes que resultaban de los días nublados y las noches. Computar el tiempo, de manera privada, fue sin duda un adelanto técnico que marcó la vida cotidiana. Los altos precios de los relojes los alejaron de la gente común; eran piezas de lujo extremo que satisfacían los anhelos de prestigio social de las élites. El reloj de la marquesa de San Jorge medía vara y media de alto, tenía una estatua en la parte superior, realizada en bronce sobredorado y la caja era de madera de ébano con aplicaciones de carey y marfil.[8] Por lo general, las cajas de las máquinas estaban decoradas con figuras de la mitología clásica, alusivas al tiempo. A tal grado llegó la pasión por los relojes entre las élites novohispanas que en el siguiente siglo el conde de la Torre Cosío, gran aficionado de los relojes, fue el mecenas de la primera publicación periódica del mundo dedicada a la construcción y conservación de estas máquinas.[9] Con el advenimiento del siglo XVIII nació la costumbre de usar relojes individuales (dos de ellos se cosían a los vestidos de las mujeres). Además de estos aparatos para medir el tiempo, había figuras que se movían o danzaban mecánicamente, conocidas como autómatas.

En las habitaciones de importancia de la casa había un buen número de pinturas con imágenes sagradas, producto de la devoción familiar. Pero también hubo pinturas profanas como *Los meses del año* y *Las cuatro estaciones*. A veces había vistas de batallas navales, de puertos, marinas, cuadros de paisajes (países) y retratos de personajes históricos (Cortés, Colón, Alfonso el Sabio, duque de Alba, Carlos V). El número de pinturas fue altísimo; algunas casas eran verdaderas pinacotecas.

LAS TAPICERÍAS

Después del éxito que tuvieron las tapicerías en las casas del primer siglo de vida virreinal, estos lujosos textiles tendieron a desaparecer.[10] Su presencia en los siglos XVII y XVIII debe de ser entendida como un resabio de otras épocas. Al incrementarse en el siglo XVIII los escudos nobiliarios, los reposteros (textiles donde se exhibían los blasones familiares) multiplicaron su número. Las tapicerías historiadas se sustituyeron por acartonados óleos con las imágenes del linaje y la estirpe familiares.

En 1602 doña Juana de Figueroa contrajo matrimonio con don Melchor Guerrero Dávila, (miembro, este último, de una de las familias más poderosas del virreinato).[11]

Mujer lujosamente ataviada,
detalle del cuadro *Bautismo de San Francisco de Asís*, de Luis Berrueco.

Prueba del alto poder económico de la contrayente es la presencia en el instrumento dotal de nueve "paños de corte". Los "paños de corte" —así se les llamaba a las tapicerías más finas— eran textiles historiados; en las tapicerías de doña Juana se desplegaban variados asuntos de montería y la moralista historia del *Baño de la casta Susana*; este tema era ideal para la nueva casa que se formaba, pues la historia promovía la fidelidad que debía guardar la mujer dentro del matrimonio. Como se observa, ciertas conductas humanas eran encauzadas por medio de los mensajes moralizantes que contenían los tapices. Las nueve tapicerías, tejidas con hilos de seda, oro y plata, fueron tasadas en la alta cantidad de 700 pesos (suma, con la que se podían adquirir en ese momento dos esclavas negras, jóvenes y fértiles). No cabe la menor duda de que las tapicerías contenidas en ese documento notarial fueron textiles de importación de primera línea —tal vez tejidos en las localidades de Arras (Francia) o en Bruselas. Dada su inmejorable calidad y alto costo, cabe suponer que los paños fueron colocados en la sala de visitas de cumplimiento o en el estrado de doña Juana. Por lo que toca a los paños con asuntos de montería, hay que recordar que los miembros de la nobleza practicaron la caza y la cetrería como actividades de alta investidura social. Es de lamentar que no se hayan descrito en detalle los asuntos que trataban. La venación en cotos reales, la mítica caza del unicornio, la caza del jabalí y otros temas de montería —sobre todo de caza mayor— fueron motivos iconográficos de distinción señorial.

En 1608, doña Ana de la Serna se casó con don Alonso Sánchez Montemolín. Este personaje, se sabe, llegó a ser destacado miembro del Consejo de Indias.[12] Abren el "Inventario dotal" de doña Ana, dos partidas que no ofrecen duda del alto nivel económico de la contrayente, a saber, 6 000 pesos de oro común, en efectivo, y unas cadenas de oro que pesaron 2 000 castellanos. Inmediatamente después de las cadenas de oro, aparecen inventariadas dos sorprendentes series de tapices. Recuérdese que las tapicerías viajaban junto con sus dueños, eran escenografías itinerantes que proporcionaban relumbre social. En la mencionada "Carta de dote" se especifica, claramente, que las tapicerías eran "ricas"; su número ascendía a 11 paños, y se hizo anotar en el documento que habían sido tejidas en la ciudad de Bruselas. Los temas que narraban eran la *Historia de Daniel* y los *Triunfos del rey Nabucodonosor*. Dada la supremacía de las dos series de tapices fueron tasadas en la altísima suma de 1 600 pesos.

EL SALÓN DEL DOSEL

En las casas de los miembros de la nobleza titulada existía un lujoso salón destinado a honrar a la Corona española. Este peculiar espacio de privilegio recibía el nombre de salón del dosel, debido al rico conjunto de ostentosas telas con que se armaba un baldaquino, bajo el cual estaba colocado un sillón a manera de trono. Era un espacio de solemnidad real que abría sus puertas sólo en ocasiones muy especiales. El asiento, tapizado por lo general con las mismas telas de las que estaba hecho el dosel, era colocado sobre una tarima de madera cubierta por una alfombra de calidad. Frente al trono había un cojín para los pies. Más que un mueble para sentarse, el espectacular asiento representaba a la monarquía española. Si un rey cualquiera hubiera visitado un salón del dosel —cosa que nunca ocurrió—, por razones de protocolo y dignidad del personaje se le habría recibido en ese sitio. Cabe hacer notar que en retratos de monarcas y virreyes aparecen imágenes de tronos; en los "retratos de aparato", los representantes reales fueron representados de pie, a un lado de los asientos oficiales, nunca sentados sobre esos muebles que, como ya se mencionó, simbolizaban a la Corona española.

Una pintura con el retrato del monarca en turno completaba la escenografía del salón; esta imagen se situaba sobre el espaldar del dosel. Cada vez que ascendía al trono de España un nuevo gobernante, los nobles encargaban al obrador de pintura de su preferencia el retrato del nuevo monarca. Dado que en "Inventarios de bienes" suelen aparecer consignados retratos de reinas, puede suponerse que estas pinturas también encontraban acomodo bajo el dosel o cerca de él. El salón del dosel también podía albergar los retratos del príncipe de Asturias (primogénito de las parejas reales), de los virreyes en funciones y de sus esposas. Tanto el virrey como la virreina eran, recuérdese, representantes de los monarcas españoles en estas tierras; si el virrey aparecía por casa se le recibía en este salón para rendirle los honores correspondientes a su dignidad.

Otros complementos de este magnífico salón eran finos espejos, además de sillas, mesas, alfombras y cortinas. En la cabecera contraria al sitio donde estaba dispuesto el dosel se colocaba una cinta (baldaquino), que resguardaba la figura de un Crucificado, por lo general una talla de marfil de procedencia china. Las paredes de las salas de visitas, al igual que las del salón del dosel y las de los oratorios particulares, estaban forradas de telas y cueros repujados, pintados y dorados (cordobanes).

EL ORATORIO

Toda familia de importancia tenía dentro de su casa un oratorio particular. Para ello había que pagar una licencia en el arzobispado. En el oratorio era común encontrar un pequeño retablo de madera dorada —o un tríptico que funcionaba como tal—, una mesa de altar para oficiar la misa, un frontal, ornamentos para uso de la misa y del sacerdote, así como misales, palabreros, cálices, blandones, manteles palias, espejos, hostiarios, relicarios, incensarios, campanillas, salvas y vinajeras. Del techo colgaba una rica lámpara de plata y sobre los muros había diversas imágenes de la devoción particular de los dueños. En algunos oratorios se disponían cuadros de paisaje (países) y tableros de concha (enconchados) con escenas de las vidas de Jesús y María, así como otras pinturas religiosas, esculturas devocionales y nacimientos. Era común que sobre el presbiterio se colocara una alfombra. En el oratorio de casa oían misa la familia, sus amigos y los sirvientes. No había bancas para sentarse. En algunos casos hay menciones a tabernáculos. Las imágenes marianas, al igual que la dueña de la casa, tenían sus propias joyas y vestidos.

EL SERVICIO DE MESA DE PLATA Y ORO.
LOS MOSTRADORES DE ORFEBRERÍA Y CRISTALERÍA

Las múltiples piezas de orfebrería de que estaba compuesto el servicio de plata y oro de las mesas estuvieron, como es lógico suponer, ligadas a la necesidad de ostentación y boato de los estamentos más privilegiados de la sociedad virreinal; en su adquisición se gastaban enormes sumas de dinero. Debido a la abundancia de plata en el virreinato, puede afirmarse que no hubo casa de mediana calidad en la que no hubiera un plato, un salero, una cuchara o un pichel de ese metal. En las casas de los ricos las piezas de plata civil se multiplicaban al infinito y las tipologías fueron muy variadas. Son reconocibles varias calidades y técnicas (plata labrada, plata blanca, plata sobredorada, plata de filigrana) aunque predominaron las piezas de plata blanca.

Una costumbre que mejor retrata el gusto que tenían los miembros más acaudalados de la sociedad virreinal por ser vistos en escenografías de sorprendente lujo, fue el uso de mostradores de orfebrería y cristales durante las fiestas que ofrecía la familia. Cuando se celebraba una boda, un aniversario u otro ágape de importancia social, los

---

Piezas de plata en una carta de dote

Nueve salvillas de filigrana; seis ayaguajes; dos candeleros; dos pebeteros; seis baulitos; un escritorio; una salvilla con un óvalo de oro de filigrana; un azafate; un bufetillo de estrado; dos bernegales; un barco con su salvilla; un salero; un pichel; dos jarros de pico; un jarro con su tapadera; un pimentero; una fuente dorada; un perfumador; un pichel; un tintero; un salvadera; un plumero; una caja de obleas, una campanilla; una palangana tachonada; dos jícaras grandes; un taller de cinco piezas; una cantimplora; un cubo; una confitera; cuatro candeleros, una taza de pie; doce platillos; dos platones grandes; dos platones medianos; doce cucharas; seis tenedores; seis tazas de China guarnecidas de plata dorada; dos cucharas de plata con los cabos esmaltados.

Carta de dote en el matrimonio del capitán Pedro Escalante y Mendoza con doña Josepha Gertrudis de Saravia de Rueda (3 de abril de 1679). AN, Notaría 635 de Juan Leonardo de Sevilla, ff. 18r-23v.

Mostrador con objetos de plata,
detalle del cuadro *Bautismo de San Francisco de Asís,* de Luis Berrueco.

anfitriones mandaban que los sirvientes construyeran junto a las cabeceras de la mesa de fiesta enormes mostradores.[13] Estos muebles, de carácter efímero (al concluir los banquetes se desmontaban), eran estructuras de forma piramidal, hechas con tablas en disminución y caballetes. Las armazones estaban invariablemente recubiertas por finas telas, a veces adornadas con olorosas ramas de pino y flores. Sobre los múltiples niveles de la pirámide se exhibían las mejores piezas de plata y oro del ajuar de mesa que poseía la familia: fuentes, pebeteros, salvas, jarras de pico, confiteras, vasos, bernegales y platos. No sólo encontraban acomodo en estos curiosos muebles las piezas de orfebrería sino también los afamados cristales de Venecia. Con el pretexto de las fiestas, las familias competían entre sí para ver quien montaba el mejor mostrador, cuajado siempre de relucientes objetos de metal y fina cristalería de importación.

La desbordada pasión de los ricos por el uso de mostradores de orfebrería y cristal no tuvo límites. A tal grado llegó el afán de ostentación que, con motivo de los bautizos, las familias cargaban con mostradores y otros objetos suntuarios del ajuar doméstico para decorar los bautisterios de los templos. En 1649 el arzobispo don Juan de Mañozca prohibió su uso dentro de las iglesias. Este dignatario eclesiástico ordenó "que no se pongan en los bautisterios colgaduras y tapices, ni mesas con plata labrada y otros aparatos profanos".[14] Disposición que por supuesto ignoraron los ricos. Como se observa, parte del lujoso ajuar doméstico salía de las casas para acompañar a sus dueños en actos públicos.

El centro de las mesas de fiesta era ocupado por un elaborado taller de plata que contenía los aliños con que se sazonaba la comida. A su derredor había varios saleros con tapa y pequeñas cucharas para servir la sal. Cada comensal tenía en su lugar platos individuales, a veces de diferentes tamaños. Por lo que toca a los cubiertos de mesa, se conocían las cucharas, los tenedores y los cuchillos; sólo las cucharas se usaron en forma personal. Los cuchillos y los tenedores permitían cortar y servirse los alimentos en los platos. Casi todo se comía con los dedos. Las cucharas servían para tomar las sopas y los caldos. En las mesas de esta época se usaron poco los tenedores. Los comensales se limpiaban las manos con paños falderos y servilletas.

LA LETRINA Y EL BAÑO

Por lo general las letrinas estaban situadas detrás del patio de servicio, junto a los corrales, el jardín o la huerta; siempre alejadas de las habitaciones familiares, puesto que eran sitios pestilentes, sin agua corriente. El mobiliario de las letrinas consistía en un simple tablón con varios hoyos. No había, pues, retretes dentro de las casas. Cada vez que había necesidad de defecar o de orinar en las habitaciones, los miembros de la familia hacían uso de bacinicas y orinales. Noche a noche estos baños portátiles eran colocados junto a las camas; por las mañanas los desechos eran vertidos en las calles o en los retretes. No hay que perder de vista que había orinales de lujo, hechos de plata, que podían utilizarse en cualquier parte de la casa. El uso de los orinales era un acto que estaba lejos de ser privado. Por ejemplo, el Ayuntamiento de México regaló, en 1660, al conde de Baños, como parte del festivo aparato de su entrada triunfal a la ciudad, un magnífico orinal de plata maciza.[15] Regadas por las habitaciones había escupideras de plata o de azófar. Las elementales normas de la higiene racionalista no habían aparecido aún.

Cada vez que un miembro de la familia requería un baño caliente un buen número de sirvientes se ponía en movimiento. Mientras la servidumbre llevaba a una recámara, o al tocador, una tina de madera con aros de hierro, varias criadas calentaban agua en el fogón de la cocina. Los sirvientes hacían múltiples y largos viajes para llenar de agua la tina. Bañarse era siempre una molestia, por lo que este acto no ocurría en forma habitual. Sin embargo, algunas casas estaban dotadas con instalaciones de agua corriente para bañarse. Llama sobremanera la atención que la casa del capitán Joseph Cristóbal de Avendaño, remodelada en 1672 por el arquitecto Cristóbal de Medina Vargas, contara con un baño con agua fría y caliente. Estaba situado en el entresuelo, cercano al jardín, y tenía "una hornalla para una caldera para el agua caliente y otra… para el agua fría, con sus llaves y caños, para que por de dentro [poder] abrir y cerrar [las llaves], para que entre dicha agua en el baño".[16] De esta manera la tina de madera podía llenarse de agua, sin complicaciones, y regularse la temperatura a voluntad. Es en esta época cuando aparecen los baños dentro de las casas. La marquesa de San Jorge tenía en su casa de San Agustín de las Cuevas "un baño, con un perol grande de cobre en él".[17]

LAS RECÁMARAS

Fue costumbre en las residencias de personas de altos recursos económicos que el hombre de la casa y su mujer tuvieran dormitorios separados. El mueble más importante de las recámaras o aposentos (nombres que al parecer se usaron indistintamente para denominar a los espacios donde se dormía) era la enorme y suntuosa cama, cobijada por un cielo de tela, a manera de dosel. Además de los cielos, las camas se complementaban con ostentosos cortinajes que, al correrse, daban lugar al único espacio de intimidad con que se contaba en la casa, es decir, el lecho.

Por lo general las camas incluían cuatro grandes pilares de madera, uno en cada esquina del lecho. También las había con dos de ellos; en estos soportes se fijaban las armazones que sostenían los cielos y los cortinajes. A veces los pilares estaban recubiertos por mangas de telas muy finas con el objeto de dotar de mayor riqueza al mueble. Las camas con doseles llegaron a costar enormes sumas de dinero y estaban más relacionadas con el lujo, el exotismo y la apariencia, que con el confort (estado físico y psicológico que llegó a los interiores de las casas hasta bien entrado el siglo XVIII).

Las camas podían tener una o dos cabeceras. Más que muebles de carácter práctico, la gran mayoría eran escenografías de carácter grandioso. Las enormes estructuras de la parte superior se armaban con tornillos, en tanto que la caja del lecho podía tener partes ensambladas con el sistema de caja y espiga.

Se han identificado varios tipos de camas a lo largo del siglo XVII. Al parecer, las más tempranas fueron las de madera tallada y dorada. Todo parece indicar que las más comunes fueron las que tenían una gran cabecera, armada por un buen número de pequeños barrotes de madera torneada, colocados en disminución, formándose de esta manera un gran remate de perfil triangular (también las hubo con remates rectos). Otras camas de importancia, por lo general de finas maderas (granadillo y tapinsirán), ostentaban variadas aplicaciones de bronce: mascarones, óvalos y tarjas. Otras más fueron las de China, traídas al virreinato novohispano en el galeón de Manila; eran de madera laqueada, ya sea con fondo rojo o negro y decoraciones en oro. Tal vez las más suntuosas fueron las de madera de ébano con columnas salomónicas e incrustaciones de marfil. La cama de la marquesa de San Jorge fue de este tipo.[18] En el avalúo que se hizo alcanzó los 1 000 pesos (cabe señalar que no entraron en el aprecio los notables complementos de tela ni los colchones).

En lo tocante a las dimensiones, las camas podían ser de dos tipos, "camas enteras" o "medias camas"; las primeras fueron las de mayor tamaño, las segundas, como su nombre lo indica, eran las más pequeñas (el término "media cama" parece referirse también a camas con dos pilares). No hay que perder de vista que dentro de las casas de las élites hubo camas de varios precios y calidades, esto dependía del tamaño y de los materiales que se usaran, tanto en los muebles como en los cielos y los cortinajes. Los precios de las camas se sitúan en una escala que va desde las decenas de pesos hasta los 1 000. También es común encontrar referencias a catres y camas de madera ordinaria de Xochimilco (pino). Estos rústicos muebles para dormir fueron destinados para el uso de la servidumbre, en los aposentos de los mozos y los de las mozas. Cuando una familia viajaba fuera de la ciudad era común que cargara con las camas de campo, de caminar o de camino; muebles plegables que se armaban en las ventas de los caminos.

Las cajas de los lechos de las camas de importancia se formaban con largueros y tablones; sobre las tablas se apilaban dos colchones, uno arriba del otro (a veces aparecen mencionados tres de ellos). La cama podía o no estar asentada sobre una tarima, con esto se ganaba altura, al tiempo que el mueble adquiría mayor dignidad y un efecto de montaje teatral.

Cama con dosel y muebles de una habitación femenina, detalle del cuadro anónimo
Nacimiento de Santo Domingo de Guzmán, siglo XVII.

Las sedas chinas, llegadas al virreinato en el galeón de Manila, eran las preferidas para confeccionar los cielos, las cortinas y las mangas de las camas. También se utilizaron los damascos, los rasos y las telas de algodón teñido con grana cochinilla (estas últimas de manufactura local). Cuando se registran en los "Inventarios de bienes" esta suerte de complementos, llama la atención los numerosos metros de tela que eran empleados en su manufactura y los altos precios. Telas como la zaraza, el lóes, el regue, el damasco de Granada y el raso eran muy comunes en camas de importancia. Los colchones se rellenaban con lana; sus fundas eran de cotense o de bramante crudo. Los colchones cameros fueron los grandes y los medios cameros los más pequeños. Las almohadas también se apilaban unas sobre otras para ganar altura; a veces se usaban tres de ellas para descansar o dormir. Otros componentes del ajuar de cama eran las sábanas, las colchas de seda de China, los rodapiés, los traveseros y los acericos, piezas que por lo general hacían juego con las sobrecamas, colchas, los cortinajes y los doseles.

Era costumbre colgar en las cabeceras de las camas la imagen de un Crucificado, generalmente una obra china de marfil, y algunas veces láminas de pintura con los santos de la devoción del ocupante de la cama. Bajo o junto al lecho estaban la bacinica y el orinal, también podía haber varias petacas de camino, en las que se guardaban multitud de cosas, desde cacao, especies, listones, encajes e incluso joyas. El resto del mobiliario de la recámara era reducido, consistía en una mesa, baúles y cajas para guardar la ropa y otras pertenencias. Hacia fines del siglo XVII el indispensable biombo de cama había triunfado en este espacio; este mueble, al ocultar las camas, atajaba las miradas indiscretas de visitantes y sirvientes. Cabe advertir que no había en las recámaras de esta época ni roperos ni cómodas para guardar la ropa. Estos prácticos muebles fueron inventos del siglo XVIII, producto de la Ilustración y sus afanes de orden y catalogación; por ello el uso de baúles y cajas era indispensable dentro de las recámaras. En algunos aposentos de importancia había escritorios y cajas de Alemania, muebles que se trataron cuando se habló del estrado, así como tinajas para beber agua.

La servidumbre dormía en aposentos comunes, divididos por sexos; en algunos casos los esclavos varones ocupaban covachas bajo los descansos de las escaleras. La familia lo hacía siempre en la planta noble de la casa. Había cunas para los recién nacidos en las habitaciones de sus madres.

EL TOCADOR

Una habitación de importancia era el tocador. En este sitio se llevaba a cabo el diario y complicado arreglo personal de los miembros de la familia; allí se cortaban el pelo, lavaban, vestían, enjoyaban, perfumaban, retocaban y acicalaban. Era común que el tocador estuviera cerca o adjunto a las recámaras. Si bien desde finales del siglo XVII hay indicios claros de que las mujeres eran ya las dueñas de estos espacios de vanidad, fue en la siguiente centuria cuando los tocadores se convirtieron en sitios exclusivos del arreglo femenino. Esta singular habitación recibió el nombre del mueble que allí se colocaba, llamado tocador. Para armar un tocador bastaba con tener una silla, una mesa cubierta con una tela fina y un espejo. Cabe advertir, sin embargo, que en registros de bienes del siglo XVII es común encontrar referencias a tocadores, ya integrados como muebles especializados. Valgan de ejemplo las siguientes referencias: "un tocador y otras cajuelas" (1605); "un tocadorcito de China" (1689); "un tocador de la Sierra, en sesenta pesos" (1689); "un tocador de lináloe, en veinticinco pesos" (1691).

En el ritual del aseo y el adorno del cuerpo se hacía uso de mesas, bacías, aguamaniles, palanganas y frasqueras, así como de polvos de arroz y de almidón, coloretes, aceites, peines, escardadores, espejos, perfumes y pomas de olor. Hombres y mujeres pasaban largas horas en los tocadores; recuérdese que muchos de los aditamentos de los vestidos de esta época, sobre todo los de las mujeres, eran hilvanados, cocidos o prendidos con alfileres a las ropas en el mismo momento de vestirse. El poco privado acto de

Un tocador femenino con joyas, perfumeros y otros objetos,
detalle del cuadro *Conversión de Santa María Magdalena*, atribuido a Juan Tinoco.

vestir a una mujer podía durar varias horas y requería la ayuda de las doñas o dueñas quienes le colocaban, bombachas, mantellinas, chambergas, polleras, emballenados, capotillos, mangotes, sobretodos, tápalos, tapapiés, sayas, huipiles, quesquémiles, faldellines, fallas, ceñidores, medias, calcetas, paños de red, vueltas, rebozos, paños de tapar, rosas de tocados, cordones, guantes, regalillos, bobillos y multitud de puntillas y encajes.

EL SALÓN DE JUEGOS Y LAS MESAS DE TRUCOS

Parte importante del mobiliario civil de los potentados del siglo XVII, aunque no generalizado del todo, fueron las mesas para jugar al truco y sus costosos complementos. En algunas casas de la nobleza existía, incluso, una habitación dedicada en forma exclusiva al ejercicio de este juego. El truco se jugaba en una mesa, con tacos y bolas de marfil; es el antecedente del moderno billar. En la casa de los marqueses de San Jorge, "frontera a la cerca de San Francisco", había un salón de juegos. Este espacio albergaba "una mesa de trucos de seis varas de largo, con dos pares de bolas y una docena de

---

El vicio del juego de naipes entre los novohispanos

A lo que se dice de la lindeza de las mujeres puedo yo añadir que gozan de tanta libertad y gustan del juego con tanta pasión, que hay entre ellas quien no tiene con todo un día y su noche para acabar con una manecilla de primera cuando la han comenzado. Y llega su afición hasta el punto de convidar a los hombres públicamente a que entren en sus casas para jugar. Un día que me paseaba yo por una calle, con otro religioso que había ido conmigo a la América, estaba a la ventana una señorita de gran alcurnia, la cual conociendo que éramos chapetones (nombre que dan a los recién llegados de España el primer año), nos llamó y entabló conversación con nosotros. Después de habernos hecho dos o tres preguntas muy ligeras sobre España nos dijo si no queríamos entrar y jugaríamos una manecilla de primera.

Thomas GAGE (1648), *Nuevo reconocimiento de las Indias Occidentales.*

---

tacos"; el conjunto fue apreciado en 150 pesos.[19] La referida mesa medía cinco metros de largo y se le habían adaptado siete soberbios candiles en forma de "bichas". Estas figuras, mitad mujer mitad animal, de carácter decorativo, fueron adornos de los retablos dorados de esta época. Un enorme y magnífico cielo de tela de brin cubría la mesa de juego. El cielo estaba pintado al óleo; tal vez contenía escenas de la mitología clásica o paisajes. Otros juegos de esta época eran los que se jugaban en los tableros de escaques: el ajedrez, las tablas reales, el asalto, las damas chinas y el *jacquet* o chaquete. Los dados y los innumerables juegos de cartas a que fue tan afecta la población virreinal eran diversiones de todos los días.

LA COCINA Y LAS DESPENSAS

La cocina, espacio dedicado al mantenimiento del cuerpo y la experimentación culinaria, fue un sitio de importancia capital dentro de las casas. Debe señalarse que, al no existir un espacio dedicado en forma exclusiva al acto de comer, los miembros de la familia lo hacían en las cocinas, en las recámaras o en cualquier otro espacio donde se les antojara.[20] Para ello bastaba con montar unas tablas sobre caballetes, poner un mantel y llevar los alimentos. Comer en la cocina tenía enormes ventajas, todo estaba a la mano y los platillos permanecían calientes más tiempo. Cabe advertir que el comedor, como espacio especializado, surgió alrededor de la cuarta década del siglo XVIII; los comedores (conjunto de muebles que hacían un juego) fueron inventos muy tardíos. Para cocinar había dos tipos de fogones: el castellano y el andaluz (la forma en que se colocaba la leña era diferente).[21] Fueron dos maneras distintas de preparar la comida; ambas heredadas de España. El fogón castellano era una amplia chimenea —los alimen-

tos se cocinaban en la parte baja, utilizando para ello un brasero de hierro que se acomodaba sobre las brasas del rescoldo. El fogón andaluz era una obra de mampostería
con hornillas en la parte superior y no tenía tiro. Todo parece indicar que en el siglo XVII
el fogón más popular entre los estamentos más ricos de la sociedad novohispana fue el
castellano. Además del brasero se contaba con las llares (ganchos con cadenas), de las
que pendían los peroles y las ollas. Este mecanismo permitía sujetar los recipientes para acercarlos o retirarlos del fuego a voluntad. Junto a la cocina, o dentro de ella, se
construyeron hornos para cocer el pan. En algunas casas existían pequeños hornos de
hierro no integrados a la arquitectura de la casa.

Toda cocina de personas con amplios recursos económicos tenía numerosos peroles de cobre, algunos de ellos con cinchos de hierro para sujetarse a las llares. Sus tamaños y formas variaban. También había cazos del mismo material de diferentes medidas. En los peroles y los cazos se preparaban los dulces, los almíbares y las conservas
de frutas. Cabe advertir que eran trastos muy caros. Partidas especiales en los registros
notariales revelan la alta estima que se tenía por "los cobres"; su peso se calculaba en
libras. En las cocinas había también variedad de ollas, sartenes, pailas para freír, calde-

Cocina con garabato, batea para lavar y mesa,
en el cuadro *Jesús es recibido en la casa de Martha y María*, de Nicolás Rojo.

retas y cazuelas. De alguna de las vigas del techo colgaban uno o varios garabatos en los que se resguardaban los embutidos, las cecinas y la carne seca (siempre lejos de los animales domésticos; recuérdese el sabio refrán: "un ojo al gato y otro al garabato"). Sobre tablas, colgadas en lo alto de la habitación, se colocaban los pescados ahumados, o salados, los quesos y otros alimentos que requerían orearse. En todas las cocinas había un almirez con su mano, por lo general hecho de azófar, destinado a la trituración de las especias y los granos. Una cocina bien equipada debía tener, además de los trastos ya mencionados, un asador, un machete, uno o varios cuchillos grandes, varias cucharas de hierro y de madera, una espumadera para freír, uno o dos comales, un anafre de fierro, varias cazuelas y ollas (de cobre y de barro), varias chocolateras, una hacha para cortar la leña, una alquitara de fierro para destilar los aguardientes de frutas y hierbas, varios cubiletes de cobre, un cucharón de cobre, un colador, un cedazo, una romana para pesar, una balanza holandesa para pesar, un sacador de aceite, varias tinas de madera para lavar los trastos, cubos y barriles de madera para conservar los alimentos en las salmueras, varios lebrillos de cobre y una canoa de madera para el jabón en pasta. No todas las cocinas contaban con la totalidad de este instrumental, a veces los trastos eran los mínimos. Resulta curioso que no se mencionen en la documentación de la época ni metates ni molcajetes, aunque debieron existir. Lo mismo sucede con las escobas de varas. El mobiliario de las cocinas consistía en una o dos mesas de madera. También había trasteros, taburetes, escabeles, bancos, sillas y escaleras.

Las despensas funcionaban en íntima relación con la cocina. Estos espacios alojaban una o varias alacenas de mampostería, integradas a la construcción. En las despensas se guardaban los bastimentos y otros trastos del yantar y del beber, tales como tecomates, jícaras, vasos, jarros, calderetas, escudillas, bateas, cazoletas, jarras y palanganas.

LOS COCHES Y LAS SILLAS DE MANOS

Un rubro muy importante de los ajuares domésticos fueron los coches y las sillas de manos. El lujo en estos transportes no tuvo límites; eran considerados como extensiones de las mismas casas. Fue común que los ricos habitantes del virreinato participaran constantemente en desfiles de coches, cuando asistían a los paseos o cuando iban a las funciones de palacio o de las iglesias. Cada vez que había un acto de importancia social se sacaban a las maltrechas calles de la ciudad coches y forlones. Un paseo de coches muy concurrido era el de la Alameda. El ir y venir de las estufas propiciaba el galanteo amoroso. Esos desfiles recibieron constantes críticas. Socialmente, importaba mucho ser visto dentro de un coche de lujo. Los novohispanos no dudaron en decorar los coches con ricas telas bordadas con hilos de oro y plata para mejor adorno de los vehículos. Los más caros estaban provistos de costosas vidrieras traslúcidas, en lugar de encerados. Por lo general las cajas de los vehículos eran de madera tallada y dorada, cual si se tratara de retablos de iglesias. Toda persona que se preciara de ser importante era dueña de varios de estos transportes. Cada vez que tenía lugar un enlace matrimonial de relevancia se armaba un desfile de coches. Con motivo de la boda de los marqueses de San Jorge salieron a las calles más de 100 coches como parte del cortejo nupcial. Un ejemplo que también ilustra el desmedido afán por la adquisición de coches de lujo, es el caso de doña Catalina de Salcedo, habitante del Real y Minas del Parral.[22] Esta mujer era dueña de un forlón "de maque, con pintura fina". Aunque la breve descripción del forlón no indica su procedencia, es lógico suponer que se trató de un carro decorado con paneles de maque chino. Tal vez llegó desarmado a San Blas y de allí fue transportado a lomo de mula hasta Parral. La citada marquesa de San Jorge poseía tres coches; fueron apreciados en 4 000 pesos; también era dueña de dos forlones, que fueron valuados en 800 pesos.

Cuando había que asistir a una función especial, el cochero y los palafreneros preparaban el vehículo que se usaría en la visita. Tanto el coche como las bestias de tiro eran adornados con multitud de finas telas y arreos de lujo. Los carruajes esperaban a sus ocupantes en el desembarque de la escalera de honor de la casa para transportarlos. Las mansiones más ricas tenían cocheras para guardar estos vehículos. Cuando los coches no se usaban, los miembros de la familia se movilizaban en sillas de manos. Es-

Silla de manos, detalle del biombo anónimo con escenas
de la plaza Mayor de México, la Alameda e Iztacalco, siglo XVII.

Damas y caballeros en la Alameda

Los galanes de la ciudad se van a divertir todos los días sobre las cuatro de la tarde, unos a caballo y otros en coche, a un paseo delicioso que llaman la Alameda, donde hay muchas calles de árboles que no penetran los rayos del sol. Vense ordinariamente cerca de dos mil coches llenos de hidalgos, damas y de gente acomodada del pueblo. Los hidalgos acuden por ver a las damas y ser de ellas vistos; éstas a cortejar y ser cortejadas, unos seguidos de una docena de esclavos africanos, y otros con un séquito menor; pero todos los llevan con libreas muy costosas, y van cubiertos de randas, flecos, trenzas y moños de seda, plata y oro, con medias de seda, rosas en los zapatos, y con el inseparable espadín al lado. Las señoras van seguidas también de sus lindas esclavas que andan al lado de la carroza tan espléndidamente ataviadas como acabamos de describirlas, y cuyas caras, en medio de tan ricos vestidos y de sus mantillas blancas, parecen como dice el adagio español "moscas en leche".

Thomas GAGE (1648), *Nuevo reconocimiento de las Indias Occidentales.*

---

tos asientos de lujo eran cargados por dos esclavos; sus ocupantes no pisaban el suelo de las calles. Fue común que las sillas de manos se forraran con sedas. El tener espejos y vidrios las hacía sumamente caras.

Si bien esta revisión de los ajuares domésticos y su funcionamiento es apretada —sin duda alguna las excepciones que confirman las reglas son numerosas (casos particulares)—, el objetivo principal fue tratar de vincular los objetos suntuarios de uso diario que proporcionaron prestigio social a los habitantes de la Ciudad de México en el siglo XVII con el uso de espacios concretos dentro de las casas.

NOTAS

[1] CURIEL, 1989, pp. 53-71.
[2] SCHURTZ, 1992, pp. 203-229.
[3] CURIEL, 1999, pp. 9-32.
[4] AN, Notario Juan Aguirre Vidaurreta, 12 de mayo de 1691.
[5] AGN, Vínculos y Mayorazgos, vol. 170 (1756). Véase también CURIEL, 2000, pp. 65-101.
[6] AGN, Vínculos y Mayorazgos, vol. 170 (1756). Véase también CURIEL, 2000, pp. 65-101.
[7] AGN, Vínculos y Mayorazgos, vol. 170 (1756). Véase también CURIEL, 2000, pp. 65-101.
[8] AGN, Vínculos y Mayorazgos, vol. 170 (1756). Véase también CURIEL, 2000, pp. 65-101.
[9] AGN, Vínculos y Mayorazgos, vol. 170 (1756). Véase también CURIEL, 2000, pp. 65-101.
[10] CURIEL, 1995, pp. 95-124.
[11] AGI, Escribanía de Cámara, 167 B, 25 de enero de 1602.
[12] AN, Notario Joseph de Araúz, 26 de febrero de 1608.
[13] CURIEL y RUBIAL, 1999, pp. 49-153.

[14] ASM, Libro 16 de Bautismos de Españoles, 1647-1652, año 1649, f. 153v. Debo el haberme cedido esta importante noticia al maestro Rogelio Ruiz Gomar, del Instituto de Investigaciones Estéticas de la UNAM, con quien estoy en deuda.
[15] CURIEL, 1997, pp. 155-193.
[16] CURIEL, 1986, pp. 187-195.
[17] Véase nota 5.
[18] Véase nota 5.
[19] Véase nota 5.
[20] CURIEL, 1993, pp. 29-51.
[21] Véase nota 13.
[22] CURIEL, 1990, pp. 249-279.

SIGLAS Y REFERENCIAS

AGI   ARCHIVO GENERAL DE INDIAS, SEVILLA
Escribanía de Cámara, 167 B, año 1602.
AGN   ARCHIVO GENERAL DE LA NACIÓN, MÉXICO
Vínculos y Mayorazgos, vol. 170, año 1756.
AN   ARCHIVO GENERAL DE NOTARÍAS, CIUDAD DE MÉXICO
Notario Juan Aguirre Vidaurreta, núm. 7, escribano real y público, año 1691.
Notario Joseph de Aráuz, núm. 3, escribano real y público, año 1608.
ASM   ARCHIVO DEL SAGRARIO METROPOLITANO, CIUDAD DE MÉXICO
Libro 16 de Bautismos de Españoles, 1647-1652, año 1649, f. 153v.

CURIEL, Gustavo
1986   "Cristóbal de Medina Vargas y las reparaciones de la casa del capitán de Avendaño (1672)", en *Anales del Instituto de Investigaciones Estéticas*, XV: 58, pp. 187-195.
1989   "Consideraciones sobre el comercio de obras suntuarias en la Nueva España", en *México colonial*. Madrid: Museo de América, pp. 53-71.
1990   "Cuatro inventarios de bienes de particulares del Real y Minas de San José del Parral. Siglo XVIII", en *Actas del Segundo Congreso de Historia Regional Comparada*. Ciudad Juárez: Universidad Autónoma de Ciudad Juárez, pp. 249-279.
1993   "Dos ejemplos de arquitectura habitacional del siglo XVII en la Ciudad de México: las casas de Alonso de Villaseca y la de Juan Guerrero en la calle de la Moneda", en *Muchas moradas hay en México*. México: Coordinación de Humanidades, Universidad Nacional Autónoma de México, pp. 29-51.
1995   "Fiesta, teatro, historia y mitología: las celebraciones por la Paz de Aguas Muertas y el ajuar renacentista de Hernán Cortés", en *El arte y la vida cotidiana*, XVI Coloquio Internacional de Historia del Arte. México: Instituto de Investigaciones Estéticas, Universidad Nacional Autónoma de México, pp. 95-124.
1997   "Fiesta para un virrey. La entrada triunfal a la Ciudad de México del conde de Baños. El caso de un patrocinio oficial. 1660", en *Patrocinio, colección y circulación de*

las artes, XX Coloquio Internacional de Historia del Arte. México: Instituto de Investigaciones Estéticas, Universidad Nacional Autónoma de México, pp. 155-193.

1999 "Los biombos novohispanos: escenografía de poder y transculturación en el ámbito doméstico", en *Viento detenido*. México: Museo Soumaya, pp. 9-32.

2000 "El efímero caudal de una joven noble. Inventario y aprecio de los bienes de la marquesa doña Teresa Francisca María de Guadalupe Retes Paz Vera (Ciudad de México, 1695), en *Anales del Museo de América*, 8, pp. 65-101.

CURIEL, Gustavo, y Antonio RUBIAL GARCÍA

1999 "Los espejos de lo propio: ritos públicos y usos privados en la pintura virreinal", en *Pintura y vida cotidiana en México 1650-1950*. México: Fomento Cultural Banamex, pp. 49-153.

GAGE, Thomas

1994 *Travels in the New World. (A New Survey of the West Indies). Nuevo Reconocimiento de las Indias Occidentales*. México: Consejo Nacional para la Cultura y las Artes. [1648].

SCHURTZ, William Lytle

1992 *El galeón de Manila*. Madrid: Ediciones de Cultura Hispánica.

4
EL ABASTO URBANO: CAMINOS Y BASTIMENTOS

IVONNE MIJARES

Instituto de Investigaciones Históricas,
Universidad Nacional Autónoma de México

E L ESTUDIO DEL ABASTO, O LO QUE ES LO MISMO, la manera como los hombres se organizan para cubrir sus necesidades básicas de alimentación, techo y vestido, es una de las mejores formas de acercarse al conocimiento de una sociedad, porque en la medida en que es un tema que tiene que ver con la cultura (hábitos de consumo), la economía (producción e intercambio de alimentos y bienes) y la organización política (control gubernamental de estos aspectos), nos proporciona la oportunidad de integrar varios aspectos significativos de una determinada realidad.

Para comenzar a hablar de la organización del abasto en el México del siglo XVII, tenemos forzosamente que referirnos a la composición racial y cultural de su población, porque ésta determinó la presencia de diferentes patrones de consumo que, a su vez, condicionaron buena parte de las necesidades que había que satisfacer.

PATRONES DE CONSUMO

A pesar de la dramática disminución que había venido sufriendo la población indígena, ésta seguía constituyendo la mayoría de los habitantes del país, estimándose que a mediados de siglo, cuando había alcanzado su punto más bajo, sumaba alrededor de millón y medio de personas, lo cual representaba 80% de la población total; mientras que los blancos, negros, mulatos y mestizos —con todo y que habían presentado un aumento constante, tanto por su crecimiento natural como por la inyección permanente de nuevos individuos procedentes tanto de las comunidades indígenas como de Europa y África—, sumaban en conjunto por la misma época apenas 20 por ciento.[1]

Cuadro de castas: *De barsino e india, campa mulato,* siglo XVIII.

Indígenas

En el siglo XVII la cultura material indígena continuó sufriendo el proceso de homo-
geneización, que se había iniciado con la llegada de los españoles. La tendencia de
su clase dirigente a copiar los hábitos de los españoles, aunada a la reducción tanto de su poder como del número de sus integrantes, provocó el predominio de la
cultura material, que en tiempos prehispánicos se identificara con el macehual campesino, la cual se modificó poco y siguió caracterizándose por su austeridad y su
sencillez.

La dieta ancestral indígena sustentada en maíz, frijol, chile y calabaza, complemen-
tada con los productos vegetales y animales que tradicionalmente cada región podía
cultivar cazar pescar o recolectar, permanecía vigente, pero para esta época ya se había
enriquecido con algunos de los ingredientes traídos por los españoles, entre los que

destacaban la carne de varios animales domésticos y diferentes especies frutales y vegetales.[2]

En cuanto a la vivienda, dependiendo de los recursos locales, las casas podían
ser de piedra, adobe, madera o carrizos con techos de tejamanil o paja y pisos de tierra. El jacal o casa indígena era por lo general de una sola habitación, en la que la
familia comía y dormía; el ajuar doméstico estaba compuesto de petates para dormir y sentarse; molcajetes, metates, comales, ollas y cazuelas de barro para preparar
los alimentos; platos, jarros y vasos del mismo material para consumirlos, además
de jícaras y cucharas de varios tipos; los guajes y cestos de diferentes clases y tamaños servían para almacenar provisiones. De no ser por las imágenes cristianas y las
velas de sebo, la casa y el ajuar indígena eran prácticamente iguales a los de sus antepasados.[3]

La vestimenta indígena, a diferencia de la alimentación, sí presentaba grandes
modificaciones, ya que para el siglo XVII solamente los indios que no habían sido
cristianizados seguían usando taparrabos y sus mujeres andaban desnudas de la cintura para arriba. El resto de la población, obligada por la presión de los españoles,
cuya moral no podía tolerar la desnudez, modificó su forma de vestir, y adoptó estilos y materiales españoles. Fue así que aparecieron las camisas y los calzones blancos de algodón, los sombreros de paja y los huaraches que habrían de caracterizar el
vestido del varón, y se generalizó el uso del huipil como prenda característica de la
mujer indígena, complementado con las enaguas. Los mantos y capas que comple-
taban el atuendo de ambos se comenzaron a hacer también de lana, en tanto que el
uso del maguey para confeccionar ropa fue perdiendo terreno.[4] Tanto los huipiles
como los mantos podían estar ricamente adornados con plumas y bordados finos; en
particular, las prendas femeninas se trabajaban con hilos de seda, oro o plata, o se les
cosían lentejuelas traídas del Oriente. La comodidad y belleza de los huipiles más finos era tal que no sólo las indias de las clases altas los utilizaban, sino también algunas criollas que además los llevaron a España donde en un tiempo se llegaron a poner de moda.[5]

Españoles

En contraste, la cultura material de los españoles era mucho más variada y elaborada
que la indígena, sobre todo en lo que se refiere a la vestimenta, la casa y su ajuar, porque en lo referente a la comida, la cocina indígena, a pesar de la relativa ausencia de
animales domésticos, podía llegar a ser tan o más refinada que la de los españoles. El
pan, el vino, el aceite y la carne de animales como la gallina, la res y el cerdo eran la

base de su dieta, aunque por venir de una península estaban también acostumbrados a consumir los productos del mar; su alimentación se complementaba con diferentes frutas, legumbres y hortalizas, y además tenían una gran afición por el azúcar y las especies como la canela, la pimienta, el clavo y el azafrán. Con la adopción de ingredientes como el maíz, el frijol, el cacao, el chile o el jitomate, la cocina española se volvió criolla.[6]

Las casas de la población blanca eran más grandes que las de los indígenas, pues hasta las más modestas contaban con cocina, sala y una o varias habitaciones para dormir. Las había bajas y altas, es decir de uno o dos pisos, muchas tenían despensas y bodegas para guardar provisiones, patios interiores con corredores abiertos con arcos, además de pozos, pilas de agua o fuentes. Los materiales de construcción dependían de las necesidades climáticas y de los recursos naturales de cada región, en general se procuraba que fueran de cal y canto, es decir de piedra, pero también las había de adobe y ladrillo. Se utilizaban aplanados exteriores e interiores, azulejos y losetas de barro y piedra; la madera se empleaba en grandes vigas que servían para sostener los techos, y en ventanas y puertas a las que se añadían rejas, cerrojos, cadenas y candados de hierro. Era frecuente que incluso las viviendas que estaban dentro de las ciudades contaran con jardines y huertos, además de corrales y caballerizas. Las casas situadas en lugares céntricos contaban con accesorias que daban a la calle, las cuales se rentaban como tiendas o talleres artesanales, que normalmente los inquilinos utilizaban también como vivienda.[7]

El mobiliario estaba compuesto por camas, sillas, sillones, bancos, mesas, armarios y escritorios, sin faltar las arcas, cofres y baúles donde se guardaban las pertenencias familiares. Se utilizaban candelabros y candiles para alumbrar; alfombras, cojines y almohadas para dar comodidad, y pinturas y tapices para adornar las paredes. Complementaban este ajuar, vajillas de barro, loza o plata, jarras, vasos y copas de vidrio, manteles, servilletas, cucharas y cuchillos, saleros, marmitas, peroles, cacerolas de hierro o cobre, cucharones, ralladores, tenazas, toneles y barriles. También podía haber espejos, relojes, frascos y tijeras, además de los imprescindibles objetos de culto religioso como crucifijos e imágenes. Las casas más elegantes se podían adornar con biombos, marfiles y porcelanas importados, y las menos acomodadas con cofres, cajas, bateas, jícaras y otros artículos con acabado maque, que pintaban los indios de Michoacán.[8]

El vestuario de la mujer comprendía camisas, jubones y corpiños, para cubrirse de la cintura para arriba, y basquiñas y sayas que solían abultarse con una o varias enaguas de lienzo blanco, más las medias y zapatos, para cubrirse de la cintura para abajo; también se usaban mangas, golas, gorgueras, y en cuanto a joyas, incluso las mujeres de escasos recursos procuraban tener algún broche, hebilla, relicario, cadena o

Mujeres españolas y hombres mestizos, detalle del cuadro
Vista de la plaza Mayor de México, de Cristóbal de Villalpando, 1695.

anillo de oro o de plata. Los hombres por su parte se vestían con camisas y calzones, sobre los que usaban jubones, ropillas o casacas, además de las medias y los zapatos; este atuendo podía engalanarse con golas, gorgueras y valonas, además de diversos tipos de joyas. Las capas, ferreruelos y cueras junto con las gorras y sombreros servían para protegerse de las inclemencias del clima. Para la confección de la ropa tanto femenina como masculina se utilizaban telas ricas como terciopelos, damascos, sedas, rasos, tafetanes y paños, además del rúan y la holanda con que se confeccionaban las camisas. Era frecuente que los vestidos se adornaran con bordados, verdugados, randas, cintas y flecos.[9]

Mestizos y negros

La cultura material mestiza surge como resultado de esa tendencia presente a lo largo de toda la historia, en la que el pobre siempre tiende a emular el comportamiento de las clases poderosas. Desde el momento en que los blancos se identificaron como la capa superior de la sociedad, los miembros de los demás grupos sociales intentaron copiar, en la medida de sus posibilidades económicas, sus patrones de conducta, pues ello era muestra de su ascenso en la escala social.[10] Esto quiere decir que la diferencia entre dormir en un petate o en una cama con dosel era más una cuestión económica que racial.

Entre los indios, los primeros que adoptaron el estilo de vida de los españoles fueron los miembros de la clase dirigente, que contaban con los recursos materiales no sólo para adquirir los alimentos, vestidos, mobiliario y ajuar doméstico, acostumbrados en las casas españolas, sino también para que muchos invirtieran en estancias ganaderas, obrajes o compañías de comercio. Este estilo de vida y su participación en la nueva economía llevó a que cada vez más caciques y principales se trasladasen a los poblados donde vivían los españoles.[11]

Aunque la tendencia general del resto de la población indígena fue permanecer en sus pueblos prácticamente al margen de la cultura europea, siempre existió un número significativo de personas que emigraba de sus comunidades en busca de mejores condiciones de vida. Parece ser que sobre todo durante la primera mitad del siglo XVII muchos indios abandonaron de buena gana sus lugares de origen para ir vivir como trabajadores asalariados en las ciudades, villas, haciendas y minas de la población blanca. Los investigaciones contemporáneas están demostrando que los criollos de la época tenían razón cuando afirmaban que los indios que habitaban en zonas españolas vivían mejor que los que residían en sus propios pueblos, al grado de que tendían a ser más fuertes y resistentes a las enfermedades.[12]

Los esfuerzos de caciques, corregidores y frailes por mantener a los indios separados dentro de su república, resultaban infructuosos, porque en cuanto éstos llegaban a los centros de trabajo por lo general rompían los lazos con su comunidad tradicional,

Hombres españoles charlando, detalle del cuadro *Vista de la plaza Mayor de México*, de Cristóbal de Villalpando, 1695.

adoptaban el estilo de vestir de los blancos y procuraban volverse ladinos, aprendiendo do hablar el castellano, para poder confundirse con la población mestiza. Conforme avanzó el siglo, esta migración del campo a la ciudad se acentuó a causa de la recuperación demográfica que lentamente empezaron a experimentar los indios, causando que las tierras comunales comenzaran a ser insuficientes para sostener a la creciente población.[13]

Junto a los indios ladinos, los mestizos, los negros, los mulatos y también los blancos pobres, encontraron en ciudades, villas, minas y haciendas un lugar donde subsistir y hasta progresar, es decir, poder comer, vestir y vivir como los blancos. Sin embargo, las más de las veces los ingresos que podían percibir como sirvientes domésticos, trabajadores de talleres artesanales, obrajes, minas y haciendas, e incluso como artesanos, comerciantes o arrieros independientes, eran modestos y nunca suficientes para poder igualar el modo de vida de los señores.[14]

La mezcla racial y cultural, así como la adaptación de la cultura material europea a las posibilidades económicas de la población trabajadora y a los recursos naturales de cada región, llevó a consolidar nuevos patrones de consumo que podemos calificar como netamente mexicanos. La dieta popular siguió sustentada en la alimentación tradicional indígena a base de maíz, frijol y chile, pero se hicieron básicos productos como el pan, la carne, el azúcar y la manteca; aunque la frecuencia, cantidad y calidad de su consumo dependían de la situación económica familiar. De la misma manera, las casas de la población trabajadora reflejaban su lugar en la escala social, ya que aunque solían ser más grandes que los jacales indios, se seguían construyendo de materiales como el adobe y la madera, con techos de tejamanil, barro o paja, con pisos de tierra y, dependiendo de las posibilidades económicas, con dos o más habitaciones. Por ejemplo, en Zacatecas, una casa modesta típica era de adobe con una sola planta en la que había una habitación grande, un aposento, una cocina y una bodega, y a veces un corral con un pozo y un establo. En cuanto al mobiliario, hasta las casas más pequeñas de una sola habitación contaban al menos con una cama, una mesa y algunas sillas, además de alguna caja, baúl o cesto donde guardar pertenencias.[15] En cuanto al vestido, aunque Thomas Gage nos cuenta que las mulatas usaban ordinariamente camisas y sayas de seda o de otra tela fina, y que las más ricas llevaban ceñidores de oro y mangas de holanda o chinas, con toda seguridad se refería a unas cuantas afortunadas, ya que la mayor parte de la población se debía conformar con telas menos finas como paños corrientes, sayal y bayeta que se fabricaban en los obrajes novohispanos. La población negra, esclava o no, por su situación económica y por la discriminación social de que era objeto, se vio forzada a utilizar ropas distintivas, como las mantas corrientes que se daban a los esclavos negros, o los vestidos ceñidos y de colores chillantes que utilizaban las muchachas en las ciudades.[16]

ORGANIZACIÓN DEL ABASTO

Una vez definidos los patrones de consumo imperantes entre la población novohispana, y por tanto sus necesidades de abasto, nos corresponde ahora analizar la distribución de la población en comunidades rurales, haciendas, pueblos de indios, villas españolas y ciudades, ya que es a partir de este tipo de concentraciones humanas donde se plantean y resuelven los problemas del abasto.

Se calcula que a mediados del siglo XVII vivían en nuestro país cerca de dos millones de personas, de las cuales cerca de 80% habitaban en pequeñas comunidades rurales, mientras que el porcentaje restante se repartía en pueblos, villas y ciudades.[17] Esto es importante porque, como veremos, entre más grande es una población, mayor complejidad presenta la satisfacción de sus necesidades; así por ejemplo las pequeñas comunidades campesinas, sin importar su localización geográfica, siempre tendieron a ser autosuficientes, al menos en lo que se refiere a productos alimenticios, mientras que ciudades como México, Puebla y Zacatecas dependían del exterior para el suministro de los bienes que requerían sus habitantes.

Las comunidades indígenas

Como ya mencionamos, alrededor de 80% de la población novohispana vivían en pequeñas poblaciones rurales, siendo la gran mayoría de ellas comunidades indígenas en las que prácticamente todas la necesidades de alimentación, vestido y casa se satisfacían por medio del trabajo de sus propios integrantes. La organización comunal tradicional permitía que cada familia fuera capaz de producir los insumos básicos que requería el sencillo estilo de vida del campesino indígena, además de un pequeño excedente que le servía para adquirir los bienes que no podía producir y para pagar sus tributos. Los hombres se encargaban de sembrar en la milpa maíz, calabaza, chile y frijol, así como de aprovechar otros recursos naturales por medio de la pesca, la caza o la recolección; con un poco de ayuda, casi cualquiera era capaz de levantar un jacal. Las mujeres por su parte tenían la responsabilidad de preparar los alimentos y de hilar, tanto para confeccionar la ropa familiar como para contar con un producto excedente. Además cada comunidad acostumbraba sostener un reducido número de artesanos alfareros, canteros, carpinteros, etc. que suministraba los bienes que requerían mayor trabajo. Para los bienes que no se podían conseguir localmente, era costumbre que cada comunidad se especializara en la producción de algún artículo —maíz, algodón, fruta, cera y miel, sal, pescado, cal, cerámica etc.— que pudiera ser llevado al tianguis para ser intercambiado por los productos provenientes de otras regiones.[18]

Los pueblos de la Mixteca

Desde esas montañas de la *Misteca* hasta *Guaxaca* no vimos nada digno de mención, sólo pueblos de doscientos o trescientos habitantes y ricas iglesias, bien construidas y mejor alhajadas por dentro con lámparas, candelabros y coronas de plata para las diversas estatuas de santos. Por todo el camino observamos un suelo muy fértil para el trigo indio y español, mucho azúcar, mucho algodón, miel, y aquí y allá algo de cochinilla, y abundancia de plátanos y otras sabrosas frutas, pero sobre todo gran cantidad de ganado, cuyos cueros son uno de los mayores productos que se envían a España de aquellas partes.

Thomas GAGE [1648], *El inglés americano: sus trabajos por mar y tierra o un nuevo reconocimiento de las Indias Occidentales* (2001), p. 220.

El crecimiento de la república de españoles y su economía alteró de muchas maneras la organización tradicional de la comunidad indígena, pero su impacto no fue igual en todas partes. En un extremo estaban los poblados que perdieron sus hombres, sus tierras y su identidad por el crecimiento de las poblaciones y las industrias de los blancos; en el otro, las comunidades que aprovecharon las circunstancias para fortalecerse y ampliar su economía, como fue el caso de los pueblos que adquirieron rebaños de ovejas y desarrollaron su industria textil, o los que sembraron trigo para venderlo a los españoles, o los que aprovecharon su situación en un camino para poner una venta o un mesón donde atender a los viajeros. En muchas partes la introducción de herramientas de hierro como azadones, hachas y arados, combinadas con la utilización de bueyes, mulas y burros, contribuyeron a aumentar la productividad agrícola además de que, como ya dijimos, la adopción de gallinas y cerdos incrementaron los recursos alimenticios disponibles[19].

De cualquier forma, las comunidades indígenas se tuvieron que adaptar al nuevo orden para poder sobrevivir y conservar su identidad, y en ello desempeñaron un papel muy importante los corregidores y alcaldes mayores. Estos funcionarios menores que representaban al rey en el nivel local y se encargaban de impartir justicia, cobrar tributos, construir obras públicas, así como de ver por el bienestar de los indios de su jurisdicción, realizaron una labor eficaz para mantener la segregación de las dos repúblicas y contener a los hacendados, mineros, obrajeros y comerciantes que pretendieran aprovecharse de los indígenas bajo su cargo; esta actitud no era desinteresada, pues en la medida en que la organización tradicional de las comunidades indígenas se mantuviera, ellos podrían seguir monopolizando su comercio.[20]

Debido a que el sueldo que recibían estos funcionarios era insuficiente para cubrir las necesidades de un español, se toleraba que aprovecharan su influencia para desarrollar diversas prácticas comerciales. Por un lado acostumbraban distribuir entre los indios de su jurisdicción diversos tipos de mercaderías que los obligaban a comprar; si bien estos artículos podían ser ropa, herramientas o animales que les fueran útiles, también repartían artículos del todo innecesarios para la sencilla vida familiar del campesino, además de que los vendían a precios excesivos. Por otro lado, los corregidores y alcaldes estaban en posibilidad de acaparar las cosechas, telas y otros bienes que produjera la comunidad por muy bajo precio, para después venderlos en otra parte más caros. El control que llegaron a tener estos funcionarios reales sobre la economía y el poco o mucho excedente que producían las comunidades indígenas causaba indignación entre los españoles y durante prácticamente todo el periodo colonial fue una de sus principales quejas contra la Corona.[21]

Vendedora de pulque,
detalle del biombo llamado *El Volador,* siglos XVII-XVIII.

En términos generales podemos decir que las comunidades indígenas del centro del país fueron las que más sufrieron por la expansión de la nueva economía, ya que de por sí debilitadas por las epidemias, tuvieron que enfrentar la presión de los colonizadores por hacerse de sus recursos naturales y su mano de obra (particularmente las haciendas crecieron a costa de sus tierras y sus trabajadores). En cambio el sur, por su lejanía, ejerció poca atracción sobre los colonizadores, de manera que las pocas industrias que se establecieron no entraron en competencia con las comunidades, que pudieron conservar sus tierras y su fuerza de trabajo. En el norte el proceso fue totalmente distinto ya que las comunidades campesinas se formaron precisamente como consecuencia de la expansión económica colonizadora, de manera que aunque sus fundadores fueran inmigrantes indios del centro, los poblados surgieron con características propias de una cultura mestiza integrada a la nueva economía.[22]

Finalmente diremos que fue a raíz de la recuperación de la población indígena, iniciada a mediados del siglo XVII, cuando empezó a darse una transformación más severa de las formas de organización tradicional de las comunidades pues, sobre todo en el centro del país, las tierras comenzaron a ser insuficientes para la creciente población, de manera que muchos indios se vieron empujados a buscar trabajo en los poblados de los blancos. Algunos se desplazaron a los pueblos y ciudades donde pronto perdieron su identidad; muchos se quedaron en sus lugares de origen, trabajando en las haciendas cercanas como peones acasillados, arrendatarios o jornaleros estacionales, de manera que permanecieron dentro de una economía agraria relativamente autosuficiente, en la que pudieron conservar buena parte de su cultura material.[23]

Las haciendas

La satisfacción de las necesidades del pequeño pero creciente mercado de consumidores que integraba la república de españoles impulsó la creación de haciendas agrícolas y ganaderas, primero alrededor de las ciudades como México, Puebla y Valladolid, y después cerca de los centros mineros como Zacatecas, San Luis Potosí y Parral, lo que propició que a las ricas tierras del Bajío, antes pobladas por chichimecas, y a la región de Jalisco se expandieran también las haciendas cerealeras. En las zonas de tierra caliente prosperaron las haciendas especializadas en cultivos de alto valor comercial como la caña de azúcar y el cacao; mientras que las regiones deshabitadas del norte y las costas, cuando se despoblaron a causa de las epidemias, se convirtieron en zonas ideales para el desarrollo de haciendas ganaderas. De manera que para el siglo XVII las haciendas se habían extendido por todo el territorio novohispano.[24]

La hacienda era ante todo una unidad de producción autosuficiente, ya que junto

---

Las haciendas de Xalapa

A la noche del tercer día llegamos a una gran ciudad de cerca de dos mil habitantes, algunos españoles y otros indios, llamada Xalapa de la Vera Cruz... Se halla en tierra muy fértil para el trigo indio llamado maíz, y también para algo de trigo español. Hay alrededor muchos pueblos de indios, pero lo que la hace rica son las muchas plantaciones de azúcar, con otras que llaman *estancias*, donde se crían mulas y ganado, y también algunas granjas de cochinilla.

Thomas GAGE [1648], *El inglés americano: sus trabajos por mar y tierra o un nuevo reconocimiento de las Indias Occidentales* (2001), p. 93.

---

con los artículos comerciales producía prácticamente todos los insumos que necesitaba para su funcionamiento: maíz, chile, frijol, carne y productos lácteos para alimentar a sus trabajadores, animales de tiro y de carga para las labores agrícolas y el transporte, además de cueros, lana, sebo, leña y carbón que cubrían otras necesidades. Esto era posible porque las haciendas abarcaban grandes extensiones territoriales en las que había tierras de regadío, que generalmente se reservaban para los cultivos comerciales; tierras de temporal, donde se sembraba maíz y otros productos de consumo interno; además, una zona de pastizales que, en el caso de las haciendas de ganado mayor, llegaba a ser enorme; a esto se podían agregar montes, bosques, canteras, manantiales o ríos. También disponían de una amplia infraestructura que solía comprender canales de riego, represas, trojes, graneros, molinos, establos, caballerizas, corrales, ingenios, obrajes y talleres de diferentes clases, además de la iglesia y las casas de cal y canto para el dueño y su mayordomo, y de adobe para sus trabajadores.[25]

La mayoría de las haciendas vendía su producción en los mercados locales, sin embargo, los productores más importantes recurrían a los grandes mercaderes de la Ciudad de México para comercializar sus productos. Debido a la falta crónica de dinero circulante, generalmente lo que hacía el comerciante de la capital era encargarse de que el algodón, la lana, el cuero o el ganado en pie, producidos por el hacendado, llegaran a alguno de los centros manufactureros que había en el país, de donde le remitían en pago telas, ropa, zapatos y otros artículos que pudieran servirle al hacendado para pagar a sus trabajadores o necesitara para el funcionamiento de su propiedad, así como artículos de lujo para su consumo y el de su familia. Las grandes haciendas contaban con tiendas en las que se vendía de fiado a los trabajadores todo tipo de mercaderías; se les llamaba "de raya" porque se marcaba con este símbolo las deudas que se iban adquiriendo. Estos establecimientos, que dependían del hacendado, podían constituir una verdadera ayuda para las familias campesinas o convertirse en el instrumento para mantenerlas atadas a la propiedad.[26]

Las haciendas operaban con diferentes tipos de trabajadores. En primer lugar estaban los peones o trabajadores permanentes, por lo general de origen indígena, que vivían con sus familias en casas especialmente construidas para ellos dentro de la hacienda; se dedicaban sobre todo a las labores agrícolas, y el pago de sus salarios se hacía en dinero, en especie o en una combinación de ambos; también podían recibir una parcela para sembrar y complementar sus ingresos. Después estaban los trabajadores especializados, como cañaveleros (expertos en la siembra de caña), cacahueros (cultivadores de cacao), vaqueros, arrieros, herreros, carpinteros, curtidores, etc., que vivían un poco mejor que los anteriores y podían ser desde españoles pobres hasta negros esclavos, pasando por mestizos, negros libres y mulatos. Los arrendatarios, aparceros y terrazgueros también eran importantes y llegó a suceder que comunidades indígenas completas tuvieran que arrendar a una hacienda la tierra que desde antaño les pertenecía. Además, estaban los trabajadores estacionales que podían usufructuar tierras de la hacienda, en vez de recibir dinero por la ayuda que prestaban en los periodos de siem-

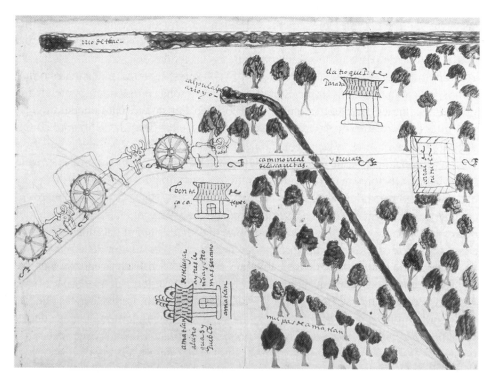

Carretas y caminos. *Mapa de Amatlán*, 1600.

bra y cosecha. Cuando los dueños no administraban personalmente su propiedad, lo cual era bastante frecuente, la responsabilidad del funcionamiento de la hacienda era dejado en manos del mayordomo, persona de toda confianza del hacendado, quien con ayuda de capataces y otros sirvientes controlaba todo lo que sucedía en su interior.[27]

Las haciendas llegaron a formar verdaderos pueblos con varios cientos de habitantes; su importancia en este sentido se pone de manifiesto en el número creciente de complejos hacendarios que consiguieron contar con un párroco de tiempo completo para su iglesia, ya que a mediados de siglo el promedio de familias que atendía cada ministro era de 380, lo cual multiplicado por cinco nos da un número de casi 2 000 personas. Por ejemplo, nada más de esclavos negros, las haciendas azucareras, que eran de las más grandes, necesitaban entre 200 y 300 personas sólo para operar el ingenio, mientras que había criadores de ganado lanar que llegaban a tener 150 negros entre niños, adultos y viejos; a esto hay que añadir todos los demás tipos de trabajadores que hemos mencionado, más sus familias.[28]

Las condiciones de vida dentro de las haciendas no fueron iguales ni en todas partes ni a todo lo largo del siglo XVII; hubo trabajadores que literalmente escaparon a ellas para conseguir un nivel de vida superior al que tenían en sus comunidades, pero también hubo los que fueron forzados a permanecer en ellas por medio de la práctica del endeudamiento.[29] Sin embargo parece ser que por dura que pudiera ser la existencia de los trabajadores en su interior, la hacienda fue capaz de asegurar la satisfacción de sus necesidades básicas al suministrarles alimento, techo y vestido, incluso en tiempos de crisis agrícolas. Esto fue lo que marcó la diferencia con las comunidades indígenas, pues las tierras, infraestructura productiva y graneros de las haciendas posibilitaron que sus habitantes estuvieran mejor alimentados y tuvieran mejores condiciones para su subsistencia, hecho que se refleja en que desde principios de siglo la población de las haciendas muestra una tasa de crecimiento ascendente.[30]

Pueblos, villas y ciudades

Alrededor de la quinta parte de los habitantes de la Nueva España se agrupaba en poblaciones urbanas de diferentes tamaños repartidas a lo largo y ancho del país; había algunas que existían desde antes de la llegada de los españoles, como es el caso de México, Huejotzingo y Tepeaca, y otras que se fundaron después, como Zacatecas, Puebla y Celaya. De cualquier manera, el crecimiento de estas poblaciones estuvo en función del desarrollo de un área de influencia que les proporcionara un abasto seguro, la cual, dependiendo de la importancia de la población, podía ir desde los campos circundantes y los poblados vecinos hasta toda una región o varias provincias.[31]

La integración de estas áreas había descansado durante el siglo XVI, principalmente sobre la base de una influencia política, mediante el establecimiento de un sistema tributario. Pero en el XVII el poder político pasó a un segundo plano para dar pie al desarrollo de una razón económica, por lo que el crecimiento de las áreas de influencia dependió cada vez más de los bienes —granos, animales, telas, ropa, artículos suntuarios, herramientas, etc.— y servicios —trabajadores especializados, mercados, instituciones educativas, tribunales— que los propios centros urbanos pudieran ofrecer con el fin de intercambiar por los insumos que no producían.[32]

De esta manera el crecimiento de las poblaciones novohispanas del siglo XVII y con él sus necesidades de abasto, comenzaron a depender cada vez más del tipo de desarrollo económico que alcanzaran. Así, por ejemplo, en un extremo tendríamos a pueblos como Jiquilpan en la provincia de Michoacán, Miahuatlán en la de Oaxaca o la villa de Atlixco en la de Puebla, que a mediados de siglo contaban con una población de poco más de 5 000 personas y sus áreas de influencia eran meramente locales; como

---

El abasto de la Ciudad de México

La ciudad es de las mejores y mayores del mundo, de excelente temple, donde no hace frío ni calor, de maravilloso cielo y sanos aires, que con estar fundada sobre la laguna es muy sana... Para el abasto de la ciudad entran de toda la tierra cada día por la laguna más de mil canoas cargadas de bastimentos, de pan, carne, pescado, caza, leña, yerba que llaman zacate y lo demás necesario, y por tierra todos los días más de 3 000 mulas cargadas de trigo, maíz, azúcar y otras casas a las alhóndigas; con que viene a ser uno de los lugares más abundantes y regalados del mundo.

La ciudad tendrá más de 15 000 vecinos españoles y más de 80 000 indios vecinos que viven dentro de la ciudad y en el barrio o ciudad de Santiago Tlaltelulco y en los demás arrabales o chinampas. Sin los cuales hay más de 50 000 negros y mulatos esclavos de los españoles y libres con que la habitación de la ciudad es muy grande y extendida. Es de mucha contratación así por la grosedad de la tierra y ser Corte de aquellos reynos como por la grande correspondencia que tiene con España, Pirú, Philipinas y con las provincias de Guatemala y su tierra Yucatán, Tabasco y todo el reyno de la Nueva Galicia y Vizcaya.

Hay de ordinario en ella cuatro ferias (mercados) con grandes cantidades de mercaderías, de sedas, paños y todo cuanto se puede hallar en las más abastecidas del mundo, que son en S. Juan, domingo lunes y martes; en Santiago la hay todos los días; en Sta. María la Redonda, en la plaza mayor, en la de la Modorra y en S. Hipólito miércoles y jueves y en Tomatlán que es hacía la albarrada, hay feria de comida todos los días.

Sin lo cual hay muchas y gruesas tiendas de mercaderes, oficiales de todos oficios, españoles e indios que con primor los usan y ejercitan; de suerte que con la abundancia que hay de todo, no se carece de cosa en esta famosa ciudad.

Fray Antonio VÁZQUEZ DE ESPINOSA [1624], *Descripción de la Nueva España...* (1944), pp. 117-118.

realizaban sobre todo actividades agropecuarias, tendieron a una mayor autosuficiencia alimentaria, pero dependían del exterior para la adquisición de todo lo demás —ropa, herramientas y aperos de labranza, artículos suntuarios, etc. En el otro extremo estarían los grandes centros urbanos como las ciudades de México y Puebla que tenían
poblaciones mucho mayores y sus zonas de dominio eran tan extensas que llegaban a
trascender el contexto novohispano; estos centros urbanos contaban con una economía
diversificada que les permitía ser bastante autosuficientes en artículos manufacturados
y de lujo, pero al estar desligados de la producción primaria, dependían del exterior no
sólo para el suministro de alimentos, sino también para la adquisición de las materias
primas que requerían sus diferentes industrias.[33]

Caminos y transportes

El avance económico y la fuerza política —que en menor medida siguió siendo importante— no fueron los únicos factores que intervinieron en el crecimiento de los centros
urbanos y sus áreas de influencia y abasto; el desarrollo de los transportes tuvo un papel determinante, al grado de que no sólo la conformación interna y el tamaño de estas áreas sino también la interrelación entre las grandes regiones geográficas del país,
estuvieron íntimamente ligadas al aprovechamiento de diferentes medios de transporte y a la expansión de las vías de comunicación.[34]

Lo accidentado de la geografía novohispana había impedido un desarrollo homo-
géneo del sistema de transportes, pues la existencia de cadenas montañosas, selvas y
pantanos podía llegar no sólo a limitar el desarrollo de las comunicaciones entre regiones, sino incluso a aislar provincias enteras; tal fue el caso de Chiapas y Yucatán que se
constituyeron en regiones prácticamente autosuficientes porque la selva dificultó la
construcción de vías que las comunicaran con el resto del país.[35] Si embargo, en otros
lugares los accidentes geográficos significaron grandes ventajas: algunos ríos y lagos
brindaban la oportunidad de disponer de transportes acuáticos, que por lo regular
siempre eran más baratos y rápidos que los terrestres; éste fue el caso de la Ciudad de
México, que en buena medida debía su gran crecimiento a la presencia de un eficaz sistema de transporte lacustre que le permitió expandir a mayor distancia su área de
abasto; otro ejemplo fue el del río Coatzacoalcos, que conectaba Veracruz con Tehuan-
tepec, y el de los ríos Grijalva y Usumacinta que posibilitaron articular las regiones de
Tabasco y Chiapas, no obstante sus condiciones selváticas.[36]

La eficacia de los transportes acuáticos respecto a los terrestres se pone de manifiesto en el hecho de que algunas de las canoas que circulaban por los lagos y canales
de la Ciudad de México podían recorrer, en una jornada, casi 30 kilómetros transpor-

tando una carga de más de seis toneladas, mientras que las carretas únicamente reco-
rrían 20 kilómetros con una carga de tonelada y media, y las mulas cubrían la misma
distancia pero con cerca de 200 kilos.[37] Sin embargo, dado que los transportes acuáticos podían ser utilizados sólo excepcionalmente, lo que predominó fue el terrestre, realizado sobre todo a lomo de mula.

En el siglo XVII había cuatro grandes caminos reales que cruzaban el territorio de la
Nueva España y todos partían de la Ciudad de México; hacia el oriente salía el camino
a Veracruz, que fue el primero que se construyó; al poniente partía el de Acapulco, por
donde llegaba el comercio de Oriente; al norte iba el de Zacatecas, que conectaba con
los demás centros mineros y la provincia de Nuevo México, y finalmente el del sur, que
tenía como destino la ciudad de Antequera, hoy Oaxaca, desde donde se podía viajar
a Chiapas y Guatemala.

Aparte de estas rutas, que habían sido construidas en el siglo anterior, casi no había otros grandes caminos carreteros en la Nueva España, pues lo accidentado de la
geografía hacía que su construcción fuera difícil y muy costosa, además de que su mantenimiento también requería grandes recursos. A esto se agregó que el gobierno central
virreinal del siglo XVII prestó poca atención en general al desarrollo de este tipo de vías,
y tuvieron que ser las propias poblaciones que se beneficiaban de su existencia, las responsables de hacerse cargo de su construcción y mantenimiento, de tal manera que sólo las principales ciudades del virreinato y las regiones con un alto grado de desarrollo
económico pudieron costearlos; tal fue el caso de las regiones dominadas por las ciudades de Zacatecas, Puebla, Guadalajara, Valladolid y Durango o la zona del Bajío (que
tenía una buena red de caminos que le permitía sacar su producción cerealera hacia los
centros mineros). El resto de las poblaciones novohispanas, a menos que contaran con
terrenos muy llanos, debió conformarse con tener pequeños tramos carreteros que, según su importancia, podían ser suficientemente extensos como para facilitar el transporte de las cosechas que se producían en los campos cercanos o ser tan cortos como
para confundirse con sus calles. Los dueños de minas y haciendas desempeñaron un
papel importante en la construcción y mantenimiento de este tipo de caminos.[38]

Los caminos de herradura, en cambio, tuvieron una gran difusión ya que en la mayoría de los casos pudieron aprovecharse las antiguas veredas prehispánicas de los tamemes, además de que su mantenimiento podía ser realizado por los mismos arrieros
que los utilizaban. Esto, unido a la movilidad que tenían caballos y mulas, permitió que
los caminos de herradura pudieran llegar hasta los lugares más agrestes y apartados,
siempre y cuando se contara en el trayecto con agua y alimento para los animales. Al
lado de todos los grandes caminos carreteros había rutas alternas de caminos de herradura, que siempre eran más cortas que las que seguían las carretas, salvo que hicieran
rodeos con objeto de pasar por diferentes poblados.[39]

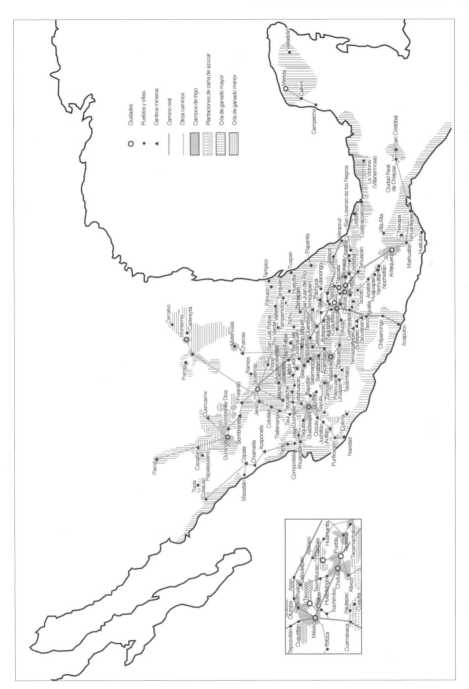

Poblaciones, caminos, cultivos y ganadería novohispanas (elaborado a partir de Bakewell).

Por ejemplo, para ir a Veracruz había dos caminos, el real que era más directo e iba por parajes despoblados y pasaba por Jalapa, y el de herradura que atravesaba diferentes lugares entre los que desatacan Huejotzingo, Puebla, Orizaba y Córdoba; para ir a Zacatecas también había dos rutas principales, la del camino real que pasaba por Querétaro, San Felipe y Cuicillo, y la alterna que seguramente en muchos de sus tramos permitía el tránsito de carretas y pasaba o tenía empalmes por los que se llegaba a Celaya, San Miguel, Guanajuato, Silao, León, Lagos y Aguascalientes; Antequera estaba conectada por medio de tres vías, la del camino real que pasaba por Puebla y Tehuacán; otra por la que también se llegaba a Puebla pero se desviaba por Izúcar, Acatlán, Tamazulapan, Teposcolula y Nochistlán, y la tercera que pasaba por Cuernavaca con rumbo a Izúcar donde se unía con el camino que venía de Puebla; finalmente, para ir a Acapulco sólo había una ruta y era la del camino real que pasaba por Chilpancingo, pero sus condiciones eran tan malas que el transporte se hacía por medio de mulas. La enumeración de las rutas anteriores y de otras que, como las de Jalisco y el Bajío, sirvieron para la comunicación entre las diferentes regiones y provincias, no debe llevarnos a pensar que la Nueva España estaba bien comunicada pues hasta los caminos reales, que eran los que recibían mayor mantenimiento, eran rústicos y difíciles de transitar por los abundantes pedregales y lodazales que tenían en muchos trechos.[40]

El escaso desarrollo de las vías de comunicación terrestre y la lentitud y costo de los transportes provocó que el abasto de cada pueblo, villa o ciudad de la Nueva España, sin importar su número de habitantes o el tamaño de su área de influencia, se tuviera que organizar conforme a un patrón, por el cual se procuraba que en las zonas aledañas, o incluso en las inmediaciones de cada poblado, se produjeran todos aquellos productos de gran consumo, pero que por su peso y volumen fueran más difíciles de transportar y almacenar —como las frutas y las hortalizas— o que requirieran poco espacio para su producción —como las gallinas y los cerdos; en estas zonas también se localizaban los talleres y obrajes, si es que los había. En las zonas periféricas pero todavía cercanas a los centros de población se situaban aquellos bienes que requerían mayor espacio para su producción —como los cereales y otros artículos agrícolas, además de la madera y diferentes materiales de construcción. Finalmente, en las zonas más apartadas o incluso fuera de la región de dominio del poblado, se producía el ganado que tenía la cualidad de transportarse solo.[41]

Esta organización del abasto, que podemos reconocer en la mayoría de las poblaciones novohispanas, a pesar de sus distintos niveles de importancia y de la diversidad de sus entornos geográficos, buscaba racionalizar la utilización de los transportes, con el fin de contrarrestar su ineficacia, propiciando además que tanto los pueblos como las villas lograran un alto grado de autosuficiencia sobre todo en el aspecto del abasto de alimentos; por lo mismo, impidió que se diera una mayor rela-

Puebla

Debido al aire bueno y saludable, todos los días aumentan los habitantes, que van de muchas otras partes a residir allí. Especialmente en el año de 1624, cuando México estuvo a punto de ahogarse por la inundación del lago, millares lo abandonaron y se fueron con sus bienes y sus familias a esta ciudad de los Ángeles, que hoy según se cree tiene diez mil habitantes. Lo que la hace más famosa es el paño que en ella se fabrica y que se envía cerca y lejos, el cual es considerado tan bueno como el paño de Segovia, que es el mejor que se hace en España, pero ya no es tan estimado ni lo mandan tanto de España a América debido a la abundancia de paño fino que se hace en esta Puebla de los Ángeles. También los fieltros que se hacen aquí son considerados los mejores del país. Hay también una casa de vidrio, que es una rareza, pues todavía no se conocen otras en aquellas partes. Sin embargo por la casa de moneda que hay en ella, donde se acuña la mitad de la plata que viene de *Zacatecas*, esta ciudad sólo se considera inferior a México, y se cree que con el tiempo será tan grande y populosa como México.

Fuera de la ciudad hay muchos huertos que proveen a la ciudad de abundantes verduras. El suelo abunda en trigo y en haciendas de azúcar, entre las cuales no lejos de esta ciudad hay una (perteneciente a los dominicos de México) tan grande y populosa que sólo en el trabajo de ella se ocupaban en mi tiempo más de doscientos esclavos negros, hombres y mujeres, a más de sus niños.

Thomas GAGE [1648], *El inglés americano: sus trabajos por mar y tierra o un nuevo reconocimiento de las Indias Occidentales* (2001), pp. 118-119.

Oaxaca

El valle tiene por lo menos quince millas de largo y diez de ancho, y por el medio corre un río de buen tamaño en el que abundan los peces. El valle está lleno de ovejas y otros ganados, que dan mucha lana para los pañeros de la Puebla de los Ángeles, abastecen abundantemente de cueros a los mercaderes de España y proveen de gran cantidad de carne a la ciudad de *Guaxaca* y a todos los pueblos de la región. Todas estas poblaciones son sumamente ricas y mantienen gran número de conventos e iglesias suntuosamente alhajadas... En ese valle hay también algunas haciendas de azúcar y gran abundancia de frutas, y la conjunción de esas dos cosas ha dado a la ciudad de *Guaxaca* fama de tener las mejores confituras y dulces que se hacen en América.

Thomas GAGE [1648], *El inglés americano: sus trabajos por mar y tierra o un nuevo reconocimiento de las Indias Occidentales* (2001), p. 221.

ción económica entre las grandes regiones del país pues, salvo contadas excepciones, el intercambio en este nivel se redujo a artículos que por su alto valor podían soportar los costos de transporte, como sucedió con el azúcar y el cacao, las herramientas y otros objetos de metal, las telas y los artículos suntuarios consumidos por las clases acomodadas. Únicamente las ciudades, con su gran desarrollo económico, su importancia política y sus redes de caminos, y también las zonas mineras, por su gran riqueza, pudieron articular una integración regional más amplia; pero incluso en estos casos se reconoce el patrón descrito para la organización del abasto por áreas de especialización, sólo que las ciudades en vez de surtirse dentro un ámbito regional, lo hacían a partir de diferentes regiones y provincias.[42] Para ilustrar lo anterior veremos a continuación cómo se organizaba, en los pueblos, las villas y las ciudades novohispanos, el abasto de algunos de los alimentos básicos consumidos por su habitantes.

Frutas y verduras

Las frutas y las verduras por su peso y delicadeza no podían viajar grandes distancias ni permanecer mucho tiempo almacenadas, por eso las poblaciones novohispanas debían conformarse con su producción regional, lo que en muchos casos limitaba la variedad de productos disponibles. Así, por ejemplo, en las zonas con climas cálidos co-

Marchantas indígenas vendiendo comida,
detalle del biombo *Ciudad de México,* siglo XVII.

mo el que rodeaba a la villa de Colima se podía disponer de frutas autóctonas como cacao, zapotes, guayabas y aguacates, junto con los recién llegados limones, naranjas,
mangos, caña de azúcar y cocos; en cambio, en los climas fríos como el de la comarca
de Zacatecas, se consumían preferentemente frutas como las manzanas, peras y duraz-
nos. Sólo los poblados situados dentro de regiones con diferentes climas podían gozar
de una mayor variedad de frutos, y también las grandes ciudades que, con sus redes de
carreteras y el poder adquisitivo de sus habitantes, podían costear la importación de
frutos de lugares lejanos; así, en los mercados de la Ciudad de México había frutas provenientes de casi todas las provincias de la Nueva España.[43]

Parte importante de las frutas y verduras que se consumían se producía dentro de
los huertos que había en las casas de los propios vecinos o en las huertas que solían poseer en las afueras de los poblados. En el centro y sur del país el resto era suministra-
do principalmente por las comunidades indígenas, que comercializaban su producción
en los mercados de las poblaciones cercanas; en el norte también participaron los poblados indígenas recién fundados, pero además tuvieron un papel importante los productores españoles que, por ejemplo en los valles cercanos a la ciudad de Zacatecas, poseían grandes huertas que rendían buenas ganancias con su producción de frutas y
verduras.[44]

Granos

El maíz, por ser la base de la alimentación indígena y porque la creciente población de
mestizos, blancos, negros y mulatos también adoptó su consumo, además de que servía de sustento de animales como los cerdos, las gallinas y las bestias de carga, tuvo una
gran demanda, lo que provocó que su siembra se expandiera de las zonas agrícolas del
centro y sur del país, a las regiones cada vez más septentrionales que se iban coloniza-
do, ya que a donde fuera que emigraran los trabajadores indios y mestizos, se trasplan-
taba su cultivo; por lo mismo, la producción de maíz trascendió el contexto de la comunidad indígena y se integró a los cultivos comerciales de las haciendas. El cultivo del
trigo por su parte también tuvo gran difusión, pero su consumo nunca fue tan generalizado como el del maíz, pues la población indígena no llegó a hacerlo parte de su alimentación cotidiana, y cuando llegó a sembrarlo fue con el único fin de venderlo a los
consumidores de los centros urbanos.[45]

Debido al peso y volumen de los cereales, que dificultaba su transporte, se procuraba que su producción se realizara en tierras cercanas a los centros de consumo. Las
comunidades indígenas continuaron trasladando su producción a los pueblos y ciudades más cercanos, ya fuera que la entregaran en calidad de tributo o la llevaran a ven-

der al mercado;[46] igualmente, las haciendas y otras propiedades agrícolas menores formaban cinturones en torno a los centros consumidores. De la manera que fuera, todas las ciudades, villas y pueblos novohispanos estaban rodeados de campos de cultivo que satisfacían la mayor parte de su demanda de granos. Sin embargo, en algunos casos el gran tamaño de las poblaciones, como el de la Ciudad de México, provocó que las zonas agrícolas cercanas resultaran insuficientes para el abasto de trigo y maíz; por su parte, en Zacatecas y otros centros mineros, las condiciones eran adversas para el cultivo del trigo; en estos casos las poblaciones tuvieron que abastecerse de granos en otras regiones como Puebla y Toluca para el caso de México, y el Bajío y Jalisco para los centros mineros del norte. El fácil cultivo, resistencia y alta productividad del maíz permitieron a casi todas las poblaciones ser autosuficientes en su abasto.[47]

Las comunidades indígenas siguieron sembrando de la manera tradicional mediante el empleo de la coa, aunque gradualmente se fue difundiendo el uso de arados y bueyes. Las haciendas, por su parte, contaban con sistemas de riego, animales de labranza, abonos, trojes etc., que les permitían aumentar su productividad y enfrentar mejor fenómenos como las sequías y las plagas que provocaban las crisis agrícolas, de manera que cuando los pequeños productores se veían arruinados e incapacitados para satisfacer la demanda de los centros urbanos, las haciendas podían sacar a la venta el grano que tenían almacenado obteniendo grandes ganancias; de hecho, en tiempos normales los hacendados preferían vender su producción varios meses después de la época de la cosecha, cuando los granos comenzaban a escasear y alcanzaban altos precios.[48]

Debido al papel preponderante que tenían los granos, los ayuntamientos de los pueblos, villas y ciudades tenían la obligación de controlar sus precios y vigilar que hubiera un suministro suficiente, además de que las principales ciudades novohispanas

Apaseo

Hay grandes crías de ganado mayor, menor, caballos muy buenos y mulas. La tierra es toda fértil y abundante en general, y en particular donde están los pueblos de Apaseo el alto y bajo, que está uno de otro una legua, el bajo es la cabeza, tendrá 200 moradores, hay maravillosas fuentes de claras y delgadas aguas que nacen de las peñas y breñas de Apaseo el alto, que es frontera de los indios chichimecos, donde había una buena fortaleza para defensa de ellos... En Apaseo el bajo hay un convento de la orden de San Francisco, estos dos pueblos son de los marqueses de Villa Mayor, en los cuales hay muy buenas viñas y todas las frutas de España con muchas de la tierra... Cógense en estos pueblos dos cosechas de trigo y maíz al año en gran cantidad, una de temporal y otra de regadío, de donde se proveen muchas ciudades y villas de la nueva Galicia y la de San Luis Potosí.

Fray Antonio VÁZQUEZ DE ESPINOSA [1624], *Descripción de la Nueva España...* (1944), p. 141.

contaron con alhóndigas y pósitos que garantizaban su abasto. Las primeras eran mercados especializados a donde los productores y demás personas que introducían el maíz y el trigo tenían la obligación de llevarlos, con el fin de que los vendieran bajo la vigilancia de las autoridades locales; mientras que los pósitos eran almacenes donde los gobiernos municipales guardaban el grano que adquirían a precio bajo en la época de cosecha, con el fin de venderlo a precios accesibles a la población más necesitada en los meses de escasez.[49]

De la misma manera la venta de productos derivados del trigo, como la harina y el pan, estaba sujeta a un gran control, vigilándose no sólo su precio y abasto suficientes, sino también su calidad e higiene. La harina se producía en molinos localizados en las afueras de las villas y ciudades, generalmente propiedad de sus ayuntamientos, que los concesionaban a los particulares, pero había algunos pertenecientes a ordenes religiosas, además de que en el transcurso del siglo XVII aumentó el número de molinos propiedad de las grandes haciendas, que también maquilaban el grano de otros agricultores. En el caso de que las poblaciones contaran con alhóndiga, las harinas debían llevarse a ellas para que allí los panaderos se surtieran; sin embargo, esto no siempre se cumplió, siendo los molinos los encargados de venderlas. El pan por su parte debía venderse en panaderías autorizadas o en su defecto en las plazas públicas donde las autoridades pudieran vigilar su calidad y su precio.[50] En los periodos de crisis agrícolas las autoridades podían obligar a productores, molineros y panaderos a venderles sus reservas de granos y harinas o incluso a confiscar las reservas de particulares con el fin de aliviar la situación y evitar brotes de violencia.[51]

Carne

La gran proliferación que habían tenido las distintas especies de ganado traídas por los españoles (debido a los amplios espacios americanos y la disponibilidad de abundantes recursos alimenticios), propició que la carne se convirtiera en un ingrediente primordial de la dieta de la población novohispana, ya que no sólo los españoles, mestizos y negros la consumían cotidianamente, sino también los indios complementaban su dieta con la carne de vacas, cerdos, carneros y cabras.[52]

Los grandes daños que ocasionaba el ganado que invadía las tierras de labranza indígenas y la necesidad de ampliar las zonas productoras de trigo, provocaron que en el siglo XVII la cría de ganado, sobre todo mayor, se desplazara de la región central de la Nueva España a sus zonas periféricas. Los rebaños de vacas que antes habían pastado en zonas cercanas a la Ciudad de México y luego habían sido expulsados hacia la región de Querétaro y el Bajío, fueron empujados aún más al norte, a las inmensas llanuras de Nueva Galicia, Nueva Vizcaya y Nuevo León. Además de que cuando las costas del Pacífico y del Atlántico quedaron despobladas y carentes de mano de obra, a causa de la disminución de población indígena, el ganado sustituyó al cultivo de la caña como fuente de riqueza. En efecto, la poca mano de obra que requería su cría (pues unos

Aguadores con sus mulas,
detalle del biombo *Ciudad de México*, siglo XVII.

cuantos peones dirigidos por un capataz podían cuidar varios cientos de cabezas de ganado), la resistencia natural de los animales (que lo mismo podían proliferar en las llanuras cálidas y húmedas de las costas, que en las planicies extremosas y secas del norte), además de su capacidad para autotransportarse, permitió que grandes extensiones del territorio, que antes habían tenido poco aprovechamiento o que después quedaron deshabitadas, se convirtieran en zonas ganaderas, no obstante estar muy alejadas de los centros de consumo.[53]

De la misma manera el ganado menor, que además era fundamental para el desarrollo de las industrias de la lana y el cuero, también fue trasladado a las regiones norteñas del país, aunque todavía quedaron muchos rebaños en las tierras altas de las zonas central y sur. La cría de ovejas y cabras, a diferencia de la producción de ganado mayor que fue monopolizada por grandes propietarios españoles y criollos, fue una actividad económica muy difundida entre la población novohispana incluidos los indios, quienes llegaron a poseer grandes y pequeños rebaños, propiedad tanto de individuos como de comunidades. La cría de cerdos también tuvo una gran difusión y, debido al poco espacio que requería, se desarrolló en todas partes, incluso en el ámbito doméstico, sin embargo, hubo grandes productores y lugares que llegaron a especializase en su cría, como la zona de Toluca que abastecía de cerdos en pie, cecina y chorizo a la Ciudad de México, y la de Teocaltiche que hacía lo mismo en la de Zacatecas. Finalmente, la gran aceptación que tuvieron las gallinas de Castilla entre los indios, así como lo bajo de su precio, provocó que la producción de carne de pollo y huevo recayera sobre todo en los indios, que criaban las aves tanto para su consumo como para venderlas en los mercados urbanos.[54]

El abasto de carne de res, cerdo y carnero de las poblaciones se realizaba por medio de las carnicerías; cada lugar de acuerdo con su tamaño tenía uno o varios establecimientos, que eran siempre propiedad del ayuntamiento, quien los concesionaba a los

Toluca

Saliendo de México por Tacubaya, se aparta otro camino al Oeste por Santa Fe y se van siete leguas al valle de Matalzingo, donde está la famosa villa de Toluca del Marqués del Valle, la cual tendrá más de 200 vecinos españoles con un famoso convento de San Francisco. La villa es de mucha contratación, hácense en ella los mejores jamones y tocinos de la Nueva España y grande cantidad de jabón; la villa y todo el valle es de temple frío, muy poblado de estancias de ganados y sembrados, toda la tierra es muy abundante y sana, al Sudeste de este valle quedan las minas referidas de Temaxcaltepeque y las demás que corren al Este en distrito de 18 leguas.

Fray Antonio VÁZQUEZ DE ESPINOSA [1624], *Descripción de la Nueva España...* (1944), p. 135.

particulares que ofrecieran mejores precios y condiciones de venta. Esto último se hacía mediante una subasta pública que se celebraba anualmente, en la que los regidores, después de recibir diferentes propuestas, seleccionaban aquella que presentaba mayores ventajas para la población consumidora. Las personas que ganaban tales subastas quedaban obligadas a traer el ganado desde los centros de producción; a proporcionar los trabajadores que se necesitaran tanto para la matanza como para vender su carne en la carnicería, además de mantener un abasto suficiente al precio fijado.[55]

Para finalizar, diremos que el crecimiento constante de la población de ciudades, villas y pueblos y su demanda creciente de granos, carne, azúcar, ropa y otros artículos de primera necesidad, terminaron de consolidar la transformación económica iniciada a fines del siglo anterior. Así, la Nueva España dejó de ser una colonia dependiente del excedente producido por las comunidades indígenas, así como de los insumos procedentes de Europa, para convertirse en un reino autosuficiente capaz de producir los bienes necesarios para el sostén y progreso de su población trabajadora, y con el excedente necesario para adquirir lo poco que el territorio no podía producir y los lujos que requería el estilo de vida señorial de su clase gobernante. En contraposición, los consumidores indígenas, con su forma tradicional de vida y su economía, tendieron a replegarse y a quedar aislados en el medio rural.

NOTAS

[1] Los blancos sumaban 150 000, los negros y sus descendientes 130 000, y se calcula que la población reconocida abiertamente como mestiza también era como de 150 000 personas, aunque su número en realidad era superior porque tanto dentro del grupo de los indios como en el de los blancos estaban considerados muchos mestizos. ISRAEL, 1980, pp. 31, 37, 41, 70-72, 74.

[2] GIBSON, 1980, pp. 155-159.

[3] GIBSON, 1980, pp. 342-343.

[4] GIBSON, 1980, pp. 344-345; ISRAEL, 1980, p. 19.

[5] ARMELLA, 1988, p. 50.

[6] CHEVALIER, 1975, p. 96; MIJARES, 1993, pp. 39-42, 157-158.

[7] GÓMEZ DE OROZCO, 1983, pp. 13-27.

[8] GÓMEZ DE OROZCO, 1983, pp. 10-11, 25-34; MUSEO DE MONTERREY, 1990, pp. 61-65.

[9] ARMELLA, 1988, pp. 44-51.

[10] POUNDS, 1992, pp. 22-26.

[11] GIBSON, 1980, pp. 52, 155-159, 165; ISRAEL, 1979, pp. 70-71.

[12] MIRANDA, 1994, pp. 17-18; ISRAEL, 1980, pp. 48-51; CHIARAMONTE, 1981, pp. 575, 597-600.

[13] GIBSON, 1980, pp. 416-417; ISRAEL, 1980, pp. 48-51, 65.

[14] ISRAEL, 1980, pp. 272-273; CARMAGNANI, 1972, pp. 148-149; CHIARAMONTE, 1981, pp. 597-598.

[15] BAKEWELL, 1976, pp. 77, 78; SUPER, 1983, p. 24.

[16] GAGE, 2001, pp. 158-159; ISRAEL, 1980, pp. 72, 78, 81; ARMELLA, 1988, p. 50.

[17] CHIARAMONTE, 1981, pp. 595-596; ISRAEL, 1980, p. 41.

[18] GIBSON, 1980, p. 359; CARRASCO, 1979, p. 26.

[19] BORAH y COOK, 1994, p. 10; GIBSON, 1980, pp. 416-417; FLORESCANO, 1990, pp. 103, 106; HASSING, 1990, p. 237; SUPER, 1983, p. 188.

[20] ISRAEL, 1980, p. 272.

[21] ISRAEL, 1980, pp. 44-48.

[22] BORAH y COOK, 1994, p. 10; GIBSON, 1980, pp. 416-417; ISRAEL, 1979, pp. 142-143; FLORESCANO, 1990, pp. 203-106; SUPER, 1983, p. 18; NEWSON, 1994, pp. 31-32, 48-55.

[23] MIRANDA, 1994, pp. 17-18; GIBSON, 1980, pp. 416-417; ISRAEL, 1979, p. 71.

[24] PALERM, 1979, pp. 117, 119-120; FLORESCANO, 1990, pp. 107-108.

[25] FLORESCANO, 1990, pp. 110-114; CHEVALIER, 1975, pp. 351-353.

[26] FLORESCANO, 1990, pp. 105, 112-114; CHEVALIER, 1975, p. 358.

[27] FLORESCANO, 1990, pp. 104-105; CHEVALIER, 1975, pp. 356-358; ISRAEL, 1979, p. 71; SUPER, 1983, pp. 73-78; SANDOVAL, 1951, pp. 151-153.

[28] CHEVALIER, 1975, p. 360; GIBSON, 1980, p. 115.

[29] FLORESCANO, 1990, p. 104; ISRAEL, 1979, p. 83; FARRIS, 1984, pp. 48-56.

[30] ISRAEL, 1980, pp. 48-51; CHEVALIER, 1975, p. 358; CHIARAMONTE, 1981, pp. 597-600.

[31] HASSING, 1990, pp. 13-14.

[32] BASSOLS BATALLA, 1994, pp. 17-18; PÉREZ HERRERO, 1992, p. 78.

[33] BASSOLS BATALLA, 1994, pp. 17-18; HASSING, 1990, pp. 13-14. El número de habitantes se tomó de MIRANDA, 1994, pp. 18-20.

[34] HASSING, 1990, p. 49; PÉREZ HERRERO, 1992, pp. 84-85.

[35] PÉREZ HERRERO, 1992, p. 108.

[36] HASSING, 1990, pp. 187, 280-281; RUIZ, 1997, pp. 39-42.

[37] HASSING, 1990, p. 231.

[38] GUTIÉRREZ, 1993, pp. 97-98.

[39] GUTIÉRREZ, 1993, pp. 97-98.

[40] HASSING, 1990, pp. 186-188; GUTIÉRREZ, 1993, pp. 103-104, 123-126-129, 132.

[41] HASSING, 1990, p. 49; PÉREZ HERRERO, 1992, pp. 84-85; NEWSON, 1994, p. 50.

[42] HASSING, 1990, pp. 284-285; PÉREZ HERRERO, 1992, p. 84.

[43] BAKEWELL, 1976, pp. 108-109; REYES, 1995, pp. 168-169.

[44] BAKEWELL, 1976, pp. 108-109; SUPER, 1983, p. 18.

[45] GIBSON, 1980, pp. 331, 333-335, 337, 341.

[46] NEWSON, 1994, p. 50.

[47] FLORESCANO, 1990, pp. 113-114; BAKEWELL, 1976, pp. 89-95; SUPER, 1983, pp. 54-55.

[48] FLORESCANO, 1990, pp. 108-110; GIBSON, 1980, p. 341.

[49] BAKEWELL, 1976, pp. 95-98.

[50] SUÁREZ, 1985, pp. 67-70, 193-197 y 205-206; GIBSON, 1980, pp. 405-406; MIJARES, 1993, pp. 71-73, 78-81.

[51] ISRAEL, 1980, pp. 66-67.

[52] GIBSON, 1980, p. 354; BAKEWELL, 1976, pp. 102-103, 105.

[53] CHEVALIER, 1975, pp. 122-128; BAKEWELL, 1976, pp. 100-101; FLORESCANO, 1990, pp. 93-94; SUPER, 1983, pp. 18-21.

54 PÉREZ HERRERO, 1992, p. 171; BAKEWELL, 1976, p. 108.
55 BAKEWELL, 1976, pp. 103-104.

REFERENCIAS

ARMELLA DE ASPE, Virginia, *et al.*
    1988   *La historia de México a través de la indumentaria.* México: Inbursa.

BAKEWELL, Peter J.
    1976   *Minería y sociedad en el México colonial. Zacatecas, 1546-1700.* México: Fondo de Cultura Económica.

BASSOLS BATALLA, Ángel
    1994   *El abasto alimentario en las regiones de México.* México: Universidad Nacional Autónoma de México.

BETHELL, Leslie (ed.)
    1990   *Historia de América Latina.* Vol. 3: *América Latina colonial: economía.* Barcelona: Crítica.

BORAH, Woodrow, y Sherburne F. COOK
    1994   "La despoblación del México central en el siglo XVII", en *Historia y población en México (siglos XVI-XIX).* México: El Colegio de México (Lecturas de Historia Mexicana), pp. 1-12.

CALVO, Thomas
    1997   *Por los caminos de Nueva Galicia: transportes y transportistas en el siglo XVII.* Guadalajara: Universidad de Guadalajara-Centro de Estudios Mexicanos y Centroamericanos.

CARMAGNANI, Marcello
    1994   "Demografía y sociedad. La estructura social de los centros mineros del norte de México, 1600-1720", en *Historia y población en México (siglos XVI-XIX).* México: El Colegio de México (Lecturas de Historia Mexicana), pp. 122-162.

CARRASCO, Pedro
    1979   "La economía prehispánica de México", en FLORESCANO (comp.), pp. 15-53.

CHEVALIER, François
    1975   *La formación de los grandes latifundios.* México: Fondo de Cultura Económica.

CHIARAMONTE, José Carlos
    1981   "En torno a la recuperación demográfica y la depresión económica novohispanas durante el siglo XVII", en *Historia Mexicana,* XXX: 4, 120 (abr.-jun.), pp. 561-604.

FARRIS, Nancy
    1984   *Maya Society under Colonial Rule: The Collective Enterprise of Survival.* Princeton: Princeton University Press.

FLORESCANO, Enrique (comp.)
    1979   *Ensayos sobre desarrollo económico de México y América Latina, 1500-1975.* México: Fondo de Cultura Económica.

FLORESCANO, Enrique

1990   "Formación y estructura económica de la hacienda en Nueva España", en BETHELL (ed.), p. 92-121.

GAGE, Thomas

2001   *El inglés americano: sus trabajos por mar y tierra o un nuevo reconocimiento de las Indias Occidentales*, traducción de Stella Mastrángelo; introducción y notas de Eugenio Martín Torres. México: Fideicomiso Teixidor-Libros del Umbral. [1648].

GIBSON, Charles

1980   *Los aztecas bajo el dominio español, 1519-1810.* México: Siglo XXI Editores.

GÓMEZ DE OROZCO, Federico

1983   *El mobiliario y la decoración en la Nueva España en el siglo XVI.* México: Instituto de Investigaciones Estéticas, Universidad Nacional Autónoma de México.

GUTIÉRREZ ÁLVAREZ, Secundino J.

1993   *Las comunicaciones en América Latina: de la senda primitiva al ferrocarril.* Madrid: Mapfre.

HASSING, Ross

1990   *Comercio, tributo y transportes. La economía política del valle de México en el siglo XVII.* México: Alianza Editorial.

ISRAEL, Jonathan I.

1979   "México y la crisis general del siglo XVII", en FLORESCANO (comp.), pp. 128-153.

1980   *Razas, clases sociales y vida política en el México colonial, 1610-1670.* México: Fondo de Cultura Económica.

MIJARES, Ivonne

1993   *Mestizaje alimentario. El abasto en la ciudad de México en el siglo XVI.* México: Facultad de Filosofía y Letras, Universidad Nacional Autónoma de México.

MIRANDA, José

1994   "La población indígena de México en el siglo XVII", en *Historia y población en México (siglos XVI-XIX).* México: El Colegio de México (Lecturas de Historia Mexicana), pp. 13-20.

MUSEO DE MONTERREY y MUSEO FRANZ MAYER

1990   *Palacios de la Nueva España, sus tesoros interiores.* Monterrey: Ediciones e Impresos Gant.

NEWSON, Linda

1994   "Explicación de las variaciones regionales de las tendencias demográficas en la America española colonial: el caso de México", en *Historia y población en México (siglos XVI-XIX).* México: El Colegio de México (Lecturas de Historia Mexicana), pp. 30-62.

PALERM, Ángel

1979   "Sobre la formación del sistema colonial. Apuntes para una discusión", en FLORESCANO (comp.), pp. 93-127.

PÉREZ HERRERO, Pedro

1992   *Comercio y mercados en América Latina colonial.* Madrid: Mapfre.

POUNDS, Norman J.P.
>   1992   *La vida cotidiana. Historia de la cultura material.* Barcelona: Crítica.

REYES GARZA, Juan Carlos
>   1995   *La antigua provincia de Colima, siglos XVI a XVIII.* Colima: Instituto Colimense de Cultura.

RUIZ ABREU, Carlos E.
>   1997   "Las rutas del cacao en el Golfo de México", en YUSTE (coord.), pp. 35-43.

SANDOVAL, Fernando B.
>   1951   *La industria azucarera en Nueva España.* México: Instituto de Historia.

SILVA ESCAMILLA, Jorge (dir.)
>   1994   *Historia de los caminos de México,* t. I. México: Banco Nacional de Obras y Servicios Públicos.

SUÁREZ, Clara Elena
>   1985   *La política cerealera y la economía novohispana: el caso del trigo.* México: Centro de Investigaciones y Estudios Superiores en Antropología Social (Colección Miguel Othón Mendizábal).

SUPER, John C.
>   1983   *La vida en Querétaro durante la Colonia, 1531-1810.* México: Fondo de Cultura Económica.

VÁZQUEZ DE ESPINOSA, Antonio
>   1944   *Descripción de la Nueva España en el siglo XVII por el padre fray Antonio Vázquez de Espinosa y otros documentos del siglo XVII.* México: Editorial Patria. [1624].

YUSTE, Carmen (coord.)
>   1997   *El comercio marítimo colonial. Nuevas interpretaciones y fuentes.* México: Instituto Nacional de Antropología e Historia.

5
EL BARCO COMO UNA CIUDAD FLOTANTE

FLOR TREJO RIVERA

Subdirección de Arqueología Subacuática,
Instituto Nacional de Antropología e Historia

> Mucha es en eso la similitud que la nao viene a tener con el hombre,
> que tiene y encierra en sí todas las cosas del universo, como mundo
> abreviado… entendiéndose esto cuando ya la tal nao, siendo acabada
> de todas sus obras, es navegable y puesta a la vela,
> enseñoreándose del mar.
>
> Thome CANO, 1611
> "Arte para fabricar, fortificar y aparejar naos"

REALIZAR UNA TRAVESÍA EN BARCO EN LA EDAD BARROCA ERA UNA HAZAÑA; requería poderosas razones para surcar un mar lleno de peligros y hacer frente a un medio de transporte con grandes incomodidades. Desde el virrey que partía de España a cumplir con su nuevo cometido y la mujer que debía alcanzar a su marido, hasta el pequeño paje que esperaba encontrar en el duro oficio de marear el medio para escalar nuevas posiciones en la marinería, todos tenían una fuerte motivación para encomendar su vida y hacienda a bordo de una pequeña ciudad flotante de madera y velas.

Los preparativos para embarcarse eran largos y engorrosos. Los pasajeros tenían que cumplir con una serie de requisitos para obtener la licencia; juntar los alimentos que consumirían durante el viaje, es decir, lo que se conocía como matalotaje; empacar utensilios para cocinar y comer; tener la ropa adecuada para aguantar los calores de las aguas americanas; una vez en el puerto de salida, negociar con el maestre los pasajes, y si se contaba con los recursos suficientes, contratar un pequeño camarote para ocuparlo con cajones y baúles y descansar durante la noche.

Los tripulantes, es decir, aquellos que se embarcarían para trabajar en el gobierno y buen funcionamiento de la nave, debían pasar por otro tipo de trámites. Una vez que los funcionarios de la Casa de la Contratación determinaban el número y la calidad de

Cuadro 1. Tripulación del barco *Nuestra Señora del Pilar* (navío de 300 toneladas, flota de 1631)

Nombre	Cargo	Origen	Rasgos físicos	Edad
García de Castro	Maestre	Cádiz	Pólvora en el rostro sobre el ojo derecho	40
Pedro Romero del Águila	Piloto	Triana	Pequeño, moreno	44
Sebastián Lucero	Contramaestre	Cádiz	Colorado de rostro, rubio	22
Francisco García	Escribano	Cádiz	Frente pequeña, ojos azules, empieza a barbar	25
Miguel Sánchez	Guardián	Cádiz	Pequeño, barbitaheño[1]	27
Fernando Sánchez	Barbero	Cádiz	Pequeño, barbinegro, nariz larga, señas sobre la ceja izquierda	38
Joan Volton	Armero	Barcelona	Moreno, buen cuerpo	22
Jusefe Rafael de la Rosa	Calafate	Cádiz	Alto, lampiño, moreno	23
Gaspar de Enrique	Carpintero	Cádiz	Pequeño de cuerpo, barbinegro, cejunto	25
Joan Aguado	Condestable	Cádiz	Alto, rubio, zarco	26
Esteban Moreno	Marinero y artillero	Huelva	Frente pequeña, ojos garzos	
Andrés de los Santos	Marinero y artillero	Cádiz	Pequeño, señal de herida en el carrillo izquierdo	28
Pedro Pérez	Marinero y artillero	Sanlúcar de Barrameda	Buen cuerpo, blanco, nariz sumida, barbitaheño	36
Juanes de Artisa	Marinero y artillero	Hernani	Alto, delgado, barbitaheño, enjuto de rostro, ojos sumidos	26
Joan de Alcocer	Marinero	Cádiz	Entrecano, entradas grandes, buen cuerpo	40
Alonso Pérez	Marinero	Cádiz	Alto de cuerpo, nariz corva, cabello crespo	23
Alonso Díaz	Marinero	Cádiz	Pequeño, moreno, barbinegro	22
Blas García	Marinero	Cádiz	Pequeño de cuerpo, moreno	30
Pedro Rodríguez	Marinero	Cádiz	Rehecho, barbitaheño, señal de herida sobre el ojo derecho	28
Nicolás Juan	Marinero	Mallorca	Cejunto, lampiño, frente pequeña	18
Andrés Marqués	Marinero	Cádiz	Rubio, ojos azules, picado de viruelas	23
Diego Pichado	Marinero	Triana	Moreno de rostro, señal en la frente al lado izquierdo	22
Cristóbal Núñez	Marinero	Cádiz	Frente ancha y pequeña, poca barba	23
Joan Granero	Marinero	Barcelona	Moreno, lunar grande en la muñeca izquierda, dientes menos en la parte de arriba	30
Diego Fernández	Marinero	Granada	Frente salida y piquete en ella al lado derecho, carilargo	26
Joan Ruiz	Marinero	Villa Verde, Vizcaya	Moreno de rostro, frente pequeña, pequeño de cuerpo	22
Antonio Hernández	Marinero	Puerto de Santa María		

Nombre	Oficio	Origen	Descripción	Edad
Joan Jiménez	Marinero	Cádiz	Alto, frente pequeña, cara larga y enjuta	22
Miguel de Miguel	Marinero	Barcelona	Buen cuerpo, frente pequeña, cariancho	23
Diego Díaz	Marinero	Cádiz	Alto, delgado, barbinegro	32
Benito Romero	Marinero	Rota	Buen cuerpo, frente pequeña, nariz larga	22
Juan de Pedro	Marinero	Vinarrosa, Cataluña	Viejo, cano, dientes menos en la parte baja	44
Juan Terán	Marinero	Ayamonte	Diente mellado en la parte alta	25
Domingo Hernández	Grumete	Triana	Rostro grande, helgado[2] en los dientes	22
Gerónimo de Ávila	Grumete	Jerez	Pequeño de cuerpo, blanco, señal de herida sobre la ceja derecha	22
Luis Alonso	Grumete	Puerto de Santa María	Moreno, pecoso de rostro	16
Gonzalo de Sosa	Grumete	Islas Canarias	Alto, moreno, barbado	23
Juan de Irriberri	Grumete	–	Rostro redondo colorado	21
Jácome Rison	Grumete	Barcelona	Moreno de rostro, buen cuerpo, nariz grande y abultada	16
Simón Ruiz	Grumete	Huelva	Menudo de facciones, señal en el carrillo izquierdo	22
Joan de Barcelona	Grumete	Barcelona	Buen cuerpo, lampiño, frente pequeña	26
Pedro de Sapain	Grumete	Castisarraga	Señal de herida en el ojo derecho	20
Jaime Mirete	Grumete	Tarragona	Buen cuerpo, rehecho, nariz larga, carirredondo	20
Diego Ponce	Grumete	Puerto	Tuerto del ojo derecho	20
Domingo Rodríguez	Grumete	Triana	Buen cuerpo, facciones menudas	21
Pedro Felipe	Paje	Cádiz	Pequeño, pecoso	12
Antonio Andrés	Paje	Salvatierra	Moreno, rehecho	15
Marcos Gallego	Paje	Cádiz	Moreno, ojos grandes, frente pequeña	12
Alejo Hernández	Paje	Cádiz	Pequeño, ojos pintados	12
Martín de Artusan	Paje	Arna	Carilargo, frente pequeña	16
Diego de Olivar	Paje	Cádiz	Un lunar encima del labio	14
Joan de Castela	Paje	Cádiz	Una nube en el ojo derecho	17

FUENTE: AGI, Contratación, 1178.

1 Barba roja.

2 Dientes ralos y feos.

buques que compondrían la flota, autorizaban que los pregoneros dieran aviso en los puertos principales de la próxima salida del convoy, para que los marineros interesados acudieran para su registro y paga.[1]

A éstos se les anotaba en un libro que comprendía todos los trámites de la flota. Bajo su nombre se registraba el cargo que oficiaría durante la travesía, su origen geográfico, una breve descripción física y la edad (cuadro 1). Todo ello con el fin de identificarlos ante cualquier gestión después de la navegación y para que pudieran cobrar la segunda parte de su sueldo al regreso a la península española. Darles sólo una porción de su soldada, nombre con que se identificaba la paga, antes de zarpar y el resto a su regreso garantizaba de alguna manera que no se quedaran en las Indias para buscar mejor fortuna, y se evitaba, además, que disfrutaran de un dinero no desquitado aún en caso de sufrir naufragio.

La preparación física para el viaje se acompañaba de la espiritual. Los marineros por obligación y los viajeros por precaución hacían su testamento y acudían a confesarse antes de zarpar. Estas medidas permitían al maestre del navío realizar la voluntad del que falleciese durante el viaje y eran un alivio personal en cuestiones de salud espiritual.

Vista de la compostura de un altar en los navíos,
en el *Álbum del marqués de la Victoria*.

Las prácticas religiosas obligatorias a todo buen cristiano también eran llevadas a cabo durante la travesía. La legislación diseñada para tal fin muestra la preocupación para que los marineros no cedieran ante una vida relajada y propensa a los vicios. En las embarcaciones se adaptaban altares y se oficiaban misas, y tanto tripulantes como pasajeros se confesaban, comulgaban y rezaban las oraciones de la doctrina cristiana.[2] Tales precauciones apuntan hacia lo incierto de las travesías marítimas. Aquellos que manifestaban su temor por el mar incógnito mostraban ingeniosas maneras de identificarlo con penalidades y con la muerte. El que navegaba encomendaba su vida y hacienda al "viento y a las túmidas olas", quedando su vida a "tres o cuatro dedos de la muerte, que es el grueso de la tabla del navío".[3] Incluso un diccionario del siglo XVII define el mar como equivalencia de amargura.[4]

Pero el desafío del mar no intimidó a los constructores navales. Con la intensificación del tráfico marítimo después de las primeras décadas de expansión del imperio español hacia América, el enfrentamiento a nuevos océanos y puntos geográficos creó necesidades diferentes, por lo que desde las últimas décadas del siglo XVI hasta el siguiente, los navíos fueron sufriendo modificaciones encaminadas a lograr una mayor estabilidad del buque, espacios más amplios para almacenar las mercancías y una mejor y más práctica fortificación de los navíos. Estos cambios también dieron cabida a más tripulantes y pasajeros.

La escasa atención que los tratados de construcción naval y las instrucciones náuticas prestaban a los lugares que debían ocupar tanto marineros como viajeros para resolver sus necesidades de habitación, comida y aseo, nos muestra que para las autoridades encargadas de regular el buen funcionamiento de la navegación, ése era un tema de escaso interés. Básicamente la intención de uso para los navíos era la conquista de nuevos territorios, el intercambio comercial. Que tales buques debían ser tripulados por hombres y habitados por algunos pasajeros no era importante, pese a las quejas que podemos leer en los relatos de numerosos viajeros.

El barco como cárcel

Y porque los que no saben de la mar entiendan algo de lo que en ella se padece, especialmente a los principios... Primeramente el navío es un cárcel muy estrecha y muy fuerte de donde nadie puede huir aunque no lleve grillos ni cadenas y tan cruel que no hace diferencia entre los presos, igualmente los trata y estrecha a todos: es grande la estrechura y ahogamiento y calor, la cama es el suelo comúnmente.

Fray Tomás DE LA TORRE [1544-1545], *Diario del viaje de Salamanca a Ciudad Real*, citado en José Luis MARTÍNEZ (1997), *Pasajeros a Indias. Viajes trasatlánticos en el siglo XVI*, p. 248.

Como la travesía era larga, un promedio de 60 a 80 días, era necesario acondicionar el buque como una pequeña ciudad flotante. Un experimentado arquitecto naval del siglo XVII señaló que un navío era un mundo abreviado[5] y, como tal, debía adaptar y recrear en un ámbito pequeño, en una ciudad de difícil habitación, todo aquello que le permitiera permanecer en el mar y defenderse de su furia.

UN CASTILLO QUE SE MUEVE POR LA MAR

Sebastián de Cobarruvias en su diccionario da una definición muy sencilla y esclarecedora de lo que en sí era una nave "es, hagamos cuenta, un castillo bien armado de gente y munición, que se mueve por la mar".[6] Es decir, una estructura adaptada para poder moverse en un medio acuático y que cumplía con los requerimientos básicos para los que había sido diseñada: el transporte.

Esta máquina, como la llamaban algunos constructores navales, era un aparato sumamente complejo. Recordemos que para poder avanzar sólo disponía de las ventajas que podían obtenerse de la fuerza del viento y de las corrientes marinas. La estructura debía tener un diseño que le permitiera mantenerse a flote de manera equilibrada, es decir, romper el agua, así como el número y tamaño adecuado de velas para captar y aprovechar hasta el cambio más sutil en el viento. Para que el diseño de la embarcación fuera realmente efectivo, el barco debía estar acompañado de gente capacitada que supiera leer el cielo, entender el lenguaje de los vientos y el secreto del continuo vaivén de las olas. Como pequeña república "concertada y ordenada"[7] debía tener leyes y un gobierno, así como las personas encargadas de hacerla marchar bajo una estricta jerarquía.

Algunos tratados navales incluyen referencias a los personajes en quienes recaía el buen funcionamiento del buque: la tripulación, formada por un gobernante que orquestaba las actividades durante la navegación, y por aquellos que se encargaban de las tareas más rudas y menos honrosas.

Los tripulantes de mayor rango y nobleza eran el capitán general de la flota y su almirante, designados por el rey. El nombramiento de capitán imponía como deber el defender incluso con su vida el buen destino del convoy. Cada navío llevaba como gobernante a un capitán o maestre; quienes ocupaban este cargo eran la mayoría de las veces los propios dueños de las embarcaciones. Para Diego García de Palacio, según su *Instrucción náutica*, estos hombres debían ser por principio buenos cristianos y temerosos de Dios por el simple hecho de estar arriesgando su vida. Como especie de padres bondadosos debían cuidar de su gente, siendo duros cuando la ocasión lo ameritase y tiernos y amigables cuando el delito no fuera tan grave.[8]

El papel de piloto era de suma responsabilidad, ya que en él recaía "llevar en salvo

Arquitectura naval antigua,
en el *Álbum del marqués de la Victoria.*

tantas ánimas y hacienda". Como habilidad mínima debía tener experiencia en el mar,
saber utilizar los instrumentos propios de su oficio y poder ubicarse en una carta náutica o de marear como se decía entonces. Encontrar un buen piloto era difícil, así que
se tomaba "lo que se hallare".[9] Durante el trayecto, al reunirse las naves para que los pilotos pudieran compartir información sobre el rumbo que llevaban, los mismos pasajeros se daban cuenta de la inexperiencia e ignorancia de la mayoría.[10]

Después de los personajes principales seguía un escalafón comandado por el contramaestre, quien se encargaba de organizar el acomodo de mercancías y su registro, llevar la cuenta del material y de los utensilios de navegación. A su cargo estaban los marineros, grumetes y pajes.[11]

El guardián debía responder ante el contramaestre. Este tripulante tenía que ser algo riguroso, para que los pajes y grumetes "como mozos y gente desconcertada le te-
man". Se encargaba de las velas y los cables, vigilar la limpieza del barco y la provisión
de leña. Para la reparación del buque iban a bordo carpinteros y calafates. El cuidado
físico de los tripulantes se encomendaba al barbero o cirujano.[12]

Los insustituibles marineros eran quienes le daban vida al movimiento del barco.

Se les consideraba gente ruda y de escasos conocimientos sobre la fe cristiana. Amoldados a la dura vida del mar, estaban marcados por cicatrices resultado de los accidentes de su oficio. Se necesitaba que fueran diestros, "hombres de vergüenza y con algún caudal", pero si no se encontraban de éstos "bastará si son diligentes en obedecer y acudir a los aparejos donde se les mandare, y animosos en las necesidades".[13]

Cada vez que una flota se preparaba para zarpar, el capitán general se encontraba ante una enorme carencia de tripulación que reuniera los requisitos solicitados. Idealmente, cada tripulante debía reunir ciertas características para realizar con eficacia la actividad encomendada; sin embargo, los abundantes expedientes de los tribunales de la Casa de la Contratación y otros tantos del Santo Oficio, nos muestran quiénes realmente abordaban los barcos. Lo incierto de la navegación, aunado a lo duro de las tareas, hacía que los hombres listos para embarcarse escasearan, por lo que la Corona echaba mano de hombres que no siempre concordaban con las características ideales.

EL BUQUE COMO ESPACIO HABITADO

La gran mayoría de grabados medievales que ilustran embarcaciones tienen una notable característica: los navíos se notan pequeños y esta sensación aumenta por la manera en que están representados sus tripulantes, amontonados, casi simulando una formación en cubierta. En los del siglo XVII pareciera que los barcos se gobiernan casi solos, la gente ha desaparecido del pincel de los artistas y sólo los encontramos en ocasiones esporádicas: preparándose para el combate, cayendo por la borda, arriando velas u observando el horizonte.

¿Dónde han quedado sus habitantes? Posiblemente podamos imaginar que están distribuidos en todo el buque, los tripulantes cumpliendo con sus tareas y los pasajeros cuidando sus pertenencias, paseando o realizando actividades para distraerse ante la monotonía del viaje. Los barcos habían aumentado de porte por la necesidad de efectuar largos viajes, vigilándose de manera cuidadosa que se cumplieran las disposiciones para evitar percances durante la navegación; por el contenido de esta legislación y por algunos relatos de viajeros podemos aproximarnos a conocer los espacios habilitados para la vida cotidiana a lo largo de una travesía.

COMER

La alimentación era un aspecto de suma importancia. Los trámites para comprar y embarcar los llamados bastimentos implicaban una gran inversión de tiempo, como puede apreciarse en la abundante documentación que se elaboraba en la Casa de la Contratación durante los preparativos para la salida de una flota.[14]

Los alimentos que se llevaban a bordo para consumir durante la travesía, el matalotaje, debían reunir varias caraterísticas: duración, facilidad para su preparación y nutrición; la variedad en el consumo era escasa, ya que eran pocos los comestibles que cumplían con esos requerimientos. La dieta se cubría con el bizcocho como base, carne fresca, tocino, algunas variantes de pescado, arroz, legumbres y semillas, junto con aceite, vinagre y sal para la elaboración y condimentación de los alimentos. Como bebida se recurría al agua y al vino.[15]

El bizcocho era una especie de pan elaborado con salvado de trigo, que se cocía dos veces, a fin de que durara durante todo el trayecto, lo cual lo volvía sumamente duro y seco. Como era la ración principal de los marineros, se cuidaba que no hubiera fraude en su elaboración, vigilando que no se alterara su ingrediente básico mezclándolo con otras cosas como la mazamorra, nombre que se le daba a las migajas que resultaban de su manejo y que quedaban en el suelo de las embarcaciones.[16] Las ordenanzas publicadas para la tripulación de la Armada del Mar Océano especifican, además, que no se altere el tiempo de su cocción dejando reposar el pan al menos 30 días en el lugar de su fabricación, para evitar así un rápido deterioro.[17]

La ingestión del bizcocho era una especie de iniciación para aquellos que se embarcaban por vez primera y motivo de algarabía para los demás marineros, que siempre buscaban burlarse de sus compañeros. Como su dureza era semejante a la de una roca, era necesario remojarlo en vino o agua durante algunos minutos, ya que aquel que por impaciencia e ignorancia no lo hacía, en la primera mordida solía perder algún diente.[18]

A la gente de mar y guerra, como se les decía a la marinería y soldados embarcados, se les racionaba la comida por día, alternándose los elementos de la dieta durante la semana, como se puede apreciar en el cuadro 2.

Los alimentos debían calcularse para una travesía de aproximadamente 80 días, según las ordenanzas que el maestre debía cumplir y que era verificado en el momento en que se efectuaban las inspecciones de los navíos que se preparaban para zarpar.[19] Sin embargo, si el tiempo lo impedía y el viaje se alargaba, era necesario racionar la dieta hasta abastecerse de nuevo en alguna isla o mediante la pesca.

El comisionado para distribuir los bastimentos era el "maestre de raciones", quien debía llevar una relación de lo que se había embarcado y del consumo a lo largo de la travesía.[20] Durante el viaje, el despensero era el encargado de disponer el menú, coordinar a los pajes para su preparación, proporcionarles la leña y vigilar el fuego, así como supervisar que éstos quitaran la mesa de los altos mandos después de cada comida y barrieran la tolda, es decir, la cubierta que se encuentra sobre el alcázar de la popa, especie de techo que servía para albergar a algunos tripulantes.[21]

Cuadro 2. Bastimentos para la tripulación[1]

Ración por día

Bizcocho	Pescado salado	Tocino	Carne fresca	Miniestra (garbanzo, habas o arroz)
Libra 1/2 (690 gramos)	6 onzas (172.5 gramos)	6 onzas (172.5 gramos)	12 onzas sin miniestra (345 gramos)	2 onzas (57.5 gramos), en los días de pescado, carne y queso

Aceite	Vinagre	Vino	Agua
1 onza (28.75 gramos)	Un cuartillo (1/2 litro) entre 3 personas los días de pescado	Media azumbre (1 litro)	Un azumbre (2 litros)

Distribución semanal[2]

Bizcocho, miniestra, vino y agua	Tocino	Pescado	Queso
todos los días	4 días	2 días	1 día

Bastimentos para dieta de enfermos[3]

Gallinas, huevos, pasas, almendras y bizcocho

[1] MUSEO NAVAL DE MADRID, Ms. Colección Fernández de Navarrete, vol. 1, doc. 11, ff. 114-145v, pp. 227-290, "Diálogo entre un vizcaíno y un montañés sobre construcción de naves, su arboladura y aparejos".

[2] *Ordenanças...* [1678] (1974), f. 36v.

[3] SERRANO MANGAS (1989), *Armadas y flotas de la plata (1620-1648)*, pp. 205-206.

El reparto correcto de los víveres era muy importante por el hecho de que la travesía podía durar más tiempo del planeado, lo que derivaba en un racionamiento de la dieta, en ocasiones en manera alarmante. Por tal motivo, el tipo ideal de despensero debía ser un "hombre cuerdo, sufrido y callado, y templado en comer y beber".[22] Seguramente, la tentación de aumentar el menú personal o de recibir compensaciones por entregar ciertos bastimentos a algunos pasajeros debía ser irresistible.

Encender un fogón sobre un complejo compuesto fundamentalmente por madera y material inflamable como las velas y las cuerdas, requería ciertas precauciones y una infraestructura adecuada para tal fin. El lugar más apropiado, por estar protegido del viento y la lluvia, era bajo el castillo en la proa, donde se colocaban los fogones sobre material aislante, como arena, y con ladrillos refractarios que formaban una especie de casita con la lumbre en medio, y se adaptaban estructuras para colgar las ollas o para recargar los recipientes de los potajes. Existían dos fogones, uno a cada banda o lado del buque.[23] Durante las noches, el contramaestre era el encargado de matar la lumbre para evitar algún incendio.

Se realizaban tres comidas al día. La información sobre los horarios en que se disponía de los alimentos varía: la comida de la mañana se verificaba entre las nueve y once; los pajes repartían a los comensales un poco de bizcocho, algunos dientes de ajo, sardinas o queso y vino. La comida principal se servía entre dos y cuatro de la tarde, agregándole al menú carne o pescado, según correspondiera, acompañados de la miniestra, es decir, garbanzos, habas o arroz. La cena, que se llevaba a cabo antes de ponerse el sol, consistía en una ración menor de alimentos, pescado, bizcocho, aceite y vinagre, y su bebida.[24]

El momento de la comida era todo un acontecimiento. Se llamaba con dos campanadas a los de la "primera mesa", refiriéndose probablemente a la del capitán, que comía en su camarote acompañado por el maestre y el piloto, y en ocasiones por el cirujano o el escribano y algunos pasajeros distinguidos.[25]

Las tres campanadas correspondían al aviso para la mesa del contramaestre, quien se sentaba a la cabecera, después de él y a sus lados, los oficiales del navío, seguían los marineros y tras ellos los grumetes. Los pajes siempre eran los encargados de servir y podían ingerir sus alimentos una vez que los demás hubieran terminado. La tabla para que comiera la tripulación se situaba en el combés del navío, esto es, en el piso de la cubierta del castillo frontal.[26]

La mesa de los oficiales mayores, como el capitán, almirante o contramaestre era muy distinta a la del resto de la tripulación. Comían bizcocho blanco, elaborado con harina blanca, cernida sin salvado y que costaba más del doble que el ordinario,[27] tomaban vino de mejor calidad, variaban su dieta con gallinas y caldos y como postre algunas frutas secas o golosinas.[28] Incluso los utensilios para su servicio solían ser muy completos y de plata, como los del maestre de uno de los galeones que componían la flota de 1631: 18 platillos, seis platones, una fuente, un jarro, un salero, dos candeleros, una cuchara grande, 12 chicas y 12 tenedores, los cuales llevaba consigo en todos los viajes a las Indias, según su testimonio, donde añade que era costumbre de todos "los dueños de naos".[29]

Existían ordenanzas que prohibían que los pasajeros acompañaran a algunos oficiales en su mesa, posiblemente con la idea de no alterar las raciones planeadas. El viajero que las desobedeciera recibía como castigo la pérdida de sus bienes.[30].Esta legislación debía referirse al viajero ordinario, quien tenía que ingeniárselas para vigilar su propio matalotaje, esperar espacio en el fogón de la popa y buscar algún sitio libre entre los cajones para consumir sus alimentos, sentado sobre sus propias arcas.

Los relatos de algunos pasajeros dan colorido al tema de la comida, ya que narran

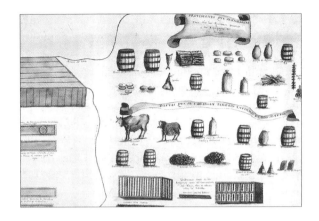

Provisiones que se embarcan para dar las raciones diarias a los equipajes de los navíos, en el *Álbum del marqués de la Victoria.*

Utensilios para repostería de un navío, en el *Álbum del marqués de la Victoria.*

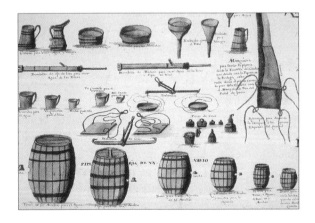

Utensilios de la bodega de un navío, pertenecientes al contramaestre, y otros del cargo de los pilotos, en el *Álbum del marqués de la Victoria.*

los preparativos, las hambrunas que tenían que sufrir a causa de tormentas o los ataques de velas enemigas, así como los banquetes y festines que se realizaban con motivo de alguna celebración en alta mar.

Toda actividad, por cotidiana que fuera, estaba reglamentada con el fin de reproducir en todos sus detalles una sociedad estratificada. El ritual de la comida, durante la navegación, intentaba seguir estas normas, pero lo estrecho del espacio y las dificultades para cocinar producían ciertas variaciones, que a su vez motivaban las quejas de los pasajeros, quienes tenían que sufrir desde lo monótono de su matalotaje hasta olores desagradables emitidos involuntariamente por algún marinero:

> Hombres, mujeres, mozos y viejos, sucios y limpios, todos van hechos una mololoa y mazamorra, pegados unos con otros; y así junto a uno uno regüelda [eructa], otro vomita, otro suelta los vientos, otro descarga las tripas; vos almorzáis y no se puede decir a ninguno que usa de mala crianza, porque las ordenanzas de esta ciudad, lo permiten todo.[31]

Los pasajeros debían preocuparse por procurar su propia despensa así como sus utensilios para cocinar y comer. Las provisiones eran similares a los que se disponían en los navíos para la alimentación de la tripulación, siendo la única variante la capacidad adquisitiva. En las cartas que los emigrantes en las Indias escribían a sus parientes y amigos recomendaban constantemente la provisión abundante de líquidos, ya que era de lo que más se carecía en los prolongados trayectos.[32]

La carne fresca en ocasiones era embarcada viva, haciéndose uso de ella cuando la dieta lo requería o para proveer los festines de alguna celebración durante el viaje. Algunos cerdos y gallinas eran almacenados en las bodegas o convivían con sus dueños hasta que eran sacrificados para su consumo.[33]

Aunque era duro mantenerse con el mismo menú y adaptarse a los incómodos espacios no todo era amargura. Cuando los navíos se acercaban a la sonda de Campeche, los acalorados pasajeros podían pescar diversas variedades de peces como meros, doradillas y pargos, además de cazar tortugas, con lo que su aburrida dieta podía variar momentáneamente.[34]

La hora de la comida era un momento esperado, ya fuera por el placer que producía consumir los alimentos como por la fortaleza que regresaba al cuerpo. Seguramente, lo pesado de la navegación provocaba mayor ansiedad de comida, sin embargo, no siempre el estómago la recibía con agrado:

> La mar, como tiene los aires más delicados, hace a los estómagos que estén siempre hambrientos: mas ya le perdonaríamos la gana que nos pone de comer, por la fuerza con que nos hace revesar [vomitar].[35]

El continuo vaivén del barco y los malos olores que despedía la sentina provocaban, según narra Antonio de Guevara en su *Arte del marear*, desmayo de corazón, desvanecimiento de cabeza, revoltura en el estómago y nublamiento de la vista hasta "dar arcadas y revesar lo que has comido", acabando sin fuerzas tumbado sobre el suelo. Esta desesperada situación de los pasajeros sólo provocaba risa entre los marineros, quienes afirmaban que ésa era la prueba que ponía el mar.[36] Según Cervantes, por voz del licenciado Vidriera, ver mareados a los viajeros era uno de los pasatiempos de la ruda tripulación.[37]

¿UN ARCA DE NOÉ?

Las embarcaciones del siglo XVII que eran utilizadas para navegar por el Atlántico fueron sufriendo modificaciones en función de la necesidad de mayores espacios para alojar las mercancías que transportaban, así como mejorar las defensas para responder al constante acecho por mar de los enemigos de la Corona española. Así, los pequeños barcos que inicialmente atravesaron el Atlántico —urcas, naos, carabelas— fueron incrementando su porte y el número de cubiertas, además de algunas innovaciones en su estructura para poder mantenerse a flote y gobernar el buque. El resultado de estos cambios fue el galeón, cuyo porte podía ser de 400 a 1 000 toneladas.[38]

Sin embargo, hasta la séptima década de esa centuria tales transportes no dejaban de presentar problemas en su estabilidad, flotabilidad, resistencia y gobierno; por ello, numerosas ordenanzas y reales cédulas reiteraban constantemente la necesidad de seguir las normas de construcción establecidas. Entre esta abundante documentación resalta el hecho de que los espacios destinados para que la tripulación y pasajeros acomodaran sus pertenencias y descansaran durante la noche casi no son mencionados. Esto quiere decir que no eran importantes las necesidades de los habitantes de estas pequeñas ciudades flotantes, quienes debían adaptarse a un espacio que sólo estaba diseñado para el comercio y la guerra. Dura prueba para todo aquel que anhelara llegar a América.

Los navíos fueron transformándose según las innovaciones y modas en arquitectura naval y las reglamentaciones dadas por las ordenanzas. Según se dictaminara, aumentaban o disminuían las cubiertas, es decir, los pisos que componían el buque; de igual manera, las estructuras que se encontraban en popa y proa se reducían o desaparecían. Estos datos deben ser considerados cuando se intenta definir los espacios y habitaciones que ocupaban tanto la tripulación como los pasajeros, ya que el número de camarotes variaba en función del tamaño del galeón, y la superficie que se le asignaba a la tripulación tenía que ver con el número de cubiertas, la cantidad de mercancía a

Visión idealizada de los mares. Barco con peces voladores, en el libro *América*, de T. de Bry, 1590.

bordo y la calidad del buque. Por calidad de la embarcación se entiende si ésta era designada como navío mercante o buque de guerra, es decir, aquellos navíos denominados capitana y almiranta que comandaban y resguardaban la flota. Al estar mejor fortificados, transportaban a los oficiales de mayor jerarquía, a los pasajeros más distinguidos y a la infantería, cuyos miembros, por ser soldados, recibían mejor trato que los simples marineros.

Las limitadas referencias que existen respecto al momento en que se disponían a dormir, en relación con la abundancia de otros datos, nos presentan a los marineros y pasajeros un tanto huidizos, como si la noche los escondiera, por lo que nuestra investigación es guiada sólo por los escasos murmullos de algunos viajeros.

Los barcos eran máquinas muy complejas, edificios reducidos llenos de cuerdas, mástiles, escaleras, anclas, artillería, cajas, leña, instrumentos de navegación, material de repuesto, herramientas. Todo debía disponerse de la mejor manera y en el lugar adecuado para su uso, lo que volvía casi un milagro hacerse de una reducida habitación.

Por supuesto, los mejores lugares de esta "república flotante" los obtenía la tripulación de mayor jerarquía, esto es, aquéllos sobre quienes recaía la responsabilidad de la dirección del navío, como el capitán, el maestre y el piloto. Las ilustraciones de arquitectura naval sitúan sus camarotes en el castillo construido sobre la popa. Es evidente que esta sección del barco era la mejor por su estabilidad durante la navegación, a diferencia de la parte frontal, la proa, cuya función de cortar el agua provocaba un continuo sube y baja incómodo. Incluso si retomamos la frase de "república flotante" es simbólico que sus gobernantes situaran sus aposentos en la popa, ya que en ésta ubicamos la parte principal de un barco para poderlo dirigir: el timón. La medición de la altura de los astros, la distancia recorrida, los grados en que estaban situados, requerían mucha precisión, por lo que la popa también representaba mayores ventajas para el piloto.

Si continuamos con el criterio de alojar a la tripulación por jerarquías, la infantería, después de los altos mandos, era la que obtenía espacio propio. Como los soldados eran los encargados de defender, durante una batalla en el mar, la flota y los tesoros de la Corona, al rey le era de suma importancia mantenerlos lo más cómodos que fuera posible. Hasta casi la séptima década del siglo XVII se optaba por ubicarlos en el castillo y alcázar, pero como estas superestructuras en realidad estorbaban al manejo de la nave, las reiteradas recomendaciones de los innovadores navales hicieron que para los años consecuentes a 1670 casi se suprimieran, quedando alojados los soldados con sus "catres, arca, botijas y otros embarazos" en la primera cubierta, es decir, la que quedaba bajo el nivel de flotación, en un espacio que comprendía desde el mástil mayor hasta el árbol llamado mesana, ubicado en la popa. Incluso se sugería que, en caso necesario, el peso de sus pertenencias podía servir también como lastre para darle mayor estabilidad a la embarcación.[39]

Los tratados de construcción naval y las ordenanzas son específicos al respecto. La importancia de seguir estas recomendaciones radicaba en la necesidad de mantener despejadas tanto la cubierta de artillería como las áreas donde se movían los marineros para el manejo de las velas. Que en la práctica se alterase el uso destinado a la cubierta de artillería, lo hacen evidente las reiteradas recomendaciones sobre este punto.[40] El alto de esta cubierta era de tres codos, alrededor de 1.70 metros, "que es bastante para estar en comodidad".[41] Este espacio era compartido con algunos marineros, mientras que el resto de la marinería tenía que conformarse con encontrar algún sitio libre entre los puentes.[42]

La cubierta donde se alojaba la artillería siempre presentaba problemas. Idealmente debía estar despejada de mercancías y de cajas de ropa y comida. Lo que más molestaba a los oficiales de la Casa de la Contratación era que se ocupara con catres, pues en este puente sólo era aceptado que se instalaran una especie de compartimentos de lona para el veedor o contador.[43]

Con los pasajeros se empleaba el mismo criterio jerárquico. En los galeones de tonelaje considerable los maestres recibían la concesión de poder rentar hasta cuatro camarotes para aquellos que pudieran cubrir su costo.[44] Los mejores y más amplios se construían en los navíos insignia, capitana y almiranta, ya que en éstos viajaban pasajeros más distinguidos, nobles, religiosos y funcionarios, en ocasiones acompañados de sus familias, sus esclavos y con exceso de equipaje para obtener mayores comodidades.[45]

Afortunadamente, en los diarios e informes redactados por funcionarios y religiosos encontramos algunas referencias sobre los espacios de que disponían como habitación. Fray Isidro de la Asunción, visitador de la orden de los Carmelitas, viajó con 10 compañeros a la Nueva España en 1673; sobre su hospedaje dice:

> Subimos al navío de Nuestra Señora de la Esperanza y nos hospedamos en la cámara baja, de algunos veinte pies en ancho y dieciséis de largo, con su corredor en proporción, ancho y largo. Estaba dicha cámara, rodeada toda de catres, que son camas más anchas que una tarima nuestra, y cercados de una tabla de palmo y medio de alto, para que los que duermen en ellos no se puedan caer; allí dormimos aquella noche.[46]

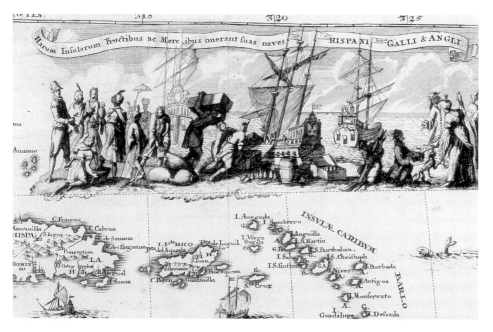

El Caribe, en el libro *Alas novus exhibens orbem*, de Heinrich Scherer, 1700.

El alojamiento de estos carmelitas era de aproximadamente 24.74 m², correspondiéndole proporcionalmente a cada uno algo así como 2.24 m². Una superficie nada despreciable, lo mismo que sus camas, según su afirmación de que los catres donde dormirían eran de mayor tamaño que la tarima de sus celdas. El área fue lo suficientemente espaciosa para esconder, mientras se realizaba alguna inspección, a todos los pasajeros que viajaban sin licencia y a los negros a quienes no se les permitía llegar a las Indias.[47]

A veces se acondicionaban camarotes más pequeños para ser ocupados por una sola persona. En 1631 el arzobispo Francisco Manso y Zúñiga había concertado una cámara de popa en la nao capitana de la flota que se encontraba por zarpar de Veracruz rumbo a España. Como la flota tardó varios meses en los preparativos, el arzobispo decidió cancelar su viaje y comunicarle al capitán, en una misiva, que desistía de fletar la habitación, justificando así su poco interés por marcharse de las Indias. Su argumento se basaba en las enormes posibilidades que esta flota tenía de accidentarse por el tiempo tan inadecuado en el que pensaban zarpar. Su protagonismo lo salvó del terrible naufragio que sufrió esta embarcación, del que no hubo ningún sobreviviente.[48]

Existían otros camarotes para pasajeros con menores recursos, pero que aun así significaban un poco de privacidad. Se armaban unos pequeños cuartos hechizos, con lona y madera, sobre las cubiertas de proa; tenían el inconveniente de una gran movilidad ya que debían ser quitados continuamente para dejar despejada la cubierta en caso de enfrentamiento con velas enemigas.[49]

Aquellos que no aspiraban a algún espacio privado se juntaban en ranchos, término de origen militar que significaba que varios se hicieran compañía en un sitio señalado. Este espacio se delimitaba con cajas y arcones, los cuales también hacían el práctico papel de cama, mesa y silla según lo ameritara la ocasión. En una misiva, un marido le escribía a su mujer recomendándole que comprara dos arcas para "que echéis todo lo que habéis de comer, u os lo hurtarán todo, y para que os durmáis encima y no durmáis sola, sino con mis hermanos que para todos habrá".[50] A diferencia de este señor que le pedía a su mujer que no tomara camarote, Manuel Pérez de Rojas le escribía a su prometida: "y fletaréis una cámara la primera de la parte de babor que es a mano izquierda. Y si os pareciere pequeña, fletaréis otra junto a ella, y haréis la una con la otra, que no habrá mayor en ese pueblo".[51]

Se recomendaba mantener limpias las cámaras y ranchos, regándolas con vinagre durante la "fuerza de los calores". En los ranchos sólo se permitía permanecer con cajas medianas que contuvieran los alimentos y la ropa de vestir. El resto de las pertenencias se distribuían en ciertas cubiertas del navío.[52]

Una de las responsabilidades del maestre era vigilar la colocación de mercancías, bastimentos y cajas de pasajeros y tripulantes. Lo debía resolver según las disposiciones de las ordenanzas en las que se buscaba evitar cualquier estorbo considerable para la navegación y la defensa. Así, las cajas de los pasajeros y marineros tendrían que ser colocadas sobre la cubierta y bajo el alcázar, junto al "aguada", término para designar los toneles que almacenaban el agua, donde se localizaban las armas.[53]

La logística para la defensa era de vital importancia. La abundante documentación que se refiere al tema, con recomendaciones para evitar el daño a los barcos y el abordaje por parte de los corsarios y piratas, o los relatos de capitanes y testigos de un enfrentamiento naval, manifiesta lo importante que era tener despejadas las áreas donde se encontraba la artillería. Cuando se habla de "zafarrancho de combate", el término se refiere a desembarazar las partes del barco que impiden la realización de ciertas maniobras, imaginemos lo complicado de tal tarea ante la amenaza de un ataque:

si con corsarios topasen y fuesen acometidos, no se podrían defender en un credo, y aunque quieren decir algunos que para esta necesidad pueden deshacer las cámaras y alistar las naos, es cosa que no se puede hacer, porque para deshacer media cámara en estas naos y echar[la] a la mar, tardarán cuatro horas y en todo un día, aunque no viniesen enemigos, no podrían desembarazar la nao.[54]

Antes de zarpar se asignaban contraseñas, generalmente nombres de santos, para los diferentes navíos que componían una flota. Esto era con el fin de reconocerse en caso de que alguna embarcación enemiga se infiltrase entre el convoy.[55] Aunque idealmente la formación de naves no debía separarse, podían pasar días sin que la tripulación de un barco avistase a los compañeros del resto de la flota. Así, cuando alguien veía acercarse una vela se iniciaba el pánico, y antes de averiguar si era amiga o enemiga comenzaban las órdenes disponiendo todo para el enfrentamiento. Los marineros subían o bajaban velas según se les ordenara, se atrincheraban con cables y pavesadas los sitios más seguros para pelear y se ponían tinas con agua repartidas por trechos en todo el galeón para el caso de tener que apagar algún incendio. Los mosquetes se repartían a los pasajeros más valientes y fuertes; a los sacerdotes se les encomendaba que cargaran con los muertos y heridos;[56] el cirujano o barbero se acomodaba en una parte de la bodega con todos sus instrumentos para curar a los heridos. Eugenio de Salazar relata muy bien el ambiente que imperaba cuando existía la posibilidad de un ataque:

Una mañana subió el marinero a la gavia a descubrir la mar y dijo: "una vela", con que nos alteró mucho… Luego dijo el marinero: "dos velas"; con que dobló nuestro miedo. Luego dijo: "tres velas"; con que hizo soltar más de tres tiros de olor, teniendo por cierto que eran de ladrones (las velas). Yo, que llevaba allí todo mi resto de mujer e hijos, considere vuestra merced qué sentiría. Comienzo a dar prisa al condestable que aprestase la artillería; no parecían las cámaras de los versos y pasamuros; aprestóse la artillería; hízose muestra de armas; comienzan las mujeres a levantar alaridos "¿Quién nos metió aquí, amargas de nosotras?, ¿quién nos engañó para entrar en este mar?" Los que llevaban dinero o joyas acudían a esconderlos por las cuadernas y ligazón y escondrijos del navío. Repartímonos todos con nuestras armas en los puestos más convenientes.[57]

Aparte de los corsarios había otros "personajes" indeseados que solían abordar los navíos. Eran unos "polizones" que irremediablemente encontraban su propio lugar de habitación. El barco se convertía en una especie de arca de Noé: animales de toda ín-

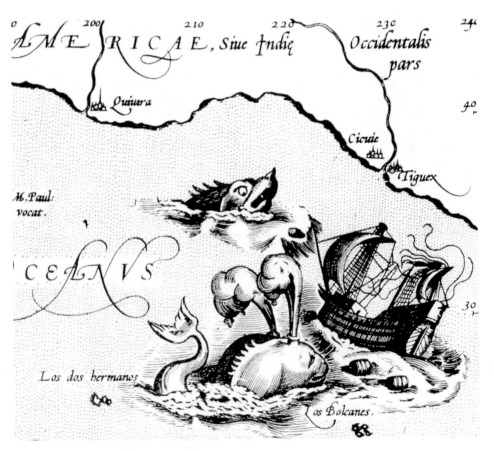

Ilustración del libro de Abraham Ortelius, *Theatrum orbis terrarum*, 1579.

dole, desde los que se llevaban voluntariamente como gallinas, cerdos, cabras y ganado, hasta aquellos que encontraban en el ambiente del barco su ecosistema ideal para subsistir: los diminutos piojos, las cucarachas y los temidos ratones quienes en ocasiones confrontaban sin temor alguno a los marineros que, armados con palos, intentaban defender su preciado alimento e incluso las velas y lonas que se guardaban como repuesto.[58]

Así, mientras el galeón se deslizaba entre las olas al compás del viento, vamos descubriendo poco a poco entre cubiertas, arboladuras y velamen dónde dormían, cuál era el sitio para cocinar, cuáles las horas de los alimentos, así como las diversiones que se organizaban a bordo durante las largas travesías oceánicas.

Las jornadas marítimas eran de larga duración; por ello, se buscaba reproducir de alguna manera todas las actividades cotidianas que se realizaban en tierra, desde las necesarias como la alimentación y el reposo hasta las banales como fiestas, juegos y entretenimientos. Las autoridades no negaban la necesidad de diversión, pero siempre procuraban mantenerla dentro de los límites del decoro y la honestidad, razón por la que los dados y naipes estaban prohibidos, no por el juego en sí, sino por las blasfemias que se solían proferir durante estos ratos de ocio. En cambio, se favorecían las fiestas religiosas, ya fuera por la celebración del santoral o del día de alguna orden cuyos miembros organizaban durante el viaje. Y aunque había banquetes y hasta toros y obras de teatro, se esperaba el ansiado día de pisar tierra.

¿Quién podría negar la utilidad de la navegación? Aunque el mar haya sido llamado "crueldad, negocio desesperado y espantoso",[59] tras la conquista de nuevos territorios allende los mares, la seguridad en estos transportes se había incrementado con el desarrollo tecnológico. El barco podía semejarse a una ciudad flotante o a un enorme ser vivo que se movía por el mar. Al abordarlo, los pasajeros se encomendaban a Dios, esperando que sus pecados no hicieran naufragar su edificio flotante; surcar las olas no dejaba de crear incertidumbre, recordándole al hombre su fragilidad.

Los que se embarcaban lo hacían por necesidad, ya que se consideraba terrible

---

Los pequeños polizones

Sabrás Sancho, decía el caballero, que los españoles y los que se embarcan en Cádiz para ir a las Indias Orientales, una de las señales que tienen para entender que han pasado la línea equinoccial que te he dicho, es que a todos los que van en el navío se les mueren los piojos, sin que les quede ninguno, ni en todo el bajel le hallaran si le pesan a oro, y así puedes, Sancho, pasear una mano por un muslo, y si topares cosa viva saldremos de esta duda.

Miguel de CERVANTES [1605], *El Quijote de la Mancha*, parte segunda, cap. XXIX (1985), p. 248.

abordar un barco; sin embargo, era la nave una obra maestra de la que estaban orgullosos sus inventores. Así, entre banquetes y austeridad, bonanza y tormenta, fiestas y ataques enemigos, sus habitantes lograban adaptarse y convertir los espacios en una metrópoli habitable hasta llegar al puerto de su destino.

NOTAS

[1] Los expedientes relativos a la Casa de la Contratación que se encuentran en el Archivo General de Indias tienen abundante información al respecto.

[2] VEITIA y LINAGE, 1981, lib. II, cap. II, núm. 49. Los relatos de viajeros contienen numerosos ejemplos de las prácticas religiosas realizadas durante la travesía.

[3] GARCÍA DE PALACIO, 1993, p. 92.

[4] COVARRUBIAS, 1993.

[5] CANO, "Arte para fabricar, fortificar y aparejar naos" (1611), en FERNÁNDEZ DURO, 1996, vol. VI, p. 57.

[6] COVARRUBIAS, 1993.

[7] GARCÍA DE PALACIO, 1993, pp. 89-90.

[8] GARCÍA DE PALACIO, 1993, pp. 309-310.

[9] GARCÍA DE PALACIO, 1993, p. 312.

[10] ASUNCIÓN, 1992, pp. 44-45.

[11] GARCÍA DE PALACIO, 1993, pp. 314-317.

[12] GARCÍA DE PALACIO, 1993, pp. 317-322.

[13] GARCÍA DE PALACIO, 1993, pp. 325-326.

[14] AGI, Contratación, 1178. Esta serie contiene los expedientes sobre las visitas que se realizaban a los navíos, donde podemos encontrar información sobre lo que se embarcaba.

[15] AGI, Contratación, 1178.

[16] SERRANO MANGAS, 1989, p. 160.

[17] Ordenanças…, 1974, ff. 32v-33.

[18] PÉREZ-MALLAÍNA, 1992, p. 149.

[19] AGI, Contratación, 1178.

[20] VEITIA Y LINAGE, 1981, lib. I, cap. XXII, núm. 19.

[21] GARCÍA DE PALACIO, 1993, pp. 318-319.

[22] GARCÍA DE PALACIO, 1993, p. 318.

[23] GARCÍA DE PALACIO, 1993, p. 360; PÉREZ-MALLAÍNA, 1992, p. 143.

[24] GARCÍA DE PALACIO, 1993, p. 319; PÉREZ-MALLAÍNA, 1992, p. 151; ASUNCIÓN, 1992, p. 42.

[25] ASUNCIÓN, 1992, p. 42; PÉREZ-MALLAÍNA, 1992, p. 150.

[26] GARCÍA DE PALACIO, 1993, p. 319.

[27] SERRANO MANGAS, 1989, pp. 205-206.

[28] PÉREZ-MALLAÍNA, 1992, p. 150.

[29] AGI, Contratación, 4460.

[30] VEITIA Y LINAGE, 1981, lib. I, cap. XXX, núms. 16 y 17.

[31] "Carta de Eugenio de Salazar al licenciado Miranda de Ron" (1573), en MARTÍNEZ, 1997, p. 289.

[32] OTTE, 1996, cartas 31 y 174.

[33] Pérez-Mallaína, 1992, pp. 141-142; Otte, 1996, cartas 39 y 288.

[34] Museo Naval de Madrid, Ms. Colección Fernández de Navarrete, vol. 2, doc. 17, p. 745; "Copia de una carta que escribió el P. Fr. Juan de Laínez..." (1639), en Fernández Duro, 1996, vol. II, p. 246; Gage, *Nuevo reconocimiento de las Indias Occidentales*, 1994, p. 50; Asunción, 1992, p. 48.

[35] Guevara, "Arte del marear y de los inventores della" (1539), en Fernández Duro, 1996, vol. II, p. 57.

[36] Guevara, en Fernández Duro, 1996, vol. II, p. 46.

[37] Cervantes, 1996, p. 156.

[38] Rahn Phillips, 1986, pp. 66-74.

[39] Museo Naval de Madrid, Ms. Colección Fernández de Navarrete, vol. 1, doc. 11, ff. 117-118v, 120, 130v, 134-134v; Serrano Mangas, 1986, pp. 13, 30-33.

[40] Veitia y Linage hace constante hincapié de esto en su obra *Norte de la Contratación de las Indias*. Véase también Museo Naval de Madrid, Ms. Colección Fernández de Navarrete, vol. 1, doc. 11, ff. 114-145v, pp. 227-290.

[41] Museo Naval de Madrid, Ms. Colección Fernández de Navarrete, vol. 1, doc. 11, ff. 117-118v.

[42] Museo Naval de Madrid, Ms. Colección Fernández de Navarrete, vol. 1, doc. 11, ff. 134-134v.

[43] "Órdenes que da el capitán don Juan Domingo de Echeverri, conde de Villalcázar" (1666), en Fernández Duro, 1996, vol. II, p. 316.

[44] AGI, Contratación, 1178.

[45] Museo Naval de Madrid, Ms. Colección Fernández de Navarrete, vol. 1, doc. 11, f. 131.

[46] Asunción, 1992, p. 41.

[47] Asunción, 1992, pp. 45-46.

[48] AGI, México, 3.

[49] Veitia y Linage, 1981, lib. II, cap. I, núm. 56.

[50] Otte, 1996, carta 174.

[51] Otte, 1996, carta 288.

[52] "Órdenes que da el capitán don Juan Domingo de Echeverri, conde de Villalcázar" (1666), en Fernández Duro, 1996, vol. II, p. 315.

[53] AGI, Contratación, 1178; Museo Naval de Madrid, Ms. Colección Fernández de Navarrete, vol. 3, doc. 5, pp. 216-219.

[54] AGI, Indiferente General, 2673, citado por Pérez-Mallaína, 1992, p. 147.

[55] Rahn Phillips, 1986, p. 190.

[56] "Copia de una carta que escribió el P. Fr. Juan de Laínez..." (1639), en Fernández Duro, 1996, vol. II, p. 226.

[57] "Carta de Eugenio de Salazar al licenciado Miranda de Ron" (1573), en Martínez, 1997, p. 293.

[58] García de Palacio, 1993, p. 316.

[59] García de Palacio, 1993, pp. 91-92.

SIGLAS Y REFERENCIAS

AGI   Archivo General de Indias, Sevilla
        Contratación, 819, núm 1.
        Contratación, 1178.

Contratación, 95A.
Contratación, 4460.
México, 3.

MUSEO NAVAL DE MADRID

Ms. Colección Fernández de Navarrete, vol. 1, doc. 11, ff. 114-145v, pp. 227-290. "Diálogo entre un vizcaíno y un montañés sobre construcción de naves, su arboladura y aparejos".

Ms. Colección Fernández de Navarrete, vol. 2, doc. 1, ff. 370-374, pp. 739-747. "Relación del viaje de flota que se hizo a la Nueva España el año de 1635 en que fue embarcado el Marqués de Cadereita, virrey nombrado de México, general Juan de Vega Bazán, don Martín de Oroco (sic), caballeros del hábito de Santiago".

Ms. Colección Fernández de Navarrete, vol. 2, doc. 20, ff. 384-391, pp. 767-781. "Viaje desde Cádiz a Nueva España de los padres Diego de Bobadilla procurador de Filipinas y su compañero el padre Simón Cota, y de sus 40 compañeros y los trabajos y demás cosas que padecieron. Año 1643".

Ms. Colección Fernández de Navarrete, vol. 32, doc. 1, ff. 1-12, pp. 1-23. "Instrucción para los maestres sobre la orden que han de tener en la navegación".

ASUNCIÓN, Isidro de la
1992   *Itinerario a Indias (1673-1678)*. México: Centro de Estudios de Historia de México Condumex-Orden del Carmen en México.

CANO, Thome
1611   "Arte para fabricar, fortificar y aparejar naos", en FERNÁNDEZ DURO, 1996, *Disquisiciones náuticas,* vol. VI: *Arca de Noé.*

CERVANTES, Miguel de
1985   *El Quijote de la Mancha*, edición de John Jay Allen (2 vols.). Madrid: Cátedra.
1996   *La gitanilla y otras novelas ejemplares*. México: Consejo Nacional para la Cultura y las Artes.

CIUDAD REAL, Antonio de
1993   *Tratado curioso y docto de las grandezas de la Nueva España*, vol. I. México: Instituto de Investigaciones Históricas, Universidad Nacional Autónoma de México.

Colección de Diarios…
1942   *Colección de Diarios y Relaciones para la Historia de los Viajes y Descubrimientos,* vol. I. Madrid: Instituto Histórico de Marina.

COVARRUBIAS, Sebastián de
1993   *Tesoro de la lengua castellana o española*. Barcelona: Editorial Alta Fulla [1611].

El buque en la Armada española
1981   Madrid: Editorial Silex.

FERNÁNDEZ DURO, Cesáreo
1996   *Disquisiciones náuticas* (6 vols.). Madrid: Ministerio de Defensa-Instituto de Historia y Cultura Naval.

GAGE, Thomas
    1994   *Nuevo reconocimiento de las Indias Occidentales*. México: Consejo Nacional para la Cultura y las Artes. [1648].
GARCÍA DE PALACIO, Diego
    1993   *Instrucción náutica*. Madrid: Editorial Naval-Museo Naval.
GEMELLI CARERI, Giovanni Francesco
    1993   *Viaje a la Nueva España*. México: Instituto de Investigaciones Bibliográficas (Nueva Biblioteca Mexicana), Universidad Nacional Autónoma de México.
GUEVARA, Antonio de
    1539   "Arte del marear y de los inventores della", en FERNÁNDEZ DURO, 1996, *Disquisiciones náuticas*, vol. II: *La mar descrita por los mareados*.
MARTÍNEZ, José Luis
    1997   *Pasajeros a Indias. Viajes trasatlánticos en el siglo XVI*. México: Alianza Universidad.
Ordenanças...
    1974   *Ordenanças del Buen Gobierno de la Armada del Mar Océano de 24 de Henero de 1633*. Barcelona: Instituto Histórico de Marina. [Edición facsimilar de la de 1678].
OTTE, Enrique
    1996   *Cartas privadas de emigrantes a Indias, 1540-1616*. México: Fondo de Cultura Económica.
O'SCANLAN, Timoteo
    1974   *Diccionario marítimo español*. Madrid: Museo Naval.
PÉREZ-MALLAÍNA, Pablo E.
    1992   *Los hombres del océano. Vida cotidiana de los tripulantes de las flotas de Indias*. Sevilla: Sociedad Estatal para la Exposición Universal Sevilla 92-Servicio de Publicaciones de la Diputación de Sevilla.
RAHN PHILLIPS, Carla
    1986   *Seis galeones para el rey de España. La defensa imperial a principios del siglo XVII*, versión española de Nellie Manso de Zúñiga. Madrid: Alianza Editorial.
SERRANO MANGAS, Fernando
    1986   *Los galeones de la Carrera de Indias, 1650-1700*. Sevilla: Escuela de Estudios Hispanoamericanos de Sevilla-Consejo Superior de Investigaciones Científicas.
    1989   *Armadas y flotas de la plata (1620-1648)*. Madrid: Banco de España.
VEITIA Y LINAGE, José de
    1981   *Norte de la Contratación de las Indias*. Madrid: Ministerio de Hacienda- Instituto de Estudios Fiscales. [Edición facsimilar de la de 1672].

SEGUNDA PARTE

LA INTERACCIÓN SOCIAL

6
LOS CONVENTOS MENDICANTES

Antonio Rubial García

Facultad de Filosofía y Letras,
Universidad Nacional Autónoma de México

EL ORDEN CORPORATIVO

En 1699, durante la procesión del día de Corpus Christi, la fiesta terminó en riña a causa de un altercado entre los agustinos y los franciscanos descalzos o dieguinos. Éstos habían salido bajo las insignias de sus hermanos de regla, los frailes menores calzados, quienes por haber sido los primeros en arribar a Nueva España tenían la preeminencia en el cortejo; los agustinos vieron esto como una afrenta a sus privilegios, pues los dieguinos habían sido los últimos en llegar al territorio, y se liaron a golpes con ellos, usando como armas los ciriales y hasta las cruces procesionales. El tema de la preeminencia fue objeto de un largo juicio que duró varios años y provocó intercambio de pasquines y disputas.[1] Tan prolongado como éste, fue el conflicto que se dio a principios de la misma centuria (de 1621 a 1629) entre los franciscanos y los hermanos hospitalarios de San Juan de Dios a causa de la forma y el color pardo del hábito y de las capas y sombreros que estos religiosos usaban y que eran muy parecidos a los utilizados por los frailes menores. En la contienda, ambas facciones obtuvieron breves papales que avalaban su derecho a usar ese tipo de vestimenta y corrieron ríos de tinta y de plata, financiados por las dos órdenes rivales, para que se emitiera un dictamen favorable a sus encontrados intereses.[2]

Los dos conflictos, ocasionados por asuntos tan nimios a los ojos de nuestra pragmática sociedad actual, son muestra no sólo del importante papel que tenían para las órdenes esos aspectos del aparato de representación, sino también ponen de manifiesto el fuerte sentimiento corporativo que consideraba que esas muestras externas eran elementos fundamentales para mantener su cohesión interna.

En el territorio de Nueva España ejercían su ministerio 13 provincias religiosas autónomas que pertenecían a cinco órdenes mendicantes.[3] Aunque diferían unas de otras en la composición de sus comunidades, en el porcentaje de peninsulares o criollos que cada una poseía, en el número de sus miembros y de sus conventos, en el tipo de actividades que desempeñaban y en su espiritualidad, todas participaban del esquema organizativo basado en el corporativismo, esquema que, por otro lado, era omnipresente en el sistema social. Aunque su territorialidad les daba características que no tenían las otras corporaciones, las provincias religiosas poseían todos los elementos de ellas; uno de los más significativos era su estructuración jurídica basada en reglamentos y estatutos internos (las constituciones) que regulaban desde las condiciones para el ingreso de nuevos frailes y los derechos y obligaciones que tenían después de profesar, hasta los mecanismos de elección de autoridades y el control de recursos económicos para gastos colectivos. Todos los aspectos de la vida cotidiana estaban regulados por esos instrumentos legales que daban cohesión y estructura a la institución. Gracias a la normatividad creada por ellos, la vida cotidiana corría por los cauces del orden. En ese esquema es comprensible la importancia del color y medida de los hábitos y el lugar que la corporación debía ocupar en ese retablo social que eran las procesiones.

LOS CAPÍTULOS PROVINCIALES

Uno de los aspectos más sobresalientes del esquema corporativo era su autogestión, es decir la posibilidad de elegir sus cuerpos rectores; en las provincias mendicantes el ejercicio de tal recurso se realizaba cada tres o cuatro años en los capítulos provinciales, asambleas que reunían durante tres o siete días (en las grandes salas capitulares de los conventos mayores de las provincias) a los 50 o 100 frailes sufragantes y a los observadores. Entre los votantes se encontraban aquellos que habían ocupado un cargo prioral, guardianía o rectorado en el trienio que terminaba (y que pretendían conseguir otro para el siguiente), los 12 maestros numerarios y varios votos de gracia concedidos por los generales de las órdenes a maestros supernumerarios, lectores jubilados, presentados y ex provinciales. Acudían también algunos frailes sin voto, pero con voz, además del presidente del capítulo y de los padres escrutadores. A menudo se permitía también la entrada de laicos destacados, como los oidores de la Real Audiencia encargados por el virrey de vigilar la "legalidad" y pacífico desarrollo del acto. Finalmente, también acudían a menudo aquellos laicos cuyos intereses y negocios estaban en juego en esas asambleas clericales. En esas asambleas se elegía al provincial que regiría la provincia el siguiente trienio, al cuerpo consultivo formado por cuatro definidores y a los dos visitadores; asimismo se hacía la tabla de los priores o guardianes que se ocuparían del gobierno de cada convento en el trienio entrante. No era extraño que tales reuniones estuvieran amañadas y que el soborno, el pactismo, la venta de cargos, la compra de votos, el nepotismo, el clientelismo y el tráfico de influencias intervinieran en las elecciones; en ellas se entrometía a menudo la mano de los funcionarios, a pesar de la prohibición explícita de que ningún fraile recurriera a personas externas a las órdenes para obtener puestos, prelacías o dignidades en ellas.[4] Con menos tumulto y sólo con la asistencia del provincial y los definidores, se celebraban también en algunas provincias los capítulos intertrienales (a veces en el segundo convento de la provincia), en los que se sondeaban opiniones y se cambiaban priores inconvenientes sin necesidad de acudir a ningún tipo de votación comunitaria.

En algunas ocasiones, las asambleas capitulares eran motivo de disturbios. En una vívida narración, el viajero fray Thomas Gage cuenta que había frailes que llegaban al capítulo armados y las santas asambleas terminaban con golpes y heridos, por lo que se hacía necesaria la asistencia de los alguaciles, guardianes del orden público. Los disturbios estaban a veces inmersos en los conflictos de alternativa, a causa de una disposición del rey a principios de la centuria (aprobada por el papa) para que los cargos rectores de las provincias mendicantes fueran ocupados de manera alternada por criollos

Detalle del cuadro anónimo
Capítulos carmelitanos, siglo XVIII.

y peninsulares. Los carmelitas, que recibieron la alternativa muy tardíamente, vivieron una de las más violentas situaciones registradas con el asedio del convento de México, reducto de peninsulares, que fueron apresados y vejados por un grupo de frailes criollos armados del colegio de San Ángel. De hecho, muchos de esos peninsulares vivían en México desde pequeños y habían profesado en los conventos de la provincia, por lo que la lucha reflejaba más las pugnas políticas entre grupos opuestos que un sentimiento de identidad de la "nación" criolla.[5]

Esto era aún más claro cuando la reyerta era provocada por dos facciones criollas en pugna por el control político y por los beneficios económicos de las provincias. Las luchas intestinas podían llevar a extremos como el de los dominicos poblanos que crearon una provincia autónoma de la de Santiago de México (la de los Santos Ángeles) a mediados del siglo,[6] o la de los agustinos de Michoacán, donde la facción opositora no sólo organizó un capítulo cismático en Valladolid, en el que se desconocía al reunido legalmente en Charo, sino que además el provincial disidente, fray Juan de la Cueva, se alzó en armas con varios mulatos y se dedicó a asaltar haciendas y caminos en la entrada de Tierra Caliente en 1700, hasta que fue hecho prisionero por las autoridades.[7]

EL FRAILE IDEAL Y EL FRAILE COMÚN

Un aspecto tan importante para el corporativismo como la elección de autoridades lo constituía la definición de los ideales que debían seguir las provincias. Unas instituciones cuyo fin primordial era la vida religiosa tenían absoluta necesidad de hacer patentes los principios rectores de su espiritualidad y la manera como éstos se llevaban a la práctica en la vida cotidiana. Los primeros se encontraban explicados en las reglas escritas por los fundadores y la segunda en las hagiografías o vidas de varones ilustres que habían iluminado las provincias novohispanas con sus virtudes y ejemplos. Estas vidas eran fundamentales para afianzar las corporaciones religiosas pues no sólo eran modelo para los jóvenes frailes que ingresaban a ellas, sino también se convertían en argumentos utilizados en la defensa de prebendas y privilegios frente a las autoridades civiles o episcopales. Esas vidas ejemplares quedaban insertas como parte central de las crónicas provinciales, instrumentos tan importantes de cohesión institucional que en los capítulos se nombraba a un cronista oficial, cargo que fue a menudo ocupado por personas no sólo con una gran cultura, sino además con una profunda experiencia en el desempeño de funciones directivas en sus provincias.

Reglas y hagiografías proponían el ejercicio de virtudes personales (humildad, templanza, paciencia, castidad) y corporativas (obediencia, diligencia, justicia, caridad). Por otro lado estaban aquellas virtudes que definían la espiritualidad propia de cada

Vida ejemplar de los religiosos carmelitas

Los fundadores de esta provincia, a imitación de los antiguos padres, entablaron en ella cotidianos ejercicios de humillación y mortificaciones para abatir la cresta a lo brioso que el natural produce y echar peso a este viento o ventolera que se halla en nuestras almas... Teniéndose por indignos del hábito de la Virgen, suelen pedir les quiten su santo escapulario... y con una soga al cuello andan humilladas las almas en los actos comunes. Otros usan de palos y mordazas en las bocas como si fueran blasfemos. Otros andan con vendas de cilicios por los ojos, por pensar no merecen levantarlos... Usaban y usan en el refectorio varias mortificaciones... Suelen entrar vestidos con un saco hecho de muy burda jerga y desnudan la espalda lo bastante con honestidad decente y se la van abriendo con los golpes de una dura disciplina que hace saltar la sangre... También entran con una cruz a cuestas y una corona de espinas, un lazo por la garganta y con los pies desnudos... Otros entran a cuatro pies como jumentos diciendo a voces sus culpas más pequeñas... Tiéndense de espaldas a la puerta del refectorio para que pasando por encima de ellos los demás les pisen la boca y otros se ponen de rodillas a que les den bofetadas, sacando todos de estos ejercicios muy grande aprovechamiento.

Fray Agustín DE LA MADRE DE DIOS [1646-1653], *Tesoro escondido en el Santo Carmelo mexicano* (1984), pp. 45 y 46.

instituto: los carmelitas insistían en la contemplación, el ascetismo, el silencio y el retiro; para las otras órdenes el acento se ponía en el ministerio y el apostolado, sobre todo en la labor misional que las primeras órdenes habían desarrollado entre los indios durante la edad dorada de la evangelización novohispana. Sin embargo, para el siglo XVII ese ideario era difícil de cumplir en unas provincias dedicadas ya no a la conversión de paganos sino a la administración parroquial; sólo los tardíos colegios franciscanos de Propaganda Fide retomarían ese ideal, pero con una organización independiente de los provinciales de la orden de frailes menores.

Esta falta de correspondencia entre el ideal y la práctica se manifestó en todos los aspectos de la vida cotidiana y estaba en relación con los fuertes vínculos que las provincias tenían con la sociedad laica. Desde las últimas décadas del siglo XVI, la mayor parte de estas corporaciones comenzaron a llenarse con personal criollo que, gracias al ambiguo uso que se daba al término "español", incluía tanto a los blancos nacidos en América como a los mestizos y mulatos de color quebrado, hijos legítimos o naturales de padre español. La capacidad casi ilimitada de recepción de los conventos y los escasos empleos accesibles a los segundones motivaron que, a lo largo del siglo XVII, numerosos individuos de las capas medias y acomodadas novohispanas encontraran en el clero regular un medio de subsistencia y de prestigio; así, el convento se convirtió para muchos, más que en una vocación, en el único modo viable de vida. Por otro lado, para una familia de esos sectores, tener a uno de sus hijos en el convento implicaba

Fraile franciscano y el voto de silencio, siglo XVII.

prestigio y la apertura de una importante red de relaciones. Por ello, a partir de la criollización de las provincias, la vida cotidiana de las comunidades religiosas quedó marcada por la presencia de los intereses externos al convento y por los lazos familiares que tenían sus miembros fuera del claustro.

Esas relaciones, que se daban tanto en las grandes capitales como en las pequeñas ciudades, tenían como centro de intercambio el convento urbano. Estos espacios estaban habitados por decenas de frailes, poseían cuantiosos bienes y muchos de ellos eran centros administrativos de la provincia y sedes de los noviciados, de las casas de estudio y de las enfermerías y asilos para los miembros de la orden. No debemos olvidar, sin embargo (aunque no los estudiaremos aquí), que los conventos mendicantes que tenían administración en pueblos indígenas seguían funcionando, como en el siglo XVI, con un escaso número de frailes (cinco a lo sumo), con reducidas propiedades y con la obligación de atender varias villas dispersas (visitas) que dependían de la cabecera.

CÓMO SE LLEGA A SER FRAILE

El primer ámbito donde se creaban vínculos entre el convento urbano y la sociedad era el noviciado, espacio con capilla propia, a menudo separado del resto de la comunidad pero adscrito a todas las casas cabeza de provincia. A él llegaban para permanecer durante un año de prueba los jóvenes entre los 13 y los 15 años (los carmelitas entre 17 y 21) que deseaban ingresar en una provincia. Bajo el cuidado de un maestro de novicios, los postulantes eran instruidos en la espiritualidad de la orden y en la práctica de las obligaciones conventuales. Además de manifestar la voluntad, eran requisitos de ingreso tener pleno uso de las facultades físicas y psíquicas, ser hijo de matrimonio legítimo y no pertenecer a los grupos indio, mestizo o negro, por ley excluidos del sacerdocio. Aunque no estaba especificado, el lugar de nacimiento fue también a menudo una limitación para el ingreso. En la provincia carmelita, a principios de la centuria, se excluía sistemáticamente a los criollos, lo que ocasionó varias quejas hasta que se quitó esa traba; en cambio, entre los agustinos se condicionó la admisión de jóvenes peninsulares, pues los criollos pensaban que con ella se ponía en peligro su control sobre la provincia en las alternativas.

Una vez transcurrido el año de prueba, el postulante era aceptado como fraile, es decir como hermano de la orden, sin ningún tipo de dote. En la ceremonia se realizaba la tonsura (rasurar un pequeño círculo de cabello en la coronilla), se imponía el hábito de la orden (con el cordón o cinto y la cogulla, pequeña capa con capucha que cubría cabeza y hombros) y el nuevo fraile pronunciaba sus votos: el de pobreza, que incluía no tener bienes propios, ni usar adornos de oro o plata, ni llevar vestidos lujo sos; el de castidad, que prohibía todo tipo de relación sexual, y el de obediencia, por el que se reducía la voluntad propia a la de los superiores.

Después de la profesión solemne, el fraile podía seguir dos caminos: el menor número "optaba" por el de hermano lego, dedicado a servir en las labores domésticas y condicionado a menudo por la procedencia étnica o social y por la capacidad intelectual que le impedía aspirar al sacerdocio; el otro era el de estudiante, camino elegido por la mayoría, que conllevaba varios años de cursos de gramática latina, filosofía y teología y concluía en la ordenación sacerdotal. El número de alumnos era tan elevado que, además de la "casa de estudios" para los primeros grados adscrita a los conventos cabeza de provincia, se hacía necesario tener otra casa dedicada a colegio para los cursos avanzados.[8] Estos conventos colegios, bajo el mando de rectores, poseían bibliotecas con cientos de volúmenes y con colecciones de instrumentos astronómicos.[9]

Los jóvenes frailes aspirantes al sacerdocio debían asistir, además de a sus clases, a las horas conventuales en el coro, razón por la que también se les denominaba coristas. Ocupaban además un lugar especial en el refectorio y dormían juntos en celdas comunales. Al igual que los novicios que estaban al cuidado de un maestro, los coristas eran encargados a dos lectores, quienes escogían a uno de los estudiantes más virtuosos para que vigilara el estudio, el descanso y el rezo de sus compañeros.

Aunque en la teoría los estudiantes flojos, faltistas y libertinos podían ser expulsados, algunos coristas (sobre todo agustinos), apenas egresados del noviciado, llevaban una vida bastante mundana como nos lo muestra un informe de Juan Ortega y Montañés.[10]

En seis años los coristas terminaban sus estudios y la provincia los presentaba ante el obispo para que éste les administrara el sacramento del orden sacerdotal. La cere-

---

La vida disipada de los jóvenes frailes agustinos

Es notorio... y vemos y sabemos todos, que apenas han profesado los muchachos cuando se ven andar solos por las calles, con sus sombreros, que es cosa de lástima y duele a todas las personas de razón. Y mucho más verlos en el corral de las comedias, en toros y en cuantas fiestas se hacen... Y he sabido que cuando salen del convento, salen dos y luego se dividen y cada uno va por su parte con su sombrero; y que para volver a entrar en el convento señalan la hora en que lo han de hacer y la parte a donde se han de volver a juntar. Y así me ha sucedido muchas veces viniendo del campo al anochecer ver al pasar cerca del dicho convento, en los zaguanes de algunas casas montones de frailes y causándome novedad pregunté qué sería aquello y supe que era estarse aguardando unos a otros para entrar con compañía en el convento... Y me han informado que juegan a los naipes con seculares y en concurrencia de mujeres algunos, con otras acciones no decentes a su estado ni dignas de proponerse a Vuestra Majestad.

Juan Ortega y Montañés, obispo de Guadiana, Informe al rey, México, 7 de julio de 1673, AGI, México, 706.

Un día en la vida de los agustinos de Michoacán

A las cinco de la mañana meditación, rezo y canto de laudes, prima y tercia. A las 7 misa conventual y las 8 desayuno. De las 9 a las 12 clases u ocupaciones ministeriales. A las doce, sexta y nona (y en cuaresma también vísperas). A la una comida y recreación común. A las tres y media vísperas, estudio o ministerios. A las ocho cena y recreación. A las nueve, coronilla, benedicta y completas. A las nueve y media descanso. A las doce maitines rezados o cantados.

Nicolás NAVARRETE (1978), *Historia de la provincia agustiniana de San Nicolás de Tolentino de Michoacán*, vol. I, p. 139.

---

monia se realizaba una vez al año en la iglesia de alguna de las comunidades mendicantes. El fraile pasaba entonces a otra situación jurídica, con nuevas obligaciones, pero también con plenos derechos. Desde que era corista, todo religioso debía cumplir con dos actividades comunitarias establecidas en las constituciones: la comida en el refectorio acompañada por una lectura edificante y las siete oraciones en el coro, cuyos horarios variaban según las comunidades. A partir de estas actividades se distribuían el trabajo y los descansos. El silencio estaba prescrito como norma general para claustros, refectorio, dormitorios y coro.

EL MUNDO DE LOS PRIVILEGIOS

Aunque las disposiciones que regulaban la vida en común dan idea de rigidez y de que todos los miembros de la comunidad debían seguir por igual las mismas reglas, en la práctica existían una serie de distinciones derivadas de los títulos honoríficos obtenidos, de los cargos desempeñados y de la procedencia familiar. El convento, como la sociedad, tenía jerarquías.

En las órdenes donde los estudios constituían una de las más importantes actividades, los primeros honores eran conferidos a los docentes de las casas de estudios, quienes para entrar y ascender en el sistema escalafonario debían hacer méritos y obtener nombramientos de los generales de las órdenes en Roma. Los "lectores", en la base de la pirámide, eran propuestos en el capítulo provincial; en cambio, a los títulos de "presentado" y "maestro" (al que era posible aspirar después de 12 años de servicio en la docencia) sólo podían aspirar aquellos avalados por el provincial y definidores. Con todo, era común que algunos buscaran obtener tales cargos por su propia cuenta haciendo uso de su dinero e influencias. Los beneficiados con un nombramiento de este tipo obtenían una serie de privilegios y exenciones en el cumplimiento de las reglas y lugares destacados en las ceremonias. Además, 12 de ellos, los denominados maestros numerarios, tenían el derecho a participar en las votaciones trienales. Obtenían también distinciones los que habían ocupado un cargo administrativo o académico como los de rector de un colegio, provincial, definidor, visitador, procurador de la provincia en Europa, predicador, cronista o prior de un convento grande. Pertenecer a una familia criolla prestigiada facilitaba también el ascenso a honores y cargos.

Muchos de estos religiosos tuvieron una fuerte presencia en la vida política, económica y cultural de la Nueva España. Como miembros de las acaudaladas familias criollas, asistían a los actos públicos que ofrecían la corte, la universidad, la catedral y los conventos. Entre ellos varios revalidaban los títulos de su orden por grados universitarios y ocupaban cátedras en la Real y Pontificia Universidad, donde dominicos y agustinos llegaron a ser rectores. Varios, sobre todo a principios del siglo XVII, fueron nombrados para ocupar cargos episcopales y hubo un fraile agustino, Payo Enríquez de Rivera, que desempeñó simultáneamente por varios años las funciones de arzobispo y de virrey. Fueron también numerosos los que influyeron en la vida política y cultural como confesores de las autoridades coloniales, como calificadores y consultores del Tribunal del Santo Oficio, como oradores reconocidos de la corte virreinal y como escritores. Aunque había prohibición explícita al respecto, algunos religiosos pertenecían a cofradías y hermandades[11] o fungían como padrinos de bautizo (algo que llamó la atención del viajero fray Francisco de Ajofrín),[12] con lo que se consolidaban sus vínculos y se afianzaban sus negocios.

En efecto, junto con la presencia cultural y política, los religiosos tenían también fuertes intereses económicos. Algunos de ellos realizaban jugosos tratos comerciales con los seculares, a pesar de estar prohibidos para los frailes. Fray Diego Velázquez de la Cadena, provincial agustino famoso por su buen tino para los negocios, recibía una carta de la reina regente en 1702 exigiéndole que en los conventos sujetos a su mando no se ocultasen géneros de contrabando de China y de Perú, pues con ello se defraudaban gravemente los intereses fiscales de la Corona española.[13]

Varios beneficios, privilegios y exenciones distinguían a esta élite conventual del resto de los frailes; en primer lugar estaban las dispensas para asistir a alguna de las horas canónicas del coro o a las comidas en el refectorio; sabemos que entre los agustinos la menos concurrida era la colación de medio día, a veces por su escasez, otras porque muchos preferían comer fuera con parientes o amigos, o mandar cocinar sus alimentos en su celda. Era frecuente también faltar a los rezos de la tarde, sobre todo si las tertulias familiares se prolongaban en charlas y juegos de naipes.

Pero sin duda el más notorio de los privilegios de esa élite era disfrutar de una celda privada amueblada y decorada con lujosos objetos de importación; esta prerrogati-

Escena de un refectorio, en *El banquete de Santo Domingo y San Francisco*,
con ángeles que les sirven, siglo XVII.

Representación de la cocina del convento de San Francisco en el siglo XIX.

va era tan importante, que ser privado de ella fue considerado uno de los peores castigos, pues forzaba al excluido a vivir como el común de los religiosos, hacinados en celdas colectivas. Este signo de diferenciación, que daba cuenta de "la calidad de las personas", era frecuente incluso entre los franciscanos; fray Agustín de Vetancurt dice del convento de San Francisco de México: "Moran de ordinario cerca de 200 frailes... sobrando celdas para otros muchos... todas acomodadas y con distinción de personas acomodadas las viviendas, según la calidad de los sujetos".[14] Fray Thomas Gage nos dejó la descripción de una de esas ricas celdas privadas, junto con un retrato muy vívido de su dueño, el mundano prior dominico del convento de Veracruz. En todos los conventos una de esas celdas, la más amplia, era destinada para el prior, por lo que cada tres años cambiaba de ocupante. Lo mismo pasaba en las casas matrices de provincia con la celda del provincial y con la del comisario general de los franciscanos que vivía en la capital. Además del privilegio de una celda, los frailes de la élite podían tener un sirviente nativo u oriental (pilguanejo) o un esclavo para su servicio personal, a quien algún religioso ocasionalmente alquilaba para obtener ingresos.[15] Varios frai-

---

La celda de un prior dominico

El prior de aquel convento no era ningún severo anciano de cabeza cana, como suelen ser los superiores encargados de gobernar a frailes jóvenes y atrevidos, sino un galante y amoroso joven que (según nos informaron allí mismo) había obtenido de su superior, el provincial, el gobierno de ese convento mediante un soborno de mil ducados.

Después de comer nos llevó a algunos de nosotros a su cámara, donde observamos su ligereza y escasa inclinación a la religión y la mortificación. Creíamos encontrar en su cámara una majestuosa biblioteca que nos hablara de amor al estudio y al saber, pero no vimos arriba de una docena de libros viejos, ubicados en un rincón y cubiertos de polvo y telarañas, como si se avergonzaran de que el tesoro oculto en ellos estuviera tan olvidado y devaluado, y la guitarra (el laúd español) preferida y valorada por encima de ellos. La cámara estaba ricamente adornada con muchos cuadros y con colgaduras, algunas de algodón y otras de plumas multicolores de Mechoacán; cubrían las mesas carpetas de seda y los aparadores estaban adornados con varios tipos de vasos y cuencos de China, llenos de confituras y golosinas diversas...

El discurso del joven y casquivano prior no era otra cosa que vanagloria de sí mismo, de su nacimiento y cualidades, del favor que le dispensaba el superior o provincial, del amor que le tenían las señoras principales y las esposas de los mercaderes más ricos de la villa y de su propia clara y excelente voz y gran habilidad en la música, de la que nos dio allí mismo una muestra tocando su guitarra y cantándonos unos versos (compuestos por él mismo, según dijo) dedicados a cierta bella Amarilis.

Thomas GAGE [1648], *El inglés americano: sus trabajos por mar y tierra o un nuevo reconocimiento de las Indias Occidentales* (2001), p. 87.

les poderosos poseían también carruajes, para cuyo cuidado requerían lacayos y caballerangos.

En las celdas privadas de las grandes casas urbanas se llevaba a menudo una vida muy mundana. A pesar de varias prohibiciones explícitas sobre los juegos de naipes en los conventos, ésta fue al parecer una práctica común, lo mismo que la ingestión de chocolate y de bebidas alcohólicas.

Los frailes privilegiados gozaban también de la dispensa para recibir los castigos con que comúnmente se sancionaban las violaciones de la observancia conventual. Con todo, la vida mundana, al igual que la santidad, eran los extremos de la excepción. Sin duda muchos frailes seguían con exactitud sus obligaciones en el coro, escuchaban las vidas edificantes en el refectorio mientras comían en comunidad y desarrollaban su ministerio sacerdotal con asiduidad. La repetición de las acciones cotidianas de la vida conventual, incluidas las prácticas ascéticas, traía consigo la seguridad que da la monotonía, pero también la mediocridad espiritual, la sumisión y la preocupación obsesiva por las nimiedades.

DELITOS Y CASTIGOS

Esta insistencia en las minucias era la que se mostraba cada viernes en la reunión de la comunidad llamada capítulo *de culpis*. En esta junta, los frailes debían confesar ante sus hermanos de hábito las faltas cometidas en la semana (de no hacerlo podían ser acusados por los demás) y someterse al castigo que el prior del convento les impusiese. Se consideraban faltas leves no ser puntual en los actos comunitarios, tratar con descuido los libros comunes, dormir en el tiempo de estudio, beber o comer en el refectorio antes de que el prelado diera la señal para ello, reírse en el coro o hacer reír a los demás, decir palabras indecorosas o salir del convento sin permiso. Se consideraba falta grave fijar la mirada donde había mujeres, proferir amenazas y maldiciones, hablar a solas con una dama o sembrar la discordia entre los hermanos frailes.[16]

Los castigos variaban de acuerdo con la gravedad del delito; fray Thomas Gage, castigado por una falta menor en el convento dominico de Chiapas, narra cómo fue llevado al refectorio y, sentado en el suelo en medio de la comunidad, debió comer sólo pan y agua; junto con él se encontraba un criollo castigado por escribir cartas amorosas a una monja.[17] En contraste, un fraile carmelita fue castigado con seis años de cárcel conventual por inducir a los de su orden a que se pasaran a la de La Merced. En ambos casos la represión era ejemplar y servía para evitar que otros religiosos se contaminaran. En la regla de los carmelitas se decía al respecto: "porque la tolerancia de los defectos sin castigo es hija del descuido, madre de la desvergüenza, raíz de las impurezas y fomento de las transgresiones".[18] Los infractores podían también recibir azotes propinados por el superior en público o ser colocados en un cepo. Había sin embargo delitos ocultos que debían ser reprendidos en privado para evitar el escándalo. En la misma comunidad carmelita, el pecado de sodomía era castigado sólo ante los capitulares quemando estopas sobre la espalda desnuda del inculpado.[19]

Existían, con todo, delitos gravísimos que ameritaban la cárcel perpetua, como el homicidio. Ese castigo merecieron los dos hermanos legos que en 1655 mataron a puñaladas en San Agustín a fray Rodrigo González; el provincial y definitorio condenaron a los homicidas a 200 azotes, a cárcel perpetua y a sólo comer pan y legumbres; con voz de pregonero se les paseó por el claustro bajo azotándolos mientras los frailes, con las capillas caladas y arrimados a las paredes, contemplaban el acto, al que acudieron también seglares.[20] Tiempo después, en el mismo convento, fray Pedro Velázquez era sentenciado a cárcel perpetua y cepo por haber tenido relaciones sacrílegas con una monja del convento de Jesús María, con la que engendró una hija.[21] Sin embargo, la mayor parte de los delitos graves se castigaban con la expulsión de la orden; los carmelitas, una de las comunidades que tenía el más elevado número de expulsados por la rigidez de su regla, aplicó este castigo en 1665 a fray Gregorio de San Alberto, por causa de los disturbios que hubo la noche del 18 de diciembre de 1662.[22] Por lo común los frailes expulsos se dedicaban a sobrevivir de limosnas, que recolectaban por los caminos acompañados de alguna imagen, pues aunque continuaban usando hábito clerical, quedaban impedidos para decir misa y administrar los sacramentos. Otro era el caso de quien había sido expulsado para purgar una pena por un acto criminal como el hermano Luis, un carmelita que fue condenado a galeras por haber herido a tres religiosos con un cuchillo.[23] La apostasía o la rebelión también ameritaban la expulsión de la orden, pero a los que hubieran hecho uso indebido de un cargo se les castigaba sólo con la privación de voz y voto en los capítulos. Ésta era la peor sanción que podía recibir un religioso que pretendiera continuar viviendo en una situación privilegiada, pues, mediante los capítulos provinciales y de las prebendas y cargos que en ellos se obtenían, se conseguían las exenciones y preeminencias.[24]

Aunque existía autonomía judicial y cada provincia tenía derecho de juzgar a sus propios miembros, había casos reservados que caían bajo la jurisdicción inquisitorial. El Santo Oficio tenía plenos poderes, por ejemplo, para juzgar a los sacerdotes que solicitaban en el confesionario a sus confesados, mujeres u hombres, para el acto carnal. En ocasiones tales, los infractores, así como los blasfemos, herejes o sacrílegos, debían pagar sus penas con cárcel en una celda conventual de su provincia, aunque alguno también fue enviado a trabajos forzados a Filipinas.[25]

LAS RUPTURAS TOLERADAS

Podría pensarse que salvo estos casos, la vida de los religiosos transcurría dentro de los cauces normados por las reglas y constituciones. Si bien esto es cierto en lo general, el cumplimiento de los votos no siempre fue estricto y a menudo quedó impune su desobediencia. En lo referente a la pobreza, había frailes que usufructuaban los capitales procedentes de los prioratos como si fueran bienes propios, otros recibían el beneficio de capellanías testamentarias en forma individual y los hubo incluso que se beneficiaban con las rentas de un trapiche, como el agustino fray Francisco Castellanos, religioso que además realizaba negocios con mercaderes y terratenientes. A veces el incumplimiento del voto era permitido y sancionado legalmente por medio de patentes de exención que daban los generales, y se llegaba a la ambigüedad de reglamentar que el convento tenía derecho a heredar esos "expolios" o bienes privados a la muerte de sus poseedores. El voto de pobreza individual parecía no aludir tampoco a esos frailes, que como el franciscano de Jalapa mencionado por fray Thomas Gage iba "montado en un buen caballo con su lacayo al lado… con su largo hábito levantado y metido en el cinto, mostrando unas elegantes medias de seda color naranja con finos zapatos de cordobán y calzones de lienzo de Holanda hasta la rodilla, rematados en un encaje de tres pulgadas de ancho".[26] El caso fue tan conocido, que el 24 de mayo de 1655 llegaron cédulas del rey contra los frailes que trajeren sombreros de castor, medias de seda, puños de encaje y que anduvieran en carrozas y en mulas por toda la ciudad. El virrey llamó a los provinciales y los reprendió con "palabras graves que llegaron a mucho sentimiento, y en especial a los carmelitas a quienes arguyó de poca caridad y mucha ambición".[27]

En cuanto a la castidad, hay menciones continuas a frailes que tenían concubinas y se sabe de alguno que incluso bautizó públicamente a sus hijos. Por otro lado la homosexualidad era práctica tan común en los claustros, que en 1664 los inquisidores Juan Ortega y Montañés y Pedro Medina Rico solicitaron del rey que se le diera jurisdicción al Santo Oficio para conocer de estas causas, petición que les fue negada.[28] El voto de obediencia también era a menudo quebrantado; las rencillas y enemistades o las simpatías y alianzas políticas llevaron a muchos a desobedecer a los superiores con los que estaban en pugna; por otro lado, las exenciones que algunos obtenían por sus cargos o preeminencias eran utilizadas a menudo como medios, permitidos, para hacer su voluntad.

Tales faltas eran además propiciadas por el excesivo número de frailes en los conventos, por el abundante tiempo libre que tenían y por los vínculos familiares y amistosos que los llevaba a pasar muchas horas fuera de los muros conventuales. Algunos eran asiduos visitantes de los locutorios de los conventos de religiosas; otros asistían a

Profesión del carmelita fray Francisco de Santa Ana,
coronado de flores, siglo XVIII.

Catafalco del beato Sebastián de Aparicio,
coronado de flores, siglo XVIII.

tertulias familiares, acudían a entretenimientos públicos, corrales de comedias, fiestas, banquetes y paseos al aire libre. Hubo religiosos incluso que no se privaban de los placeres clandestinos de la vida nocturna vestidos con capas y sombreros como los seculares. El virrey duque de Alburquerque amenazó con castigar a los clérigos y frailes que usaran armas, pasearan en compañía de seglares después de las 10 de la noche y visitaran casas de juego.[29] Aunque no se menciona la asistencia a los burdeles comunes o a las casas de citas atendidas por elegantes señoras, el hecho está constatado en otras fuentes.[30]

LA VIDA EN LOS CLAUSTROS

La fuerte penetración de los valores de la vida mundana no sólo se debía a la presencia de los frailes fuera de la clausura. En los mismos claustros los religiosos estaban en constante contacto con los laicos. Un gran convento urbano tenía por lo menos dos patios, al igual que las casas palaciegas. Uno de ellos, el más suntuoso, daba acceso a las áreas de la vida comunitaria de los religiosos, el otro a las de servicio. A ellos concurrían hombres de todos los grupos sociales para tratar los más diversos asuntos: miserables que acudían a la portería a recibir su comida cotidiana (la llamada sopa boba), "tamemes" indios y recuas de mulas con bultos procedentes de toda la provincia, sirvientes portando recados para los frailes, comerciantes y funcionarios que acudían a cerrar tratos o a solicitar favores. Sólo a las mujeres les estaba vedada la entrada a estos conventos.

Junto al claustro mayor existía por lo general uno más pequeño, alrededor del cual se distribuían la cocina, la panadería, la despensa, la cava, las habitaciones de la servidumbre y las caballerizas, lugar este último donde llegaban las inmundicias de las letrinas comunitarias que estaban situadas en el segundo piso, arriba de ellas. Numerosos sirvientes y algunos esclavos se encargaban de las arduas labores de estas dependencias, a veces ayudados por dos o tres hermanos "donados" (personas que habían sido regaladas al convento por sus padres en la niñez), y bajo las órdenes de varios frailes legos. Algunos conventos, como el de San Ángel, que tenían una enorme huerta de frutales adjunta, necesitaban contratar además muchos peones asalariados para su explotación.

Por otro lado, los conventos tenían una presencia muy fuerte en las calles aledañas a su emplazamiento por el control sobre el abasto del agua; al ser de los pocos privilegiados que gozaban de una merced de agua era su obligación abrir una fuente a la calle adosada a uno de los muros conventuales, lo que propició fuertes lazos de dependencia de los vecinos y también numerosos conflictos.[31]

A veces el claustro era un área de castigos, como el del convento grande de Santo Domingo donde como excepción se celebró un auto privado de la Inquisición en 1664; al sentenciado (posiblemente un clérigo) se le colocó en un tablado construido en el centro del patio, se le despojó de la ropa, se le untó con miel y se le emplumó; estuvo al sol y al aire cuatro horas.[32] Pero también el claustro era un espacio religioso. Durante la Cuaresma se realizaban en ellos silenciosas procesiones que seguían el camino de las estaciones del vía crucis. Bajo sus bóvedas se encontraba el osario donde reposaban los restos mortales de los frailes y a él daba la sala "de profundis", lugar donde se celebraban las ceremonias luctuosas de los hermanos difuntos. En 1702, durante las fiestas de renovación del claustro de San Francisco se prendieron en la noche "nueve árboles de fuego de varias invenciones estuvo todo el claustro muy bien colgado con un altar muy lucido se cantó misa y hubo sermón". Y en San Agustín, el 18 de febrero de 1696, por las vísperas de la fiesta de canonización de San Juan de Sahagún, se pusieron en los claustros cinco altares y un lienzo con la vida del santo y hubo también muchos fuegos.[33] Pero al mismo tiempo el claustro podía ser escenario de banquetes, con música y baile, e incluso de representaciones teatrales. Fray Diego Velázquez de la Cadena ofrecía a menudo en el claustro de San Pablo recepciones para la corte y alguna vez, para celebrar un cumpleaños, fue representada ahí una loa de sor Juana Inés de la Cruz, escrita ex profeso para tal ocasión.

IGLESIAS Y SANTOS

Con todo, entre los espacios conventuales fue el templo el escenario de la convivencia más intensa con el mundo de fuera de la clausura. Sus naves se llenaban a lo largo del día con personas de todos los grupos sociales que acudían a escuchar misa, a recibir sacramentos, a rendir culto a sus imágenes y reliquias preferidas y a participar en las fiestas litúrgicas. En los templos los fieles no sólo cumplían con sus obligaciones y devociones religiosas, ahí también recibían noticias por medio de los sermones, obtenían goce estético con la música y las artes visuales y se allegaban informes sobre las novedades acontecidas en la vida de sus semejantes. En ocasiones el templo llegó a ser también asilo para los delincuentes que solicitaban ese privilegio, aunque el juez eclesiástico podía retirar tal inmunidad, como pasó con Simón de los Santos, acusado de incendiario y de salir por las noches de su retraimiento en el recinto sagrado para cometer delitos.[34]

En estas iglesias conventuales era también común encontrar las lápidas de las tumbas de caballeros y damas de alcurnia, enterrados a menudo con el hábito de la orden pero, según su rango y donaciones en el presbiterio, en capillas laterales familiares, en la nave o en la sacristía; era importante poseer un lugar cerca del altar para esperar el día del Juicio Final.[35] A veces, cuando el difunto era el patrono del convento, es decir que gracias a su dadivosidad éste se había construido, se permitía a su familia poner en las puertas su escudo de armas y colocar sobre su tumba, en el presbiterio, su efigie orante. Patronos y benefactores tenían además derecho a novenarios, misas, exequias y túmulos funerarios, con sus flores, cirios y cartelas; todo esto gracias a la costumbre de dejar capellanías testamentarias en beneficio de dichos conventos. Los mismos privilegios obtenían los cofrades por el solo hecho de pertenecer a esas corporaciones y de haber pagado sus cuotas a tiempo. Sus lugares de enterramiento, sin embargo, estaban condicionados por la categoría de la cofradía a la que se pertenecía. Muchos de estos laicos compraban cartas de hermandad, vendidas para construir los templos y que otorgaban, entre otros beneficios, el derecho de ser enterrados en ellos.

Los frailes desarrollaban en el ámbito de las iglesias el complemento de su vida conventual y de clausura: el ministerio sacerdotal. Sin embargo éste no les ocupaba un tiempo excesivo. La mayoría sólo podía oficiar una misa semanal pues los altares eran

Antesacristía y convento de San Francisco de México, obra de A.C. Ramírez, 1881.

insuficientes para tan numerosos sacerdotes. Lo mismo pasaba respecto a la administración de sacramentos: unas cuantas confesiones y extremaunciones. Entre los franciscanos algunos ministerios eran exclusivos de los que tenían un nombramiento (vicario
de religiosos, capellán de monjas, ministro de terceros) por lo que las actividades a las
que se podía dedicar el fraile común eran aún más reducidas. En cuanto a la predicación, tan sólo algunos podían ejercerla, tanto por cualidades y méritos, como porque
para ser predicador era necesario tener la autorización del provincial y de los definidores. A principios del siglo XVIII de los 400 frailes de la provincia dominica de Santiago,
sólo 22 eran predicadores de número.[36] Aun con estos controles, hubo insignes predicadores mendicantes que provocaron escándalos, ya sea por sus ataques a autoridades
venales, ya por los desatinos o improperios que llevaron a más de un predicador a poner en peligro su integridad física.

Los conventos de mendicantes fueron, por último, los administradores del culto a

Un sermón escandaloso en Puebla

Miércoles 17 de enero de 1703. Estos días se ha dicho que el provincial de San Francisco de esta provincia, fray Manuel de Argüello, el día de la Concepción del año pasado en la catedral de Puebla, predicó muchos disparates, ocasionando muchas inquietudes en los oyentes acerca del misterio de la Concepción... y comenzando el sermón dijo: vengo a predicar a este pueblo, digo Puebla, a estos perros machados (esto fue por los religiosos de santo Domingo) y a enseñar al cabildo a predicar, diciendo que el doctor Vaca, canónigo de aquella iglesia, en un sermón se había dejado las seis vacas en el cielo, que él las traería de allá; y sobre esto fundó su sermón con tantos desatinos, que el cabildo hizo entonar el credo [para callarlo] y no obstante siguió predicando; y así que se bajó del púlpito lo desaparecieron los religiosos de su orden, conociendo que si no lo hacía así, la plebe amotinada lo quería ir a matar a pedradas a su convento, que no se ejecutó porque no lo hallaron porque luego salió para esta ciudad de México. Y después de algún tiempo el dicho provincial imprimió su sermón, lo cual consiguió por haberlo enmendado, y no ser el mismo sermón como lo predicó.

Antonio DE ROBLES [1655-1703], *Diario de sucesos notables*, vol. III (1972), pp. 254 y ss.

sus santos. Un enorme despliegue de boato y orgullo corporativo se ponía de manifiesto durante las fiestas de beatificación o canonización de un santo de la propia orden (la dominica Santa Rosa de Lima o el agustino San Juan de Sahagún); durante los incendios, las comunidades religiosas acudían con las imágenes de sus patronos para que ayudaran a controlar milagrosamente el siniestro. Lienzos narrando las santas vidas de los fundadores de la orden llenaban los claustros con sus coloridas y edificantes anécdotas. Por último, esos mismos santos llenos de joyas y ricos vestidos eran los que marcaban la presencia social de las órdenes durante la procesión del día de Corpus Christi. Ellos eran, junto con el hábito propio y el lugar preeminente que se ocupaba en los actos públicos, elementos centrales de cohesión para esas poderosas corporaciones que eran las provincias religiosas.

NOTAS

[1] En octubre de 1701 llegó determinada la preferencia de los de San Diego frente a los de San Agustín en las procesiones. ROBLES, 1972, vol. III, p. 144. Esto ocasionó que varios pasquines aparecieran en las iglesias así como papeles impresos de seis hojas que circulaban clandestinamente por la ciudad. ROBLES, 1972, vol. III, p. 179.

[2] AGN, Ramo clero regular y secular, vol. 168, exp. 6, ff.120-162. AGI, México, 812: expedientes sobre la precedencia de los descalzos sobre los agustinos (1699-1709).

[3] La provincia era una entidad jurídica formada por varios conventos (llamados guardianías entre los

franciscanos, prioratos entre dominicos y agustinos y comendadores entre los mercedarios) distribuidos sobre un territorio y sujetos al gobierno de un provincial. Las provincias mendicantes en Nueva España eran cinco de franciscanos calzados, una de descalzos, cuatro de dominicos, dos de agustinos y una de carmelitas. Además, existían una provincia de padres mercedarios (no considerados mendicantes en estricto sentido), tres de hermanos hospitalarios (hipólitos, juaninos y betlemitas) y una de la Compañía de Jesús. Cada una de ellas se sujetaba directamente a los respectivos generales de sus órdenes radicados en Roma.

[4]   Entre los agustinos, los decretos del capítulo general de Roma de 1685, ratificados por las constituciones del general Travalloni del 20 de marzo de 1688. AGI, México, 316 y 705.

[5]   RAMOS, 1999, pp. 205-224.

[6]   GUIJO, 1986, vol. I, pp. 96-97.

[7]   NAVARRETE, 1978, vol. I, pp. 416-417; ROBLES, 1972, vol. III, pp. 150-151 y 156, da la noticia aunque con otros datos.

[8]   Ejemplos de ello son el de San Ángel para los carmelitas, el de San Pablo de los agustinos y el de Porta Coeli de los dominicos.

[9]   OSORIO, 1986, pp. 199 y ss.

[10]   Informe de Juan Ortega y Montañés a la reina, México, 7 de junio de 1673. AGI, México, 706.

[11]   "Que ningún religioso sea cofrade de cofradías seculares, pues algunos como congregantes de San Pedro atienden más a las funciones de esta que al coro". Decretos del capítulo general de Roma de 1685, (AGI, México, 316), ratificados por las constituciones del general Travalloni del 20 de marzo de 1688 (AGI, México, 705).

[12]   AJOFRÍN, 1964, vol. I, p. 86.

[13]   Carta de fray Diego Velázquez de la Cadena al rey, México, 4 de diciembre de l703. AGI, México, 70l.

[14]   VETANCURT, 1982, p. 33.

[15]   Constituciones del general Travalloni, 20 de marzo de 1688. AGI, México, 708.

[16]   ULLOA, 1977, p. 206.

[17]   GAGE, 2001, pp. 244-245.

[18]   Regla de los carmelitas parte IV, cap. 1, núm. 1, citada por RAMOS, 2000, p. 32.

[19]   Regla de los carmelitas parte IV, cap. 1, núm. 1, citada por RAMOS, 2000, p. 29.

[20]   GUIJO, 1986, vol. II, pp. 34 y 35.

[21]   ROBLES, 1972, vol. II, p. 297. El expediente completo en AGI, México, 316. Véase también RUBIAL, 1996.

[22]   ROBLES, 1972, vol. I, p. 10.

[23]   RAMOS, 2000, p. 28.

[24]   RUBIAL, 1994, pp. 162 y ss.

[25]   "1680, marzo 8. Salió otro forzado para China, religioso solicitante". ROBLES, 1972, vol. I, p. 277.

[26]   GAGE, 2001, p. 94.

[27]   GUIJO, 1986, vol. II, p.19.

[28]   Carta del doctor Pedro Medina Rico y del licenciado Juan Ortega y Montañés, México, 8 de julio de l664. MEDINA, 1952, pp. 272-273.

[29]   GUIJO, 1986, vol. I, p. 244.

[30]   Informes de la provincia agustina de México, 21 de mayo de 1680. AGI, México, 705.

[31]   MUSSET, 1992, pp. 60 y ss.

[32]   GUIJO, 1986, vol. II, p. 240.

[33] ROBLES, 1972, vol. III, pp. 38 y 193.
[34] ROBLES, 1972, vol. III, p. 102.
[35] RUBIAL, 1990, pp. 93 y ss.
[36] Carta de la Real Audiencia de México, México, 17 de abril de 1734. AGI, México, 816.

SIGLAS Y REFERENCIAS

AGI   ARCHIVO GENERAL DE INDIAS, SEVILLA
       México.
AGN   ARCHIVO GENERAL DE LA NACIÓN, MÉXICO
       Ramo clero regular y secular.

AJOFRÍN, Francisco de
       1964   *Diario del viaje que hizo a la América española en el siglo XVIII* (2 vols.). México: Instituto Cultural Hispano-Mexicano.
GAGE, Thomas
       2001   *El inglés americano: sus trabajos por mar y tierra o un nuevo reconocimiento de las Indias Occidentales*, traducción de Stella Mastrángelo, introducción y notas de Eugenio Martín Torres. México: Fideicomiso Teixidor-Libros del Umbral. [1648].
GUIJO, Gregorio Martín de
       1986   *Diario (1648-1664)*, 2a. ed. (2 vols.). México: Editorial Porrúa (Escritores Mexicanos, 64 y 65).
MADRE DE DIOS, Agustín de la
       1984   *Tesoro escondido en el Santo Carmelo mexicano*, introducción, paleografía y notas de Manuel Ramos Medina. México: Probursa-Universidad Iberoamericana.
MEDINA, José Toribio
       1952   *Historia del tribunal del Santo Oficio*. México: Editorial Fuente Cultural.
MUSSET, Alain
       1992   *El agua en el Valle de México*. México: Pórtico de la Ciudad de México-Centro de Estudios Mexicanos y Centroamericanos.
NAVARRETE, Nicolás
       1978   *Historia de la provincia agustiniana de San Nicolás de Tolentino de Michoacán* (2 vols.). México: Editorial Porrúa.
OSORIO ROMERO, Ignacio
       1986   *Historia de las bibliotecas novohispanas*. México: Dirección General de Bibliotecas, Secretaría de Educación Pública.
RAMOS, Manuel
       1999   "Cadmea victoria, La alternativa en el gobierno del carmelo novohispano", en *Relaciones. Estudios de Historia y Sociedad*, XX: 78, pp. 205-224.
       2000   "Correcciones monásticas", en *Revista Equis*, 26 (jun.), pp. 25-32.

ROBLES, Antonio de

    1972   *Diario de sucesos notables (1655-1703)* (3 vols.). México: Editorial Porrúa.

RUBIAL GARCÍA, Antonio

    1990   *Una monarquía criolla. La provincia agustina de México en el siglo XVII.* México: Consejo Nacional para la Cultura y las Artes (Colección Regiones).

    1994   "Varones en comunidad. Los conventos urbanos de los mendicantes en el siglo XVII novohispano", en *Memorias del Coloquio Tepotzotlán y la Nueva España.* México: Museo Nacional del Virreinato-Instituto Nacional de Antropología e Historia, pp. 162-174.

    1996   *Los libros del deseo.* México: Consejo Nacional para la Cultura y las Artes-El Equilibrista.

ULLOA, Daniel

    1977   *Los predicadores divididos. Los dominicos en la Nueva España, siglo XVI.* México: El Colegio de México.

VETANCURT, Agustín de

    1982   *Teatro mexicano. Crónica de la provincia del Santo Evangelio de México.* México: Editorial Porrúa. [1697].

7

LA CIENCIA EN EL CONVENTO.
LA VIDA COTIDIANA DE UN CIENTÍFICO NOVOHISPANO DEL SIGLO XVII

ELÍAS TRABULSE

El Colegio de México

L̲AS ÓRDENES RELIGIOSAS NOVOHISPANAS llegaron a contar entre sus miembros a algunos de lo más distinguidos hombres de ciencia del virreinato. En el seno de esas comunidades desempeñaron labores docentes y de investigación y elaboraron no pocas veces valiosos escritos sobre los temas científicos que atraían su atención. Fue dentro de una de estas órdenes donde vivió y trabajó uno de los más destacados científicos de la época colonial, fray Diego Rodríguez. Las circunstancias de su vida cotidiana dentro de la orden mercedaria a la que perteneció ponen de manifiesto la forma en que supo hacer compatibles su vocación religiosa, su disciplina conventual y su labor científica.

Nació en Atitalaquia, población cercana a la capital virreinal que caía bajo la jurisdicción del arzobispado de México, en el año de 1596. Los datos acerca de sus primeros años se han perdido para los registros de la historia.[1] Únicamente sabemos que sus padres eran cristianos viejos, de escasos recursos, que se asentaron en una pequeña localidad hacia la sexta o séptima décadas del siglo XVI.[2] Para un joven criollo de proclividades científicas pero de familia pobre, el camino natural para desarrollar su vocación era, en el siglo XVII, el del claustro. Así, a los 14 años sus padres lo enviaron a la Ciudad de México para que estudiara gramática como novicio de los mercedarios. Antes de cursar estudios superiores ingresó en dicha orden donde profesó el 8 de abril de 1613. Fue consagrado por fray Francisco Jiménez, vicario provincial de la Merced en la Nueva España.[3]

El claustro significó para Diego Rodríguez la posibilidad de llevar a cabo sus estudios científicos al abrigo de problemas económicos y en un ambiente intelectual apropiado ya que la orden mercedaria fue un activo núcleo cultural a todo lo largo del siglo XVII.[4] De hecho su incorporación a esta comunidad marca el inicio de su vida como científico hasta tal punto que casi todas las labores que desempeñó dentro y fuera de su orden estuvieron relacionadas con ese aspecto de su actividad intelectual.

El ingreso a la orden de la Merced no parece haber sido fácil para los pretendientes al hábito. Las condiciones de admisión eran muy rígidas ya que se estudiaban los orígenes familiares, el carácter y las costumbres del candidato, su limpieza de sangre y su ascendencia, que debía de ser de "cristianos viejos",[5] y esto en momentos en que la orden necesitaba afianzarse incorporando a su claustro religiosos activos y de indiscutible vocación. Con todo, entre 1610 y 1620 la orden dio el hábito a un nutrido grupo de preclaros sujetos, todos ellos criollos, que en las décadas siguientes ilustrarían la vida y letras del virreinato. Junto a fray Diego ingresaron en ese decenio dos futuros provinciales de la orden: fray Juan de Herrera y fray Gerónimo de Andrada quienes en los años siguientes estarían en estrecha relación con nuestro matemático y serían además decididos protectores y fieles colaboradores.[6]

Era común que los pretendientes a ingresar a la Merced no profesaran antes de los 16 años de edad, después de un duro noviciado de tres años y de un minucioso escrutinio realizado por el capítulo provincial asesorado por el maestro de novicios.[7] Cuando fray Diego profesó en 1613, a los 17 años, había pasado tres años en la más estricta observancia de la regla de su orden. En ese periodo apenas pudo consagrar algo de tiempo a los estudios a los que era afecto ya que las obligaciones de los novicios no les daban muchas oportunidades para dedicarse a sus aficiones personales. El horario no podía ser más riguroso: se levantaba temprano para asistir a misa; luego se dedicaba toda la mañana a las labores propias del convento, incluidos los cursos que obligatoriamente debía seguir. Por la tarde seguía lecciones de canto y música, y estudiaba las rúbricas del misal y la regla y ceremonias propias de su orden. A continuación rezaba el oficio de la Virgen y el rosario, aparte de otras oraciones que le consumían el resto del día. Se retiraba exhausto a su celda a descansar y no acababa de reponer las fuerzas cuando se le despertaba de madrugada para iniciar el rezo de los maitines. Así empezaba una nueva jornada.[8]

El novicio, si quería estudiar otras disciplinas aparte de gramática debía realizar esfuerzos casi sobrehumanos, buscando pequeños ratos para sí o bien robándole horas al sueño, de las pocas que tenía. Al profesar hacía votos de pobreza, castidad, obediencia y se obligaba a "redimir a los cautivos". Para entonces ya disponía de más tiempo para seguir sus inclinaciones intelectuales.

La mayor parte de los estudios se realizaba después de profesar. Antes sólo era obligatorio llevar el curso de gramática como paso indispensable para seguir el de artes. Fray Diego cursó con buenos resultados los estudios que se acostumbraban en su provincia. Estudió teología y filosofía, esta última impartida por fray Luis Cisneros, y también música, disciplina que le atraía sobremanera desde el punto de vista teórico. Los mercedarios habían favorecido empeñosamente la enseñanza de canto y música, impartidos por un maestro de la catedral contratado con tal fin. El objetivo era que los frailes aprendiesen el canto llano para el oficio diurno,[9] pero fray Diego llevó más allá sus intereses musicológicos ya que aprovechando esta oportunidad logró estudiar las bases matemáticas del saber musical.

De acuerdo con las normas establecidas entonces para lograr el grado académico, nuestro mercedario hubo de continuar sus cursos en la Real y Pontificia Universidad donde obtuvo los títulos de bachiller en artes y en teología.[10] Estos grados los hizo valer 20 años más tarde cuando le fue concedida la nueva cátedra de astrología y matemática que se abrió en la universidad.[11]

Aparte de estos estudios que consumieron muchas de sus horas, fray Diego dedicó buena parte del tiempo que le dejaban sus trabajos científicos y sus actividades administrativas a estudiar, solo y sin maestros, otras ramas del saber. Se aplicó a la lectura de los escritores clásicos griegos y latinos, los Padres de la Iglesia y los autores herméticos del Renacimiento llegando a conocerlos a fondo. Pero fue sin duda en el campo de los estudios científicos donde desempeñó su máxima actividad, pues sus inclinaciones eran bastante evidentes y se pusieron de manifiesto desde su juventud. Para estos estudios contó con las enseñanzas del vicario general de la provincia, fray Juan Gómez, español de origen, sujeto aficionado a las matemáticas y que según el padre Pareja "entendía bastantemente esta facultad". También tuvo un fugaz condiscípulo en la persona de fray Pedro de Sandoval quien abandonó pronto tan abstrusas cuestiones y se dedicó a la teología.[12] Fue en estos años que corren de 1613 a 1637 que el padre Rodríguez obtuvo los profundos conocimientos del mundo de la matemática, la astronomía, la técnica y las ciencias herméticas que vemos aparecer en sus voluminosos escritos.

Sin embargo la vida intelectual de fray Diego se vio a veces necesariamente interrumpida por sus obligaciones dentro de la comunidad mercedaria. Primeramente fue "predicador" de la orden, labor en la que, a pesar de ser un reposado hombre de ciencia, se desempeñó, "con grandísimo aplauso de todos los que le oyeron" según nos asegura su primer biógrafo.[13] Posteriormente, en el segundo capítulo provincial celebrado por la Merced el 2 de febrero de 1623 fue elegido comendador del convento de la Veracruz, puesto en el que permanecería hasta 1627. Este último era un cargo difícil y con múltiples responsabilidades ya que debía manejar los aspectos financieros y todos los asuntos tanto internos como externos del convento que se le había encomendado. Debía vigilar la vida religiosa de los frailes y supervisar que cumplieran fielmente sus obligaciones, así como asistirlos en caso de enfermedad. Era también su deber llevar el libro de difuntos, cuidar de los ornamentos, reliquias y accesorios de la iglesia, así como adquirir la indumentaria de los frailes y preocuparse del abasto del convento. El atareado cargo duraba tres años, era confirmado por el vicario y había reelección. El comendador debía rendir un informe preciso al visitador provincial y estaba obligado a dar cuenta de los faltantes en los inventarios de bienes o en la caja. Un mal manejo de

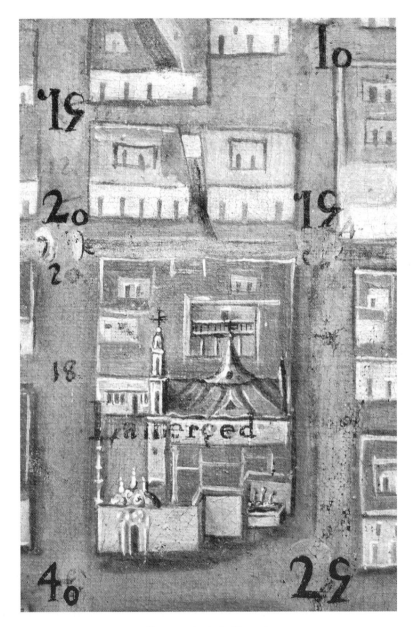

El convento de la Merced,
detalle del *Catastro pintado de la Ciudad de México*,
obra de Pedro de Arrieta.

los recursos comunales podía conducir a la suspensión y deposición del cargo.[14] Aunque fray Diego no tuvo ningún problema en ser confirmado por el vicario, que no era otro que su antiguo maestro de matemáticas fray Juan Gómez, y pasó tranquilamente los tres primeros años de su cargo, para 1627 los aires políticos dentro de la orden habían cambiado y el ambiente estaba seriamente deteriorado por efecto de las rivalidades existentes entre el grupo de los criollos y el de los peninsulares que se disputaban el poder. Ello explica que por entonces las relaciones entre alumno y maestro no fueran ni remotamente cordiales, de tal forma que en 1627 el padre Gómez, a la sazón visitador, entrara en serias dificultades con fray Diego al que acusaba de peculado y malversación de fondos.[15] Las constituciones le daban gran poder al visitador[16] y con cierta facilidad se caía en los abusos, sobre todo en un momento en que la pugna entre esos dos grupos dentro de la orden se había agravado de manera notable, y siendo el padre Rodríguez un defensor de los derechos de los criollos, no pudo menos de ser severa e injustamente tratado. Fue depuesto del cargo, encarcelado y castigado, y de tal forma pesó este hecho en su carrera futura que todavía 14 años más tarde, en 1641, le fue rechazada la solicitud para optar al grado de maestro que dirigió al capítulo provincial que se reunió ese año. Ni el precedente de ser ya por entonces catedrático de la universidad impidió que se vetase su demanda.[17] A pesar de esto, dicho capítulo se sintió obligado a hacer un elogio de nuestro matemático, recomendando que se diese entrada a su petición en el siguiente definitorio, y reconoció además que los electores ahí presentes se veían obligados a no aceptarla debido a que las reglas les impedían pasar por alto cualquier acusación de conducta indebida, por antigua e infundada que fuese, como era la presente. Pero las cosas no eran fáciles pues con todo y este voto de confianza que parecía allanar las dificultades, tampoco el siguiente capítulo del año de 1644 pudo conceder lo pedido dada la gravedad de los cargos en contra de nuestro mercedario. Sólo hasta 1664 (o sea a 37 años de los hechos) y después de que el vicario fray Jacinto de Palma hubo revisado el caso y emitido un dictamen absolutorio, exonerando a fray Diego de todo tipo de cargos, restituyéndolo "a sus honores", le fue aceptada y aprobada su petición.[18]

Este largo y penoso incidente nos permitirá acercarnos a la vida conventual de nuestro matemático y adentrarnos en los avatares políticos en los que la Merced se vio envuelta apenas instalada en la Nueva España. Dichos sucesos forman el marco dentro del que transcurrieron 55 años de la vida convento de fray Diego y son en muchos aspectos obligados puntos de referencia de su actividad científica.

La vida de la orden en el siglo XVII distó mucho de ser tranquila. De hecho las dificultades empezaron en el momento mismo en que se decidió la fundación en estas tierras. Desde 1535 con don Antonio de Mendoza se habían iniciado las gestiones para el establecimiento de la orden, aunque éstas no rindieron entonces ningún fruto. En 1546 y 1565 se repitieron las tentativas ante la corte de Madrid; en este último año se expidieron unas reales cédulas en que se ordenaba a la Audiencia de la Nueva España diera su parecer sobre la conveniencia de una fundación mercedaria en la Nueva España. El 10 de febrero de 1568 la Audiencia rindió un informe negativo en el cual expresaba que no era necesaria una nueva fundación ya que con las tres órdenes existentes bastaba.[19] Veintiún años más tarde los mercedarios encabezados por fray Mateo García renovaron los esfuerzos para establecerse en México. Iniciaron la ofensiva enviando desde Guatemala algunos estudiantes mercedarios a estudiar artes y teología en la universidad novohispana; esto les permitiría poner colegio y casa de estudiantes o sea establecerse prácticamente en estos lugares. El hecho suscitó la oposición enérgica e inmediata primero del virrey Villamanrique y después de don Luis de Velasco el segundo, quienes se negaron terminantemente a concederles licencia para fundar residencia, de no mediar orden expresa del rey. También la Audiencia se mostró contraria a la perspectiva de una nueva fundación religiosa. En realidad el momento era inadecuado para introducir una nueva comunidad en la capital del virreinato ya que la excesiva proliferación de los conventos era considerada en esos años como poco aconsejable. A finales de 1591 el fiscal de la Audiencia Marcos Guerrero pintaba un cuadro sombrío del número de religiosos existentes en México y sus desastrosos efectos para la vida económica de la colonia.[20] Por esos mismos años un agudo observador de la realidad novohispana señalaba el hecho de que las órdenes religiosas habían logrado adueñarse de multitud de casas y haciendas y que, de seguir esa tendencia, pronto gran parte de la Nueva España sería suya.[21] A pesar de estos argumentos la tenacidad de los frailes pudo más ya que, no obstante los fuertes vientos adversos, lograron obtener las licencias necesarias para establecerse. El 11 de enero de 1592, apenas dos meses después del dictamen desfavorable del fiscal, obtuvieron una real cédula que ordenaba a las autoridades de la colonia apoyasen la fundación, misma que fue confirmada el 31 de enero de ese año.[22]

Para 1594 había quedado definitivamente erigida la provincia con su colegio,[23] y tres años más tarde, por real cédula firmada en San Lorenzo el 23 de agosto de 1597, les fue concedida una limosna de 1 000 pesos de las cajas reales destinados a la construcción del convento que la orden edificaba en la Ciudad de México.[24] Desde este momento la actitud gubernamental hacia la orden cambió notablemente ya que en las tres décadas siguientes fue favorecida en forma casi ininterrumpida con donaciones hechas por los virreyes, quienes de esta manera se hacían eco de las proclividades mercedarias de Felipe III; aparte de que empezaba a resultar evidente el beneficio social realizado por dicha comunidad lo que justificaba las donaciones realizadas.[25]

A fines del siglo la Merced contaba con unos 40 religiosos profesos reclutados exclusivamente entre los criollos, hijos o nietos de conquistadores o colonizadores,[26] a los

Portada del libro Discurso Etheorológico..., *de fray Diego Rodríguez, 1652.*

que se vinieron a sumar un nutrido grupo de frailes llegados de España, origen y raíz de las violentas pugnas que aquejaron a la orden en el primer tercio del siglo XVII.[27]

Si algo se pone de manifiesto al recorrer la historia de la orden en estos primeros decenios es la indudable habilidad política y financiera de los superiores provinciales que la condujeron. Con gran tesón, no carente de tacto diplomático, y tras largas negociaciones lograron en 1616 separarse de la provincia de Guatemala y erigir la propia a la que dieron el nombre que llevaría en lo sucesivo, o sea de la Visitación de Nuestra Señora.[28] Con igual energía aunque con menos suerte emprendieron algunos pleitos contra los carmelitas, que versaban sobre asuntos de jurisdicción y precedencia en las ceremonias religiosas y procesiones, muy del gusto de la época.

Pero donde más resalta esta aguda y clara inteligencia de los problemas de afianzamiento de la recién fundada orden es en la sucesión de conventos que lograron establecer en la Nueva España en el primer tercio del siglo XVII. Iniciaron la serie con los de Oaxaca y Puebla, fundados entre 1598 y 1601, que eran paso obligado para los frailes que venían de Guatemala; en rápida sucesión se siguieron en 1607 el de Tacuba, cercano de una legua a la Ciudad de México y lugar de descanso y "diversión lícita" de los religiosos, y el de Colima. En 1613 fundaron los de Veracruz y Atlixco,[29] de tal forma que en el año en que fray Diego profesaba, la orden de la Merced poseía siete conventos bien ubicados dentro del vasto territorio del virreinato. La década siguiente vio aparecer nuevas fundaciones en San Luis Potosí y Guadalajara así como el célebre convento de Belem, extramuros de México, junto al acueducto de Chapultepec.

La estrategia de las fundaciones tenía como norma elegir aquellos lugares donde existiera población española de buenos recursos a efecto de garantizarle al convento la seguridad económica proveniente de capellanías y donaciones.[30] Con gran prudencia se abstuvieron de erigir conventos en pueblos de indios donde las limosnas eran acaparadas por el párroco o en lugares que no les garantizaran ingresos suficientes. Estas ideas directrices y lo tardío del establecimiento de la orden impidieron que en la Nueva España los mercedarios se dedicasen a labores misionales[31] similares a las que con buenos resultados estaban realizando en otras regiones de América, lo que no quiere decir que ese aspecto de la vida religiosa les fuera ajeno;[32] pero sí es un hecho que, por lo que al siglo XVII se refiere, lograron encauzar sus intereses hacia las actividades intelectuales logrando incluso ser un núcleo activo de estudios científicos no siempre ortodoxos del todo. Ello explica asimismo la riqueza y opulencia de sus construcciones tan alejado de las ideas de austeridad con que la orden había querido establecerse en la Nueva España.[33] Dichas obras arquitectónicas ocuparon un lugar destacado entre las edificaciones de su especie erigidas en la Nueva España durante el siglo XVII, en particular su gran monasterio de la Ciudad de México. El convento primitivo había logrado trasladarse en 1601 de unas viejas casonas del barrio de San Lázaro, que habían ser-

LA CIENCIA EN EL CONVENTO 201

vido de alojamiento a los primeros frailes, a otras construcciones situadas junto a la Acequia Real y que todavía existían a finales del siglo XVIII.[34] Éste fue el noviciado y convento de los mercedarios que profesaron en la primera mitad del siglo XVII entre los que se encontraba fray Diego. Era un amplio convento que tenía capacidad para alojar un buen número de religiosos, y que llamaba la atención de los viajeros por ser uno de los mejores que existía en la ciudad a principios del siglo.[35] En la parte alta estaban las celdas y en la baja el refectorio y la sala de lectura de cátedras. Sin embargo la orden crecía y se hizo imperativo construir un nuevo convento e iglesia. El capítulo provincial de 1635 discutió y aprobó los planes de edificación propuestos por el emprendedor maestro fray Juan de Herrera, comendador de la orden. Se consultó a todos los maestros del arte de la arquitectura incluidos los miembros de la orden afectos a dichos menesteres, tales como fray Diego Rodríguez, y después de calcular el costo le fijaron como valor la nada pequeña suma de 100 000 pesos. Con indudables dotes de convencimiento los mercedarios formaron un patronato de 100 devotos de la orden que aportasen 1 000 pesos cada uno. El virrey Cerralvo encabezó la lista que llegó a comprender a los más distinguidos "caballeros y personas de mayor suposición y mejores caudales de este reino". Las obras duraron 20 años, en los que un grave y persistente problema fue el de los cimientos que hubieron de hacerse profundos y muy sólidos debido a la naturaleza acuosa del subsuelo.[36] El 31 de agosto de 1654 fue dedicada la iglesia con grandes y solemnes celebraciones a las que asistieron el virrey, la Audiencia, el deán y Cabildo, prelados y todas las órdenes. Hubo procesiones que circularon acompañadas de música por las calles engalanadas de tapices que colgaban de balcones y ventanas. Los mercedarios construyeron además seis hermosos altares a lo largo del camino seguido por los fieles, quienes se detenían en cada uno de ellos.[37] En esa fiesta barroca que duró 10 días no faltaron ni fuegos de artificio ni mascaradas ni conciertos musicales. El virrey se apresuró a informar al rey acerca de estos solemnes regocijos así como de la conclusión de las obras y de los fondos complementarios que hubo que destinar para ello, ya que el presupuesto original había resultado insuficiente, a todo lo cual Felipe IV contestó elogiando su labor.[38]

La iglesia era una impresionante construcción de tres naves que causó la admiración de Gemelli Careri a finales del siglo por la riqueza de sus altares y su artesonado dorado.[39] El convento poseía un suntuoso refectorio labrado y adornado de bellas pinturas del que poseemos una detallada descripción,[40] claro ejemplo de la opulencia alcanzada por la orden. La rica biblioteca era también una muestra de ello ya que los mercedarios se preocuparon, desde los primeros años de su instalación en la Nueva España, de formar una buena colección de obras.[41] En el convento situado junto a la Acequia Real acondicionaron una amplia estancia con tal fin, pero para el nuevo convento se preocuparon de construir una gran sala que se estrenó en 1665 y que estaba ornada

Retrato del mercedario fray Juan de Herrera,
protector de fray Diego Rodríguez, siglo XVIII.

con pinturas que representaban a los más distinguidos mercedarios novohispanos que hubiesen brillado en las cátedras universitarias o en la república literaria.[42] Los estantes de nogal ricamente tallados contuvieron uno de los más nutridos acervos bibliográficos de la Nueva España que a mediados del siglo XVIII provocaría la admiración de un erudito bibliófilo.[43] En efecto, con el paso del tiempo la biblioteca se enriqueció notablemente ya que incorporó a su acervo original no sólo los libros adquiridos por el bibliotecario (quien gozaba de un buen presupuesto) sino también los libros de los mercedarios que morían y que habían logrado formar en sus celdas una biblioteca para su uso privado, cosa permitida por las constituciones. Ahí fueron a parar los manuscritos de fray Diego que han llegado hasta nosotros tras sufrir varias peripecias y de estar muchas veces al borde de perderse. También esa biblioteca heredó sus muchos libros personales, desde los tratados científicos hasta las obras clásicas de la literatura así como los manuscritos científicos heterodoxos que tanto procuró mantener ocultos de la mirada inquisitorial y que por este motivo encuadernaba a continuación de libros no prohibidos cuya portada los ponía al abrigo de toda sospecha.

Fray Diego pasó la mayor parte de su vida en el antiguo convento de la Acequia Real. Ahí ocupó una de las 28 celdas que se construyeron después de que la orden adquirió las casas vecinas y cerró la calle. Fueron edificadas sobre la iglesia ya que atinadamente se pensó que la bóveda de cañón era lo suficientemente sólida como para soportar ese peso. Corrían en dos bandas de 14 celdas cada una y estaban orientadas en dirección oriente-poniente ya que iban desde la Acequia Real hasta la calle posterior al convento.[44] Es interesante aludir a este pormenor ya que fray Diego ocupó una de las celdas cuya ventana miraba hacia el noroeste lo que le permitió construirse un reloj de sol para poder así practicar sus mediciones astronómicas desde su celda, que más bien parecía un observatorio.[45]

El viejo convento de la Merced sufrió mucho con las inundaciones inusitadamente violentas que azotaron la capital virreinal en la primera mitad del siglo XVII. Aunque su ubicación no lo hacía particularmente vulnerable a la crecida de las aguas, la gran inundación de 1629 lo castigó con dureza. Los frailes construyeron en varias ocasiones terraplenes y empedrados para poder entrar y salir del convento apenas las aguas hubieran bajado un poco. La gran fiesta que intentaron hacer en 1630 para conmemorar a su santo patrono Pedro Nolasco se vio impedida por ese "diluvio grande con que se inundó esta ciudad", de tal forma que el festejo se pospuso hasta 1633 y aún entonces hubieron de construir nuevos y fuertes terraplenes y muros que impidieran el paso de las aguas. Por compensación las fiestas resultaron muy lucidas. Hubo las obligadas ceremonias religiosas, se corrieron toros, hubo varios certámenes poéticos, así como comedias y demás "sainetes del pueblo".

La sólida base económica lograda por la orden mercedaria en el siglo XVII pone de relieve la sagacidad de sus dirigentes y lo atinado de su política de fundaciones. Ello fue también el origen de las pugnas internas de la comunidad y de uno de los sucesos menos edificantes de su historia. Varios fueron los elementos que contribuyeron a la bonanza financiera de la orden. En los inicios de su vida en estas tierras los mercedarios disfrutaron de donaciones reales y sustanciosos donativos de bienhechores. Hacia 1609, o sea apenas 15 años después de establecidos, adquirieron unas minas de plata

El orador cristiano con instrumentos matemáticos,
en el libro de Diego Valadés, *Rhetorica christiana*, 1579.

en la región de Zacualpan que les resultaron altamente redituables. Las obras de construcción del viejo convento de la Acequia Real, realizadas entre 1609 y 1611 bajo ese hábil administrador y empresario que fue fray Luis Cisneros, fueron posibles gracias a que la rentabilidad de sus minas en esos dos años fue particularmente alta ya que ingresaron a las cajas del convento 61 356 pesos provenientes sólo de ellas. Aunque durante los tres decenios siguientes las utilidades tendieron a descender, para 1688 la explotación arrojó de nuevo buenos resultados pese a que las minas se habían anegado parcialmente. Por esos mismos años la orden consideró más provechoso arrendar sus minas a particulares. Otros reales mineros que los mercedarios explotaban en Taxco siguieron un destino similar.[46] El descenso en los ingresos provenientes de sus minas fue bien compensado con otras empresas que aunque menos redituables resultaban más seguras y constantes. Una donación los hizo propietarios de una cantera de piedra de tezontle, "colorada y muy ligera", situada en el poblado de Santa Marta a unas cuatro leguas de México, y una merced virreinal de indios de repartimiento les permitió algunas sumas adicionales. A principios del siglo XVII aparecen como propietarios de una hacienda llamada Huesuchil, situada a unas seis leguas de la capital, que también les proporcionaba buenos ingresos.[47]

Pero fue el renglón de las donaciones, capellanías, legados y testamentos el que mejores entradas produjo a la orden. Era frecuente que acaudalados benefactores devotos de la Merced hicieran fuertes donativos destinados a un fin determinado.[48] Asimismo era bastante común que los frailes criollos, hijos de algún rico comerciante peninsular, recibiesen cuantiosas herencias al morir su padre y estaba establecido por las constituciones de la orden que dichos caudales pasaran íntegros a ser patrimonio de la orden. Fue uno de estos legados testamentarios el que originó el sonado pleito entre el visitador peninsular fray Juan Gómez y el sector criollo de la Merced, entre los que se encontraba fray Diego quien como ya vimos sufrió las represalias de su antiguo maestro de matemáticas.

No es exagerado afirmar que uno de los más animados capítulos de la historia de la Merced lo forma la larga secuencia de sus disensiones internas. Aunque prácticamente todas las órdenes establecidas en la Nueva España poseen un secreto registro historial constituido por las negras páginas de las querellas domésticas, en algunas de las cuales la intensidad de las disputas contrasta notablemente con el recogimiento del claustro,[49] fue quizá la orden mercedaria la que gozó en el siglo XVII del triste honor de ser la que más pleitos abrigó en su seno. Los motivos de dichas pugnas eran comunes y pedestres, aunque sus efectos no lo fueran tanto. Se debieron en su mayoría a la confrontación entre españoles y criollos por razones bien concretas en lo referente a la forma de conducir la orden y manejar sus cuantiosos bienes; eran pleitos de poder a menudo provocados por motivos económicos.

Separada de la de Guatemala y autónoma, la Provincia de la Visitación convocó a su primer capítulo provincial que se celebró el 16 de mayo de 1620 en el convento de México. A él asistieron, entre otros, fray Diego, su maestro de matemáticas a la sazón vicario de la orden, y los padres comendadores de las siete casas que los mercedarios tenían ya establecidas en el virreinato. La reunión debía elegir prelado de la provincia y de acuerdo con la votación el cargo recayó en fray Antonio Gutiérrez mercedario criollo. Además, se eligieron definidores y comendadores, todo ello dentro de los preceptos establecidos por las constituciones y apegados a ellas. Pero no habían transcurrido ni dos años de este capítulo cuando el vicario fray Juan Gómez, apoyado en las mismas constituciones y apelando al derecho canónico, anuló la votación a favor de Gutiérrez (a quien depuso de su cargo) y declaró no válidas las designaciones de definidores de provincia. La elección de los comendadores no fue nulificada. En lugar de Gutiérrez, el vicario nombró provincial a fray Cristóbal de Cervantes, también criollo, maestro universitario y amigo de fray Diego. La revocación de las disposiciones emanadas de ese primer capítulo fue uno de los orígenes de las pugnas internas que afectarían en lo sucesivo a la orden. Setenta años más tarde el padre Pareja todavía se lamentaba de las funestas consecuencias que trajo consigo: "Desgracia fue de esta provincia _nos dice_ empezar a cojear en sus capítulos antes de saber andar".[50] Y, efectivamente, la querella no se hizo esperar, fray Antonio Gutiérrez puso pleito al vicario,[51] quien aliado por entonces con Cervantes se defendió convocando a un nuevo capítulo que se celebró el 30 de enero de 1623 y en el que se eligió como provincial a este último y como comendador a fray Diego Rodríguez. De esta manera quedaba sancionada la designación anterior realizada por Gómez y anulada canónicamente la elección hecha por el primer capítulo.[52] Una denuncia hecha en esos meses ante la Inquisición acusaba a fray Diego del delito de levantar, a petición de algunos correligionarios suyos, figuras astrológicas para determinar quién saldría vencedor en ese litigio entre el vicario y el provincial destituido.[53] Pronto, sin embargo, la concordia entre Gómez y Cervantes se vio rota por un pleito de mayores alcances que el anterior. Pocos meses después de la elección del provincial, la orden recibió fuerte suma por concepto de una testamentaría a favor de dos miembros de la orden criollos de Guanajuato e hijos de un rico minero español de la región. Cervantes insistió en que esos fondos se destinasen a las mejoras materiales que requería el convento grande de México pero el vicario Gómez se opuso a ello y determinó que se remitiesen a España. Esto provocó la "quiebra de paz" entre ellos; las facciones criolla y española se configuraron rápidamente encendiéndose, como dice Pareja, "un fuego voraz de enemistades entre las dos". La querella arrastró consigo incluso a los mercedarios de otros conventos del virreinato, de tal forma que en pocos meses la orden se encontraba en plena efervescencia. El vicario, con su habitual forma de proceder y apoyado en las amplias prerrogativas que le daban las constituciones,[54] le for-

Portada del libro de Athanasius Kircher, *Ithinerarium exstaticum*, 1660.

mó causa criminal a Cervantes contra quien se expidió un fulminante auto de formal prisión. El provincial amenazado huyó del convento lo que hizo que el irascible Gómez pidiera la ayuda del no menos atrabiliario virrey marqués de Gelves a la sazón su amigo, quien ordenó detener al prófugo y enviarlo a una de las celdas de castigo del convento de donde no podría salir en seis meses, que era el tiempo que se requería para seguirle una causa por desobediencia e insubordinación. Esto ocurría en julio de 1623. Pocos meses más tarde se dictó sentencia contra Cervantes: se le privaba y destituía del provincialato, se le expulsaba de la orden y se le desterraba a Filipinas. De inmediato debía salir custodiado por un piquete de soldados al puerto de Acapulco, para ser embarcado tan pronto se pudiera, y "como se hace, dice amargamente Pareja, con los gravemente fascinerosos de este reino". La magnitud de la sentencia nos hace ver hasta qué punto la pugna había calado hondo. El criollo Pareja al narrar el suceso pierde su ecuanimidad y ponderación; acusa a Gómez de haber actuado en forma "criminal" y de haber dictado una sentencia "grave y horrorosa" totalmente carente de proporción respecto del presunto desacato cometido por el provincial contra lo que él llama su "despótico gobierno". Sus argumentos, rebosantes de indignación, reflejan la opinión de los criollos de la orden entre los que se encontraba fray Diego. Todos ellos apoyaban la actitud resuelta de Cervantes quien luchaba para que el dinero del legado testamentario "no se perdiese" para la comunidad mercedaria novohispana y censuraban acremente que Gómez no hubiese dado cabida a apelaciones[55] y hubiese actuado de manera arbitraria recurriendo al virrey. Su indignación verbal corrió paralela a su actuación. Ante los ojos atónitos de la población, la mayoría de los mercedarios criollos (entre los que estaba nuestro sosegado matemático) abandonaron el convento provocando la virreinal ira. Su actitud era de franca y abierta rebeldía ya que ni por el despacho de reales provisiones aceptaron retornar a su convento mientras no se le levantase la sentencia a su provincial. Las consecuencias para la orden hubiesen sido irreparables, dada la intransigencia y hostilidad imperante, de no ser por un suceso que provocó un cambio radical de la situación.

En fiel cumplimiento de la sentencia dictada en su contra, Cervantes fue sacado con grilletes de su prisión conventual el día 12 de enero de 1624 para ser conducido con escolta de seis guardias a Acapulco. El estupor y la indignación de los mercedarios llegó a su límite cuando contemplaron a su legítimo provincial en situación deplorable, humillado ante la vista de todos, recorrer el trayecto que iba del convento a las afueras de la ciudad. Considerando que las afrentas habían sido llevadas demasiado lejos y que ningún tipo de razonamiento que pudiese disminuir las diferencias tendría cabida, realizaron una acción sin precedentes y de inusitada osadía y arrojo.

Tres días después de ser llevado Cervantes camino de Acapulco, estalló el violento tumulto, que tantas veces ha sido narrado, en el cual la autoridad virreinal sufrió un serio menoscabo. Como es bien sabido el colérico virrey había entrado en abierta confrontación con el no menos irascible arzobispo don Juan Pérez de la Serna, quien al sentirse ultrajado reaccionó en forma destemplada lanzando una suspensión *a divinis* sobre la sufrida capital, hecho que provocó que la población airada se amotinase contra el gobierno secular exigiendo la vida de Gelves, quien logró salvarse corriendo disfrazado a refugiarse en el convento de San Francisco.[56] Ignoramos en qué medida los descarriados mercedarios criollos atizaron el fuego de la rebelión en su propio beneficio, hecho que no cabe descontar de antemano,[57] pero lo que sí sabemos es que viendo la autoridad virreinal claramente nulificada, el desorden administrativo imperante y, en consecuencia, algo remota la posibilidad de sanciones, emprendieron el camino de Acapulco en busca de su prelado, "para ampararlo en semejante trabajo" dice disimuladamente el cronista Pareja, aunque en realidad lo que hicieron fue arrebatárselo a los guardias que lo custodiaban, quienes lo entregaron sin resistencia alguna pues no desconocían los sucesos de la capital, para llevarlo de regreso a su convento, con honores y hábito, ante la mirada azorada del vicario. De inmediato y aprovechando que la caótica situación persistía apelaron a la Real Audiencia la cual había asumido las riendas del gobierno en ausencia del virrey, y en pocos días lograron que concediese un amparo a favor del aguerrido provincial destituido, de tal forma que cuando el empecinado vicario intentó proceder de nueva cuenta en su contra se vio imposibilitado de hacerlo carente como estaba del virreinal apoyo y teniendo que enfrentarse con una disposición expresa de la Audiencia. Además, y como si esto no hubiese sido suficiente, tenía en su contra a la gran mayoría de la comunidad mercedaria, la cual si ya había una vez "sacado la cara en defensa de su provincial" y no había temido afrontar los riesgos de su desusado actuar, bien podría ahora enfrentarse abiertamente y sin temor al vicario. Una sesuda comparación hace el historiador Pareja cuando afirma que la actuación de los religiosos con su padre superior fray Juan Gómez bien podía ser similar a la que "la plebe de la ciudad hizo con su virrey" el marqués de Gelves, y es que, efectivamente, el motín disminuyó ambas autoridades en forma perceptible. A pesar de ello, el vicario acudió a las últimas prerrogativas que las constituciones le concedían y, solo y aislado como se encontraba a pesar del puñado de mercedarios españoles que lo apoyaban, nombró como nuevo provincial a su secretario particular y como comendador de la orden a su propio hermano. De esta manera quedó "todo en la celda y [a] disposición del dicho Reverendo Padre Maestro fray Juan Gómez", en tanto no hubiese una disposición del superior general de la orden que rectificara lo dispuesto por aquél.[58] A buscar dicha resolución partió apresuradamente Cervantes para España en abril de 1624 en momentos en que por seguir el virrey oculto resultaba improbable cualquier nueva acción coercitiva en su contra. En los meses siguientes el rey se inclinó a adoptar actitudes clementes para con los autores del tumulto, concediendo una

"La Aritmética", en el libro de Diego Valadés, *Rhetorica christiana*, 1579.

amnistía general la cual fue bien aprovechada por los mercedarios (fray Diego entre ellos) que se habían revelado contra su vicario y habían rescatado a su provincial al ser conducido encadenado al destierro.

El viaje de Cervantes puso de manifiesto hasta qué punto el superior de la orden apoyaba los designios de su vicario fray Juan Gómez en lo referente al destino de los cuantiosos fondos heredados por la orden, pues si bien es cierto que Cervantes fue absuelto, declarándose nulas las disposiciones en su contra, restituyéndole su hábito y puesto, y autorizándole a imprimir la sentencia que lo eximía de cargos, el criollo tuvo que ceder, a cambio de ello, el legado testamentario origen de la pugna, que sería destinado a la construcción del convento mercedario de Barcelona, y para el financiamiento de los gastos de canonización de los padres de la orden. Además, el superior anuló los nombramientos hechos por Gómez y comisionó el 18 de mayo de 1625 a fray Alonso Redondo como visitador de la nada tranquila provincia novohispana. Este fraile se embarcó para Veracruz el 27 de junio en compañía de Cervantes y de sus dos acompañantes fray Gerónimo de Andrada y fray Juan de Herrera.[59] El retorno no hizo sino reavivar el fuego de la discordia que llegó a extremos de violencia notables ya que tanto la facción criolla como la española abrigaban resentimientos originados por la solución

Un capítulo provincial en la orden de la Merced

Cuando yo estaba ahí sucedió que los frailes de la Merced se juntaron a capítulo para elegir un provincial. Habían acudido los comendadores y padres graves de toda la provincia, pero estaban divididos en facciones y sus opiniones no se podían conciliar. Se cruzaron los pareceres, siguiéronse las disputas, de las razones pasaron a las injurias, y de las palabras a las manos. El convento se convirtió en oficina de querellas y la reunión canónica en motín. Ni se contentaron algunos padres con algunos pescozones y puñetazos, sino que tiraron de los cuchillos y navajas cayendo muchos heridos en la refriega. Al cabo, fue menester que el virrey mediara en persona, asistiera al capítulo y pusiera guardias hasta que salió elegido el provincial.

Thomas GAGE [1648], *Nueva relación que contiene los viajes de Tomás Gage a la Nueva España* (1947), p. 66.

dada por el general, los unos por haber perdido la herencia y los otros por haberse revocado la sentencia del vicario contra Cervantes. El malévolo Thomas Gage, quien a menudo se detiene con regodeo en los pleitos de frailes que le tocó contemplar, afirma refiriéndose a esta querella que los mercedarios llegaron a las manos e incluso hicieron brillar cuchillos y navajas para poder así dirimir sus diferencias.[60] Sólo la enérgica intervención del visitador apoyado por el virrey en persona apaciguó un tanto los enconados ánimos que se reavivaron de nueva cuenta aunque en forma pasajera en el capítulo celebrado en 1627. Ahí se ratificó la donación testamentaria a favor del superior general y se eligió de nuevo como provincial a Cervantes en un ambiente de hostilidad manifiesta, sólo aquietado por la presencia del virrey con guardias en la sala capitular.[61]

Algo, sin embargo, ganaron los mercedarios criollos con esta querella. A partir de estas fechas el número de españoles provenientes de la península disminuyó rápidamente. Los registros señalan que la mayoría de los mercedarios que cruzaron el Atlántico venían como vicarios o visitadores:[62] sólo de vez en cuando arribaba una misión de frailes y éstos eran por lo general mal recibidos por sus correligionarios, de lo que se seguían las consabidas fricciones en los capítulos; pero este tipo de pugnas tendió a disminuir. Lo que no pudieron evitar los criollos pese a su superioridad numérica fueron las represalias que el maltrecho vicario Gómez emprendió contra ellos después de su sonada derrota. Su acusación favorita parece haber sido la de peculado y desfalco. Cuando el pleito de Cervantes estaba en su apogeo Gómez inculpó a fray Andrés de Herrera, maestro y catedrático universitario, con dichos delitos; lo castigó severamente con una suspensión de tres años de sus cargos, aparte de otras sanciones. Cervantes en su viaje a España lo reivindicó y defendió ante el superior general, quien declaró nulo el proceder del vicario y restituyó a fray Andrés en sus honores y cargos. Con menos suerte corrió fray Diego quien, como ya vimos, no logró quitarse de encima la acusación que el mismo personaje le lanzó en 1627 y que tantos sinsabores le produjo.

La muerte anunciada de fray Diego

Y es muy de notar la profunda inteligencia que tenía en la astrología, pues en ella conoció su muerte próxima antes de enfermar, de que yo soy seguro testigo, pues habiendo sucedido quince días antes que un criado que le había servido y lo había enseñado a oficio de entallador, estando trabajando con otros oficiales de su arte... trabó de pendencia con uno de ellos, este talle dio al dicho criado una puñalada con un formón, que escasamente pudo recibir el Santo Óleo y luego murió. Al instante le avisaron al Padre Maestro del suceso fatal... y tomando luego las efemérides por donde hacía los pronósticos... volvió a verme y me dijo: no solo toca esta fatalidad a cosa de mi familia, sino también a mi persona y así tengo por muy cierto que llega ya mi muerte. Y luego en breves días sucedió darle el tabardillo... y al día siguiente murió.

Fray Francisco DE PAREJA [1688], *Crónica de la Provincia de la Visitación de Nuestra Señora de la Merced*, vol. II (1882-1883), pp. 251-252.

La salida de este vicario[63] de la escena novohispana en 1627 dio un respiro a todos los mercedarios (hayan sido criollos o peninsulares) lo que permitió algunos años de tranquilidad aparente. La renuncia de Cervantes en 1630 al provincialato que ocupaba por segunda ocasión hizo que se convocara un nuevo capítulo provincial, el cuarto celebrado en México, el cual, debido a la inundación que padecía la Ciudad de México, se realizó en Puebla en 1631. Al parecer en esa ocasión fue elegido un peninsular.

Nada podemos saber de los periodos de tres años ocupados en lo sucesivo por provinciales españoles (llamados por el criollo Pareja, con evidente aversión "trienios de hueco") ya que este cronista ha relegado al olvido, con parcialidad manifiesta, la mayoría de los nombres de dichos mercedarios. Lo que sí conocemos son las pugnas que entre 1639 y 1688 produjeron la "alternativa" de tres años de dirección peninsular y tres años de dirección criolla. En medio de todas esas querellas anduvo nuestro matemático. La de 1640 se originó cuando el vicario anuló el reñido capítulo anterior que había elegido, en medio de acaloradas disputas, a fray Francisco de Armentia, y había puesto en su lugar a otro fraile. Más sonado fue el conflicto electoral de 1652 entre el recién elegido provincial criollo fray Gerónimo de Andrada y el comendador fray Juan de Irolo, español protegido del virrey, del arzobispo y de "lo más grande del reino", quienes, no obstante sus empeños, vieron frustradas sus tentativas de que resultara electo. Andrada había sido estrecho colaborador de Cervantes, a quien había acompañado en su viaje a España, y era a todas luces un infatigable defensor de los derechos de los "hijos de esta tierra". Si bien se había propuesto, por razones económicas y por deshacerse de algunos de sus correligionarios que le ocasionaban problemas entre los que había algunos españoles, reducir el número de los frailes del convento de México a solamente 40, enviando el resto a otras provincias, se había preocupado, en cambio, en dar el hábito al mayor número posible de criollos con buenas cualidades. Esto, aunado a que había ocupado el puesto de provincial en tres ocasiones, le granjeó la enemistad de las capas peninsulares de la población. Falleció en 1661 ocupando dicho cargo.[64] En buena medida a él y a fray Juan de Herrera, elegido provincial en 1656, debió fray Diego la protección que requirieron sus dilatadas investigaciones científicas, así como la relativa tranquilidad de que disfrutó entre 1640 y 1668, año de su muerte (una muerte anunciada astrológicamente), para dedicarse a la enseñanza y para reunir, en torno suyo a un selecto grupo de hombres de ciencia, que formaron la comunidad científica de entre la que surgieron los primeros destellos de la ciencia moderna en México.

En efecto, entre 1637 y 1646 se reunía alrededor de fray Diego en el convento de la Merced una confraternidad de sabios interesados en las matemáticas y la astrología: dueños de imprentas, médicos, bachilleres, arquitectos. Sus textos sobre cometas, eclipses y fenómenos meteorológicos, así como los numerosos almanaques, lunarios y pronósticos que elaboraron, revelan un deseo de ocultar sus conocimientos a los neófitos. De hecho, las doctrinas herméticas que profesaban (entre otras el heliocentrismo) cuestionaban no sólo la cosmovisión jerarquizada de los aristotélicos de la universidad, sino también la posición de una sociedad peninsular que los desplazaba como criollos.

A partir de 1646 esta academia entró en un periodo de declive que duraría hasta 1655, año de su extinción. En esas fechas el tribunal del Santo Oficio fue ocupado por sagaces y fanáticos inquisidores que censuraron lunarios y almanaques así como todo tipo de publicación científica sobre fenómenos que rozaran los dominios de la astrología judiciaria o adivinatoria. En esas fechas se llevaron a cabo los sonados procesos in-

---

Fray Diego y las campanas de catedral

Martes 24 de marzo de 1654. A las cuatro horas de la tarde bajaron la campana grande llamada doña María del campanario antiguo de la catedral, que pesa 440 quintales; bajáronla sobre un castillejo que se hizo de madera, el cual vino rodando desde lo alto donde estaba pendiente por unas gruesas planchas hasta hacer descanso en el suelo; al día siguiente, a fuerza de tiras de soga y mucha gente, y rodando sobre vigas acostadas en el suelo, la metieron y pusieron al pie de la torre nueva... y antes de ocho días habían bajado cinco pequeñas y otra mayor que llaman la Ronca... [el virrey Alburquerque] llamó maestros para que cada uno hiciese trazas para bajar dichas campanas y subirlas...Vistos sus modelos cuadró el del religioso [fray Diego Rodríguez], y luego puso por obra el edificar los instrumentos de madera para el efecto, y en su fábrica estuvo desde el primero de marzo hasta el domingo de Ramos, 29 de él, que después de haberse acabado los oficios divinos pasó a la obra y vio subir, con general clamor de campanas porque no sucediese desgracia, la dicha campana, y la dejó en el hueco que debía ocupar.

Gregorio Martín DE GUIJO [1648-1664], *Diario*, vol. I (1953), p. 248.

quisitoriales por prácticas de astrología prohibida del fraile Nicolás de Alarcón, del mulato Gaspar Rivero Vasconcelos y del arquitecto Melchor Pérez de Soto, a quien le fue confiscada su extraordinaria biblioteca; todos ellos estaban relacionados con el científico mercedario y habían intercambiado ideas y libros con él. Posiblemente por esos años fray Diego optó por ocultar algunos de sus manuscritos científicos, encuadernándolos junto con obras que no eran susceptibles de censura, sobre todo aquéllos en los que se profesaban abiertamente las tesis heliocentristas y la cosmología de Kepler.[65]

En 1655 moría Melchor Pérez de Soto en las cárceles inquisitoriales asesinado por su compañero de celda. Ese mismo año un auto del Santo Oficio exigía a los libreros de la ciudad presentar inventarios detallados de los libros que poseían, bajo pena de multa y excomunión. A partir de entonces la academia hermética dejó de reunirse, pero fray Diego no abandonó por ello su actividad científica pues, como fraile letrado y como catedrático en la universidad, estaba protegido, además del apoyo que tuvo de las autoridades de su orden y del amparo de los virreyes. Fue de gran ayuda también la aplicación práctica que tenían muchos de sus conocimientos científicos. En 1652 llevó a cabo varias labores en las bóvedas de la catedral de la capital y en 1654 fue designado para realizar los trabajos de ascenso de las pesadas campanas a su campanario; dos años después propuso a las autoridades diversos métodos de medición de tierras, basados en técnicas trigonométricas modernas. En esas fechas continuó además construyendo diversos instrumentos, aparatos científicos y relojes de precisión y escribiendo sus tratados científicos.

Fray Diego y sus contemporáneos pusieron las bases de un movimiento intelectual de largo alcance que comenzó impugnando la visión arcaica de un cosmos jerarquizado y terminó, siglo y medio más tarde, cuestionando la concepción, también arcaica, de una sociedad de jerarquías inmutables.

La ciencia de fray Diego

Y viéndose con dichos libros muy afligido, considerando que se le habían de perder, acordó enviarlos a la ciudad de Lima en el Perú, donde tenía un discípulo que había sido suyo en esta universidad, con quien se carteaba en todas ocasiones... y desde acá le enviaba muchos instrumentos matemáticos y astronómicos que [con] sus propias manos fabricaba en su celda, así de astrolabios muy curiosos, como de arcos de perspectiva y globos... y algunos papeles que escribía de novedad en su facultad, como los dichos dos tomos de logaritmos que compuso, y allá en dicha ciudad de Lima se quedaron, y podrá ser que en algún tiempo salgan a la luz para provecho de muchos en su inteligencia.

Fray Francisco DE PAREJA [1688], *Crónica de la Provincia de la Visitación de Nuestra Señora de la Merced*, vol. II (1882-1883), pp. 247-248.

NOTAS

[1] Sobre la vida de este hombre de ciencia puede verse: TRABULSE, 1982, pp. 25-65; TRABULSE, 1985a, pp. 1038-1042; TRABULSE, 1985b, *passim*.

[2] PAREJA, 1882-1883, vol. II, p. 242. (Esta obra fue escrita en 1688 pero quedó inédita hasta 1882-1883).

[3] ANDRADA, s.f., cap. X, p. 276; PAREJA, 1882-1883, vol. I, pp. 342-343.

[4] TRABULSE, 1985b, p. 25; GUIJO, 1953, vol. I, p. 236; PAREJA, 1882-1883, vol. I, p. 191; LANNING, 1946, pp. 35-36.

[5] *Regula et Constitutiones...*, 1743, p. 95.

[6] PAREJA, 1882-1883, vol. I, pp. 342-343.

[7] *Regula et Constitutiones...*, 1743, pp. 91 y 105.

[8] COLOMBO, 1676, pp. 39-40; PICAZO, 1752, *passim*.

[9] PAREJA, 1882-1883, vol. I, pp. 309-310.

[10] AGN, Universidad, vol. 89, f. 245r; PLAZA Y JAÉN, 1931, vol. I, p. 231.

[11] En el nombramiento catedrático de astrología y matemáticas que fray Diego Rodríguez recibió en 1637, la Real y Pontificia Universidad de México le reconocía ambos grados. En el libro de provisión de cátedras de la universidad que abarca de 1578 a 1687 se menciona a fray Diego como bachiller en artes y teología, Véase: AGN, Universidad, vol. 89, pp. 244-247.

[12] AGI, Guatemala, 42; PAREJA, 1882-1883, vol. I, pp. 361-362; vol. II, pp. 244-245. Fray Juan Gómez fue un personaje central en la vida de la orden mercedaria novohispana del siglo XVII. Nació en 1583. En 1619 se le nombró vicario general de las provincias "de Nueva España, Guatemala e Isla Española". Fue catedrático de prima en teología y regente de estudios en el colegio de Alcalá de Henares. Era un excelente matemático y astrónomo. Su severidad y la energía con que intentó solucionar las pugnas internas de la orden novohispana le hicieron aspirar a un obispado de Indias. Sus querellas con el grupo de mercedarios criollos, que veremos más adelante, impidieron que esas aspiraciones se realizaran.

[13] PAREJA, 1882-1883, vol. II, p. 243.

[14] *Regula et Constitutiones...*, 1743, pp. 125, 193, 220 y ss y 233.

[15] PAREJA, 1882-1883, vol. I, pp. 447-451; vol. II, p. 243.

[16] *Regula et Constitutiones...*, 1743, p. 183. Véase en particular: dist. 7, cap. 9, núms. 9-10-11. Fray Juan Gómez fue visitador de 1615 a 1627.

[17] La solicitud del padre Rodríguez se fincaba en que siendo catedrático de matemáticas y astrología en la universidad, podía optar al grado de "presentado" y de "maestro". Véase: *Regula et Constitutiones...*, 1743, pp. 143 y ss, y en particular el cap. VI, p. 3.

[18] PAREJA, 1882-1883, vol. II, pp. 248-249. Pareja reproduce literalmente la cláusula aprobatoria del libro de actas de la provincia mercedaria, que está perdido.

[19] AGI, México, 68.

[20] PÉREZ, 1923, vol. I, pp. 119-122.

[21] GÓMEZ DE CERVANTES, 1944, pp. 183-184.

[22] PÉREZ, 1923, vol. I, pp. 122-124.

[23] ALDANA, 1953, pp. 62-63.

[24] ALDANA, 1953, p. 66.

[25] PÉREZ, 1923, vol. I, pp. 128-129.

[26] PAREJA, 1882-1883, vol. I, pp. 154 y 189-190; ALDANA, 1953, p. 60.

[27] Pérez, 1923, vol. I, pp. 130-132; vol. II, pp. 37 y ss; Pareja, 1882-1883, vol. I, p. 238. En 1594 pasaron a México nueve mercedarios españoles y entre 1599 y 1600 tres más. En 1597 fracasó una tentativa de enviar otros 12 desde España. En junio de 1602 arribaron a América 12 mercedarios que debían repartirse entre México y Guatemala. En 1605 pasaron otros dos.

[28] AGI, México, 225. "Información de los mercedarios de México" (1604); BNM, Signatura, 2715, pp. 1-15. "División de la provincia de México de la de Guatemala y su erección en Provincia separada con noticia de los Conventos fundados en ella" (1618).

[29] AGI, Indiferente General, 2873. Real cédula del 10 de septiembre de 1612.

[30] AGI, Santo Domingo, 17. Sin embargo, cuando la orden intentó fundar convento en Guanajuato, "lugar de muchos vecinos españoles", se topó con la oposición de los curas beneficiados quienes lograron impedir que se estableciera.

[31] AGI, Santo Domingo, 17.

[32] Algunos mercedarios fueron buenos conocedores de lenguas indígenas, sobre todo el náhuatl; incluso algunos dejaron diversas "artes" o vocabularios.

[33] AGI, Indiferente General, 2869, vol. 5, f. 115. Real cédula del 23 de noviembre de 1597. Al autorizar la fundación de los conventos de Oaxaca y Puebla el rey exigía que fueran edificados "con moderación y sin que en el edificio de ellos haya superfluidad". Sobre la riqueza de los conventos mercedarios de Puebla y Veracruz hacia 1625, véase: Gage, 1947, p. 58. En 1621 el rey solicitaba informes acerca del estado económico de los principales conventos de la provincia. Véase: BNM, Signatura, 2715, pp. 16-26. "Real cédula para que el virrey de México, informase de la pobreza de los conventos de los mercedarios de México, los Ángeles, Guajaca, Veracruz y Valle de Atrisco, para la limosna de pan y vino" (21 de diciembre de 1621).

[34] Aldana, 1953, pp. 68-69. Fue el virrey conde de Monterrey, protector de los mercedarios, quien en 1602 puso la primera piedra del templo y convento. La primitiva iglesia (que en el siglo XVIII se denominó capilla de Santa Ifigenia), fue en la que fray Diego Rodríguez profesó. Aldana dice que "que no era sumptuosa", aunque "tenía un hermoso choro de bóveda aunque bajo" donde los religiosos celebraban el oficio divino. Con la aprobación tácita del virrey cerraron la calle, lo que era un acto arbitrario. Así pudieron integrar el convento con la iglesia. Ahí edificaron inicialmente "un claustro con los pilares de ladrillo" que se amplió posteriormente a expensas de las casas vecinas que los mercedarios adquirieron.

[35] Vázquez, 1944, p. 123.

[36] Pareja, 1882-1883, vol. I, pp. 522 y ss.

[37] Guijo, 1953, vol. I, p. 258.

[38] AGN, Reales Cédulas Originales, vol. 5, exp. 103, f. 2. "Respuestas al virrey Duque de Alburquerque y gracias por haber acabado la Iglesia de Nuestra Señora de la Merced de aquella ciudad" (17 de noviembre de 1655).

[39] Gemelli Careri, 1955, p. 93.

[40] Pareja, 1882-1883, vol. I, pp. 510-512, Ésta es su descripción: "Un refectorio hermosísimo y labrado a toda costa, que tiene de largo 37 varas con muy abundante luz que le entra por ocho ventanas grandes, cuatro de cada lado, y en la testera de él está un cuadro que la llena toda, guarnecido de un marco todo labrado y dorado, y su pintura fue de todo primor del arte, es en lienzo Cristo Señor Nuestro, niño, sentado a la mesa comiendo con sus Padres Santísimos, María Nuestra Señora y Señor San José a quienes están sirviendo los ángeles y encima está pintada la Santísima Trinidad echando la bendición a tan sagrada mesa; y en los dos cuadros colaterales están de pincel y cuerpo grandes, los dos mejores Juanes que ha tenido el cielo y la tierra que son el Bautista y el Evangelista… Por el lado del sur tiene un nicho grande en medio, en que entra una cátedra hermosísima que para este efecto se labró de caoba de la Habana, que cada tablón costó 25 pesos, y es de

cinco varas y media de alto y dos varas y media de ancho, que se compone de muchos tableros, en cada uno labrado un atributo de la Virgen Nuestra Señora, y entre ellos, molduras, motivos y carteles labrados de todo primor y sobre el asiento nace, del espaldar hasta arriba, la cubierta de una concha anclada labrada de la misma madera, que remata en un tabernáculo pequeño en que está una imagen de talla de la Purísima Concepción de Nuestra Señora, y en medio del espaldar, desde donde empieza la concha tiene grabados de oro las palabras del Salmo 106: *in catera seniorum laudent eam*. Toda ella costó más de seiscientos pesos".

[41] Osorio, 1986, p. 176.

[42] Pareja, 1882-1883, vol. II, p. 220.

[43] Eguiara, 1944, p. 119.

[44] Pareja, 1882-1883, vol. I, pp. 217, 311 y 337.

[45] Trabulse, 1985b, p. 81.

[46] Pareja, 1882-1883, vol. I, pp. 338-338 y 377; vol. II, p. 153.

[47] AGI, Santo Domingo, 17.

[48] Guijo, 1953, vol. II, p. 148.

[49] Israel, 1975, pp. 103-109.

[50] Pareja, 1882-1883, vol. I, pp. 388 y ss y 416.

[51] AGN, Inquisición, vol. 335, f. 369v.

[52] Pareja, 1882-1883, vol. I, p. 417.

[53] AGN, Inquisición, vol. 335, f. 369r.

[54] *Regula et Cosntitutiones*, dist. 9, cap. 9. Aquí se enumeran los amplios poderes del vicario mercedario en las provincias de América. En él recaía la aprobación de la elección del provincial. Podía anular un capítulo y convocar a nuevas elecciones y estaba facultado para deponer al provincial cuando la gravedad de la falta lo ameritase, quedando únicamente a su juicio esta decisión.

[55] Entre las diversas apelaciones a favor de Cervantes estaba la de la universidad, la cual abogó porque a dicho "doctor y maestro suyo" y "catedrático de su escuela tan docto", se le tratase en forma justa. Ni el virrey ni el vicario aceptaron esta petición.

[56] Israel, 1975, pp. 147-160.

[57] Israel, 1975, p. 145.

[58] Pareja, 1882-1883, vol. I, pp. 420 y ss.

[59] Pérez, 1923, vol. II, p. 46.

[60] Gage, 1947, pp. 26 y ss.

[61] Gage, 1947, p. 142.

[62] Pérez, 1923, vol. II, pp. 37-60.

[63] AGI, Guatemala, 42.

[64] Pareja, 1882-1883, vol. I p. 343; vol. II, pp. 10, 191 y ss; Guijo, 1953, vol. I, pp. 98, 194 y 213.

[65] Trabulse, 1985b, pp.16 y ss.

SIGLAS Y REFERENCIAS

AGI   Archivo General de Indias, Sevilla
       Guatemala.
       Indiferente General.

México.
Santo Domingo.
AGN   ARCHIVO GENERAL DE LA NACIÓN, MÉXICO
Inquisición.
Reales Cédulas Originales.
Universidad.
BNM   BIBLIOTECA NACIONAL, MADRID
Signatura.

ALDANA, Cristóbal de
    1953   *Crónica de la Merced de México*, introducción y notas de Jorge Gurría Lacroix. México: Publicaciones de la Biblioteca Nacional, Universidad Nacional Autónoma de México.

ANDRADA, Agustín de
    s.f.   *Panal Místico. Compendio de las grandezas del Celeste, Real y Militar Orden de Nuestra Señora de la Merced* (manuscrito), Biblioteca del Instituto Nacional de Antropología e Historia, Sección de Manuscritos, México.

COLOMBO, Felipe
    1676   *Obras Espirituales del Venerable Padre Presentado Fray Juan Falconi del Orden de Nuestra Señora de la Merced Redención de Cautivos*. Barcelona: Francisco Cornellas.

EGUIARA Y EGUREN, Juan José de
    1944   *Prólogos a la Biblioteca Mexicana*. México: Fondo de Cultura Económica.

GAGE, Thomas
    1947   *Nueva relación que contiene los viajes de Tomás Gage a la Nueva España*. México: Ediciones Xóchitl. [1648].

GEMELLI CARERI, Giovanni Francesco
    1955   *Viaje a la Nueva España*. México: Libro Mex Editores. [1700].

GÓMEZ DE CERVANTES, Gonzalo
    1944   *La vida económica y social de la Nueva España al finalizar el siglo XVI*, prólogo y notas de Alberto María Carreño. México: Antigua Librería de Robredo, de José Porrúa e Hijos.

GUIJO, Gregorio Martín de
    1953   *Diario* (2 vols.). México: Editorial Porrúa. [1648-1664].

ISRAEL, Jonathan I.
    1975   *Race, Class and Politics in Colonial Mexico, 1610-1670*. Oxford: Oxford University Press.

LANNING, John Tate (versión paleográfica, introducción, advertencia y notas)
    1946   *Reales cédulas de la Real y Pontificia Universidad de México de 1551 a 1816*, estudio preliminar de Rafael Heliodoro Valle. México: Imprenta Universitaria.

OSORIO ROMERO, Ignacio
    1986   *Historia de las bibliotecas novohispanas*. México: Dirección General de Bibliotecas, Secretaría de Educación Pública.

PAREJA, Francisco de
    1882-1883   *Crónica de la Provincia de la Visitación de Nuestra Señora de la Merced Redención de Cautivos de la Nueva España* (2 vols.). México: Imprenta de R. Barbellido y Cía. [1688].

PÉREZ, Pedro Nolasco
    1923   *Religiosos de la Merced que pasaron a la América Española* (ss. XVI-XVIII) (2 vols.). Sevilla: Tipografía de la Zarzuela.

PICAZO, Miguel
    1752   *Regla y Constituciones del Orden Tercero del Real y Militar Orden de Nuestra Señora de la Merced, Redención de Cautivos*. México: Viuda de Joseph Bernardo de Hogal.

PLAZA Y JAÉN, Cristóbal de la
    1931   *Crónica de la Real y Pontificia Universidad de México* (2 vols.), versión paleográfica, proemio, notas y apéndice de Nicolás Rangel. México: Universidad Nacional Autónoma de México.

Regula et Constitutiones…
    1743   *Regula et Constitutiones Sacri, Regalis ac Militaris Ordinis B. María de Mercede*. Madrid: Ex Officina Conventus Ejusden Ordinis.

TRABULSE, Elías
    1982   *El círculo roto. Estudios históricos sobre la ciencia en México*. México: Secretaría de Educación Pública-Fondo de Cultura Económica.
    1985a   "Recepción y difusión de la ciencia moderna en México: la obra de fray Diego Rodríguez (1596-1668)", en *Mundo Científico*, 51 (oct.), pp. 1038-1042.
    1985b   *La ciencia perdida. Fray Diego Rodríguez, un sabio del siglo XVII*. México: Fondo de Cultura Económica.

VÁZQUEZ DE ESPINOSA, Antonio
    1944   *Descripción de la Nueva España en el siglo XVII*. México: Editorial Patria. [1624].

8
LOS MONASTERIOS FEMENINOS

NURIA SALAZAR SIMARRO

Coordinación Nacional de Monumentos Históricos,
Instituto Nacional de Antropología e Historia.
Departamento de Historia del Arte,
Universidad Iberoamericana

EL SIGLO DE LA CONSOLIDACIÓN Y EL DESARROLLO DE LAS COMUNIDADES

AL DESPUNTAR EL SIGLO XVII EN LA NUEVA ESPAÑA había 19 conventos femeninos fundados en las ciudades de México, Puebla, Valladolid (Morelia), Guadalajara, Antequera
(Oaxaca) y Mérida. Muchos de ellos fueron promotores de los 15 nuevos que a lo largo de esa centuria se instalaron en las mismas ciudades, así como en Villa de Carrión
(Atlixco) y Ciudad Real (San Cristóbal de las Casas),[1] por lo que en 1700 ya sumaban
34. A las nuevas instituciones conventuales precedió una consulta para que representantes de las órdenes religiosas y del clero secular expresaran su opinión sobre la per-
tinencia y la necesidad de las propuestas fundacionales.[2]

Desde finales del siglo XVI la sociedad novohispana había recogido los frutos de varias generaciones de mujeres que habían crecido al abrigo de los muros conventuales y
estaba consciente de los beneficios que ofrecían estas comunidades, por lo que la iniciativa de otras nuevas surgió principalmente del seno familiar; de ahí salieron también
los muebles y la ropa de las que ingresaban a la clausura, así que la comprensión de la
vida cotidiana de las religiosas corresponde a la del sector femenino en general.

Fue muy común que las monjas fundadoras y primeras abadesas o prioras estuvieran emparentadas con los patrocinadores; por ejemplo, el convento de San José de
Gracia fue dotado por don Fernando de Villegas, rector de la universidad, con la intención de que ahí profesaran sus ocho hijas y su suegra, madre de su esposa Isabel
de Sandoval.[3] Otro caso similar fue el del convento de la Santísima Trinidad de Puebla que se inició con dos profesas y 15 novicias, de las cuales 14 eran primas hermanas y todas consanguíneas de los patronos. La fundación se realizó con dos profesas
de la Concepción, hermanas del alcalde ordinario Alonso de Rivera Barrientos y cuña-
das del capitán Alonso Hidalgo Dávalos y de Antonio Rodríguez Gallegos, emparen-

Cuadro 1. Patronos de monasterios femeninos en la Ciudad de México, siglo XVII

Templo	Fecha de inicio y de dedicación	Patrono o patronos del siglo XVII	Fecha de muerte	Notario ante quien se hizo testamento
Santa Inés	1600	Diego Caballero e Inés de Velasco	16?? 1599	?
San Jerónimo	1619-1623	Luis Maldonado del Corral, por mano de su albacea Francisco Medina Reinoso	16??	?
Santa Catalina de Siena	1619 7-III-1623	Juan Marqués Orozco	1621	Francisco de Arceo?
Ntra. Sra. de la Encarnación	1639 7-III-1648	Álvaro Lorenzana e Isabel de Castilla	25-XI-1651	Luis de Valdivieso
San Lorenzo	1643 16-VII-1650	Juan Fdez. Riofrío y Juan de Chavarría	1642 30-XII-1682	Juan Pérez de Ribera, Baltasar de Morante
La Concepción	1649 13-XI-1655	Tomás de Suaznábar, Simón de Haro e Isabel de la Barrera	1645 28-XII-1655 25-IX-1659	Martín Sariñana
Regina Coeli	1655 19-III-1656	Melchor de Terreros	21-II-1671	?
San José de Gracia	1653 26-XI-1661	J. Navarro Pastrana, Agustina de Aguilar, Juan Navarro y Josefa Pedrique	13-III-1664 17-IX-1674 22-IV-1692 1719	Lorenzo de Mendoza, Juan Díaz de Ribera
Santa Clara	1622 22-X-1661	Juan Ontiveros Barrera, por mano de su albacea Simón de Haro	165?	Martín Sariñana
Ntra. Sra. de de Balvanera	3-IV-1663 7-XII-1671	Beatriz de Miranda, viuda de Andrés Gómez de Miranda	24-XI-1668 ?	
San Felipe de Jesús	1667 10-VI-1673	Isabel de la Barrera	25-IX-1659	Martín Sariñana
Santa Isabel	1676 24-VII-1681	Andrés de Carvajal, Diego del Castillo e Inés de la Cruz	? 13-III-1683 1671	Baltasar de Morante
Santa Teresa de la Antigua	1678-1683	Esteban Molina M. y Manuela de la Barrera	20-VII-1693 27-VII-1681	José del Castillo
San Bernardo	1685 18-VI-1690	José de Retes L. y Ma. de la Paz/Domingo y Teresa de Retes	29-X-1685 16-XI-1700 1707 29-XI-1695	Juan A. Espejo
San Juan de la Penitencia	1695 24-I-1711	Juana de Villaseñor Lomelín, viuda de Francisco Canales	170? 25-IV-1694	Martín del Río
Santa Teresa la Nueva	1698 28-XI-1704	Esteban Molina M. y Manuela de la Barrera	20-VII-1693 27-VII-1681	José del Castillo

FUENTE: RUBIAL, 1998, p. 367.

tados y patrocinadores del convento, así que literalmente todo quedó en familia.[4] En ocasiones, del parentesco se derivaron conflictos por el manejo del poder como sucedió en el convento de Regina de México, donde las descendientes del marqués de Salinas y las del virrey marqués de Cadereyta no lograban ponerse de acuerdo en la elección de la abadesa. Como la situación de ambas familias era equiparable y no hubo manera de conciliar, se optó por la división de la comunidad que derivó en la fundación del convento de San Bernardo.[5]

Nunca se autorizaba una nueva institución religiosa sin garantizar económicamente su permanencia, por lo que los establecimientos estaban relacionados con los personajes más acaudalados de su tiempo, y eran ellos los interesados en dar mantenimiento y propiciar el crecimiento de los conventos. Los donativos se daban en efectivo o en especie; en hábitos y enseres menores; en mozas y esclavos negros; en haciendas y casas, ya fuera para garantizar su manutención o como sede de una nueva comunidad.

El sector de los comerciantes fue sin duda el que encabezó al grupo de los patrocinadores del siglo XVII y los mercaderes de plata o sus viudas representaron a la mitad de los patronos de 16 de los conventos reconstruidos en la Ciudad de México. Todos ellos aportaron cuantiosas sumas para costear la construcción o la restauración arquitectónica de iglesias o conventos, para ampliar las instalaciones y para la talla y pintura de retablos (cuadro 1).

Mientras unos aportaban la parte material, las profesas estaban moralmente obligadas a rezar por el bienestar físico y espiritual de sus benefactores. El monasterio brindaba la certeza de protección, educación y comodidad al sector femenino, y al mismo tiempo consolidaba la importancia de esa alternativa de vida. No obstante que las mujeres de todos los grupos sociales tenían la posibilidad de encontrar refugio en el convento, las directamente favorecidas fueron las descendientes de aquellos personajes con potencial económico que permitía el acceso mediante el pago de la prebenda, o las que lo obtenían mediante alguna capellanía de las que dotaban huérfanas.[6]

La concentración de los monasterios en las principales ciudades favoreció las relaciones entre los empresarios, ya que los dedicados a las minas, los comerciantes y los grupos privilegiados en general enviaban a sus hijas a los conventos situados en lugares distintos a los de su residencia habitual, que eran poblados más pequeños.

LA POBLACIÓN CONVENTUAL

Para que una joven ingresara a un convento en Nueva España era necesario que estuviera bautizada, respondiera a un interrogatorio, diera a conocer la identidad de sus ascendientes y, en el caso de las foráneas, la declaración de varios testigos que conocieran a la aspirante y a su familia para garantizar su virtud y limpieza de sangre.[7] La postulante debía expresar su deseo de entrar al convento sin que nada ni nadie la presionara; estar sana; pagar la dote para costear su manutención, y tener 15 años de edad al tomar el hábito de novicia para poder profesar después de los 16. El noviciado duraba un año, tiempo suficiente para conocer la regla y las constituciones y para familiarizarse con la rutina diaria y el carisma de la orden que había abrazado.[8] Sin embargo, muchas ingresaron al claustro en calidad de mozas, sin intención de profesar, sin investigaciones ni dote. La solicitud de sus padres o tutores, junto con la decisión del definitorio y la autorización del ordinario o vicario de monjas, abrieron las puertas a españolas pobres, criollas, mestizas y negras, para acompañar, servir, ayudar o ser educadas por las religiosas.

Además de las cuidadoras y las mozas, la presencia de niñas fue una constante en muchas comunidades femeninas, contra lo que ordenaban sus reglas. En muchos conventos las religiosas convivieron con las menores, y en otros se adoptaron soluciones alternativas, como en el de Corpus Christi, donde se estableció un niñado para las aspirantes que no podían entrar al noviciado porque no contaban con la edad requerida,[9] o como las jerónimas de Puebla, que en 1600 fundaron un convento para atender al colegio de Jesús María;[10] en ambos casos las monjas y las niñas tenían espacios independientes. En el convento de las clarisas de Querétaro, las niñas convivían con las religiosas, por ello uno de sus visitadores las responsabilizó igual que a otras seglares de que las monjas y las novicias acudieran al torno para comprar —por medio de la servidumbre— calzado, vestido, comida y adornos para sus habitaciones.[11]

Esto sucedía al margen de la regla de las clarisas, que en 1639 calificaba la ayuda doméstica como contraria a la vida religiosa y establecía: "no podrán tener criadas, ni freilas o donadas sirvientas, sino que las religiosas se han de servir ellas mismas".[12]

Las concepcionistas profesaron "una regla suave" concebida por su fundadora doña Beatriz de Silva, quien era de origen noble al igual que las primeras novicias; en esos términos, el papa Julio II confirmó la institución en 1511[13] y fue aprobada en 1635 por el arzobispo de la Ciudad de México, don Francisco Manso y Zúñiga. Pese a que el religioso redujo aún más la regla al señalar que sería de "estilo suave, corriente y ordinario",[14] y no se permitiría "dentro de la clausura niños, ni niñas, por la inquietud que esto trae consigo", desde su fundación había pequeñas en los conventos. En el de Jesús María de México, la primera que ingresó junto con otras menores fue Micaela de los Ángeles, hija ilegítima de Felipe II. También María Isabel de San Pedro, hija de Pedro Cortés, marqués del Valle, corrió, jugó y aprendió en el mismo claustro cuando tenía entre nueve y 15 años de edad.[15]

Otro caso bien documentado es el de Margarita Josefa Altamirano, quien fue admitida en el convento de la Encarnación hacia 1694, cuando apenas contaba con un año

Regla y constituciones del convento de San Jerónimo de Puebla, 1825.

de edad; ahí vivió sin profesar por lo menos hasta 1729. Probablemente era hermanastra de la profesa Juana Rosa de la Encarnación, quien la crió y se refería a ella como la hija de su madre y nunca como su hermana.[16] Los recuentos anteriores no son excepcionales, sino ejemplos, ya que hubo muchos casos similares.

En el convento de Jesús María el cargo de pedagoga se ejercía desde la segunda mitad del siglo XVII; además del de maestra de novicias y mozas era una de las designaciones más importantes en el claustro. Como muestra se tiene el caso de María Antonia de Santo Domingo quien enseñó a sus discípulas "con tan gran cuidado, caridad y amor como si fueran nacidas de sus entrañas",[17] y se convirtió en abadesa después de 11 años. Las religiosas más experimentadas eran las que educaban a niñas, novicias y mozas en asuntos relacionados con actividades domésticas, práctica de la lectura y números aplicados a aspectos contables; asimismo les enseñaban la disciplina verbal en el uso de la palabra enfocada al silencio, la mesura y el canto; también, habilidades manuales como costura, bordado y dominio de instrumentos musicales, así como destrezas relacionadas con la cocina y la botica, espacios destinados a velar por la salud.

Sobre la presencia de niñas en la clausura, se cuenta con el testimonio de un autor con 22 años de experiencia en comunidades femeninas:

Niños y Niñas que no han llegado a la edad de siete años, pueden entrar, y salir de la Clausura. Lo primero porque las Leyes Eclesiásticas, qual lo es ésta, no obligan antes del uso de razón. Lo segundo, porque… el fin más principal de prohibir la Iglesia la entrada en la Clausura de las Religiosas, es quitarles la ocasión que pueda incitarlas a pecar: Y como los Niños, y Niñas antes del uso de la razón son incapaces de mover a pecar, pueden éstos entrar.[18]

Si ésta era una práctica frecuente, la población flotante de infantes podía variar cada día. Los niños mayores ya no entraban al convento y cuando las pequeñas ingresaban como pupilas permanecían ahí hasta tomar estado, o salir de la clausura por salud o por otra buena razón (inundación, incendio o terremoto).

Las religiosas establecían lazos de ternura tanto con las infantas como con las piezas escultóricas que representaban al niño Jesús y la Virgen niña, en los que satisfacían su instinto maternal, además de una intensa devoción; la tridimensionalidad de las imágenes permitía que las monjas interactuaran con ellas: les confeccionaban vestiditos y les colocaban joyas, las arrullaban y las cuidaban.

Como es lógico, la presencia de las menores en el claustro distraía a las religiosas de sus labores domésticas y espirituales y más aún a las seculares que compartían con ellas estas obligaciones. Eso era más común entre las viudas que ingresaban al convento con sus hijas; como ejemplo se tiene el caso de Marina de Navas, quien después de enviudar en dos ocasiones fue admitida como novicia en el de Jesús María en compañía de su hija de 12 años, presencia que le sirvió de orgullo y diversión ya que se esmeraba "en añadirle hermosura con el adorno", pero no reparaba en "que con estas ocupaciones se la quitaba a su alma, ni el que en ello gastaba los ratos que se le debían al ejercicio santo de la oración, y al estudio que le incumbía del instituto y reglas que profesaban".[19]

El caso de sor Marina de la Cruz, nombre que recibió al profesar la viuda de Navas, es semejante al de otras mujeres mayores que entraban a la clausura gracias a las excepciones de las ordenanzas que pese a que prohibían la admisión de cuarentonas o viudas, les permitían ingresar con base en la "consideración y evidente beneficio y utilidad de la casa a juicio del prelado".[20] Estos hechos tienen sus raíces en los conventos medievales, donde muchas mujeres nobles y viudas buscaron un refugio para su vejez; estos espacios no sólo les proporcionaban protección, sino representaban el lugar propicio para el arrepentimiento, la reflexión y la paz espiritual. De esta manera, el incremento de la población y la diversificación social en los claustros se debió más bien a una necesidad y, posiblemente, a la falta de una reglamentación más detallada.

Los conventos garantizaban la formación de las pupilas y les brindaban varias opciones: entrar en el noviciado, salir del claustro más adelante para contraer matrimonio, asegurando a su cónyuge una esmerada educación, o sólo permanecer en el convento sin tomar los hábitos. Por eso, muchas pequeñas crecían, envejecían e incluso morían siendo seculares.

Por otro lado, la mayoría de las mozas de servicio ingresaban al claustro con sus amas y vivían en el mismo conjunto habitacional; otras lo hacían después por solicitud de los padres de las jóvenes o de las monjas que carecían de ayuda. Las religiosas llegaron a tener esclavas que podían comerciar a su antojo, como el caso de la madre Manuela de San Cayetano quien vendió la joven que le servía a don Carlos de Sigüenza y Góngora,[21] cronista de la comunidad y hermano de Lugarda de Jesús, profesa del convento de Jesús María desde 1674.[22]

En 1685, el arzobispo Aguiar y Seijas autorizó el ingreso al convento de una mulata llamada Antonia, porque Úrsula del Sacramento carecía de ayuda doméstica. El acceso era admisible pero fueron preocupantes los conflictos derivados de ello. En 1693, el mismo religioso envió una amonestación a toda la población femenina de la arquidiócesis de México, y solicitó que se colgara en las puertas de los coros bajos, a la vista de todas, como recordatorio cotidiano y amenaza de excomunión mayor a quien lo quitara o rompiera. Lo anterior con el fin de que abadesas, presidentas y prioras evitaran las amistades que con el título de devociones tenían "las religiosas unas con otras, y éstas con niñas seculares, y las susodichas con mozas de servicio y éstas unas con otras [por] ser de gravísimo inconveniente y notable escándalo y ruina espiritual".[23]

Aparentemente con esta medida se pretendía controlar los vínculos ilícitos que se establecían tras las paredes, pero no censuraba la estancia, ni limitaba el ingreso de las laicas, que siguió siendo una constante, ya que por los corredores del convento seguían transitando mujeres de todas las edades, calidades y etnias, quienes continuaron con su vida cotidiana: acicalaban a sus niñas, daban la lección de la mañana, alistaban el refectorio para el desayuno, quitaban las flores secas de sus macetas, aflojaban la tierra de la hortaliza, alimentaban a las gallinas y a los pájaros en sus jaulas, daban una caricia a la anciana convaleciente y muchas al perrito faldero. También atravesaban despacio y en silencio el patio, charlaban mientras cosían, escuchaban la lección espiritual o subían la escalera de prisa para rezar en el coro o en la capilla. Entre sus manos desfilaban el breviario, el sacudidor, el retoño del culantrillo, la masa para hacer el pan, la loza de la cocina, las hierbas medicinales, el rosario, la costura en una labor ajena, el remiendo de un hábito viejo, las teclas del órgano y la partitura ya maltratada de un villancico. Durante todo el siglo XVII, sus cantos se oyeron en los coros conventuales de los centros urbanos.

Como el resto de las mujeres de esa época, las religiosas se solidarizaban con sus parientes, se identificaban con las de su clase y convivían con otras monjas, niñas, es-

La venerable madre María de Jesús Angelopolitana,
grabado de R.A. Ogier.

clavas, viudas y criadas, en una relación de correspondencia y mutuo beneficio. En su interpretación de la existencia estaban presentes tanto el mundo material como el espiritual; enfrentaban la realidad con una visión orientada a una búsqueda trascendental, presente en sus actividades y en sus sueños.

Las religiosas se preocupaban por las labores cotidianas y por su vida interior, de manera que alternaban la satisfacción placentera del apetito con un variado menú, con las horas de esparcimiento y labores, con la oración comunitaria que realizaban desde el amanecer hasta el ocaso y con las prácticas de ayuno y mortificación para ayudarse a enfrentar las tentaciones, pues según las crónicas, el demonio se escondía por los rincones, aparecía encarnado en un negro etíope, hacía escándalo y llegaba con un jarro a partir la frente de una monja para burlarse de ella o distraerla durante el rezo.[24]

En circunstancias semejantes monjas y laicas vieron en el convento un refugio, un lugar de protección, una costumbre, un destino o una forma de imposición. Individualmente se inclinaron por imitar las vidas ejemplares que escuchaban durante la comida o en el umbral del sueño, por adaptarse a las comodidades que les brindaba el claustro o por aprovechar ese espacio de desarrollo intelectual valiéndose de sus habilidades y conocimientos para gozar sin dote de los privilegios que les brindaba la clausura. Otras aceptaban pasivamente y por costumbre, un destino propiciado por sus padres o tutores, pero casi todas se rebelaban cuando una orden superior las obligaba a cambiar de hábitos (1768-1774) o cuando se pretendía unificar una estructura social heterogénea que en forma natural había logrado un equilibrio. De esta manera, en el espacio monacal se reiteraron los contrastes que, según destaca Rubial, convivieron en las urbes metropolitanas durante el siglo XVII.[25]

DETRÁS DE LOS MUROS Y LAS REJAS

Por el interés familiar y público de proteger a ese sector "dependiente" de la sociedad, las comunidades se fueron fundando hacia el interior de las principales ciudades y en casas habitación adaptadas para la clausura. Por las calles apisonadas, empedradas o de agua[26] llegaban los ligeros, los vacilantes y los firmes pasos de las mujeres de múltiples etnias y edades que atravesaban el umbral de la portería. Durante este siglo, dentro de los cerrados y altos muros se fue consolidando la práctica simultánea de los dos tipos de vida ya aludidos: uno de "estricta observancia" y otro de "suave yugo". En el primero se encontraba un número fijo de integrantes que organizaban sus actividades alrededor del coro y el claustro, donde se diseñó una cocina para elaborar un menú común, un refectorio con la posibilidad de compartir la mesa, un ropero general, una despensa colectiva, un torno para recibir alimentos, telas y toda clase de enseres domésticos y de uso personal, un traspatio con lavadero, corral y huerta, además de "los comunes"[27] y la enfermería. En la planta alta estaban los dormitorios, la botica y el acceso a las tribunas que salían a la nave del templo para que las ancianas y las enfermas pudieran asistir a las oraciones comunitarias y a las ceremonias litúrgicas, sin exponerse a los vientos fríos del invierno, al sol intenso del verano o a la fatiga que implicaba en su estado acudir al coro.

El claustro fue el núcleo de todas las comunidades, desde las más austeras[28] hasta las que por no haber planificado el número de integrantes tuvieron que ampliar sus instalaciones y construir celdas de diferentes dimensiones que complicaban la distribución original con divisiones y agregados fuera o dentro del convento.

La presencia de un mayor número de mujeres fue característica de las concepcionistas, orden pionera de las comunidades femeninas[29] y difusora de un estilo de vida de "suave yugo", que permitía el ingreso de todas las que cubrieran los requisitos y pagaran la dote. El crecimiento demográfico trajo consigo la ampliación paulatina de los espacios sin un proyecto conjunto, de tal forma que en la intimidad clausurada al mundo, se construyó poco a poco una complicada red de paredes de adobe, tezontle, ladrillo o mampostería, a veces recubiertas, encaladas y pintadas, aderezadas con almagre[30] o azulejo[31] y ribeteadas con marcos de madera o cantera que contorneaban puertas y ventanas.

En el siglo XVII predominaron los pisos de ladrillo, los entablados y las cubiertas de teja, tanto en los largos pasillos como en los dormitorios y las celdas, igual que la mayoría de las iglesias que permanecieron con artesonados el resto de la centuria. La distribución arquitectónica estuvo directamente relacionada con la composición social del convento.

En el caso de las concepcionistas, sabemos que la regla impedía el ingreso de las mujeres que no fueran de ascendencia española;[32] sin embargo, durante este periodo la selección de las aspirantes dependió más de su posición social que de su limpieza de sangre. La mezcla del grupo dominante peninsular y el indígena, y la coincidencia de intereses entre ellos, generó una diversidad social dentro y fuera de la clausura que se vio reflejada en una arquitectura tan vasta y variada como los recursos de los parientes y los benefactores, lo cual incrementó el número de celdas independientes del claustro principal, cuyo tamaño dependía de las posibilidades de la familia o del patrocinador de las religiosas, así como de los bienes materiales de todo tipo y la convivencia con mujeres seglares, lo que facilitaba la dedicación de más tiempo a la oración y la tutoría de las niñas que estaban a su cargo, y por lo tanto al proyecto que había dado vida a estas instituciones en la Nueva España: la educación femenina.[33]

Este segundo estilo de vida (el de "suave yugo") se hizo oficial en 1672, con la orden del arzobispo fray Payo Enríquez de Rivera que establecía nuevas medidas administrativas. Una de las razones que motivó al prelado para emprender la reforma fue la precaria salud de las religiosas, que él atribuía a una mala alimentación, ya que consideraba que la cocina común en conventos tan poblados difícilmente podría satisfacer los paladares y las necesidades físicas de la comunidad, por lo que una conformación demográfica heterogénea requería también una diversidad culinaria. A la pluralidad social tendría que añadirse la necesidad de distintos cuidados gastronómicos, de acuerdo con la edad y la salud. Además, la dieta común impedía una correcta relación entre los gastos y el aprovechamiento de los recursos.[34]

El documento emitido por Enríquez fue un parteaguas en asuntos relacionados con la distribución de las rentas, la forma de gobierno y los gastos; el manejo individual de los recursos estimuló una dinámica que se venía gestando desde la multiplicación de los espacios familiares más que comunitarios, pues las celdas añadidas habían dejado de ser cuartos individuales o dormitorios colectivos para convertirse en conjuntos hori-

Coro de monjas,
cuadro atribuido a José María Medina, siglo XIX.

zontales, de dos niveles, o verdaderas casas con todos los servicios: zaguán, patio, fuente, lavaderos, cocina, salones, capilla y varias habitaciones destinadas al trabajo y al descanso.[35]

Además del incremento de celdas y áreas de servicio, crecieron o se reprodujeron los espacios destinados a la interacción con la sociedad, ya que los proyectos arquitectónicos de este siglo incluían un "chocolatero", cuarto donde las religiosas ofrecían esta bebida a los capellanes después del servicio litúrgico, y un mayor número de locutorios para que las monjas platicaran con sus parientes y amigos.

La arquitectura es un reflejo del repunte en la interacción social que también fue producto del proceso educativo, perceptible tanto en las prácticas culinarias de las que muchos disfrutaban, como de una charla edificante tanto en lo espiritual como en lo intelectual. De este modo, la expansión arquitectónica costeada por particulares es parte de la continuidad del proyecto educativo femenino y producto de una necesidad social satisfecha en los conventos.

Refectorio de carmelitas descalzas, cuadro anónimo del siglo XIX.

ASÓMATE A LA COCINA

Junto a la pila del claustro, dos monjas cocineras y ocho mozas de servicio recogían en cántaros de barro el agua corriente para llevarla a la cocina, a diferencia de otras ocasiones, cuando para iniciar los trabajos culinarios debían esperar la llegada del aguador que siempre se retrasaba por el exceso de encargos en tiempos de escasez.

Unas religiosas se dirigían a la cocina común y otras a las celdas particulares. En ambos lugares estaban listos los ingredientes para cocinar. Para su servicio tenían molinos, metates y piedras para moler; medidas y balanzas para calcular y pesar los productos; tablas de amasar y grandes recipientes para hacer las mezclas; braseros, tenazas, ollas, sartenes, torteras,[36] cuchillos y cacitos para guisar. Parece que el uso de cubiertos no era común en ese tiempo, ya que apenas había algunas cucharas, cuchillos, tenedores y un cucharón, todos de plata. Con algunos de estos objetos las monjas participaron en la formación de una cultura culinaria que ha llegado hasta nuestros días. Sobre lo que implicaba cocinar bien basta citar un comentario que sor Juana Inés de la Cruz hizo a sor Filotea de la Cruz, en el que menciona algunos secretos que descubrió al guisar:

> Veo que un huevo se une y fríe en la manteca o aceite y, por contrario, se despedaza en el almíbar; ver que para que el azúcar se conserve fluida basta echarle una muy mínima parte de agua en que haya estado membrillo u otra fruta agria; ver que la yema y clara de un mismo huevo son tan contrarias, que en los unos, que sirven para el azúcar, sirve cada uno de por sí y juntos no.[37]

Son escasos los recetarios de cocina de ese tiempo que se conocen en la actualidad, ya que la tradición culinaria por lo regular pasaba de mano en mano (o de boca en boca); sin embargo, se cuenta con una transcripción del siglo XVIII que se le atribuye a la misma religiosa.[38]

También la rotación trienal de las monjas permitía que se adiestraran en los distintos oficios conventuales al variar sus obligaciones cada vez que cambiaba la abadesa, de ahí que todas llegaran en determinado momento a trabajar en la cocina comunitaria o en la propia. Sor Ángela Ignacia, por ejemplo, desde que ingresó al convento de Jesús María contaba con un armario para guardar alimentos y enseres como bateas, ollas, jarros, dos metates, dos jícaras, una para el aseo personal y otra para recaudar alimentos, un cuchillo y una cuchara de plata, un salero fino de Puebla, 12 tazas para caldo, dos docenas de platos, una docena muy fina de Puebla y otra más sencilla, así como con una petaquilla de cuero para guardar las tablillas de chocolate y una docena de pozuelos de China para ingerir la bebida.[39]

El chocolate tuvo un lugar especial entre las religiosas; era el único alimento considerado directamente como reserva, ya que algunas lo tomaban para sustituir otros comestibles sin quebrantar el ayuno.[40] Al respecto se presentaron diferentes opiniones "sobre la prohibición o aceptación de la bebida en los conventos carmelitas de España y México".[41] Derivado del cacao y por lo tanto de origen americano, su consumo era común en barras, mezclado con agua, con harina y con miel de maguey que se compraba a las "peruleras".[42]

Desde Guadalajara y Michoacán hasta Chiapas y Guatemala, en los conventos se consumían la harina y el pan,[43] alimentos básicos de las comunidades femeninas de la Nueva España durante todo el siglo XVII. No obstante que el consumo de carne fue lo único que estuvo restringido en la normatividad establecida por la "regla",[44] la dieta cotidiana de las religiosas era muy rica. Regularmente consumían frutas y verduras que cultivaban en los huertos comunales o particulares, y en el exterior adquirían entre otros productos: habas, garbanzos, lentejas, maíz y frijoles; sal y manteca; botijas de aceite, chile ancho, tortillas, tomate, jitomate, queso añejo y huevos; pepitas, cacao, azúcar, canela, bizcochillos, rosquillas, marquesotes, durazno y membrillo para hacer conservas, y miel de maguey.[45] De vez en cuando también consumían carne de gallina, guajolote y pollo, así como arroz, manteca, pimienta, vinagre, vino, tostadas,[46] leche, azafrán, aguas de olor, ámbar y almizcle, almendra, clavo y fruta para hornear.[47]

Como vemos, incluso en los conventos "poblados por profesas españolas" las religiosas tenían una alimentación mestiza, quizá porque se adaptaron a las costumbres locales o contaban con servidumbre mixta que les preparaba los alimentos, lo cual no impidió que el régimen dominante fuera marcadamente occidental.[48]

Cuando Baltasar Ladrón de Guevara defendió a las religiosas ante el IV Concilio Mexicano, marcó las diferencias alimentarias entre Europa y América y aseveró categóricamente que "no ser aquí sufrible a las religiosas, ni a sus conventos el comer de un caldero, y vestir de una ropería",[49] palabras con las que defendió las costumbres, la forma de gobierno y la distribución de los bienes decretadas por fray Payo en el siglo XVII.

En realidad, la dieta de la templanza novohispana se fue construyendo con dos tipos de prácticas alimentarias, ya que por un lado se buscaba combatir la gula y extremar las privaciones reprimiendo al cuerpo, lo cual se identificaba con la parte del ser inclinada al mal que tenía que ser dominada por el espíritu, mientras que por el otro, hasta Santa Teresa de Jesús, reformadora de las carmelitas, aconsejaba que comieran bien, sin excederse en rezos ni penitencias, para que pudieran cumplir con sus obligaciones.[50]

La carne formaba parte de las privaciones decretadas en las normas eclesiásti-

Retrato de sor María Guadalupe Juan Villalobos con Santa Bárbara,
cuadro anónimo del siglo XVIII.

cas,[51] abstinencia que debía cumplirse durante 140 o 160 días al año. De acuerdo con las crónicas, algunas religiosas se imponían rigurosos ayunos, como Marina de la Cruz que reducía su sustento a una bebida de "harina de maíz, con cacao y miel de maguey".[52] De acuerdo con otras fuentes manuscritas, en tiempos de privación remplazaban la carne por diferentes alimentos. Sirva de ejemplo el tipo de ayuno que se imponían las monjas del convento capitalino de concepcionistas de Jesús María, donde consumían robalo, lisa, bobo, atún y otros pescados de las lagunas de Michoacán durante la Cuaresma, periodo en el que también aumentaba el consumo de garbanzo y frijol.[53] Al parecer, durante las vigilias no se alteraba el consumo de carne de vaca y pollo que las religiosas utilizaban en las enfermerías, pues con ellas preparaban los caldos que fortalecían a las convalecientes que no estaban obligadas a guardar ayuno.

De acuerdo con sus constituciones, las recoletas y las concepcionistas tenían como obligación acatar "todos los ayunos de la Iglesia", mientras que la reglas de las descalzas de Santa Clara eran más radicales, ya que se les ordenaba abstenerse durante todo el año, salvo en tiempos de necesidad.[54] La regla de las jerónimas aclaraba que la Cuaresma comenzaba el Miércoles de Ceniza, excluyendo carnestolendas, o sea el lunes y el martes anteriores.[55] En cualquiera de estas comunidades la madre abadesa o la priora podían dispensar del ayuno a las monjas flacas o enfermas.[56]

La austeridad de los días de abstinencia se compensaba con la abundancia y el dispendio de las fiestas. La generosidad se manifestaba especialmente en el deleite del paladar. Las celebraciones más significativas fueron la titular, la de Corpus, Adviento, Navidad y las devociones patrocinadas por monjas, por particulares o por las cofradías instaladas en el templo, durante las cuales se preparaban, además de comida, rosquetes, marquesotes, espumillas y colación.[57]

El ingreso de una nueva profesa era también un gran acontecimiento. Para dar la

---

Dieta de sor Marina

Reducíase su ordinario sustento à un poco de chocolate, que [Marina de la Cruz] distribuía en mañana, y tarde, con circunstancia de no hacerse esta bebida en aquellos tiempos con los primores de ahora, pues solo se componía de harina de maíz, con cacao, y miel de maguey, de que resultaba un brebaje grosero, y de poco gusto [pero]... solían correr algunas veces muchos días sin que lo usase, porque entre las persecuciones con que el demonio la maltrataba, no fue la menor quitárselo ordinariamente de la boca, y el derramarlo.

Carlos DE SIGÜENZA Y GÓNGORA (1684), *Parayso Occidental...*, f. 108.

bienvenida a sor Ángela Ignacia se preparó un almuerzo en el que se consumieron 25 gallinas, 12 pollos, jamón, lomo, chorizos, patas de puerco, vino tinto y blanco, 24 garapiñas,[58] 21 docenas de pastillas dulces, chocolate, biscotelas,[59] rosquetes, hojuelas, confites y colación fina. En aquel entonces había en el convento 91 religiosas y un número desconocido de laicas.[60] Además de los manjares para la festividad, las religiosas también consideraban algunas gratificaciones adicionales en especie para el sacerdote que celebraba, para la maestra, la pedagoga y la madrina de la novicia, a quienes habitualmente se les obsequiaba cacao de Caracas, canela y azúcar. Algunas veces, la abadesa también recibía otro tipo de enseres, como platillos y tazas finos de China.[61]

Durante las festividades, los beneficios del arte culinario conventual se hacían extensivos a la parte de la sociedad más cercana al convento: las cantoras recibían huevos; los contadores, chocolate, y a los celebrantes que decían los sermones o las pláticas de Adviento los agasajaban con rosquetes, almendras, chocolate y espumillas.[62] En ocasiones también preparaban una merienda en la reja a sus benefactores, a los que prestaban algún servicio al convento o a los familiares de sus médicos, o les obsequiaban un regalo que por lo regular era una jícara grande con buñuelos.

Cuando consideraban que alguien trabajaba más de lo que ganaba, lo compensaban con chocolate, como las personas que aderezaban las capillas de la iglesia para las fiestas o el notario Francisco de Arzeo, quien fue merecedor de algunas tablillas por atender los negocios del convento y encargarse de las escrituras. Las religiosas enviaban biscotelas a sus benefactores cuando estaban enfermos, y las de los conventos reales estaban especialmente comprometidas con los virreyes, por ser sus vicepatronos, a quienes preparaban rosquetes o conservas. En una ocasión, las monjas de Jesús María remitieron un menú completo al marqués de Gelves. La mayoría de los regalos se dirigían al sentido del gusto.[63]

De acuerdo con el calendario anual, la dieta cotidiana, la de ayuno o la de fiesta daban lugar a variados ritmos de trabajo en la cocina. Después de comer, el calor del fogón de la cocina se iba desvaneciendo pero alcanzaba las habitaciones vecinas y se perdía casi por completo en el pequeño patio del aljibe que conducía a la despensa, donde la madre provisora controlaba los productos que cada día pasaban a la cocina y calculaba los que necesitaba resurtir. La orientación hacia el norte, los muros más gruesos y una deliberada oscuridad mantenían fresco el pequeño lugar. A la luz de una candela brillaban las redomas y los frascos de vidrio y se apilaban o colgaban los cajetes, las petaquillas, los costalitos y los paños de envolver, en los que la provisora y las cocineras guardaban el chocolate, las cajetas, la miel, las conservas, los membrillos, el azúcar, la canela y los pétalos de rosas recubiertos.

EL AMBIENTE DE LAS CELDAS

Además de cocinar y enseñar a guisar, en las celdas también se bordaba y cosía; la costura era una de las actividades principales del convento. Las monjas guardaban en un costurerito el dedal de plata, las tijeras, varias madejas de seda o hilo de diferentes colores, los devanadores, el papel de los alfileres, las agujas y los retazos de tela, sobre todo de ruán, y pita.[64] Las enclaustradas confeccionaban hábitos, ropa interior y de cama, cortinas y cojines, manteles y servilletas, ya fuera para vestir, para sus celdas o para regalar o entregar por encargo. A veces trabajaban también en los gallineros y corrales del monasterio y las hubo (como sor Marina de la Cruz) que realizaron trabajos de albañilería.

Por desgracia, ese tipo de actividades también fue una de las causas del desgaste físico de las religiosas. Algunas tuvieron que usar anteojos, como la madre Isabel de San Pedro del convento de Jesús María, quien llegó a tener hasta seis pares los cuales utilizaba para leer, actividad habitual entre ellas, por lo que todas tenían su breviario y muchas un semanero, un diurno u otro tipo de libros edificantes.[65] No se sabe si en los conventos femeninos existió un espacio destinado especialmente para biblioteca, ya que los libros se encontraban en el lugar al que pertenecían, como el noviciado, el refectorio, el coro, la capilla, la sala de labor o la ermita, donde los utilizaban, consultaban y devolvían, igual que cuando solicitaban alguno que pertenecía a otra religiosa.

El oficio de obrera, uno de los que desempeñó sor Marina de la Cruz

Encárgase a Marina [de la Cruz] asista a la material fábrica de la casa... y... Parecióle a la Venerable Madre ser de su cargo no solo esto, en que procedía con atenciones muy linces, sino el procurar se adelantase la obra... y juzgando con su profunda humildad ser para ella empleo muy honroso ayudar con sus manos a la fabrica de la casa..., no solo se contentaba con asistir continuamente à los oficiales, sino el que constituyéndose por jornalera, como uno de ellos los ayudaba en todo lo que hacían con fervor grande: ella misma daba las piedras, ripiaba las paredes, batía la mezcla, disponía los andamios; y como el trabajo con que se ocupaba en esto era excesivo, su edad mucha, su debilidad bastante, sus fuerzas ningunas, y los soles que por ello pasaba vehementísimos, dentro de pocos meses le llegó a faltar la salud... Si a esto se añaden los golpes y maltratamientos con que la molestaba el Demonio incesantemente..., y el nimio trabajo con que se aplicó a su ejercicio de obrera, a limpiar la inmundicia de los corrales y gallineros, y descuartizar carneros y a barrer la casa... fácilmente se podrá persuadir el lector discreto haber sido la V.M. Marina en su siglo una de las más trabajadas y mortificadas personas.

Carlos DE SIGÜENZA Y GÓNGORA (1684), *Parayso Occidental...*, ff. 72v-73 y 108v.

La Virgen con el Niño, San Francisco, San José, Santa Catarina y Santa Gertrudis la Magna, medalla de pecho obra de Andrés Lagarto, principios del siglo XVII.

No obstante que la propiedad de objetos iba en contra del voto de pobreza, el derecho a su uso vitalicio creó una suerte de pertenencia, ya que en algunos ejemplares aún se aprecian leyendas manuscritas que así lo demuestran. En el libro de la *Quinta palabra speranda aplicada al paraíso*, de Marco Antonio Ferro (1682) dice: "Del uso de la Madre Úrsula Estefanía de San Francisco y después de sus días de la Madre María Theresa de San Antonio, la ensayadora". El libro *Finezas de amor recíproco entre el Divino Esposo y el alma su amada esposa*[66] perteneció a tres dueños: "De la ermita del convento de Jesús María"; "Es de Joan Clemente Guerrero Zevallos escribano del reino, señor y público de los del número de esta ciudad de México a 1º. De Septiembre de 1693 años", y "Soy de mi señora la Madre Antonia de San Francisco Religiosa del Sagrado y Real Convento de Jesús María de México".

Sor Mariana de San Jerónimo, del mismo convento, llegó a tener 14 libros, entre ellos, el *Flos Sanctorum*, uno de San José, otro de Nuestra Señora, las obras de San Juan Casiano, *El Libro del buen vivir*, uno del venerable padre Gregorio López, uno más sobre la oración mental, *El pastor de Noche Buena*, el libro de *Las cuatro máximas*, el de San Pedro Alcántara, *Las estaciones de la Vía Sacra*, el *Contemptus Mundi*, las *Consideraciones sobre la semana* y un devocionario espiritual; algunos de esos títulos en latín y otros en castellano, como parte del proceso de occidentalización del territorio novohispano.

A su vez, sor Juana Inés de la Cruz fue propietaria de una cantidad de libros que sobrepasó al de todas las demás monjas; fue un caso extraordinario, muy conocido, pero no aislado. La práctica de la lectura fue común en todos los conventos y la presencia de los textos desempeñó un papel importante en el desarrollo de la cultura novohispana.[67]

En las pinturas de monjas se observan libros colocados sobre el escritorio o en la mesa, en el salón o en algún lugar del dormitorio donde había pocos muebles:[68] cama, escritorio, mesas, taburetes, canceles de tela o de madera, armarios y bufetillos; cientos de objetos colgaban de los muros, descansaban sobre el mobiliario o se guardaban en cajitas de todo tipo que llenaban ese espacio de convivencia.

Las religiosas poseían cajas de diferente tamaño y variedad: de madera común o de cedro, blanca, de maque, de carey, bejuco o plata, y de diferentes procedencias: China, Cachimbo (Oaxaca) o Michoacán; muebles que servían para guardar jarros, tinajas, ropa blanca, hábitos nuevos, "traídos" (usados) y viejos; así como el manto, la túnica, las telas de distintos géneros, las imágenes de pecho, los rosarios, las cruces, la costura y los polvos, éstos quizá para el cuidado personal. Algunas monjas tenían además jabón, paños —para la nariz y las manos—, palanganas y, ocasionalmente, una botija con agua de azar. Había otras, en cambio, sumamente pobres, que sólo contaban con algún tiesto con plantas como único adorno.

Los recipientes para comer o guardar los alimentos eran muy numerosos: platos, platones, salvillas,[69] jarros, tazas, vasitos, cocos, escudillas, jícaras, tecomates, redomas, tiborcitos, cántaros, bandejas y saleros. La variada procedencia, material y estilo de estos productos los diferenciaba: tenían utensilios de Peribán, otros originarios de China, Puebla, Texcoco, Guadalajara, Cachimbo, Oaxaca o Michoacán. En estos objetos se puede observar la asimilación de las distintas influencias culturales presentes en el espacio novohispano, que se encontraba dentro de un mercado "internacional". También

---

Cultivo de hierbas para cocinar y plantas de ornato

La única alhaja con que se adornaba esta su celda eran unos tiestos, donde tenia sembrada albahaca, y algunas flores, cuya vista la arrebataba suavísimamente à una altísima contemplación del Autor del universo, cuidaba de ellas con todo esmero, y como para ello, y para tener aseado, y limpio aquel su recogimiento, fuese necesaria un poco de agua..., bajaba con dos botijuelas con que personalmente la conducía desde la pila. El trabajo que en esto pasaba era en extremo grande, así porque le faltaban las fuerzas, como por haber de subir tantas escaleras, y caracoles.

Carlos DE SIGÜENZA Y GÓNGORA (1684), *Parayso Occidental...*, f. 81.

por su nomenclatura se detectan otras presencias culturales: azúcar, almireces, almohadas, alfileres y alfombras del mundo árabe; escudillas, cocos, tiborcillos y esculturas de marfil del Oriente; tecomates, jícaras y maque de Michoacán. Asimismo, una prolongación de la tradición occidental se desarrolló en la cerámica, la loza y la fabricación de estuches poblanos. Durante el siglo XVII, las celdas se fueron llenando de objetos, la mayoría de uso cotidiano,[70] que formaban parte del patrimonio familiar o estaban bajo custodia.

LAS ENFERMEDADES, LA DESPEDIDA Y LAS HERENCIAS

Aunque la clausura era un espacio de protección que aislaba a las religiosas, no las libraba del cansancio, los accidentes, las enfermedades y las epidemias, estados corporales que no se diferencian con claridad en las crónicas, ya que ambas denominaciones se utilizan indistintamente como sinónimos y en un lenguaje barroco reiterativo propio del siglo.

Por lo regular, las enfermedades que padecían las monjas se debían a contagios, agotamiento físico y padecimientos hereditarios o eran causadas por la edad avanzada; males que ellas afirmaban se debían a accidentes, castigos, sustos o disgustos;[71] sin embargo, en las fuentes históricas sólo se señalan en forma genérica: "están enfermas", "están muy malas" o "en cama", "está muy mala y pobre", "se puso grave", "sufrió de varios accidentes" o "tuvo grandes enfermedades que sufrió con paciencia". Las enfermedades que más sufrían las religiosas eran erisipela,[72] parálisis parcial o total,[73] ceguera,[74] infecciones de oídos[75] y ojos, gota,[76] palpitaciones,[77] problemas estomacales, apoplejía, perlesía y epilepsia, así como problemas de garganta, afonía y dolores de costado y cabeza.

Además, las monjas y laicas ancianas que habitaban en el convento requerían cuidados especiales. Algunas vivían en la zona de la enfermería o acudían cotidianamente a ella; en ciertos casos, se les asignaba una celda en el claustro alto, cerca de la tribuna, para que pudieran escuchar misa con sólo dar unos pasitos. Al parecer, las madres Mariana de San Jerónimo y Luisa de San Nicolás sufrieron alguna enfermedad contagiosa, ya que de ambas se decía que "están con este mal que anda".[78] Se piensa que fueron víctimas de calentura, dolor de costado y sarampión, padecimientos que azotaron a la población a lo largo de 1659. Durante la peste que asoló el convento de Santa Clara de Jesús, en la ciudad de Querétaro, en 1684, murieron dos de las tres religiosas que asistían a las enfermas, así como los médicos Juan Gómez y Nicolás Ximénez que atendían a la madre Antonia de San Jacinto.[79]

Sor Juana Inés de la Cruz falleció víctima de una epidemia el 17 de abril de

---

Enfermedad y muerte de sor Inés de la Cruz
y de cómo la había atendido la virreina cuando estaba ya muy grave

Reverenciaban los Virreyes Marqueses de Cerralbo a nuestra M. Inés de la Cruz como si fuese Santa, y en su ultima enfermedad se venia la Marquesa a servirla de rodillas , y con sus propias manos sacaba las vacinillas, y ella le administraba la comida que traía guisada de palacio; y el Marques ya que no podía entrar acá se venia a la Iglesia a saber por momentos de su disposición. Sintieron con extremo su muerte... a las nueve de la noche del día quinto de septiembre de mil seiscientos y treinta y tres, teniendo de edad sesenta y tres años, seis meses, y diez y nueve días, y habiendo sido religiosa en el Convento Real de Jesús Maria veinte y siete años... y en el de San Joseph de Carmelitas Descalzas diez y siete años.

Carlos DE SIGÜENZA Y GÓNGORA (1684), *Parayso Occidental...*, ff. 151-152.

1695 y fue enterrada dos días después. El canónigo Francisco de Aguilar[80] pronunció la oración fúnebre de Carlos de Sigüenza y Góngora.[81] La propagación de la enfermedad[82] también causó la muerte de otras cinco religiosas del convento de San Jerónimo.[83]

Las niñas, las mozas, las esclavas y las viudas que vivían en los conventos no estaban a salvo de semejantes males. El convento ayudaba económicamente en la curación del personal de servicio, pues se consideraba que había enfermado atendiendo a la comunidad. En ocasiones, previa autorización del prior o del obispo, abandonaban la clausura y en otras se les ordenaba categóricamente salir cuando las enfermedades eran contagiosas.

Entre las causas de muerte se registran la natural, la accidental y la de una suma de males que van desde el cáncer, el disgusto, la alegría extrema o a causa del amor de Dios. La salud del cuerpo estaba supeditada a la del alma, por lo que el concilio prohibía a los médicos recetar si el paciente no se había confesado; así, los medicamentos más eficaces fueron la confesión, la oración, la devoción a los santos médicos, los milagros, la ingestión de agua o de tierra santa que había estado en contacto con una tumba sagrada, las reliquias, las ofrendas y las mandas. La importancia de esta relación terrenal y divina en torno a la salud y la muerte tuvo un impacto cultural de repercusiones insospechadas. El auxilio que brindaban los santos en situaciones extremas fue determinante en la consolidación de las devociones.

Los métodos terapéuticos más comunes eran las sangrías que practicaba el barbero, la ingestión bajo prescripción médica de los medicamentos elaborados por el boticario, los cuidados de las religiosas enfermeras y la utilización de emplastos, infusiones y purgas. Durante el siglo XVII el convento de Regina participó activamente en la confección de remedios y medicinas; ahí se preparaban unos polvos purgantes que se vendían al público con una fórmula exclusiva de las religiosas, igual que el agua contra "el mal de ojos" que se repartía gratuitamente.[84] En el claustro de Jesús María las enfermeras se encargaban, además, de preparar anualmente cien cajas de dulces que fabricaban en el mes de julio con seis arrobas de azúcar y fruta.[85]

Un repique largo de la campana claustral indicaba el ingreso al convento del médico, el cirujano, el sangrador o el confesor,[86] todos colaboradores de las monjas enfermeras. Los especialistas entraban al convento en compañía de dos monjas veladas, de aspecto severo, quienes los conducían hasta la enfermería, ahí permanecían durante la revisión de la enferma, esperaban la indicación de cuidados y medicamentos y los acompañaban nuevamente hasta la puerta.[87] A partir del siglo XVII en los conventos muy poblados se contrataron un médico, un cirujano y un barbero de planta. El primero percibía el doble de sueldo anual que los demás, ya que acudía con mayor frecuencia a la enfermería. Además de los remedios caseros, los conventos tenían convenios con los boticarios para que les surtieran los medicamentos.

Los confesores por su parte proporcionaban auxilio llevando los santos óleos cuando una enferma se encontraba en el umbral de la muerte. La ayuda espiritual era tan importante o más que el auxilio corporal; de ahí lo significativo para las moribundas de la presencia de los confesores, quienes realizaban esta labor con gran devoción. Un caso extremo de dedicación fue el del presbítero Jacinto Gutiérrez, quien había asistido a las carmelitas de San José durante más de 30 años y acudió a ayudar a "bien morir" a

Monja hilando con la muerte, detalle de la *Pira funeraria del Carmen*,
cuadro anónimo del siglo XVIII.

la abadesa María Ignacia Fermina, enferma a causa de una epidemia, pero él falleció dentro de la clausura, 15 minutos antes que la religiosa.[88]

De acuerdo con algunas crónicas,[89] los remedios para las religiosas eran naturales o sobrenaturales, es decir los que recetaba el médico y los milagros o curaciones, considerados como extraordinarios, atribuidos a la "protección celestial".

La suspensión de actividades y el trato preferencial fue una constante en los conventos de monjas, ya que era importante que estuvieran sanas para que cumplieran con su cometido espiritual. Tratándose de monjas o de mozas, el remedio inmediato era procurarles una adecuada alimentación. A las enfermas se les recomendaba comer poco para que no les hiciera daño, pero cuando estaban convalecientes se les daba una alimentación especial para que se repusieran rápidamente. Además, se les exentaba del ayuno, de la asistencia al coro y de otras obligaciones con la comunidad; asimismo, se les permitía quitarse el hábito para dormir.[90] Las agustinas recoletas admitían que las enfermas usaran colchas y sábanas de lino, sólo mientras duraran sus dolencias.

Como resultado de las normas establecidas por el ritual cristiano, la carne se convirtió en el alimento por excelencia. Semanalmente se compraban carneros y pollos para la enfermería. En el convento de Jesús María la adquisición de carnero fue un privilegio durante la primera mitad del XVII y en el resto de la centuria se le dio preferencia a aves como gallinas y palomos. De acuerdo con la gravedad se compraban una o dos gallinas para cada paciente.

Otros productos que se adquirían cada semana para la dieta de las enfermas eran aceite, unto sin sal, maíz, arroz, cominos, pimienta, cilantro, ajos, cebollas y miel, y, eventualmente, leche, huevos, aceite de romero, miel blanca y chocolate.[91] Los dulces y las conservas que se repartían en las fiestas como algo extraordinario, se elaboraban cotidianamente en la enfermería. El azúcar, "especia árabe", había servido durante mucho tiempo al ámbito de la medicina y la farmacia más que al gastronómico, ya que los confites al final de la comida ayudaban a la digestión,[92] por lo que todos los días se preparaban bizcochillos, membrillos, cajetas y de vez en cuando mazapanes.

Por Cristóbal Hidalgo Beldaval conocemos algunos de los productos que las religiosas utilizaban como remedio: agua de borrajas, trociscos de alcaparras, piedras áureas y de agárico,[93] ungüentos de manzanas y azahar, diacinino en tabletas, culantrillo, jacintos, flores en general, jarabe o agua de endibia, aceite de linaza o de manzanilla, ungüento amarillo, jarabes violados, de nueve "infutiones", de rosas, de cilantrillo y orozuz. Todo se pesaba en dracmas o escrúpulos, para mayor precisión de las mezclas.[94]

Como es lógico, también se recomendaban medidas higiénicas en las instalaciones de la enfermería. En cuanto a la limpieza del cuerpo, la regla de San Jerónimo ordenaba que se lavara, pero "con consejo de médico y sin murmuración; y cuando conviene a la salud, hágase aunque no quiera la enferma. Y si alguna lo quisiere hacer sin necesidad, no se consienta".[95] La regla de Santa Clara prohibía el corte del "cabello sin licencia como lo manda la regla" y enjabonar "ningún hábito, ni manto, sin licencia, por la santa pobreza; y porque la demasiada curiosidad en la limpieza del vestido, no manche el alma".[96]

La aplicación de los santos óleos como remedio constituía un alivio físico acompañado de la mano de Dios. Los momentos de agonía eran particularmente delicados, ya que se pensaba que las fuerzas del mal utilizaban todos sus recursos para inclinar la balanza a su favor. Se generalizó el miedo a recibir la extremaunción por el temor de que a partir de ese momento se incrementaran las maniobras demoniacas.[97]

Recostada sobre una caja de madera de poca altura, sin aliento de vida, aunque esbozando una sonrisa, yace muerta "La reverenda madre Josepha Francisca de San Rafael, insigne en toda virtud, y en particular, / en obediencia y humildad. Profesó el año de 1672 de edad de 16 años, fue prelada tres veces a votos[,] la primera de edad de 44 años[;] falleció a 9 de abril de 1728 siendo actual prelada". Sin perder su cargo a pesar de estar enferma, sor Josefa fue atendida por el médico del convento y tomó los remedios recetados, pero su avanzada edad anunciaba su fin. No obstante la dedicación de las madres enfermeras y sus ayudantes, así como de la visita en turnos de las demás religiosas que la acompañaban, dejó la vida terrenal a los 72 años de edad. Pocos datos dan fe de los decesos; en el libro de profesiones sólo se señalaban la fecha, el día, la hora, y algún comentario breve sobre la vida o las virtudes de la difunta, ya que estos datos eran más importantes que dar a conocer la causa de la muerte. La fecha quedaba también registrada en documentos administrativos porque significaba la suspensión del pago de una ración.

En los sufragios de cuerpo presente existía la idea, tanto en las enclaustradas como en el público en general, que había que bajar a todos los santos para la salvación del alma de las difuntas. Las monjas más ricas dejaban un capital para misas anuales conmemorativas y que garantizaba las velas, las flores, la oración y la memoria de los que rezaban por ellas. La oración comunitaria se alternaba con la personal, igual que los espacios comunes con los de uso particular. A las pobres les tocaba la oración anual y de difuntos que todos rezaban sin poner ningún rostro en sus intenciones.

La falta de salud fue una realidad que afectó severamente los recursos no sólo del convento sino de las religiosas, ya que a causa de enfermedades prolongadas muchas monjas murieron en la pobreza. Además de vender sus bienes, las religiosas enfermas agotaban sus ahorros y en ocasiones pedían prestado para cubrir el costo de las medicinas y otros remedios. Del convento de San José de Gracia se tienen registrados los siguientes casos:

Retrato de sor Magdalena de Christo muerta,
cuadro anónimo.

Isabel de Jesús sufrió la pérdida paulatina de sus bienes por los achaques que había padecido durante muchos años. La celda con sala, corredor y cocina era del convento; de su propiedad le quedaron las imágenes, cuatro retablitos, tres hechuras pequeñas de Cristo, un cofre, una caja, seis cajitas, tres tacitas de China, un candelero con sus tijeras de despabilar, un rosario de cuello y otro de rezar; un velo, un hábito viejo, seis pañitos de chocolate, un cancel de cotense y una saya vieja.

Sebastiana de Gracia fue otra monja que después de haber estado enferma durante cinco años, dejó solamente ropa de cama muy maltratada: sábanas, almohada, frazadas y colgaduras, y el único vestido que tenía le sirvió de mortaja.[98] A su vez, la religiosa María de Guadalupe, quien vivía en un cuarto de tres por dos metros cuadrados, murió de un mal contagioso; para evitar su propagación entre las demás monjas, su ropa blanca se repartió entre los pobres.[99] Con ella vivía una niña que había criado, quien solicitó regresar con su madre.

Antonia de San Francisco, del convento de San Jerónimo, fue otra de las religiosas que murió pobre a causa de la enfermedad,[100] ya que permaneció durante cuatro años en la enfermería, y casi al final de sus días se mantuvo de la caridad. Cuando murió sólo dejó un breviario, una camisa, una sábana y un escritorio. Al parecer esto era típico en el siglo XVII, sin embargo, la conciencia humanitaria propició la fundación de obras pías y el ingreso de fuertes capitales para la enfermería y las religiosas pobres en la siguiente centuria.[101]

Un caso más nos sirve para abundar en el tema de la enfermedad, antes de analizar el de la herencia. La madre Francisca de San Antonio, del convento de San José de Gracia, no tenía buena vista, por lo que poseía un par de anteojos comunes y uno más guarnecido de plata. Al sentir que moriría pronto, escribió dos notas al arzobispo para informarle lo que le había costado su celda[102] y su deseo de heredarla a Josefa de San Francisco, religiosa pobre y muy virtuosa. Francisca murió de achaques contagiosos, por lo que su ropa no se vendió como habitualmente se hacía para costear el entierro, sino que se repartió como limosna fuera de la clausura. Parece que la difunta estaba consciente de lo que sucedería después de su muerte, ya que dejó dinero en efectivo para pagar las misas en las que se rezaría por su alma.

Sobre el legado testamentario sabemos que las novicias debían entregar su dote y renunciar a todos sus bienes antes de profesar, expresando su última voluntad ante un notario que daba fe de las disposiciones de la joven. En teoría, si no hacían testamento y recibían posteriormente alguna herencia, todo pasaba a ser propiedad del convento, pero en la práctica las normas tenían sus excepciones.

El uso de las celdas era vitalicio, y podía pasar a alguna de sus parientas o amigas cuando la monja o su familia hubieran invertido en la vivienda costeando su construcción o restauración. El patrocinador de las obras era quien decidía las asignaciones que eran proporcionales a lo erogado y se extendían hasta por tres vidas; esta persona a veces cedía su derecho a las religiosas y así es como llegaron a tener la posibilidad de heredar su casa. Esta suerte de pertenencia no estaba prevista en ninguna regla y la decisión de Francisca de San Antonio tampoco parecía violar el voto de pobreza. Por veneración, deferencia o alguna razón inexplicable hasta ahora, cuando las religiosas moribundas querían otorgar algún donativo u objeto a alguien en particular, sus deseos se cumplían. Fue muy común que se destinaran a otras mujeres que habitaban el convento; muchas de ellas eran sus hermanas, compañeras de celda, amigas, religiosas pobres o mozas particulares. También se acostumbraba destinar algún objeto a un lugar en especial, como por ejemplo la iglesia, a donde se asignaron muchos devocionales y de ornato.[103]

La mayor parte de los bienes materiales de las difuntas se vendían. La almoneda[104] se realizaba entre las religiosas, y el dinero de la venta se entregaba a la madre sacristana para que pagara a los deudores o a los sacerdotes que le oficiaban misas; así, una

Fundaciones monásticas femeninas de los siglos XVI y XVII.

CIUDAD DE MÉXICO

Fundaciones del siglo XVII

LUGAR	CLAVE	NOMBRE	ORDEN	AÑO	TIPO
CIUDAD DE MEXICO (véase localización en la Ciudad de México)	1	Santa Isabel	▲	1601	C
	5	San José de Gracia	▲	1610	C
	7	San José o Santa Teresa la Antigua	□	1615	C
	11	San Bernardo	▲	1636	C
	12	San Felipe de Jesús	□	1666	C
SAN CRISTOBAL DE LAS CASAS	6	Nuestra Señora de la Encarnación	▲	1610	C
SANTIAGO DE QUERETARO	4	Santa Clara de Jesús	○	1607	C
PUEBLA DE LOS ÁNGELES	2	San José (Santa Teresa)	□	1604	C
	3	Santa Clara	○	1607	C
	8	Santa Clara (Atlixco)	○	1618	C
	9	La Santísima Trinidad	▲	1619	C
	10	Santa Inés de Montepulciano	★	1626	C
	13	Santa Mónica	●	1688	C
	14	Santa Teresa	□	1695	C
ANTEQUERA DE OAXACA	15	Nuestra Señora de la Soledad	●	1697	C

SIMBOLOGÍA

ORDEN RELIGIOSA
- ▲ CONCEPCIONISTAS
- ○● CLARISAS
- ◇ JERONIMAS
- □ CARMELITAS
- □ CAPUCHINAS
- ●● AGUSTINAS
- ★ DOMINICAS

TIPO
- R RECOGIMIENTO
- B BEATERIO
- C CONVENTO

Fundaciones del siglo XVI

LUGAR	CLAVE	NOMBRE	ORDEN	AÑO	TIPO
CIUDAD DE MEXICO (véase localización en la Ciudad de México)	1	Inmaculada Concepción de Nuestra Señora	▲	1531	B
	3	Nuestra Señora de Balbanera	▲	1540 / 1569	C / R
	4	Regina Coeli	▲	1572	C
	5	Santa Clara	○	1568 / 1573-1579	R / C
	8	Jesús María	▲	1580	C
	9	San Jerónimo	◇	1585	C
	11	Nuestra Señora de la Encarnación	▲	1593	C
	13	Santa Catalina de Siena	★	1593	C
	16	San Juan de la Penitencia	○	1598	C
	17	San Lorenzo	◇	1598	C
	18	Santa Inés	▲	1600	C
GUADALAJARA	10	Santa María de Gracia	★	1588	C
VALLADOLID	14	Santa Catalina de Siena	★	1595	C
PUEBLA DE LOS ÁNGELES	2	Santa Catalina de Siena	★	1556 / 1568	B / C
	12	La Concepción	▲	1593	C
	19	San Jerónimo	◇	1600	C
ANTEQUERA DE OAXACA	6	Santa Catalina de Siena	★	1576	C
	7	Regina Coeli	▲	1576	C
MÉRIDA	15	Nuestra Señora de la Consolación	▲	1596	C
	8	Jesús María	▲	1580	C

parte de las pertenencias de las monjas regresaba al mundo y otra engrosaba las arcas del convento.

Asimismo, los objetos que se encontraban en mal estado se regalaban, otros se destinaban a una devoción particular o a alguna de las oficinas del convento, y muchos fueron a parar a la enfermería y la sacristía. La ropa que no se vendía se repartía entre las religiosas más pobres con el encargo de hacer oración por la difunta. Algunos objetos de lujo registrados en los inventarios estaban empeñados[105] o bajo la custodia de las religiosas, pero sin pertenecerles. Era común que con el tiempo esos bienes pasaran a formar parte del convento.[106]

Junto con los objetos que usaban las difuntas, por lo regular se incluía en los inventarios al personal de servicio, cuando se trataba de esclavas negras. Actualmente estos inventarios representan una fuente riquísima para reconstruir las prácticas cotidianas de la época novohispana que ahora sólo esbozamos, pero que son muestras significativas de las variables tanto de la capacidad económica como étnica de las mujeres que habitaban los conventos. Muchos son los vestigios que nos ayudan a este fin y a observar las conjunciones culturales presentes en la clausura, así como la desigualdad social. Las crónicas impresas y manuscritas, las epístolas, los libros de cuentas, los documentos oficiales, los diarios y las imágenes que retrataron en su tiempo la vida conventual y familiar, permiten afirmar que la vida cotidiana en los conventos femeninos fue una prolongación de la vida en la ciudad.

Aquel mundo cerrado a los ojos de curiosos y extraños atesoró por siglos un material de gran valor por el que hoy podemos no sólo penetrar en la clausura, sino reconstruir la historia cotidiana de las mujeres que vivían dentro y fuera del convento, siguiendo las reglas que imponían las costumbres, que predicaban los párrocos y dictaban su conciencia. Pocas mujeres del exterior nos dejaron tantos testimonios; las que habitaron los mundos cerrados son las que iluminan la historia de la mujer y su quehacer diario.

Plato llano restaurado que perteneció a una religiosa.

NOTAS

[1] Para la Ciudad de México, véase MURIEL, 1995; para todo el territorio novohispano, AMERLINCK y RAMOS, 1995.

[2] Véase la localización de las fundaciones de los siglos XVI y XVII.

[3] MURIEL, 1995, pp. 109-111; AMERLINCK y RAMOS, 1995, p. 98.

[4] AMERLINCK y RAMOS, 1995, p.171; CERVANTES, 1995, p. 126; AMERLINCK y RAMOS, 1995, p. 173.

[5] AGN, Reales Cédulas Originales, vol. 2, 1a. parte, exp. 16, f. 28.

[6] La dote garantizaba la manutención de las religiosas, ya que ese capital se prestaba y con los réditos se pagaban los alimentos y la renovación del vestuario.

[7] Esta expresión se refería a la ascendencia de cristianos viejos, ya que no se admitían descendientes de nuevos conversos (judíos y musulmanes).

[8] Así lo estipulaban el Concilio de Trento, el Concilio Mexicano, las constituciones de Moya de Contreras y la regla de las concepcionistas, pero la edad podía variar de acuerdo con la orden. MACHUCA DÍEZ, 1903, p. 286; Concilio III Provincial Mexicano…, 1859. Consultar la quinta ordenanza de las constituciones de Moya de Contreras en PASO Y TRONCOSO, 1940, vol. XII, p. 71; Regla, y ordenaciones…, 1779, p. 5.

[9] GALLAGHER, 1985, p. 183.

[10] BAZARTE y TOVAR, 2000.

[11] Como consecuencia, entre las clarisas fueron reiteradas las prohibiciones del uso de vestidos de seda, joyas de oro, perlas, piedras preciosas y demás adornos profanos, con la intención de controlar los efectos de la moda y buscar la sencillez. RAMÍREZ MONTES, 1995, pp. 566-567.

[12] Constituciones Generales…, 1822, p. 10.

[13] OMAECHEVARRÍA, 1976, pp. 132-144.

[14] La regla de 1635 se reeditó en 1779 y nuevamente en 1815, véase Regla, y ordenaciones…, 1779, y Llave de oro…, 1815.

[15] SIGÜENZA, 1684, f. 186.

[16] AGN, Bienes Nacionales, leg. 365, exp. 11.

[17] SIGÜENZA, 1684, f. 196v. El cargo de maestra de novicias lo ejerció entre 1671 y 1676; en 1680 ya era abadesa y lo fue hasta su muerte en septiembre de 1682. Libro de Profesiones, véanse las actas 165, 191a 204 y 219 a 228.

[18] BORDA, 1708, ff. 57-57v.

[19] SIGÜENZA, 1684, ff. 68v-69.

[20] PASO Y TRONCOSO, 1940, vol. XII, p. 71.

[21] AHN, Notario 11 Andrés Almoguera, marzo de 1697, f. 33v.

[22] Libro de Profesiones de Jesús María, f. 198.

[23] AHSSA, FCJM, sección legajos, exp. 17.

[24] Este relato corresponde a la vida de Marina de la Cruz, monja del convento de Jesús María de México, relatada por SIGÜENZA, 1684, ff. 89v-90v.

[25] RUBIAL, 1998a, pp. 160-161.

[26] Se mencionan las vías acuáticas para el caso de la Ciudad de México únicamente.

[27] Se les llamó comunes o "necesarias" a los retretes, ya que el baño era exclusivamente el placer o lugar donde se realiza "el acto de lavarse… ó por limpieza, ó por medicamento", y también se le llamaba así a "uno como cubo grande, espacioso y ancho, que de madera, barro, y tal vez de metal se hace para bañarse", Diccionario de Autoridades, 1963, vol. I, t. primero, p. 547.

[28] Ramos, 1997.

[29] Amerlinck, 1991, pp. 6-21.

[30] Almagre: "Especie de tierra colorada muy semejante al Bol arménico, que sirve para teñir, o untar diferentes cosas", *Diccionario de Autoridades*, 1963, vol. I, t. primero, p. 225. Este material se utilizaba como impermeabilizante para proteger los muros.

[31] Azulejo: "Ladrillo pequeño de barro escogido, bañado en la superficie (que es vidriada) de color azul y blanco; y aunque se suelen bañar con otros colores, y algunos con tanta perfección, que unidos forman figuras, y otros dibujos mui primorosos, como el color azul es el más frecuente, y el que más sobresale, se les dio el nombre de azulejos. Sirven como friso para adorno de las paredes de las salas, claustros y Iglesias, y también para hacer varias labores en los suelos y enladrillados", *Diccionario de Autoridades*, 1963, vol. I, t. primero, p. 524.

[32] *Regla, y ordenaciones…*, 1779, p. 3.

[33] Foz y Foz, 1992, pp. 128-141.

[34] Marroqui, 1969, vol. III, pp. 68 y 69.

[35] Salazar, 1997, pp. 55 y 67.

[36] Tortera: "Llaman también el vaso, instrumento de cocina, en que cuecen, y forman las tortadas, que regularmente es de cobre, y suelen servirse de ella para otros usos". Tortada: "Torta grande de masa delicada, rellena de carne, huevos, dulce, y algunas veces de aves, la qual se sirve en las mesas por plato especial, regalado, y apetitoso", *Diccionario de Autoridades*, 1963, vol. III, t. sexto, p. 307.

[37] Cruz, 1977, p. 838.

[38] Muriel, 1979.

[39] AGN, Ramo Civil, vol. 83 f. s.n., 9 de junio de 1699.

[40] Recordar que en 1636, Antonio de León Pinelo había dado a conocer un texto en el que concluía que ingerir chocolate no quebrantaba el ayuno. León Pinelo, 1994.

[41] Ramos Medina, 1990, p. 162.

[42] Probablemente se relacione con lo que "llaman en Andalucía y otras partes a una vasija de barro, angosta de suelo, ancha de barriga, y estrecha de boca", *Diccionario de Autoridades*, 1963, vol. III, t. quinto, p. 238.

[43] Las haciendas de Chiapas productoras de trigo se llamaban localmente "haciendas de pan llevar".

[44] *Regla y constituciones…*, 1847, p. 69.

[45] Esta información está tomada de los libros de cuentas correspondientes a 1621, siendo abadesa Catalina de San Miguel. AHSSA, FCJM, serie libros, vol. 12, ff. 2-8v y 150-154.

[46] Tostada: "Rebanada de pan que se tuesta para mojarla en vino, o pringarla en alguna grosura", *Diccionario de Autoridades*, 1963, vol. III, t. sexto, p. 309.

[47] AHSSA, FCJM, serie libros, vol. 12, ff. 150-151. Véase Muriel, 1982, pp. 174-482.

[48] Me refiero específicamente al convento concepcionista de Jesús María, y por consiguiente a los demás de la misma orden, y a las jerónimas.

[49] Ladrón de Guevara, 1771, p. 79.

[50] Jesús, 1979, p. 26.

[51] Montanari, 1993, p. 82.

[52] Sigüenza, 1684, f. 108.

[53] AHSSA, FCJM, serie libros, vol. 20, ff. 93-94, vol. 21, ff. 48-57.

[54] *Constituciones Generales…*, 1822, f. 4. *Regla, y ordenaciones…*, 1779, pp. 31-32.

[55] *Regla y constituciones…*, 1847, p. 64.

[56] *Regla y constituciones…*, 1847, p. 15.

[57] AHSSA, FCJM, serie libros, vol. 12, ff. 153-153v.

[58] Bizcochos de garapiña: "Llaman a un género de bizcochos largos, y angostos de mucha más suavidad y delicadeza, que los ordinarios", *Diccionario de Autoridades*, 1963, vol. II, t. cuarto, p. 22.

[59] Bizcotela: "Una a modo de hojuéla gorda que hacen las Monjas, compuesta de huevos, azúcar y haría, la qual bañan por encima, y queda como masa de rosquilla", *Diccionario de Autoridades*, 1963, vol. I, t. primero, p. 613.

[60] AGN, Unidad Eclesiástica, Templos y Conventos, 1699 (sin catalogar). Agradezco a la Lic. Carmen Molina que me haya mostrado este documento, cuando ella estaba participando en su catalogación.

[61] AGN, Ramo Civil, vol. 83, f. s.n., 9 de junio de 1699.

[62] AHSSA, FCJM, serie libros, vol. 12, ff. 6-6v.

[63] AHSSA, FCJM, serie libros, vol. 12, ff. 5, 6, 6v-7v, 151 y 152v.

[64] Ruán: "Especie de lienzo fino, llamado así por el nombre de la ciudad de Ruán en Francia, donde se teje y fabrica". Pita: "Planta que vino de Indias, algo semejante a la higuera de tuna. Arroja del tronco unas hojas largas y gruesas, que rematan en una punta muy aguda y dura, y dentro de ellas se cría una especie de hierba, de la qual seca se hace el hilo que llaman de pita", *Diccionario de Autoridades*, 1963, vol. III, t. quinto, pp. 647 y 284.

[65] La madre Mariana de San Jerónimo del convento de Jesús María, por ejemplo, tenía en su celda 14 libros espirituales. AGN, Bienes Nacionales, vol. 881, exp. 8.

[66] El título completo del libro es: *Finezas de amor recíproco entre el Divino Esposo y el alma su amada esposa, de los males que nos han venido por el pecado de los bienes por la gracia y de los frutos de la tribulación. Discurso sobre los cantares de Salomón por el menor Capellán de la SS. Virgen María de la Capilla paulina en la Sacro S. Basílica de S. María la mayor de Roma* (Roma: Imprenta de Francisco Tizzoni, 1685).

[67] Véase MURIEL, 1982.

[68] Sin perder de vista lo que ha hecho notar Philip Aries respecto a la escasez de mobiliario en el periodo que estamos abordando, se pretende destacar algunas costumbres que nutren la cultura material atendiendo tanto a las cosas necesarias como a las de culto, lujo y ornato que llenaron las celdas.

[69] Salvilla: "Pieza de plata, o estaño, vidrio, o barro, de figura redonda, con un pie hueco sentado en la parte de abajo en la qual se sirve la bebida en vasos, barros, etc. Llamase assi, porque se hace salva con la bebida en ella", *Diccionario de Autoridades*, 1963, vol. III, t. sexto, p. 35.

[70] Sirven de base para esta interpretación 67 inventarios de bienes de difuntas correspondientes al siglo XVII, elaborados entre 1682 y 1697. En orden ascendente contamos con: uno de Regina, dos de Santa Inés, dos de San Bernardo, cuatro de San Lorenzo, seis de Balvanera, siete de la Concepción, nueve de San José de Gracia, 10 de la Encarnación, 10 de Jesús María y 19 de San Jerónimo. La mayoría de los inventarios proceden del AGN, Bienes Nacionales, vol. 881, exp. 8; sólo en otros casos especificamos la fuente.

[71] BAZARTE y TOVAR, 2000, pp. 81-130.

[72] La madre María de la Asunción enfermó de erisipela y el barbero entró a realizarle una sangría. Esto fue en julio de 1657. AHSSA, FCJM, serie libros, vol. 21, ff. 49-57.

[73] La madre Estefanía del convento de Jesús María estaba enferma y tullida; a esta religiosa se le hizo un lavatorio en agosto de 1622. AHSSA, FCJM, serie libros, vol. 12, ff. 80v, 83v, 84, 86v, 87v y 131v. Sor Francisca de San Antonio de la misma comunidad estuvo tullida cerca de 20 años. Libro de Profesiones del convento de San Bernardo, ff. 96 y 43, respectivamente.

[74] Como la madre Felipa de San Jerónimo del convento de Jesús María. AHSSA, FCJM, serie libros, vol. 12, ff. 80v, 81, 82, 82v, 85v y 87.

[75] A la madre Ana de la Cruz, que enfermó de los oídos, le recetaron riñones y suero durante nueve días. Esto ocurrió en enero de 1654, abril de 1655 y agosto y septiembre de 1657. AHSSA, FCJM, serie libros, vol. 21, ff. 54v-55.

[76] La madre Úrsula del Sacramento padeció de dolor de costado y de gota; para curarla de lo primero se compró leche para los emplastos y para lo segundo se le purgó y se le dio pulque. Esto fue en diciembre de 1657 y agosto de 1659, respectivamente. AHSSA, FCJM, serie libros, vol. 21 ff. 51v y 57.

[77] La madre Mariana de la Cruz, del convento de la Concepción de Puebla, sufrió un achaque de palpitación grave que le fue curado con un pedazo de carne del dedo de la madre María de Jesús, quien había muerto en olor de santidad. PARDO, 1676, f. 216v.

[78] Ellas enfermaron en febrero de 1659. AHSSA, FCJM, serie libros, vol. 21, f. 55v.

[79] GÓMEZ, 1689, ff. 53 y 61.

[80] MAZA, 1967, p. 20. También ROBLES, 1946, p. 16.

[81] LEONARD, 1974, p. 277.

[82] MALVIDO, 1982, p. 174.

[83] ROBLES, 1946, vol. III, p. 16.

[84] MURIEL, 1995, p. 76.

[85] MARROQUI, 1969, p. 69.

[86] Costumbrero…, 1685, pp. 6-6v.

[87] Regla y constituciones, 1847, p. 45.

[88] En 1777 se pintó la escena en un lienzo que adornaba el antiguo claustro del ex convento de Santa Catalina (el Hotel Presidente ocupa actualmente el edificio). AMERLINCK y RAMOS, 1995, p. 278.

[89] PARDO, 1676, f. 14. También MORA, 1729.

[90] Llave de oro…, 1815, caps. 11 y 12.

[91] AHSSA, FCJM, serie libros, vol. 12, ff. 80-86, junio de 1621-febrero de 1622.

[92] MONTANARI, 1993, p. 120.

[93] "El Agárico es útil contra todas las enfermedades intrínsecas, dándose según la virtud y edad de cada uno", Diccionario de Autoridades, 1963, vol. I, t. primero, p. 113.

[94] AHSSA, FCJM, leg. 4, exp. 5, ff. 1-2.

[95] Regla y constituciones…, 1847, p. 21.

[96] Constituciones Generales…, 1822, p. 43.

[97] PARDO, 1676, f. 53.

[98] Además de los objetos del dormitorio, en la cocina tenía un almirez, dos braseros, una balanza y un metate.

[99] Me extraña que las religiosas hicieran este tipo de obsequios a los pobres, quienes estaban tan expuestos como ellas a contraer una enfermedad. Esto me permite hacer dos reflexiones: o no se sabía con certeza que la enfermedad de la religiosa pudiera contagiarse por medio de sus prendas personales, o existía una falta de equiparación social, que justificaba que esos bienes pasaran a ser un peligro para otros mientras se evitaba que lo fuera para las monjas.

[100] Del total de los 67 casos estudiados.

[101] Los donativos casi siempre provenían de otras monjas, seguramente conmovidas por esta situación.

[102] Fueron 125 pesos.

[103] Antes de morir, la religiosa Sebastiana dejó para servicio y adorno de la iglesia: tres alfombras, tres tapetes, una silla de terciopelo, cuatro candeleros de plata, seis pebeteros, dos platos de plata y tres candeleros.

[104] Almoneda: venta pública con licitación y puja o venta a bajo precio.

[105] María de San Francisco tenía dos aceritos labrados de seda, pero no se acordaba ni quién era el dueño, ni la cantidad por la que se habían empeñado, AGN, Bienes Nacionales, vol. 881, exp. 8.

[106] El oro, plata y perlas registrados en los bienes de María de San Francisco eran propiedad de su hermano don Pedro de la Barrera, fiscal de Guadalajara, quien renunció a ellos. María de San Francisco pidió que a su muerte se destinaran a misas por su alma y a dos religiosas pobres. Otro caso semejante es el de Petronila de San José, quien declaró que la plata era de una persona que se la había dejado para que pasara a ser propiedad del convento. Estos bienes se incluyeron en el inventario: ocho salvillas de plata, tres de ellas doradas, dos bandejas, un salero, 12 platos, dos candeleros, tres bandejitas, cuatro tenedores, un rociador pequeño, cuatro cajitas de polvos, 12 cocos guarnecidos y seis tapaderas, dos tazas grandes y dos chiquitas guarnecidas, tres platitos, dos cucharitas, 18 cucharas y un llavero de tres ramales. AGN, Bienes Nacionales, vol. 881, exp.8.

SIGLAS Y REFERENCIAS

AGN	ARCHIVO GENERAL DE LA NACIÓN, MÉXICO
	Ramo Bienes Nacionales.
	Ramo Civil.
	Reales Cédulas Originales.
	Unidad Eclesiástica, Templos y Conventos, Secretaría Arzobispal.
AHN	ARCHIVO HISTÓRICO DE NOTARÍAS, MÉXICO
AHSSA, FCJM	ARCHIVO HISTÓRICO DE LA SECRETARÍA DE SALUD, MÉXICO
	Fondo Convento de Jesús María.
IIE	INSTITUTO DE INVESTIGACIONES ESTÉTICAS, UNAM
IIH	INSTITUTO DE INVESTIGACIONES HISTÓRICAS, UNAM
UNAM	UNIVERSIDAD NACIONAL AUTÓNOMA DE MÉXICO

AMERLINCK DE CORSI, Concepción
    1991   "Los primeros beaterios novohispanos y el origen del convento de la Concepción", en *Boletín de Monumentos Históricos*, 15 (oct.-dic.), pp. 6-21.
AMERLINCK DE CORSI, Concepción, y Manuel RAMOS MEDINA
    1995   *Conventos de monjas. Fundaciones en el México virreinal*. México: Grupo Condumex-Ediciones El Equilibrista/Turner Libros.
BAZARTE MARTÍNEZ, Alicia, y Enrique TOVAR ESQUIVEL (comps.)
    2000   *El convento de San Jerónimo en Puebla de los Ángeles. Cuarto centenario de su fundación. Crónicas y testimonios*. México: Litografía Magno Graf.
BORDA, Andrés de
    1708   *Práctica de confesores de monjas, en que se explican los cuatro votos de obediencia, pobreza, castidad y clausura, por modo de diálogo*. México: Francisco de Ribera Calderón.

CASTELLÓ YTURBIDE, Teresa, y María Josefa MARTÍNEZ DEL RÍO DE REDO
    2000   *Delicias de antaño. Historia y recetas de los conventos mexicanos.* México: Grupo Financiero BBVA Bancomer-Océano-Landucci Editores.

CERVANTES BELLO, Francisco Javier
    1995   "Contar el dinero para cantar por las almas. Las cuentas conventuales de la Santísima Trinidad de Puebla, 1718-1740", en Manuel RAMOS MEDINA (coord.), *Memoria del II Congreso Internacional El Monacato Femenino en el Imperio Español. Monasterios, Beaterios, Recogimientos y Colegios.* México: Centro de Estudios de Historia de México Condumex.

Concilio III Provincial Mexicano...
    1859   *Concilio III Provincial Mexicano, celebrado en México el año de 1585, confirmado en Roma por el papa sixto V, y mandado observar por el gobierno español en diversas reales órdenes. Ilustrado con muchas notas del R.P. Basilio Aiiaga, de la Compañía de Jesús, y un Apéndice con los decretos de la Silla Apostólica relativos a esta Santa Iglesia, que constan en el Fasti Novi Orbis y otros posteriores, y algunos más documentos interesantes; con cuyas adiciones formara un código de Derecho Canónico de la Iglesia Mexicana.* México: Mariano Galván Rivera, Eugenio Maillefert y compañía, editores.

Constituciones Generales...
    1822   *Constituciones Generales, para todas las monjas descalzas de la primera regla de Santa Clara, y para las Recoletas, asi de la segunda regla de Santa Clara, Urbanistas como de la purísima Concepción y Tercera orden sujetas a la obediencia de la Religión de San Francisco. Hechas en el Capítulo general celebrado en Roma a 11 de junio de 1639 en que fue electo en Ministro General N. Reverendísimo P. Fr. Juan Merinero.* México: Mariano Ontiveros.

Costumbrero...
    1685   *Costumbrero del Real Convento de Jesús María.* México. (Copia mecanoescrita).

CRUZ, Juana Inés de la
    1977   *Obras completas.* México: Editorial Porrúa (Sepan cuantos..., 100).

Diccionario de Autoridades
    1963   *Diccionario de Autoridades* (3 vols.) Madrid: Editorial Gredos. [Edición facsimilar del *Diccionario de la lengua castellana, en que se explica el verdadero sentido de las voces, su naturaleza y calidad, con las phrases o modos de hablar, los proverbios o refranes, y otras cosas convenientes al uso de la lengua.* Madrid: en la imprenta de Francisco del Hierro, impresor de la Real Academia Española, en seis tomos, años de 1726 a 1739].

FOZ Y FOZ, Pilar
    1992   "Las mujeres en los comienzos de la evangelización", en *Actas del Simposio Internacional Historia de la Evangelización de América. Trayectoria, Identidad y Esperanza de un Continente.* Ciudad del Vaticano: Pontificias Commissio pro America Latina, pp. 123-147.

GALLAGHER, Ann Miriam
    1985   "Las monjas indígenas del monasterio de Corpus Christi, de la ciudad de Méxi-

co: 1724-1821", en Asunción LAVRIN (comp.), *Las mujeres latinoamericanas. Perspectivas históricas.* México: Fondo de Cultura Económica.

GÓMEZ, Joseph

    1689   *Vida de la venerable madre Antonia de San Jacinto: monja profesa de velo negro, y hija de el Real, y religiosísimo convento de Santa Clara de Jesús de la Ciudad de Santiago de Querétaro.* México: Imprenta de los Herederos de la Viuda de Bernardo Calderón.

JESÚS, Teresa de

    1979   *Modo de visitar los conventos.* Burgos: Tipografía Monte Carmelo.

LADRÓN DE GUEVARA, Baltazar

    1771   *Manifiesto que el Real Convento de Religiosas de Jesús María de México, de el Real Patronato, sujeto a el Orden de la Purísima e Inmaculada Concepción, hace a el Sagrado Concilio Provincial de las Razones que le asisten, para que se digne declarar ser la que siguen vida común y conforme a su Regla, y que no se debe hacer alguna novedad en el méthodo que les prescribió el Ilustrísimo y Excelentísimo Señor Don Frai Payo Enríquez de Rivera: cuya resolución pretenden que a mayor abundamiento se apruebe, y el que han observado en los demás puntos que se expresan.* México: Imprenta de Don Felipe Zúñiga y Ontiveros.

LEÓN PINELO, Antonio

    1994   *Qvestion Moral. Si el chocolate quebranta el ayuno eclesiástico,* prólogo de Sonia Corcuera de Mancera. México: Centro de Estudios de Historia de México Condumex.

LEONARD, Irving A.

    1974   *La época barroca en el México colonial.* México: Fondo de Cultura Económica.

Llave de oro…

    1815   *Llave de oro para abrir las puertas del cielo: La regla y ordenaciones de las monjas de la inmaculada concepción de Nuestra Señora.* México, Imprenta de Doña María Fernández de Jáuregui.

Libro de Profesiones del convento de Jesús María

    1581-1774   Manuscrito, siglos XVI-XVIII. (Colección particular).

Libro de Profesiones del convento de San Bernardo

    Manuscrito. (Colección particular).

MACHUCA DÍEZ, Anastasio

    1903   *Los sacrosantos ecuménicos concilios de Trento y Vaticano.* Madrid: Imprenta de L. Aguado.

MALVIDO, Elsa

    1982   "Cronología de epidemias y crisis agrícola en la época colonial", en Enrique FLORESCANO y Elsa MALVIDO (comps.), *Ensayos sobre la historia de las epidemias en México.* México: Instituto Mexicano del Seguro Social.

MARROQUI, José María

    1969   *La ciudad de México* (3 vols.). México: Jesús Medina Editor.

MAZA, Francisco de la

1967   *El sepulcro de sor Juana Inés de la Cruz. Breve crónica del templo de San Jerónimo y de la restauración de sus coros.* México: Talleres Gráficos de la Nación.

MONTANARI, Massimo

1993   *El hambre y la abundancia. Historia y cultura de la alimentación en Europa.* Barcelona: Editorial Crítica.

MORA, Juan Antonio de

1729   *Espejo Crystalino de Paciencia, y Viva Imagen de Christo Crucificado, en la Admirable Vida, y Virtudes de la Venerable Madre Sor Ynes de los Dolores, Religiosa Profesa en el Religioso Convento de San Lorenzo de la Ciudad de México.* México: Imprenta Real del Superior Govierno, de los Herederos de la Viuda de Miguel de Rivera Calderón, en el Empedradillo.

MURIEL, Josefina (presentación)

1979   *Libro de cocina del convento de San Jerónimo.* México: Talleres de la Enciclopedia de México.

1982   *Cultura femenina novohispana.* México: Instituto de Investigaciones Históricas (Serie de Historia Novohispana, 30), Universidad Nacional Autónoma de México.

1995   *Conventos de monjas en la Nueva España.* México: Editorial Jus.

OMAECHEVARRIA, Ignacio

1976   *Orígenes de la Concepción de Toledo. Documentos primitivos sobre Santa Beatriz de Silva y la Orden de la Inmaculada.* Burgos: Imprenta Aldecoa.

PARDO, Francisco

1676   *Vida y virtudes heroycas de la madre María de Jesús, religiosa profesa en el convento de la limpia concepción de la Virgen María N. Señora de la ciudad de los Angeles deducida de las informaciones auténticas, que el Ilust. mo y Ex. mo Señor D. Diego de Ossorio de Escobar y Llamas, Obispo de esta Diócesis hizo en esta misma Cesarea Ciudad.* México: Viuda de Bernardo Calderón.

PASO Y TRONCOSO, Francisco del

1940   *Epistolario de la Nueva España,* vol. XII. México: Antigua Librería Robredo de José Porrúa e hijos.

RAMÍREZ MONTES, Mina

1995   "Del hábito y de los hábitos en el convento de Santa Clara de Querétaro", en Manuel RAMOS MEDINA (coord.), *Memoria del II Congreso Internacional El Monacato Femenino en el Imperio Español. Monasterios, Beaterios, Recogimientos y Colegios.* México: Centro de Estudios de Historia de México Condumex.

RAMOS MEDINA, Manuel

1990   *Imagen de santidad en un mundo profano.* México: Departamento de Historia, Universidad Iberoamericana.

1997   *Místicas y descalzas. Fundaciones femeninas carmelitas en la Nueva España.* México: Centro de Estudios de Historia de México Condumex.

Regla y constituciones…

1847   *Regla y constituciones que por autoridad apostólica deben observar las religiosas gerónimas del Convento de San Lorenzo, de la ciudad de México. Reimpresas a solicitud de* la M.R.M. María de la luz del Señor San Joaquín, priora actual de dicho convento, quien las dedica a su insigne padre el máximo doctor de la Iglesia: San Jerónimo. México: Imprenta de Mariano Arévalo.

Regla, y ordenaciones…

1779   Regla, y ordenaciones, de las religiosas de la Limpia e Inmaculada Concepción de la Santísima Virgen Nuestra Señora, que se han de observar en los conventos del dicho Orden de la Ciudad de México: La Concepción, Regina Cœli, Jesús María, Nuestra Señora de Balbanera, la Encarnación, Santa María de Gracia, y Santa Inés, ya fundados, con los demás que se fundaren subordinados a la obediencia del Illmo, Señor D. Francisco Manzo, y Zúñiga, Arzobispo de la dicha Ciudad, del Consejo de su magestad y del Real de las Indias, y a la de los Ilustrísimos sus sucesores. México: Imprenta Matritense de D. Felipe de Zúñiga y Ontiveros.

ROBLES, Antonio de

1946   Diario de sucesos notables (1665-1703), vol. III. México: Editorial Porrúa (Colección de Escritores Mexicanos, 32).

RUBIAL GARCÍA, Antonio

1998a   La plaza, el palacio y el convento. La ciudad de México en el siglo XVII. México: Consejo Nacional para la Cultura y las Artes (Colección Sello Bermejo).

1998b   "Monjas y mercaderes: comercio y construcciones conventuales en la ciudad de México durante el siglo XVII", en Colonial Latin American Historical Review, 7, núm. 4, otoño.

SALAZAR SIMARRO, Nuria

1997   "Arquitectura elitista en un conjunto conventual femenino", en Historias, 38 (abr.-sept.).

SIGÜENZA Y GÓNGORA, Carlos de

1684   Parayso Occidental, plantado y cultivado por la liberal benéfica mano de los muy Cathólicos, y poderosos Reyes de España Nuestros Señores en su magnífico Real Convento de Jesús María de México. México: Juan de Ribera.

9

LA UNIVERSIDAD: ESTUDIANTES Y DOCTORES

ENRIQUE GONZÁLEZ GONZÁLEZ

Centro de Estudios sobre la Universidad,
Universidad Nacional Autónoma de México

CONFLUENCIAS Y EXCLUSIONES

LA UNIVERSIDAD VIRREINAL ERA UN ESPACIO DE CONFLUENCIAS donde se daban cita, al lado de una heterogénea población estudiantil, decenas de doctores residentes en la ciudad, muchos de los cuales tenían cargos destacados en la administración eclesiástica y civil o gozaban de preeminencia en el seno de su respectiva orden religiosa. Al propio tiempo, la universidad se vertía hacia la ciudad de múltiples formas, ya fuese sólo por la presencia de estudiantes y graduados en las calles, con sus peculiares atuendos, o a causa de su participación colegiada en desfiles, procesiones y fiestas, tanto aquéllos a cargo de la propia corporación, como los convocados por otras instancias civiles o eclesiásticas. De forma paralela, la actuación de los graduados en los distintos foros, en las cátedras, en los púlpitos y en otras corporaciones como el Cabildo eclesiástico, el Protomedicato y las mismas órdenes religiosas, daba a la universidad una proyección que excedía, con mucho, la derivada de las aulas. Más aún si se advierte que, a lo largo del siglo XVII, debido a la paulatina primacía del clero secular respecto de las órdenes religiosas, en todos los obispados creció la presencia de curas de almas con grado universitario. En efecto, documentos de visitas episcopales realizadas durante la centuria y testimonios de muy diverso orden, revelan una profusión de bachilleres, licenciados y hasta doctores en las más apartadas parroquias del territorio novohispano.[1]

Si bien la universidad novohispana constituía un lugar de confluencias, no estaba abierta a toda la sociedad sino, en exclusiva, a la población de origen hispano, siempre y cuando se tratara de varones. Precisamente en el siglo XVII, una monja jerónima lamentó no haber tenido ocasión de incorporarse a la universidad, por su condición femenina. Por supuesto, esa monja era sor Juana, y aunque no está en duda lo excepcional de su caso, ese solo testimonio resulta revelador. Si la madre hubiese aceptado que

La mujer y la universidad

Desde que me rayó la primera luz de la razón, fue tan vehemente y poderosa la inclinación a las letras, que ni ajenas represiones —que he tenido muchas— ni propias reflejas —que he hecho no pocas— han bastado a que deje de seguir ese natural impulso que Dios puso en mí... Teniendo yo después como seis o siete años, y sabiendo ya leer y escribir..., oí decir que había Universidad y Escuelas en que se estudiaban las ciencias, en Méjico; y apenas lo oí cuando empecé a matar a mi madre con instantes e importunos ruegos sobre que, mudándome el traje, me enviase a Méjico, en casa de unos deudos que tenía, para estudiar y cursar en la Universidad.

Sor Juana Inés DE LA CRUZ [1691], *Obras completas*, vol. IV (1976), pp. 444-446.

la niña mudara de traje, disfrazándola de varón, esa misma transgresión hubiera sido un tributo al orden existente, que condenaba a la marginalidad a las mujeres por el hecho de serlo. La frustración de sor Juana revela, además, que no todas sufrían de buena gana, como lo más natural, su exclusión.

Por lo que hace a los indios, ninguna ley les impedía, en tanto que "súbditos libres" del rey, inscribirse y graduarse, pero en la práctica muy contados lo lograron, y parece que sólo a partir del siglo XVIII. Al parecer, cuando alguno de ellos era admitido, era porque alegaba ser cacique, como el bachiller Felipe Ramírez, clérigo de epístola, hijo de la cacica Luisa Gertrudis, viuda.[2] Por lo demás, de haberse permitido un ingreso masivo de indígenas a la universidad, se les hubiese facultado para ordenarse y competir con el clero criollo por las parroquias. De ahí que los miembros de la república de españoles hicieran lo posible por evitar el acceso de los naturales a la carrera de letras.

Al margen de la ambivalente situación de los naturales, si un aspirante no demostraba pertenecer plenamente al estamento español, siendo en cambio notado de mulato o de casta, ni siquiera se le matriculaba. Mulatos, castas y descendientes de judíos estaban tan drásticamente excluidos como las mujeres. Los mismos españoles, por "puros" que fuesen, no debían descender de oficiales de profesión "vil". En cuanto a los mestizos, si el padre los había bautizado como "españoles", podían seguir todos los cursos, pero, a la hora de probar "limpieza" de sangre con miras a graduarse, se exponían a que un enemigo los tachara de irregulares, estorbando su promoción.

De cualquier modo, alguien con recursos económicos y audacia podía llegar lejos a pesar de maledicencias y rumores: Nicolás del Puerto hizo una de las más brillantes carreras a que podía aspirar un criollo letrado. Nació en un mineral del obispado de Oaxaca en el primer cuarto del siglo XVII. En la Ciudad de México ingresó al colegio de San Ildefonso, y se bachilleró en artes en 1642, lo que le permitió aspirar a beca y ganarla en el colegio "mayor" de Santos, y en 1651 se doctoró en cánones. Fue consiliario de la

Retrato del doctor Pedro de la Barreda,
cuadro anónimo del siglo XVIII.

universidad, catedrático de retórica; de ahí ascendió a código, luego a decreto, a sexto y, por fin, a prima de cánones, la cátedra de mayor prestigio, y también fue maestrescuela y rector. Tuvo sonados éxitos como litigante en pleitos de carácter civil y eclesiástico. En catedral, fue canónigo doctoral y luego tesorero, vicario general y gobernador del arzobispado en tormentosísimos periodos de sede vacante. Por fin, en 1679, tomó posesión del obispado de Oaxaca, y murió dos años después. Muestra de su prestigio como orador es el hecho de que la propia Inquisición, tan celosa de los linajes, le encargara el sermón principal del sonadísimo auto de fe de 1649. Por otra parte, en 1657 logró ser nombrado por el rey comisario de la santa cruzada. Tan destacado personaje, sin embargo, tenía la piel muy oscura. Era hijo de un minero y, quizá, sin que ningún testimonio lo corrobore, de una india o mulata. De cualquier modo, la familia lo registró debidamente como español y sin duda le dio el apoyo indispensable hasta que obtuvo el costosísimo grado doctoral. El resto lo hizo su habilidad para la discusión y la intriga, y para el foro. En vano corrieron maledicencias como la del arzobispo Sagade Bugueiro, cuando manifestó al rey su disgusto por haber concedido la comisaría de la santa cruzada a tal sujeto: "Había de servirse vuestra magestad, cuando da semejantes puestos, de saber si son hijos de mulatos o esclavos [aquel] los a quien los da".[3]

De lo expuesto se desprende que la universidad era la gran formadora de funcionarios para la administración civil y eclesiástica de los vastos territorios del virreinato; pero también que, debido a su política de segregación, fue un instrumento de enorme eficacia para consolidar y perpetuar el predominio de la población de origen hispano sobre el resto de las castas durante todo el régimen colonial.

Antes de continuar, conviene destacar que la universidad era una corporación o cuerpo colegiado formado por estudiantes, maestros y graduados, era esa asociación de individuos ligados entre sí por los estudios y por el compromiso de defender los estatutos comunitarios. En segundo lugar, importa precisar que la sede material de esa corporación era el edificio conocido como las "escuelas" o las escuelas reales. Ahí se impartían los cursos (a cada facultad correspondía un aula) y se desarrollaban los claustros (reuniones colegiadas de la corporación universitaria).

FABRICÓ LA SABIDURÍA CASA PARA SÍ

Mediante esa imagen de resonancias bíblicas, el cronista de la universidad, bachiller Cristóbal Bernardo de la Plaza y Jaén, quiso referirse tanto a la sede material de la corporación, como a la finalidad espiritual para la que había sido construida: el cultivo de la sabiduría en sus facultades, que tradicionalmente eran cinco. El edificio, situado en el corazón de la ciudad virreinal, era polo de atracción para las principales instancias de los poderes civiles y eclesiásticos en aquella sociedad gobernada por los españoles y sus descendientes.

Fundada en 1551 por cédula del emperador Carlos, la universidad abrió sus puertas en junio de 1553. El monarca, en tanto que patrono, designó al virrey y a la Audiencia para asistirla y quedar a cargo de su organización. Pero aunque el rey concedió renta para el sostenimiento de la nueva fundación, resultó del todo insuficiente durante las primeras cinco décadas. En tales circunstancias, resultaba casi impensable la idea de edificarle una sede. Así, luego de errar por dos o tres casas alquiladas, la planta definitiva de las escuelas se empezó a alzar en 1584, por iniciativa del arzobispo-virrey y visitador real Pedro Moya de Contreras, en unos solares comprados al marqués del Valle, situados en el costado sur del palacio real, frente a la llamada plaza del Volador.[4]

Durante su primer medio siglo, la universidad apenas si contaba con medios para pagar bajísimos salarios a sus catedráticos; era pues casi imposible llevar a cabo el proyecto de dotarla de una sede propia. Incluso para sufragar la construcción, durante la primera mitad del siglo XVII, se retuvo una proporción del salario anual de catedráticos y oficiales.[5] Con todo, para fines de esa centuria la universidad contaba con un edificio rectangular de unos 57 por 49 metros, con ventanas hacia el palacio real y hacia la plaza, donde lucía la fachada. Durante siglo y medio constó de una sola planta, cuyo interior daba a un patio longitudinal, enmarcado por un claustro con arquerías a los cuatro costados, de pilares con capiteles dóricos. Da idea de las dimensiones del patio el dato de que tenía siete arcos en el lienzo norte y en el sur, y cinco en los de oriente y poniente.[6] Quien franqueaba la fachada principal, que daba a la plaza del Volador, se encontraba a mano derecha con una habitación para el portero; enseguida, por la derecha, estaban la antecapilla, la capilla y la sacristía, difíciles de describir debido a las frecuentes reformas que sufrieron por iniciativa de universitarios pudientes. Los retablos dorados aludidos en textos del siglo XVIII, los donaron doctores de esa misma centuria. Por desgracia, la descripción de la capilla hecha por Sigüenza a fines del XVII, más que del altar habla de las cortinas ornamentales que lo cubrían para la fiesta mariana, y sólo nombra sus "intercolumnios".[7] En cambio, deja ver que ya existía una galería apoyada en un terraplén adosado a las paredes, excepto la del presbiterio. La mampostería soportaba gradas y bancas de madera y un barandal dorado con balaustres, decoración que poseía también el coro alto. Una Inmaculada presidía el altar mayor.

El salón más espacioso del recinto era el llamado general grande, para actos académicos solemnes y otorgar los grados de bachiller. En 1649 había sido acondicionado por el agustino fray Pedro de los Ríos, pero fue reedificado casi por completo en 1682, siendo rector Juan de Narváez, ocasión en la cual Sigüenza y Góngora escribió el *Triunfo parténico*. Entonces se construyó una galería análoga a la de la capilla, y se mandaron hacer 36 óleos para ornar los muros, con retratos de universitarios que habían

La fachada de la Universidad,
detalle del cuadro *Vista de la plaza del Volador*,
obra de Juan Patricio Morlete Ruiz, 1770-1772.

alcanzado la dignidad de una mitra o un asiento de oidor, signo del orgullo corporativo de la universidad en tanto que institución promotora del ascenso social de sus miembros.[8] A más de los asientos de la galería, había bancas a todo lo largo del salón. El recinto, espacioso, al decir de los cronistas, lo iluminaban amplios ventanales. El muro frontal, bajo otro óleo de María, tenía una gran cátedra de maderas preciosas, con las armas del rey incrustadas, a la cual subía el presidente de los actos académicos.

Al parecer, al lado del general grande, en el mismo flanco sur, estaba el salón de claustros, donde se celebraban las diversas juntas de la universidad, en especial el claustro de doctores. Al frente tenía una tarima con una mesa para el rector, que presidía las juntas y, adosado al muro, "un sitial de terciopelo carmesí, [estaban] bordadas en él las armas reales y dos columnas". También lo ornaban retratos de doctores de carrera preeminente en la Iglesia o en los tribunales. En los otros corredores del patio, las cinco facultades: cánones, teología, leyes, medicina y artes tenían, cada una, su aula o general. Se cree que había un general más, al parecer compartido por el catedrático de retórica y el de matemáticas. Asimismo, había una oficina para el secretario y, en la planta alta, en una habitación sin otra ventana que un balcón, se guardaba el archivo y la biblioteca, tan pobre, que a mediados del XVIII alcanzaba con dificultad los 350 volúmenes. Desde el gran patio había acceso a uno menor, donde estaba la vivienda de los dos bedeles y tal vez también la del secretario.

La ubicación de las escuelas resultaba privilegiada por su cercanía con la sede de los principales poderes civiles y eclesiásticos, aunque no siempre era cómoda para los estudios, ya que la plaza del Volador era fuente de inconvenientes y trastornos, pues en ella funcionaba un mercado, se montaba una plaza de toros temporal, era un estrado para la celebración de autos de fe o cualquier otro espectáculo público; todo ello estorbaba el acceso a las escuelas, sobre todo desde que catedráticos y doctores empezaron a acudir en coche, viéndose forzados a dejarlo lejos y acercarse a través de un pasillo estrecho, cuando no lodoso.[9]

Por lo demás, las escuelas quedaban un poco alejadas del barrio estudiantil, si así pudiéramos llamar al conjunto de colegios situados al noreste de la ciudad, centros de hospedaje o docencia a cargo de la Compañía de Jesús: el "Máximo" de San Pedro y San Pablo, el de San Ildefonso y hasta San Gregorio, para indios nobles.[10] Otros dos colegios había en la ciudad, sin sujeción a las órdenes religiosas y en los cuales no se impartía docencia, por tratarse de albergues donde selectos grupos de estudiantes, gracias a una beca, vivían en común y tenían el sustento asegurado mientras acudían a la universidad. El más antiguo, el de Santos, alojaba a unos ocho colegiales, todos graduados de bachiller, en espera de obtener los grados mayores de licenciado y doctor. Debido a que sólo acogía a graduados y a que se autogobernaba y tenía en los propios colegiales el control de las rentas, Santos aspiró durante años a ostentar el título de "colegio mayor". Se localizaba justo detrás de las escuelas, en la esquina de Correo Mayor con la Acequia Real.[11] El segundo era el de Cristo, cuyo edificio, inaugurado en 1638, aún subsiste en la calle de Donceles, y hospedaba originalmente a ocho becarios, número que decreció junto con las rentas legadas por su fundador.[12]

Por otro lado, miembros de casi todas las órdenes acudían al edificio para cursos, cátedras o claustros. Los dominicos (cuyo colegio de Portacoeli hacía ángulo con las escuelas) obtuvieron del rey la creación de una cátedra exclusiva para sus frailes desde 1618 (la cátedra teológica de Santo Tomás), a cambio de renunciar a competir por las otras.[13] La orden agustina, que rivalizaba con la dominica por destacar en la universidad, gracias (al parecer) a los subidos sobornos que repartía entre los estudiantes que votaban, mantuvo diversas cátedras a lo largo del siglo XVII, y fue su empeño por ganar la de Biblia, en 1670, lo que provocó el más sonado motín estudiantil del siglo, como se verá. Los mercedarios también ocuparon cátedras en el estudio general y para conseguirlas, como el propio cronista oficial lo reconoció, la comunidad no tenía empacho en pagar exorbitantes sobornos.[14] La Merced tuvo también a su cargo, desde 1628, el colegio de San Ramón Nonato, donde se becaba a cinco estudiantes del colegio michoacano de San Nicolás, y a tres estudiantes cubanos para cursar y graduarse en la universidad.[15] El hecho de que el fundador lo destinara a clérigos seculares, pero dejándolo al mando de una orden regular, causaría incontables conflictos ente ésta y los colegiales. Los franciscanos, que se mantuvieron al margen de la universidad durante sus primeros años, a partir de 1653, a causa de las fiestas de la Inmaculada, en las que la orden celebraba misa solemne, estrecharon sus lazos con la universidad; además, en 1662 se creó la cátedra de Duns Escoto para ellos.[16]

El edificio universitario, aunque un tanto alejado de los populosos colegios de la Compañía, era un punto de encuentro, así para los estudiantes criollos y peninsulares que lo frecuentaban para cursar y graduarse, como para las distintas instancias de poder civil y eclesiástico. A lo largo del siglo XVII, para no decir que durante todo el periodo colonial, la universidad mantuvo relaciones, no siempre tersas, con todas ellas.

PIMPOLLOS DEL ÁRBOL DE LAS CIENCIAS

La universidad virreinal estaba constituida tanto por estudiantes como por doctores. Pero, como el peso de los graduados en el gobierno era aplastante, fueron quitando a los escolares casi toda participación, conforme avanzaba el siglo XVII. Sin duda, por ello, los estudiantes casi se desvanecen en los relatos de época, salvo como aspecto incidental de un decorado, en especial durante las fiestas, o cuando participaban en conflictos. Por el contrario, los doctores son omnipresentes y sus coloridos birretes destacan en las

reseñas de desfiles y procesiones. Al describir las fiestas de la Inmaculada, en 1682, Sigüenza y Góngora apenas si indica que "la colgadura", es decir, la ornamentación del
atrio de San Francisco, fue encomendada "no sólo a los Colegios sino también a los estudiantes (para que se hiciera menos gravosa)". En cambio, al hablar del avance de los
doctores entre la multitud, portando sus emblemas rojos, azules, blancos, morados y
verdes, declara que daban forma a una "racional primavera de flores áticas".[17]

Pero los estudiantes, poco visibles en las crónicas, bien que existían. Los colegios
de la Compañía, según estimaciones, a fines del siglo XVI albergaban a unos 300, entre
gramáticos, retóricos, artistas y teólogos; la cifra ascendería a 500 en 1609, para llegar
"al pie de mil" en 1623, fecha en la que comienza un declive. En la segunda parte de la
centuria, el número anual de estudiantes rondaría los 700, con altibajos.[18] De esos to-
tales, como se verá, varios cientos estaban inscritos a la vez en la universidad. Su archivo también revela un descenso a mitad del siglo, y una clara recuperación en la segunda parte. Si se estima en 311 el promedio de los matriculados durante los cinco años
iniciales del XVII, la media se elevó a 430 durante los cinco últimos.[19]

De los escolares, los menos eran frailes, la mayoría eran clérigos seculares, pero
también había laicos. A partir de los 12 años, un estudiante se convertía en clérigo al
recibir las órdenes menores o "tonsura", fuente de múltiples ventajas: quedaba exento
de la jurisdicción civil, era apto para recibir beneficios eclesiásticos (en especial, capellanías) y podía disfrutar de una beca en los colegios, pues la mayoría de ellos exigía a
sus candidatos tener al menos tonsura. Era así el primer paso para entrar en la carrera
por los cargos eclesiásticos. De ahí seguían las órdenes mayores: subdiácono, diácono
y presbítero. Mientras que éstas tenían carácter irreversible y sólo Roma podía dispen-
sarlas (tras un proceso costoso e incierto), un clérigo de tonsura estaba en condiciones
de renunciar a su estatuto eclesiástico con sólo demostrar al obispo que así convenía a

---

Distribución de los estudiantes por facultades

En 1689 había 270 estudiantes inscritos. De ellos, 90 eran retóricos, sin duda cursantes de la Compañía, que esperaban cédula del catedrático para poder matricularse en facultad; los restantes
180, se distribuían así por facultad: en artes había 56; los teólogos eran 40, y 41 los canonistas;
16 cursaban leyes y 15 eran médicos. Ese mismo año, el cronista dio cuenta de 130 doctores vivos; con ser tan restringido el acceso al grado doctoral, resulta haber poco más de dos estudiantes por cada doctor. Aun desde el punto de vista numérico, era notable el peso de los doctores en
la corporación.

Datos tomados de Cristóbal DE LA PLAZA Y JAÉN [1689], *Crónica de la Real y Pontificia Universidad*, vol. II (1931),
pp. 295-297.

sus intereses (como un posible matrimonio ventajoso). En consecuencia, un estudiante tonsurado oscilaba a conveniencia entre el estatuto de clérigo y el de laico. Con frecuencia, sin haber renunciado a la tonsura, vestían y se comportaban como laicos o, al revés, al vestir como estudiantes podían pasar por clérigos sin serlo, y al surgir conflictos judiciales se declaraban tonsurados, dificultando a las autoridades laicas llevarlos a su tribunal.

A fines del siglo XVI, el fiscal de la Audiencia Eugenio de Salazar se quejaba de tan difícil situación y revelaba, además, que la población escolar no se dedicaba solamente a los estudios. La referencia nos recuerda a Carlos de Sigüenza y Góngora, quien siendo novicio de la Compañía, fue expulsado al descubrirse que había salido "de noche varias veces". Y si tal hacía un hermano de primeros votos y 22 años de edad, qué cabía esperar de adolescentes de 12 o menos, guardados en los colegios, de los que tal vez escapaban sobornando al portero o aprovechaban la libertad que les daba vivir en el seno familiar o en casas "sospechosas".[20]

El fiscal Salazar nos permite también atisbar la difícil cuestión sobre la obediencia de los estatutos respecto a la vestimenta. Quienes escapaban de noche, lo hacían "mudando el hábito" para disimular su verdadero estado. Una lectura atenta de los estatutos de Farfán (1580), deja ver que era la condición de estudiante, y no tanto la diferencia de matiz entre clérigo y laico, la que determinaba el tipo de traje exigido, cuya finalidad era "diferenciar" a los que "se aventajan a los demás en el ejercicio de las letras y virtudes". Por lo mismo, se permitía el uso de sotana al "clérigo de orden sacro, o beneficiado en alguna iglesia catedral, o bachiller, o lector, o pasante". Es decir, no se requería la tonsura para vestir al modo de los clérigos. Esa situación, de paso, contribuía a mantener la ambivalencia entre la condición de eclesiástico y la de escolar, para exasperación de las autoridades laicas. Las reglas dadas por Farfán pasaron apenas sin retoques a Moya, en 1586; a Cerralvo, en 1626, y a Palafox, en 1645. ¿Mero efecto de rutina o es que en más de seis décadas no cambiaron los usos ni las transgresiones?

Clérigos y fueros

Hay en esta ciudad muchos clérigos iniciados, mozos, los cuales, con la fianza que hacen en el privilegio del fuero, se atreven a hacer algunos excesos y aun muertes. Y venidos algunos de estos en práctica [=al tribunal], con color de que son clérigos de primera tonsura y estudian en las escuelas y ayudan algunas veces a misa y traen coro[na] abierta y manteo y bonete o herreruelo y sombrero, el [juez] ordinario eclesiástico los defiende, aunque no sirvan en la iglesia en ministerio señalado por el arzobispo, ni estudien con orden ni licencia suya.

El fiscal Eugenio de Salazar al rey, 15 de abril de 1583. AGI, México, 70, Ro 3.

Los gramáticos, miembros más jóvenes de la población escolar, habían de vestir "camisas llanas y honestas que no sean labradas, ni con curiosidad de lechuguillas", es decir de cuellos "recogidos en ondas semejando a las hojas de las lechugas encarrujadas".[21] En cambio, se pretendía uniformar a los inscritos en facultad con sotana o "sayo" y, encima, el manteo o capa grande de clérigo con una capucha al cuello, y debían llevar bonete. De su parte, el citado documento del fiscal, revela que también se usaba herreruelo, una capa sin capuchón, acompañada de sombrero en vez de bonete. A nadie con la cabeza descubierta se le permitía entrar al edificio de las escuelas. Los colegiales debían usar, encima de ese traje general, la insignia de su institución, es decir la beca o rosca de tela de un color preciso, mediante la cual se les identificaba.

Los usos proscritos, al parecer sin demasiado éxito, eran las calzas de colores, los guantes guarnecidos o que se adornaran con seda las sotanas o los manteos. Tampoco se permitía entrar armado a las escuelas, so pena de que el rector confiscara el arma. Si alguien se resistía, cualquiera se la podía quitar y venderla; del producto, un tercio sería para quien la requisó y el resto para el arca universitaria. En 1645, indicio de que seguía transgrediéndose la norma, Palafox añadió la pena de ocho días de cárcel. Sus normas también vedaron el "copete" o peluca, moda que Covarrubias tildó de "afeminada" y que se tenía por incompatible con el bonete. A modo de excepción, a los médicos se permitía usar golilla, ese collar de lino plegado tan presente en los retratos del Greco. A fin de mantener las debidas distancias sociales, los estudiantes que servían a otros como criados eran eximidos de las anteriores reglas.

La población estudiantil era bastante heterogénea, pero cabría agruparla en tres clases principales. Primero, los jóvenes que habitaban en el seno familiar, junto a padres y hermanos o con cualquier otro deudo o conocido, que a veces era un clérigo. Podían inscribirse libremente en los cursos de la Compañía y de la universidad, mientras cubrieran los requisitos. Recordemos cómo sor Juana, disfrazándose de varón, pretendía hospedarse con unos parientes para acudir a las escuelas. En cambio, Sigüenza y Góngora, oriundo de la ciudad, vivía con sus padres y numerosos hermanos en una casa "frente a la estampa de Jesús María". El niño fue inscrito en gramática en el Colegio Máximo hacia 1655, si no antes, por su padre, un secretario del gobierno virreinal. Recién cumplidos los 14 años y cursando retórica con los jesuitas, se inscribió en la cátedra universitaria de retórica, en octubre de 1659.[22]

En segundo lugar, había escolares sujetos a régimen de internado, fuese temporal, como los huéspedes de los colegios, o permanente, como los frailes. Los internos de los colegios, en ocasiones se alojaban ahí porque su familia vivía fuera de la capital, como la del zacatecano Ignacio María Castorena y Ursúa; sin embargo, la mayoría de los colegiales procedía de familias con recursos de la propia ciudad, que creían útil el internado para la carrera de sus hijos, y abonaban los 100 pesos anuales de colegiatura que cubrían los gastos de alojamiento. Se pagaba en exclusiva por el techo y alimentos, ya que las lecciones, así las dictadas por los jesuitas como las universitarias, eran gratis. Un número muy reducido de internos, si obtenían una beca, se hospedaban gratis en los colegios. La beca cubría las costas de estancia y alimentación mientras se graduaban en la universidad. Haber vestido beca colegial era un honroso precedente que los beneficiados traían a relucir en las relaciones de méritos durante el resto de su vida.

Mientras que los colegiales inscritos en la universidad solían participar de lleno en las actividades de ésta, los frailes universitarios, en cambio, dependían en todo de la política de sus órdenes. Los superiores, en un momento dado, los hacían inscribir con el exclusivo fin de sumar votos si un hermano de la orden planeaba concursar por una cátedra; cumplido el proceso, podían ordenar a todos la vuelta al convento. Como se sabe, cada orden tenía estudios propios para formar a sus futuros frailes, pero los grados que otorgaban sólo valían en la propia comunidad. Dado que los dominicos, agustinos y mercedarios siempre aspiraron a tener peso en la universidad, incorporaban o graduaban en ella a algunos de sus miembros. Así, en todo tiempo había unos cuantos frailes cursando con regularidad artes o teología. Entre 1668 y 1671 se matricularon 133 individuos en la última facultad y apenas dos resultaron frailes.[23]

Por último, también frecuentaban las escuelas algunos estudiantes foráneos que, luego de estudiar en un colegio de su lugar de origen, deseaban graduarse y, mientras gestionaban el reconocimiento de la universidad, se alojaban por su cuenta donde mejor podían. En este tercer grupo estaban también los bachilleres que volvían temporalmente a la capital para procurar los grados mayores.

A pesar de tan diverso censo estudiantil, la vía hacia los grados universitarios era un tanto homogénea. Antes de graduar o incorporar a cualquier aspirante, la universidad examinaba la validez de los estudios por él alegados, los hubiese cursado en sus aulas o fuera de ellas. Todo varón que supiese leer y escribir era apto para cursar latinidad o gramática, como se decía entonces; cuando ésta se complementaba con retórica, se denominaba humanidades. El ciclo de humanidades podía llevarse en los conventos, en algunos colegios y aun con preceptores privados, sin importar demasiado la institución ni la ciudad. Gramática y retórica tenían carácter propedéutico y no eran disciplinas propiamente universitarias. Sólo quien se incorporaba a una facultad, en calidad de estudiante o de graduado, se convertía en miembro de la universidad en sentido estricto. Pero para admitir a un escolar en una facultad, era ineludible acreditar suficiencia en gramática, en retórica o en ambas disciplinas.

Durante el siglo XVI, la universidad impartió el curso propedéutico trienal de gramática, a fin de dotar a los escolares de los conocimientos indispensables para ingresar en facultad. La disciplina se complementaba con una cátedra de retórica. Sin embargo, a raíz de la llegada de los jesuitas, en 1572, con su destacado equipo de lectores de

Fray Alonso de la Veracruz en su cátedra con sus alumnos de Tiripitío,
cuadro anónimo del siglo XVIII.

humanidades, se desencadenó un éxodo masivo de estudiantes hacia esas aulas. Las cosas llegaron al extremo de que, a partir de la primera década del siglo XVII, la universidad renunció definitivamente a la docencia gramatical. En cambio, conservó un catedrático de retórica cuya función principal era examinar a los cursantes de la Compañía o de otras instituciones, y sólo cuando expedía una "cédula" aprobatoria podían inscribirse en facultad.

Por lo común, gramáticos y retóricos ingresaban primero en la facultad "menor" de artes, también conocida como filosofía o facultad aristotélica, pues en ella se enseñaba la lógica y la filosofía natural del Estagirita. El curso de artes también era trienal y solía dictarlo un mismo catedrático de principio a fin; de aquí la aspiración, no siempre lograda, de tener al menos tres lectores alternos de artes, para que un profesor iniciase un curso en cada ciclo escolar, otro dictase el segundo año y el tercero concluyese.

El mayor número de estudiantes se concentraba en los cursos propedéuticos de gramática y retórica. Quienes a continuación se matriculaban en una facultad tendían a elegir la menor de artes, de ahí que fuese la más poblada de las escuelas y la que tenía estudiantes más jóvenes. En su gran mayoría, los escolares sólo cursaban filosofía, y muchísimos ni siquiera accedían al grado menor de bachiller en artes, que no era necesario para ordenarse sacerdote, aunque obtenerlo concedía cierta idoneidad para opositar por un curato. De otra parte, quien aspiraba a las facultades "mayores" de medicina y teología tenía obligación de ser bachiller en artes. En cambio, un aspirante a derecho civil o canónico podía matricularse directamente en esas facultades mayores sin pasar por artes; le bastaba con la cédula de suficiencia en gramática o en retórica. Sigüenza, sin otra cédula que la de retórica, se matriculó en cánones en 1667. Pero en la práctica, gran número de cursantes de leyes y cánones eran graduados en la facultad menor, sin estar obligados.

Los jesuitas no se limitaron a la docencia gramatical. Apenas sus primeros alumnos concluyeron el *cursus* completo de gramática y retórica, hacia 1578, pasaron a enseñarles también artes, con desaprobación de la universidad. Lo alarmante ocurrió cuando los regulares empezaron a crear bachilleres en artes, en contra de los privilegios monopólicos de la corporación para conferir grados. Ésta escribió al rey pidiéndole que ordenara a la Compañía cesar sus cursos y sus grados. El Consejo de Indias no prohibió las lecciones de los regulares, pero sí que confiriesen grados.[24] Desde entonces, y tal estado de cosas duró hasta la expulsión de la orden, en 1767, los jóvenes podían oír artes en el Colegio Máximo, a condición de matricularse un par de años en la universidad, donde sólo sobrevivieron dos cátedras de artes, la de prima y la temporal. En consecuencia, quien seguía el curso trienal de los jesuitas, pero deseaba graduarse en la universidad, tenía que desplazarse a diario a las escuelas. Durante un año, acudiría de siete a ocho de la mañana a oír prima de artes, y en el segundo, asistiría, de dos a tres, a la cátedra temporal. Al menos esto estipulaban los estatutos universitarios.

A pesar de disposiciones tan claras, en 1640 el visitador Juan de Palafox manifestó que los jóvenes se valían de dispensas del virrey para eludir la obligación de ir a las escuelas y, no obstante, se graduaban. Por poco que en la universidad se relajara la disciplina, las cátedras de artes se vaciaban, limitándose los estudiantes a cumplir con el requisito formal de matricularse ante el secretario, al que pagaban dos reales por curso. Al fin de cada año escolar, el matriculado debía probar su asistencia regular a las lecciones; sin embargo, la certificación no la confería el catedrático sino el secretario. Bastaba con que el joven acudiera ante éste con dos testigos que juraban haberlo visto asistir diariamente a tal cátedra. Unos colegas atestiguaban por otros, y el trámite se resolvía. Sin duda a causa de tales irregularidades, Palafox halló a las escuelas con "más luzimiento y número de doctores que de estudiantes".[25] En abono de su observación, recordemos las cifras dadas por Plaza para 1689 (véase, *supra*, p. 265). Quien aprobaba las lecciones obligatorias, acudía ante un jurado de tres o cuatro doctores que examinaban su suficiencia y, de aprobarlo, le permitían ganar el grado de bachiller en artes, que confería el decano de la facultad en una ceremonia en el general grande de las escuelas. Su costo era de 27 pesos.

Resulta evidente, pues, que las lecciones de la Compañía eran una competencia desventajosa para la universidad, y que los estudiantes se valían de medios lícitos e ilícitos para desairar las cátedras universitarias de artes. No obstante, la corporación supo retener el control sobre los estudios en tanto que examinaba la suficiencia de los retóricos y artistas aspirantes a graduarse. Más aún, se confirmó como la única instancia calificada para graduar, fundamento último de su poder en tanto que cuerpo colegiado.[26] Una situación tan compleja como la descrita, hizo ambivalentes las relaciones de la universidad con la Compañía.

Al principio los jesuitas incorporaron a algunos de sus más destacados miembros en la universidad, como el padre Pedro de Ortigosa, en 1579, aunque dejaron de hacerlo a raíz de la disputa por los grados. Mientras Ortigosa vivió, hasta 1634, y llegó a decano de su facultad y de toda la universidad, el zacatecano Antonio Núñez de Miranda (1618-1695) nunca se doctoró, aunque se había bachillerado en artes.[27] Por tanto, mientras la universidad acudió como cuerpo al sepelio de Ortigosa, Núñez no recibió tales honras, sin importar su enorme prestigio, su larga labor docente, ni su influencia en las altas esferas políticas. De cualquier modo, ambas instituciones solían invitarse a sus respectivos festejos y gustosamente tomaban parte en ellos.

El peso de los jesuitas disminuía en las facultades mayores. En el Máximo también se dictaba teología, pero la universidad tenía muy reglamentados los requisitos para graduarse de bachiller. Conviene señalar que, actualmente, ese grado se obtiene por única vez, como etapa "preparatoria" a los estudios universitarios. En el antiguo régimen, en cambio, las cinco facultades daban los tres grados de bachiller, licenciado y doctor o maestro. Cada una hacía bachilleres a quienes asistían a los cursos obligatorios y cumplían con varios requisitos adicionales. Para crear licenciados y doctores o maestros, en cambio, ya no exigían nuevos cursos, sino efectuar determinados actos académicos y el pago de altas propinas.

En consecuencia, todo aspirante a bachiller teólogo debía ser primero bachiller en artes (un requisito del que se dispensaba a los frailes). Además, durante un cuatrienio tenía que asistir diariamente a la cátedra de prima, de siete a ocho de la mañana; paralelamente, le obligaba oír dos años Biblia, de ocho a nueve, y durante otros dos, vísperas de teología, de tres a cuatro de la tarde, y uno, la de Santo Tomás, de cuatro a cinco. Esta última estaba a cargo de un fraile dominico, y al crear los franciscanos la cátedra de Duns Escoto, también se volvió obligatorio asistir a ella durante un año, de nueve a diez de la mañana. Concluidos y probados todos esos cursos, tenía que realizar un ciclo de lecciones públicas, en muestra de aptitud para defender argumentos teológicos frente a estudiantes y doctores que le replicaban. Por último, pagar 12 pesos de derechos y propinas. Los cursos tomados con los jesuitas no le valían para graduarse, al menos en principio, aunque parece que aquí también entraban en juego dispensaciones por parte del virrey.

Las otras tres facultades: leyes, cánones y medicina, al no impartirse en las aulas de la Compañía, quedaban al margen de toda competencia. Cada una exigía requisitos análogos a los descritos para teología. Los estudiantes médicos, por ejemplo, también debían ser bachilleres en artes, pero no los de leyes y cánones. Unos y otros estaban obligados a tomar el ciclo completo de cursos, probarlos, realizar determinados actos académicos y pagar al final 14 pesos para obtener el grado.

De su parte, cada facultad tenía un autor por antonomasia: Aristóteles, la de artes; Galeno, los médicos; en derecho civil, el *Corpus iuris civilis*, de Justiniano; los canonistas, el Decreto y las Decretales, y los teólogos, el Maestro de las Sentencias. Las cátedras tenían la finalidad de exponer la doctrina de ese Autor (con mayúsculas). Pero, para su estudio se recurría a resúmenes o manuales, y a comentaristas más o menos oficiales, al ser imposible que, en los cuatro o cinco años de cursos, cada estudiante leyera todo el *Corpus* de Justiniano o los cientos de tratados galénicos. Por ello, los cursantes, antes que estudiar extensivamente a su respectivo autor, debían aprender a razonar según las reglas de la propia facultad, y a valerse de la autoridad de aquél. Se daba calificación de teólogo no a quien hubiese leído a Santo Tomás sino al que, demostrando el manejo de dichas obras, era capaz de dilucidar un problema teológico, aplicarlo a casos concretos y defenderlo en público ante un auditorio pronto a oponerle objeciones y réplicas. De ahí que las universidades del antiguo régimen concedieran a los ejercicios de

Carro triunfal de Santo Tomás de Aquino,
cuadro anónimo del siglo XVIII.

debate (llamados genéricamente actos de conclusiones) tanta o mayor importancia que a las mismas lecciones.

A pesar de sus múltiples formatos, el acto de conclusiones o acto académico solía reducirse a una suerte de debate, de *disputatio*: un escolar o un graduado defendía en público determinada tesis inferida de un pasaje de cierto autor. El sustentante tenía ante sí a un doctor que presidía y moderaba el acto y, detrás, a un auditorio dispuesto a debatir. El adiestramiento recibido mediante tales debates era la parte medular de su formación universitaria. Quien se fogueaba en ellos quedaba capacitado, "facultado", para aplicar su disciplina a cualquier problema de orden práctico, hipotético o real.

Los actos académicos se sostenían a veces por el gusto o interés de un estudiante o doctor, entonces se los llamaba "de ostentación". Los actos de conclusiones también eran parte de la docencia de cualquier profesor, que dedicaba parte de su tiempo a la *lectio* y parte a la *disputatio*. Defender uno o varios actos se hallaba entre los requisitos para obtener ciertos grados. Asimismo, la universidad honraba a un nuevo virrey o arzobispo celebrando en su recinto un solemne acto de conclusiones; de no haber sido éstos tan populares, no se pensaría en ellos como medio para honrar la visita de las más altas personalidades. Las lecciones de oposición a una cátedra, a una parroquia, a una beca o a un asiento en el Cabildo incluían, luego de la exposición, un debate en el mismo formato del acto de conclusiones, cuyo contenido doctrinal era vigilado de cerca por las autoridades de cada facultad. Antes de imprimir en una hoja las conclusiones que se debatirían (es decir las "tesis"), éstas debían ser aprobadas por el respectivo decano.

Aparte de asistir a los cursos de las escuelas, a veces combinados con las lecciones de la Compañía, y de tomar parte en los actos académicos de conclusiones, los estudiantes universitarios participaban en el gobierno de la corporación por dos vías: en tanto que consiliarios, y en calidad de votos durante los procesos de designación de catedráticos. Sin embargo, ambos derechos les fueron conculcados en la segunda mitad del siglo XVII. Conviene decir unas palabras sobre ambos asuntos.

A partir de 1551, desde su mismo surgimiento, la universidad de México tuvo por autoridad suprema e indiscutible al monarca, quien la puso a cargo del virrey y la Audiencia. Ellos trazaron las líneas generales de organización y decidieron descartar a los estudiantes como candidatos a rector, a diferencia de lo que se hacía en Salamanca, cuya universidad fue modelo para la de México. Más aún, en el último tercio del siglo XVI y el primer lustro del XVII, sólo oidores o fiscales de la Audiencia fueron designados para el cargo, que duraba un año. Con todo, se permitió designar a los consiliarios de entre los estudiantes. Sus funciones principales eran dos: la primera, actuar como jueces en el proceso de provisión de cátedras; la otra, designar al rector y consiliarios entrantes.

El cargo rectoral se renovaba cada 10 de noviembre, fiesta de San Martín. Días antes, consiliarios y rector salientes celebraban tres juntas o escrutinios para nombrar a sus sucesores en uno y otro cargos. De ahí el incuestionable poder de los consiliarios en la política interna de la corporación. Sin embargo, en vista de que el rectorado no podía recaer en estudiantes y era ocupado por doctores de la alta jerarquía civil o eclesiástica, el margen de autonomía de los consiliarios era acotado por el rector saliente, alto funcionario vinculado a otras instancias de poder. Éste, en ocasiones, se limitaba a comunicar al claustro, veladamente o no, el nombre de la persona apoyada por el virrey o la Audiencia para sucederlo. Por supuesto, siempre había margen para la negociación y el disenso, y durante la primera mitad del siglo XVII, frecuentemente los consiliarios no llegaron a acuerdo, posponiéndose la elección hasta en 20 días, o ésta era revocada por las autoridades, que designaban directamente al titular. Tal vez a causa de esas disputas, más el creciente poder de los doctores, los estudiantes perdieron las consiliaturas. Palafox, en 1645, ordenó que, en adelante, dicho claustro constaría de seis doctores y dos bachilleres, lo que excluía definitivamente a los escolares sin grado.[28]

Durante el siglo XVII, los estudiantes también fueron gradualmente apartados del procedimiento para elegir catedráticos. En las primeras décadas del estudio general, no hubo regla fija para designar a los lectores: unas veces el virrey decidía directamente, otras el claustro pleno, compuesto casi en exclusiva por doctores, y en ocasiones también se recurrió al modelo salmantino, de voto estudiantil.[29] A raíz de la visita del arzobispo Moya de Contreras, en 1585, se consolidó este último método, que tuvo vigencia la mayor parte de la siguiente centuria. Durante ese tiempo, excepto las cátedras de Santo Tomás y de Duns Escoto (que eran proveídas por dominicos y franciscanos respectivamente), al vacar una de las 17 cátedras restantes, el claustro de rector y consiliarios llamaba a cuantos quisieran opositar, si cubrían ciertos requisitos. De forma paralela, el claustro definía el número de estudiantes aptos para votar en el inminente proceso, algo no siempre fácil de establecer. Además, los incluidos en esa lista podían ser inhabilitados si se les probaban violaciones a los estatutos. Acto seguido, cada concursante defendía un argumento en un acto académico, respondiendo a las réplicas de los asistentes. Al acabar de exponer los opositores, los estudiantes emitían sus votos y el claustro los contaba y declaraba al vencedor. En caso de conflicto, los consiliarios eran la primera instancia para resolverlo, pero en infinidad de ocasiones, los pleitos llegaban a la Audiencia, antes de pasar al Consejo de Indias.

Se trataba de un mecanismo erizado de dificultades: había reglas en extremo meticulosas para prevenir irregularidades y pleitos, pero esa misma prolijidad revela lo arduo del mecanismo y abonaba el terreno para inconformidades de todo género. El problema de fondo era que los estudiantes se veían sometidos a múltiples presiones, no sólo por los opositores más fuertes, sino también por las instancias que los promovían.

Tesis de bachiller de fray Ildefonso Sedeño
con el escudo de la capital.

Por eso, era la eficacia de los promotores de votos, que no se detenían ante el cohecho y la amenaza, lo que decidía al ganador. Al parecer, si seculares y frailes competían por una cátedra, el caso podía llegar a Madrid, alargándose hasta la muerte del quejoso. Eran diferendos que ponían en juego el poder y la honra del clero secular frente al regular. También ocurrían conflictos si destacados miembros del Cabildo catedralicio, de bandos opuestos, iban a concurso. Se asegura que las sumas puestas en juego para comprar votos llegaban a superar los millares de pesos, lo que se traduciría en un apreciable ingreso para los 50 o 70 estudiantes, número medio de votos en cátedras de teología o de cánones, las más disputadas.[30] La innegable corrupción fue siempre un argumento de peso para los enemigos del voto estudiantil. En 1626, al discutirse los estatutos de Cerralvo, hubo voces contra el método tradicional, que fue suspendido a mediados del siglo por el virrey Alburquerque, si bien lo restituyó su sucesor. Por fin, en 1683 entró en funciones una junta de notables que dejó en manos del arzobispo y el Cabildo el control sobre la nominación de los catedráticos, quedando los estudiantes definitivamente fuera.[31]

La vida estudiantil transcurría, pues, entre horarios y reglamentos, en especial para cuantos, siendo alumnos internos o externos de la Compañía, también acudían a los cursos y actos académicos de la universidad. Los numerosos días festivos rompían la rutina, como veremos en el último apartado. Pero, ¿qué hacían los escolares aparte de estudiar y de participar en fiestas? Aquí y allá, numerosos documentos aislados revelan irregularidades, aparte de las frecuentes dispensas a los estatutos. Sabemos, aunque no con qué frecuencia ni el grado de alboroto, del ruido que los estudiantes hacían en la noche con cantos y juegos de cartas. Los "cuadrilleros", estudiantes recaudadores de votos, podían ocasionar auténticas revueltas, como la de 1671, cuando la cátedra de prima de teología fue disputada por un doctor agustino y un canónigo. Habiendo ganado el último en una reñida elección, la Audiencia revocó el fallo del claustro de consiliarios. Unos 30 estudiantes, armados, tomaron de noche las escuelas y pasaron a la Audiencia, apedreando las casas de los oidores y cuando al parecer iban contra los aposentos del virrey, habiendo tumbado una reja metálica, un grupo de guardias dispersó a los amotinados, sin alcanzar a ninguno.[32]

Por otra parte, apenas hubo motín en esa inquieta centuria, que no involucrara a estudiantes y clérigos graduados, como en 1624, cuando el arzobispo provocó la caída del virrey Gelves, quien escapó en busca de asilo al convento de San Francisco.[33] Está por estudiarse la participación de muchos escolares, sobre todo los más vinculados a los jesuitas, en las atroces burlas contra el obispo visitador Juan de Palafox, durante los tumultuarios años de 1645 a 1649. Se sabe que los estudiantes poblanos —que acudían a graduarse a la universidad de México— celebraron una mascarada satírica el día de San Ignacio de 1647. Habrían llegado al extremo, al decir del propio agraviado,

Palafox, de arrastrar "un báculo pastoral que llevaba prendido a la cola de un caballo… en cuyo lomo llevaba pintada la mitra episcopal, cabalgando de tal suerte que la iba pisando. Entre tanto, repartían a la gente versos insolentísimos, increíblemente sacrílegos y satíricos, contra el clero y el obispo".[34] Los partidarios del visitador, de su lado, hacían también demostraciones públicas en Puebla y en México.

Por desgracia, era tan corta la jurisdicción del rector, que carecía de un tribunal escolar permanente, y no quedaron registros seriados de las transgresiones estudiantiles, a diferencia de Salamanca. Tampoco abundan las obras literarias, en especial, novelas o comedias, donde buscar, aunque estilizados, a los universitarios. En suma, carecemos de fuentes sistemáticas para acercarnos a la picaresca estudiantil.

EL SENADO GRAVÍSIMO DE LOS DOCTOS

La primera mitad de la universidad la constituían los estudiantes; la segunda y con todo la más poderosa eran los doctores. Entre sus miembros había representantes del alto clero secular y regular, oidores y fiscales de la Real Audiencia, letrados del Santo Oficio, médicos bien colocados. A su lado había otros doctores de menor poder e influencia, así como los graduados jóvenes, ansiosos de lograr una brillante carrera. Algunos detentaban una cátedra en la universidad, por lo que recibían de ella un salario (cuadro 1); otros ganaban su sustento en diversas instituciones. Todos, sin embargo, formaban lo que Sigüenza llamó "el senado de los doctos". El punto de confluencia entre individuos de calidades e instituciones tan diversas tenía lugar en las juntas de gobierno, conocidas como claustros plenos, y en las celebraciones de carácter colegiado. Los claustros plenos eran reuniones periódicas abiertas a cuantos hubiesen percibido los grados de doctor o maestro, y a los consiliarios, aun no siendo doctores. Durante el siglo XVII, la mayoría de los claustrales se habían formado y "borlado" en la institución, pero muchos otros, por lo común procedentes de ultramar y con altos nombramientos para la Audiencia, la jerarquía secular o las órdenes religiosas, se limitaban a incorporar en el "estudio" local los grados obtenidos en otra institución.

El virrey, oficial de capa y espada, no formaba parte del claustro pero, en tanto que vicepatrono de la universidad, era la máxima autoridad en todas las cuestiones surgidas en torno a ella. Apenas entrar a la capital, el vicemonarca acudía a las escuelas a un solemne acto público de bienvenida. Además, era el invitado de honor en las ceremonias de doctoramiento y las fiestas más solemnes, el otro espacio que ponía a la corporación en contacto con las altas esferas de las élites criolla y peninsular. El arzobispo tampoco solía ingresar al gremio doctoral, si bien, en el siglo XVI, Montúfar lo hizo, y en el XVII, el fugaz arzobispo criollo Cuevas y Dávalos fue "hijo" de la universidad, formado

Cuadro 1. Los catedráticos y sus salarios

En su calidad de contador, Carlos de Sigüenza y Góngora notificó haber pagado, en 1688, las siguientes sumas netas a los catedráticos, una vez descontados los derechos para la reparación de las casas de la universidad y las multas en que hubiesen incurrido:

	Pesos	Tomines
Facultad de Teología[1]		
Prima, a fray Diego Velásquez de la Cadena,	627	4
Biblia, al Dr. Juan de Narváez	513	2
Vísperas, al Dr. don Antonio Gama	536	2
Facultad de Cánones		
Prima, al Dr. Manuel de Escalante [jubilado]	569	2
Temporal (sustitución), al Dr. Francisco de Oyanguren	89	6
Decreto, al Dr. Diego de la Sierra	529	5
Vísperas, al Dr. Agustín Pérez Villareal	358	5
Clementinas, al Dr. Pedro de Recabarren	89	6
Facultad de Leyes		
Prima, al Dr. José de Adame y Arriaga	610	2
Vísperas, al Dr. Francisco Aguilar (jubilado)	392	2
Temporal (sustitución), al Dr. Joseph de Torres, 23 días	5	4
Instituta, al Dr. José de Miranda	313	6
Facultad de Medicina		
Prima, al Dr. José Díaz	447	
Vísperas, al Dr. Diego Osorio (jubilado)	219	
Temporal (sustitución), al Dr. José Jiménez	76	1
Método, al Dr. Juan de Brisuela	87	4
Facultad de Artes		
Prima, al Dr. Matías de Santillán (jubilado)	282	3
Temporal (sustitución), al Dr. Agustín Cabañas	89	6
Vísperas, al Dr. y Mtro. fray Luis Méndez	286	7
Sin facultad		
Retórica, al P. Mtro. fray Juan de Olaechea	134	5
Matemáticas, a don Carlos de Sigüenza y Góngora	89	6
Total	**6 348**	**6**

FUENTE: AGN, Ramo Universidad, 524, f. 553.

[1] La lista no incluye las cátedras teológicas de Santo Tomás ni la de Duns Escoto, pagadas, respectivamente, por la orden de Santo Domingo y por la de San Francisco. Tampoco se alude a las cátedras de lenguas indígenas. Cuando un catedrático propietario se jubilaba, podía gozar de su salario, excepto una suma que se le retiraba para pagar al sustituto temporal, que ganaba 100 pesos, menos la suma que debía aportar para las reparaciones de la universidad.

y graduado en ella. Por otra parte, desde 1683, las lecturas de oposición para las cátedras se celebraron en las casas arzobispales y el prelado presidía la junta de votos. Otros potentados, como los concejales del Ayuntamiento y los socios del Consulado de mercaderes, aunque ajenos al grupo letrado, solían recibir de la universidad un lugar de privilegio, en calidad de padrinos, en las ceremonias de doctoramiento.

El "senado de los doctos" votaba y discutía todo lo relativo a sus intereses como cuerpo colegiado y aquello tocante a la organización y buena marcha de las escuelas. Celebraba juntas periódicas o claustros, en las que, por ejemplo, se acordaba si acudir o no a cierta procesión, qué respuesta dar a una petición real de apoyo económico o cómo celebrar la llegada de un virrey o funerales reales. Si la corporación se tenía por agraviada en determinado acto público, también se discutía la réplica. Todo acuerdo claustral, apenas aprobado por mayoría, tenía carácter de estatuto, y estos acuerdos "municipales" solían tener mayor vigencia que las constituciones impresas y confirmadas por el rey. El claustro pleno era también el marco donde los doctores juraban, cada noviembre, obedecer al nuevo rector y a los estatutos. A su vez, el pleno era la instancia definitoria de todo lo tocante a las escuelas: vigilaba la buena impartición de las cátedras, la administración y el cobro de las rentas (cuyo cuidado estaba a cargo de un "claustro de diputados"); atendía las consultas y posibles diferencias suscitadas en las escuelas, y velaba por el cuidado material del edificio. Habida cuenta del gran peso que los asuntos de las escuelas tenían en los claustros universitarios, no sorprende que los catedráticos fuesen los asistentes más asiduos, como parte más directamente interesada.

Por lo que hace a la docencia, numerosos colegios para peninsulares y criollos enseñaban varias disciplinas universitarias: gramática, retórica, artes y, a veces, como en los seminarios conciliares y el Colegio Máximo, teología. Esta situación los distinguía poco de la universidad. Es cierto, además, que sólo ahí se leían las facultades de medicina, leyes y cánones. Pero, sobre diferencias y similitudes de orden disciplinar, está el hecho distintivo de que únicamente la corporación universitaria tenía la facultad de otorgar grados. Quienes los obtenían, adquirirían la condición de letrados, codiciado medio de procurar cargos y ascensos. Ese carácter corporativo de la universidad era precisamente lo que la distinguía del resto de las escuelas y colegios virreinales, y la dotaba de un ascendiente social que rebasaba con creces el del más prestigioso colegio.

Obtener el grado de doctor no era fácil. Se necesitaba antes el de licenciado. Para licenciarse en una facultad, el primer requisito era que hubiese pasado un lapso preciso de tiempo desde la obtención del grado de bachiller: cuatro años, los legistas y canonistas, y tres, los artistas, médicos y teólogos.[35] Ese lapso, llamado pasantía, podía obviarse con dispensa del virrey, algo que las constituciones prohibían terminantemente, pero que los hijos de familias bien relacionadas lograban sin dificultad. Por notable que hoy parezca, sólo el grado de bachiller se obtenía después de haber tomado

Retrato del doctor Nicolás del Puerto,
cuadro anónimo del siglo XVII.

cursos. Sin duda, para la licencia había que aprobar un examen ante los doctores de la facultad y realizar ciertos actos académicos. En la práctica, sin embargo, esos años de espera se convertían en un filtro social: sólo reclamaban el grado mayor los más constantes y con medios económicos para mantenerse durante ese periodo. Técnicamente seguían siendo "estudiantes pasantes", pero eximidos de acudir de manera regular a cursos y sin actividad fija, por más que algunos dedicaran la pasantía en una facultad para empezar sus cursos en otra. Seguían siendo votos en las provisiones de cátedras, o ensayaban los primeros pasos como opositores cuando aquéllas vacaban. Era del todo improbable tener éxito a la primera, pero al participar se obligaban a preparar una lección pública y defenderla durante el concurso. De ahí que el mero hecho de opositar fuese un punto en favor a la hora de alegar méritos académicos. De ahí la utilidad de las becas colegiales: el pasante podía dedicarse a opositar y a votar en concursos de cátedras, sin otra preocupación.

Por otra parte, y esto sin duda acentuaba el carácter restrictivo de la licencia, su obtención era costosa. Se debía pagar propinas a los doctores de la facultad asistentes al examen, y derechos a la universidad y al secretario. Al mediar el siglo XVII, el visitador Palafox ordenó una reducción general de las propinas para facilitar el acceso al grado. Mandó que, en adelante, sólo se pagarían 600 pesos, a distribuir entre los asistentes al examen, descontados los derechos fijos. Es difícil saber si la reforma se aplicó, pero muestra lo gravoso del grado: el salario anual del catedrático mejor pagado era de 700 pesos. Y si Palafox pretendía reducirlo, cabe imaginar lo que en la práctica costaba. Con todo, si alguien carecía de medios o de familia acomodada, podía encontrar un padrino pronto a subsidiarlo. De nueva cuenta, sólo los padres bien relacionados conseguían mecenas. Dicho sea de paso, si un fraile era autorizado por su orden para licenciarse en artes o en teología, le dispensaban las propinas y sólo pagaba los derechos del arancel. De ahí que, habiendo tan pocos cursantes frailes en las escuelas, el número de doctores teólogos religiosos fuese igual o mayor que el de los seculares.

Pero si Palafox moderó el costo de las licencias, de ningún modo allanó el acceso al grado doctoral, que durante todo el periodo colonial se mantuvo como un privilegio en extremo restringido. Para la licencia se exigía un examen; para el doctorado, sólo la breve defensa de una "cuestión doctoral". Se trataba, en realidad, del solemne acto por el que alguien entraba, con plenitud de derechos, al gremio. El aspirante exhibía prueba de ser licenciado, un informe de pureza de sangre y fianzas para las propinas. De aprobarlo el maestrescuela, los colegas de la corporación lo admitían solemnemente; a cambio, el nuevo socio les concedía una onerosa retribución.[36] De ahí que el requisito definitivo fuese contar con unos 2 000 pesos líquidos para cuotas y propinas, cantidad que muy pocos tenían. En 1689, al cerrar Plaza y Jaén su *Crónica*, mencionó a un total de 130 doctores vivos: 62 teólogos (33 seculares y 29 frailes), 36 canonistas, 7 legistas,

16 médicos, 2 artistas y 7 mixtos,[37] varios de ellos con 40 y más años de antigüedad. Si dejamos fuera a los frailes, por no pagar propinas, se reduce a 101 el número de individuos activos que fueron capaces de abonar la suma necesaria para las propinas.

Alguien que optaba por los cursos gramaticales con los jesuitas, requería un mínimo de 15 años para doctorarse en teología; los juristas, unos 13. Sólo con influencia en la corte virreinal se podían abreviar los tiempos, mediante dispensas. Tal fue el caso de Juan de Narváez, mecenas de la edición del *Triunfo parténico*, de Sigüenza y Góngora. Nacido en 1653, en una familia pudiente, se bachilleró en teología a los 23 años; acto seguido, obtuvo del virrey un memorial para dispensa de pasantía, que le permitió licenciarse y doctorarse en 1676. Tres años después opositó, sin éxito, por la cátedra de retórica, y en noviembre fue elegido consiliario. Al concluir su periodo, se le designó para el sermón de la fiesta de Santa Catalina, patrona de la universidad. En 1681 logró que unos consiliarios solicitaran al virrey, con éxito, dispensa de edad, pues estaba por cumplir 28 años y se requería un mínimo de 30 para ser rector.[38]

Una vez rector, Narváez promovió vistosas demostraciones de mecenazgo, como revivir la fiesta de la Inmaculada, que había dejado de realizarse cada enero. Pero si en un principio se celebraba durante tres días, él agregó, de su peculio, un cuarto, en el que hubo además un certamen literario. Se ocupó también en reedificar el general grande de actos, prestando a la universidad los 9 000 pesos que las obras exigieron. Su desempeño le facilitó una nueva dispensa, esta vez para ser reelegido rector, por estar prohibido. En noviembre de 1682 inauguró su segundo mandato. Concluidas las obras de renovación del general de actos, lo inauguró con toda solemnidad, dejando en él su nombre impreso en letras de oro. Para coronar los fastos, financió un segundo certamen poético, de todo lo cual dio encomiástica cuenta el libro del *Triunfo*, encargado a Sigüenza y financiado por Narváez. No concluido su periodo, vacó la cátedra de Biblia, la segunda en jerarquía de la facultad teológica; entonces renunció al cargo para opositar, y ganó. Habiendo conquistado los máximos honores en el estudio, y con el *Triunfo parténico* como auténtica "relación de méritos", ya podía el nuevo catedrático iniciar su carrera externa. En 1683, ya ostentaba el título de tesorero del tribunal de la Santa Cruzada, y consta que para 1689 ya había ganado asiento en el Cabildo catedralicio. Ambos cargos, hay que decirlo, se gestionaban en Madrid ante el Consejo de Indias.

La meteórica carrera de Narváez fue tan excepcional como la suma de recursos puestos en juego para acelerar su promoción. La regla era, en cambio, obtener el grado doctoral con menos premura, mientras se iniciaba una larga carrera por ganar, tras media docena de intentos o más, alguna de las cátedras inferiores, piedra de toque para el acceso a las de mayor jerarquía, si se concursaba en todas las vacantes de su facultad, lo que podía tomar tres o cuatro lustros. A los 20 años continuos de lectura se podía obtener la jubilación. Por lo demás, la inmensa mayoría de los doctores nunca

El D.ᵒʳ D.ⁿ Sebastian de Castro, Decano en la facultad de Medicina
Protome.ᵃᵒ de este Re.ⁿᵒ y su Go.ⁿ por el Re.ʸᶠ.ˢ. Y Ilustre bienechor de esta
Real Capilla; Quien ynstituyo quatro Capellanias, las quales tienen
su dotasion en el Colegio Maximo de S.ᵗᵒ P.ᵒ y S.ⁿ Pa., y su Pa.ᵗᵒⁿᵃᵗ[o]
io esta en este Ylustre Claustro, año de 1714.

Retrato del doctor Sebastián de Castro,
cuadro anónimo, 1714.

ganaba cátedra, y debía buscarse otros medios de promoción. Porque todo doctor participaba, en lo posible, en la política interna del estudio, bien por medio del claustro pleno o tomando parte en cualquier actividad extraordinaria. Paralelamente, todos los seculares enviaban relaciones de méritos a Castilla y buscaban las mejores relaciones con la corte local y con la catedral, en pos de honores y cargos que sólo arribaban pausadamente: una buena parroquia foránea, a continuación una en la ciudad y, con suerte, hacia los 50 años, se volvía realidad la anhelada silla en un cabildo. Más tarde, a veces ya *in articulo mortis*, podían obtener el máximo honor accesible a un doctor criollo, y el más restringido: una mitra. En el caso de los laicos, había que tocar, con dádivas, todas las puertas en Madrid, en busca de plazas en audiencias de menor rango que la de México, como Manila, Guatemala o Guadalajara. Si no, contentarse con los azares de la abogacía privada. Los médicos que ganaban cátedra tenían asegurado el pase a la dirección del Protomedicato, el poderoso tribunal que regía la práctica profesional. Si no, un cargo oficial en la corte, en cualquier tribunal o en un convento. La práctica privada, en cambio, parecía reservada a los simples bachilleres.[39]

SALIR, YA PARA MINISTROS APOSTÓLICOS DE LA DOCTRINA, YA PARA JUECES DE LAS AUDIENCIAS REALES

El saber cultivado por las universidades y numerosas instituciones escolares del antiguo régimen, tenía poco que ver con los conceptos de "ciencia pura" o con la reivindicación del saber por el saber. Los "doctos" ponderados por Sigüenza, no eran sabios de gabinete sino hombres de acción, ávidos por desempeñar cargos en la administración eclesiástica y civil del virreinato. Se trataba de estudios mediados por dos grandes condicionantes: en primer lugar, se esperaba que su cultivo aportara reconocimiento social; en segundo, su principal finalidad era de orden instrumental: preparar para el desempeño de las profesiones honrosas, "liberales".

Ante todo, pues, los saberes impartidos en conventos, colegios y universidades, por estar catalogados como "liberales", eran tenidos por idóneos para hombres libres, lo contrario de lo que pasaba con los oficios mecánicos, es decir los que requerían las manos de sus ejecutantes, que eran tenidos como "bajos". Por esto, mercaderes, hacendados, mineros, oficiales de gobierno o escribanos, para ganar estima social y elevar el prestigio de sus hijos tenían en la universidad el mecanismo más accesible.

La universidad coronaba los estudios "liberales" con grados académicos, los que proporcionaban un estatuto análogo al de la nobleza. El ritual para conferir el grado doctoral estaba calcado de la ceremonia para investir caballero a un soldado. Y como no cualquiera accedía a ellos, quienes los alcanzaban estaban demostrando, por ese hecho, la propia calidad y la de los suyos. El grado atraía honra al que lo ganaba, pero también a su familia. Esto explica el prurito por mantener en alto el prestigio social del gremio universitario, y que su política de acceso a las aulas y a los grados fuese tan restrictiva, al menos por principio. De llegar a infamarse con el rumor de que admitía a individuos de origen social irregular o a hijos de oficiales "bajos", se resquebrajaría su reputación en tanto que instituto capaz de acrecentar el buen nombre de individuos y familias.

En segundo lugar, el cultivo de los saberes tenía un propósito primordialmente instrumental, con miras a una buena colocación, antes que para formar a hombres sabios y eruditos, y así lo manifiestan los más diversos autores. En sus constituciones, Palafox lo señaló más de una vez: los estudiantes se "crían [educan]… para ascender después a los puestos eclesiásticos y seculares". Y en otro lugar, declaró ser "justo facilitar todas aquellas disposiciones por donde los buenos ingenios y de lucidos estudios puedan llegar a los premios a que aspiran".[40] Se estudiaba, en suma, para prosperar. Otro tanto dice Sigüenza al señalar como "salidas" naturales de los universitarios, el ministerio de la palabra y los foros judiciales.

Si los autores virreinales destacaban ante todo la finalidad de los estudios como medio de promoción, ¿qué sentido y objeto concedían a la enseñanza? ¿Les interesaba por una auténtica vocación docente o sólo en razón del rango que el nombramiento confería, antesala segura de mayores premios? La mayoría de los lectores combinaba sus cursos con una infinidad de cargos. Hay noticia, además, de profesores "faltistas", como Sigüenza y Góngora. Tal vez los doctos novohispanos tenían mayor interés por los ascensos que por el estudio. Eguiara y Eguren, nacido a finales del siglo XVII, habría sido una parcial excepción: al ser nombrado obispo de Yucatán, renunció al honorífico cargo alegando mala salud y el propósito de concluir su obra en ciernes: la *Bibliotheca mexicana*. Él fue uno de los pocos catedráticos, hasta donde sé, que reflexionaron sobre el menester docente, juzgándolo digno de estima. Enseñó durante 37 años, y rememoró con gusto su paso por las cátedras, desde las de rango inferior, hasta prima de teología, con la que, aseguraba, "me pareció que había alcanzado el más alto vértice del honor y de la gloria". Decía no haberle pesado "el trabajo, ímprobo cuanto se quiera, porque… vigilaba la formación de aquellos que habrían de ser en elgún tiempo gloria y ornamento del Alma mater".[41] Ella genera hijos de egregias y cristianas costumbres, tan incontables como las estrellas. Varones "que dieron esplendor a la Iglesia o que gobernaron la república", y de los que se halla rastro en los registros de las parroquias, de las órdenes religiosas y en los diversos monumentos históricos.

Las normas para ingresar a la universidad y obtener los consiguientes grados, establecían que bastaba con ser descendiente puro de españoles dedicados a oficio "honesto". En la práctica, como ha podido verse, la condición económica y social de la familia solía resultar determinante para la carrera dentro del estudio, pero, sobre todo, fuera. El grueso de los estudiantes procedía de las capas medias de la población criolla, y esa misma medianía los llevaba a no coronar sus estudios con un grado o a conformarse con el de bachiller, el más bajo y menos costoso. Ahí concluía la carrera académica de la mayoría. En adelante, serían su habilidad o los recursos que la familia le

Un doctor universitario oficia una ceremonia de matrimonio,
detalle del retablo *Los siete sacramentos*, 1735.

facilitara, los que le permitirían optar con éxito por una capellanía, una parroquia rural o un cargo análogo, o bien, por la abogacía o la práctica médica. Es posible que el
excepcional interés de alguien por el estudio y su destacado aprovechamiento lo hicieran candidato idóneo para un grado mayor. Tal vez fue ése el caso de Juan Ruiz de
Alarcón, pero al no haber logrado su familia sufragar el enorme costo de un bonete

doctoral ni encontrar un padrino, el escolar quedaba de por vida sin la distinción, condenado a oficios de menos lustre como el de notario. Por el contrario, un vástago de la élite económica, sobre todo si aspiraba a ennoblecer a los suyos, de dudoso origen social, tenía a su alcance todo tipo de recursos, lícitos y no, para doctorarse y ascender a cargos cada vez más honoríficos y en ocasiones también lucrativos.

El seguimiento paralelo de dos universitarios sobresalientes de la segunda mitad del siglo XVII, pone de manifiesto en qué medida la condición social y económica del escolar era decisiva para su carrera: Juan Ignacio María Castorena y Ursúa (1668-1731) y Carlos de Sigüenza y Góngora (1645-1700). El primero era hijo de una rica familia de Zacatecas, becario en San Ildefonso, licenciado en teología y leyes, aprovechó una estancia en Madrid para darse a conocer en la corte y se borló en teología en Ávila; a su regreso a México se destacó como predicador, se doctoró en leyes y ocupó varias cátedras, fue rector de la universidad, canónigo y chantre del Cabildo metropolitano, provisor de indios y, finalmente, obispo de Yucatán. Para promover su imagen y su carrera se volvió dadivoso mecenas, dotó fiestas, promovió procesos de beatificación, fundó un colegio de doncellas en Zacatecas e imprimió multitud de obras, sobre todo sermones propios y ajenos. Sus sermones solían aplaudir sucesos felices de la casa real: el nacimiento de un príncipe (1709) o triunfos militares (1712), o exaltar las instituciones que él mismo había favorecido.

Don Carlos de Sigüenza y Góngora, en cambio, era hijo de un modesto secretario del gobierno virreinal; tuvo una carrera escolar un tanto errática, ingresó con los jesuitas de donde fue expulsado, se matriculó varias veces en artes y en cánones, sin concluir los cursos. Al fin, oposito con éxito por la cátedra de matemáticas en 1672 (la única que podía retener careciendo del grado de bachiller) pero en ella no tenía posibilidad de promoción. Por su bajo salario (apenas 100 pesos anuales) y sin posibilidades de tener acceso a las ricas propinas de sus colegas, se ocupó en múltiples empleos que le permitían mantener a sus numerosos hermanos. Fue cosmógrafo real e inspector de cañoneros, pero a su muerte era tan sólo el modesto capellán del hospital del Amor de Dios, donde habitaba, y disfrutaba de una pequeña capellanía fundada por los descendientes de Alva Ixtlixóchitl. Su constante inasistencia a clases y el favoritismo del virrey le ocasionaban fricciones con el gremio y aunque publicó mucho gracias al apoyo del palacio virreinal y de algunos conventos, sólo imprimió una mínima parte de lo que escribió. Incluso cuando el erudito esperaba que la corporación lo comisionara para hacer la crónica de la universidad, el claustro lo descartó argumentando que no era tarea para alguien ajeno al gremio. Así, mientras Castorena fue mecenas de varios libros, la mayoría de los impresos del segundo se hicieron por encargo. Por encima de las diferencias personales entre ambos universitarios, es evidente la medida en que los vastos recursos de Castorena le facilitaron una carrera eminente,

Retrato de Juan Ignacio Castorena y Ursúa,
cuadro anónimo del siglo XVIII.

mientras que la medianía de Sigüenza le atrajo incontables limitaciones sobrellevadas como mejor pudo.

La universidad, pues, lejos de ser un espacio abierto a todos los miembros de la sociedad novohispana deseosos de aprender y de promoverse socialmente, acogía en su seno, casi en exclusiva, al estamento español, así a los nacidos en la tierra como a los oriundos de ultramar. Pero, dentro de ese grupo restringido, la capacidad de la corporación como instancia para el ascenso social estaba condicionada, de antemano, por el rango social y económico de cada uno de sus miembros. Para los mejor situados, los altos cargos y los honores; para el resto, la inmensa mayoría, apenas los empleos más modestos, eso sí, dentro de la categoría de los profesionistas liberales.

MAJESTUOSAS POMPAS Y COSTOSOS APARATOS

Las fiestas y días de asueto eran tan frecuentes a lo largo del año, que constituían casi una rutina paralela. Las escuelas cerraban el 8 de septiembre, y seguían casi siete semanas de vacaciones. En diciembre, no se leía ni 15 días; primero, por las fiestas (San Ambrosio, Santa Lucía, la Expectación de María y Santo Tomás Apóstol); a continuación, era feriado desde Navidad hasta Epifanía. Entre marzo y abril, también se cerraba durante Semana Santa y Pascua. En total, había unas seis fiestas por mes, sin contar domingos, arribos de virreyes, de arzobispos, los actos solemnes extraordinarios, los procesos para proveer cátedras, etc. Y si durante toda una semana no había santo que celebrar, también el jueves era asueto. En el mejor de los casos, se alcanzaban 190 días lectivos frente a los 175 que con seguridad eran feriados.

Las fiestas ordinarias de la universidad empezaban en San Lucas, 18 de octubre, con la apertura de cursos. Como las escuelas cerraban a partir del 8 de septiembre, lo primero era asear la casa. En 1654, empezó la limpieza el 6 de octubre, cuando se dieron cuatro pesos con cuatro tomines a unos indios para que "terraplenaran" la orilla del edificio limítrofe con la acequia, y otros cinco dos tomines, a los peones que asearon el exterior. Por quitar la yerba del patio, barrer la capilla, el claustro y los generales, otros peones recibieron cinco pesos con cinco. Un bedel gastó 12 pesos cuatro tomines en acarrear juncia, leña, colocar arcos, ramilletes con sus respectivos clavos y alfileres, disponer incienso, vino y hostias, y conseguir atabales y chirimías. El coro de catedral recibió 22 pesos por cantar la misa. A veces, la capilla invitada era la de los niños de San Juan de Letrán. En cera (ya devuelto el sobrante) se gastaron cuatro pesos seis tomines. Dos pesos más, por acomodar alfombras y sillas. A los bedeles se dio, en retribución, dos pesos. Por fin, en chocolate y marquesotes, seis pesos. La celebración, no en exceso suntuosa, costó poco más de 75 pesos.[42]

Al siguiente mes, el 25 de noviembre, era la fiesta patronal de Santa Catarina, con desfile la víspera. Asistían el virrey y los oidores. A los elementos ya descritos, se agregaba el gasto para alfombrar con tule el frente de la casa del rector y las escuelas, y lo invertido en luminarias nocturnas y fuegos artificiales. A mediados del XVII, el coste oscilaba entre 90 y 130 pesos.[43] Una vez al año, la corporación honraba a sus difuntos, por supuesto, sin capilla de cantores ni ágape. El gasto principal derivaba de las enormes cantidades de cera. Al fin de cualquier celebración se devolvía la sobrante, deducido el "alquiler": un real y medio por cada libra. En 1649, el pago final ascendió a 49 pesos, frente a los cinco o siete de las otras fiestas.[44] La mayoría de las fechas del año litúrgico no implicaban gastos suplementarios.

Los doctoramientos, sin periodicidad fija, eran recurrentes cada año. Según las constituciones ordenaban,[45] el doctorando, una vez aprobado por el maestrescuela de la catedral y habiendo depositado las propinas y los derechos, debía salir de su casa a las tres de la tarde, a caballo, acompañado por todos los doctores, también a caballo, ataviados con "borlas y capirote". Al frente del desfile irían trompetas, chirimías y atabales, ataviados con sus uniformes. Detrás de los músicos, "los ciudadanos y caballeros convidados". A continuación, los bedeles, con mazas, el secretario y el tesorero. Luego, de dos en dos, los maestros en artes, seguidos por los médicos, los teólogos, canonistas y legistas, por antigüedad. Enseguida, el doctorando, con los lacayos y pajes de librea que quisiera, con el rector y el decano a sus lados. A sus espaldas, un hombre de armas sobre un caballo bien aderezado llevaría las insignias doctorales del candidato en un bastón dorado, y detrás de él iría el padrino con dos caballeros. Pasarían a la casa del maestrescuela para pasear con él por las calles principales. Luego lo devolverían a su casa, así como al candidato, que pondría sus armas sobre la puerta de su casa. Al otro día, temprano, se repetiría el paseo hacia catedral, pasando antes por el virrey.

Y si todo el desfile tiene un tono señorial, la ceremonia misma imitaba el rito de armar a un caballero. En catedral habría un tablado adornado, capaz de acoger a toda la comitiva. Luego de una misa, el decano, subido a una cátedra, ordenaría al candidato decir una breve cuestión doctoral, que le debatirían brevemente el maestrescuela y el rector. Entonces el decano bajaba de la cátedra y la ocupaba el autor del vejamen, rito de iniciación que solía tener un carácter más jocoso que satírico, con mezcla de prosa y verso. En uno de los textos conservados,[46] el orador llama perlas a sus colegas. Perlas occidentales que, si no valían tanto como las orientales por ser menos comunes que éstas, tenían más valor; y aunque ahí había tantas perlas presentes, no por eso eran menos raras… A continuación, el candidato iba ante el maestrescuela, quien tenía al lado una mesa con las insignias. Se las pedía y el decano las iba confiriendo, recibiéndolas de la mano del padrino. El decano, primero le daba un beso en el carrillo en signo de

Cabildo de la catedral de México,
detalle del cuadro de Cristóbal de Villalpando *Aparición de San Miguel*.

paz, amistad y fraternidad con la academia, y luego le colocaba un anillo, esposándolo con la corporación; a continuación, si el doctorando era eclesiástico, recibía un libro para poder libremente enseñar la sabiduría; pero si era seglar, una espuela dorada que le permitiera pelear, como caballero, por la verdad. Acto seguido, el decano lo hacía ascender a la cátedra, a modo de doctor. Al bajar, de rodillas, juraría los evangelios y la Inmaculada Concepción. Luego pediría las borlas y el grado al maestrescuela, que los otorgaría *auctoritate pontificia et regia*. El decano lo llevaría entonces ante el virrey, que le daría un abrazo, y por fin, se repartían las propinas. Acabada la ceremonia, el desfile haría el camino inverso.

Para recibir a un virrey o un arzobispo, celebrar unos funerales solemnes, los fastos de la casa real o cualquier otra fiesta extraordinaria, el claustro decidía cuánto gastar, generalmente canalizando a ese fin el total de propinas de uno o varios grados. Los letrados, según se ha puesto de relieve, desempeñaban un papel clave en el proceso de justificación del orden establecido, fundado en la preeminencia de la monarquía.[47] Su respaldo a las instituciones existentes cobraba forma de varios modos. Por medio de los sermones, piezas nada inocentes políticamente hablando, según se vio al mencionar los de Castorena; también mediante la administración de sacramentos como la penitencia, que sancionaban un orden de cosas. Asimismo, las fiestas públicas, con el aparato de arcos, mascaradas, carros alegóricos, procesiones, eran notables piezas de propaganda. Siempre que se efectuaban tenían propósitos muy concretos, y nadie se prestaba a promoverlas por el simple gusto de hacer ruido. De otra parte, si distinciones y ascensos venían de la metrópoli, mientras más sentidos y solemnes fuesen los lutos y los júbilos, eran mayores las expectativas de premio para los promotores. Pero si se quería que la fama de los fastos llegara hasta la corte, convenía que un autor de renombre los relatara y diese a la imprenta. Desde esta perspectiva, el *Triunfo parténico* es una pieza de género entre muchas otras, escritas con mejor o peor pluma. En semejantes relaciones, es regla el afán por singularizar y exaltar los más nimios acontecimientos.

Resulta interesante la consulta de fuentes alternativas, cuando se encuentran, pues permiten contrastar la versión hiperbólica de los relatos impresos con noticias más escuetas. Tal es, por ejemplo, la minuta de los gastos efectuados por la universidad en enero de 1713, por el nacimiento del infante Felipe Carlos.[48] Existe una relación impresa que no se limita a las fiestas de la universidad, sino que se ocupa de narrar las realizadas durante tres semanas por iniciativa de las distintas instituciones. Es obra de Diego de Orcolaga y se intitula *Las tres gracias manifiestas en el crisol de la lealtad*. Otra publicación se intituló *Esphera mexicana*.[49] Por lo que hace a la declaración de gastos hechos por la universidad, en ella se señala que se "beneficiaron" cinco borlas, a 1 000 pesos cada una. El acto principal habría sido una "máscara" montada en un carro alegórico cuyo aderezo costó 750 pesos. La música que iba en él, 40 más, y 30 se entregaron a una compañía de clarines y tambores que presidía el cortejo, aparte de otros ocho, dados a los "capitanes de cuadrilla", sin duda estudiantes, que rodeaban el carro. Además, para que "luciera la noche de la máscara", se mandó iluminar todo el trayecto de la Inquisición hasta las escuelas, lo que costó 13 pesos. Esa noche, sin duda, el virrey estuvo presente, pues se pagaron 12 pesos a los guardias que lo acompañaron.

En la plaza se montó una tribuna para doctores y estudiantes, rodeada de un barandal. Y a fin de que los asistentes estuviesen con "decencia y desahogo", se pusieron petates que sombrearan de día, y luminarias que facilitaran la vista de los espectáculos nocturnos, lo que costó 62 pesos. Además, durante los tres días de toros y la noche de la máscara, se gastaron 103 pesos en "aguas diferentes", y se repartieron 18 arrobas (unos 200 kilogramos) de dulces, por un total de 93 pesos.

Al parecer, y no resulta clara la fecha, hubo también un paseo de carro ridículo, que, con todo y músicos, costó 28 pesos, más 22 que se pagaron a un "colegial pobre" por haber hecho en el carro a la filosofía. También se escenificó una loa; a los autores se dieron 10 pesos, y cuatro más al que transcribió los versos y los llevó a la imprenta.

La corporación universitaria en una procesión, detalle del cuadro de Juan Arellano *Traslado de la Virgen de Guadalupe*, 1709.

Durante los ensayos, se gastaron 16 pesos en "dulces, aguas y chocolate". La fuente no señala si la loa se escenificó en el patio de las escuelas; para iluminarla durante nueve noches, se compró una canoa de ocote y leña, en apenas seis pesos. Por otra parte, mientras que para la fiesta patronal de Santa Catarina se gastaba cada año alrededor de 40 pesos en pólvora, durante aquella celebración, las "invenciones pirotécnicas" frente a palacio costaron 470. Todo indica, pues, que las relaciones impresas donde se daba cuenta de tales fiestas se hallaban muy lejos de exagerar.

Las celebraciones de 1713 estaban sin duda encaminadas a legitimar a la nueva dinastía borbónica, que por esas fechas seguía luchando por afirmarse en Valencia y Cataluña, partidarias de la casa de Austria. Más allá de la carga política del acontecimiento, el documento descrito nos ofrece una visión del cuerpo universitario, así estudiantes como doctores, dados con facilidad al regalo y regocijo, miembros al fin de la casta privilegiada. Durante esos mismos festejos, el duque de Linares hizo colocar en la plaza mayor una "pirámide gastronómica" que le costó más de 4 000 pesos. Sobre base circular, se elevó una naturaleza muerta formada con pavos, gallinas, carneros, reses, terneras, aves diversas, patos de la laguna, palomas, "hilos de chorizos", tocinos, panes, queso, melones, plátanos, piñas, chirimoyas, chayotes, sandía, camotes. Para sorpresa de todos, aquel "paraíso de la gula", no apenas había sido compuesto, fue devorado por una turba de "hambrientos maceguales".

NOTAS

[1] Bibliografía reciente sobre la universidad colonial en GONZÁLEZ GONZÁLEZ, 1997. Para el siglo XVII, PÉREZ PUENTE, 2000 y 2001a.

[2] BÁEZ, 1966-1967, p. 789.

[3] Agradezco a Leticia Pérez Puente sus informaciones sobre Nicolás del Puerto. La cita, en PÉREZ PUENTE 2001a, p. 76; OSORES, 1975, p. 180, creador de la versión de que era "indio puro".

[4] Véase PLAZA, 1931, vol. I, pp. 126 y 158.

[5] GONZÁLEZ GONZÁLEZ, 2000a, Constituciones…, núm. 394.

[6] En AGN, Ramo Universidad, 525, hay mucha documentación sobre obras. El antiguo palacio de la Inquisición permite imaginar el patio de la vieja universidad en su última forma, pero el recinto inquisitorial, con análoga escalera en el costado oriente, tiene apenas cinco arcos por corredor, cuando las escuelas constaban de seis por ocho.

[7] SIGÜENZA, 1945, pp. 76 y ss.

[8] SIGÜENZA, 1945, pp. 241 y ss. Inventario de 1758, AGN, Ramo Universidad, 23, editado en el Boletín del Archivo General de la Nación, XXII: 3, 1951, pp. 155-180.

[9] AGN, Ramo Universidad, 25: Claustros de septiembre y octubre de 1773. "Discurso sobre la policía de México, 1788", en GONZÁLEZ POLO (ed.), 1984, pp. 62-63.

[10] GONZALBO AIZPURU, 1990a. Para evitar confusiones, siempre me referiré como Máximo al Colegio

de San Pedro y San Pablo, el único de la Compañía que dictaba cursos; los otros eran meras residencias u hospederías de escolares.

[11] Gutiérrez Rodríguez, 1996.

[12] Osores, 1975, pp. 915-918.

[13] Ramírez González, 1994.

[14] Pareja, 1989, vol. i, p. 379.

[15] León Alanís, 2001b.

[16] González Rodríguez, 1992.

[17] Sigüenza, 1945, p. 67.

[18] Gonzalbo Aizpuru, 1990b, p. 200.

[19] Peset, Mancebo y Peset, 2001.

[20] O'Gorman, 1944, p. 600.

[21] Farfán, título 21; Cerralvo, 36; Palafox, las constituciones 236 y 237, en González González, 1990, vol. ii.

[22] Pérez Salazar, 1928, p.90; González González, 2000a, p. 198.

[23] Pérez Puente, 1999, p. 24.

[24] Ramírez González, 1993.

[25] González González, 2001, p. 83.

[26] Ramírez González, 1993.

[27] Zambrano, 1970.

[28] González González, 2001, y Pérez Puente, 2000.

[29] Pavón Romero, 1995; Pavón y Ramírez, 1993.

[30] Pérez Puente, 1999; Palao Gil, 1998.

[31] Pérez Puente, 2000; Aguirre Salvador, 1998, 1998a.

[32] Pérez Puente, 1999; Palao Gil, 1998.

[33] Pérez Puente, 1999.

[34] Bartolomé, 1991, p. 80.

[35] Constituciones…, título xix, núms. 276 a 314.

[36] Desde la época de Farfán (1580) los estatutos hablan de permutar los banquetes por propina en metálico, y Palafox vuelve a decir que "en adelante" ya no se den comidas. Si las propinas se reducen a lo establecido por él, constitución 324, un doctoramiento al que acudiesen 30 doctores de la propia facultad, más 40 de las otras, implicaría un mínimo de 1 840 pesos, incluidos los pagos fijos; esa cifra se incrementaba pues todos los que tenían doble doctorado tenían derecho a una mayor propina. Para todo lo relativo a los doctoramientos en Palafox, véase su título xx.

[37] Plaza, 1931, vol. ii, pp. 295-297.

[38] Plaza, vol. ii, passim, en especial de la 182 a la 199; también los libros de claustros correspondientes a esos años, agn, Ramo Universidad, 17; todo el Triunfo parténico de Sigüenza, y Fernández de Recas, 1963, p. 59.

[39] Aguirre Salvador, 1998a.

[40] Véanse Constituciones…, 292 y 241.

[41] Eguiara y Eguren, 1991, p.4

[42] agn, Ramo Universidad, 524, f. 397.

[43] agn, Ramo Universidad, 524, f. 287; fiestas de 1650 y 1654.

[44] agn, Ramo Universidad, 524, f. 258.

[45] *Constituciones...*, título XV, 315-326.
[46] YMHOFF, 1979, pp. 76 y ss.
[47] CHOCANO, 2000.
[48] AGN, Ramo Universidad, 524, datado el 11 de enero de 1713.
[49] MEDINA, núm. 2368; TOVAR DE TERESA, 1988, vol. II, p. 57.

SIGLAS Y REFERENCIAS

AGN   ARCHIVO GENERAL DE LA NACIÓN, MÉXICO
       Ramo Universidad.

AGUIRRE SALVADOR, Rodolfo
    1998a   "¿Escalafón u oposición? El ascenso a las cátedras jurídicas en el siglo XVIII", en PÉREZ PUENTE (coord.), pp. 61-77.
    1998b   *Por el camino de las letras. El ascenso profesional de los catedráticos juristas de la Nueva España. Siglo XVIII.* México: Centro de Estudios sobre la Universidad (La Real Universidad de México. Estudios y Textos, VIII), Universidad Nacional Autónoma de México.

BÁEZ MACÍAS, Eduardo
    1966-1967   "Planos y censos de la ciudad de México, 1753", en *Boletín del Archivo General de la Nación*, VII: 1-2 (ene.-mar., 1966), pp. 407-484, y VIII: 3-4 (jul.-dic., 1967), pp. 485-1156.

BAKEWELL, Peter John
    1976   *Minería y sociedad en el México colonial. Zacatecas, 1546-1700.* México: Fondo de Cultura Económica.

BARTOLOMÉ, Gregorio
    1991   *Jaque mate al obispo virrey. Siglo y medio de sátiras y libelos contra don Juan de Palafox y Mendoza.* México: Fondo de Cultura Económica.

BERISTÁIN, J.M.
    1947   *Biblioteca Hispanoamericana Septentrional*, 3a. ed. (5 vols. en 2 tomos). México: Ediciones Fuente Cultural.

CARREÑO, Alberto María
    1963   *Efemérides de la Real y Pontificia Universidad de México, según sus libros de claustros* (2 vols.). México:Universidad Nacional Autónoma de México.

CHOCANO MENA, Magdalena
    2000   *La fortaleza docta. Élite letrada y dominación social en el México colonial (siglos XVI y XVII).* Barcelona: Edicions Bellaterra.

Constituciones...
    1775   *Constituciones de la Real y Pontificia Universidad de México, dadas por Juan de Palafox y Mendoza.* México: Zúñiga y Ontiveros.

CRUZ, Juana Inés de la
    1976   *Obras completas* (4 vols.). México: Fondo de Cultura Económica.

CUADRIELLO, Jaime
    1999   *Catálogo comentado del Museo Nacional de Arte. Nueva España*, vol. I. México: Museo Nacional de Arte.

DELGADO, Jaime
    1960   Introducción a *La piedad heroyca de don Fernando Cortés*. Madrid: José Porrúa Tranzas.

Doctores y Escolares…
    1998   *Doctores y Escolares. II Congreso Internacional de Historia de las Universidades Hispánicas* (Valencia, 1995), presentación de Pedro Ruiz T., prólogo de Mariano Peset (2 vols.). Valencia: Universitat de València.

EGUIARA Y EGUREN, Juan José
    1991   "Loa de la Universidad", prólogo a las *Selectae Disertationes Mexicanae*, estudio introductorio, traducción y notas de Roberto Heredia. México: Universidad Nacional Autónoma de México.

FERNÁNDEZ DE RECAS, Guillermo S.
    1963   *Grados de licenciados, maestros y doctores en artes, leyes, teología y todas las facultades de la Real y Pontificia Universidad de México*. México: Biblioteca Nacional, Universidad Nacional Autónoma de México.

GONZALBO AIZPURU, Pilar
    1990a   *Historia de la educación en la época colonial. El mundo indígena*. México: El Colegio de México.
    1990b   *Historia de la educación en la época colonial. La educación de los criollos y la vida urbana*. México: El Colegio de México.

GONZÁLEZ GONZÁLEZ, Enrique
    1990   *Legislación y poderes en la universidad colonial de México (1551-1668)* (2 vols.), tesis de doctorado en historia, Universidad de Valencia.
    1991   Edición crítica e introducción a *Proyecto de estatutos ordenados por el virrey Cerralvo (1626)*. México: Centro de Estudios sobre la Universidad (La Real Universidad de México. Estudios y Textos, III), Universidad Nacional Autónoma de México.
    1997   "Los estudios sobre historia de la universidad colonial", en *Encuentro académico. XX aniversario del CESU*. México: Centro de Estudios sobre la Universidad, Universidad Nacional Autónoma de México, pp. 23-47.
    2000a   "Don Juan de Castilla, procurador de la Universidad de México en la corte de Madrid (1594-1606)", en *Las universidades hispánicas de la monarquía de los Austrias al centralismo liberal*. Salamanca: Universidad de Salamanca-Junta de Castilla y León, pp. 261-287.
    2000b   "Sigüenza y Góngora y la Universidad: crónica de un desencuentro", en Alicia MAYER (coord.), *Carlos de Sigüenza y Góngora. Homenaje 1700-2000*, vol. 1. México: Universidad Nacional Autónoma de México, pp. 187-231.

2001 "Juan de Palafox, visitador de la Real Universidad de México. Una cuestión por despejar", en GONZÁLEZ GONZÁLEZ y PÉREZ PUENTE (coords.), vol. I, pp. 59-88.

GONZÁLEZ GONZÁLEZ, Enrique, y Leticia PÉREZ PUENTE (coords.)
2001 Colegios y universidades, del antiguo régimen al liberalismo (2 vols.). México: Centro de Estudios sobre la Universidad (La Real Universidad de México. Estudios y Textos, XI y XII), Universidad Nacional Autónoma de México.

GONZÁLEZ POLO, Ignacio (ed.)
1984 Reflexiones y apuntes sobre la ciudad de México. (Fines de la Colonia). México: Departamento del Distrito Federal.

GONZÁLEZ RODRÍGUEZ, Jaime
1992 "La cátedra de Escoto en México. Siglo XVIII", en Estudios de historia social y económica de América. Actas de las IV y V Jornadas sobre la Presencia Universitaria en América. 1990-1991, núm. 9. Alcalá: Universidad de Alcalá, pp. 261-288.

GUTIÉRREZ RODRÍGUEZ, Víctor
1996 "El colegio novohispano de Santa María de Todos Santos. Alcances y límites de una institución colonial", en RAMÍREZ GONZÁLEZ y PAVÓN (comps.), pp. 381-395.

LANNING, John Tate
1946 Versión paleográfica, introducción, advertencia y notas a Reales cédulas de la Real y Pontificia Universidad de México, de 1551 a 1816. México: Universidad Nacional Autónoma de México.

LEÓN ALANÍS, Ricardo
2001a El Colegio de San Nicolás de Valladolid. Una residencia de estudiantes (1580-1712). Morelia: Universidad Michoacana de San Nicolás de Hidalgo.
2001b "San Ramón Nonato: puente entre el colegio de San Nicolás Obispo de Michoacán y la Real Universidad de México", en GONZÁLEZ GONZÁLEZ y PÉREZ PUENTE (coords.), vol. II, pp. 97-109.

LUNA DÍAZ, Lorenzo Mario
1998 "Universidad de estudiantes y universidad de doctores: Salamanca en los siglos XV y XVI", en Renate MARSISKE (coord.), Los estudiantes. Trabajos de historia y sociología, 2a. ed. México: Universidad Nacional Autónoma de México, pp. 15-55.

MEDINA, José Toribio
1989 La imprenta en México (1539-1821) (8 vols.). México: Universidad Nacional Autónoma de México. [Edición facsimilar de la de 1907-1912].

MENEGUS BORNEMANN, Margarita, y R. AGUIRRE SALVADOR
1995 "Graduados universitarios y carreras profesionales", en Margarita MENEGUS y Enrique GONZÁLEZ (coords.), Historia de las universidades modernas en Hispanoamérica. Métodos y fuentes. México: Universidad Nacional Autónoma de México, pp. 83-94.

O'GORMAN, Edmundo
1944 "Datos sobre D. Carlos de Sigüenza y Góngora (1669-1677)", en Boletín del Archivo General de la Nación, XV: 4, pp. 595-612.

Osores, Félix

 1975 "Noticias bibliográficas de alumnos distinguidos del Colegio de San Pedro y San Pablo y San Ildefonso de México (hoy Escuela Nacional Preparatoria)", en *Documentos inéditos o muy raros para la historia de México*, publicados por Genaro García. México: Editorial Porrúa (Biblioteca Porrúa, 60).

Osorio Romero, Ignacio

 1979 *Colegios y profesores jesuitas que enseñaron latín en Nueva España (1572-1767)*. México: Universidad Nacional Autónoma de México.

Palao Gil, Javier

 1998 "Provisión de cátedras y voto estudiantil", en *Doctores y Escolares...*, vol. II, pp. 187-201.

Pareja, Francisco de

 1989 *Crónica de la Provincia de la Visitación de Nuestra Señora de la Merced, redención de cautivos, de la Nueva España (2 vols.)*. México: Archivo Histórico del Estado de San Luis Potosí. [Edición facsimilar de la de 1882].

Pavón Romero, Armando

 1995 *Universitarios y universidad en México en el siglo XVI*, tesis de doctorado, Universidad de Valencia.

 2001 "Doctores en la Universidad de México en el siglo XVI", en González González y Pérez Puente (coords.), vol. I, pp. 241-267.

Pavón Romero, Armando, y Clara I. Ramírez

 1993 *El catedrático novohispano: oficio y burocracia en el siglo XVI*. México: Centro de Estudios sobre la Universidad (La Real Universidad de México. Estudios y Textos, IV), Universidad Nacional Autónoma de México.

Pérez Puente, Leticia (coord.)

 1998 *De maestros y discípulos. México. Siglos XVI-XIX*. México: Centro de Estudios sobre la Universidad (La Real Universidad de México. Estudios y Textos, VII), Universidad Nacional Autónoma de México.

Pérez Puente, Leticia

 1999 "Una revuelta universitaria en 1671. ¿Intereses estudiantiles o pugna de autoridades?", en Renate Marsiske (coord.), *Movimientos estudiantiles en la historia de América Latina*. México: Centro de Estudios sobre la Universidad, Universidad Nacional Autónoma de México, pp. 19-39.

 2000 *Universidad de doctores. México. Siglo XVII*. México: Centro de Estudios sobre la Universidad (La Real Universidad de México. Estudios y Textos, IX), Universidad Nacional Autónoma de México.

 2001a *Fray Payo Enríquez de Rivera y el fortalecimiento de la iglesia metropolitana de la ciudad de México. S. XVII*, tesis de doctorado en historia, Universidad Nacional Autónoma de México.

 2001b "Los canónigos catedráticos de la Universidad de México. Siglo XVII", en González González y Pérez Puente (coords.), vol. I, pp. 133-161.

PÉREZ SALAZAR, Francisco
    1928   *Biografía de D. Carlos de Sigüenza y Góngora*. México: Antigua Imprenta de Murguía.
PESET, Mariano
    1996   "Poderes y universidad de México durante la época colonial", en RAMÍREZ GONZÁ-
             LEZ y PAVÓN (comps.), pp. 49-73.
PESET, Mariano, M.F. MANCEBO y M.F. PESET
    2001   "Aproximación a la matrícula de México durante el siglo XVIII", en GONZÁLEZ GON-
             ZÁLEZ y PÉREZ PUENTE (coords.), vol. I, pp. 217-240.
PLAZA Y JAÉN, Cristóbal Bernardo de la
    1931   *Crónica de la Real y Pontificia Universidad de México* (2 vols.), versión paleográfi-
             ca, proemio, notas y apéndice de Nicolás Rangel. México: Universidad Nacional
             Autónoma de México. [1689].
RAMÍREZ GONZÁLEZ, Clara Inés
    1993   "La Universidad de México y los conflictos con los jesuitas en el siglo XVI", en *Es-
             tudis. Revista de Historia Moderna*, 21, pp. 39-57.
    1994   "La fundación de la cátedra de Santo Tomás en la Real Universidad de México",
             en L. ALVARADO (coord.), *Tradición y reforma en la Universidad de México*. México:
             Centro de Estudios sobre la Universidad, Universidad Nacional Autónoma de
             México-M.A. Porrúa, pp. 35-56.
    2001   *Grupos de poder clerical en las universidades hispánicas I. Los regulares en Salaman-
             ca y México durante el siglo XVI*. México: Centro de Estudios sobre la Universidad,
             Universidad Nacional Autónoma de México.
RAMÍREZ GONZÁLEZ, Clara Inés, y Armando PAVÓN (comps.)
    1996   *La universidad novohispana: corporación, gobierno y vida académica*. México: Centro
             de Estudios sobre la Universidad (La Real Universidad de México. Estudios y Tex-
             tos, VI), Universidad Nacional Autónoma de México.
RUBIAL, Antonio
    1989   *El convento agustino y la sociedad novohispana (1553-1630)*. México: Universidad
             Nacional Autónoma de México.
SIGÜENZA Y GÓNGORA, Carlos de
    1945   *Triunfo parténico*. México: Editorial Xóchitl. [1683].
TOVAR DE TERESA, Guillermo
    1988   *Bibliografía novohispana de arte* (2 vols.). México: Fondo de Cultura Económica.
YHMOFF CABRERA, Jesús
    1979   "Una muestra de los actos académicos en el virreinato de la Nueva España", su-
             plemento al *Boletín del Instituto de Investigaciones Bibliográficas*, 7.
ZAMBRANO, Francisco
    1970   *Diccionario bio-bibliográfico de la Compañía de Jesús en México*, vol. X. México: Edi-
             torial Jus.

10
LOS COLEGIOS JESUITAS

ELSA CECILIA FROST

*Centro Coordinador y Difusor
de Estudios Latinoamericanos,
Universidad Nacional Autónoma de México*

AL LLEGAR A LA NUEVA ESPAÑA EN 1572, la Compañía de Jesús conocía ya perfectamente los ministerios a los que quería y debía consagrarse. Si por un lado estaban las misiones entre infieles, iniciadas por Francisco Xavier aun antes de que la orden recibiera la aprobación pontificia, por el otro estaban las misiones entre fieles y entre quienes corrían el peligro de estar a punto de dejar de serlo; para ello contaban con las armas de la prédica y los ejercicios espirituales ideados por San Ignacio. No se les había escapado además la importancia que en esta misión tenían los estudios. Su primer campo de acción, las zonas del imperio que pasaban una tras otra a ser territorio luterano, no sólo lo hacían por razones de conveniencia política, sino también principalísimamente por la fuerza de la predicación protestante. En muy corto tiempo, las grandes universidades alemanas: Wittenberg, Jena, Marburg, Königsberg, Heidelberg y Tübingen, entre otras, habían cambiado de filiación religiosa o debían su fundación a un príncipe protestante. La acción de los jesuitas en el púlpito, en los hospitales, en las cárceles y aun en las calles y en las plazas, poco podía lograr mientras los jóvenes recibieran una formación contraria a los principios católicos. Si Ignacio era en un principio adverso a que la Compañía distrajera sus esfuerzos dedicándose a la enseñanza, bien pronto cambió de parecer y la fundación de colegios pasó a ocupar un primer término. Tan fue así que para 1556, a la muerte del fundador, la orden tenía ya 35 colegios. Y aquí tropezamos con un primer problema, ¿qué es un colegio jesuita?

A pesar de la gran coherencia que se atribuye a la estructura de la Compañía, el estudio de sus colegios presenta obstáculos surgidos, por paradójico que parezca, de la forma confusa en la que los propios jesuitas se refieren a ellos. Así, según sus crónicas, el colegio de Mesina y el de Gandía fueron las primeras fundaciones (con una escasa diferencia) y a los dos, como a los posteriores, se les dio el mismo nombre, lo que lleva a suponer una identidad de propósito y de funciones en ambos. Sin embargo, los textos señalan que la admisión de estudiantes laicos en Gandía (1546) fue el inicio de la actividad educativa de los jesuitas, en tanto que Mesina estaba reservado a los estudiantes de la propia orden, de modo que, de hecho, resultaría un noviciado.[1] Además, en 1551, sobre la puerta de una humilde casa en Roma, "al pie del capitolio, apareció un letrero: *Escuela de Gramática, de Humanidades y de Doctrina Cristiana, gratis*", que de escuelita pasaría a ser el origen del Colegio Romano, convertido en 1565 en Universidad Gregoriana. Así resulta que "colegio" es el nombre que los jesuitas dieron a instituciones educativas de distinto tipo: en Roma a una universidad, en Mesina a un noviciado y en Gandía a un instituto de educación preuniversitaria y universitaria. Cabe todavía una cuarta variedad que sería el Colegio Germánico de Roma, en el que no se daban clases, sino que era el alojamiento de jóvenes alemanes que deseaban llegar a ser sacerdotes jesuitas y seguían los cursos del Colegio Romano y más adelante de la Gregoriana. De modo que la pregunta sobre qué es un colegio jesuita es perfectamente lógica.

Para resolverla, cabe decir que los jesuitas no inventaron el nombre y que, al aplicarlo a sus fundaciones, lo hicieron según la acepción tradicional del término desde la Edad Media, a saber, residencias en las que se reunían, para vivir en comunidad y recibir apoyo académico, los estudiantes que seguían los cursos en la universidad. En este sentido debe entenderse lo dicho por San Ignacio: "ni estudios ni lecciones en la Compañía"; los colegios serían sólo internados y los futuros jesuitas harían los estudios necesarios en la universidad más cercana, tal como lo hiciera el núcleo primitivo de la orden formado en el colegio de Santa Bárbara en París. Para complicar aún más cualquier estudio sobre la educación jesuita, más adelante se usaron indistintamente los términos colegio, convictorio y seminario, haciendo pensar que los dos primeros serían sinónimos y que su significado correspondería a lo que actual y corrientemente se entiende por colegio, es decir, centros de enseñanza que abarcan desde las primeras letras hasta los estudios preuniversitarios, en tanto que seminario estaría reservado para los noviciados de la orden. Pero no es así, de modo que es necesario examinar con cuidado cada uno de los colegios para saber cuál era su función. Por otra parte, debe tenerse en cuenta que en los establecimientos que pudieran considerarse más cercanos al concepto actual convivían adolescentes (que podían tener o no vocación religiosa y aun en caso de tenerla, no ser para la Compañía) con jesuitas de cuarto voto (es decir, jesuitas en el pleno sentido de la palabra), lo mismo que con coadjutores espirituales (sacerdotes que no han hecho todavía este cuarto voto) que se iniciaban como maestros a la vez que terminaban sus estudios, y con los coadjutores temporales (miembros de la Compañía que no son sacerdotes). Si ya todo esto hace difícil que al hablar de los establecimientos jesuitas se puedan marcar claramente las diferencias, hay que señalar que el trabajo se dificulta aún más por la costumbre ignaciana de poner varias instituciones bajo la advocación de un mismo santo. Esto hace necesario conocer el lugar de la fundación, que será lo que permita saber qué propósito tenía un colegio llamado, por ejemplo, de San Francisco Xavier. Tan es así, que en muchos casos las crónicas omiten el nombre del colegio y sólo mencionan el de la ciudad en que se encontraba.

Desde luego, a pesar de las décadas transcurridas desde que la Compañía iniciara sus labores educativas, su traslado a la Nueva España no significó la simplificación del esquema. Los colegios del virreinato, fundados a imitación de los europeos, van a presentar exactamente los mismos problemas para su estudio.

Las primeras fundaciones, hechas casi inmediatamente después de su llegada, producen un gran desconcierto. Según dice el padre Decorme[2] el primer establecimiento fue el Colegio Máximo de San Pedro y San Pablo que define como "especie de universidad jesuita para propios y extraños", a lo que añade que fue también, durante los primeros años, residencia del provincial, noviciado, juniorado y casa de tercera probación. En él se enseñaba gramática, filosofía y teología y, como si lo anterior fuera poco, era el centro de las labores ministeriales y, naturalmente, casa habitación de los profesores. De hecho, el padre Decorme resume en un pequeño párrafo cuando menos 20 años de actividad, puesto que al parecer ni se empezaron cursos por la fecha que él da —12 de diciembre de 1572— ni había por entonces muchos candidatos a ingresar a la Compañía. Tiene, desde luego, razón al señalar que esta primera casa jesuita acogía casi todas estas actividades, sólo que —a pesar de llamarse San Pedro y San Pablo— no era aún el Colegio Máximo, pues debe recordarse que el general, Francisco de Borja, había ordenado "que en los dos primeros años de su llegada a este reino de ninguna suerte pusiesen estudios".[3] Aunque siempre debe tenerse en cuenta que, quizá no por haber cumplido al pie de la letra la prohibición, las primeras crónicas son muy confusas, tal vez deliberadamente. Así, de acuerdo con Sánchez Baquero, miembro de la primera misión, esta primera fundación no era más que la habitación de los jesuitas, en perfecta obediencia al prepósito general. Sin embargo, inmediatamente después añade que no sólo se fundó San Pedro y San Pablo, cuyo gobierno se dejó a los patrones que, "como comunidad sin cabeza, nunca se concertaban en nada… lo cual fue causa que dentro

---

El Colegio Máximo en el siglo XVIII

Tiene el colegio en dos patios destinados para los estudios liberales diez cátedras, las cinco en el principal, que son las de teología, de prima y vísperas, y tres de filosofía... con su prefecto de estudios, a donde concurren... colegiales de beca, manteístas y seculares. Y en el segundo patio están las clases de latinidad con los cinco maestros de mínimos, menores, mayores y retóricos; y en este patio está el general para tener los actos literarios.

José Antonio VILLASEÑOR Y SÁNCHEZ [1755], *Suplemento al Teatro Americano...* (1980), p. 131.

de algunos años se desbaratase la fundación",[4] sino que por julio de 1574 cuando aún faltaban dos meses para el término de los dos años, se fundó San Ildefonso (a cargo de "un clérigo honrado seglar"), al que siguieron San Gregorio, San Bernardo y San Miguel. Las escuelas públicas, que son las que nos interesan, se abrieron de acuerdo con la costumbre jesuita el día de San Lucas, 18 de octubre de 1574, sin que los primeros cronistas digan claramente dónde. Por lo demás, todos estos "colegios seminarios" habían quedado bajo el gobierno de sacerdotes diocesanos que los llevaron al fracaso, por lo que la Compañía decidió hacerse cargo de ellos, si bien por poco tiempo, pues aunque los patrones insistieron una y otra vez en restituir la administración a la Compañía, ésta se rehusaba a aceptarla "sin la total disposición en lo espiritual y temporal".

Las dificultades con las que tropezaron estas fundaciones por la falta de locales y de personal, a las que debe agregarse el continuo enfrentamiento con los patrones, fueron tantas que finalmente, cuando la Compañía pudo hacerse cargo de ellas, resolvió incorporar el colegio de San Pedro y San Pablo al de San Ildefonso, "al cual, desde el año de 82, *según parece*, se habían reducido los demás colegios"[5] (San Bernardo y San Miguel). Es importante destacar este "según parece", pues indica el continuo titubeo del

Claustro y patio del ex colegio de San Pedro y San Pablo en la Ciudad de México.

padre Florencia al hablar de los colegios, como puede verse claramente en el capítulo 17 del libro tercero que es de una ejemplar confusión. Finalmente, por cédula real del 29 de mayo de 1612, los jesuitas aceptaron tener a su cargo el colegio de San Pedro y San Pablo, bajo el patronato real. Seis años después, quedaría constituido el real y más antiguo colegio de San Pedro, San Pablo y San Ildefonso. Florencia añade que tal refundición hizo que los colegios perdieran los nombres que tenían antes, si bien quedó el de San Gregorio para el colegio de indios de la Ciudad de México, el de San Miguel para la iglesia de los naturales en Puebla y, lo que es muy de notar, "el colegio de San Pedro y San Pablo no conservó adecuadamente su nombre, porque, según lo discurro, la ocasión o causa parcial de haberle quitado el nombre a ese colegio fue porque después se fundó para el Colegio Máximo… [y] desde que se fundó dicho Colegio Máximo de San Pedro y San Pablo dejó de llamarse así el otro colegio, por quitar la equivocación entre los dos colegios".[6]

A pesar de esta explicación, la confusión sigue existiendo, pues cabe agregar que el nombre de "San Pedro y San Pablo" unido al de San Ildefonso desapareció en el uso, pero no oficialmente, amén de que las crónicas jesuitas —en las que se basa todo estudio moderno— se empeñan en hablar del colegio de San Pedro y San Pablo no sólo como de la primera fundación de la Compañía en la Nueva España, sino que agregan que el padre Pedro Sánchez es digno de eterna alabanza por haber hecho "con una casa tan pobre, con una iglesia de jacal, falto de muchas cosas, sin rentas ningunas, un colegio que había de ser el máximo de la provincia",[7] lo que no ayuda a disipar la confusión entre ambas, sino que la aumenta. Sin embargo, de acuerdo con el padre Florencia, la escritura por la que don Alfonso de Villaseca —el gran benefactor de la provincia novohispana— fue admitido como fundador del Colegio Máximo se firmó el 29 de agosto de 1576, en tanto que el que pudiera llamarse primer colegio de San Pedro y San Pablo había iniciado su actividad desde 1574, si no antes.

Tras este largo rodeo puede concluirse que existieron dos fundaciones distintas con el mismo nombre: la del año 74 (que se refundiría con San Ildefonso) y la de 76: el Colegio Máximo; aunque no queda muy claro si esa primera fundación debe considerarse como antecedente de la segunda y, si así hubiera sido, cuándo pasó a ser convictorio. Decorme parece considerarlo así, aunque por otra parte afirme que ¡los "estudios o clases de la Compañía" se abrieron en el Colegio Máximo el 18 de octubre de 1574!

Con todo, fueran cuales fueran las dificultades y duplicaciones de los colegios jesuitas desde su fundación, al iniciarse el siglo XVII, que es el que nos interesa, existían ya en la capital del virreinato dos instituciones diferentes: el Colegio Máximo, donde se recibían las clases, y el colegio (convictorio) de San Ildefonso en el que se alojaban los alumnos. A ellos me referiré en lo que sigue, dado que ambos pueden verse como modelo de los que se levantaron en el resto de la Nueva España.

EL COLEGIO MÁXIMO Y EL DE SAN ILDEFONSO

Si resultó difícil establecer simpatías y diferencias, coincidencias y distinciones entre los dos colegios, las sorpresas que proporciona la Compañía no acaban aquí, pues una vez que se sabe que las cátedras se localizaban en el Colegio Máximo, nos encontramos que hay quien asegura que su funcionamiento "no puede describirse por fuentes directas, por no existir tales fuentes".[8] La afirmación es tan tajante que por necesidad debe matizarse. En verdad que el plan de estudios no es fácil de presentar, ya que varía, lo mismo que los horarios, de un autor a otro;[9] pero no debe perderse de vista que desde 1589 existía la *Ratio studiorum* (cuya versión definitiva es de 1599)[10] que asienta las reglas que debían seguir desde el provincial hasta el bedel, pasando por maestros y estudiantes.

En forma inversa a la que es usual actualmente, la *Ratio* habla primero de los estudios superiores (teología y filosofía) y sólo después detalla las clases inferiores (retórica, humanidades, gramática). Es evidente que está pensada para dar la mejor formación posible a quienes pretendían ingresar a la Compañía, pero las clases inferiores, abiertas a cualquiera que lo desease, tuviera o no vocación religiosa, son las que dieron el tono de la educación en aquella época. Por otra parte, no debe pensarse que las reglas se siguieran en forma rígida, pues los ignacianos estuvieron siempre dispuestos a admitir variaciones en el orden y las horas dedicadas al estudio (y aun en las materias), según el lugar, el tiempo e incluso la persona en cuestión. De ahí que si bien tenían un programa general, éste podía ser modificado cuando hubiera causa suficiente para hacerlo. Tan flexible era la educación jesuita que de hecho puede decirse que estaba dirigida al individuo, por lo que no debe extrañar que hubiera quien llegara a doctor a los 18 años. No había un tiempo límite para completar los estudios, por lo que el alumno inteligente o tenaz podía quizá cursar las clases inferiores en sólo dos años y pasar a la clase de retórica, siempre y cuando aprobara el examen. Tan personal llegaba a ser esta educación que insistía tercamente en que el maestro responsable de cada grupo debía esforzarse por conocer bien a cada uno de sus alumnos y mantener con ellos una relación paternal que, con el tiempo, podía trocarse en amistad verdadera. Ante el alumno debía aparecer siempre lleno a la vez de comprensión y de autoridad.

Con todo esto en mente, puede ya describirse el plan de estudios. El primer curso estaba dedicado a los rudimentos del latín, una vez que los niños, no menores de siete años, supieran leer y escribir, pues en opinión de los jesuitas los muy pequeños han necesidad más de niñeras que de maestros. Se pasaba después a la gramática latina que se completaba en el tercer curso. Dispuesto ya así el alumno, podía no sólo leer y hablar latín con fluidez y corrección, sino analizar a los autores clásicos en cuanto a su manejo del lenguaje, lo mismo que a las circunstancias en las que se escribieron las diversas obras. Una vez terminada la gramática, el estudiante entraba a los cursos de filosofía —con una duración de tres años— en los que se enfrentaba a las obras aristotélicas sobre lógica, física y metafísica. Finalmente pasaría a cursar teología, cuya meta última sería recibir las órdenes sacerdotales. Pero como mencioné, no todos los alumnos tenían vocación para ser de la Compañía, ni pensaban seguir una carrera eclesiástica. La mayoría se contentaba con terminar el curso de artes que le facilitaría conseguir un buen empleo en alguna rama del gobierno.

Como es evidente, el latín dominaba todo el programa, si bien la *Ratio* daba también un lugar al griego y, según el tiempo y el lugar, aconsejaba el estudio del hebreo, el árabe o alguna de las lenguas aborígenes de los territorios de misión.

Si comparamos el plan de la *Ratio* con lo que describen los distintos autores, sean franceses o novohispanos, es fácil ver que se apegan a ella y sólo se alejan del programa en la importancia que dan a las lenguas antiguas o en los horarios y las vacaciones; lo que ya estaba previsto en el texto, pues "puede haber variedad según las regiones, los tiempos y las personas, en lo tocante al orden y las horas dedicadas al estudio, en las repeticiones, discusiones y otros ejercicios, así como en las vacaciones",[11] aunque aconseja no perder de vista el "orden común" de la educación jesuita.

Así lo hizo la Compañía al establecerse en la Nueva España. Según el padre Florencia,[12] en el primer curso sólo se daba a los niños los rudimentos del latín (nominativos, tiempos y declinaciones), de los que se pasaba a componer oraciones y a estudiar géneros y verbos. Venía después la sintaxis, cuyo dominio permitiría al alumno "componer congruamente, sin solecismos" un texto en latín. Sobre este fundamento se levantaría el estudio de las humanidades, la poesía y la retórica. Los autores que se estudiaban en cualquiera de los colegios jesuitas diseminados por el mundo fueron siempre los mismos: Cicerón, Ovidio y Catulo (estos últimos expurgados), Virgilio, César, Salustio, Tito Livio, Horacio, Quintiliano y en filosofía el omnipresente Aristóteles. De este modo, los estudiantes llegaban a dominar la lengua clásica, aunque ya para el siglo XVII y fuera de la Iglesia resultara más un adorno que una necesidad. ¿Qué pretendía, pues, la Compañía con esta inmersión en el latín? La respuesta a esta pregunta es doble. En primer lugar, no debe perderse de vista que los colegios se fundaron para formar nuevos jesuitas o, en todo caso, para dar a la Iglesia sacerdotes bien preparados, en vez de que se ordenara, como sucedía en la Nueva España, "a todos los que lo pretendían sin la suficiencia y caudal de letras necesario". En segundo lugar, y quizás esto es lo más importante, se trataba de transmitir a la mayoría el legado clásico de modo que fuera parte integrante de la propia cultura. Si esto tenía peso considerable en Europa, donde a partir del Renacimiento una sección de la Iglesia veía con sospecha todo lo que oliera a "paganismo", su importancia para las sociedades americanas en formación apenas si puede exagerarse. Fue el medio para que —aunque no fuera más que en

San Ignacio enseña a los niños novohispanos,
cuadro anónimo del siglo XVIII.

los certámenes poéticos que conmemoraban las festividades— los dioses y héroes clásicos se hermanaran con los prehispánicos. Fue el medio para que la cultura que apenas despuntaba no fuera simple remedo de la española y, a través de este estudio, se insertara en los altos logros de Grecia y Roma.

Sin embargo, cualquiera que ahora se enfrente a este plan de estudios no sólo quedará desconcertado ante el predominio de una lengua muerta, sino que echará de menos muchísimas materias que ahora nos parecen básicas.

¿Dónde quedaba en este programa la propia lengua? Si se recuerda que gran parte del éxito de los predicadores protestantes se debió a su uso de la lengua vulgar, la insistencia de los jesuitas en el latín da la impresión de ser un retroceso. De nuevo, pueden proponerse varias explicaciones al respecto. Por una parte, el uso del latín fortalecía, desde el punto de vista eclesiástico, la unidad no sólo de la Iglesia, sino de la Compañía en particular. Por la otra, según afirma Dainville en su libro sobre la educación jesuita, "curiosamente, en Francia, el estudio de la lengua nacional se inicia con una buena traducción de un clásico. Así se estudiaba latín y francés, pero sin sacrificar el primero al segundo".[13] Me parece que lo mismo, con todas las excepciones y matices que se quiera, puede decirse del programa de estudios jesuita en cualquier otra parte. La traducción exige el conocimiento de las dos lenguas con las que se trabaja y no basta con un conocimiento superficial, sino que debe ir mucho más allá hasta transformarse, como querían los jesuitas, en un completo dominio. El continuo ir y venir del texto latino al de la propia lengua, al traducirlo, retraducirlo y compararlo con el original, el reconstruir un pasaje conservando sólo las ideas originales, la imitación de un texto calcando frases y figuras, pero con un tema distinto,[14] todo esto tenía que producir buenos prosistas y hasta poetas, aunque ni éste ni ningún otro método lleve a escribir grandes obras cuando falta el talento.

Más adelante, cuando se hable del lugar que ocupó el teatro en los colegios, se verá claramente cómo éste propició el surgimiento de una literatura vernácula.

Echamos también en falta la historia y la geografía, lo que no deja de sorprender cuando se piensa que muchos de los maestros eran personas que habían viajado mucho y, más que eso, que se habían aventurado por regiones desconocidas de las que podían dar noticias fidedignas por lo que habían visto y experimentado. Sin embargo, a pesar de la gran cantidad de mapas y descripciones que dejaron los misioneros, no se sabe si los utilizaban en clase. Historia y geografía sólo servían de marco, por así decirlo, a la literatura clásica. Se tenía que saber quiénes habían sido los eduos y los alóbroges para entender a Julio César, pero los acaxees y los guasaves podían pasarse por alto.

En cuanto a la física y la cosmología, éstas se estudiaban en el segundo año de filosofía, apegadas siempre a los libros aristotélicos: la *Physica*, el *De caelo* y el primero *De generatione*. La metafísica y la moral se cursaban en el tercer año, siguiendo también aquí los textos del Estagirita. Sorprende asimismo que las matemáticas sólo debieran tratarse "con la moderación que conviene", según dicho de San Ignacio, a pesar de lo cual la Compañía contó con distinguidos matemáticos como Clavius y Kircher y, en la Nueva España, Sigüenza y Góngora.

Este breve examen de la educación preuniversitaria que la Compañía ofrecía gratuitamente a los jóvenes presenta aún varios problemas. ¿Por qué poner en primer lugar la cultura grecorromana si de lo que se trataba era de formar buenos católicos? ¿Por qué insistir en ella si había que expurgar a tantos autores que presentaban dioses "tan perversos como ellos, un Júpiter impúdico, un Marte cruel, un Mercurio ladrón"?[15] Aunque siempre había el recurso de mostrar, mediante su lectura, la ceguera, la vani-

Virgen de Loreto, cuadro anónimo del siglo XVIII.

dad, la locura de los hombres que no conocen el Evangelio. La explicación se encuentra quizás al recordar que, desde el primer contacto entre el cristianismo y la antigüedad clásica, la Iglesia distinguió entre una mitología condenable y los logros de una *paideia* encaminada "a formar un tipo humano que amara lo bello, lo verdadero y lo bueno por sí mismos, sin buscar otra utilidad o interés".[16] Una cultura, en suma, que "daba como fruto primordial el respeto a la persona humana".[17]

Todo lo cual es de aplaudir, si bien se extraña precisamente lo que asienta el lema de la Compañía, hacer todo "a la mayor gloria de Dios". Es verdad que los alumnos debían conocer el catecismo, rezar al levantarse y al acostarse, antes de las clases y al término de ellas, que una oración debía preceder y terminar las comidas y que, durante ellas, se oía la lectura de una vida edificante, que había la obligación de oír misa diariamente y confesar y comulgar una vez al mes.[18] Pero, tanta práctica piadosa y tanta vigilancia por parte de los maestros, ¿no llevaría a una religión formalista, más aparente que real? Si tal pensáramos, estaríamos olvidando un componente importantísimo de esta educación.

Para interiorizar la religión, los jesuitas volvían los ojos hacia los "Ejercicios" creados por San Ignacio, en cuyo estudio, por breve que sea, no es posible entrar ahora. Baste decir que estas meditaciones son el mejor camino "para vencer a sí mismo y ordenar la vida sin determinarse por afección alguna que desordenada sea", son como "un sondaje profundo del alma, como un bautismo que habilita para una nueva vida". Y a fin de que el amor a Dios no se quedara en mera idea, los jesuitas acostumbraban llevar a sus discípulos a enseñar la doctrina en las plazas o a visitar con ellos hospitales, jacales y covachas y hasta las cárceles para predicar la palabra evangélica y dar a la vez una ayuda material a los necesitados.

Otro de los medios para mantener viva y actuante la religiosidad de los estudiantes fue la fundación de una primera congregación mariana, dividida en dos ramas, la de los estudios menores y la de los mayores, con sus prefectos, oficiales y padre espiritual para regirlos. Esta congregación —que por lo demás es característica de la Compañía— estaba bajo el patrocinio de la Virgen de la Anunciata, al igual que todas las de los jesuitas en cualquier parte del mundo. El fin de ella era hacer ganar indulgencias, pero éstas no se obtenían sino por medio de las buenas obras: acompañar con oraciones y misas a los difuntos, visitar a los enfermos y presos, procurar la paz entre los enemistados y hacer examen de conciencia todas las noches. Para el siglo XVII no era ésta la única congregación novohispana y, si en un principio estuvo abierta a todos los fieles, el número cada vez mayor de éstos hizo que se establecieran otras y la Anunciata quedara sólo para estudiantes. Se puede decir que, por su orientación hacia el prójimo, las congregaciones proporcionaban una experiencia de verdadera hermandad y, en este sentido, como dice Pilar Gonzalbo, al hacer que el congregante aprendiera "a obedecer

---

Los congregantes y su desempeño en el colegio de San Pedro y San Pablo

En sus grados, actos y lecciones de oposición, casi de repente o con muy poco tiempo que los nuestros les suelen señalar a instancia suya para leer en la clase una hora y satisfacer a los argumentos y réplicas de sus opositores. Y aunque hay muchos en nuestras escuelas que se señalan en estos ejercicios literarios, pero entre todos resplandecen más los congregantes de la Virgen María Nuestra Señora, la cual tiene en este colegio dos congregaciones: la una de los que profesan letras humanas, a que llaman congregación menor, la otra de los que profesan filosofía y teología, a que llaman congregación mayor.

Carta del padre Rodrigo de Cabredo al prepósito general Claudio Acquaviva, 8 de mayo de 1611, en Mariano CUEVAS (1928), *Historia de la Iglesia en México*, vol. III, pp. 212 y ss.

---

con amor y mandar con discreción" fueron un excelente entrenamiento para la vida política y social entendida en un sentido cristiano.[19]

He mencionado ya la presencia continua de los jesuitas en el colegio, cuyo gobierno correspondía al provincial, al rector y al prefecto de estudios. En una estructura piramidal perfecta cada uno de los miembros de la Compañía destinado a un colegio debía observar las reglas de la *Ratio*, bajo la vigilancia de un superior. Reglas que abarcaban todos los aspectos de la vida escolar y aun se adelantaban a ofrecer soluciones a los problemas que pudieran presentarse.

Desde luego, no era nada fácil mantener en orden a un grupo numeroso de adolescentes, por ello se ordenaba que si bien no había de rechazarse a nadie por ser pobre o de humilde condición, no debía admitirse ningún niño que no fuera llevado por sus padres o tutores o del que no se tuviera información alguna,[20] de tal manera que entre la casa y el colegio hubiera el mejor acuerdo posible. ¿Era el Colegio Máximo de México más laxo en este sentido que los europeos? Así puede pensarse cuando el padre Decorme habla de lo difícil que era controlar a los faltistas, "cuando no se sabe de quién dependen o dónde viven, ni por qué faltan".[21] A lo que agrega que en ocasiones no se llevaba una lista de externos. Curiosa falta de disciplina en los ignacianos que, unida a otros problemas, los haría insistir en que los estudiantes vivieran en convictorios.

Como es evidente, en muchos casos había que hacer presión para que los estudios llegasen a buen fin. Para ello, cada clase estaba dividida en grupos de 10 (decuria), a cuyo frente estaba el decurión, responsable de su grupo. Existía además el sistema de emulación por el que cada clase estaba jerarquizada en un orden decreciente, dentro del cual cada alumno tenía un igual intelectual, llamado émulo. Era su adversario oficial y debía corregir sus faltas e inexactitudes. Para animar aún más esta emulación, los sábados se organizaban verdaderas guerras entre cartagineses y romanos,[22] en las que los émulos se enfrentaban académicamente hasta que una de las dos secciones lograba la victoria.

Existía también un oficio ingrato: el de "censor" o "acusador" quien, según San Ignacio, debía escribir siempre "las faltas de todos los estudiantes, aun en cosas mínimas". Trabajo que debe haberle acarreado infinitos rencores y problemas. Cuando se conocía, por uno u otro medio, que alguien había incurrido en una falta, ¿quién debía administrar el castigo? Como para el fundador era inaceptable que un miembro de la Compañía infligiera un castigo corporal —seis golpes en la mano extendida del culpable— se resolvió que una persona ajena y confiable lo hiciera, por lo común el bedel. Faltas más graves acarreaban una primera admonición, mucho más rigurosa en caso de reincidencia y, finalmente, la expulsión para los incorregibles.

Entre las novedades pedagógicas introducidas por los jesuitas estaba una insistencia particular en el honor y la vergüenza, de modo que si siempre se premiaba la diligencia y el nombre del alumno aparecía en el cuadro de honor, también los había de ignominia para los remisos y hasta había en las aulas un lugar especial para los perezosos.

El mismo peligro que existía para la vida religiosa, se presentaba también en los colegios jesuitas respecto al estudio, pues estaba tan perfectamente regulado que la letra podía haber matado el espíritu, y quizás a final de cuentas los alumnos de los ignacianos fueran hombres vacíos en los que la cultura era más aparente que real, hombres que, aburridos tras los largos años de estudio y encierro, olvidaran al salir de las aulas lo que en ellas habían aprendido. Llevar a cuestas el mamotreto,[23] tanto en la memoria como literalmente bajo el brazo, podía haber producido una verdadera aversión hacia el latín y todos sus escritores. Pero si tal pensáramos, olvidaríamos algo que los jesuitas tenían muy presente: el hecho de que las moscas se cazan con miel. En todo

---

De los estudios y ejercicios en los colegios

Se puede sin encarecimiento decir, que por la bondad divina no crían con mayor afecto y amor los padres carnales a sus hijos, que aquel con que los maestros dela Compañía cuidan del aprovechamiento en virtud y letras de sus discípulos... De aquí nace el orden, el aprovechamiento en letras, el ejercitarlos en varios actos públicos literarios y declamaciones recitadas que sirven de ensayos para cuando después... se oponen a puestos o cátedras, puedan lucir. Para esto también sirven los coloquios, comedias latinas que a veces se representan, los premios varios de los que se aventajan... lo cual pertenece al estudio de las letras y a la nobilísima potencia del entendimiento que se procura cultivar.

Andrés PÉREZ DE RIBAS [1896], *Crónica e historia religiosa de la Provincia de la Compañía de Jesús de México en Nueva España*, en Mariano CUEVAS (1928), *Historia de la Iglesia en México*, vol. IV, pp. 140 y ss.

Santo Domingo en la escuela, detalle de la serie
Vida de Santo Domingo, siglo XVII.

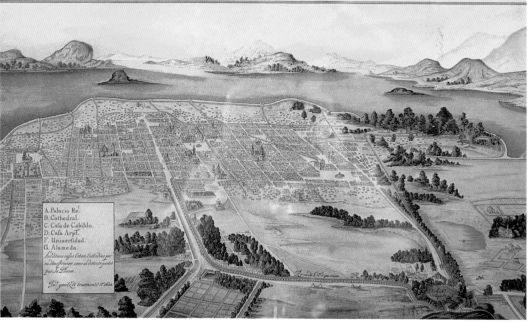

Lámina 1. La capital antes de la gran inundación de 1629, con la nueva catedral inconclusa, *Plano de la Ciudad de México*, obra de Juan Gómez de Trasmonte.

Lámina 2. Tienda de telas en el Parián, detalle del cuadro
Visita de un virrey a la catedral de México, 1720.

Lámina 3. *Banquete místico de Jesús con sus padres y abuelos*, cuadro de Luis Berrueco.

Lámina 4. *Dama con caja de rapé*, cuadro anónimo del siglo XVIII.

Lámina 5. Detalle del cuadro de Luis Berrueco
Encuentro de San Juan de Dios con los nobles.

Lámina 6. *Mapa de Santa Catalina, San Pedro Cuitláhuac
y San Francisco Tetlalpa, Chalco,* 1656.

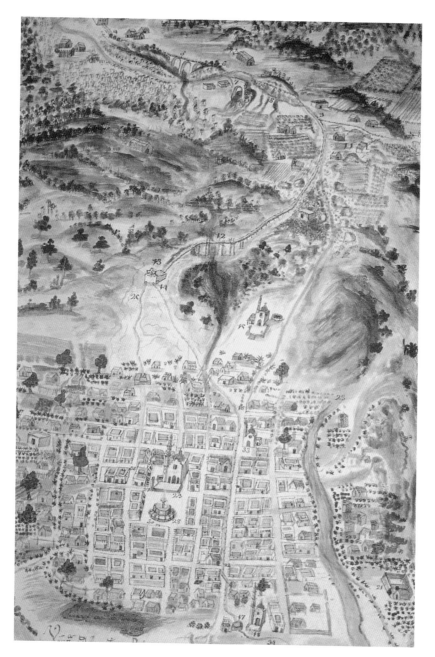

Lámina 7. *Mapa de San Andrés Chalchicomula.*

Lámina 8. *Coro del convento de San Francisco*, siglo XIX.

Lámina 9. *Interior de la Universidad* en el siglo XIX, obra de Pedro Gualdi.

Lámina 10. "La Geometría", detalle del biombo
Alegoría de las artes, de Juan Correa.

Lámina 11. "La Astronomía", detalle del biombo
Alegoría de las artes, de Juan Correa.

Lámina 12. *Retrato de la Venerable Madre sor María de la Antigua en su celda*, 1815.

Lámina 13. *Los desposorios místicos de una monja con Cristo,* siglo XVIII.

Lámina 14. *Fray Manuel de la Asunción*, siglo XIX.

Lámina 15. Miembros de la Compañía de Jesús,
detalle del cuadro de Francisco Antonio Vallejo *Glorificación de la Inmaculada*.

Lámina 16. Casa con telas colgadas, detalle del cuadro
Traslado de las monjas de Valladolid, 1738.

Lámina 17. *Arco triunfal de recepción del virrey de las Amarillas* en la catedral de Puebla, siglo XVIII.

Lámina 18. Fachada del palacio virreinal, detalle del biombo
Ciudad de México, siglo XVII.

Lámina 19. Jerónimo Zendejas, *Exequias de San Ignacio de Loyola*.

Lámina 20. La tarasca, detalle del cuadro de Juan Arellano *Traslado de la Virgen de Guadalupe*, 1709.

Lámina 21. Detalle de *Escenas de la vida de San Estanislao de Kotska*, de José Padilla, 1759.

Lámina 22. *Procesión de flagelantes en la Semana Santa de San Miguel el Grande*, atribuido a Miguel Antonio Martínez de Pocasangre.

Lámina 23. *Traslado de la imagen de Jesús Nazareno al hospital de la Purísima Concepción,* 1781.

Lámina 24. La casta Susana,
detalle del *Retablo de los pecados capitales: La lujuria*, 1735.

Lámina 25. Escena bíblica del banquete del rey Baltasar,
detalle del *Retablo de los pecados capitales: La gula*, 1735.

Lámina 26. Mujeres (una india y una española) con demonios detrás de ellas susurrando el pecado de lujuria, detalle en pintura mural, siglo XVI.

Lámina 27. *Tlacuascalli* o merendero, en el cuadro de castas:
De indio y negra, lobo, siglo XVIII.

Lámina 28. Esclava con cuchillo y taza, en loza de Puebla, siglo XVIII.

momento, los maestros se esforzaban por lograr la confianza de sus alumnos, de tal modo que pudieran acudir a ellos con sus problemas y dudas, y procuraban la amenidad en sus clases. Pero más importante aún que el clima tranquilo del colegio era que el año escolar estuviera marcado (y muy a menudo) por la diversión.

No se trata únicamente de que hubiera, como aconsejaba San Francisco de Borja, *un poco di recreazione* entre las clases, sino de que las fiestas y la ocasión de lucimiento eran muchas. Tan sólo la congregación de la Anunciata celebraba los días del nacimiento y ascensión de Jesucristo, los de la concepción, natividad, anunciación y asunción de la Virgen, a las que se sumaba, desde luego, la de los apóstoles Pedro y Pablo y en San Ildefonso el día del santo titular, la Virgen de los Dolores y, a partir del siglo XVII, los nuevos santos de la orden: Ignacio, Francisco Xavier, Estanislao de Kotzka, Luis Gonzaga y aquél a quien veían como fundador de la provincia mexicana, Francisco de Borja. También el inicio y el final de clases era ocasión de festejos y, sobre todo, existía el teatro.

En principio, las obras debían ser edificantes y estar escritas en latín, pero muy pronto se introdujo en ellas el castellano; inicialmente casi de contrabando, como lo relata el padre visitador Juan de la Plaza quien, al parecer muy divertido, asegura que "al tiempo de la representación, añaden casi otro tanto en romance, sin avisarme a mí".[24]

Actividades de los becarios en el colegio de San Ildefonso

Los moradores de él más parecen religiosos que estudiantes seculares, según es el tesón y fervor con que acuden a sus confesiones y comuniones ordinarias, a sus rosarios y exámenes de conciencia, a sus disciplinas y cilicios; muchos ayunan los sábados en honra de la Virgen, y todos acuden con mucho gusto a la salve y letanías que se cantan los mismos sábados en su capilla, con música de voces e instrumentos que cantan cada noche en las quietes que todos tienen en sus salas.

Las fiestas y domingos del año van todos en forma de colegio a oír el sermón en nuestra casa profesa, a donde tienen sus lugares y asientos señalados en la capilla mayor. Los Adviento y las Cuaresmas van a visitar las cárceles y los hospitales para consolar, servir y regalar a los enfermos, con hacerles las camas y barrerles los aposentos... Las fiestas principales de Nuestra Señora, se precian... de llevar en brazos o a cuestas por las calles... la comida que de nuestro colegio se lleva a los pobres de la cárcel. Y no por acudir a todos estos actos de virtud se olvidan de las letras, de las cuales dan cada día buena muestra en las lecciones que leen en el refectorio, en los actos y conclusiones que defienden en el seminario y en nuestro colegio [San pedro y San Pablo] y en las escuelas reales [la universidad] y en los grados que hacen tan aventajados que podrían muy bien servir, a dicho de los examinadores, para graduarse de maestros.

Carta del padre Rodrigo de Cabredo al prepósito general Claudio Acquaviva, 8 de mayo de 1611, en Mariano CUEVAS (1928), *Historia de la Iglesia en México*, vol. III, pp. 212 y ss.

De hecho, esta intromisión del castellano era inevitable, dado que estas representaciones eran públicas y, si se quería producir algún efecto en los espectadores, éstos debían entender los parlamentos. Así se pasó de las declamaciones de poesías escritas por los alumnos a lo que, en mi opinión, debe llamarse teatro profesional, precedido muchas veces por procesiones y cabalgatas, bailes y música, arcos y fuegos de artificio, que poco tenían ya que ver con los ejercicios escolares. En todo caso, cuando el coloquio o la comedia habían sido compuestos por un alumno, los maestros revisaban y refinaban el texto. Pero en las grandes ocasiones —la llegada de un nuevo virrey o arzobispo, una victoria de las armas españolas, el nacimiento de un príncipe o la canonización de un santo— las obras representadas se debían a los propios jesuitas, aunque eran actuadas por los alumnos. El teatro de la Compañía se distinguió en todas partes por el lujo de los trajes y el aparato escénico (casos hubo en que se necesitaron 15 decorados distintos), además de que era usual que cada acto terminara con música y danza, que si en Europa era ballet, en la Nueva España era un tocotín o mitote bailado por los alumnos "con lujosa vestimenta azteca, plumería y penachos".[25]

Éstas eran desde luego festividades extraordinarias, pero el año escolar admitía dos representaciones menores, una durante el reparto de premios y otra por Navidad. Se tenían además los actos solemnes del inicio (en octubre), seguido pocas semanas después por el acto mayor de prima y en julio por el acto mayor de vísperas, a más de las funciones públicas menores de las que había una casi todas las semanas.

Por otra parte, a pesar de que el padre Decorme diga que en San Ildefonso no había más juegos que "el dominó, ni recreos más que la media hora de siesta inmediatamente después de comer",[26] periodo en el que se permitía fumar (supongo que sólo a los mayores), considero que pierde de vista que si los jesuitas se esforzaron siempre por crear en sus colegios una atmósfera familiar y alegre no podían ni debían impedir los juegos. Si al principio lo único permitido era ir y venir entre clase y clase sosteniendo conversaciones literarias, ya el tercer general, Francisco de Borja, recomendaba los "ejercicios corporales", como los juegos de pelota.[27] Juegos que "podían practicarse en distintas modalidades: golpeando al aire o contra un muro unas pelotas ligeras sólo con las manos; recurriendo a unas muñequeras reforzadas… para impulsar pelotas de mayor tamaño… o, como era más habitual, practicándolo con pelotas y raqueta".[28] Se hayan fomentado o no estos juegos, evitando siempre los gritos y la violencia, ¿podían impedir los maestros que los menores jugaran al "burro" o a las canicas? Aun cuando no encontré en ningún texto mención de posadas y piñatas, puede creerse que la costumbre estaba ya tan enraizada que debió ser admitida en los colegios.

De lo que sí hablan las crónicas es de los paseos que acostumbraban dar, aunque fuera con el pretexto de una peregrinación a la ermita de nuestra Señora de Guadalupe, "acto de notable edificación", según Pérez de Ribas.[29]

Hay en la educación jesuita otro rasgo notable que me siento tentada a atribuir a la desconfianza con la que la Compañía veía el "siglo". A pesar de haber sido creada para recatolizar la sociedad, a pesar también de sus muchos triunfos, el mundo siguió siendo ante sus ojos un lugar de tentación. Y para que los niños y jóvenes que les habían sido confiados no cayeran en ella, los horarios de clase ocupaban mañana y tarde, de lunes a sábado, y los congregantes se reunían "todos los domingos del año por la tarde… a las pláticas que se les hacen". Poco tiempo quedaba, por lo tanto, para las distracciones mundanas. Pero, ¿qué hacer en las vacaciones? Los jesuitas estaban convencidos, al parecer, de que el regreso del colegial a su casa significaba acabar en unas semanas con el trabajo de meses. En consecuencia, influían en sus alumnos para que el tiempo que pasaran en sus casas fuera el menor posible y, en cambio, disfrutaran de "Jesús del Monte", que "se trazó para casa de recreación en las vacaciones", "a tres leguas de la ciudad, en lugar alto, airoso y muy sano".[30] Así, las vacaciones podían aprovecharse en alguna academia cuyo fin era ampliar la cultura tratando temas que escapaban al currículo.

Por discreta que fuera la vigilancia de los maestros, lo cierto es que era continua, en el aula y fuera de ella.

Y, para mayor control, la Compañía insistió siempre en que era mejor que el niño o el adolescente viviera en un ambiente que lo ayudara en sus estudios, es decir, en un colegio (convictorio) jesuita. Si la tarea a la que se habían entregado era "educar la voluntad, aficionando y enderezando la tierna edad por el camino de la virtud a su último fin de la eterna bienaventuranza",[31] es lógico que procuraran no perderlos de vista y seguir día a día su aprovechamiento. Así, los colegios, como el de San Ildefonso, fundados como vimos para albergar forasteros, se ampliaron para acoger también a quienes vivían en la población, pues —como ya mencionamos— según el criterio de la Compañía uno de los estorbos de los estudiantes "para darse de veras al estudio… es la comodidad demasiada y mucho regalo de sus casas, que los hace flojos y aversos al trabajo y puntualidad en las tareas de las lecciones".[32]

Para remediar la situación se creó San Ildefonso, donde se ofrecía a los estudiantes del Colegio Máximo o de la universidad una habitación conveniente, compañía apropiada, asistencia cómoda, alimentación sana, buena biblioteca, repetidores y consultores para los estudios y, sobre todo, "directores espirituales que guiaban su educación moral, civil y religiosa",[33] a los que había que agregar a los maestros de aposentos y celadores. San Ildefonso era, de hecho, algo más que un alojamiento adecuado, pues si no había en él clases propiamente dichas, sí había quienes asesoraban a los internos en sus tareas, desde la gramática hasta la teología. En el internado, a falta de clases, "tenían un lugar muy importante… las academias de repaso de las materias del currículo ordinario hasta ejercicios literarios libres o estudios especiales de materias que no cabían en

Estudia el Bien.do Felipe de Jesus la Gramatica
con el memorable P. Pedro Gutierez, en el Colegio
Moximo de S.n Pedro y S.n Pablo.

El niño Felipe de Jesús ante su maestro jesuita en Puebla,
grabado de José M. Montes de Oca, en la *Vida de San Felipe de Jesús*.

Del papel de la Compañía en la educación de los criollos

Pero este fruto ... se ha visto mucho más claro y colmado en los estudiantes que se han criado ... en los colegios y seminarios... que la Compañía tiene en México y en la ciudad de los Ángeles, donde se crían... los hijos de españoles de estas tierras y reinos... repartidos en diferentes salas y aposentos, asistiendo en cada uno de ellos de día y de noche, uno de la Compañía que los gobierna y enseña policía y virtud, los hace que estudien, y en todo mira por ellos, como ayo y maestro... y de lo que comúnmente se dice por acá y afirman algunos fidedignos de ellos, que antes que la Compañía viniese a estas tierras, jamás se tenía buena esperanza de los nacidos en ella, porque aunque son notados por la mayor parte de buenas habilidades y natural, pero por faltarles institución celosa, cual han menester siempre los mozos y mayormente los de estas partes, no los empleaban bien.

Carta del padre Diego de Avellaneda al prepósito general Claudio Acquaviva, 20 de octubre de 1583, en Mariano Cuevas (1928), *Historia de la Iglesia en México*, vol. II, pp. 284 y ss.

---

el currículo, como la historia, las matemáticas o el griego".[34] Más aún, empeñados en lograr la renovación de la sociedad, los jesuitas buscaron que sus alumnos llegaran a ser hombres cabales, de buenos modales, escrupulosa limpieza, corteses y respetuosos con todos, pero en especial con los pobres. Prueba de ello es *El cortesano estudiante*, del oaxaqueño Diego de Acevedo, rector de San Ildefonso, libro destinado a convertir a los alumnos en otros tantos finos caballeros.

Para concluir, citemos a un alumno de la Compañía: "No sé qué tiene la virtud, que, con alcanzárseme a mí tan poco o nada de ella, luego recibí gusto de ver el amor, el término, la solicitud y la industria con que aquellos benditos padres y maestros enseñaban a aquellos niños, enderezando las tiernas varas de su juventud, porque no torciesen ni tomasen mal siniestro en el camino de la virtud, que juntamente con las letras les mostraban. Consideraba cómo los reñían con suavidad, los castigaban con misericordia, los animaban con ejemplos, los solicitaban con premios y los sobrellevaban con cordura; y finalmente cómo les pintaban la fealdad y horror de los vicios, y les dibujaban la hermosura de las virtudes, para que, aborrecidos ellos y amadas ellas, consiguiesen el fin para el que fueron creados".[35]

UN DÍA CUALQUIERA

Ahora habrá que ver si, con todos estos elementos disímiles y hasta contradictorios, puede reconstruirse un día en la vida de un alumno de los jesuitas, intento que, desde luego, no pasará de ser ficción.

Imaginemos un adolescente llamado Bernardo de Mendoza, de una de las principales familias de la tierra. No porque en España se hubiesen distinguido, pues no pasaban de ser hidalgüelos de aldea, con una que otra buena relación. Pero uno de sus bisabuelos maternos, Gaspar de Solórzano, había sabido ganar, a fuerza de espada y brazo, un nombre y unas tierras cuando pasó a estas partes por conquistador. Y su abuelo, Diego Gómez de Solórzano, fue sabio administrador de indios y tierras y hasta logró meter un pie en palacio. De este modo, cuando el padre de Bernardo desembarcó —otro hidalgo de familia libre de pechos y tributos reales, pero muy recomendado—, logró empleo con el abuelo y, al cabo de algunos años, alcanzó la mano de Ana María, heredera de grandes haciendas y de caudal saneado. Bernardo es el único hijo varón del matrimonio y el ojito derecho de su madre; tiene ahora 14 años, es listo y despierto como se dice que son todos los criollos y también, como asegura la fama, inconstante, quizá por haber sido criado con extremado regalo, como se crían en la Nueva España "aun los hijos de los pobres". Regalo y mimo que terminaron hace ya un año cuando fue admitido en el Colegio Máximo de San Pedro y San Pablo y no sólo eso, pues como los jesuitas aseguran que el mayor estorbo para el estudio es la comodidad de la propia casa, Bernardo tuvo que dejar paseos y caballos para ingresar como convictor en San Ildefonso.

El día empieza a clarear cuando el sonido de una campanilla despierta a Bernardo. Adormilado y medio mohíno murmura el Alabado sea Jesucristo, a la vez que recuerda que en su casa se levantaba a la hora que mejor le parecía, pues el maestro particular se acomodó siempre a sus deseos; en su casa la nana le llevaba el apetitoso desayuno a la habitación; en su casa había criados que lo vistieran. Pero como de nada sirven los lamentos y se castiga la tardanza, hay que pasar a un rápido aseo, arreglar la cama, vestirse, bajar al refectorio donde, tras agradecer a Dios los alimentos, los estudiantes darán cuenta del sobrio desayuno. Y ahora, a vestir el manto y la beca, recoger el mamotreto, el papel, los libros y todo lo necesario para las clases de la mañana y ocupar su lugar en la fila y caminar, con modestia y decoro, sin prisa, de dos en dos, como lo pide San Ignacio, desde el convictorio hasta el Colegio Máximo. En el portón debe detenerse la fila: los colegiales del cercano Colegio de Cristo se les han adelantado y hay que cederles el paso. Finalmente, Bernardo y sus compañeros llegan al Colegio Máximo, a cuya puerta se encuentran los hermanos coadjutores que vigilan la entrada y distribuyen a los alumnos según su nivel. Como Bernardo sabía ya latín al ingresar, sólo tuvo que pasar por el tercer curso y ahora es ya "artista", lo que significa un aula del segundo patio.

Según la usanza de los ignacianos, el grupo está dividido en decurias. Para enfado de Bernardo, acostumbrado hasta entonces a obtener todo lo que quería y a pesar de sus grandes esfuerzos (por lo menos así los considera él), no ha podido llegar a decurión.

"Paciencia y estudio —como dice el padre Torres—, que todo se llegará". Mientras tanto, a cumplir con lo que se le pide que es repetir de memoria la lección del día anterior ante su decurión. Con razón llaman a esta obligación *pensum*, pues resulta tarea bien pesada. Todos los 10 compañeros deben recitar mal o bien los preceptos de Cicerón, siempre bajo la vigilancia del decurión y del padre Torres. El maestro, a pesar de estar corrigiendo las composiciones latinas de ayer, no deja pasar falta alguna, sea en el escrito o en el recitado. Por fin se abandona la seca preceptiva y se entra en la repetición libre de lo expuesto por el maestro con anterioridad acerca del autor estudiado. Para Bernardo, esto es placentero, le gustan la historia y la geografía y está permitido usarlas en la exposición. Como es exigencia de los maestros que el latín que escriban sus discípulos sea "propio, puro y sin faltas", para lo que es necesario no sólo manejar la gramática, sino tener un amplio vocabulario, aplauden siempre al colegial que se arriesga a ampliar su elocución. Bernardo sabe bien que sus excursos complacen al padre Torres que, quizá por los años pasados en las misiones, se interesa también vivamente por estos temas y a veces llega a olvidarse de los clásicos para hablar de "sus" indios.

Por fin ha acabado el repaso y llega el momento de la prelección. Nadie puede excusar su asistencia, dado que lo que oigan ahora deberá ser escrito más tarde como tarea y repetido al día siguiente. El padre Torres inicia la lectura de las *Epístolas a Lucilio* que va situando en su momento y lugar. Hecho esto, explica el sentido de algunas palabras, dilucida el pensamiento que se expresa en el texto y analiza la forma de expresarlo, destacando siempre la elegancia o inelegancia del escrito. Desmenuza los argumentos usados y finalmente —y esto, aunque se llame "erudición" es la parte más amena— da a los alumnos mediante su fácil palabra una imagen viva del mundo de Séneca.

La mañana termina con una media hora dedicada a la lectura, siempre en latín, de un historiador romano. Bernardo ha elegido *La guerra de las Galias* y se sumerge en su lectura: *Flumen est Arar, quod per fines Aeduorum et Sequanorum in Rhodanum influit...*

Son ya las diez de la mañana y de nuevo al toque de una campanilla, Bernardo y sus compañeros vuelven a formarse para asistir a misa. En la iglesia —más todavía que en otro lugar— los acecha un peligro: Gerónimo de Ávila, censor, acusador, según lo llamó San Ignacio, pero para sus compañeros "acusica" o soplón. Basta con que el persignarse sea lento o apresurado, que venga un golpe de tos o lo que es peor una risa inoportuna, para que Gerónimo tome nota y se lo haga saber a los padres.

"Acusica, Barrabás", piensa Bernardo y se arrepiente de inmediato. No sólo está en la iglesia, sino que debe reconocer que el censor no es siempre injusto. Entre divertido y avergonzado, recuerda la tarde en la que con su gran amigo Pedro de Aliaga y otros compañeros lograron burlar la vigilancia del hermano portero y a todo correr atravesaron la huerta para vigilar, desde lo alto del muro, si con la oscuridad de la tarde apare-

San Luis Gonzaga niño da lecciones a sus compañeros,
cuadro firmado por Arellano, siglo XVIII.

cía el famoso cuervo que da nombre al callejón. El pajarraco no compareció, lo hizo en su lugar el padre Carrión, alertado por Gerónimo. ¡Virgen Santísima, la que se armó! Los padres consideraron que los famosos seis azotes no bastaban ante falta tan grave. Hubo pues admonición rigurosa y, en ausencia de sus padres, se dio aviso a los tíos de Bernardo, fray Pedro, guardián del convento grande de San Francisco, y el doctor Antonio Velázquez, famoso abogado de la capital: Bernardo corría peligro de expulsión si reincidía en conducta tan desarreglada.

Todos los alumnos han tomado ya su lugar en la iglesia y —atentos o distraídos— su actitud no puede ser más devota. *Introibo ad altare Dei…*

¡Madre mía! Una mosca inoportuna revolotea frente a la cara de Bernardo. ¿Se arriesgará a darle un manotazo o bastará con soplarle? Opta por lo segundo, sopla y la mosca se va, pero no sin que Bernardo sienta sobre su persona los ojillos maliciosos de Gerónimo. Con todo, a pesar de ésta y de cualquier otra tribulación que aqueje a los colegiales, éstos guardan un silencio absoluto y la devoción es ejemplar.

Al terminar el santo sacrificio, los alumnos se dispersan: los "golondrinas" vuelan a sus casas a comer, en tanto que los convictores de San Ildefonso se enfilan a su alojamiento donde, como si temieran que tanto silencio los hubiera hecho olvidar cómo hablar, se desquitan con comentarios y risas hasta entrar en el refectorio. Ya se va a servir la comida; cada uno ocupa su lugar y la voz mesurada del lector inicia la vida de San Luis Gonzaga que, bueno, no es santo todavía, pero según dicen los padres no tardará en serlo.

Tras la comida los convictores gozan de un corto recreo que pueden aprovechar para leer o dormir una siesta. También se puede pasear por el patio, pero es martes y a Bernardo le ha cabido en suerte comentar el Evangelio del domingo anterior y, como no se siente demasiado seguro de cómo decir lo que quiere, prefiere no tomar parte en la plática de sus compañeros y repasar su texto.

Al volver al colegio, Bernardo lee su breve escrito ante el grupo y el maestro, que lo escucha, como siempre, con benevolencia, lo felicita al terminar, si bien procura después que todos señalen los errores que hayan podido encontrar y discutan la presentación. Bernardo sale bien librado y se olvida hasta del acusica que tanto lo preocupara durante la misa. Ni siquiera el decurión —que a veces se sale de límites en cuanto a encontrar faltas— ha señalado errores graves.

Empieza ahora la clase propiamente dicha y el padre Torres les da el tema de la composición que habrán de redactar de vuelta a su alojamiento. La composición deberá apegarse al texto de Séneca que se vio por la mañana, aunque de ningún modo debe ser una mera imitación, sino sólo un camino seguro para lograr lo que se pretende. Mientras toma notas, Bernardo vuelve a preguntarse algo que le ha inquietado desde que ingresó al colegio: ¿para qué tanto latín si él no quiere pertenecer al clero, sea regular o secular? Le entretiene y hasta le produce cierto orgullo el hablar y escribir una lengua que no está al alcance de todos, pero ¿para qué le va a servir? Además, sabe, porque se lo han repetido muchas veces, que aún le falta soltura y, por ello mismo, elegancia, dado que cuando ésta hace alguna infrecuente aparición en sus escritos, se debe por lo común a la mano del consultor. Y de nuevo brota la rebeldía: latín, latín y más latín, cuando lo que él quiere es vivir en la hacienda y correr a caballo.

San Estanislao sirve a los colegiales en el refectorio,
detalle del cuadro de José Padilla, 1759.

Pero al levantar la vista, sus ojos se encuentran con los del padre Torres, quien siempre parece saber lo que está pensando. Y la mirada, casi de cómplice, hace que Bernardo se sienta obligado a hacer un nuevo esfuerzo. Bueno, si de lo que se trata es de sustituir los personajes de Séneca por otros, ¿no podría utilizar la figura del virrey o, mejor aún, la del reverendísimo señor arzobispo?

Con un sobresalto, Bernardo vuelve a la realidad, llamado por la voz del maestro que anuncia el inicio de la concertación, la gran diversión del día, puesto que por ahora no se preparan comedias ni se ensayan tocotines.

Es la concertación un juego de buena memoria y conocimientos para el cual la clase se divide en dos grupos rivales (romanos y cartagineses), aunque de lunes a viernes dure tan poco. Cada uno de los dos ejércitos está perfectamente jerarquizado, pero así como Bernardo no ha llegado a decurión, tampoco ha logrado ser cónsul. Se ha quedado en tribuno y, como le molesta, su vanidad hace que ponga todos sus sentidos en derrotar al tribuno opuesto. Las preguntas van y vienen entre los émulos, cónsul a cónsul, pretor a pretor, legionario a legionario, y ya son muchos los que han abandonado el campo. A Bernardo le toca ahora conjugar un difícil verbo irregular, pero lo hace con seguridad y, cuando a su vez puede hacer una pregunta, pide la explicación de un pasaje de Tito Livio. Su contrincante titubea, baja la cabeza y guarda silencio. Triunfo indiscutible de Bernardo, quien tiene que disimular, pues victoria o derrota deben aceptarse con igual ánimo y nunca humillar al vencido. Pero su aparente impasividad no le impide especular y esperar que, si el sábado por la tarde logra también derrotar a su oponente en la concertación mayor, sus probabilidades de ascenso cuando se redistribuyan los grados habrán aumentado.

La campana anuncia ya el final de las clases. A recoger todo, formarse y regresar al alojamiento en San Ildefonso. A pesar de que para Bernardo San Ildefonso es poco menos que una cárcel, por sus muchas reglas y su mucho encierro, en este momento se alegra de vivir allí y no en su casa, donde no hubiera encontrado ni una biblioteca ni la ayuda que los repetidores y consultores ofrecen en el convictorio. Se aplica, pues, a terminar la tarea, sin dejar de sentirse cada vez más incómodo, ya que han pasado muchas horas y el estómago reclama sus derechos. A las siete, uno de los consultores pide que pongan papeles y libros en orden antes de pasar al refectorio, con las manos bien lavadas. Bernardo se siente de pronto tan cansado que pierde interés en la comida y apenas si puede seguir con atención la lectura, ¿será por todo lo que aún hay que hacer? Pero la cena termina y, una vez dadas rendidas gracias a Dios, el maestro de aposentos inicia la lectura del librito del padre Acevedo que, según dicen, ha traído grande utilidad a la educación de los jóvenes del reino. Termina el tormento, que no otra cosa es para Bernardo oír —mes a mes— las reglas de la buena crianza que deberá observar si quiere ser visto como un caballero. Se pasa —gracias a Dios y a todos sus santos— a la lectura espiritual, de la que, en verdad, se entera poco. De la cercana catedral se oyen nueve campanadas y el día termina. Maestros y alumnos se van a dormir y ya en su cama Bernardo apenas alcanza a murmurar: "Bendita sea tu pureza…".

NOTAS

[1] Esto dice Álvarez, 1995, pero Gómez Robledo, 1954, invierte los términos: Mesina era para seglares y Gandía para la formación de jesuitas. Mesnard, 1959, señala en cambio que en los dos colegios se mezclaban los estudiantes.

[2] Decorme, 1941, vol. I, pp. 5-6.

[3] Florencia, 1955, p. 158.

[4] Sánchez Baquero, 1945, p, 72.

[5] Florencia, 1955, p. 178.

[6] Florencia, 1955, pp. 182-183.

[7] Florencia, 1955, p. 172.

[8] Becerra, 1963, p. 157.

[9] Para comprobarlo, basta con comparar los horarios que aparecen en López Sarrelangue, 1941, Díaz, 1951, y Gómez Robledo, 1954.

[10] Para la Ratio Studiorum, cf. Meneses, 1988.

[11] Meneses, 1988, p. 40.

[12] Florencia, 1955, pp. 186-187.

[13] Dainville, 1978, p. 221.

[14] Dainville, 1978, p. 221.

[15] Dainville, 1978, p. 262.

[16] Gómez Robledo, 1954, p. 159.

[17] Gómez Robledo, 1954, p. 160.

[18] Aunque San Ignacio recomendara hacerlo semanalmente. Cf. "Reglas de los estudiantes", 37, en Loyola, 1991, p. 690.

[19] Gonzalbo Aizpuru, 1990, p. 142.

[20] Mesnard, 1959, p. 65.

[21] Decorme, 1941, p. 176.

[22] Tanto en el texto de Gómez Robledo, 1954, como en el de Gonzalbo Aizpuru, 1990, se mencionan los combates entre romanos y cartagineses, pero Decorme sostiene que "no hallamos trazas de los partidos entre cartagineses y romanos que tanto excitaban la emulación de los niños en otras partes", 1941, p. 150.

[23] Cuaderno o libro muy grande en el que los alumnos debían escribir lo dictado por el profesor.

[24] Carta del padre Juan de la Plaza al prepósito general Aquaviva, 20 de octubre de 1583, en Cuevas, 1928, vol. II, p. 364.

[25] Cf. Hanrahan, 1975, pp. 223-240.

[26] Decorme, 1941, p. 237.

[27] En Mesnard, 1959, pp. 518-519.

[28] García, 1999, p. 13.

[29] Pérez de Ribas, 1896, vol. I, p. 94.

30 Florencia, 1955, p. 148, y Sánchez Baquero, 1945, p. 90.
31 Pérez de Ribas, citado por Decorme, 1941, pp. 238-239.
32 Florencia, 1955, p. 160.
33 Decorme, 1941, p. 145.
34 Palencia, 1975, p. 389.
35 Miguel de Cervantes, "Coloquio que pasó entre Cipión y Berganza", en *Obras completas*, 1991, vol. I, pp. 270-271.

REFERENCIAS

Álvarez, Jaime
    1995   *Este día en la Compañía de Jesús*. Pasto, Colombia: s.e.

Becerra López, José Luis
    1963   *La organización de los estudios en la Nueva España*. México: s.e.

Cervantes Saavedra, Miguel de
    1991   *Obras completas* (2 vols.). México: M. Aguilar Editor.

Cuevas, Mariano
    1928   *Historia de la Iglesia en México* (4 vols.). El Paso, Texas: Editorial Revista Católica.

Dainville, François de
    1978   *L'éducation des jésuites (XVIe-XVIIIe siècles)*. París: Les Éditions de Minuit.

Decorme, Gerard
    1941   *La obra de los jesuitas mexicanos durante la época colonial, 1572-1767* (2 vols.). México: Editorial Robredo.

Díaz y de Ovando, Clementina
    1951   *El Colegio Máximo de San Pedro y San Pablo*. México: Universidad Nacional Autónoma de México.

Florencia, Francisco de
    1955   *Historia de la Provincia de la Compañía de Jesús de Nueva España*. México: Ediciones Academia Literaria. [Edición facsimilar de la de 1694].

García García, Bernardo
    1999   *El ocio en la España del Siglo de Oro*. Madrid: Ediciones Akal.

Gómez Robledo, Xavier
    1954   *Humanismo en México en el siglo XVI. El sistema del Colegio de San Pedro y San Pablo*. México: Editorial Jus.

Gonzalbo Aizpuru, Pilar (coord.)
    1990   *Historia de la educación en la época colonial. La educación de los criollos y la vida urbana*. México: El Colegio de México.

Hanrahan, Thomas
    1975   "Two new dramas of seventeenth century Mexico", en *La Compañía de Jesús en México. Cuatro siglos de labor cultural (1572-1972)*. México: Editorial Jus.

LÓPEZ SARRELANGUE, Delfina Esmeralda
    1941   *Los colegios jesuitas de la Nueva España*. México: s.e.

LOYOLA, Ignacio de
    1991   *Obras completas*, edición crítica de C. de Dalmaces e I. Iparraguirre. Madrid: Editorial Católica (Biblioteca de Autores Cristianos, 86).

MENESES, Ernesto
    1988   *El código educativo de la Compañía de Jesús*. México: Universidad Iberoamericana.

MESNARD, Pierre
    1959   "La pedagogía de los jesuitas", en Jean CHATEAU, *Los grandes pedagogos*. México: Fondo de Cultura Económica.

PALENCIA, José Ignacio
    1975   "Los jesuitas en la ciudad de México", en *La Compañía de Jesús en México. Cuatro siglos de labor cultural (1572-1972)*. México: Editorial Jus.

PÉREZ DE RIBAS, Andrés
    1896   *Crónica e historia religiosa de la Provincia de la Compañía de Jesús en Nueva España* (2 vols.). México: Imprenta del Corazón de Jesús.

SÁNCHEZ BAQUERO, Juan
    1945   *Fundación de la Compañía de Jesús en Nueva España, 1571-1580*. México: Editorial Patria.

VILLASEÑOR Y SÁNCHEZ, José Antonio
    1980   *Suplemento al Teatro Americano. (La ciudad de México en 1755)*. México: Universidad Nacional Autónoma de México.

11

LA NOBLEZA Y SUS VÍNCULOS FAMILIARES

JAVIER SANCHIZ

Instituto de Investigaciones Históricas,
Universidad Nacional Autónoma de México

En la sociedad virreinal del siglo XVII, jerarquizada según la adscripción étnica y las diferencias de fortuna, la familia de la nobleza era el foco de una sociabilidad congruentemente dirigida a la perpetuación y reciclamiento de tales diferencias.[1] La sociedad estaba marcada además por un fuerte corporativismo que limitaba la actividad del individuo fuera de un grupo; la familia permitía así a sus integrantes actuar respaldados en múltiples y muy variadas solidaridades, compartiendo ciertos rasgos culturales.[2] Frente a la comunidad doméstica y a los estrechos límites del triángulo padre-madre-hijos que definía a la familia nuclear, los nobles fueron dando forma también en Indias a la figura de la "casa solariega", entendida ésta como el lugar simbólico al que todos se sentían vinculados, y que actuaba como elemento de unión entre los miembros de una misma familia, de un linaje, aglutinados en su origen por la sangre.

Casa y familia daban identidad al grupo nobiliario mayoritariamente blanco y de origen español, frente a otros grupos étnicos-sociales y frente a las diferentes mezclas que surgieron. La nobleza en Nueva España al finalizar el siglo XVII estaba conformada por un grupo diverso: hidalgos, caballeros de órdenes militares, algunos miembros de la nobleza indígena y aquéllos a quienes se les había concedido un título nobiliario de vizconde, conde y marqués (nobleza titulada). Estos últimos consiguieron estereotipar el término de nobles, y si bien numéricamente no fueron representativos en la sociedad virreinal, su lugar en la cúspide social los convirtió en un modelo a imitar y a seguir por otros grupos familiares en Nueva España.[3]

La mayoría de ellos eran peninsulares, sólo unos pocos eran criollos, y habían conseguido el máximo reconocimiento que la época otorgaba a una larga carrera de prestigio y honor. Todos tenían un denominador común: su lealtad a la Corona, una posición privilegiada basada en la nobleza de sangre y una economía aparentemente sólida (consolidada en muchos casos con la existencia de mayorazgos). Muchos participaban de manera activa en el comercio y otros en el gobierno conformando los grupos oligárquicos locales. Sus grupos familiares tenían el compromiso social de la perdurabilidad, no en vano la identidad dependía en gran medida de la retención de enormes riquezas por varias generaciones.[4] Un número significativo regresó a la península, otros permanecieron en el territorio, formaron aquí su familia y dejaron descendencia en Nueva España. De los que regresaron a España, en algunos casos generaciones subsecuentes volvieron a Nueva España pues había intereses económicos familiares que proteger.

Entre los nobles, como parte de su conducta, había un marcado culto a los antepasados que se tradujo en elaboración de árboles genealógicos, memoriales de apellidos y armas, celebración de misas por los antepasados del linaje. Hubo en general una obsesión por la descendencia que permitiera la perdurabilidad del linaje, lo que en ocasiones se tradujo en imponer el uso del apellido a quien disfrutase unos bienes vinculados. El comportamiento en la sociedad estuvo fuertemente influido por las relaciones con los parientes estableciendo intrincadas redes a veces difíciles de constatar; el grupo familiar realizaba muchas de las funciones y servicios sociales que actualmente son competencia de otras instituciones (asistencia hospitalaria, protección al huérfano, amparo a los necesitados). En esta función social los lazos de sangre y el afecto familiar fueron determinantes pues en ellos fundaban su honor, sus privilegios, su poder; en suma, su lugar en la cúspide de la sociedad. Por ende, el comportamiento de la familia nobiliaria se vio sometido a estrictas normas que las leyes civiles y la moral católica imponían, a mantener una posición acorde con lo que la sociedad consideraba era el modelo a seguir, a cubrir un ceremonial en actos públicos y a la adquisición de una gran cantidad de símbolos de estatus, muchas veces imitado por otros grupos sociales. Todo ello contribuyó, sin duda, a crear un ambiente de frialdad en las relaciones afectivas entre los miembros de la familia. La rigidez de las leyes y el carácter estricto de la doctrina y la moral que se desprendía de las obras de moralistas y confesores ofrecían pocas posibilidades de vivir dentro de la norma y, al mismo tiempo, de crear un clima en el que los sentimientos pudiesen aflorar libremente. Los intereses de grupo, el parentesco, la comunidad y el propio estado civil ocupaban un lugar prioritario y relegaban los deseos individuales y las expectativas de ver cumplidas sus aspiraciones a un lugar secundario.

Pero la familia noble estaba formada por hombres y mujeres capaces de sentir, de experimentar amor y odio, alegrías y penas, aunque no tuvieran muchas ocasiones de dejar constancia documental de ello. Acceder a ese nivel, el de los sentimientos, es una tarea difícil para el historiador. Si la documentación ofrece datos suficientes para analizar otros aspectos de la vida familiar, en éste guarda un silencio casi absoluto. No obstante existen algunas posibilidades para intentar un acercamiento, a partir de documentos como testamentos y donaciones *inter vivos*, que proporcionan en ocasiones testimonios valiosos que nos permiten hacer una valoración, aunque muy limitada, del grado de afectividad que existía en las relaciones familiares de los nobles titulados, ello gracias a que la práctica testamentaria fue una constante de la nobleza novohispana: de los 25 títulos nobiliarios presentes en Nueva España en el siglo XVII, excepto uno, todos testaron.

Al igual que los nobles titulados, otros familiares más o menos próximos al grupo nuclear, llegado el momento de la proximidad de la muerte o en previsión a ella acudieron ante un escribano para expresar su última voluntad. Fue entonces cuando tímidamente manifestaron por escrito el afecto que sentían por alguien, bien mediante declaraciones que aludían expresamente a él o por medio de mandas y legados testamentarios realizados en su favor. Sin duda la forma en que se expresaron no dependía tanto de ellos como de la utilización de fórmulas estereotipadas por parte del escribano, pero la reiteración de frases y fórmulas respondían a un acto voluntario por parte del otorgante. También en algunas escrituras de donación *inter vivos* se plasmaron estos sentimientos, pues la donación era siempre un acto voluntario que trataba de favorecer a quienes estaban vinculados al otorgante por lazos de parentesco o afecto.

Familia nuclear, detalle del cuadro
El nacimiento de San Francisco, de Pedro Ramírez.

Las mandas y legados a favor de los hijos, acompañados o no de declaraciones de afecto, nos remiten al amor de los padres hacia sus hijos como parte de un "orden natural" en las relaciones familiares. En ocasiones los legados nos hablan de una recompensa paterna hacia los más débiles o hacia los que habían cumplido con sus obligaciones y deseos paternos. Las mandas testamentarias hechas a favor de otros familiares son una muestra de la solidaridad familiar entre individuos vinculados por lazos de parentesco. La importancia cuantitativa de este nivel de relaciones se explica también por la amplitud del grupo de posibles beneficiarios: nietos, sobrinos, tíos, hermanos, cuñados o nueras, que formaban un colectivo numeroso.

LA CONSTITUCIÓN DE LA CÉLULA FAMILIAR: EL MATRIMONIO

Según Patricia Seed, el sistema español de distinciones de estatus fundado en las diferencias raciales se preservó y mantuvo en el matrimonio durante los siglos XVI y XVII: en él los españoles se casaban con españoles, los indios con indios, los negros con negros; o para expresarlo en el lenguaje tradicional español del estamento: los nobles se casaban con nobles, los plebeyos con plebeyos y los esclavos con esclavos.[5] A pesar de esta afirmación, si observamos la gran cantidad de reales cédulas prohibitivas y los múltiples antepasados raciales de una gran parte de los descendientes de conquistadores y de los beneméritos, se puede afirmar rotundamente que en Nueva España —antes de la real pragmática de 1776— hubo un abuso de los matrimonios desiguales. Sin embargo, en cuanto al grupo titulado —con las excepciones típicas— puede observarse una endogamia social e incluso familiar bastante acentuada que permanece desde el siglo XVI hasta el XIX y cuyo resultado fue una fuerte consanguinidad.

La consanguinidad, además de un medio de preservar el honor para el sector tipificado como español,[6] fue conformando una continuidad de la estructura social, misma que se sustentó en una larga serie de prejuicios, sobre todo de carácter socioeconómico.

El matrimonio estaba definido como "la sociedad legítima del hombre y la mujer, que se unían con vínculo indisoluble, para perpetuar su especie, ayudarse a llevar el peso de la vida y participar de una misma suerte". Al matrimonio precedían algunas veces los esponsales, es decir, la promesa de casarse que se hacían mutuamente el varón y la mujer en recíproca aceptación. En ocasiones eran realizados antes de que los jóvenes alcanzaran una edad biológica que los habilitara para el "uso del matrimonio", y era necesario que tuvieran por lo menos la edad de siete años. Los esponsales tenían dos efectos: el primero era la obligación recíproca de casarse, su incumplimiento por parte de uno de ellos podía ocasionar que se le negara la licencia para casarse con otra persona o incluso la condena de un juez secular a indemnizar al afectado de los perjuicios

---

El matrimonio: sacramento y contrato

El Concilio de Trento, al declarar al matrimonio un sacramento de la Iglesia, estableció todos los requisitos formales que debían seguirse para que el matrimonio fuera válido ante la Iglesia y por tanto ante la sociedad, distanciándolo de las prácticas civiles propias de las sociedades y de las familias de la época. Frente a las consideraciones del matrimonio como un mero pacto entre humanos, el matrimonio-sacramento se convertía en un compromiso que tenía lugar entre los humanos y Dios y requería de un ceremonial considerado como necesario para su validez. Los contrayentes en primer lugar debían hacer una información sobre sus personas, luego recibían las amonestaciones, se efectuaba el casamiento y por último la velación. A pesar de su consideración como sacramento, el casamiento era una ceremonia básicamente laica que se realizaba en un domicilio particular y en el que participaba el cura, los padrinos (generalmente dos) y los testigos; en cambio la velación tenía carácter religioso, bien en la entrada de la iglesia o en el interior.

---

que se le siguieren por esta causa. El segundo efecto era una especie de "afinidad" llamada de "pública honestidad" que, en virtud de los esponsales, resultaba entre uno de los desposados y los parientes del otro, de modo que los parientes del esposo no podían casarse con la esposa, ni las parientas de ésta con el esposo.[7]

En la sociedad virreinal se dio una extraña práctica previa a los esponsales. Se trataba del secuestro de la novia, quien era depositada en un convento o casa decente, y sus bienes administrados por persona nombrada al efecto hasta el momento mismo de la ceremonia. Esta práctica parecía reservarse a las doncellas huérfanas y buscaba, además de asegurar la pureza de la futura esposa mandándola poner a buen recaudo, evitar que sus bienes fueran dilapidados y no llegaran íntegros al matrimonio. Huérfana de padre y madre fue doña Ignacia de Cruzat y Góngora, alias "La China", quien llegó en 1702 a Nueva España procedente de Filipinas (de donde su padre había sido gobernador) y se avecindó en San Cosme, siendo depositada al año siguiente en el convento de San Lorenzo. De ella dice el *Diario* de Robles:

> El señor arzobispo… el provisor y el alcalde de corte… fueron a la huerta de Cantabrana en San Cosme, donde está la hija de don Fausto Cruzat… y la trajo en su coche al convento de San Lorenzo para que estuviese en su libertad, porque se quiere casar con don Domingo de Tagle, habiéndole dado palabra; y los albaceas de su padre quieren casarla con otro de los pretendientes que dicen son el conde de Santiago, el oidor Uribe y don Lucas de Cariaga; dicen tiene de legítima 600 000 pesos.[8]

Independientemente de la existencia de los esponsales, para efectuar un matrimonio había de contarse, cuando los contrayentes eran menores de edad, con la licencia

28   1

ɛɾis rɛalɛs

SELLO SEGVNDO, SEIS REA-
LES, AÑOS DE MIL SETECIEN-
TOS Y QVARENTA Y TRES, Y
QVARENTA Y QVATRO.

CERTIFICAZION

DE ARMAS

de las Ylustres Casas, y Solares de Caua-
lleros nobles hijos dalgo de los apellidos
de Daualos, Bracamonte, Hijar, Monteros, de
Espinosa, Vlibarri, Saauedra, Delgadillo, la
Parra, Orendain, Soto, Alegria, y Martinez
que tocan y pertenecen por las dos
lineas Paterna y Materna

A Don

PEDRO ALONSO DAVALos

y Bracamonte originario de
ellas, Cauallero del Or-
den de Santiago
hijo
Legitimo de los Condes de
MIRAVALLE

Ejecutoria de los condes de Miravalle, siglo XVIII.

del padre o la madre, del abuelo paterno o materno, del tutor o del juez, según los respectivos casos; asimismo debían publicarse las amonestaciones o proclamas en la parroquia no sólo para que llegara la noticia a todos sino también para que se manifestaran los impedimentos que pudiera haber.[9]

La legislación canónica influyó sobremanera en las situaciones matrimoniales. Los hijos mayores de 25 años y las hijas mayores de 23 podían casarse a su arbitrio, sin necesidad de pedir ni obtener consentimiento ni consejo de su padre, pero los menores debían obtener dicho consentimiento. En ausencia del padre, el hijo menor debía obtener permiso de la madre, pero en este caso la libertad para casarse se adquiría a los 24 años y la hija a los 22. Esta reducción de la edad se volvía más común en ausencia de la madre, teniendo que autorizar alguno de los abuelos y, a falta de éstos, el tutor; la edad entonces quedaba reducida a 22 años para el varón y a 20 para la mujer. Los años debían siempre de ser cumplidos.

Cuando alguno de los anteriores negaba el consentimiento no tenía por qué dar razón de las causas; si algún menor creyese que se le negaba sin razón podía recurrir al jefe político (alcalde mayor) de donde estaba avecindado, quien, una vez recabados los informes que consideraba convenientes, concedía o negaba el permiso. Además de estos consentimientos, en teoría los nobles titulados tenían que conseguir licencia del rey para contraer matrimonio; al hacerlo expresaban las razones que sus progenitores habían tenido para concederles su consentimiento.

Los requisitos necesarios para que el matrimonio fuese válido eran: la pubertad, el consentimiento de los contrayentes, la libertad de todo impedimento dirimente y la presencia del párroco y dos testigos.

El matrimonio acordado parece haber sido una práctica habitual de la nobleza y por extensión de las clases privilegiadas, como en la incipiente burguesía, en la que se dieron igualmente las bodas de conveniencia. Esta situación, presente en los siglos XVI y XVII, cambió durante el siglo XVIII, cuando la tendencia fue anteponer el amor y la libre elección entre los cónyuges a otros intereses materiales, dentro de unos límites regulados que excluían las uniones desiguales.

En general, los jóvenes de la nobleza podían escoger libremente a su cónyuge, excepto en los casos mencionados, siempre que su decisión no estorbara alguna estrategia matrimonial férreamente trazada por sus progenitores y parientes. No obstante, hubo casos de abierto desafío: la hija del mariscal de Castilla doña Juana Colón de la Cueva y Toledo casaría en México en 1601 en contra de la voluntad de su padre con el primer marqués de Villamayor de las Ibernias, don Francisco Pacheco de Bocanegra y Córdova. Situación semejante se repitió el siglo siguiente con la hija de los marqueses de Altamira. En su disposición testamentaria la marquesa relata cómo junto con su marido habían propuesto a su hija varios candidatos, y de entre ellos la joven escogió a su

Impedimentos matrimoniales

Son *impedimentos dirimentes* los que estorbaban para contraer matrimonio entre ciertas personas y lo anulaban si se contraía. Se llamaban dirimentes del verbo latino *dirimere* que significaba destruir y comprendían catorce resultantes: del error; de la condición; del parentesco, ya sea de consanguinidad o afinidad espiritual o civil; de la pública honestidad; del voto solemne de castidad; del delito de homicidio contra el primer cónyuge, o bien de adulterio cometido con esperanza o promesa de casamiento; de la diferencia de culto; del casamiento anterior que todavía subsiste; de la impotencia; del rapto; del miedo y de las órdenes mayores. Además de los impedimentos dirimentes, había otros que se denominaban *impedientes* o prohibitivos, los cuales presentaban un obstáculo a su celebración pero no eran causa de nulidad: no podían contraer matrimonio lícitamente con persona alguna los incestuosos, los raptores de mujeres desposadas, los matadores de sus mujeres o de sus maridos o de sacerdotes, los que habían incurrido en penitencia pública, los que se habían casado a sabiendas con alguna monja, los que sacaban maliciosamente de pila a sus hijos por que los separasen de sus mujeres. Poco a poco los impedimentos se redujeron a los que procedían de los esponsales, del voto simple de castidad, de la herejía, de la prohibición de la Iglesia y del tiempo sagrado en que están cerradas las velaciones.

primo don Andrés Sánchez de Tagle, con el cual quedó comprometida. En el ínterin llegó a Nueva España otro pariente, don Pedro Pérez de Tagle; el enamoramiento fue tal que, a pesar de la oposición paterna y de los "tejemanejes" del arzobispo y del virrey duque de Linares por impedirlo, hubo fuga de la casa, matrimonio en secreto y consumación, dando al traste con los planes preestablecidos. Estos ejemplos son una muestra de que en el matrimonio de los nobles, si bien en algunos casos hubo oposición al acuerdo paterno, siempre se respetó la elección de un "igual" socialmente hablando.

Y es que el refrán "casa tu hijo con tu igual y no dirán de ti mal" refleja el temor a las habladurías con las que la fama se veía menoscabada; por otra parte, al hacer referencia al matrimonio dirigido por el padre de familia, muestra que la conducta de los hijos afecta a todos los integrantes de la "casa", la cual era la formadora del grupo social; de tal forma, es claro que la manera en que se concertaban las parejas era determinante para el equilibrio del grupo y de la sociedad toda.

LAS CAPITULACIONES MATRIMONIALES Y LA DOTE

Las capitulaciones matrimoniales representan un documento singular que encierra un caudal de información difícilmente sistematizable y que si bien pareciera un documento más de tipo económico nos permite rescatar otros aspectos relacionados con la vida

Escudo de armas
del marqués de Salinas de Río Pisuerga,
en la tesis de doctor de Diego Barrientos de Ribera.

cotidiana, las actitudes mentales y las estrategias. No era en modo alguno un documento privativo de la nobleza; en general, servía para enlaces que previeran más cláusulas que la simple entrega de la dote y en el que quedaban establecidas todas las consecuencias económicas que reportaba una boda. Dado que en la dote se trataba de escriturar una transacción simple —un conjunto de bienes que pasaban de manos de los padres de la mujer a las del marido para su goce y administración—, y en la nobleza las cosas no eran a menudo tan sencillas, fue por lo que las capitulaciones matrimoniales aparecen por lo general vinculadas con este estamento.

Al acto solemne de las capitulaciones precedía una intensa negociación. Los progenitores de los novios —o, en su defecto, los curadores o parientes más cercanos— trataban directamente, caso de ser convecinos; cuando los jóvenes eran de distinta localidad, el padre del novio solía enviar un emisario con conocimientos de derecho, casi siempre un clérigo afecto a la casa, a quien había detallado —en un poder otorgado ante notario— sus indicaciones; es decir, lo que en principio estaba dispuesto a dar o

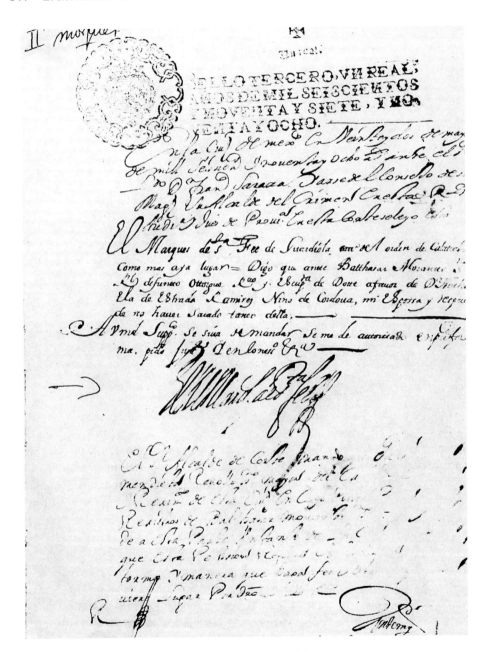

Capitulaciones matrimoniales
del II marqués de Villamayor de las Ibernias.

a exigir. Se establecía entonces una nutrida correspondencia tanto entre el padre y su podatario como entre los futuros consuegros.

Dependiendo de la importancia de los desposados podía solicitarse al monarca el beneplácito para celebrar las capitulaciones. Esta licencia real la encontramos en el trámite realizado para capitular don Luis de Velasco Ibarra, hijo del marqués de Salinas de Río Pisuerga, y doña Ana Osorio y Manrique.

Cuando se escrituraban las capitulaciones todo solía estar atado y bien atado, por lo que la boda no se hacía esperar; aunque casi nunca se indicara en el documento la fecha exacta, sí se decía que se celebraría lo antes posible, cuando los preparativos hubieran concluido o cuando los padres, y no los novios, lo dispusieran.

Las capitulaciones son tan ricas en información como escasas en número. Es necesario destacar que en las capitulaciones el título nobiliario aparece no en el primer titular sino en la descendencia, cuando podía suponer ya una cláusula específica a contemplar; así aconteció en las realizadas por los descendientes de los marqueses de Salinas de Río Pisuerga, de los del Valle de Oaxaca, de los de Villamayor de las Ibernias y de los condes de Moctezuma. Otros nobles hacían mayor hincapié en las propiedades, como los condes del Valle de Orizaba, los mariscales de Castilla y los condes de Miravalle. Otros más especificaban cuestiones de otra índole: el segundo marqués de Marcel de Peñalva, don García de Valdés y Beltrán de Osorio, que casó en México en la parroquia del Sagrario el 29 de abril de 1660 con doña Luisa Antonia Urrutia de Vergara, al capitular se comprometió a que si llegaba a fallecer sin sucesión, como ocurrió, le serían devueltos a su viuda los 80 000 pesos que llevaba de dote, así como los 15 000 pesos de las arras.

Parte importante en el matrimonio y muy relacionada con las capitulaciones era la dote, que daba lugar a dos tipos de documentos: la carta de promesa de dote, que podía sustituirse por un acuerdo verbal, y la carta de dote propiamente dicha, donde se hacían constar ante notario los bienes que la novia llevaría al matrimonio.

LAS RELACIONES ENTRE LOS ESPOSOS

La concepción que los nobles de la sociedad novohispana de los siglos XVI y XVII tenían sobre el matrimonio y la familia fue producto de la confluencia de una serie de factores que contribuyeron a crear un ambiente poco propicio para que las relaciones entre marido y mujer estuvieran cimentadas sobre los lazos del amor. Aunque el sustrato cultural e ideológico fuera el resultado de dos corrientes paralelas, la oficial y la popular, ambas relegaban la voluntad y los deseos de los jóvenes que se unían en matrimonio a un lugar secundario. Téngase presente que el modelo teológico de la Iglesia católica privilegiaba la representación de la comunidad doméstica como la familia nuclear sustentada sobre un matrimonio formal, único e indisoluble; además, el matrimonio era el único marco legítimo para la vida sexual y ésta estaba reservada a los cónyuges.[10]

La doctrina y la moral católicas condenaron desde sus primeros tiempos el amor desmesurado, rechazando como pecaminosa toda conducta entre los esposos que no fuera encaminada a la procreación o, en todo caso, al "remedio de la concupiscencia". La Iglesia prohibía la convivencia y las relaciones sexuales prenupciales, aun cuando un gran sector de la población pensase que la promesa de matrimonio era suficiente para iniciar relaciones maritales y actuase en consecuencia. La esposa tenía que someterse al marido y la sumisión y el respeto debían ser para ella valores esenciales en las relaciones conyugales. Todo ello entendido dentro de un marco legal que la Corona española había promovido para un objetivo específico: que la familia sirviese de herramienta de disciplina social en el poblamiento de América.

Con todo este entramado de por medio, ¿fueron felices los matrimonios de los nobles novohispanos? Los testamentos nos ayudan a adentrarnos un poco en la esfera de los sentimientos. Son los varones quienes parecen ser más proclives a expresar su amor, gratitud, respeto y reconocimiento hacia sus esposas, cuando la experiencia matrimonial había sido positiva. No faltan manifestaciones femeninas, e incluso algunas parejas que no sienten reparos en confesar un amor recíproco al hacer un testamento conjunto (mancomunado), pero la actitud general de la mujer refleja su sumisión.

Frases como "por la buena maridanza que hemos tenido y buenas obras que de ella he rescivido", "en señal del buen amor que le tengo", se repiten en la mayoría de los testamentos realizados por los cónyuges. El "mucho amor" y el "cariño" son las únicas razones que llevaron a algunos maridos y mujeres a favorecerse mutuamente con mejoras en el tercio y quinto de sus bienes, nombrándose herederos cuando no había hijos, a recompensar los cuidados recibidos con mandas en dinero o algunos bienes o a confiar a la esposa el cargo de tutora y curadora, si sus hijos eran menores en el momento de testar. En la mayor parte de los casos, ese amor y voluntad era un sentimiento parejo a la gratitud, la estimación y el reconocimiento de virtudes y cualidades.

La felicidad conyugal no era patrimonio de los más afortunados, ni estuvo condicionada a la existencia de un matrimonio acordado o a la sumisión de la voluntad del páter familias. Nobles, burócratas, artesanos o comerciantes, al margen de las diferencias existentes entre unos y otros en lo que a posición social y económica se refiere, disfrutaron en algunas ocasiones de una existencia dichosa en su matrimonio, o al menos así parece desprenderse de estas declaraciones. La asistencia y el cuidado del esposo o la esposa se valoraba con mayor intensidad cuando las circunstancias negativas habían requerido mayor sacrificio. Cuidarlo en sus enfermedades, haber criado a los hijos de un matrimonio anterior, haber dispuesto de su dote y haberla perdido en negocios poco afortunados fueron causas que subyacen en la redacción de los testamentos de los nobles.

Los matrimonios dichosos tal vez fueron muchos más de los que conocemos, pero o no necesitaban expresarlo a la hora de testar o no contaron con bienes para hacer mandas y legados a los cuidados y el cariño recibidos. Fue en el siglo XVIII cuando las expresiones de afecto se hacen más numerosas; quizás unas mejores condiciones de vida hacían más probable que un matrimonio congeniase y pudiese vivir una existencia feliz. Respecto a la felicidad en el matrimonio no debemos olvidar que existían convenciones sociales admitidas y no cuestionadas, y el testamento, a pesar de ser la fuente con que contamos para conocer estos sentimientos, no es el mejor instrumento para expresarlos. La correspondencia privada que llenaría este vacío, es un tesoro difícilmente localizable.

LOS HIJOS

Una vez consumado el matrimonio era hora de pensar en la descendencia, una bendición del cielo a la "casa" noble, una maldición cuando en la "casa" había una economía quebrantada por la incuria. El cuadro 1 recoge el número de hijos por matrimonio en las familias de nobles titulados durante los siglos XVII y XVIII. En el primero de ellos, además de las familias de los 25 títulos, están comprendidas las descendencias de los hi-

Cuadro 1. Número de hijos en edad adulta por matrimonio en familias nobles

Núm. de hijos	Siglo XVII	Siglo XVIII
Cero	7	21
Uno	8	15
Dos	6	18
Tres	4	18
Cuatro	1	12
Cinco	3	13
Seis	3	6
Siete		9
Ocho		7
Nueve	2	4
Diez	3	2
Más de diez	1	12
Media de hijos	**3.4**	**8.6**

Elaboración propia a partir de documentos varios.

Cuadro 2. Porcentaje de destino de los hijos adultos

Hijos	Siglo XVII	Siglo XVIII
Casado	53	50.4
Soltero	20.5	30.2
Religioso	26.5	19.4
Casada	66.6	72.2
Soltera	12	12
Monja	21.4	16

Elaboración propia a partir de documentos varios.

Cuadro 3. Títulos nobiliarios en Nueva España. Siglos XVI y XVII

Título nobiliario	Año de concesión
Marqués del Valle de Oaxaca	1529
Mariscal de Castilla	(*)
Marqués de Salinas de Río Pisuerga	1609
Conde de Santiago de Calimaya	1616
Marqués de Villamayor de las Ibernias	1617
Conde de Moctezuma de Tultengo	1627
Vizconde de San Miguel	1627
Conde del Valle de Orizaba	1627
Vizconde de Ilucan	1627
Conde de Peñalva	1632
Conde de Marcel de Peñalva	1649
Marqués de San Miguel de Aguayo	1682
Marqués de Villar del Águila	1689
Marqués del Valle de la Colina	1689
Conde de Laguna de Términos	1689
Conde de Miraflores	1689
Marqués de Santa Fe de Guardiola	1690
Conde de Loja	1690
Conde de Miravalle	1690
Conde de la Moraleda	1690
Marqués de San Jorge	1691
Conde de Santa Rosa	1691
Conde del Fresno de la Fuente	1692
Marqués de Monserrate	1695
Marqués de Buenavista	1696
Marqués de la Nava de Bárcinas	1699

Elaboración propia a partir de documentos varios.
* Título presente en México desde 1575.

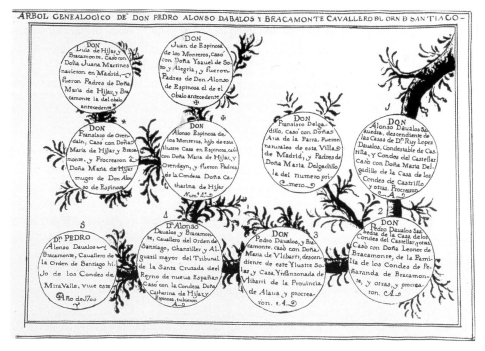

Árbol genealógico de los condes de Miravalle, siglo XVIII.

jos. Para el siglo XVIII se contempla la descendencia de los títulos anteriores más las nuevas concesiones que aumentaron a 62.

Con todas las salvedades que suscita el uso de la estadística (véase el cuadro 2), la nobleza titulada tuvo durante el siglo XVII alrededor de tres hijos que llegaron a la edad adulta; cifra que aumentó significativamente en el siglo XVIII. Había un segmento considerable de familias estériles, cercano al 15%; si añadimos a ello los matrimonios que sólo tuvieron uno o dos hijos (26%) —un muy reducido número para asegurar la sucesión, y que además podía estar constituido por mujeres, lo que determinaría la segura extinción del apellido— así como la alta mortalidad infantil, no sorprende que muchas familias se extinguieran. A ello hay que añadir el hecho de que 39 titulares en ambos siglos hayan sido solteros, lo que provocó el cambio en las líneas familiares de la sucesión.

Nada se sabe de los hijos mientras eran niños, ya que no aparecen mencionados en parte alguna. Los padres expresaban un dolor moderado por la muerte de alguno de ellos, tan repetida en muchas familias que dejaba de ser una tragedia. Téngase presente además la resignación cristiana, actitud que por otro lado ayudaba a la nobleza a ser un ejemplo social.

Las referencias a la relación de las madres con sus hijos en el seno de la nobleza son escasas; según Josefina Muriel, en la vida de María Ignacia de Azlor se presenta a su madre la marquesa de San Miguel de Aguayo como quien enseñó a todos sus hijos desde pequeños.[11] En las fuentes, el niño de la familia noble titulada adquiría protagonismo en dos ocasiones: cuando heredaba la titularidad por muerte de alguno de sus padres o en el momento de tomar estado (véase el cuadro 3).

Los comportamientos familiares no son esencialmente distintos en los siglos analizados. Siete de cada 10 hijas se casaban; las restantes se repartían casi por igual entre los claustros de los conventos y las casas de sus padres y hermanos. Bastante menor era el número de hijos que alcanzaban a fundar un hogar propio: cerca de la mitad de los varones adultos. De nuevo la estadística encubre un sinnúmero de situaciones específicas y de distintas estrategias familiares marcadas de cerca por las disponibilidades económicas. Hay un dimorfismo sexual acentuado que justifica el que se estudie por separado a hijos e hijas.

Los eclesiásticos

La vida eclesiástica ha sido mencionada numerosas veces como el camino de la mayoría de los hijos segundones para asegurarse una estabilidad económica, un medio de vida; sin embargo, pocas veces se hace mención al papel que estos hijos eclesiásticos realizaban en el grupo familiar: ponían en paz los conflictos familiares, concertaban bodas, figuraban como albaceas en muchos de los testamentos y ayudaban en lo que podían al jefe de la casa, fuese su padre o su hermano mayor. El no tener que mantener una familia (aunque sí a veces una casa, solos o con algún otro pariente soltero o viudo) y los no despreciables ingresos de las rentas eclesiásticas, completados con los provenientes de una gestión eficaz de su herencia, hicieron que su situación fuera desahogada e incluso que pudieran dedicar parte de su dinero a préstamos.

Por tanto no resulta extraño que la vida eclesiástica fuese la meta de muchos segundones, o de algún primogénito, que abrazaron el estado eclesiástico con una tibia vocación. Es muy significativo el escaso número de hijos de nobles o de la élite que ingresó en el clero regular, donde no había rentas; frailes que, por otra parte, tenían un efecto aún más benéfico que las monjas sobre las economías familiares, pues no solían recibir alimento alguno.

Los hijos destinados a la Iglesia se contentaban con ordenarse de menores y en general no estaban dispuestos a alejarse mucho de su familia ni de su lugar de residencia; las órdenes menores les bastaban para aprovecharse de las capellanías que les pudieran tocar, sin alterar mucho sus costumbres y sin separarse de sus padres y hermanos aunque en ocasiones, sobre todo a la muerte de los progenitores, decidieran vivir en casa aparte, por no incomodar al sucesor, o compartir su hogar con otro hermano o hermana solterones.[12]

LAS HIJAS

Las hijas casaron en mayor proporción que sus hermanos, aproximadamente siete de cada 10 mujeres que llegaban a la edad adulta. Aquí la cuestión de la primogenitura, tan importante en los varones, era irrelevante: sólo contaba en el supuesto de faltar heredero varón, en cuyo caso la mayor de las hijas se constituía formalmente en sucesora tanto de los bienes vinculados como de la dignidad nobiliaria.

Las dotes fueron casi siempre avances a cuenta de su futura legítima o herencia y no una donación graciosa de los padres. Así se indicaba de manera explícita en muchas capitulaciones; esta circunstancia se comprueba también en los inventarios, donde se descontaba de la partición de las hijas casadas los bienes que habían llevado en su dote. El monto de ésta, en teoría, no debía superar la legítima estimada, puesto que de ser así se perjudicaría a sus hermanos, aunque a veces la desbordara ampliamente, con vistas a obtener un enlace ventajoso. Las dotes tendían a ser iguales para todas las hijas; sólo en los testamentos se permitía mejorar a una en detrimento de las restantes. Teniendo en cuenta dichas circunstancias —la correspondencia de la dote con la legítima y la obligación de igualar a todas las hijas—, parece que, en principio, no había ningún obstáculo para que éstas contrajesen matrimonio llegadas a una edad conveniente. Pero la experiencia muestra que muchas hijas quedaron sin casar, sin que debamos pensar en una empecinada voluntad de soltería o en una irresistible vocación religiosa. Se trataba primordialmente de un problema de número y económico: no era lo mismo casar a una o a dos hijas que a media docena. La dote detraía del patrimonio familiar una serie de bienes difícilmente recuperables, de modo que una sucesión de casamientos podía dar al traste con las economías nobiliarias, siempre deficitarias, al propiciar un endeudamiento creciente y debilitar de manera irreversible el caudal de bienes libres.

Un hecho comprobado es que a menudo el patrimonio familiar no daba para dotar a más de dos o tres hijas, salvo casos excepcionales. Si bien no tan evidente como en el caso de los varones, puede apreciarse en algunos casos una estrecha relación entre la muerte del padre y el casamiento de las hijas. Muchas de éstas, que en vida del padre no pudieron casar por necesitar éste de todos sus bienes para sostenerse él mismo y su familia, encontraron en el reparto de legítimas las dotes necesarias para tomar estado.

El azar y la bonanza económica del padre determinaba por tanto qué hijas eran las afortunadas. Las solteras por lo general quedaban a cargo de los padres, y muertos és-

Retrato de la IX condesa de Santiago de Calimaya difunta,
vestida con el hábito de terciaria franciscana, siglo XVIII.

tos del sucesor de la casa. No obstante, el sino de la mujer pobre en el seno de una familia distinguida resultaba en verdad trágico. Para el titular del mayorazgo suponía una carga, en parte por tener que atender su sustento y en parte por la responsabilidad de guardar su honor. Difícilmente había dinero para darle una dote con qué casarla, ya que hasta el ingreso en el convento costaba y su situación se supeditaba a la solidaridad familiar. Con frecuencia la heredera de un ilustre apellido terminaba como asistente de su cuñada. También la belleza de la mujer desempeñaba un importante papel en la posibilidad de su casamiento a veces al margen de la economía de la casa.

Las monjas

Es un lugar común la dudosa vocación de muchas hijas de la nobleza que tomaron los hábitos. Sin pretender generalizar ni categorizar con criterios actuales tal situación, ya que de nuevo nos encontramos ante valores compartidos y no cuestionados, hay una circunstancia que dice mucho del papel influyente de los padres en las supuestas vocaciones: la inmensa mayoría de las doncellas nobles profesaron entre los 15 y los 20 años de edad, tras un más que protocolario año de noviciado, siendo muy poco frecuentes las "vocaciones" tardías.

Arbiol enfrentaba este tipo de acusaciones al afirmar que de ningún modo debía forzarse la voluntad de la hija, "mas debe notarse que el criar las niñas en algunos conventos para su más christiana educación y conveniente seguridad, aunque de esto se siga que las mismas niñas se inclinen a ser religiosas" no es actuar contra su voluntad.[13]

El ambiente familiar, a menudo de extrema religiosidad, también ayudaba decisivamente a que la decisión de tomar los votos no fuera algo impuesto. La mayor prueba de la inexistencia de coacciones residía, según los autores eclesiásticos, en la absoluta libertad de la joven para tomar o no los votos tras el año de noviciado. Los documentos del noviciado prueban con mayor claridad el escaso margen de elección que les quedaba a las doncellas. Previa a la entrada de éstas en el noviciado se firmaba la escritura de obligación de dote;[14] en víspera de la profesión, el convento otorgaba carta de pago contra recibo de la dote. La legislación beneficiaba a padres y conventos, pero ignoraba los perjuicios morales que ocasionaba a las novicias. Es evidente que el convento no podía exigir el pago antes de la profesión, pues abonar la dote nada más empezar el noviciado prejuzgaba la definitiva entrada en religión y conculcaba la propia naturaleza del periodo probatorio; pero si llegaba la profesión y la dote no se satisfacía, la doncella podía eternizarse de novicia o ser expulsada; para evitarlo se usaba el depósito. Más utilizado aún era un sistema que evitaba la dilación en tomar el velo sin necesidad de pagar la dote o pagando tan sólo una parte: el convento otorgaba carta de pago sin haber recibido el dinero y el padre declaraba haber recibido a censo redimible una cantidad igual a la de la dote. Así, éste veía profesar a su hija sin desembolsar un peso y el convento hacía lo que de todas formas terminaría haciendo con el dinero de la dote: darlo a censo.[15]

Pagados la dote y los hábitos de las profesas, faltaba asignarles una pensión para socorrer sus necesidades, la cual nunca era tan crecida como las que recibían en concepto de alimentos las hijas solteras y sobre todo los varones.

Al ahorro que suponía para la economía familiar la dote de una religiosa respecto de una casada se unía la no menos interesante renuncia de legítimas. La novicia próxima a profesar podía renunciar a su parte de la herencia a favor del pariente que libremente designara, generalmente padres y hermanos. En ocasiones la vida conventual se elegía como alivio a males de amores, cuando no se aprovechaba la fundación de una obra pía existente en el grupo familiar que dotaba a las religiosas, una estrategia familiar que aseguraba no sólo la vida religiosa, sino en ocasiones la posibilidad de casarse a las mujeres del linaje.

LOS HIJOS NATURALES

El estudio de la ilegitimidad desborda ampliamente nuestro marco de análisis, aunque la curiosidad nos lleve a examinar un fenómeno tan interesante y poco estudiado.

La existencia de relaciones sexuales fuera del matrimonio por parte de los nobles no representaba un claro desafío a las convenciones sociales. Se intuye la baja extracción social de las circunstanciales amantes de los nobles novohispanos, aunque sea muy poco lo que de ellas se sabe: apenas el nombre, sin apellidos ilustres y con general ausencia de tratamientos, cuando no se oculta el nombre de la madre.[16] En contraposición a una alta extracción social en el caso de amantes que fueron legitimadas con subsecuente matrimonio.

Los nobles parecían desquitarse de la fuerte endogamia social y familiar de sus relaciones legítimas con la desigualdad social claramente visible en sus aventuras sexuales. La existencia de hijos naturales y bastardos constata la práctica de relaciones pre o extramatrimoniales por parte de los varones de la clase privilegiada: las primeras eran favorecidas por un tardío acceso al matrimonio o un celibato no siempre elegido; las segundas daban fe de infidelidades y de alteraciones de la rutina conyugal, de los naufragios de un matrimonio.

Entre los nobles el siglo XVII no se conocen relaciones sexuales extramaritales prolongadas que fructificasen en embarazos sucesivos. En los casos en que se dio sólo se reconoció la existencia de un único hijo ilegítimo, como un impulso accidental difícilmente reprobable La nobleza tuvo en el periodo virreinal un comportamiento dispar en este asunto: en el siglo XVI, por ejemplo, el marqués del Valle de Oaxaca tuvo seis hijos

---

Terminología para catalogar a los hijos

El derecho contemplaba diferencias entre los hijos, distinguiendo entre hijos legítimos o ilegítimos dependiendo de si había o no un matrimonio previo. Los ilegítimos se dividían en naturales y espurios: *naturales* eran los nacidos de hombre y mujer que al tiempo de su concepción o del nacimiento podían casarse sin dispensa: y *espurios* todos los demás ilegítimos que no son naturales, esto es, los *incestuosos* que eran los habidos entre parientes que no podían casarse sin dispensa, los *adulterinos* que eran los habidos en personas ligadas con otras, a lo menos una, por el vínculo del matrimonio, los *sacrílegos*, que eran los habidos de personas que estaban ligadas, a lo menos una, con profesión religiosa o con orden sacro, y los *manceres* que eran los de mujeres prostitutas. Los hijos ilegítimos recibían también el nombre de *bastardos*, los cuales en sentido más estricto eran aquellos de padres que no podían contraer matrimonio entre sí cuando los procrearon.

Nicolás YROLO CALAR, *Política de escrituras*, México, 1623.

Retrato del marqués de la Nava de Bárcinas,
cuadro anónimo del siglo XVII.

bastardos; a fines del siglo XVII, el marqués de la Nava de Bárcinas mantuvo dos hogares alternos, uno en España, del que estuvo ausente con descendencia legítima, y otro permanente con descendencia ilegítima en la Ciudad de México. La información recogida a pesar de la gran ocultación, muestra un fuerte incremento de casos semejantes en el siglo XIX, siendo un ejemplo notable el escandaloso comportamiento del marqués de Jaral de Berrio.

¿Cómo se pueden llegar a conocer los hijos bastardos nacidos en determinado grupo social? En primer lugar, el párroco podía recibir la información directamente del padre, sin que a éste le importara en exceso que se supiera y divulgase el fruto de sus devaneos; pero no era usual que un noble titulado estuviera dispuesto a anotar sin más su nombre en los registros parroquiales, pues dar su nombre al niño suponía reconocerlo, un paso grave que algunos no tomaron sino hasta muy tarde, cuando hicieron testamento.

Una práctica que casi todos los estudios demográficos constatan es la exposición de niños, no a la puerta de alguna Iglesia, como era lo habitual, sino a la de algún noble o de una familia con posibles. Esta práctica presente en Nueva España no ha sido posible relacionarla con una paternidad reconocida con posterioridad, es por ello que, a falta de mayor información, parece más un recurso desesperado de míseras madres que buscaban para su hijo la protección de los poderosos, del mismo modo que los trabajadores de las haciendas gustaban que el noble apadrinara a sus hijos. La condesa de Santiago de Calimaya al hacer su codicilo no se olvidó de su expósito: "Yten declaró que en dicha ciudad de México se haya un niño nombrado Juan a quien dicha señora y el señor conde han ido criando con el maternal amor, por haber sido expuesto en su casa, y actualmente está aprendiendo a leer y escribir por lo que suplica al señor conde continúe con él, la caridad que hasta ahora ha ejecutado procurando su buena educación y el que aprenda un oficio correspondiente a su calidad".[17]

Aunque poco se sabe de los hijos ilegítimos, es un hecho que los claustros y las capellanías fueron una solución cómoda y económica para muchos de ellos. Una vez que habían sido dotados con alguna pensión o tomado los votos, pocos superaron los límites de una existencia modesta.

LAS RELACIONES PATERNO-FILIALES

Este segundo nivel de relaciones estaba también influido por las pautas marcadas en la doctrina y la moral católicas. Los preceptos del cuarto mandamiento caracterizaron este tipo de relaciones, presididas por los valores de autoridad de los padres y el deber y obediencia de los hijos, aunque el amor era también considerado como una obligación para unos y otros.[18]

La obediencia fue una de las razones que impulsaron a los padres a mejorar en una parte de sus bienes a algunos de sus hijos al otorgar su testamento, aunque a la obediencia se sumaba otro factor: el haberles asistido y amparado en sus enfermedades y necesidades.

Hasta su emancipación e incluso después de ésta, los hijos primogénitos dependían de la autoridad paterna. Su sujeción a ésta era casi total, y sólo a la muerte del padre accedían a la autonomía plena. Las hijas y los segundones pasaban sin transición a someterse, bien a los designios del marido, bien a los del sucesor. No se trataba sólo de que el padre dispusiera de los bienes de sus hijos en la menor edad, a lo que de alguna forma le facultaba la ley, ni de que retuviera por el tiempo de su voluntad sus legítimas maternas, ni de que atendiera sus necesidades, sino de que en ocasiones la autoridad paterna provocó la apropiación de bienes pertenecientes a sus hijos, aunque éstos se hallaran formalmente emancipados.

No es extraño, pues, que en estos casos las tensiones paterno-filiales se tradujeran en numerosos pleitos. Padres e hijos peleaban por alimentos, pero también se disputaban como extraños los mayorazgos. Era raro que los padres hicieran cesión formal de sus rentas vinculadas antes de su muerte; preferían reservarse la administración directa de los mayorazgos y pasar a sus hijos los alimentos correspondientes. Cuando así lo hacían salvaguardaban bien sus intereses haciendo recaer pesadas obligaciones en sus sucesores.

Muchas veces los padres trataban de asegurarse el amparo en la vejez, eligiendo para sus hijos un futuro que, a la larga, compensaría con creces el dinero que habían invertido en su formación. Pero en cualquier caso, aunque los padres buscaban la protección en su ancianidad, no hemos de pensar que cuando mejoraban a alguno de sus hijos, trataban únicamente de obtener un beneficio para ellos. El amor y la voluntad eran términos mucho más habituales en estas declaraciones, y ese amor y voluntad eran considerados como algo natural, siempre que no sobrepasaran ciertos límites, pues en algunos casos la excesiva ternura y la falta de un castigo a tiempo podían convertir a los hijos en seres blandos y según la sabiduría popular "inclinados a los vicios".

El amor y el cariño se hacían evidentes en aquellos casos en los que las mandas y legados favorecían a los más débiles. No es extraño encontrar testamentos en los que el padre de familia mejora a sus hijos menores en el tercio y quinto de sus bienes. Temiendo la muerte y el no poder cumplir con su obligación de criarlos y educarlos, creaban así un seguro material para ellos, tratando de suplir en cierto modo su falta. Y, por supuesto, las mujeres, consideradas por toda la sociedad como más débiles y más desprotegidas, ocupaban también un lugar importante en la atención de sus padres. Siendo su destino el matrimonio o el convento, y condición imprescindible contar con una dote, sus padres les hacían donación de una cantidad de dinero o de ciertos bienes para cuando "tomasen estado".

Pero no había que esperar a que llegase el momento de la muerte para que los hijos recibiesen de sus padres algunos bienes por vía de donación *inter vivos*. Cantidades de dinero en metálico, algunas rentas, partes de casas, esclavos o simplemente algunas prendas de vestir eran los bienes donados. Las razones no siempre se especificaban, pero en la mayoría de los casos respondían al deseo de favorecer a aquellos que habían sido destinados por sus padres a ocupar cargos, gozar de algún beneficio eclesiástico o estudiar en la universidad.

Aunque fueron generalmente los padres quienes protagonizaron estos actos de amor y manifestaron su deseo de favorecer a los hijos que habían sido obedientes y les habían cuidado y asistido en sus enfermedades, también algunos hijos expresaron su gratitud y amor hacia ellos.

Si bien las relaciones entre padres e hijos mantuvieron a lo largo de los siglos el apego a los valores de autoridad y de obediencia, esto no significaba que entre ellos no existiesen lazos de afecto y una dependencia sentimental además de la económica. Tanto padres como hijos se mostraban agradecidos y afectuosos unos con otros. Aunque también en este aspecto, como ocurría en el matrimonio por amor, tuvieron que pasar varios siglos para que los sentimientos constituyesen el vínculo fundamental que unía a los miembros de la familia, en la mente y en el corazón de los novohispanos, éstos ocuparon un lugar importante. Los padres se sentían también obligados a hacer recomendaciones a sus hijos en este sentido. El cabeza de familia era consciente de que su muerte podía producir una situación de cierta "anarquía" en el seno de la familia. Siendo él quien gobernaba este modelo a escala de un reino, su desaparición y el reparto de sus bienes en ocasiones daban lugar a enfrentamientos y pleitos, sobre todo cuando los bienes eran cuantiosos. Los hijos, libres ya de la tutela paterna, podían verse inclinados a desvincularse, alejarse unos de otros, faltar a su obligación de atender a su madre viuda. Para evitar todo esto, no era extraño que alguno incluyese en su testamento declaraciones preventivas al posible desorden.

En ocasiones, las relaciones entre padres e hijos se tornaban tensas, sobre todo cuando estos últimos se rebelaban contra la autoridad paterna y se negaban a aceptar las decisiones que les imponía acerca de su futuro. La dependencia de los hijos respecto de sus padres era total hasta su muerte, de ahí que no resultara extraño que en muchas de las comunidades domésticas hubiera una relación entre la muerte del padre y el casamiento de los hijos, unido al hecho de la existencia o no de un mayorazgo y más aún de un título nobiliario. La proporción de solteros nobles fue mucho mayor que la de gente del común, y aumentaba en función de la edad en la que moría el padre. (El comportamiento matrimonial de las hijas fue independiente de esta circunstancia). No era extraño que el primogénito casase antes del fallecimiento del padre, premura que permitía una más segura descendencia y una relativa emancipación de la autoridad pa-

Retrato del II marqués de Buenavista a la edad de cuatro años,
de Nicolás Rodríguez Juárez, 1695.

terna, no consumada totalmente hasta la muerte del progenitor y la toma de posesión de los mayorazgos (de haberlos). En el caso de los segundogénitos la situación cambiaba radicalmente, si existía vinculación de bienes y, una vez más, el mayorazgo ocasionaba que la mayoría de los segundones permaneciesen solteros hasta el deceso del padre.

Respecto a los hijos segundones, no casaban porque si el mayor hacía lo mismo, ellos se verían con su familia expuestos a la indigencia; muchos no perdían la esperanza de suceder en el mayorazgo al hermano mayor, y programaban realizar un matrimonio hasta que aquél hubiese heredado o bien fallecido. La existencia de una buena dote podía acelerar los matrimonios de los segundones; sin embargo, podemos pensar que la tónica general en el siglo XVII fue la soltería de los varones, dado que los críticos del XVIII atacaron al mayorazgo como el causante del retardo del matrimonio de estos hijos varones, cuando no de su impedimento, además de que dio como resultado la casi general ausencia de bienes libres que impedía dotar a las hijas.

En Nueva España no era extraño, por tanto, encontrar grupos familiares que establecieran varios mayorazgos para aliviar las cargas de la primogenitura. En ocasiones, la élite reunió en una misma casa-linaje varios mayorazgos que permitieron que los segundones gozasen de una renta considerable; sin embargo, no fueron los más y el esquema de trabas y privaciones se repetía en la generación subsecuente.[19] El comercio en Nueva España y la actividad mercantil de gran parte de los hijos fue un paliativo a la economía familiar frente al modelo hispano, en el que la élite nobiliaria tenía como meta sustentarse únicamente en un trabajo, entendido éste como su dedicación a las armas o a las letras.

La situación de los hijos varones y el hecho de que las líneas segundogénitas de varones se nos revelen como más frágiles explican el porqué de la pérdida, en los linajes novohispanos, de la sucesión por vía de varón. Al estudiar los grupos familiares, constatamos que éstos se propagaron a través de las mujeres.

LA SOLIDARIDAD FAMILIAR

Nietos, hermanos y sobrinos eran quienes participaban mayoritariamente de las mandas que unían a la familia nuclear con todos aquellos que formaban parte de la "familia" en sentido amplio. Está por estudiarse si hubo una tónica general en la Nueva España en la cual los hijos, al casarse, abandonaran el hogar paterno y se instalaran en una nueva casa, creando así otra familia; caso que de ocurrir no implicaba una ruptura sentimental ni económica.

Ya desde principios del siglo XVII Baltasar Dorantes de Carranza en su relación, nos transmite la impresión de que en las viviendas se agrupaban varias generaciones; en otras relaciones de conquistadores se observa que la "casa" contaba con un buen número de parientes, esclavos, sirvientes o escuderos.[20] La convivencia bajo un mismo techo o bajo el "techo" protector de una comunidad tiene su reflejo en las mandas testamentarias. Solidaridades que se podían manifestar de muy diferentes formas: asistencia en enfermedades, cooperación en la actividad profesional (funcionarios, empleados en el comercio familiar, administradores de fincas), dotación de las jóvenes de la familia cuando éstas eran huérfanas, ayuda prestada en las necesidades de la vida diaria o, simplemente, en la expresión del amor y voluntad que sentían unos por otros.

Los abuelos sentían una especial ternura por sus nietos, quienes en definitiva eran la prolongación no sólo de su sangre sino de la perpetuación de su casa; no era extraño que los nietos se criaran en casa de los abuelos. Por lo general era un amor correspondido a juzgar por las continuas alusiones a los cuidados y asistencias que los nietos prestaban a sus abuelos.

Algunos matrimonios, sobre todo aquellos que no tenían hijos o los habían perdido de corta edad, acogieron en sus hogares a sobrinos huérfanos o a entenados (expósitos en ocasiones), a los que criaron y dieron estado. Este tipo de solidaridades no estuvo reservada a los hogares sin descendencia y fue una constante de la sociedad novohispana (al igual que todas las del Antiguo Régimen).

Otras veces los tíos solteros con posibilidades económicas, sobre todo los clérigos, contribuyeron con sus bienes a pagar los estudios de sus sobrinos; éstos podían aspirar a un futuro mejor del que hubieran podido tener con los pocos medios de sus padres, en especial si se tiene en cuenta la escasez de efectivo que padecía la mayoría de los nobles o los condicionamientos que existían si había un mayorazgo que vinculaba los bienes y limitaba la circulación de bienes inmuebles.

Todos estos testimonios, además de referirnos a situaciones personales, son exponentes claros de que el parentesco era un elemento de cohesión que permitía a todos, ricos y pobres, recurrir a los familiares en momentos en los que su ayuda era más necesaria, resistiendo así mediante la solidaridad familiar, las dificultades y circunstancias penosas con las que frecuentemente habían de enfrentarse.

LOS CRIADOS Y LOS ESCLAVOS

Todo aquel que quería emular a la nobleza debía contar con una numerosa servidumbre, en parte por la necesidad de mantener una o más casas con lucimiento y en parte por la mera ostentación de gasto y riqueza.

Los criados formaban parte de la familia; prueba de ello es la atención que los mo-

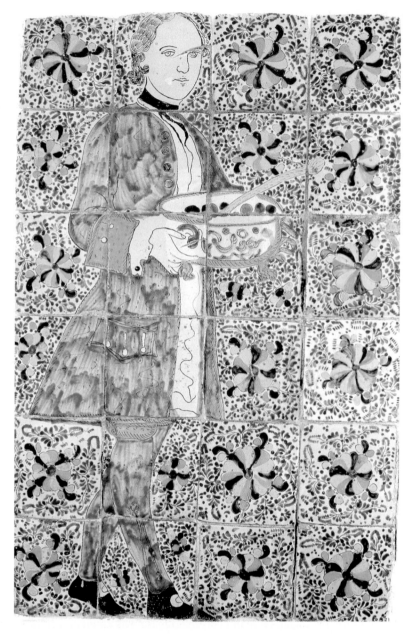

Criado mayordomo, en loza de Puebla, siglo XVIII,
en la casa de la marquesa de Uluapa, Ciudad de México.

ralistas prestaron a las relaciones que los amos debían mantener con sus criados. De acuerdo con esos textos, los amos debían adoctrinarlos, cuidar que sus actos se encaminasen a la virtud, pagarles sus salarios y proporcionarles lo necesario para su sustento. Los criados, por su parte, debían obediencia y fidelidad a sus amos, cuidar de no atentar contra el crédito o la estimación de la familia y conservar la hacienda de sus señores. Pero frente a esta imagen ideal, cabe preguntarse cuáles fueron en la práctica las relaciones que señores y sirvientes mantenían en la vida cotidiana. Las informaciones de que disponemos, basadas exclusivamente en los testamentos, no nos permiten conocer más que una mínima parte de esta realidad por medio de mandas y legados.

El afecto no estaba excluido de los sentimientos existentes entre servidores y señores. Con frecuencia los criados servían toda su vida en la misma casa, asistiendo a padres e hijos. Esta convivencia durante tantos años hacía que, incluso cuando los criados llegaban a una edad en la que apenas podían prestar algún servicio, permaneciesen en casa de sus señores que los sustentaban "por amor de Dios" o bien les eximían del pago del alquiler de las casas en que vivían, generalmente próximas a las casas de sus amos y propiedad de éstos. Nos queda la duda de un hecho, quizás habitual en las relaciones entre señores y servidores, y es que algunos de los criados servían a sus amos sin percibir salario alguno.

Los esclavos, consignados junto con los demás bienes en los inventarios post mórtem, estaban privados de cualquier derecho sobre sus vidas, sin embargo también merecieron algún favor de sus dueños, cuando éstos querían dejar satisfechas todas sus deudas y trataban de conseguir méritos ante el Creador para cuando llegase el momento de la muerte, bien liberándolos o dejándoles una cantidad para tal fin.

LA DISOLUCIÓN DEL MATRIMONIO

El divorcio

Como el matrimonio legítimamente contraído no podía disolverse, por razón de haber sido elevado a sacramento, no se entendía por divorcio la entera disolución del vínculo matrimonial sino sólo la separación de bienes y de cuerpos (cohabitación) entre el marido y la mujer, quienes no por eso adquirían la libertad de contraer nuevas nupcias mientras viviera el otro.

Esta solución extrema no fue muy frecuente entre la nobleza novohispana ni en el resto de la sociedad, y no se constata sino hasta los siglos XVIII y XIX. Los procesos de separación se tramitaban ante un juez eclesiástico en la diócesis correspondiente, mediante un abogado. Declaraban varios testigos y si confirmaban las afirmaciones del demandante, se procedía al secuestro de la mujer, que generalmente se encontraba en casa de parientes o amigos, fuera o no ella quien había iniciado la causa, para evitar coacciones del esposo y salvaguardar la dote. A partir de entonces proseguía el proceso propiamente dicho, que podía durar años y, lo más grave, no concluir con sentencia alguna; y es que la burocracia eclesiástica trataba de no comprometerse y confiaba en la solución inmediata del problema conyugal mediante el secuestro de la mujer, lo que equivalía a la separación de facto, sin la institución jurídica del divorcio. La mujer solía volver con sus padres y parientes, llevándose a sus hijos. El marido, en el caso de matrimonios con posibilidades económicas, se veía obligado a mantener dos casas abiertas, a lo cual no siempre estaba dispuesto. Tales gastos podían convertirse en paliativos para solucionar la crisis conyugal.

La muerte del cónyuge

La muerte de la madre tenía para la unidad familiar consecuencias netamente distintas a la del padre, desde el punto de vista legal. Por otro lado, la desigual esperanza de vida, mayor para los hombres que para las mujeres, hacía que la muerte de la esposa determinara la disolución de la unidad conyugal; téngase presente que las muertes por sobreparto reducían sensiblemente la esperanza de vida de las mujeres. En teoría debió de haber más viudos que viudas, pero los hombres nobles solían contraer nuevas nupcias, en tanto que las viudas nobles en mayor número mantenían su estado.

El viudo mantenía la patria potestad e incluso incrementaba sus facultades patrimoniales: administraba la herencia de la difunta, que había entrado a formar parte del peculio adventicio de sus hijos y que anteriormente podía estar sustraída a su administración si la mujer conservaba la de sus bienes parafernales. Las legítimas maternas no eran repartidas sino cuando el padre lo disponía, y éste solía retenerlas hasta su muerte.

La disolución de la pareja llevaba en muchas ocasiones a que el viudo contrajese segundas nupcias, y a veces terceras; había, no obstante, viudos de toda condición y no era extraño encontrar viudos que se ordenaron de menores y aun de mayores órdenes al perder a su mujer. Pero hay un hecho cierto: tener o no asegurada la sucesión fue en no pocos casos determinante.

La muerte del esposo era la que marcaba en verdad el fin de la unidad familiar, traspasando definitivamente los poderes de cabeza de familia y jefe de la casa al primogénito o sucesor. Tal traspaso se demoraba cuando los hijos eran aún menores de edad, y entonces la viuda solía constituirse habitualmente en curadora de ellos, velando por la administración de sus bienes, en tanto no volviera a casarse. En todo caso, debía observar el *tempus lugendi*, no pudiendo casar hasta pasado un año de la muerte del marido;

Los sistemas de herencia

El sistema de herencia castellano tuvo plena vigencia en los territorios coloniales americanos. Se adoptaron las leyes de Toro que habían establecido que la herencia debía dividirse en cinco partes. De éstas, cuatro partes constituían la legítima la cual debía distribuirse entre los herederos forzosos (hijos legítimos o legitimados y en caso de no haberlos, los parientes colaterales hasta el décimo grado). De la quinta parte restante podía disponer libremente el testador. Las cuatro partes de la legítima a su vez se dividían en tres partes, dos de ellas se repartían de forma igualitaria entre los herederos forzosos y el tercio que quedaba (la mejora), el testador podía emplearlo en aumentar el legado que correspondía a uno o más herederos. Como la ley permitía acumular el quinto de libre disposición y la mejora de un tercio en una sola masa, se llamó a esta fracción "mejora de tercio y quinto".

Joaquín ESCRICHE (1869), *Diccionario razonado de legislación y jurisprudencia.*

en este lapso debía observar buena conducta y hacer vida retirada, so pena de perder las mandas que le había dejado el difunto e incluso su parte de bienes gananciales, obligaciones todas que no se exigían al varón.

Como en cualquier sociedad la vida familiar estaba influida por diversos valores, convenciones y variados factores materiales: vivienda, alimentación y entorno. En la Nueva España esta influencia se ejercía sobre el modo de pensar y actuar de las familias que vivían en sus urbes, factores que condicionaron su existencia desde el momento mismo de su nacimiento, desempeñaron un papel importante en el tamaño y estructura de la familia y determinaron las expectativas de futuro de los hijos. La nobleza, a partir de estrategias familiares y comportamientos específicos que dependían de valores y condiciones económicas, contribuyó a crear un modo de vida presidido por la comodidad.

El sistema de primogenitura presente en el siglo XVII novohispano entre la nobleza, en tanto que dificultó el desarrollo del linaje al casar a menudo a un escaso número de hijos en cada generación, condujo a la formación de líneas sucesorias muy frágiles y a merced de cualquier accidente reproductivo. La endeblez de las líneas sucesorias tuvo como resultado la acumulación de fuentes de renta y de bienes vinculados en unos pocos, lo que a su vez propició seguir manteniendo el sistema de primogenitura y, en consecuencia, que las relaciones y el destino de los miembros de la familia quedasen fuertemente condicionados. Clase, raza, prestigio y endogamia fueron añadiéndose a este panorama poco halagüeño, para desembocar en una centuria en la que la Ilustración propició una literatura que criticaba mecanismos que seguían presentes, heredados y consolidados en el siglo anterior. Las relaciones dentro de la familia, sin embargo, tardarían varios lustros en modificarse.

Retrato de una dama viuda, de Baltasar de Echave Ibía.

NOTAS

[1] CHOCANO, 2000, p. 108.

[2] VILLAFUERTE, 1994, p. 39. Para una introducción al estudio de la familia, véase LASLETT, 1993, pp. 43-70.

[3] SANCHIZ, 1996.

[4] KICZA, 1999, p. 25.

[5] SEED, 1991, p. 40.

[6] SEED, 1991, p. 98.

[7] ESCRICHE, 1869, p. 1254.

[8] ROBLES, 1946, vol. III, p. 267.

[9] MARGADANT, 1991, pp. 27-56.

[10] ORTEGA, 1994, p. 20.

[11] MURIEL, 1991, p. 118.

[12] GONZALBO AIZPURU, 1998, p. 138.

[13] ARBIOL, 1739, p. 499.

[14] YROLO, 1996.

[15] ZÁRATE, 1996, pp. 227-254.

[16] En el testamento del primer conde del Valle de Orizaba, don Rodrigo de Vivero dice: "De este matrimonio de la dicha condesa y mío tubimos por nuestro hijo lexítimo a don Luis de Vivero, cauallero del ábito de Santiago y no otro alguno, por que el padre Rodrigo de Vivero de la Compañía de Jesús es mi hijo natural, y por tal lo declaro", sin mencionar a lo largo de sus disposiciones testamentarias el nombre de la madre. El conde dictó su última voluntad a este hijo, probablemente porque merecía su confianza. El origen ilegítimo de su nacimiento no obstó, sin embargo, para que alcanzase un lugar destacado dentro de la sociedad novohispana: antes de tomar el hábito de la Compañía fue conocido en México como uno de los poetas más sobresalientes del Nuevo Mundo.

[17] AN, escribano Ignacio Miguel de Cervantes (30 de septiembre de 1768), fol. 20v.

[18] ARAGÓN, 1990, p. 227.

[19] El primer marqués del Valle de la Colina, aun cuando falleció sin sucesión en Orizaba en 1704, al otorgar su testamento, el 6 de agosto de 1701, ante el escribano Sebastián de la Peña, veló por sus sobrinos e instituyó dos mayorazgos agnaticios de su casa: el de "Europa", con las casas de Espinosa y su título de marqués, y el de "América", con sus bienes de Orizaba. En el primero llamó a suceder a su sobrino mayor don Pedro Antonio Madrazo de la Escalera y Porras, y después de él, al hermano de éste don Diego Antonio; en el segundo llamó a suceder a este último, con la cláusula de que faltándole descendencia se podría unir este mayorazgo al principal, como ocurrió años después.

[20] GONZALBO AIZPURU, 1994, p. 352.

SIGLAS Y REFERENCIAS

AN   ARCHIVO GENERAL DE NOTARÍAS, CIUDAD DE MÉXICO
Escribano Ignacio Miguel de Cervantes, notario 140, libro 850 (1768).

ARAGÓN MATEOS, Santiago
1990   *La nobleza extremeña en el siglo XVIII*. Mérida: Consejo Ciudadano de la Biblioteca Popular.

ARBIOL, Antonio
1739   *La familia regulada con doctrina de la Sagrada Escritura y Santos Padres de la Iglesia Católica*. Zaragoza: Viuda de José de Mendoza.

CHOCANO MENA, Magdalena
2000   *La América colonial (1492-1763). Cultura y vida cotidiana*. Madrid: Síntesis.

ESCRICHE, Joaquín
1869   *Diccionario razonado de legislación y jurisprudencia*. París: Librería de Garnier hermanos.

GONZALBO AIZPURU, Pilar
1994   "La casa poblada de los conquistadores", en Pilar GONZALBO AIZPURU y Cecilia RABELL ROMERO (comps.), *La familia en el mundo iberoamericano*. México: Instituto de Investigaciones Sociales, Universidad Nacional Autónoma de México, pp. 327-360.
1998   *Familia y orden colonial*. México: El Colegio de México.

KICZA, John E.
1999   "Formación, identidad y estabilidad dentro de la élite colonial mexicana en los siglos XVI y XVII", en Bernd SCHÖTER y Christian BÜSCHGES (eds.), *Beneméritos, aristócratas y empresarios. Identidades y estructuras sociales de las capas urbanas en América hispánica*. Madrid: Iberoamericana.

LASLETT, Peter
1993   "Historia de la familia", en Pilar GONZALBO AIZPURU (comp.), *Historia de la familia*. México: Universidad Autónoma Metropolitana-Instituto de Investigaciones Dr. José María Luis Mora, pp. 43-70.

MARGADANT, Guillermo F.
1991   "La familia en el derecho novohispano", en Pilar GONZALBO AIZPURU (coord.), *Familias novohispanas, siglos XVI al XIX*. México: El Colegio de México, pp. 27-56.

MURIEL, Josefina
1991   "La transmisión cultural en la familia criolla", en Pilar GONZALBO AIZPURU (coord.), *Familias novohispanas, siglos XVI al XIX*. México: El Colegio de México, pp. 109-122.

ORTEGA NORIEGA, Sergio
1994   "Los estudios sobre la comunidad doméstica en el Seminario de Historia de las Mentalidades. Balance y perspectivas", en *Comunidades domésticas en la sociedad novohispana. Formas de unión y transmisión cultural*, Memoria del IV Simposio de Historia de las Mentalidades. México: Instituto Nacional de Antropología e Historia (Colección Científica, 255), pp. 15-25.

ROBLES, Antonio de
1946   *Diario de sucesos notables (1665-1703)* (3 vols.). México: Editorial Porrúa.

SANCHIZ RUIZ, Javier
1996   *La nobleza titulada en la Nueva España. Siglos XVI-XIX*, tesis de doctorado, Facultad de Filosofía y Letras, Universidad Nacional Autónoma de México.

SEED, Patricia

    1990   *Amar, honrar y obedecer en el México colonial. Conflictos en torno a la elección matri-monial, 1574-1821.* México: Alianza Editorial.

VILLAFUERTE GARCÍA, Lourdes

    1994   "Matrimonio y grupos sociales. Ciudad de México, siglo XVII", en *Comunidades domésticas en la sociedad novohispana. Formas de unión y transmisión cultural,* Memoria del IV Simposio de Historia de las Mentalidades. México: Instituto Nacional de Antropología e Historia (Colección Científica, 255), pp. 39-48.

YROLO CALAR, Nicolás

    1996   *Política de escrituras, México, 1623.* México: Seminario de Historia Novohispana, Instituto de Investigaciones Históricas, Universidad Nacional Autónoma de México.

ZÁRATE TOSCANO, Verónica

    1996   "Estrategias matrimoniales de una familia noble: los marqueses de Selva Nevada en la segunda mitad del siglo XVIII y la primera del XIX", en Pilar GONZALBO AIZPURU y Cecilia RABELL ROMERO (coords.), *Familia y vida privada en la historia de Iberoamérica.* México: El Colegio de México-Instituto de Investigaciones Sociales, Universidad Nacional Autónoma de México, pp. 227-254.

12
LA CORTE DE LOS VIRREYES[1]

IVÁN ESCAMILLA GONZÁLEZ

Facultad de Filosofía y Letras,
Universidad Nacional Autónoma de México

> Pues si a la Corte hace el real ornato,
> de ornato real en nuestra Corte hay sobra:
> coches, braveza, estados, aparato;
> que, aunque en títulos falta, en esto sobra.
> Si allá tienen al rey por inmediato,
> que como causa en sus efectos obra,
> por potencial virtud de su presencia,
> presente está aquí el rey, por su potencia.[2]

INTRODUCCIÓN

LOS VERSOS DEL EPÍGRAFE FORMAN PARTE DE UN LARGO "CANTO" TITULADO MERCURIO, escrito por el poeta criollo novohispano Arias de Villalobos[3] e incluido en su relación de la solemne jura en México de Felipe IV como rey de España, el 15 de agosto de 1621.[4] Además de celebrar la lealtad del reino de Nueva España al soberano al cumplirse ese año un siglo de su conquista por los castellanos, Villalobos aprovechó la ocasión para hacer allí una larga y elogiosa descripción de la Ciudad de México, a la que daba entre otros títulos resonantes el de ser "corte" del Nuevo Mundo. Para los orgullosos criollos mexicanos la capital, por la belleza de sus calles y edificios y por la nobleza y opulencia de muchos de sus habitantes, podía competir nada menos que con la villa de Madrid, residencia del rey de España y de su corte.

Jamás visitados por su rey, los novohispanos suplían su falta con lo que el poeta Villalobos, en el último verso citado, definió adecuadamente como una "potencia", es decir, una emanación del poder del príncipe, enviada a sus súbditos. Esta "presencia", capaz de convertir a la antigua Tenochtitlan en una corte a semejanza de las de la Europa de aquella época, era la del aristócrata que durante un periodo de cuatro o cinco años gobernaba estas tierras en nombre del monarca, con el título de virrey de Nueva España.[5]

Por varios motivos la estadía del virrey confería este carácter a la Ciudad de México: para empezar, y de acuerdo con una de las acepciones más comunes del término, se llamaba "corte" al asiento del gobierno de un reino, como lo era el de Nueva España, integrante de la multinacional monarquía española. Además, el virrey encabezaba un aparato doméstico que era genéricamente conocido también como su corte o "casa", voces que designaban tanto a la servidumbre del gobernante como los espacios que él, su consorte y su acompañamiento de damas, gentilhombres y otros criados y sirvientes ocupaban en el Real Palacio de México. Finalmente, la corte virreinal, pese a carecer de un fasto comparable en lujo y dimensiones al de la casa real en Madrid, resultaba ser muy semejante en forma y costumbres a los establecimientos o casas principescos europeos.

Pero otra razón de que en las tierras americanas hubiera podido surgir una peculiar réplica del mundo cortesano europeo[6] fue la temprana adopción por las propias élites criollas de los usos y costumbres palaciegos. Bernal Díaz del Castillo dejó un pintoresco retrato del señorial séquito llevado por Hernán Cortés en la expedición a las Hibueras de 1524. Su pequeña corte incluía dos predicadores franciscanos, mayordomo, maestresalas, un repostero encargado de la vajilla de oro y plata, camarero, médico, cirujano, pajes, mozos de espuelas, dos halconeros, caballerizo y hasta "cinco chirimías y sacabuches y dulzainas, y un volteador, y otro que jugaba de manos y hacía títeres". Triste destino fue el de estos cortesanos pioneros, pues "en Castilla eran acostumbrados a regalos y no sabían de trabajos", por lo que muchos de ellos perecieron a causa del hambre y las penalidades del viaje.[7] Del mismo modo, la recepción brindada en México por los encomenderos criollos en 1563 a Martín Cortés, hijo del conquistador, revela que desde entonces la mentalidad cortesana ya había adquirido carta de naturaleza en tierras novohispanas.[8]

La supresión del poder de los encomenderos por los virreyes y el surgimiento de una oligarquía local de comerciantes y terratenientes a partir de la segunda mitad del siglo XVI dieron un nuevo sentido a las prácticas cortesanas. A partir de entonces la corte virreinal se convirtió no sólo en el vehículo de legitimación política y social de las nuevas élites sino que, como una de las más acabadas expresiones de los principios de jerarquía y vasallaje, fungió como un autorizado modelo que favoreció la difusión entre la sociedad novohispana de modas, conductas y otras prácticas asociadas en Europa con la cultura palaciega o áulica.[9] El estilo de vida de los virreyes y las aspiraciones de la oligarquía local, al fomentar la integración entre el palacio y la sociedad criolla, contribuyeron al surgimiento de un entorno cortesano que logró sobrevivir a las periódicas mudanzas de gobernante y a las turbulencias políticas, y del que saldrían múltiples y brillantes manifestaciones festivas, religiosas, artísticas y literarias.

Séquito del virrey conde de Galve, detalle del cuadro de Cristóbal de Villalpando
Vista de la plaza Mayor de México, 1695.

A pesar de lo anterior, la corte virreinal novohispana ha sido vista durante mucho tiempo por los historiadores como una especie de intrascendente "página de sociales" de nuestro pasado colonial, por lo que este artículo no puede ser sino un primer ensayo de acercamiento a un tema escasamente explorado.[10] Para ello propongo al lector un viaje en dos etapas: en la primera, acudiremos a la casa de los reyes de España, modelo e ideal de la corte mexicana, lo que nos ayudará a comprender mejor sus semejanzas y diferencias. Entonces será posible cruzar el mar con los virreyes y conocer la conformación, reglas, espacios y cotidianidad de la corte hasta el crepúsculo del mundo palaciego a principios del siglo XVIII, en el umbral de trascendentales cambios para el imperio hispánico.

"SÓLO MADRID ES CORTE": LA CASA REAL DE LOS AUSTRIAS ESPAÑOLES

La institución cortesana de la Edad Moderna fue el resultado del surgimiento de las monarquías nacionales europeas. En la época medieval lo más usual era que el reducido séquito del rey se desplazara constantemente en busca de la guerra, el tributo o la cacería. La situación cambió desde finales del siglo XV, cuando los soberanos comenzaron a aumentar su autoridad a costa de la vieja aristocracia feudal. Para administrar el creciente patrimonio real surgió una maquinaria burocrática que ya no podía seguir con facilidad a una corte itinerante; al mismo tiempo, el acompañamiento del rey era engrosado por el elevado número de nobles que entraban al servicio de palacio como un medio de obtener privilegios y fortuna. Todo lo anterior obligó a fijar la residencia de los reyes y el gobierno en ciudades con las suficientes condiciones para alojar a ambos cómodamente; de esa forma, Madrid, París y Londres se convirtieron respectivamente en capitales de las poderosas monarquías de España, Francia e Inglaterra.[11]

Desde mediados del siglo XVI, y hasta que el nuevo esplendor de Versalles la eclipsó a fines del siglo XVII, la de España descolló entre todas estas cortes como prototipo de refinamiento y magnificencia. La preponderancia política y militar de la monarquía española durante el reinado de la Casa de Austria hizo de la corte de Madrid un modelo imitado por no pocos príncipes católicos y protestantes.[12] En los grandes palacios reales del Alcázar y el Buen Retiro[13] asistían o vivían más de 1 700 personas al servicio de la familia real: damas, gentilhombres, mayordomos, capellanes, pajes, meninas, caballerizos, furrieras, cocineros, bufones y enanos, jardineros, actores, pintores, tapiceros y músicos, entre muchos otros. A ellos se agregaban los 300 miembros de la guardia real y los guardabosques que vigilaban las fincas reales de caza y descanso.[14]

Una rigurosa "etiqueta" o protocolo cortesano regulaba la vida de esta corte, y dotaba de privilegios y obligaciones particulares a cada uno de sus miembros. Al frente del establecimiento se hallaba un grupo de funcionarios de alta cuna aristocrática, nombrados personalmente por el monarca y encargados de velar por la satisfacción de las distintas necesidades de la vida palaciega. El "mayordomo mayor" supervisaba el abasto, el arreglo y la vigilancia del palacio y administraba justicia a todos sus inquilinos; el "sumiller de corps" se encargaba del servicio de la cámara o aposentos privados del rey, le asistía al acostarse y levantarse y cuidaba de su ropa y demás artículos personales; finalmente, el "caballerizo mayor" era responsable de las acémilas, caballos y carruajes de la casa real, y de los desplazamientos de la corte a sus distintas residencias.[15]

Sorprendentemente, esta inmensa organización giraba en torno a un hombre que la mayor parte del tiempo permanecía casi invisible para sus súbditos, y hasta para sus propios cortesanos. La corte española se regía por el ceremonial de los antiguos duques de Borgoña,[16] que a diferencia de los de otras cortes se caracterizaba por el ocultamiento de la persona del monarca. La mayor parte del tiempo el rey comía, trabajaba, dormía y cumplía sus deberes religiosos en privado, y para ingresar en sus apartamentos o "retrete" en el Alcázar de Madrid era preciso trasponer una serie de antesalas cuyo acceso era rigurosamente controlado por los ujieres de cámara.[17] Sólo los personajes de más alta graduación podían gozar de la entrada en el despacho real, y aun allí el monarca aparecía ante el visitante como una figura casi inmóvil, puesto de pie al lado de una mesa, como tantas veces le retrataron los pintores reales.[18]

Esta lejanía, considerada indispensable para mantener la dignidad y el respeto del soberano, se repetía incluso en las apariciones del rey ante sus cortesanos. En cuanto a los madrileños, las escasas oportunidades de contemplar a la persona real tenían lugar sobre todo durante los festivales religiosos más importantes, como los de Semana Santa, o en eventos como los autos de fe inquisitoriales en el impresionante escenario de la plaza Mayor de Madrid. Ello contribuía a reforzar el carácter sagrado de la monarquía y su imagen de piedad.

Más allá de la solemnidad, la invisibilidad del rey tenía importantes consecuencias políticas. Al contarse entre sus deberes el acompañamiento y la comunicación directa con el rey, los nobles que atendían la cámara real gozaban de una intimidad con su amo mayor que la del resto del establecimiento áulico.[19] Esta cercanía adquirió una importancia inusitada cuando a partir de Felipe III el trono fue ocupado por hombres de personalidad débil, situación que los dignatarios de la corte aprovecharon para controlar al soberano y asegurar de ese modo la sobrevivencia de la clase aristocrática, perpetuamente al borde de la ruina a causa del despilfarro que caracterizaba su tren de vida.[20] A lo largo del siglo XVII una sucesión de favoritos reales o "validos" acapararon para ellos, sus parientes y sus amigos aristócratas los oficios de la corte y los puestos clave de la administración. Desde el palacio irradiaban a todo el imperio los hilos del patrocinio del favorito y su círculo sobre vastas clientelas de protegidos repartidos en el gobierno, la Iglesia y las finanzas.

Virrey Sarmiento de Valladares, conde de Moctezuma,
cuadro de Cristóbal de Villalpando.

Cuadro 1. "Sólo en estar cerca de Su Majestad hace ventaja a ésta la corte de Castilla"
(Arias de Villalobos)

Virreyes y virreinas de Nueva España y oficios cortesanos (1603-1701)	
Juan de Mendoza y Luna, marqués de Montesclaros (1603-1607) Ana Mesía de Mendoza	
Luis de Velasco, hijo, marqués de Salinas (1607-1611)	
Fray García Guerra, arzobispo de México (1611-1612)	
Diego Fernández de Córdoba, marqués de Guadalcázar (1612-1621) María Ana Riederer de Para	Dama de la reina Margarita de Austria
Diego Carrillo de Mendoza y Pimentel, marqués de Gelves (1621-1624)	
Rodrigo Pacheco de Osorio, marqués de Cerralvo (1624-1635) Francisca Fernández de la Cueva	
Lope Díaz de Armendáriz, marqués de Cadereyta (1635-1640) Antonia de Sandoval, condesa viuda de la Puebla del Maestre y condesa de la Torre	Gentilhombre de boca y mayordomo Camarera mayor de la reina Ana de Austria, esposa de Luis XIII de Francia
Diego López Pacheco Cabrera y Bobadilla, marqués de Villena (1640-1642)	Gentilhombre de cámara
Juan de Palafox y Mendoza, obispo de Puebla (1642)	Limosnero y capellán de la infanta María
García Sarmiento de Sotomayor, conde de Salvatierra (1642-1648) Antonia de Acuña y Guzmán	Gentilhombre de cámara
Marcos de Torres y Rueda, obispo de Yucatán (1648-1649)	
Luis Enríquez de Guzmán, conde de Alba de Liste (1650-1653)	Gentilhombre de cámara
Francisco Fernández de la Cueva, duque de Alburquerque (1653-1660) Juana Díez de Aux de Armendáriz, marquesa de Cadereyta, condesa de la Torre	Gentilhombre de cámara y mayordomo mayor Dama de la reina Isabel de Borbón, camarera mayor de las reinas María Luisa de Orléans y Mariana de Neoburgo
Juan de Leyva y de la Cerda, conde consorte de Baños (1660-1664) Mariana Isabel de Leyva y Mendoza, marquesa de Leyva y condesa de Baños	
Diego Osorio de Escobar, obispo de Puebla (1664)	
Antonio Sebastián de Toledo, marqués de Mancera (1664-1673) Leonor Carreto	Gentilhombre de cámara
Pedro Nuño Colón de Portugal, duque de Veragua (1673)	Gentilhombre de cámara
Fray Payo Enríquez de Rivera, arzobispo de México (1673-1680)	
Tomás Antonio de la Cerda y Aragón, conde consorte de Paredes y marqués de la Laguna (1680-1686) María Luisa Manrique de Lara y Gonzaga, princesa real de la Casa de Mantua y condesa de Paredes	Mayordomo de la reina
Melchor Portocarrero y Lasso de la Vega, conde de la Monclova (1686-1688) Antonia Jiménez de Urrea	Gentilhombre de cámara
Gaspar de Sandoval Silva y Mendoza, conde de Galve (1688-1696) Elvira de Toledo	Gentilhombre de cámara
Juan de Ortega y Montañés, como obispo de Michoacán (1696) y como arzobispo de México (1701)	
José Sarmiento y Valladares, conde de Moctezuma (1696-1701) María Andrea de Guzmán y Dávila, duquesa viuda de Sesa	
Francisco Fernández de la Cueva Enríquez, duque de Alburquerque (1701-1711) Juana de la Cerda y Aragón	Gentilhombre de cámara

FUENTE: Elaboración propia a partir de documentos varios.

Aunque el clientelismo fomentado por los validos desde la corte fue con frecuencia una garantía de impunidad en la comisión de toda clase de corruptelas y delitos, también hizo del ámbito cortesano un espacio para la negociación entre los intereses enfrentados de las distintas facciones nobiliarias, lo que evitó la desintegración de la monarquía en medio de todos los desastres militares y económicos del siglo.[21] Por otra parte, es posible que sin el valimiento la casa real no hubiera ejercido el patrocinio generoso sobre algunos de los poetas, dramaturgos, pintores, escultores y arquitectos más brillantes del llamado Siglo de Oro[22] español, como lo muestra la construcción para Felipe IV del palacio del Buen Retiro bajo el régimen del conde duque de Olivares; el talento de Francisco de Quevedo, Pedro Calderón de la Barca, Diego Velázquez, Juan Martínez Montañés y otros sirvió por igual a la gloria real y a la de los validos que, al haber convocado a semejante constelación, nos dieron un buen motivo para recordar la corte de los Austrias.[23]

De este universo provenía la mayoría de los hombres que durante aquel siglo gobernaron la Nueva España, aristócratas que aprovecharon sus contactos y presencia en la corte para coronar carreras políticas y militares no siempre brillantes con uno de los más lucrativos empleos de la monarquía. Cortesano y virrey llegaron a ser a tal punto sinónimos[24] que al menos 12 de los 24 individuos nombrados para el cargo entre 1603 y 1701 ejercieron diversos empleos en la casa y cámara real antes o después de su mandato (véase el cuadro 1), mientras que el resto gozaba al tiempo de su designación del favor de algún poderoso padrino palaciego; algunos incluso parecen haber alcanzado el puesto gracias a la presencia de sus esposas en distintos cargos de la estructura áulica.[25] Educados en una de las más sofisticadas cortes de Europa, y animados por el ejemplo de los validos y su entorno, los virreyes novohispanos no podían menos de buscar reproducir en tierras americanas una peculiar versión del mundo al que debían su fortuna y, al menos temporalmente, un poder como el que jamás podrían tener en la península.

"DEL GOBIERNO DE LA CASA": LA INTEGRACIÓN DE LA CORTE VIRREINAL

En 1603, a punto de partir a Nueva España, el marqués de Montesclaros recibió junto con el nombramiento de virrey un auténtico "manual de instrucciones" para el desempeño de su cargo redactado por Pablo de la Laguna, presidente del Consejo de Indias. Laguna comparaba a la casa virreinal en importancia, poder y ascendiente frente a la sociedad local nada menos que con la propia corte del monarca.[26] En efecto, en el significado más teatral del término, el virrey "representaba" toda la autoridad de la ausente figura del soberano ante sus súbditos. Para encarnar la autoridad de un rey invisible y

La corte virreinal ante la sociedad criolla

En aquella tierra no hay más rey que el virrey, y los condes y marqueses son sus criados y los oficiales reales, y los Grandes son los oidores, alcaldes de corte, etcétera. No parezca esta similitud género de exageración, porque en cuanto toca a estimación y trato, real y verdaderamente en su tanto es pura verdad.

"Instrucción dada al marqués de Montesclaros por Pablo de la Laguna, presidente del Consejo de Indias", 1603, en Hanke (1976-1978), vol. II, p. 270.

lejano como el de España era necesario, paradójicamente, un virrey muy visible, con la suficiente jerarquía y dignidad para autorizar sus actos de gobierno e imponer la obediencia a la orgullosa oligarquía criolla. Para ello, además de designar al cargo a miembros de la alta nobleza castellana,[27] se concedió a los virreyes el uso de distintos símbolos de la potestad real,[28] como el ser recibidos bajo palio procesional en su entrada triunfal a la capital,[29] el derecho a usar un tiro de seis caballos en el carruaje y el goce de una escolta personal armada y uniformada, la famosa guardia de alabarderos.

La inigualable posición del virrey era resultado también de sus amplias facultades para el otorgamiento de cargos y privilegios, que lo convertían en el principal intermediario entre el rey y los anhelos de las élites criollas. El palacio era la última meta para toda clase de pretendientes, que por medio de la adulación o el cohecho descarado buscaban la recomendación e influencias del gobernante para obtener puestos, pensiones y otras mercedes. Repartiendo favores de esta manera, los virreyes terminaban por crear en torno suyo una amplia red local de clientes, protegidos y cómplices, a quienes utilizaban para encubrir su participación en lucrativos e ilícitos negocios y empresas.

Esta combinación de circunstancias hizo que la élite criolla, formada en su mayoría por nuevos ricos e hijos de emigrantes exitosos, gravitara hacia la corte en busca de la legitimidad política y social que su reciente fortuna no podía darle. Buscando vincularse a la aristocracia más antigua y prestigiada de la metrópoli, la pretenciosa oligarquía hizo de la imitación de las costumbres y modas de la corte y de la práctica de la lisonja interesada de los gobernantes una de sus ocupaciones favoritas. El palacio ofrecía cotidianamente a los criollos atisbos de un mundo que de otra forma les resultaría inalcanzable, por lo que no era extraño que hasta un gobernante tan odiado como el conde de Baños, cuyas arbitrariedades le valieron ser depuesto del cargo en 1664,[30] viera sus aposentos y los de su esposa llenos de damas y caballeros que se disputaban el honor de ser "devotos de la virreina", y de festejar sus cumpleaños con grandes gastos.[31]

La casa virreinal era ante todo la de un gran aristócrata castellano, y como tal funcionaba y se organizaba de acuerdo con una estricta jerarquía, representando a lo pe-

Detalle del cuadro
Visita de un virrey a la catedral de México, 1720.

queño la del propio monarca. Los servidores del palacio eran conocidos bajo la común denominación de "criados" o "familiares", que abarcaba desde los sirvientes más humildes hasta los hombres de la más cercana confianza del gobernante. Por lo común el séquito del virrey estaba formado a su arribo a México por los criados de su casa en Madrid, pero con el paso del tiempo eran admitidos en la familia palaciega damas y caballeros de la nobleza local, práctica que el marqués de Mancera recomendaba como una manera de diluir las diferencias y rencores entre criollos y peninsulares.[32]

El tamaño de esta comitiva varió a lo largo del siglo XVII, y si Pablo de la Laguna en sus instrucciones de 1603 sugería que no excediera las 60 personas, para fines de la centuria no se consideraba bien atendido el palacio si no se acercaba al centenar. El conde de Galve fue autorizado en 1688 a traer de España a 83 personas,[33] y en 1702 el duque de Alburquerque llegaba con tres capellanes, 18 criados mayores y 16 pajes, "con la demás familia de mujeres, oficios y de escalera abajo que en todo serán hasta cien personas con cuatro negros esclavos para su servicio".[34]

El funcionamiento de la corte estaba sujeto a una etiqueta inspirada en la del Palacio Real, aunque despojada de buena parte del ritual y los simbolismos regios.[35] A cargo del establecimiento estaban los llamados criados mayores, supervisores de la atención del gobernante y su consorte: el mayordomo, el secretario particular, el caballerizo, el cirujano y el médico de la casa. En el mismo nivel que los criados mayores se hallaban el capellán y el confesor, encargados de la salud espiritual del virrey. Inmediatamente debajo, estaban los gentilhombres de la casa y cámara, caballeros nobles encargados del acompañamiento y de otras misiones de confianza relativas a los asuntos privados y de gobierno de su señor.

La asistencia inmediata a la persona del gobernante en sus aposentos correspondía a los pajes, jóvenes también de buen linaje, que aprendían los deberes cortesanos cumpliendo tareas como servir en la mesa o alumbrar el camino de su señor en las noches, hasta que se les ascendía a gentilhombres. Detrás de los pajes, en el último escalón del servicio, se hallaba el personal plebeyo o de "escaleras abajo", como se le conocía porque vivía y trabajaba en los bajos del palacio. Aun en esta región existían diferencias de jerarquía: a las órdenes del camarero del virrey se hallaba el grupo de los ayudas de cámara, que incluía al sastre, el barbero y los conserjes; en una posición inferior, formando una variopinta muchedumbre, estaban los lacayos de establo, despenseros, cocineros, indias molenderas, jardineros y esclavos.

Mención aparte merece el acompañamiento de damas de la virreina. Aunque reducido (lo componían por lo regular unas 10 o 15 mujeres), el séquito femenino, al igual que en Europa, cumplía un importantísimo papel al funcionar como núcleo de la vida social de la corte.[36] Atendiendo a este principio, la virreina, obligada por su posición a entablar una afable relación con las principales señoras de la sociedad local,[37] no tar-

---

Las damas y la corte

No puede haber corte ninguna, por grande y maravillosa que sea, que alcance valor ni lustre ni alegría sin damas, ni cortesano que tenga gracia, o sea hombre de gusto o esforzado, o haga jamás buen hecho, sino movido y levantado con la conversación y amor de ellas.

Baltasar Castiglione [1528], *El cortesano* (1984), p. 231.

La educación del cortesano

Una de las cosas de que mayor necesidad hay, doquiera que hay hombres y damas principales, es de hacer, no solamente todas las que en aquella su manera de vivir acrecientan el punto y el valor de las personas, más aún de guardarse de todas las que pueden abajalle.

Garcilaso de la Vega a Jerónima de Amogávar, 1534.

---

daba en completar con jóvenes criollas la comitiva que había traído de España. Del mismo modo que los gentilhombres y pajes, las damas se instruían en este privilegiado ambiente en los deberes cortesanos y animaban el salón de estrado o recepciones de su ama.[38] Sin la presencia de las damas no habría existido aliciente para algunas de las más notables manifestaciones de la vida cortesana, como los bailes, representaciones teatrales y paseos, en las que el atuendo femenino, brillante y colorido, formaba lucido contraste con el sobrio traje varonil español. Sor Juana Inés de la Cruz, quien además de renombrada poeta era ella misma ex dama de palacio,[39] honró en una de sus loas a las mujeres de la corte llamándolas "flores" del "jardín más ameno", y participantes del "aliento de la reina de las flores", es decir, de la gracia y protección de la consorte del virrey.[40]

Más allá de las amenidades, el servicio en la corte representaba para muchos criados el acceso a oportunidades de ascenso social que en España estaban fuera de su alcance. Algunos obtenían por medio de su amo un puesto en el gobierno, lo que enfurecía a los pretendientes que concursaban durante años para conseguir plazas semejantes. En 1620 la Audiencia denunciaba al marqués de Guadalcázar por tener escandalosamente repartidos entre sus criados y allegados "los mejores oficios de este reino", y citaba varios ejemplos: al esposo de una de sus criadas le otorgó un corregimiento, y luego solapó las irregularidades de su administración; a otros criados les permitía cobrar por puestos fuera de la ciudad que servían por medio de sustitutos; para alguno más creó una plaza innecesaria y muy bien pagada.[41] Empero, seguir al virrey no era siempre buen negocio: Carlos de Sigüenza, padre del sabio criollo del mismo nombre, logró en la corte de Felipe IV el puesto de preceptor del príncipe heredero, mas de su posterior paso a México con el marqués de Villena sólo sacó un oscuro empleo en la secretaría de la gobernación del virreinato, que sirvió hasta su muerte.[42]

Para otros criados, y particularmente para las damas de la corte, una manera de retirarse "del servicio, pero no de la gracia"[43] de los virreyes era contraer matrimonio y recibir alguna merced como regalo de bodas. Al acercarse el final del gobierno la deserción de las damas de la virreina se volvía tan frecuente que la condesa de Galve pudo quejarse, a punto de regresar a España en 1696, de que no llevaría criadas "pues hay gran prisa a casarse, se casó una mujer moza... y una de la cámara y ahora está para casarse otras dos... y harto lo siento porque se [quedan] por acá".[44] El apego que los virreyes sentían por sus criados, incluso los más humildes, era a veces mucho mayor de lo que podría suponerse: a su muerte en 1656, una anciana esclava negra, recamarera de la virreina, fue sepultada con honores en la iglesia de Santa Teresa, con la asistencia de toda la nobleza de la ciudad, las órdenes religiosas y la capilla musical de la catedral.[45]

"EN PALACIO SE USA QUE ESPERE NADIE": REGLAS Y COSTUMBRES DE LA CORTE

Para prosperar en palacio no bastaba con obedecer las disposiciones de etiqueta, ni alegar estirpe noble: hacía falta estar educado en lo que se llamaba la "cortesana política", esto es, el conjunto de reglas no escritas que regían la conducta y las relaciones entre los miembros del establecimiento áulico. Desde el siglo XII los palacios habían sido el lugar de invención y perfeccionamiento de un auténtico sistema de valores, que incluía virtudes como la fidelidad del caballero a su señor y a su dama, la valentía, la magnanimidad, la piedad religiosa, la liberalidad, la refinación en el trato y la templanza. Su cultivo podía elevar al cortesano a los más altos destinos y otorgarle recompensas de honor y riquezas; desconocerlas, en cambio, acarreaba el descrédito, y hacía al noble indigno de su sangre.[46]

La corte virreinal era en este sentido una institución educativa informal,[47] donde los jóvenes hidalgos, tanto peninsulares como criollos, se iniciaban en los valores de la cortesanía al servicio del señor. Los soberanos mismos pedían a los virreyes incorporar a su séquito a los hijos de la nobleza indiana, "para que aprendan urbanidad y tengan buena educación", e hicieran méritos ante la Corona.[48] El aprendizaje incluía habilidades como el manejo de las armas, el arte ecuestre, la buena conversación, las maneras en la mesa, el cuidado de la apariencia personal, el baile y, por supuesto, el galanteo con las damas. Instruirse en las prácticas del palacio no era sencillo, y los errores y faltas de los cortesanos bisoños fueron siempre blanco favorito de las burlas de palacio.[49]

Los cortesanos novatos

En la corte hay muchos hijos de señores que, cuando vinieron a ella, eran más para se casar, que no para servir; porque son muy descuidados, hablan como bisoños, no son nada polidos, andan desacompañados, cuentan donaires muy fríos, son en el visitar muy pesados, comen como aldeanos, son con las damas muy cortos, son en las mesuras un poco locos y en el hablar de palacio muy grandes necios. El bien que de su venida se sigue es que hay en la corte para algunos días de qué burlar y para algunas noches de qué mofar.

Fray Antonio DE GUEVARA [1539], *Menosprecio de corte y alabanza de aldea* (1942), p. 97.

Por fortuna no sólo en la adversidad se aprendía la condición del cortesano, sino también con medios más gratos, como manuales, juegos de mesa y competencias de ingenio.[50] En *Los empeños de una casa*, comedia ofrecida a los marqueses de la Laguna en 1683, sor Juana Inés de la Cruz incluyó un "Sainete primero de palacio" que parece describir un entretenimiento destinado a enseñar simultáneamente las virtudes cortesanas y las leyes del galanteo amoroso. Un alcalde del "terrero" o lugar de cortejo, a la voz apremiante de "que se hace tarde, y en palacio se usa que espere nadie", convoca a los "entes de palacio" a un certamen en el que la curiosa recompensa en disputa es el desprecio de las damas. Explicando que, por principio, "en palacio no hay favor", sor Juana equipara ingeniosamente las reglas de la solicitación de mercedes con una de las leyes del cortejo, a saber, el fingido desprecio del amante. Uno a uno los entes son rechazados en sus pretensiones, pues Amor, Obsequio, Respeto, Fineza y Esperanza, como se llaman, no son sino virtudes del cortesano, que debe servir a su señor y a su dama sin aguardar recompensa. "Porque en Palacio,/con que servir lo dejen,/queda pagado", recuerda el alcalde a los derrotados solicitantes, y concluye declarando a su cortesana audiencia: "Pues sepan, que en Palacio,/los que lo asisten,/aun los mismos desprecios/son imposibles".[51]

El código del gesto tenía una gran importancia en la sociedad palaciega, y su dominio era obligado para todo cortesano. Por medio de la gestualidad era posible expresar tácitamente toda la gama de los sentimientos humanos, o proyectar una imagen de autoridad: Pablo de la Laguna aconsejaba al virrey hablar en las audiencias públicas con "palabras pocas, graves, dulces y con término blando" y disimular siempre el enojo; una sola mirada o palabra tenían que bastar para establecer el respeto y temor de sus subordinados. Su actitud corporal en público debía reflejar "gran composición, modestia y gravedad", por lo que le recomendaba caminar sosegadamente, sin mirar a nadie pero cuidando al mismo tiempo de estar atento a todo.[52] Del mismo modo, la danza en los saraos o festejos de palacio era la expresión suprema del lenguaje gestual: en la come-

dia *Amor es más laberinto*, de sor Juana y Juan de Guevara, representada para los condes de Galve en 1689, un baile de máscaras ("este disfraz tan usado/vinculado a los fes-
tines/cortesanos de palacio", dice uno de los personajes) se convierte en disimulada
porfía cortesana de amor y celos, felizmente resuelta gracias a la respetuosa conducta
de los participantes.[53]

La realidad no siempre casaba con el ideal de virtud palaciega, y el trato entre cortesanos no era tan inofensivo como los galanteos descritos por sor Juana, sobre todo
cuando estaba de por medio el peculiar concepto aristocrático de "honra" que no consideraba debidamente reparada una afrenta personal si la mancha no se lavaba con sangre, una costumbre que muchos teólogos y juristas justificaban sin embozo alguno.[54]
El fenómeno de la violencia cortesana constituía otra ley, sórdida y poco romántica, del
mundo palaciego, promulgada por los propios virreyes: el duque de Alburquerque dio
de qué hablar cuando "por ocasión pequeña" abofeteó públicamente, "que lo bañó en
sangre y derribó un diente", al contador mayor del tribunal de cuentas, quien con mo-

Las casas reales de Chapultepec con la familia virreinal y la corte,
detalle del biombo *Alegoría de la Nueva España*, siglo XVIII.

tivo de la fiesta de Corpus de 1655 había preparado en su casa un costoso recibimiento para la virreina.[55]

Aleccionado de esta manera y envalentonado por la protección de sus amos, el séquito virreinal protagonizaba escenas semejantes con los hidalgos novohispanos, como la ocurrida en un sarao realizado en palacio en 1654 por el cumpleaños del rey. El caballero criollo Cristóbal de Benavides hablaba con varios de los gentilhombres del virrey, alabando en particular a uno, muy buen bailarín, diciendo que le gustaría tener un hijo con las mismas gracias. Uno de los criados le respondió con "ciertas palabras pesadas y graves acerca de su mujer, que le obligó [a Benavides] a sacar la daga y darle una puñalada". Los demás desenfundaron las espadas para matar al heridor, a quien algunos invitados procuraron ocultar en un balcón alto que daba al jardín de palacio. Cuando el virrey irrumpió en la escena buscando al culpable, Benavides saltó desde el balcón lastimándose gravemente; al percatarse de ello, los gentilhombres bajaron para rematarlo a estocadas en el suelo.[56]

Muchos de estos incidentes tenían como trasfondo el despechado orgullo de la oligarquía novohispana, que si bien reverenciaba la autoridad investida en el representante del monarca, no se consideraba menos ilustre que el virrey en sangre y méritos y veía con sumo desagrado la conducta soberbia de su séquito. Demostración de ello fue la relación entre la corte y los condes de Santiago de Calimaya, poseedores del más antiguo y reverenciado título nobiliario criollo.[57] Un lance ocurrido en 1700 entre el virrey conde de Moctezuma y el conde de Santiago muestra que en la competencia aristocrática establecida entre ambas figuras ninguna cedía a la otra en pujos de grandeza y autoridad. Advirtiendo un día el de Santiago que detrás de su carroza venía la comitiva del virrey, por cortesía detuvo su marcha y permitió el paso de los coches del gobernante y de las damas de palacio. No hizo lo mismo con el de los pajes, "sobre lo cual se trabaron ellos y el conde, y saliendo de los coches sacaron las espadas", armándose una gresca callejera entre ambos séquitos sólo interrumpida por el arribo de la guardia del virrey. El conde de Moctezuma, azuzado por la propia virreina, ordenó el destierro por desacato del criollo.[58] Con mayor inteligencia procedieron otros virreyes, quienes reconociendo el simbólico liderazgo político de los condes de Santiago les otorgaron en varias ocasiones la vara de corregidores de la Ciudad de México.[59]

"TEATRO MEXICANO": LA CORTE Y LA CIUDAD

Siguiendo al gobernante en el cumplimiento de sus obligaciones, o en la búsqueda de solaz y diversión, el establecimiento virreinal conformaba un espectáculo constante de boato y sofisticación a los ojos de los habitantes de México. Su aparición frecuente en los principales espacios públicos hizo de la ciudad entera el teatro de la vida áulica, marcando así una diferencia importante respecto de la corte madrileña, encerrada buena parte del tiempo, a causa de la etiqueta, en la dorada jaula de los palacios y fincas reales.[60]

El centro de la vida cortesana del siglo XVII era el Real Palacio de México, ubicado en el mismo lugar donde actualmente se encuentra el Palacio Nacional. El edificio, construido originalmente por Hernán Cortés para su residencia, fue comprado al hijo del conquistador por la Corona en 1562, convirtiéndose desde ese momento en palacio de los virreyes y sede de la Audiencia, la cárcel real y otros tribunales.[61] En el transcurso del siglo XVII, sucesivos gobernantes embellecieron el conjunto de acuerdo con sus gustos y con las necesidades de una corte crecientemente refinada: de esa manera el marqués de Cadereyta ordenó colocar lambrines de azulejo en todos sus aposentos, mientras que el duque de Alburquerque ensanchó corredores y puertas para permitir el ingreso de carruajes a los patios interiores del palacio desde los accesos en la plaza Mayor y en la del Volador.[62] Las mejoras y reparaciones continuarían hasta el gran tumulto popular del 8 de junio de 1692, durante el cual el palacio fue destruido por un incendio que obligó a su total reconstrucción.

Conocemos parcialmente el aspecto de la casa virreinal gracias a representaciones del edificio en biombos del siglo XVII.[63] La fachada principal hacia la plaza Mayor era a la vez imponente y sencilla: en primer término destacaban las dos grandes puertas de acceso, que conducían a sendos patios columnados, respectivamente conocidos como de los virreyes y de la Audiencia. En la planta alta, entre ventanas enrejadas y balcones con barandales de hierro forjado, sobresalía el llamado "balcón de la virreina", una hermosa celosía de madera dorada y ensamblada detrás de cuyos cristales la esposa del gobernante y sus damas podían contemplar la plaza Mayor sin ser vistas.[64]

Como se puede advertir en la reconstrucción de las dos plantas del palacio,[65] en el interior los espacios se distribuían en dos grandes áreas, determinadas por la doble condición del virrey como particular y gobernante. La primera, del lado norte del edificio, se correspondía con el patio de los virreyes, en cuya planta baja estaban la sala de la guardia y las oficinas de la Real Hacienda. La planta alta era ocupada por los apartamentos del virrey, que junto con los aposentos y estrados de su consorte formaban el núcleo de la vida social del palacio, adonde asistían las damas y gentilhombres de la corte, y se recibía en ocasiones especiales a lo más destacado de la nobleza local.[66] Allí el virrey ejercía privadamente como gran señor, recibiendo en sus apartamentos a clientes y solicitantes de toda condición: así, en 1697 el viajero italiano Gemelli encontró haciendo antesala a un grupo de indios chichimecas casi desnudos, con los cuerpos pintados y con tocados de cabezas de animales.[67]

El esplendor del palacio virreinal

En los altos de este patio está la vivienda de los virreyes. Divídese en todas las piezas, camarines y retretes que pide la suntuosidad de un palacio y necesita la grandeza de príncipes, que substituyendo a la real persona del católico rey de España, participan toda su potestad en otro mundo.

Isidro Sariñana [1666], *Llanto de occidente*, en Valle-Arizpe (1952), pp. 63-64.

Contiguo a los apartamentos privados, como en el Alcázar de Madrid, se hallaba un gran salón de comedias, bellamente decorado con pintura al fresco de paisajes, donde tenían lugar representaciones a cargo de actores o de los propios cortesanos, y se ofrecían saraos y otros divertimentos.[68] Para el recreo de los virreyes existía en la parte trasera del palacio un jardín tan vasto que en él podían efectuarse cómodamente carreras de caballos y corridas de toros, como las que se brindaron allí a fray García Guerra en 1611.[69] Repartidas por el resto del edificio se encontraban dependencias indispensables para el servicio como el oratorio privado, las habitaciones de los gentilhombres, damas, pajes y lacayos, las cocinas y las caballerizas.

Debido a que el acondicionamiento del palacio corría por cuenta del virrey, el mobiliario y la decoración de las estancias privadas cambiaban con cada gobernante, siendo más lujosos mientras más grande era su necesidad de ostentación. A su arribo los virreyes traían consigo, sin exageración, todo su tren de vida, como el duque de Alburquerque, quien al mudarse a palacio en 1653, adornó las habitaciones "con ricas y costosas colgaduras que trajo…, sin permitir se entrase en palacio un clavo prestado, por traerlo él de España".[70] Conforme transcurría la estancia virreinal en el país, el menaje de la casa se llenaba de objetos suntuarios producidos en México o llegados de Asia en el galeón de Manila. De la riqueza del adorno interior del palacio puede darnos alguna idea el inventario del ajuar del mundano arzobispo virrey Juan de Ortega y Montañés, que en 1708 ascendió a 30 000 pesos entre libros, cuadros, muebles de maderas finas, vajilla y tibores de loza de Oriente, servicios de mesa, aguamaniles, bufetes, relojes y otros objetos de plata mexicana, ropa personal y de cama, sus cuatro carruajes y una silla de manos.[71] Un costoso ajuar era además una inversión conveniente, pues podía revenderse a muy buen precio aprovechándose del afán de la alta sociedad mexicana por imitar las modas de la metrópoli.[72] La condesa de Galve, por ejemplo, se divertía rifando objetos de cristal fino y utilizando las ganancias de los sorteos en la compra de cacao que luego vendía en España por medio de un agente comercial.[73]

Complemento indispensable de los apartamentos privados, el lado sur del edificio se identificaba con las funciones del virrey como enviado del monarca. En el patio de

Palacio Virreinal

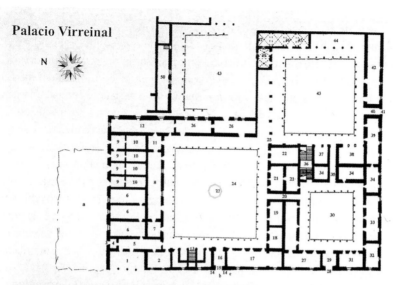

Planta Baja. A. Jardín que da a la calle de las casas arsobispales. b. Plaza Mayor. c. Fachada principal. 1.Lonja. 2.Contaduría de la Real Hacienda. 3.Puerta al jardín. 4.Entrada. 5 Pasadizo. 6.Juzgado de Provincia. Sala de audiencia. 7.Antesala. 8.Real Caja. 9.Accesoria. 10.Bodega. 11.Antesala. 12.Factoría. 13.Escalera de dos idas. 14.Pilleras. 15.Puerta del primer patio. 16.Entrada al patio. Vivienda de los Virreyes. 17.Cuerpo de Guardia de una compañía de cien infantes. 18.Secretaría del Juzgado de Bienes de Difuntos. 19.Secretaría de la Real Hacienda. 20.Pasadizo. 21.Contaduría de Alcabalas. 22.Armada de las Islas de Barlovento. 23.Fuente ochavada. 24.Primer patio. Vivienda de los Virreyes. 25.Pasadizo de tres arcos en fondo. 26.Almacén de azogues reales. 27.Real Cárcel de Corte. 28.Puerta del patio de la Real Audiencia. 29.Entrada al patio de la Real Audiencia. 30.Segundo patio de la Real Audiencia. 31. Guardia. 32.Almacén Real de Bulas. 33.Almacén papel sellado. 34.Cuarto de Criados. 35.Pasadizo para el tránsito de las carrozas. 36.Escalera principal. 37.Arneses. 38.Cochera. 39.Cuarto de Criados. 40.Entrada al patio del Tribunal de Cuentas. 41.Puerta que sale a la plazuela de la Real Universidad. 42.Guardia. 43.Tercer patio del Tribunal de Cuentas. 44.Cochera. 45.Capilla real. 46.Reja baja de barandillas jaspeadas. 47.Retablo del Altar. 48.Puerta de la Sacristía. 49.Sacristía. 50.Cuartos entresolados que habitan los gentil hombres.

Palacio Virreinal

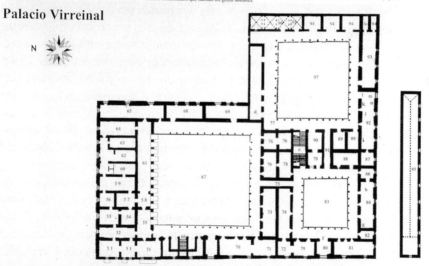

Planta Alta. 51.Sala Principal de Estrado. 52.Pasadizo. 53.Alcoba en la que duerme la Virreina. 54.Aposento de la Virreina para vestirse. 55.Sala Grande. 56.Retrete de la Virreina. 57.Salón de Juntas Generales y Acuerdos de Hacienda. 58.Antesala. 59.Aposento donde se ponen las mesas del aparador y vianda. 60.Aposento del retrete del Virrey. 61.Salón Galería de las Audiencias Públicas. 62.Aposento de la guardarropa donde esta todo lo necesario para vestir y calzar al Virrey. 63.Alcoba donde cena de ordinario al Virrey. 64.Aposento en el que el Virrey duerme. 65.Salón de las Comedias. 66.Escalera de dos idas. 67.Primer patio. Vivienda de los Virreyes. 68.Sala del Consulado. 69.Sala de Cancillería. 70.Sala. 71.Antesala. 72.Sala de Tormentos. 73.Oratorio particular de los Virreyes. 74.Real Cárcel de Corte. 75.Pasadizo. 76.Contaduría de los Reales Tributos y Azogues. 77.Pasadizo de los arcos vabidos. 78.Secretaría de la Criminal. 79.Sala de Acuerdo del Crimen. 80.Real Sala del Crimen. 81.Sala de la Real Audiencia o de menor cuantía. 82.Secretaría de la Cámara de lo Civil. 83.Segundo patio de la Real Audiencia. 84.Real Sala y Estrado de lo Civil. 85.Planta Armería Real. 86.Antesala. 87.Sala. 88.Secretaría de lo Civil. 89.Secretaría de Tribunal de Cuentas. 90.Archivo de Gobierno. 91.Pasadizo. 92.Sala del Real Acuerdo. 93.Tribunal de Cuentas. 94.Contadores, ordenaMores y de resultas y otros ministros del Tribunal. 95.Coro. 96.Capilla Real. 97.Tercer patio del Tribunal de Cuentas. d. Lienzos de los Milagros del Rosario. e. Lienzo de mas de cuatro varas (escalera principal). f. Tres lienzos de la justicia misericondiosa y Cristo crucificado. g. Retablo. h. Asientos de los abogados (estrados de lo civil). i. Veintecuatro lienzos de los retratos de los Virreyes. j. Lienzo de Su Augusta Majestad a caballo. k. Lienzo retrato original del Señor Emperador Carlos V. l. Baldoquín (Sala del Real Acuerdo). m. Lienzo de Nuestra Señora de la

Plantas baja y alta del palacio virreinal de México en la segunda mitad del siglo XVII, reconstrucción de Milagros Miranda.

la Audiencia, sede de este tribunal y sus dependencias, una escalera monumental conducía al piso alto, donde se encontraba la gran sala en la que el virrey presidía el Real Acuerdo, la más alta instancia gubernativa del reino. El salón del Real Acuerdo era dominado por un dosel adornado con las armas reales y la efigie en pintura del monarca, bajo la cual se hallaba el asiento de su representante. De las paredes colgaba la galería de los retratos de los soberanos españoles, y la de todos los virreyes.[74] Frente a tan poderosos símbolos tomaban posesión de su cargo los virreyes, y se recibía el pésame de toda la nobleza y corporaciones a la muerte algún miembro de la dinastía reinante; de allí salía el estandarte real, en manos del alférez de la ciudad, para la jura del nuevo monarca.[75] La sala del Real Acuerdo era, de esta manera, el corazón simbólico del palacio, un salón del trono siempre listo para recibir la visita de su legítimo y regio dueño. Es muy probable que los pintores Juan y Miguel González hayan tomado este significativo espacio como modelo para la representación del salón del trono de Moctezuma en sus series de tablas enconchadas sobre la conquista, encargadas u obsequiadas a varios virreyes novohispanos.[76]

No obstante su gran importancia simbólica, la corte no restringía su actividad a los aposentos palaciegos; era, como se ha dicho atinadamente, un "ente móvil"[77] que animaba con su presencia algunos de los puntos más significativos del ámbito urbano de México. Dos destacados escenarios de la vida cortesana eran inmediatamente vecinos al palacio: la plaza Mayor y la catedral. La gran plaza de México era un incomparable teatro cívico para la celebración de toda clase de solemnidades; en ocasión de las fiestas reales, los cumpleaños virreinales y otras funciones, las ventanas y balcones del palacio se convertían en privilegiada tribuna desde la que los cortesanos se deleitaban con corridas de toros, carreras, juegos de cañas[78] y otras diversiones en las que resplandecía el gusto y pericia de la nobleza criolla en materia de caballos.

La catedral, por su parte, era el escaparate principal de la devoción del virrey y sus cortesanos. Como representante del monarca, principal patrono y protector de la Iglesia en sus dominios, el virrey contaba con un estrado permanente en el templo para asistir a las principales fiestas del calendario litúrgico. Detrás del estrado se colocaba una banca para los criados mayores del virrey, y a un lado una tribuna cerrada desde la que la virreina seguía los servicios religiosos oculta de las miradas del pueblo.[79] Tan privilegiada parcela de terreno consagrado no parece haber bastado para algunos virreyes, que buscaron dejar su impronta en todo el edificio procurando el avance de sus obras.[80] Así, aunque el templo ya había sido solemnemente consagrado en 1656,[81] el marqués de Mancera, queriendo ser recordado como el gobernante que diera fin a la fábrica, ordenó una segunda y no menos fastuosa dedicación en diciembre de 1667, luego de que se cerraron todas las bóvedas del templo.[82]

No todos entendían esta vanidad piadosa de la misma manera, y constantemente

se levantaban entre virrey, Audiencia, Cabildo catedralicio y arzobispo serias desavenencias a causa de las señales de respeto que cada quien exigía durante la asistencia a
catedral. Olvidando todo respeto por el lugar, las diferencias podían llegar hasta las manos: gran escándalo se produjo en 1651 cuando la procesión del día de Corpus por la
ciudad estuvo a punto de suspenderse, a causa de la pretensión del conde de Alba de
Liste de arrebatar la gran custodia del sacramento eucarístico a los prebendados del Cabildo para hacerla acompañar por sus propios pajes. En el forcejeo la custodia estuvo
a punto de caer al suelo ante la horrorizada mirada de los fieles, lo que hizo enfriarse
los ánimos y permitió a virrey y Cabildo conciliar posturas.[83]

Fuera de la catedral, otra curiosa manifestación de devoción cortesana, de extraños
tintes mundanos, era la visita de los virreyes y su comitiva a los conventos de monjas:
muchos obtenían una licencia eclesiástica que les permitía traspasar la clausura del monasterio para ser agasajados con música, bailes y regalos por las religiosas.[84] La entrada en la clausura, incluso sin permiso, era tan común que cuando el arzobispo Francisco Manso exigió a la esposa del marqués de Cerralvo exhibir la licencia respectiva,
el virrey escribió al soberano defendiendo el derecho de libre entrada de las virreinas,
"como participantes de lo que pertenece a sus maridos por la representación que hacen
de la persona de Su Majestad".[85]

Fuera del ahogo del centro de la ciudad, la corte entretenía ocios en la pequeña residencia del bosque de Chapultepec y en las fincas campestres de los alrededores de
México. La casa de recreo de Chapultepec fue originalmente establecida en el siglo XVI
como un pabellón de cacería, y su función principal era la de servir de domicilio temporal a los virreyes entrantes en los días previos a su ingreso formal en la ciudad.[86] En
sus habitaciones, lujosamente acondicionadas a costa del corregidor y el ayuntamiento de México, el gobernante recién llegado recibía las previsoras visitas de los primeros
solicitantes y aduladores, y en sus jardines se organizaban corridas de toros y tocotines
o bailes de indios para la diversión de la nueva corte.[87]

Del mismo modo, salir a las huertas y jardines de localidades como San Jacinto,
San Agustín de las Cuevas y San Cosme, o a los paseos de La Viga y Jamaica, proporcionaba a la corte la oportunidad de entretenimientos más profanos como el teatro, las
excursiones, los juegos de naipes y las peleas de gallos. No era infrecuente que algún
potentado criollo invitara a su casa de campo al virrey y la corte con el propósito, más
o menos oculto, de ganarse su favor y asegurarse alguna merced especial. En 1703 el
tesorero de la Casa de Moneda, Francisco Medina Picazo, gastó 20 000 pesos en un
agasajo de cinco días a los duques de Alburquerque en San Agustín de las Cuevas, por
lo que se llevó gran chasco cuando, al solicitar al virrey que modificara a favor suyo
una resolución judicial, éste se negó diciéndole que "una cosa era la amistad y otra la
justicia".[88]

Sala de acuerdos del palacio virreinal, enconchado de Juan y Miguel González,
La visita de Cortés a Moctezuma, 1698.

"LA GENEROSA TUTELA DE VUESTRA EXCELENCIA": LA CORTE Y LAS ARTES

La corte novohispana era por su estilo de vida una ávida consumidora y coleccionista de obras de arte y objetos suntuarios, y su constante búsqueda de diversión requería entretenimiento novedoso y variado en la forma de teatro, música y poesía. Para atender estas necesidades algunos potentados traían consigo desde España entre su comitiva a artistas y literatos: de esa manera llegaron a México figuras como el escritor Mateo Alemán, criado de fray García Guerra, o los pintores Alonso Vázquez y Diego de Borgraf, criados respectivamente del marqués de Montesclaros y de Juan de Palafox y Mendoza.[89] Como estos sirvientes no tardaban en abandonar el séquito para hacer carrera independiente, los virreyes dirigían pronto la mirada hacia el talento novohispano, y al peculiar entorno local de artífices e intelectuales que habían hecho del servicio del ocupante en turno del palacio su *modus vivendi*. Sin llegar a constituir un mecenazgo semejante al de los monarcas españoles, los numerosos encargos de la corte virreinal dieron renombre individual a los integrantes de este grupo, y brindaron un importante apoyo a sus aspiraciones sociales.

Ejemplo de cómo funcionaba este patrocinio es el círculo de escritores cortesanos de la Ciudad de México de la segunda mitad del siglo XVII, entre los cuales están algunas de las mejores plumas novohispanas de la época, como sor Juana Inés de la Cruz, Carlos de Sigüenza y Góngora, Alonso Ramírez de Vargas y Juan de Guevara.[90] Casi todos dieron el salto hacia la corte mediante el conveniente ofrecimiento de su obra a un personaje influyente de palacio, lo que les abría las puertas para recibir encargos cada vez más importantes, de acuerdo con el propio talento e inclinaciones: así, mientras sor Juana producía comedias cortesanas o villancicos para las funciones religiosas, Ramírez de Vargas se especializaba como cronista de festejos oficiales y Sigüenza se convertía en apologista oficioso del gobierno del conde de Galve.[91]

Al igual que ocurría con los criados de palacio, la fortuna de los intelectuales y ar-

---

Los poetas y la corte

Señor, esta lid canora
en tanta templada lira,
siendo vos el que la inspira
y vuestro sol quien la dora,
para lograr su mejora

remontándose del suelo
en las plumas de su vuelo
la que recibió influencia
vuelve, en acorde cadencia,
por víctima a vuestro cielo.

Dedicatoria de Carlos de SIGÜENZA Y GÓNGORA al conde de Paredes en un certamen poético [1682], en *Triunfo parténico* (1945), p. 233.

tistas al servicio de la corte oscilaba entre los extremos del éxito y la desgracia. A sor Juana sus hermosos versos a "Lysi" (la marquesa de la Laguna) y otras virreinas le aseguraron durante 20 años un espacio de creatividad detrás de los muros del convento, y la publicación de sus obras. En cambio, la viuda del pintor José Juárez hubo de seguir un largo y costoso pleito en contra del conde de Baños, quien con tesonera avaricia se negó a pagar los retratos que el artífice ejecutara en 1660 del virrey y de su odiada familia.[92]

EPÍLOGO: EL OCASO DE LA CORTE

No pasó mucho tiempo para que el palacio virreinal, destruido durante el tumulto de 1692, fuera reconstruido y ocupado nuevamente por la corte: en 1697 el conde de Moctezuma se mudaba a sus recién terminados apartamentos.[93] Justo cuando la vida palaciega parecía recuperar su curso normal, el porvenir del imperio hispánico era alterado radicalmente por la muerte en 1700 sin descendencia de Carlos II, último representante de los Austrias. En su última voluntad el difunto nombraba como sucesor a un príncipe francés de la casa de Borbón, quien ascendió al trono con el nombre de Felipe V. Tras el nuevo rey venía un equipo de administradores y burócratas extranjeros, con instrucciones de Luis XIV de Francia para transformar y modernizar la decadente monarquía española, comenzando por la misma casa real.

Los reformadores principiaron por despedir a buena parte de los servidores de la corte, para en seguida dejar en claro a la nobleza castellana que el nuevo monarca no sería prisionero de la etiqueta, ni de los intereses de los aristócratas encastillados en la cámara real.[94] Repentinamente humillados y apartados de la fuente de sus privilegios, los jefes de los principales clanes nobiliarios abandonaron la corte y no tardaron en unirse al partido que pretendía entregar la corona española a un archiduque austriaco. El conflicto subsecuente, conocido como la guerra de sucesión, terminaría en 1713 con el triunfo de Felipe V y la expulsión definitiva de las grandes facciones aristocráticas del poder. En adelante, "liberado del ceremonial, el rey sería el único señor del Estado; el palacio, privado de papel político, ya no serviría más que para realzar su prestigio, como sucedía en Versalles".[95] La edad de oro de la corte española había terminado.

Los acontecimientos de la península no tardaron en afectar a México. En 1702 tomaba posesión del virreinato el duque de Alburquerque, cuya comitiva sería la última corte tradicional que conocerían los novohispanos. Fiel a los principios de su clase, Alburquerque creyó cumplido su deber enviando cuantiosas sumas para sostener la causa de Felipe V; por lo demás no renunció a las prácticas de enriquecimiento ilícito de sus predecesores. Pero la nueva dinastía requería de sus servidores otra clase de lealtad:

Detalle del biombo *Entrada de un virrey a la capital de Nueva España*, siglo XVIII.

al comprobarse la participación del duque en varios fraudes millonarios a la Real Hacienda se le desterró de Madrid, y sólo fue perdonado por el rey después de pagar un indulto de varios cientos de miles de pesos, un castigo sin precedentes para un virrey.

Escarmentada por el caso, la Corona terminó por llevar a las Indias la reforma del gobierno que había comenzado en la península. El comerciante y espía francés Jean de Monségur, que había visitado Nueva España en 1704, consideraba que los virreyes debían ser elegidos entre oficiales de probada trayectoria en el servicio real, "porque siendo personas de honor, apegados a su señor y amantes de la gloria verdadera" no incurrirían en "desvíos y medios indignos" para aumentar sus fortunas.[96] Sus sugerencias y las de otros críticos fueron puntualmente aceptadas. El perfil de los virreyes cambió por completo: la sangre ilustre no sería más el principal mérito para obtener el gobierno, y los futuros designados al cargo serían administradores, militares y recaudadores de impuestos de origen modesto, surgidos de la nueva casta burocrática creada en España por los reformadores franceses en los primeros años de Felipe V.[97]

Desaparecidas las connotaciones señoriales del puesto, el séquito de los gobernantes se redujo a los sirvientes estrictamente necesarios; hasta ese aliciente de la vida cortesana, las virreinas y su acompañamiento, desapareció tras la partida de los duques de

Alburquerque en 1710, pues no volvería a verse un virrey casado sino hasta 35 años después. La corte como escuela del refinamiento social se extinguió irremediablemente, y la oligarquía novohispana hubo de buscar nuevos espacios para la ostentación y defensa de sus privilegios, amenazados ahora por los planes de los modernizadores borbónicos de convertir al antiguo reino de Nueva España en una simple colonia. Aunque los virreyes seguirían ocupando su lugar en la sala del Real Acuerdo, no serían más las figuras casi principescas que con su magnificencia y liberalidad recordaban a los súbditos mexicanos la figura sagrada de su monarca. Insensiblemente, los gobernantes se fueron volviendo los representantes de un poder cada vez más arbitrario, que no mostraba ninguna consideración por los títulos y tradiciones por los que la orgullosa México se ostentaba como corte del Nuevo Mundo.

NOTAS

[1]   Deseo expresar mi agradecimiento especial a las siguientes personas por su ayuda para la realización de este artículo: a Paula Mues, por sus valiosas sugerencias y opiniones; a Concepción Zayas y Javier Gómez Martínez, por proporcionarme materiales de consulta imposible en México, y a Milagros Miranda, por su trabajo de reconstrucción de la planta del antiguo palacio virreinal.

[2]   VILLALOBOS, 1975, p. 367.

[3]   Aunque nacido en España, Arias de Villalobos (1568-?) era lo que puede llamarse un criollo "por adopción", pues creció y se educó en México: MÉNDEZ PLANCARTE, 1944, pp. XXXIII-XXXV.

[4]   VILLALOBOS, 1975. Fue impresa originalmente en 1623 con el título de *Obediencia que México, cabeza de la Nueva España, dio a la Majestad Católica del rey D. Felipe de Austria.*

[5]   Hasta ahora el mejor estudio global sobre las atribuciones y el carácter de los virreyes novohispanos sigue siendo RUBIO MAÑÉ, 1983 (publicado originalmente en 1946). Valiosas compilaciones de documentos sobre el tema son HANKE, 1976-1978, y TORRE VILLAR, 1991.

[6]   Además de México, sólo Lima gozó de vida cortesana en la América española durante la época colonial.

[7]   DÍAZ DEL CASTILLO, 1992, pp. 458 y 464.

[8]   SUÁREZ DE PERALTA, 1990, pp. 174 y ss.

[9]   Sobre la corte europea definida como un espacio del "proceso de civilización", ELIAS, 1982, pp. 53-59, y 1989, pp. 440 y ss. El término "áulico" proviene de aula, palabra latina que significa "palacio".

[10]   Después de los antiguos y más bien anecdóticos estudios de GONZÁLEZ OBREGÓN, 1988 (primera edición, 1895), y 1957 (publicado originalmente en 1918); VALLE-ARIZPE, 1952 (primera edición, 1933); ROMERO DE TERREROS, 1945, y otros semejantes, el tema se ha tratado poco en nuestro medio. PAZ, 1986 (primera edición, 1982), es una interesante aproximación, pero limitada debido a que el autor, por falta de información, vio a la corte mexicana como una mera calca de la española; RUBIAL, 1998, pp. 83-92, es hasta ahora, a pesar de su brevedad, la incursión más seria en la vida en el palacio virreinal. Véanse más adelante referencias a trabajos que han abordado recientemente aspectos específicos del mundo cortesano colonial.

[11]   El clásico estudio de Norbert Elias sobre la corte (ELIAS, 1982) ha sido superado en buena medida

por la rica bibliografía sobre el tema aparecida en las últimas décadas. ADAMSON, 2000, además de ser un interesante estudio colectivo y una revisión crítica de la historiografía reciente sobre 12 cortes europeas de los siglos XVI-XVIII, incluye (ADAMSON, 2000a) una visión general del proceso histórico cortesano.

[12] La corte de Madrid contribuyó no poco a establecer los parámetros con que se calificaba la sofisticación de cualquier establecimiento palaciego. ADAMSON, 2000a, p. 14, afirma que entre 1550 y 1700 se alcanzó en Europa un consenso respecto de que toda corte debía "estar 'magníficamente' alojada, jerárquicamente ordenada y administrada a través de departamentos responsables diversos para el suministro, la ceremonia, la recreación y la cacería. Éstos, a su vez, debían ser gobernados respectivamente por una serie de 'grandes oficiales' de cuna noble. Se esperaba que un protocolo claramente codificado regulara sus arreglos sociales y religiosos. La piedad debía demostrarse por la observancia pública y regular de un calendario de solemnidades y festivales eclesiásticos" (traducción mía). Ejemplos de la influencia española sobre otras cortes en ELLIOTT, 1999, y en los estudios sobre Francia y los Habsburgos austriacos incluidos en ADAMSON, 2000.

[13] CHECA, 1994, y BROWN y ELLIOTT, 1981, respectivamente, estudian la historia y colecciones artísticas del Alcázar y del Buen Retiro.

[14] ELLIOTT, 1989, pp. 144-145. Sobre el establecimiento de las casas de recreo real en torno a Madrid por Felipe II, KAMEN, 1998, pp. 182-186.

[15] RODRÍGUEZ VILLA, 1913, resume la etiqueta y funciones de los distintos oficios de la corte española vigentes hacia 1650.

[16] Este ceremonial fue introducido inicialmente por Carlos V para el servicio de su hijo Felipe II, y después adoptado por toda la casa real. Por el matrimonio de su abuelo el emperador Maximiliano de Austria con María de Borgoña, Carlos V había heredado los territorios de ese antiguo ducado, incluyendo los Países Bajos (Flandes y Holanda), mismos que a su vez, al abdicar al trono imperial, entregó a su hijo Felipe como parte de la monarquía española. Carlos habría dispuesto en 1548 la adopción del ceremonial borgoñón como una manera de reforzar los vínculos entre Felipe, residente casi todo el tiempo en España, y sus lejanos súbditos de la Europa del norte: CHECA y REDWORTH, 2000, pp. 48-50.

[17] RODRÍGUEZ VILLA, 1913, p. 38, y las acotaciones del arquitecto Juan Gómez de Mora a sus planos del Alcázar de Madrid en 1626, en GÓMEZ DE MORA, 1986, pp. 381 y ss, ofrecen detalles sobre la jerarquía de acceso a los apartamentos reales.

[18] ELLIOTT, 1989, pp. 148-149.

[19] Los gentilhombres, por ejemplo, seguían al rey a todas partes, incluso a las puertas de la cámara de la reina, y sólo ellos podían acercarse y hablar directamente a la persona real en su servicio: RODRÍGUEZ VILLA, 1913.

[20] Sobre la nobleza castellana del siglo XVII, véanse los análisis de JAGO, 1982, y KAMEN, 1983, capítulo 8.

[21] Sobre la corte española como "escenario de mediación" del poder y los efectos del valimiento sobre ella, CHECA y REDWORTH, 2000, pp. 44-45 y 61-65. Por su parte, FEROS, 1998, estudia ampliamente el clientelismo como uno de los mecanismos preservadores de la integridad de la monarquía de los Austrias españoles.

[22] En estricto sentido, el tradicionalmente conocido como Siglo o Edad de Oro de la cultura española duró poco más de 100 años, entre 1550 y 1660; en el caso de la pintura, los historiadores suelen extenderlo hasta cerca de 1700.

[23] BROWN y ELLIOTT, 1981, capítulo 6.

[24] El jurisconsulto Juan de Solórzano Pereira, especialista en materias de Indias, observaba desde en-

tonces que los monarcas solían escoger a sus virreyes entre "los señores titulados y más calificados de España, *y de quienes se suelen servir en su cámara*": SOLÓRZANO, 1648, p. 862. Cursivas mías.

²⁵ Para elaborar el cuadro fueron usados principalmente RUBIO MAÑÉ, 1983, vol. I, pp. 215-284; SOSA, 1962; MEDINA, 1989, vols. II y III. Ejemplo de quienes obtuvieron el virreinato gracias a un oportuno padrinazgo es el arzobispo de México fray García Guerra, cercano al valido duque de Lerma durante la breve estancia (1601-1606) de la corte de Felipe III en Valladolid.

²⁶ "Instrucción dada al marqués de Montesclaros por Pablo de la Laguna, presidente del Consejo de Indias", 1603, en HANKE, 1976-1978, vol. II, pp. 270.

²⁷ El tratadista Alonso Carrillo, en su *Origen de la dignidad de Grande de Castilla, preheminencias que gozan*, de 1657, defendía el derecho "natural" de la alta nobleza a ejercer altos puestos como los virreinatos diciendo que "los muy nobles obedecen de mala gana a los de nacimiento desigual": GARCÍA HERNÁN, 1992, p. 122.

²⁸ SOLÓRZANO, 1648, pp. 870-871, trata la cuestión de las preeminencias reales concedidas a los virreyes. Muchas de estas disposiciones quedaron recogidas en los títulos 3 y 15 del libro 3º de la *Recopilación de las Leyes de los Reinos de Indias*, realizada en 1680.

²⁹ GUTIÉRREZ DE MEDINA, 1947, describe con lujo de detalle las ceremonias de la entrada del virrey marqués de Villena en 1640.

³⁰ GUIJO, 1986, vol. II, pp. 211-215; también CURIEL, 1997.

³¹ GUIJO, 1986, vol II, pp. 169-170 y 227.

³² "Relación que de orden del rey dio el virrey de México D. Antonio Sebastián de Toledo, marqués de Mancera, a su sucesor…", en TORRE VILLAR, 1991, vol I, p. 584.

³³ DODGE y HENDRICKS, 1993, pp. 179-182.

³⁴ AGI, Audiencia de México, legajo 610, Real Cédula, Madrid, [sin día] mayo de 1702, el rey al almirante Ducasse.

³⁵ Para elaborar la descripción de la nómina y funciones de los criados de la casa virreinal me baso en la lista del séquito traído por el conde de Galve en 1688: DODGE y HENDRICKS, 1993, pp. 179-182, y en las notas sobre la familia de los grandes señores de DOMÍNGUEZ ORTIZ, 1979, p. 151.

³⁶ Véase por ejemplo, CASTIGLIONE, 1984, p. 231. *El cortesano* apareció en italiano en 1528 y su primera traducción publicada fue al castellano por Juan Boscán en 1534. Sobre las traducciones del libro y su influencia en la Europa de los dos siglos siguientes, BURKE, 1998, capítulo 4.

³⁷ HANKE, 1976-1978, vol. II, pp. 269-270.

³⁸ RUBIAL, 1998, p. 86.

³⁹ Antes de su profesión como religiosa, sor Juana Inés de la Cruz fue de 1664 a 1669 dama de compañía de la virreina Leonor Carreto, marquesa de Mancera: PAZ, 1986, pp. 126-142.

⁴⁰ Juana Inés de la CRUZ, 1957, p. 707, "Loa en las huertas donde fue a divertirse la Excma. Sra. condesa de Paredes, marquesa de la Laguna", escrita hacia 1680-1683.

⁴¹ La Audiencia de México al rey, México, 10 de enero de 1620, en HANKE, 1976-1978, vol. III, pp. 71 y ss.

⁴² LEONARD, 1984, p. 20.

⁴³ Expresión utilizada por Pablo de la Laguna en sus instrucciones a Montesclaros al tratar del matrimonio de los criados: HANKE, 1976-1978, vol. II, p. 270.

⁴⁴ La condesa de Galve al marqués de Távara, México, 5 de junio de 1696, en DODGE y HENDRICKS, 1993, pp. 232-233.

⁴⁵ GUIJO, 1986, vol. II, p. 43.

[46] BURKE, 1998, pp. 24-34, trata ampliamente la historia del surgimiento del sistema de valores cortesano en Europa.

[47] BURKE, 1990, p. 148, trata a la corte como institución educativa.

[48] Es una disposición recogida en las Leyes de Indias: *Recopilación…*, 1680, ley 23, título 3, libro 3.

[49] GUEVARA, 1942, pp. 97-98.

[50] Desde Castiglione, los manuales para la educación del cortesano habían utilizado con frecuencia el recurso de los juegos. En España, Alonso de Barros publicó en 1587 *Filosofía cortesana*, tratado que incluía un juego de mesa con dados y tablero y que enseñaba el método para una exitosa carrera en la corte: BURKE, 1998, pp. 63 y 106.

[51] "Sainete primero de palacio", intermedio a las jornadas primera y segunda de *Los empeños de una casa*, en Juana Inés de la CRUZ, 1955, pp. 65-74.

[52] HANKE, 1976-1978, vol. II, pp. 267-268.

[53] Juana Inés de la CRUZ, 1957, pp. 271 y ss, *Amor es más laberinto*, jornada segunda.

[54] DOMÍNGUEZ ORTIZ, 1979, pp. 156 y 159, da ejemplos de este laxismo en el siglo XVII.

[55] GUIJO, 1986, vol. II, p. 20.

[56] GUIJO, 1986, vol. I, pp. 249-250. Finalmente salvó la vida, pero sólo para ser juzgado y sentenciado por las heridas causadas al criado.

[57] El título fue otorgado por Felipe III en 1616 al criollo Fernando de Altamirano y Velasco, nieto del virrey Luis de Velasco el Joven: LADD, 1984, p. 305. Sólo era más antiguo el título de marqués del Valle, concedido a Hernán Cortés en 1529, pero al extinguirse la descendencia directa del conquistador, a principios del siglo XVII, el título pasó a una rama secundaria de la familia residente en Europa.

[58] ROBLES, 1946, vol. II, pp. 131-132. Ambos personajes volvían de una corrida de toros celebrada con motivo de las fiestas por la canonización de San Juan de Dios.

[59] Fueron corregidores de México el primer conde Fernando de Altamirano, en 1651-1652; el segundo conde, Juan de Altamirano, en 1653-1654 y 1659, y el tercer conde, Fernando de Altamirano y Legazpi, en 1676 y 1680-1683: PAZOS, 1999, pp. 391-392.

[60] Dos recomendables acercamientos a la Ciudad de México en este período son MAZA, 1985, y RUBIAL, 1998.

[61] VALLE-ARIZPE, 1952, pp. 29-38. Del lado opuesto de la plaza Mayor Cortés poseía otro gran palacio, que durante toda la época colonial albergó la administración de los estados del marquesado del Valle.

[62] CASTRO MORALES, 1976, pp. 54-55; GUIJO, 1986, vol. II, pp. 23-24.

[63] Representaciones detalladas de la fachada del palacio pueden verse en dos biombos muy parecidos entre sí, pertenecientes al Museo de América, de Madrid, y a una colección particular de la Ciudad de México, reproducidos en BÉRCHEZ, 1999, pp. 158-161. El palacio aparece también en otras vistas generales de la ciudad, como el biombo de Diego Correa, del Museo Nacional de Historia, reproducido por BENÍTEZ, 1984, vol. III, pp. 16-23.

[64] Fue construido en tiempos del marqués de Villena, a principios de la década de 1640: CÓMEZ, 1985.

[65] La reconstrucción de las dos plantas del palacio virreinal que ofrezco fue elaborada por la arquitecta Milagros Miranda con base en la propuesta de ZALDÍVAR, 1976, modificada a partir de la confrontación con la descripción del palacio por Isidro Sariñana de 1666 (reproducida por VALLE-ARIZPE, 1952) y con las plantas y descripción de Real Alcázar de Madrid en 1626 por Juan Gómez de Mora, reproducidas en GÓMEZ DE MORA, 1986; también se aprovecharon los datos de GUIJO, 1986, vol. II, pp. 23-24, y DORTA, 1935. Nuestras modificaciones incluyen el replanteamiento total del área de habitación de los virre-

yes, la corrección de las medidas del patio del Tribunal de Cuentas y la aclaración de diversos aspectos del plano.

[66] La más completa descripción del palacio en esta época es la de Isidro Sariñana, incluida en su libro *Llanto de Occidente*, en VALLE-ARIZPE, 1952, pp. 61 y ss.

[67] GEMELLI, 1983, pp. 128-130.

[68] VALLE-ARIZPE, 1952, p. 64.

[69] ALEMÁN, 1983, pp. 40-41.

[70] GUIJO, 1983, vol. I, pp. 224-225.

[71] GIL-BERMEJO, 1970.

[72] Ya Pablo de la Laguna sugería hacer granjería del menaje de la casa: HANKE, 1976-1978, vol. II, p. 271.

[73] DODGE y HENDRICKS, 1993, pp. 222-225.

[74] VALLE-ARIZPE, 1952, pp. 66-68; VILLALOBOS, 1975, p. 304. Entre las efigies de los reyes de esta galería destacaban la de Carlos V, copia del famoso "retrato de Mühlberg" de Tiziano, y la de Felipe II, obra de Alonso Sánchez Coello: las dos se perdieron en el incendio de 1692. Los retratos de los virreyes, en su mayoría de pintores anónimos, se encuentran actualmente en el Museo Nacional de Historia de México.

[75] Ejemplos de estos usos de la sala del Acuerdo en GUIJO, 1986, vol. I, pp. 105-106 (toma de posesión del conde de Alba de Liste en 1650); BUXÓ, 1975, pp. 79-83 (luto por el príncipe Baltasar Carlos en 1646); RECCHIA, 1993, pp. 111-116 (jura de Felipe III en 1599).

[76] Sólo algunas de las series están firmadas por los González, pero todas responden prácticamente a un mismo tipo iconográfico. Reproducciones de tres tablas con distintas versiones de la escena del salón del trono, pertenecientes a diversas colecciones, en GARCÍA SÁIZ, 1999, pp. 113, 123 y 131. Esta autora, sin aducir fundamentos, ha propuesto como fuente literaria para la escena la crónica de fray Diego Durán. Agradezco a Antonio Rubial la observación acerca de la similitud entre el recinto representado en los enconchados y la descripción de Sariñana de la sala del Real Acuerdo.

[77] RUBIAL, 1998, p. 88.

[78] Por ejemplo, GUIJO, 1986, vol. II, p. 181 (fiestas reales por el nacimiento del príncipe en 1662); ROBLES, 1946, vol. I, p. 263 (cumpleaños de fray Payo Enríquez de Rivera en 1672). Los juegos de cañas eran una forma especial de torneo, consistente en la persecución entre equipos de jinetes que se atacaban arrojándose varas o "cañas".

[79] *Recopilación...*, 1680, libro 3, título 15, ley 3; GEMELLI, 1983, p. 74.

[80] La catedral de México comenzó a construirse en su actual emplazamiento en 1573, sustituyendo a una iglesia anterior mucho más pequeña.

[81] GUIJO, 1986, vol. II, pp. 43-54.

[82] SARIÑANA, 1969, pp. 23 y 26.

[83] GUIJO, 1986, vol. I, pp. 159-161.

[84] El conde de Alba de Liste obtuvo licencia del arzobispo para entrar junto con sus dos hijos y las personas que indicase: GUIJO, 1986, vol. I, p. 121.

[85] HANKE, 1976-1978, vol. III, p. 287.

[86] GEMELLI, 1983, pp. 77-78.

[87] GUTIÉRREZ DE MEDINA, 1947, pp. 74-77, describe el adorno de la casa de Chapultepec para el marqués de Villena.

[88] ROBLES, 1946, vol. III, pp. 270-277. Con mayor éxito había ofrecido Medina en 1697 un entretenimiento semejante al conde de Moctezuma: GEMELLI, 1983, p. 114.

[89] ALEMÁN, 1983; RUIZ GOMAR, 1983.

[90] Acerca de los escritores cortesanos novohispanos una contribución brillante es RODRÍGUEZ HERNÁN-DEZ, 1998; en particular véanse pp. 44-45 y 84-89.

[91] RODRÍGUEZ HERNÁNDEZ, 1998, estudia a Ramírez de Vargas y publica un ejemplo de estas narraciones de festejos, la de la mayoría de edad de Carlos II en 1676, encargada por fray Payo Enríquez de Rivera. Sobre Sigüenza como escritor cortesano y propagandista del virrey, ESCAMILLA, 2002.

[92] SIGAUT, 1995, pp. 652-695.

[93] El conde de Moctezuma se mudó el 25 de mayo de 1697: GEMELLI, 1983, p. 112. Desde el tumulto de 1692 los virreyes habían residido provisionalmente en las casas de los marqueses del Valle.

[94] El mejor estudio hasta la fecha sobre la reforma de la corte española bajo Felipe V es BOTTINEAU, 1986, capítulo I.

[95] BOTTINEAU, 1986, p. 184.

[96] MONSÉGUR, 1994, p. 94.

[97] RUBIO MAÑÉ, 1983, vol. I, pp. 269-270, fue el primero en hacer notar la radical transformación del perfil de los virreyes a partir del ascenso al trono de la casa de Borbón.

SIGLAS Y REFERENCIAS

AGI   ARCHIVO GENERAL DE INDIAS, SEVILLA
       Audiencia de México.

ADAMSON, John (ed.)
    2000   The Princely Courts of Europe. Ritual, Politics and Culture under the Ancien Régime, 1500-1750. Londres: Seven Dials.
    2000a   "The Making of the Ancien Régime Court 1500-1700", en ADAMSON, 2000, pp.7-41.

ALEMÁN, Mateo
    1983   Sucesos de don fray García Guerra y Oración fúnebre, edición de José Rojas Garcidueñas. México: Academia Mexicana.

BENÍTEZ, Fernando
    1984   Historia de la Ciudad de México (9 vols.). México: Salvat.

BÉRCHEZ, Joaquín (dir.)
    1999   Los Siglos de Oro en los virreinatos de América, 1550-1700. Madrid: Sociedad Estatal para la Conmemoración de los Centenarios de Felipe II y Carlos V (catálogo de exposición).

BOTTINEAU, Yves
    1986   El arte cortesano en la España de Felipe V (1700-1746), traducción de Concepción Martín Montero. Madrid: Fundación Universitaria Española.

BROWN, Jonathan, y J.H. ELLIOTT
    1981   Un palacio para el rey. El Buen Retiro y la corte de Felipe IV. Madrid: Alianza Editorial-Revista de Occidente.

BURKE, Peter

1990   "El cortesano", en Eugenio GARIN (ed.), *El hombre del Renacimiento*, traducción de J. Pan, M. Rivero y R. Artola. Madrid: Alianza Editorial, pp. 133-160.

1998   *Los avatares de* El cortesano. *Lecturas y lectores de un texto clave del espíritu renacentista*, traducción de Gabriela Ventureira. Barcelona: Gedisa.

BUXÓ, José Pascual

1975   *Muerte y desengaño en la poesía novohispana (siglos XVI y XVII)*. México: Instituto de Investigaciones Filológicas, Universidad Nacional Autónoma de México.

CASTIGLIONE, Baltasar

1984   *El cortesano*, traducción de Juan Boscán. Madrid: Espasa-Calpe. [1a. edición en italiano, 1528; 1a. edición en español, 1534].

CASTRO MORALES, Efraín

1976   "Evolución arquitectónica", en *Palacio Nacional*. México: Secretaría de Obras Públicas.

CÓMEZ, Rafael

1985   "El balcón de la virreina: hermenéutica e historia de la arquitectura", en *Cuadernos de Arquitectura Virreinal*, 1, pp. 17-23.

CRUZ, Juana Inés de la

1955   *Obras completas. Autos y loas*, vol. III, edición, prólogo y notas de Alfonso Méndez Plancarte. México: Fondo de Cultura Económica.

1957   *Obras completas. Comedias, sainetes y prosa*, vol. IV, edición, prólogo y notas de Alberto G. Salceda. México: Fondo de Cultura Económica.

CURIEL, Gustavo

1997   "Fiestas para un virrey. La entrada triunfal a la ciudad de México del conde de Baños. El caso de un patrocinio oficial. 1660", en *Patrocinio, colección y circulación de las artes. XX Coloquio Internacional de Historia del Arte*. México: Instituto de Investigaciones Estéticas, Universidad Nacional Autónoma de México, pp. 155-193.

CHECA, Fernando (dir.)

1994   *El Real Alcázar de Madrid. Dos siglos de arquitectura y coleccionismo en la corte de los reyes de España*. Madrid: Comunidad de Madrid-Nerea.

CHECA, Fernando, y Glyn REDWORTH

2000   "The Courts of the Spanish Habsburgs", en ADAMSON, 2000, pp. 42-65.

DÍAZ DEL CASTILLO, Bernal

1992   *Historia verdadera de la conquista de la Nueva España*, introducción y notas de Joaquín Ramírez Cabañas. México: Editorial Porrúa. [1632].

DODGE, Meredith D., y Rick HENDRICKS

1993   *Two Hearts, One Soul. The Correspondence of the Condesa de Galve, 1688-1696*. Albuquerque: University of New Mexico Press.

DOMÍNGUEZ ORTIZ, Antonio

1979   *Las clases privilegiadas en el Antiguo Régimen*. Madrid: Istmo.

DORTA, Enrique Marco
    1935   "El palacio de los virreyes a fines del siglo XVII", en *Archivo Español de Arte y Arqueología*, 31, pp. 103-129.

ELIAS, Norbert
    1982   *La sociedad cortesana*, traducción de Guillermo Hirata. México: Fondo de Cultura Económica.
    1989   *El proceso de la civilización: investigaciones sociogenéticas y psicogenéticas*, traducción de Ramón García Cotarelo. México: Fondo de Cultura Económica.

ELLIOTT, J.H.
    1989   "The Court of the Spanish Habsburgs: A Peculiar Institution?", en *Spain and its World 1500-1700*. New Haven: Yale University Press.
    1999   "La sociedad cortesana en la Europa del siglo XVII: Madrid, Bruselas, Londres", en Jonathan BROWN (dir.), *Velázquez, Rubens y Van Dyck. Pintores cortesanos del siglo XVII*. Madrid: Museo Nacional del Prado-Ediciones del Viso (catálogo de exposición).

ESCAMILLA, Iván
    2002   "El Siglo de Oro vindicado: Carlos de Sigüenza y Góngora, el conde de Galve y el tumulto de 1692", en *Carlos de Sigüenza y Góngora. Homenaje 1700-2000*, vol. 2. México: Instituto de Investigaciones Históricas, Universidad Nacional Autónoma de México.

FEROS, Antonio
    1998   "Clientelismo y poder monárquico en la España de los siglos XVI y XVII", en *Relaciones. Estudios de Historia y Sociedad*, 73, pp. 15-49.

GARCÍA HERNÁN, David (introducción y selección)
    1992   *La nobleza en la España moderna*. Madrid: Istmo.

GARCÍA SÁIZ, María Concepción
    1999   "La conquista militar y los enconchados. Las peculiaridades de un patrocinio indiano", en *Los pinceles de la historia. El origen del reino de la Nueva España 1680-1750*. México: Museo Nacional de Arte, pp.108-141 (catálogo de exposición).

GEMELLI CARRERI, Giovanni Francesco
    1983   *Viaje a la Nueva España*, traducción, introducción y edición de Francisca Perujo. México: Instituto de Investigaciones Bibliográficas, Universidad Nacional Autónoma de México.

GIL-BERMEJO GARCÍA, Juana
    1970   "El expolio de un obispo (México, 1708)", en *Anuario de Estudios Americanos*, XXVII, pp. 371-418.

GÓMEZ DE MORA, Juan
    1986   *Juan Gómez de Mora (1586-1648). Arquitecto y trazador del rey y maestro mayor de obras de la Villa de Madrid*. Madrid: Concejalía de Cultura, Ayuntamiento de Madrid.

GONZÁLEZ OBREGÓN, Luis
    1988   *México viejo. (Época colonial). Noticias históricas, tradiciones, leyendas y costumbres*, prólogo de Flor de María Hurtado. México: Editorial Patria.

1957   "El palacio y la corte de los virreyes", en *Croniquillas de la Nueva España*. México: Botas, pp. 151-156.

GUEVARA, Antonio de
1942   *Menosprecio de corte y alabanza de aldea*, edición y notas de M. Martínez de Burgos. Madrid: Espasa-Calpe.

GUIJO, Gregorio Martín de
1986   *Diario (1648-1664)* (2 vols.), edición de Manuel Romero de Terreros. México: Editorial Porrúa.

GUTIÉRREZ DE MEDINA, Cristóbal
1947   *Viaje del virrey marqués de Villena*, introducción y notas de Manuel Romero de Terreros. México: Imprenta Universitaria.

HANKE, Lewis (ed.)
1976-1978   *Los virreyes españoles en América durante el gobierno de la Casa de Austria* (5 vols.). México y Madrid: Atlas.

JAGO, Charles
1982   "La 'crisis de la aristocracia' en la Castilla del siglo XVII", en J.H. ELLIOTT (ed.), *Poder y sociedad en la España de los Austrias*, traducción de Xavier Gil Pujol. Barcelona: Crítica.

KAMEN, Henry
1983   *Spain in the Later Seventeenth Century, 1665-1700*. Londres: Longman.
1998   *Philip of Spain*. New Haven: Yale University Press.

LADD, Doris M.
1984   *La nobleza mexicana en la época de la independencia, 1780-1826*, traducción de Marita Redo. México: Fondo de Cultura Económica.

LEONARD, Irving A.
1984   *Don Carlos de Sigüenza y Góngora. Un sabio mexicano del siglo XVII*, traducción de Juan José Utrilla. México: Fondo de Cultura Económica.

MAZA, Francisco de la
1985   *La ciudad de México en el siglo XVII*. México: Fondo de Cultura Económica (Lecturas Mexicanas, 95).

MEDINA, José Toribio
1989   *La imprenta en México (1539-1821)* (8 vols.). México: Coordinación de Humanidades, Universidad Nacional Autónoma de México. [Edición facsimilar de la de 1907-1912].

MÉNDEZ PLANCARTE, Alfonso (selección y notas)
1944   *Poetas novohispanos. Segundo siglo (1621-1721)*. México: Universidad Nacional Autónoma de México.

MONSÉGUR, Jean de
1994   *Las nuevas memorias del capitán Jean de Monségur*, traducción de Florence Olivier, Blanca Pulido e Isabel Vericat, edición de Jean-Pierre Berthe. México: Instituto de Investigaciones Históricas, Universidad Nacional Autónoma de México-Centro de Estudios Mexicanos y Centroamericanos.

Paz, Octavio
1986   *Sor Juana Inés de la Cruz o las trampas de la fe*, 3a. reimp. México: Seix Barral.
Pazos Pazos, María Luisa J.
1999   *El ayuntamiento de la ciudad de México en el siglo XVII: continuidad institucional y cambio social*. Sevilla: Diputación de Sevilla.
Recopilación…
1681   *Recopilación de las Leyes de los Reinos de Indias* [1680]. Madrid: Julián de Paredes.
Recchia, Giovanna
1993   *Espacio teatral en la ciudad de México siglos XVI-XVIII*. México: Centro de Investigación Teatral Rodolfo Usigli, Instituto Nacional de Bellas Artes.
Robles, Antonio de
1946   *Diario de sucesos notables (1665-1703)*, edición y prólogo de Antonio Castro Leal (3 vols.). México: Editorial Porrúa.
Rodríguez Hernández, Dalmacio
1998   *Texto y fiesta en la literatura novohispana (1650-1700)*. México: Instituto de Investigaciones Bibliográficas, Universidad Nacional Autónoma de México.
Rodríguez Villa, Antonio
1913   *Etiquetas de la Casa de Austria*. Madrid: Establecimiento Tipográfico de Jaime Ratés.
Romero de Terreros, Manuel
1945   *Apostillas históricas*. México: Editorial Hispano-Mexicana.
Rubial García, Antonio
1998   *La plaza, el palacio y el convento. La ciudad de México en el siglo XVII*. México: Consejo Nacional para la Cultura y las Artes.
Rubio Mañé, José Ignacio
1983   *El virreinato* (4 vols.). México: Fondo de Cultura Económica-Instituto de Investigaciones Históricas, Universidad Nacional Autónoma de México.
Ruiz Gomar C., José Rogelio
1983   "Noticias referentes al paso de algunos pintores a la Nueva España", en *Anales del Instituto de Investigaciones Estéticas*, 53, pp. 65-73.
Sariñana, Isidro
1969   *La catedral de México en 1668. Noticia breve de la solemne, deseada, última dedicación del templo metropolitano de México*, edición de Francisco de la Maza, suplemento 2 del núm. 37, 1968, de los *Anales del Instituto de Investigaciones Estéticas*.
Sigaut Valenzuela, Nélida
1995   *José Juárez en la pintura mexicana del siglo XVII*, tesis de doctorado en historia del arte, Facultad de Filosofía y Letras, Universidad Nacional Autónoma de México.
Sigüenza y Góngora, Carlos de
1945   *Triunfo parténico*, edición de José Rojas Garcidueñas. México: Ediciones Xóchitl.
Solórzano Pereira, Juan de
1648   *Política indiana, sacada en lengua castellana de los dos tomos del derecho y gobierno municipal de las Indias Occidentales*. Madrid: Diego Díaz de la Carrera.

SOSA, Francisco

    1962   *El episcopado mexicano. Biografía de los ilustrísimos señores arzobispos de México desde la época colonial hasta nuestros días* (2 vols.). México: Editorial Jus.

SUÁREZ DE PERALTA, Juan

    1990   *Tratado del descubrimiento de las Indias*, prólogo de Teresa Silva Tena. México: Consejo Nacional para la Cultura y las Artes.

TORRE VILLAR, Ernesto de la (introducción, edición y notas)

    1991   *Instrucciones y memorias de los virreyes novohispanos* (2 vols.). México: Editorial Porrúa.

VALLE-ARIZPE, Artemio de

    1952   *El Palacio Nacional de México. Monografía histórica y anecdótica.* México: Compañía General de Ediciones.

VILLALOBOS, Arias de

    1975   "México en 1623", en Genaro GARCÍA, *Documentos inéditos o muy raros para la historia de México.* México: Editorial Porrúa, pp. 280-380.

ZALDÍVAR GUERRA, Eugenio

    1976   "Obras de restauración y arqueología", en *Palacio Nacional.* México: Secretaría de Obras Públicas.

13
LOS ÁMBITOS LABORALES URBANOS

R. DOUGLAS COPE

Brown University

[Traducción de Adriana Aiello y Germán Franco]

LOS CONQUISTADORES ESPAÑOLES TRAJERON CONSIGO algo más que sangre y fuego a México. Dondequiera que iban fundaban nuevas ciudades o rehacían los pueblos indígenas a su imagen y semejanza. Estas ciudades serían el baluarte del poder español: puestos de avanzada para dominar los campos a su alrededor. Rápidamente se volvieron centros socioeconómicos que atraían a todo tipo de inmigrantes españoles: hombres y mujeres, abogados y comerciantes, zapateros y carpinteros. Para los años setenta del siglo XVI, quizá 60 000 españoles, casi todos habitantes urbanos, vivían en Nueva España, cerca de 30% en la Ciudad de México, la capital levantada sobre las ruinas de la Tenochtitlan azteca.[1] La cultura urbana española logró ser trasplantada al otro lado del Atlántico y había cobrado una forma visible en las casonas, iglesias, plazas y anchas calles rectilíneas que fomentaban el orgullo cívico y condujeron al poeta Bernardo de Balbuena a proclamar "la grandeza mexicana".[2]

No obstante, si la presencia española en México dependía de las ciudades, las ciudades mismas dependían del trabajo indígena. El Estado, la Iglesia y los ciudadanos más prominentes exigían por igual trabajadores a una población indígena que ya estaba en franca decadencia. De hecho, algunos observadores contemporáneos notaron un estrecho vínculo entre ambos procesos. Toribio de Motolinía, fraile franciscano, incluyó la reconstrucción de la Ciudad de México en su lista de las "diez plagas" que azotaban a los indios. Este relato era similar en todos los centros de importancia del territorio colonial. George Kubler calcula que "la cantidad… de construcción en México entre la Conquista y 1600… probablemente excedió por mucho el valor total de las construcciones monumentales… durante la historia azteca (1250-1520). El paisaje mexicano fue alterado básicamente por la reconcentración urbana, por obras hidráulicas, por el perfil de las inmensas iglesias que se alzaban encima de las pirámides indias".[3] Y, por supuesto, este nuevo paisaje necesitaba mantenimiento; por ejemplo, en los años setenta del siglo XVI, la conservación de las calles, canales, acueductos y calzadas de la Ciudad de México requerían los servicios de 600 trabajadores indios al mes.[4] Al mismo tiempo, el tributo indígena suministraba alimentos y materias primas a las ciudades españolas, mientras el trabajo indígena apuntalaba el desarrollo de la actividad económica más dinámica de la colonia: la extracción de plata.

En suma, los españoles transformaron una victoria militar a corto plazo en una colonización durable mediante el control de los recursos y de la fuerza laboral de los pueblos indígenas de México. Así, la coerción se convirtió en el rasgo definidor de las primeras relaciones laborales del periodo colonial, aunque las técnicas empleadas evolucionaron con el tiempo. A principios del siglo XVII, el método más importante seguía siendo el repartimiento: un reclutamiento rotativo de fuerza laboral de una cierta cantidad (comúnmente de 2 a 10%) de hombres sanos de las comunidades indígenas para prestar temporalmente sus servicios en fincas, minas y ciudades españolas. Sin embargo, el predominio del repartimiento no habría de durar mucho. Al tiempo que una sociedad hispánica en crecimiento clamaba por más y más trabajadores, la población indígena seguía disminuyendo, hasta que alcanzó su punto más bajo a mediados de ese siglo. Al caer los reclutamientos del repartimiento a niveles insuficientes, los patrones españoles empezaron a buscar trabajadores voluntarios. Este paso fue visto favorablemente por las autoridades españolas. Durante largo tiempo, la Corona trató de moderar los peores abusos de los colonizadores y de promover cierta libertad laboral para sus súbditos indios. En 1632, una cédula real finalmente abolió por completo el repartimiento, excepto en la minería.[5]

Ventajas y desventajas del trabajo indígena en Zacatecas, 1612

El oficio mas trabajoso de las minas es el entrar en ellas, que están ya muy hondas... y cavar y barretear el metal y sacarle afuera. Ese oficio hacen indios y no negros esclavos... Y lo que tras esto se sigue de mas primor es el echar la salmuera en los metales e incorporarles el azogue y saber conocer cuando ha tomado la ley. El saberlos lavar, el desazogar y apartar la plata del azogue, afinarla y hacer la plancha que para esto tienen gran conocimiento los indios y liberalidad, a lo cual no llega el ingenio ni habilidad de los negros, ni aun de muchos españoles. De aquí se sigue que sin indios no se puede sacar plata en la Nueva España...

Y si con esto hubiera en indios fidelidad y fueran amigos de trabajar totalmente, no fueran necesarios españoles en las minas, porque estos solo sirven de la custodia y guarda de la plata, azogue y herramientas y pertrechos de las haciendas y de andar sobre los indios para que no cesen de trabajar y porque no hurten a lo arriba dicho.

Alonso DE LA MOTA Y ESCOBAR [1612], *Descripción geográfica de los reinos de Nueva Galicia, Nueva Vizcaya, y Nuevo León* (1940), pp. 150-151.

Esta excepción dice mucho de la naturaleza abigarrada de la legislación española, y de las complejidades y contradicciones de los sistemas laborales mexicanos. Incluso dentro del propio sector minero, las relaciones laborales se desarrollaron en direcciones muy distintas. Zacatecas, el mayor productor de plata de la colonia (y hacia 1600 una de sus ciudades más grandes) nunca usó los repartimientos. En cambio, el pequeño pueblo minero de Taxco siguió dependiendo de reclutamientos de fuerza laboral durante todo el siglo XVII y hasta bien entrado el XVIII.[6] En la Ciudad de México, la demanda de trabajadores forzados de hecho recibió un nuevo impulso en los años veinte y treinta del siglo XVII. Los trabajos del desagüe, un enorme canal que debía aliviar las inundaciones que sufría la capital, tuvieron su etapa más intensiva durante estos años. El gobierno trató de reclutar fuerza de trabajo gratuita; pero aunque "los archivos ocasionalmente mencionan a trabajadores voluntarios… estos casos apenas suman unos cuantos, mientras los trabajadores de repartimiento llegan a contarse por miles",[7] hasta 3 000 de una sola vez, sin incluir a las tortilleras que preparaban sus alimentos. Al acumular una fuerza de trabajo tan grande, las autoridades del desagüe siguieron la ley del menor esfuerzo: los indios que habían trabajado antes en haciendas, dentro del ya abolido repartimiento rural, fueron desviados del campo a la ciudad, del trabajo privado al público.

También es digno de notar que el periodo de 1570 a 1650 señaló el apogeo de las importaciones de esclavos africanos a Nueva España. Es una ironía que la esclavitud y el trabajo libre se hayan expandido conjuntamente, ya que ambos atendían el mismo problema: la dificultad de obtener (y retener) a los trabajadores indígenas con los medios de antes. Los africanos nunca llegaban en cantidades suficientes para en verdad "remplazar" a la fuerza de trabajo indígena, pero junto con los negros y los mulatos libres tuvieron un papel significativo en las economías urbanas. Cuando el obispo Alonso de la Mota y Escobar visitó Zacatecas en 1607, notó que los negros "comúnmente son malos y viciosos, así estos libres como esos otros esclavos, pero es como acá dicen: 'malo de tenerlos, pero mucho peor no tenerlos'".[8] De hecho, quizá los esclavos constituían la quinta parte de la fuerza de trabajo minera en esa fecha. En Zacatecas, como en otras ciudades, los esclavos también eran sirvientes domésticos, vendedores y artesanos, a menudo en competencia con trabajadores asalariados.

Así, la transición de México al trabajo libre fue difícil, desigual e incompleta. Los obrajes ofrecen la mejor ilustración de la diversidad resultante en las prácticas laborales. En estos talleres textiles, peones endeudados, convictos, trabajadores asalariados y esclavos trabajaban juntos. El obraje, en efecto, mostraba una historia resumida de reclutamiento laboral, con sus varias capas superpuestas. Aunque tenemos la tendencia de asociar a los peones endeudados con las haciendas, en realidad este fenómeno empezó en los talleres urbanos, donde los trabajadores podían ser retenidos fácilmente en espacios cerrados.[9] La dudosa legalidad de esta práctica no importaba; un virrey se la-

Telar en un obraje novohispano, en la obra de Carlos López
Exvoto de San Miguel en un obraje textil, 1740.

La Corona española condena los abusos de los obrajeros, 1680

Sobre lo general que ha entendido se maltrata a los miserables indios son mucho mas notorias los vejaciones que reciben en los obrajes de paños y otras labores que en ellos se fabrican... no pagándoles el jornal, que se les debe ni en dinero, y mano propia, ni excusando a los de corta o mayor edad según esta prevenido, sin dejarlos descansar de día ni de noche las horas convenientes, ni que se vuelvan a sus casas los meses, y tiempos en que deben ser exentos unos, para que trabajen otros, vendiendo y traspasando sus personas... sin darles lugar para sus propias... labores, ni para su educación y enseñanza en la fe católica (siendo esto una materia de tan grave escrúpulo) ni mudarlos de ministerio y trabajo mayor al mas leve asistiendo juntos indios, negros, mestizos, y españoles en un mismo obraje no cuidando de ellos en sus enfermedades... aumentándoles en los mismos obrajes las labores cuotidianas, echando mas, y los surtimientos y tejidos a los paños y causándoles otras muchas vejaciones que llegan a ser tan intolerables, que es la total destrucción de los indios y sus pobres caudales, mujeres y familias el haber de asistir a estos obrajes, ponderando que cada día se va experimentando mas.

Luis CHÁVEZ OROZCO (1933-1936), "El obraje: embrión de la fábrica", *Documentos para la historia económica de México*, vol. XI, p. 47.

---

mentaba a principios del siglo XVII: "Los obrajeros se burlan [de las ordenanzas] y encierran a los indios a su antojo". Algunos obrajes en Puebla y Tlaxcala tenían hasta 100 trabajadores aprisionados.[10] Para entonces, los obrajes se habían convertido también en los empleadores más importantes de trabajadores convictos, lo que contribuía a la creciente diversidad de su fuerza de trabajo. Los convictos incluían no sólo indios, sino negros, castas (gente de ascendencia mestiza) e incluso algunos españoles.[11] Negros y mulatos se hacían más visibles todavía a medida que los obrajes empezaron a recurrir cada vez más a los esclavos. Un solo obraje a mediados de siglo en Tlaxcala o Coyoacán podía albergar a docenas de esclavos, quienes habían llegado a constituir el grueso de la fuerza de trabajo del taller. Lo mismo es válido para los obrajes queretanos, donde:

> Al principiar el siglo XVII... la técnica que se empleaba... consistía en formular un contrato libre de trabajo y en una especie de esclavitud económica de los peones. El trabajo de los esclavos negros suplementaba el trabajo fundamental de los indios. Después de la década de 1630 se invirtió esta situación, y algunos obrajes dependieron en primer lugar del trabajo de los esclavos y en segundo del de los indígenas.[12]

De hecho, contar sólo a los esclavos hasta cierto punto falsea la importancia de la esclavitud, pues algunos de los trabajadores "libres" del obraje probablemente serían las esposas e hijos de los africanos esclavizados.[13]

¿Por qué el trabajo bajo coerción prevaleció durante tanto tiempo? Es tentador echarle la culpa (como lo hicieron los obrajeros) a la pura falta de trabajadores libres. No obstante, Zacatecas pudo atraer a trabajadores desde cientos de kilómetros de distancia, al tiempo que las élites en las demás partes se quejaban de las grandes cantidades de vagabundos, mendigos y ociosos que infestaban las calles de las ciudades. Un observador dieciochesco en la Ciudad de México tenía una explicación, y sus palabras se aplican igualmente a periodos anteriores:

> Hay tres tantos mas de pobres en [este] reino que en España... pero este nace de no tener en que ocuparse, y no de falta de aplicación... Todas las oficinas, todas las administraciones, todos los tratos, y en fin, todas las artes y ejercicios de qualesquiera tamaño, calidad, o condición que sean, tienen los operarios, sirvientes, y oficiales, que necesitan: y muchas veces más.[14]

Así, llegamos a la paradoja fundamental de los mercados laborales urbanos: la escasez de fuerza de trabajo coexistía con altos niveles de desempleo y subempleo. El problema no era la falta de trabajos en sentido absoluto, sino la falta de "buenos" trabajos. La rígida estructura social de México reservaba las mejores oportunidades para las élites establecidas, y gran parte de la limitada inversión social también se destinaba a los relativamente privilegiados, para remediar la pobreza entre los bien nacidos o "rescatar" a los huérfanos españoles.[15] Los pobres de las ciudades —muchos de ellos de origen no español—, que formaban la reserva más grande de empleados potenciales, en general carecían de educación y preparación técnica, y por ello se hallaban atrapados en los bajos fondos de la economía, con pocas esperanzas de lograr un ascenso social. Trabajaban duramente como cargadores, pepenadores, barrenderos y albañiles; laboraban de sol a sol en los obrajes y las panaderías; cocinaban, limpiaban, servían y conducían los carruajes de las familias acomodadas; servían humildemente a los clientes en las tiendas, carnicerías y mercados de grano de las ciudades.[16] Algunos de estos trabajos requerían gran esfuerzo físico e incluso eran peligrosos; la mayoría eran envilecedores (los propietarios de los obrajes, en particular, tenían la mala fama de aplicar castigos corporales), y todos sin excepción ofrecían un pago exiguo. Los trabajadores de la construcción, por ejemplo, recibían sólo tres reales al día, la mitad del salario de los jornaleros artesanos, pero seguían siendo de los plebeyos mejor pagados.[17] Los empleados de las panaderías y de los obrajes ganaban considerablemente menos. En 1697, una investigación de la panadería de Antonio de la Peña en la Ciudad de México reveló que el salario diario acostumbrado allí era de dos y medio reales. Empero, como tantos trabajadores estaban endeudados, esta cifra resultó ser engañosa. Como lo explicó un testigo:

Hilandera trabajando en su casa para un obraje,
en el cuadro de castas: *De indio y cambuja nace zambaiga*, de José Joaquín Magón, siglo XVIII.

Ganan dos y medio [reales] cada día… que trabajan: un real que desquitan a cuenta de la deuda otro que les dan para comer y el medio en una torta… los días que descansan o no trabajan por algún accidente no les paga el amo cosa alguna ni les da el real de comida, ni de torta, y como es necesario el comer, piden para ello, lo cual y otros reales y medios que necesitan, se lo asientan a su cuenta.[18]

Así, no es de sorprender que a estos trabajadores les resultara muy difícil escapar de sus abultadas deudas.

Naturalmente, los plebeyos trataban de evitar tales trampas, cuando les era posible. Y de hecho tenían algunas opciones, siempre y cuando conservaran su movilidad; por esta razón los trabajadores libres resentían con gran amargura cuando se los encerraba en talleres para explotarlos. Las masas urbanas se mostraban sumamente inquietas: a menudo cambiaban de casa, trabajo, parroquia y hasta ciudad; a veces, es cierto, para escapar de sus acreedores o de la justicia, pero también para buscar incluso pequeñas mejoras de sus circunstancias.[19] Como alternativa, podían tratar de entrar al mercado en sus propios términos. El comercio en pequeño ofrecía la oportunidad de au-

Ladrón capturado por una mujer en el mercado,
detalle del cuadro *Visita de un virrey a la catedral de México*, 1720.

toempleo y exigía una preparación o capital mínimos. Uno podía empezar con algunas cosas vendibles, acaso adquiridas a crédito o de algún pariente; así, las ganancias podían ser usadas para comprar más mercancía, y se iniciaría (con suerte) una escalada ascendente. Los menos ambiciosos veían el comercio en pequeño como una ocupación estacional: durante los días de fiesta, como Todos Santos, los puestos del mercado brotaban de la noche a la mañana como hongos en calles y plazas.[20] Aún había otros medios de supervivencia. En especial en las ciudades pequeñas, pero incluso en la capital, los habitantes indios tenían pequeñas parcelas de tierra donde cultivaban maíz y frijol, así que, al menos parte del año, estos pegujaleros podían procurarse su propio sustento.[21] La mendicidad y el robo constituían fuentes adicionales de ingresos, aunque eran riesgosas e inciertas. Por último, en caso de emergencia se podía acudir a la red de apoyo de la familia, los amigos y compadres que podían suministrar un grado mínimo de apoyo (moral y financiero).[22] Dicho de otro modo, algunos plebeyos construían una forma de vida que comprendía un amplio espectro de comportamientos y que les permitía evitar una integración completa al mercado de trabajo.

A los patrones esta independencia les parecía frustrante y les reforzaba el extendido estereotipo de la clase trabajadora. Las élites veían a los pobres, muy especialmente a los indios, como indolentes ("ellos de su naturaleza apetecen del ocio y huyen del trabajo")[23] e ignorantes (gente sin razón que no reaccionaba con sensatez a los incentivos económicos), y de ahí la necesidad del trabajo forzado. Para la mentalidad moderna, este argumento parece falso ya que, como hemos visto, los trabajos disponibles para los plebeyos ofrecían muy pocos "incentivos". ¿Acaso no habrían podido los patrones resolver sus problemas laborales simplemente incrementando los salarios? Considérese una vez más la industria minera. Zacatecas mantenía una fuerza libre de trabajo que se contaba por miles y de hecho logró erradicar de manera paulatina a los caros esclavos ya entrado el siglo XVII, al tiempo que su importancia crecía en otros sectores económicos. Los propietarios de minas proporcionaban una generosa compensación a sus trabajadores, en particular a "los *barreteros*, los operarios de las palancas que trabajaban en la boca de la mina. Ganaban de cinco a ocho pesos al mes, pero por costumbre también se les permitía conservar algo del mineral que sacaban, el *partido*… El *partido* podía valer fácilmente de tres a cinco veces el salario diario".[24] Los mineros, móviles y en demanda, formaron una especie de "aristocracia laboral" durante el resto del periodo virreinal.

Sin embargo, pocos empresarios mexicanos siguieron el ejemplo de los propietarios de minas. Ninguna otra empresa producía una mercancía tan valiosa o ganancias tan lucrativas. La mayor parte de los productores creía que pagar salarios más altos los sacaría del negocio. Se veían a sí mismos operar bajo estrechas restricciones. Como la demanda urbana era limitada y volátil, y los costos de transporte altos, eran muy vulnerables a la competencia. La economía de Puebla, por ejemplo, cayó en decadencia tras una breve "edad de oro" a fines del siglo XVI y principios del XVII, a medida que la ciudad perdía sus mercados de tierra adentro a manos del Bajío y Guadalajara.[25] También era problemático que el precio de los insumos básicos oscilara radicalmente año con año, e incluso mes con mes. Los fabricantes enfrentaban asimismo un ambiente institucional desfavorable. Tenían que maniobrar a través de un embrollo de disposiciones *ad hoc*, caprichosamente aplicadas: en cualquier momento podía resultar que una práctica de negocios clave ya no fuera legal (o, lo que era más probable, tenían que sobornar a un funcionario local para que se interpretaran a su favor las reglas). En un mundo de erogaciones impredecibles, el gasto que los productores podían controlar era el de la fuerza de trabajo; por tanto, el equilibrio de sus cuentas se cargaba sobre las espaldas de sus trabajadores.

Bajo esta luz, lo que quizás es notable es que las empresas urbanas sí lograran conseguir una fuerza de trabajo adecuada. Encontraron suficientes trabajadores para hornear el pan, tejer las telas, remendar zapatos y construir los edificios que necesitaban las ciudades en expansión. Convictos, esclavos y peones endeudados no podían siquira paliar la demanda. Por cada José de la Cruz (un negro libre que aceptó trabajar en un obraje para pagar sus deudas)[26] había muchos otros que voluntariamente se colocaban bajo la autoridad de un maestro. ¿Qué esperaban ganar? El fin de una existencia precaria, de una vida al día, rasgo característico de tantas vidas plebeyas. Buscaban la seguridad o, para ser más precisos, la oportunidad de luchar por alcanzarla. Buscaban empleadores que se convirtieran en sus patrones.

Las relaciones en el lugar de trabajo eran mucho más que un simple intercambio de trabajo por dinero. Para empezar, los trabajadores y sus patrones interactuaban en espacios a pequeña escala, en actividades laborales que implicaban un contacto estrecho; unos y otros conocían algo sobre la vida privada de los demás y algunas veces desarrollaban cierto grado de empatía. Cuando un criado llamado José de León fue acusado de robo y corrido de la casa donde laboraba en la Ciudad de México en 1652, la cuñada del dueño expresó su preocupación por esta situación y se lamentó ruidosamente por no saber a quién podría recurrir José para recibir ayuda.[27] En cambio, los cocineros y demás sirvientes murmuraban sobre sus patrones y los juzgados, mal de su grado, recurrían a ellos para obtener información sobre lo que pasaba en la casa de los señores. Esta combinación de jerarquía e intimidad ocurría también en otros lugares. Ha de recordarse que "casa" y "trabajo" aún no constituían ámbitos separados. Los negocios solían ser empresas familiares, donde una misma construcción servía de hogar y taller o tienda. Incluso los obrajes difícilmente podían considerarse como "industrias" en el sentido moderno. Aunque existían grandes establecimientos, un obraje típico de Tlaxcala, Texcoco o el Valle de México tenía 40 o 50 trabajadores, un número lo suficientemente reducido como para que el dueño conociera a cada uno de ellos en lo personal. Es revelador que los obrajeros mismos se refirieran a sus talleres como "casas de obraje".[28] Los gremios de artesanos iban más lejos: cuando los artesanos aceptaban a sus aprendices, prácticamente los recibían en el seno de su familia, asumiendo la responsabilidad de sus gastos de manutención y aceptando actuar como si fueran sus padres.

El *ethos* patriarcal vigente, de hecho, convertía a la familia en un modelo de las relaciones laborales. Los empleadores, al actuar como figuras paternas, encarnaban una concepción más amplia del orden social. Eran los defensores de la jerarquía, amos y señores que con todo el derecho ejercían la autoridad sobre mujeres, indios, castas, plebeyos, es decir, inferiores que (como niños) necesitaban ser disciplinados y guiados. Como hemos visto, no dudaban en hacer uso de la violencia, pero también trataban de alcanzar el corazón y la mente de sus trabajadores, inculcándoles "las virtudes de la moral católica… y el trabajo arduo".[29] Es en este sentido que el desarrollo de una fuerza de trabajo productiva (similar a mantener un buen funcionamiento del hogar) mostraba el éxito del patriarca en la tarea fundamental del control social.

Empero, esta manera de entender a la autoridad creaba un doble compromiso. Jun-

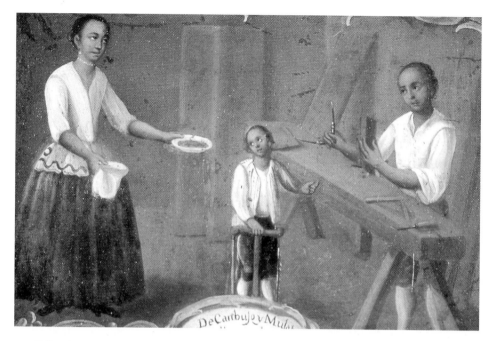

Taller de carpintería, en el cuadro de castas: *De cambujo y mulata, albarasado*, siglo XVIII.

to con el poder patriarcal venía la responsabilidad de asegurar el bienestar de "su gente". Los trabajadores podían sacar partido de esto, y valerse de la relación personal con sus jefes para entablar una especie de "negociación laboral".[30] Los regateos se llevaban a cabo a veces de manera sutil: el chiste era hacer las demandas sin desafiar la posición de mando del patrón. Entre otras cosas, los trabajadores se valían de las llamadas "armas de los débiles" (fingiéndose enfermos, rompiendo herramientas) para expresar su descontento y alertar al maestro de que había problemas que era necesario corregir. Aun así, dadas las relaciones de poder básicamente desiguales en el lugar de trabajo, los plebeyos poseían muy poca influencia, y tenían que sacar el mejor provecho de oportunidades limitadas. Por ejemplo, los trabajadores endeudados tendían a medir su éxito según su habilidad para aumentar sus deudas. Los obrajeros se quejaban de que, a menos de someterlos por la fuerza, los trabajadores se irían con otros maestros, quienes les darían pagos adelantados mayores al monto de su deuda actual. Este cambio ofrecía una entrada fresca de dinero pero, ¿qué tanta diferencia podían hacer 10 o 20 pesos más? Quizá les permitía bautizar a un hijo, comprar medicinas o ropa para sus familias o celebrar una fiesta importante, es decir, lograban un pequeño triunfo, aunque pasajero, frente a circunstancias adversas.

Así como los peones endeudados, los esclavos resultaron ser hábiles para aprovechar la más mínima fisura en el edificio de la opresión. La esclavitud era una institución proteica, adaptable a diversos ambientes; en su forma urbana, el vínculo entre amo y esclavo mostraba una considerable flexibilidad. Algunos esclavos se labraban espacios semiautónomos para ellos mismos, trabajaban como artesanos o vendedores ambulantes y guardaban parte de las ganancias, con lo que albergaban la esperanza de llegar a poder comprar su libertad. Otros adoptaban la estrategia contraria: cultivar una relación especial con el amo o la ama, para lograr una cierta devoción a fin de que los vieran, no ya como mera propiedad, sino como seres humanos: "[ella ha] asistídome servídome y cuidádome con toda puntualidad".[31] Si se conseguía crear este vínculo emocional, el esclavo podía alcanzar la libertad e incluso algo más. Hubo casos en los que los amos dieron dotes a sus esclavas, es decir, las trataron como hijas adoptivas.

Los trabajadores libres se encontraban ante una gama de posibilidades similares. Por un lado podían optar por la combinación de vagabundeo y las modestas metas antes mencionadas, lo que Gabriel Haslip-Viera denomina estilo de vida "en retirada".[32] Por otro, podían adoptar el imperativo patriarcal y tratar de convertirse en clientes suyos, de todo a todo. Estos trabajadores ofrecían servicios y deferencias fieles a cambio de apoyo económico y protección; de este modo, su mera dependencia les permitía hacer ciertas demandas sobre los recursos de su patrón. Forjar esta relación patrón-cliente ofrecía un verdadero incentivo laboral a largo plazo, pero esto no era sencillo ni automático. El tejido de obligaciones mutuas se entramaba lentamente. Habiendo demostrado su confiabilidad, un trabajador podía esperar varios beneficios: irse a vivir a la casa de su patrón o tal vez lograr que su esposa trabajara como empleada doméstica, aumentando el ingreso familiar. En cualquier caso, ya tendría un casero que sería indulgente con la renta atrasada. Además de tolerar grandes deudas, los jefes solían hacer préstamos directos a sus empleados, aunque por lo general en pequeñas cantidades. Los vínculos de crédito entre patrones y clientes podían, empero, resultar considerablemente complejos. Algunos patrones daban a sus mejores trabajadores comida y ropa, no en vez de, sino además de su salario. Así, los pagos en efectivo representaban sólo una parte (algunas veces obviada) de un paquete de compensaciones. Sin embargo, los salarios no pagados podían sumar cientos de pesos, cobrables, si acaso, sólo a la muerte del patrón. Estos casos muestran que el patronazgo no se limitaba únicamente a cuestiones financieras. A medida que las relaciones entre patrones y clientes se volvían más profundas, aquéllos asumían una responsabilidad cada vez mayor por el bienestar de éstos. Los patrones protegían a sus empleados del trabajo forzado, intercedían por ellos cuando tenían problemas con la ley, testificaban a su favor y los ayudaban a conseguir ciertos privilegios especiales (como el de portar armas). El parentesco, real o ficticio, sobresalía como el punto culminante de la expresión de buena voluntad. Cuando las diferencias sociales eran relativamente menores, existía la posibilidad del matrimonio: un jornalero bien podía casarse con la hija de su jefe y aspirar a heredar el negocio algún día. Sin embargo, la vía del compadrazgo era la más socorrida: al convertirse el patrón en padrino de los hijos de su cliente, explícitamente extendía sus obligaciones a la siguiente generación y abría la posibilidad de contratar a nuevos trabajadores.

Resulta difícil saber qué es lo que pensaban los plebeyos sobre este intercambio de libertad por seguridad. Empero, ciertamente, muchos padres se valieron de cuantas conexiones tenían para encaminar a sus hijos al clientelismo: mandaban a sus hijas a servir en los conventos o en las casonas y procuraban colocar a sus hijos como aprendices. Deseaban alejar a su progenie de una vida de "inmoralidad" y de vagabundeo, aun a costa del precio que implicaba la dependencia. Considérese el caso de Diego de los Reyes, un negro de 14 años, cuyos padres pidieron públicamente que "cualquiera dueño de obraje reciba a [su hijo]… para que aprenda oficio, por el tiempo que fuere necesario… [y] si fuere necesario le pongan prisiones".[33]

Como la relación patrón-cliente estaba tan extendida, la capacidad de acción de la mayoría de los trabajadores se veía restringida. David McCreery llega incluso a afirmar que, antes del siglo XVIII, "apenas existía el trabajo libre en sentido estricto".[34] Aunque esto puede parecer una exageración, por supuesto era difícil trazar la línea divisoria entre trabajadores "libres" y "forzados". La variedad de métodos para reclutar y mantener a la fuerza laboral se confundían entre sí. Los esclavos pedían dinero prestado para comprar su libertad pero al hacerlo se endeudaban durante años, quedando en una forma de esclavitud sólo un poco menos onerosa que la anterior. Aunque los indios y las castas entraban a trabajar a las panaderías voluntariamente, eran atrapados en un interminable ciclo de endeudamiento. Los aprendices tenían que servir durante un periodo determinado de años bajo la férula del maestro y podían ser encadenados en caso de haber huido. Al desarrollar lazos financieros y de otro tipo, les resultaba difícil a los tra-

---

Un acuerdo para enseñar a un aprendiz, Ciudad de México, 1684

Joseph de Chaves vecino de esta ciudad y maestro de la arte mayor de la seda me obligo a que dentro de tres años… enseñare el dicho mi arte a Juan Manuel de Butron y Moxico… Y asimismo me obligo a que durante el dicho tiempo que estuviere en mi compañía como tal aprendiz le curare todas sus enfermedades como no pasen de quince días vestirlo y alimentarlo de todo lo necesario y cumplido el tiempo de los dichos anos, le daré… un vestido entero cuyo valor importe hasta… treinta pesos o estos en reales.

AN, núm. 29, Antonio de Anaya (9), 27 de febrero de 1684.

Vendedora de zapatos,
en el cuadro de castas: *De español e india, mestizo*, siglo XVIII.

bajadores libres dejar a sus patrones. En otro momento me he referido al "espectro de control social": a medida que pasamos de la esclavitud al trabajo remunerado, la naturaleza del poder que ejerce el patrón se modifica y lo que fue un acto coercitivo da lugar a una autoridad moral. No obstante, desde el punto de vista del trabajador, la dependencia y la constricción nunca desaparecen del todo.[35]

¿Podían entonces los plebeyos eludir los vínculos ambiguos del patronazgo y asumir el control de sus vidas? Los artesanos parecían tener la mejor oportunidad de lograrlo.[36] A diferencia de los trabajadores no capacitados, no tenían que ofrecer sus servicios en el mercado. En cambio, practicaban sus oficios en un sistema de gremios autorregulados. Cada gremio establecía reglas estrictas para asegurar la calidad de su producto y buenas condiciones de trabajo, no sólo para los jefes. Los sombrereros, para dar un ejemplo, decretaron que "los mozos y obreros asalariados en una casa, no se pueden despedir sin avisar quince días antes" y que "los oficiales traten bien a los obreros no haciéndolos trabajar en días de fiestas, ni en las vísperas, sino hasta puesto el Sol, y los demás días hasta las siete de la noche".[37] Dado que nadie más tenía el derecho de hacer productos artesanales, los gremios podían determinar también los precios, los salarios y los criterios para ser miembros y ascender en las jerarquías. La estructura vertical de los gremios aparentemente ofrecía una posibilidad de subir en la escala laboral, ya que permitía que incluso los niños pobres pasaran de aprendices a jornaleros y finalmente al grado de maestro. Las cofradías, que pagaban los funerales de los artesanos y representaban al gremio en procesiones cívicas y religiosas, impulsaban el sentido de equidad y camaradería: "el ideal corporativo expresado por el gremio era hostil tanto a la competencia como a la diferenciación social".[38]

Los artesanos tenían así mayor autonomía y mejores perspectivas laborales que los demás trabajadores urbanos, aunque debajo de esa fachada de fraternidad subyacía una realidad más compleja y contenciosa. Muchos de los artesanos en México no pertenecían a un gremio, por lo que estaban desprovistos de ese caparazón protector. Aunque los tejedores de seda establecieron el primer gremio en la Ciudad de México en 1542 y la capital contaba ya con una gran variedad de gremios antes de 1600, otras ciudades quedaron rezagadas. Incluso un centro tan importante como Puebla no desarrolló un sistema de gremios hasta el último cuarto del siglo XVII.[39] Los artesanos indígenas también representaban un reto dentro de la exclusividad gremial. Desde los primeros años del virreinato, las autoridades reales habían garantizado "que los indios podían hacer uso de sus oficios con toda libertad" y aunque había una tendencia general a "la incorporación del trabajo de los naturales dentro de los gremios españoles",[40] muchos artesanos indígenas permanecieron independientes, haciendo una competencia no deseada a los españoles. En 1690, por ejemplo, un abogado que representó a los sombrereros de la Ciudad de México presentó una queja alegando que "María Francisca india viu-

> ## Producción artesanal ilegal en la Ciudad de México, 1690
>
> Se visto por [los] veedores el obrador de Francisco de la Cruz, indio... el cual estaba trabajando con catorce oficiales y aprendices en obra de sombreros a el cual se le notificó... que no hubieses oficial ni aprendices en dicho obrador sino que trabajase si solo por no ser maestro de dicho oficio...
>
> Y habiendo pasado a el [obrador] de Juan de Dios indio de oficio tocinero Se le aprehendieron diferentes sombreros hechos y trabajando cinco oficiales... y Preguntando a los susodichos por el dicho Juan de dios dijeron no estar en casa y se les dijo... Cerrase dicho obrador por no ser oficial de sombrerero.
>
> AA, Real Audiencia, Fiel Ejecutoria-Veedores Gremios, vol. 3832, exp. 1, ff. 54v-55r.

da ha introducido... a la fábrica de los sombreros comprando cantidades muy considerables de lanas... Valiéndose de Francisco de la Cruz indio en cuyo tiene el grueso trato de vender sombreros en grave daño... de los dichos mis partes que son legítimos oficiales y... no alcanzan que poder trabajar".[41]

"No alcanzan que poder trabajar" era la pesadilla de los oficiales, quienes ocupaban una posición particularmente vulnerable en las filas de los artesanos. Por ley les estaba negado el derecho de abrir sus propias tiendas, por lo que tenían que encontrar trabajo con los maestros establecidos. Dicho estado de dependencia debía ser temporal, cinco años o menos, hasta que demostraran su destreza y estuvieran listos para presentar el examen de maestro. No obstante, esos pocos años fácilmente podían convertirse en algunas décadas. Existe poca información confiable sobre el tema, pero con toda probabilidad la mayoría de los jornaleros se quedaban en esa condición para siempre. A fines del siglo XVII y principios del XVIII, los gremios de la Ciudad de México, pese a gozar del mercado más grande de la colonia, apenas podían remplazar a los maestros retirados o fallecidos. El número total de pasteleros examinados, por ejemplo, se reducía a cifras de un solo dígito.[42] En ocupaciones más rentables, como la de tintorero, se producían dos o tres maestros al año, incluyendo a candidatos de Puebla, Texcoco, Tlaxcala y otras ciudades que venían a ser examinados en la capital.[43] Entre 1712 y 1716, cerca de 40 oficiales por año se convirtieron en maestros, sumando todos los gremios de la ciudad. Posteriormente, en ese siglo se encuentra evidencia que sugiere que muchos de esos hombres tenían más de 30 o 40 años, es decir, les había tomado 20 años o más ascender el último peldaño del escalafón gremial.[44]

¿Por qué el obtener el grado de maestro era tan problemático? Los gremios más elitistas sin duda estaban orgullosos de su selectividad, de modo que discriminaban a gente de color y favorecían a los hijos de los miembros[45] y mantenían exigentes normas. Aun así, esto difícilmente explica por qué los fabricantes de velas admitieron sólo a tres nuevos maestros en cinco años. Muchos de los gremios alentaban a los artesanos a ser examinados, pero se topaban con la renuencia de los esperados aspirantes. Por ejemplo, el curtidor Felipe López afirmaba en 1702 que estaba bien calificado "para el ejercicio de dicho oficio… y sin inconveniente para examinarse de él, que el de no tener medios para costear dicho examen por… hallarme cargado de hija y obligaciones sin tener otra cosa que sustentarlos".[46] Si el pagar unos cuantos pesos por el examen diezmaba los recursos de los oficiales, ¿cómo podían superar los otros obstáculos económicos en su camino? Los maestros tenían que adquirir un juego completo de herramientas (que podía costar 100 pesos o más), rentar o comprar una tienda y pagar cuotas adicionales. Pocos artesanos podían acumular los suficientes fondos dedicándose sólo a su oficio; en el caso del señor López, nótese que alega que es pobre porque no tiene

El petatero,
detalle del cuadro de castas:
De indio y mestiza, coyote, siglo XVIII.

otra fuente de ingresos aparte de la curtiduría. A menos que los padres fueran maestros y pudieran allanarles el camino, las vidas de los jornaleros casi no diferían de la de los artesanos que operaban fuera de los gremios o, para el caso, la vida errante de tantos trabajadores no capacitados que constantemente cambiaban de patrón, en busca de mejores ofertas. Todos ellos tenían que confiar en su capacidad, su ingenio y su habilidad para hacer las conexiones adecuadas.

A fin de cuentas, los oficiales necesitaban encontrar patrones propios, no sólo para que los ayudaran en su supervivencia diaria, sino para que los proveyeran del capital suficiente para su movilidad social, lo cual era más importante. Los maestros artesanos podían asumir este papel; sin embargo, los comerciantes solían ser fuentes de financiamiento más confiables. Así, en 1692, en la Ciudad de México un fabricante de velas llamado Diego de León formó una compañía con el comerciante Juan Najarros.

El Baratillo, detalle del cuadro
Visita de un virrey a la catedral de México, 1720.

Éste aportó el efectivo, poco más de 2 000 pesos, para comprar cera y herramientas; León, por su parte, aportó el conocimiento técnico: manufacturaría y vendería las velas, recibiendo un salario estable y la tercera parte de las ganancias.[47] León, de este modo, obtendría los medios para poner su propia tienda, pero al mismo tiempo se convertía, en el mejor de los casos, en socio comanditario de la empresa. Había renunciado a la "independencia formal frente al comerciante" que constituía el aspecto central de los "valores tradicionales" de los artesanos.[48] El impacto del capital de los comerciantes en la producción artesanal no haría sino incrementarse con el tiempo, y recibiría un importante impulso de los reformistas borbones, quienes estaban ávidos de promover la competencia económica. Aun así, a principios del siglo XVIII, algunos artesanos como el maestro sastre Miguel García Samudio, ya trabajaban en consignación con comerciantes.[49]

Los jornaleros y los maestros pobres eran el talón de Aquiles del sistema de gremios, los artesanos más vulnerables a la presión del mercado. Siempre han existido enormes diferencias entre los gremios más elitistas y los más plebeyos. Un tirador de oro tenía mucho más en común con el aristócrata urbano que con un humilde zapatero o sastre. En los oficios más pobres, los que los practicaban muchas veces tenían problemas para mantenerse a flote. Los veedores de gremios buscaban cobrar las cuentas vencidas, encontrándose con un rosario de penalidades: la falta de trabajo era la cantilena más común. Joaquín de Loaiza habló por muchos cuando declaró que estaba "pereciendo, sin que trabajar, ni bienes algunos que pueden importar un peso siquiera".[50] Si no podían encontrar a un patrón, si los compradores no frecuentaban sus tiendas, su única alternativa eran las calles, entrar al ámbito de comercio en pequeño.

De muchas maneras, este mundo representaba la antítesis de la organización gremial: informal, irregular, cuasi legal y, en los niveles más bajos, controlado por los no españoles y las mujeres. Los visitantes de las plazas urbanas notaban el predominio de las indígenas (y en un menor grado de mestizas). Esto refleja en parte que continuaban las tradiciones precortesianas, y en parte el desdén por parte de los comerciantes españoles por los artículos que vendían, productos muy abundantes que dejaban pocas ganancias.[51] Las autoridades reaccionaron de manera alarmante al ver a tantas mujeres en un espacio público, donde alternaban con todos los elementos de la sociedad.[52] La multitud se reunía para comprar, comerciar por trueque, socializar, chismear y matar las horas debido a la falta de trabajo. Las élites consideraban los mercados como lugares desordenados, espacios liminares donde las fronteras que demarcaban la buena conducta se desmoronaban. Y así resultaba ser en lo relativo al comercio. El tianguillo de la Ciudad de México hubiera podido compartir su apodo (popularmente se le conocía como "el mercado de los ladrones") con numerosas calles y plazas. El comercio en pequeño existía en un mundo subterráneo que carecía de reglas, donde los vendedores comerciaban con mercancía robada y se enfrascaban en una variedad de transacciones ilícitas. Así como los panaderos se deshacían del pan de menor calidad (y por ende barato) vendiéndolo a los pobres de las ciudades, los artesanos vendían a bajo precio y de puerta en puerta su mercancía barata, que de haberse ofrecido en el mostrador de la tienda, nunca habría sido comprada. Los jornaleros abrieron tiendas ilegales, mientras que los artesanos establecidos, frustrados por las restricciones gremiales, encontraron nuevas salidas para sus productos, vendiéndolos en los puestos de las plazas[53] o por medio de vendedores ambulantes. Este último mecanismo tenía la ventaja de que podía "negarse" dicha actividad. Por ejemplo, cuando Diego Antonio compró ropa a los miembros del gremio para revenderla después, se le acusó de regatonería. Pero, ¿acaso embaucó a los inocentes maestros o era empleado y cliente de ellos? Cualquiera que sea la verdad, estos vendedores de poca monta (como los indígenas que vendían calzones en la plaza Mayor de la Ciudad de México) algunas veces se volvían completamente dependientes del crédito extendido por sus proveedores.[54] Los gremios, por lo tanto, se enfrentaban a una amenaza tanto interna como externa: los artesanos socavaban su autonomía y desgastaban el control gremial sobre la producción artesanal, ya fuera aceptando el patrocinio desde arriba o dispensándolo a los que se encontraban debajo de ellos.

El clientelismo impregnó las relaciones laborales urbanas. Los gobernantes de México privilegiaban los vínculos sociales verticales por encima de los horizontales, pues veían como una amenaza social a aquellas personas desprovistas de un patrón. Los artesanos, entre otros, en ocasiones hacían el papel de patrón y de clientes, pero pocas personas podían escapar por completo a dichos vínculos. Para los plebeyos, la autonomía podía significar pasar hambres, aunque por otra parte el encontrar un patrón no

---

Actividades mercantiles en la plaza Mayor de la Ciudad de México, 1716

Hay en la plaza de México un trafico prohibido... [en el mercado que se llama] el Baratillo... siendo así que cuanto se roba se vende allí desfigurado... y no teniendo a que aplicarse, se ocupan muchos en un empleo que llaman de zánganos... los proveen los mercaderes de las tiendas para que vaya a vender por menudo, cuya facilidad de éxito a muchos géneros, particularmente indios o payos, que aquí llaman a los villanos, donde con facilidad se proveen de bagatelas que necesitan.

"Instrucción del virrey duque de Linares a su sucesor. Instrucciones que los virreyes dejaron a sus sucesores, añádense algunos que los mismos trajeron de la Corte y otros documentos semejantes a las instrucciones", en *Instrucciones...* (1867), p. 305.

Cajoneros con sus protegidos,
detalle del biombo *Ciudad de México*, siglo XVII.

les garantizaba una vida confortable. La perversidad del mercado laboral por lo general les dejaba una opción poco apetecible: un trabajo más o menos permanente en un ambiente donde eran fuertemente explotados y forzados (como los obrajes) o trabajos temporales o insignificantes. Considerando las circunstancias, establecer una relación patrón-cliente les confería beneficios reales. Los patrones ofrecían —o se les podía convencer para que ofrecieran— manutención, seguridad y protección. Los trabajadores negociaban con sus patrones e insistían en este *quid pro quo*, aceptando su dependencia, pero ratificando sus demandas como trabajadores "libres" en un mundo que no lo era.

NOTAS

[1] Sobre cifras de población, véase GIBSON, 1964, p. 381; SÁNCHEZ-ALBORNOZ, 1974, p. 69.

[2] BALBUENA, 1954. Sobre la rápida cristalización de la sociedad hispánica en las áreas urbanas, véase ALTMAN, 1991.

[3] KUBLER, 1948, vol. 1, p. 71; vol. 2, p. 417.

[4] GIBSON, 1964, pp. 387-388.

[5] Véase una excelente discusión de la evolución general de los sistemas laborales mexicanos en FLO-RESCANO, 1980, pp. 9-124.

[6] BAKEWELL, 1971, p. 122; HASKETT, 1991, pp. 456-457.

[7] GIBSON, 1964, p. 242.

[8] MOTA Y ESCOBAR, 1940, p. 145.

[9] GIBSON, 1964, p. 243.

[10] SALVUCCI, 1987, pp. 109 (cita) y 121.

[11] Sobre convictos españoles en los obrajes, véase AGI, México, 673.

[12] SUPER, 1983, pp. 95-96.

[13] Éste era el caso en Coyoacán, según KAGAN, 1979, p. 206.

[14] AA, Moneda de Cobre, vol. 3284, exp. 3, f. 59r.

[15] COPE, 1994, p. 121. Véase una fascinante descripción de la asistencia social a fines del virreinato en ARROM, 2000.

[16] Por ejemplo, en la alhóndiga de la Ciudad de México, los encomenderos españoles eran responsables de la venta de maíz, pero los vendedores indios y las castas llevaban a cabo las transacciones mismas. Véase AGI, México, 781, ff. 352v-359r, 361, 363r, 365r y 396v-397r.

[17] Entre otros muchos ejemplos de esta tasa salarial, véase AGI, México, 785; AGN, Caminos y Calzadas, vol. 2, f. 10; AA, Puentes, vol. 3716, exp. 8, f. 7r. Los indios de repartimiento que hacían el mismo trabajo recibían sólo dos reales al día, y a veces tenían que protestar para siquiera obtener esa suma: véase AGN, Obras Públicas, vol. 21, exp. 21, f. 33.

[18] AJ, Penal, vol. 1, exp. 19, f. 2r. Cf. SALVUCCI, 1987, p. 125.

[19] La movilidad de los plebeyos es un tema en BOYER, 1995.

[20] AA, Rastros y Mercados, vol. 3728, exp. 7, f. 1r.

[21] FLORESCANO, 1986, pp. 19-22.

[22] Véanse los amargos comentarios de un virrey acerca de tal solidaridad en *Instrucciones…*, 1867, p. 307.

[23] AA, Policía: Salubridad, vol. 3668, exp. 1, f. 4v.

[24] MCCREERY, 2000, pp. 65-66.

[25] THOMSON, 1989, pp. 15-17.

[26] AN, vol. 782, Diego de Castilleja Guzmán (121), 9 de febrero de 1692.

[27] AGN, Inquisición, vol. 442, exp. 7, f. 192v.

[28] SALVUCCI, 1987, pp. 33 y 101-103.

[29] COPE, 1994, p. 94.

[30] Gran parte de la discusión viene de COPE, 1994, pp. 86-105, y el desarrollo de la noción de patriarcado de BOYER, 1989.

[31] AN, vol. 3878, Martín del Río (563), 21 de julio de 1681, f. 587r.

[32] HASLIP-VIERA, 1999, p. 74.

[33] AN, vol. 809, José del Castillo (124), 26 de agosto de 1697, hoja inserta entre los ff. 326 y 327.

[34] McCreery, 2000, p. 60.

[35] Cope, 1994, pp. 94-95.

[36] Sobre los artesanos coloniales, consúltense los importantes estudios siguientes: Carrera Stampa, 1954; González Angulo Aguirre, 1983; Pérez Toledo, 1996, y Johnson, 1986.

[37] Barrio Lorenzot, 1920, p. 99.

[38] Johnson, 1986, p. 228.

[39] Thomson, 1989, p. 105.

[40] Gibson, 1964, pp. 399-400.

[41] AA, Real Audiencia, Fiel Ejecutoria-Veedores Gremios, vol. 3832, exp. 1, f. 69.

[42] AA, Artesanos-Gremios, vol. 381, exp. 2, vol. 382, exp. 8.

[43] AA, Artesanos-Gremios, vol. 381, exp. 6, ff. 84r-87v.

[44] AGN, Archivo Histórico de Hacienda, vol. 270, exp. 4, ff. 6r-9v; AA, Artesanos-Gremios, vol. 382, exp. 8, ff. 46r-86v, 94r-108v.

[45] Un ejemplo de lo último se aprecia en las regulaciones para el "arte mayor de la seda", en Barrio Lorenzot, 1920, p. 45.

[46] AA, Artesanos-Gremios, vol. 381, exp. 2, f. 7r.

[47] Cope, 1994, p. 109.

[48] Pérez Toledo, 1996, pp. 52-53.

[49] AA, Real Audiencia, Fiel Ejecutoria-Veedores Gremios, vol. 3832, exp. 3, f. 4r.

[50] AGN, Archivo Histórico de Hacienda, vol. 259, exp. 3.

[51] Kellogg, 1997, p. 138; Kicza, 1983, p. 91.

[52] Véase, por ejemplo, AGN, Bienes Nacionales, vol. 546, exp. 3.

[53] AA, Real Audiencia, Fiel Ejecutoria-Veedores Gremios, vol. 3832, exps. 1, 3, 16; vol. 3833, exp. 73, f. 18r; AA, Rastros y Mercados, vol. 3728, exp. 6, ff. 2r-6r.

[54] AA, Real Audiencia, Fiel Ejecutoria-Veedores Gremios, vol. 3832, exp. 12, ff. 4r, 7r, vol. 3833, exp. 51, 52.

SIGLAS Y REFERENCIAS

AA   Archivo del ex Ayuntamiento del Distrito Federal, México
      Artesanos-Gremios.
      Moneda de Cobre.
      Policía: Salubridad.
      Puentes.
      Rastros y Mercados.
      Real Audiencia, Fiel Ejecutoria-Veedores Gremios.
AGI   Archivo General de Indias, Sevilla
      México.
AGN   Archivo General de la Nación, México
      Archivo Histórico de Hacienda.
      Bienes Nacionales.

Caminos y Calzadas.
Inquisición.
Obras Públicas.
AJ   ARCHIVO DEL TRIBUNAL SUPERIOR DE JUSTICIA DEL DISTRITO FEDERAL, MÉXICO
Penal.
AN   ARCHIVO DE NOTARÍAS DEL DISTRITO FEDERAL, MÉXICO

ALTMAN, Ida
        1991   "Spanish Society in Mexico City after the Conquest", en *Hispanic American Historical Review* 71: 3, pp. 413-446.
ARROM, Silvia Marina
        2000   *Containing the Poor: The Mexico City Poorhouse, 1774-1871.* Durham: Duke University Press.
BAKEWELL, P.J.
        1971   *Silver Mining and Society in Colonial Mexico: Zacatecas, 1546-1700.* Cambridge: Cambridge University Press. [Ed. en esp.: México: Fondo de Cultura Económica, 1976].
BALBUENA, Bernardo de
        1954   *Grandeza mexicana y fragmentos del Siglo de Oro y el Bernardo*, edición y prólogo de Francisco Monterde. México: Universidad Nacional Autónoma de México (Biblioteca del Estudiante Universitario, 23).
BARRIO LORENZOT, Francisco del (ed.)
        1920   *Ordenanzas de gremios de la Nueva España.* México: Secretaría de Gobernación.
BOYER, Richard
        1989   "Women, La Mala Vida, and the Politics of Marriage", en LAVRIN, 1989, pp. 252-286.
        1995   *Lives of the Bigamists: Marriage, Family, and Community in Colonial Mexico.* Albuquerque: University of New Mexico Press.
CARRERA STAMPA, Manuel
        1954   *Los gremios mexicanos: la organización gremial en Nueva España.* México: Edición y Distribución Ibero-Americana de Publicaciones.
CHÁVEZ OROZCO, Luis (introducción)
        1933-1936   *Documentos para la historia económica de México* (11 vols.). México: Secretaría de la Economía Nacional.
COPE, Douglas R.
        1994   *The Limits of Racial Domination: Plebeian Society in Colonial Mexico City, 1660-1700.* Madison: University of Wisconsin Press.
FLORESCANO, Enrique
        1980   "La formación de los trabajadores en la época colonial, 1521-1750", en *La clase obrera en la historia de México*, vol. 1: *De la colonia al imperio.* México: Siglo XXI Editores.

1986   *Precios del maíz y crisis agrícolas en México, 1708-1810* (ed. rev.). México: Ediciones Era.

FROST, Elsa Cecilia *et al.* (eds.)
1979   *El trabajo y los trabajadores en la historia de México.* México: El Colegio de México.

GIBSON, Charles
1964   *The Aztecs under Spanish Rule: A History of the Indians of the Valley of Mexico, 1519-1810.* Stanford: Stanford University Press. [Ed. en esp.: México: Siglo XXI Editores, 1967].

GONZÁLEZ ANGULO AGUIRRE, Jorge
1983   *Artesanado y ciudad a finales del siglo XVIII.* México: Fondo de Cultura Económica.

HASKETT, Robert S.
1991   "'Our Suffering with the Taxco Tribute': Involuntary Mine Labor and Indigenous Society in Central New Spain", en *Hispanic American Historical Review* 71: 3, pp. 456-457.

HASLIP-VIERA, Gabriel
1999   *Crime and Punishment in Late Colonial Mexico City, 1692-1810.* Albuquerque: University of New Mexico Press.

HOBERMAN, Louisa Schell, y Susan Migden SOCOLOW (eds.)
1986   *Cities & Society in Colonial Latin America.* Albuquerque: University of New Mexico Press.

Instrucciones…
1867   *Instrucciones que los virreyes dejaron a sus sucesores, añádense algunos que los mismos trajeron de la Corte y otros documentos semejantes a las instrucciones.* México: Imprenta Imperial.

JOHNSON, Lyman
1986   "Artisans", en HOBERMAN y SOCOLOW (eds.), pp. 227-250.

KAGAN, Samuel
1979   "The Labor of Prisoners in the Obrajes of Coyoacan, 1660-1693", en FROST *et al.* (eds.), pp. 201-214.

KELLOGG, Susan
1997   "From Parallel and Equivalent to Separate But Unequal: Tenochca Mexica Women, 1500-1700", en SCHROEDER *et al.*, pp. 123-143.

KICZA, John E.
1983   *Colonial Entrepreneurs: Families and Business in Bourbon Mexico City.* Albuquerque: University of New Mexico Press.

KUBLER, George
1948   *Mexican Architecture of the Sixteenth Century* (2 vols.). New Haven: Yale University Press. [Ed. en esp.: México: Fondo de Cultura Económica, 1983].

LAVRIN, Asunción (ed.)
1989   *Sexuality and Marriage in Colonial Latin America.* Lincoln: University of Nebraska Press.

MCCREERY, David J.
  2000   *The Sweat of Their Brow: A History of Work in Latin America.* Armonk, N.Y.: M.E.
           Sharpe.
MOTA Y ESCOBAR, Alonso de la
  1940   *Descripción geográfica de los reinos de Nueva Galicia, Nueva Vizcaya, y Nuevo León,*
           2a. ed., introducción de Joaquín Ramírez Cabañas. México: Editorial Pedro Ro-
           bredo. [1612].
PÉREZ TOLEDO, Sonia
  1996   *Los hijos del trabajo: los artesanos de la ciudad de México, 1780-1853.* México: El Co-
           legio de México-Universidad Autónoma Metropolitana, Unidad Iztapalapa.
SALVUCCI, Richard J.
  1987   *Textiles and Capitalism in Mexico: An Economic History of the Obrajes, 1539-1840.*
           Princeton: Princeton University Press.
SÁNCHEZ-ALBORNOZ, Nicolás
  1974   *The Population of Latin America: A History,* traducción de W.A.R. Richardson. Ber-
           keley: University of California Press.
SCHROEDER, Susan *et al.*
  1996   *Indian Women of Early Mexico.* Norman: University of Oklahoma Press.
SUPER, John C.
  1983   *La vida en Querétaro durante la Colonia, 1531-1810.* México: Fondo de Cultura
           Económica.
THOMSON, Guy P.C.
  1989   *Puebla de los Ángeles: Industry and Society in a Mexican City, 1700-1850.* Boulder,
           Westview Press.

TERCERA PARTE
LA NORMA Y LA PRÁCTICA

14
LA FIESTA PÚBLICA: SU TIEMPO Y SU ESPACIO

MARÍA DOLORES BRAVO

Facultad de Filosofía y Letras,
Universidad Nacional Autónoma de México

Es PROVERBIAL AFIRMAR QUE DURANTE EL VIRREINATO la fiesta significa un rompimiento con la monotonía de la vida diaria. Se establece un tiempo de excepción con valor ritual y colectivo en el que durante el tiempo de la celebración se suspende el ritmo de la vida cotidiana. Como dice Josef Pieper en un libro ya clásico sobre el tema: "pues no sólo se alude a que el día de trabajo excluye al día de fiesta, sino también a que el trabajo es lo cotidiano, mientras que la fiesta, algo no de diario".[1] Esto, sin embargo, no quiere decir que los días de fiesta hayan sido pocos; por el contrario, el festejo para la sociedad virreinal era periódico y estaba marcado por el ritmo de un calendario civil y religioso. La fiesta se convirtió, así, en un ritual compartido entre los detentadores del poder y la colectividad para la preservación de un orden que dio sentido a la realidad inmediata del individuo y lo incorporó a un sistema de valores que sustentaron al Estado absolutista hispánico. Aunque parezca paradójico, podemos afirmar que la preparación de las fiestas y la frecuencia de éstas eran ocasiones que resultaban familiares al novohispano del siglo XVII. En este sentido, considero que son reveladoras las palabras de Isabel Cruz de Amenábar: "el tiempo festivo como tiempo extraordinario constituía los hitos entre los que se desarrollaba el tiempo habitual: la cotidianidad no se vivía solamente con fiestas sino entre fiestas".[2]

Si el tiempo festivo era parte integral de la cultura novohispana, no fueron menos importantes los espacios en los que tenían lugar las celebraciones. Tanto como el tiempo, el ámbito de los festejos cobraba un valor simbólico. Los espacios públicos del centro de las ciudades se convirtieron en escenario primordial de las acciones festivas. Según las circunstancias y la índole del festejo, la autoridad elegía el tiempo, el lugar y los espacios idóneos para que el pueblo, ávido siempre de celebraciones, viviera con intensidad los ritos que la Iglesia y el Estado novohispanos presentaban para regocijo o escarmiento ejemplar de los sentidos y de la emotividad de los espectadores. Por otra par-

El Ayuntamiento y la fiesta

Y visto por la ciudad acordó que atento à que agora un año se hizo este tablado se mande pagar fuera de la comisión del gasto destinado y ser forsoso el mayordomo dé para este tablado cincuenta y cinco pesos. Sin embargo del gasto preciso y el Señor Procurador Mayor Comisario desta fiesta convide á Su Excelencia, Real Audiencia y al Señor Visitador General para la procesion y comedias que todo esto está dispuesto con el ornato y lucimiento que se fia a su persona. En la Ciudad de México, viernes por la mañana, viernes veinte y uno de mayo de mil y seiscientos y veinte y siete años.

Actas de Cabildo de la Ciudad de México, año 1627, vol. 659a (1910), p. 124.

te, en esos espacios que compartían los más diversos y alejados estamentos de la sociedad tenía lugar la breve coincidencia de individuos que por un orden establecido siempre permanecían distantes. Las autoridades, la nobleza y los religiosos participaban de esas ocasiones en las que la estricta jerarquización de estamentos no se rompía; por el contrario, todos participaban pero sin mezclarse. Las fiestas adquirían un marcado carácter ritual y, por supuesto, político. Como bien asevera Antonio Rubial: "con la fiesta se aseguraba la permanencia de las masas urbanas dentro del orden jerárquico considerado como sagrado".[3]

Es pertinente señalar que de la gran variedad de festejos que se escenificaban en los espacios urbanos y en los distintos ciclos del calendario litúrgico o civil, muchos de ellos resultan francamente incomprensibles para nosotros e incluso son ajenos a nuestra sensibilidad moral y social moderna. Otros se nos presentan lejanos en la historia, no obstante su interés poético y escénico, como es el caso del auto sacramental, fin de fiesta dramático de una de las principales festividades de la liturgia católica: la fiesta de Corpus Christi. No obstante, las actuales pastorelas son legado remoto de esas representaciones. Incomprensibles nos parecen, por ejemplo, los aparatos emblemáticos que se erigían en honor de los gobernantes civiles o eclesiásticos, llamados arcos triunfales, o bien su contrapartida luctuosa, las exequias y los túmulos que se erigían por el deceso de un gran personaje de la realeza española. ¿Cómo vivía el novohispano del siglo XVII estas ceremonias fastuosas que interrumpían con frecuencia su existencia cotidiana pero que formaban parte inseparable de su vida comunitaria, de sus costumbres, de su ciclo vital y de sus ritos colectivos? Como parte de las celebraciones que marcaron la cultura ritual de la Nueva España del siglo XVII contemplamos, al igual que en un gran teatro del mundo retrospectivo, algunas ceremonias que nos adentran en una realidad contradictoria como fue la barroca. Para que el lector moderno tenga una idea de lo variado de los festejos, mencionaremos celebraciones no sólo diferentes, sino incluso contradictorias, surgidas del poder civil, del eclesiástico o de ambos, como las ceremonias inquisitoriales, así como ceremonias luctuosas o abiertamente felices. Como señala Pilar Gonzalbo: "La confianza en la función ejemplar de las celebraciones alentaba a las autoridades a patrocinar su desarrollo e incluso a correr con los gastos".[4] Lo sagrado y lo profano, lo lúdico y lo patético se entremezclaron en la fiesta novohispana.

Dentro de la amplia y variada gama de festejos elegiremos dos clases de ellos: los faustos y los infaustos, llevados a escena por el poder civil y por el eclesiástico aunque, como hemos señalado, ambas autoridades se encuentran estrechamente relacionadas, sobre todo al hacer acto de presencia en los magnos acontecimientos que mitifican la autoridad del monarca español, elegido por designio divino, y además, virreyes, arzobispos y otras autoridades políticas y administrativas.

EL RITUAL DEL ESCARMIENTO Y DE LA CONSOLIDACIÓN DE LA FE COLECTIVA

El diarista Gregorio Martín de Guijo, un puntual y perspicaz observador del transcurrir de la vida novohispana durante la primera mitad del siglo XVII, nos refiere que la mañana del 18 de noviembre de 1659 fue el inicio de este imponente espectáculo, incomprensible para alguien que no perteneciese a la cultura hispánica: "Conocida es la burla de Voltaire de que si un asiático llegara a Madrid en tal ocasión, dudaría de si presenciaba un festival, una ceremonia religiosa, un sacrificio o una matanza, de hecho era todo".[5] Este juicio no deja de tener su parte de razón. El auto de fe era la ceremonia inquisitorial en la que se afirmaban los valores colectivos establecidos por la monarquía española, de la que dependía el Tribunal de la Suprema Inquisición. En él se exhibía a los transgresores de la ortodoxia católica, a aquellos que con su comportamiento habían violentado principios que fundamentaban la moral social. Asimismo, eran castigados severamente los que disentían de la autoridad religiosa o civil. En la solemne procesión participaban todas las órdenes religiosas, comandadas por la de Santo Domingo, que era la que detentaba la jurisdicción inquisitorial. Guijo relata lo siguiente: "salió la procesión por la plaza de Santo Domingo y por la delantera del convento de la Encarnación, y volvió por la calle del Reloj hasta los balcones del palacio, donde estaban el virrey y la virreina".[6] Al día siguiente salió el desfile de los penitenciados con los funcionarios del Santo Oficio. La asistencia de lo más granado de la sociedad novohispana es realzada por el cronista con el propósito de reforzar la ideología oficial compartida por los principales y más altos funcionarios del virreinato. Es así como Guijo da constancia de la presencia del virrey, oidores, alcaldes mayores, los cabildos y la universidad, entre los principales participantes.

Corrida de toros, detalle del biombo
Alegoría de la Nueva España, siglo XVIII.

No obstante, la descripción más impresionante de esta celebración nos la ofrece el jesuita Rodrigo Díaz de Cepeda en un texto intitulado *Relacion del Auto General de Fee*, de 1659. El autor declara que se optó por el mes de noviembre para este acontecimiento, porque en él se había instaurado la Inquisición en el año de 1571. Se inicia la proclama de este magno suceso con la publicación de un pregón para que acudan: "los Fieles Católicos, ganen las indulgencias, que los Summos Pontífices an concedido á los que se hallan a semejantes actos".[7] Estas palabras del jesuita afirman dos aspectos preponderantes de los autos de fe: la persuasión de la autoridad para hacer del acontecimiento un gran espectáculo masivo y el manejo ideológico-político para convencer a los participantes de que no era posible seguir otro orden ni otra fe que los dictados por la cultura oficial. Es el virrey duque de Alburquerque, como representante directo del monarca español, quien manda pregonar el bando. Díaz de Cepeda llama a este suceso "Catholico teatro" (f. 6v). En la imponente procesión, el escritor puntualiza la enorme cantidad de gente "con ser las calles de México las mas hermosas y anchas del Orbe se vieron este y los dos dias siguientes echas un confuso teatro" (f. 8r). No se puede pasar por alto la opinión del criollo Díaz de Cepeda quien ensalza a su ciudad con una franca exageración.

El autor concluye su relación antes de dar la lista de los sentenciados y de los castigos que se les infringieron; se terminó la solemne procesión que conducía las insignias inquisitoriales, en especial la cruz verde que se sacaba en estas ocasiones. Es sabido que durante el barroco se conjugaban los sentidos: el oído, la vista y el olfato para causar en el espectador una impresión profunda que estimulaba los sentimientos en una convencida entrega emocional ante el espectáculo que se representaba ante él. Seguramente esto ocurrió cuando "la diestrissima Capilla de la Cathedral cantando dulces motetes al Soberano madero, que con lúgubre son de campanas movían a la devoción, compungían a ternura" (f. 19r). De la misma manera se han de haber estimulado la vista y el olfato de los fieles ante la contemplación y el olor de las velas "quando ya cerraba la noche, que se convirtió al instante en un clarísimo día con las hachas y luces que luego se encendieron… que se disimulaba un estrellado Cielo el sitio del theatro" (f. 10r). Es interesante constatar cómo, al igual que en la citas anteriores, cuando aparece la palabra "teatro", Díaz de Cepeda alude al lugar de la representación, al espacio consagrado al rito.

Otra fiesta inquisitorial que no tenía la solemnidad ni la magnificencia de los autos de fe era la fiesta anual dedicada al santo patrón del Santo Oficio: San Pedro Mártir. Cada año la organizaba la cofradía que llevaba el nombre de dicho santo. Esta corporación realizaba, como otras de su tipo, una importante labor social. Además de auxiliar a enfermos, viudas y huérfanos, la cofradía se ocupaba, como tarea principal, de celebrar su fiesta, que era una de las más importantes del santoral católico. Al respecto manifiesta María Águeda Méndez: "Era la costumbre de las cofradías celebrar la fiesta de su Santo Patrón en su día. En el caso de San Pedro Mártir de Verona, canonizado en 1253 por el papa Inocencio IV, tocaba hacerlo el 29 de abril y en tal ocasión se consagraban ramos de palmas y olivos para las tempestades".[8] Como señala la investigadora, en ocasiones se representaban comedias, como ocurrió en el año de 1616. Si bien esta festividad era sin duda mucho más amable que un auto de fe, es preciso recordar que finalmente se exaltaba a un mártir muerto a mano de apóstatas e impíos, es decir a un gran defensor de la ortodoxia católica. En las reglas y constituciones de la mencionada cofradía, analizadas por María Águeda Méndez, se declara que los cofrades tenían la obligación de celebrar la fiesta con todo esplendor y adornar la iglesia con "fuegos, cera, música, ramos y palmas y todo lo demás que convenga para que se haga devota y lustrosamente. Para lo qual se ha de dar del dinero de la Cofradía la ayuda de costa que se acordare en la primera junta". La celebración en honor de San Pedro Mártir no sólo nos ilustra cómo su cofradía conmemoraba el día de su patrón, sino que es válida y extensiva a la manera como las otras cofradías de las distintas iglesias y barrios celebraban con solemne devoción el día de su patrón consagrado por el santoral católico y que era esperado año con año por sus fieles, quienes lo honraban con la más convencida y profunda fe como verdadero intercesor entre ellos y Dios.

Fuegos artificiales: el castillo con un águila,
detalle del biombo *El Volador*, siglos XVII–XVIII.

SIC TRANSIT GLORIA MUNDI: ASÍ PASA LA GLORIA DEL MUNDO

Para el hombre barroco uno de los espectáculos más edificantes y que conmovía su espíritu hasta lo más profundo era la contemplación de la muerte. Sobre todo cuando el deceso de los poderosos reiteraba la lección de la vida terrena como la preparación para la eterna. El espectáculo de las ceremonias fúnebres despertaba en la colectividad la certeza y el consuelo de que la muerte no perdona a ningún ser humano, y que la existencia temporal debe ajustarse a los principios señalados por la fe cristiana. Por ello y para exaltar las virtudes del difunto, así como su función simbólica como gobernante civil o eclesiástico, los ritos funerales de las grandes figuras del poder revestían una singular importancia y eran considerados como un espectáculo en el que los habitantes de las ciudades novohispanas de nuevo se volcaban a las calles para expresar su dolor. Así, pues, las ocasiones infaustas imprimían un sello tan o más impresionante en el sentimiento colectivo que las celebraciones gozosas. Se pregonaba el fallecimiento del poderoso, la ciudad se vestía de luto, los balcones se adornaban con crespones negros y la gente salía de sus casas para expresar su consternación y adherirse a la pena de los representantes del poder.

De entre las relaciones fúnebres que se conservan, una que guarda para nosotros un especial interés es la dedicada a narrar la muerte y los funerales del obispo de Puebla, Manuel Fernández de Santa Cruz, personaje íntimamente ligado a sor Juana Inés de la Cruz, y a quien la posteridad conoce como sor Filotea de la Cruz, seudónimo bajo el cual la escritora le dirigió una de sus más célebres obras, la *Carta a sor Filotea de la Cruz*.

Dentro de la extensa biografía de este prelado, obra de Gómez de la Parra, se encuentra la relación de sus exequias fúnebres, en la que se empieza por describir su penosa enfermedad y cómo la muerte hizo presa de él durante una visita pastoral a un lejano pueblo indígena de su diócesis. Desde el momento en que los habitantes de la ciudad de Puebla se enteraron de su gravedad, se iniciaron las rogativas para implorar al Todopoderoso por su salud: se dedicaron misas para su sanación y los conventos de monjas a los que él dedicó una especial preferencia le dedicaron sus oraciones, ayunos y mortificaciones para rezar por él. El autor señala que fue tal la pesadumbre de la ciudad que "faltan voces y palabras solo sin descripción ponderativa el general y universal sentimiento de todos".[9]

Se embalsamó su cuerpo para ser trasladado a la ciudad de Puebla, donde se le rindió un exaltador y solemne homenaje póstumo. Es impresionante constatar cómo desde el lugar de su muerte hasta el arribo del cadáver a la capital de la diócesis, en los pueblos la gente acompañaba al cuerpo en procesiones, iluminadas con "faroles, linternas y hachas". Se exhibió el cuerpo y la asistencia de fieles fue tan grande que "los concursos fueron los mayores que se han visto en esta ciudad en todas las funciones: todos los quatro dias por la mañana y la tarde estaba siempre el Palacio Episcopal lleno de gente;

y lo mismo huviera sucedido en las noches sino se huviera prohibido" (s.f.). Al iniciarse los oficios todas las órdenes religiosas hicieron acto de presencia. El día del entierro
los miembros del Cabildo de la catedral asistieron con "capas negras, largas". Para impresionar aún más a los asistentes y evocar la caritativa piedad del difunto obispo, el narrador expresa que la procesión la iniciaban "24 pobres con lobas de bayeta negra arras-
trando que se les dieron y cirios de quatro pabilos en las manos" (*loc. cit.*). Participaron
asimismo todas las hermandades y las cofradías de la ciudad. Por ser el difunto la autoridad superior del clero secular, concurrieron las cuatro parroquias con sus cruces luctuosas. Las máximas autoridades civiles de la "Muy Noble Cesárea, Augusta y Leal Ciudad" estaban presentes también, plenas de congoja en las ceremonias organizadas por
los dignatarios eclesiásticos. Nuevamente el autor insiste en la enorme multitud que llenaba "calles, ventanas, balcones… todos tan silenciosos con el sentimiento que sólo se
oían suspiros, gemidos y llantos, á los golpes que repetían con clamores y dobles las
campanas" (s.f.). Es digno de notar el efecto que logra Gómez de la Parra al establecer
la analogía entre el respetuoso silencio de los asistentes y la elocuencia de las campanas
que doblan a luto y que con sus tañidos hablan por los fieles. La procesión del entierro
siguió el mismo recorrido que el difunto obispo hacía en las procesiones de Corpus y
terminó en la catedral bajo el suntuoso túmulo adornado con una gran cantidad de luminarias y hachas. El momento más solemne fue cuando se depositó el cuerpo del príncipe de la Iglesia abajo del presbiterio: "lugar señalado para los ilustrísimos señores obispos que mueren" (s.f.). El tono barroco de marcados contrastes entre vida y muerte se
expresa en las siguientes palabras: "Para que al tiempo que los ojos del cuerpo ven y mi-
ran la ostentación y soberanía del trono… del Presbiterio… [vean] los ojos del alma los
lúgubres horrores de la muerte" (s.f.). La ceremonia concluyó con la iluminación del túmulo con más de 200 luces. Desafortunadamente, el autor sólo menciona las poesías
que ilustraban los lienzos del túmulo pero no deja constancia de ninguna de ellas. La
celebración luctuosa continuó durante los días siguientes en las otras iglesias de la ciudad, organizada por las distintas órdenes religiosas. Por medio de la relación de Gómez
de la Parra los lectores modernos podemos asomarnos a un texto que nos transmite el
ritual novohispano dedicado a la muerte de un gran señor eclesiástico.

EL SENTIDO ADIÓS A UN ARZOBISPO QUE SE DESPIDE DE SU GREY

Al igual que Manuel Fernández de Santa Cruz, otro prelado cercano a sor Juana fue el
agustino fray Payo Enríquez de Rivera, quien durante algunos años detentó la más alta autoridad en el virreinato al ser nombrado arzobispo-virrey, cargo que desempeñó de 1673
a 1680. En junio de 1681, el querido fray Payo partió de la Ciudad de México con rum-

Túmulo funerario para colocar el corazón del obispo de Puebla
Domingo Pantaleón Álvarez Abreu,
grabado en el libro *El corazón de las rosas*, 1764.

bo a la metrópoli y se le tributó una despedida apoteósica. Esta ocasión no era luctuosa pero sí llena de consternación por haber sido fray Payo uno de los gobernantes más honestos y apreciados del siglo XVII. En la relación de su partida tenemos otra modalidad de celebración excepcional: la despedida que el pueblo ofrendaba libremente a un mandatario cuya gestión había sido benéfica para todos los miembros de la sociedad. Del arribo de los gobernantes se conservan muchos escritos y arcos triunfales erigidos con la esperanza de que su mandato fuera positivo; no obstante, casi la mayoría de los poderosos decepcionaron a sus gobernados quienes lo que deseaban era, precisamente, que se marcharan.

Aunque la noticia que nos da el diarista Robles de este acontecimiento es breve, se centra sin, embargo, en el sentir de la comunidad: "Lunes 30 día triste para México, se fue el Illmo. y Excmo. D. Fr. Payo Enríquez de Ribera… sacólo el virrey hasta Guadalupe a las diez de la mañana con muchas lágrimas de todos; repicóse generalmente, y luego se toco plegaria".[10] El sentimiento de perder a un padre espiritual tan bueno debió haber sido espontáneo porque de su partida y despedida (lo que no sucedió con otros mandatarios) se conserva una narración. Su autor es un conocido escritor de relaciones de fiestas religiosas: el bachiller Diego de Ribera. También presenta la original modalidad de ser una epístola dirigida a un amigo. El emisor de la carta califica al prelado saliente como "Virtuoso sin hyporquecia [sic] Noble sin altivez, Religioso sin afectación".[11] El día que el prelado entregó su mandato al Cabildo de la catedral fue funesto, ya que cayó una fuerte lluvia "y tembló la tierra a las seis" (s.f.). No obstante, el pesar colectivo se expresó con gran consternación en la fecha en que abandonó la ciudad, pues "experimentó el Occidente su Ocaso, y saliendo de sí el sentimiento, exaló sin recato los suspiros" (s.f.). El virrey conde de Paredes, marqués de la Laguna, lo acompañó hasta las afueras de la ciudad y el sentimiento de pesadumbre se desbordó entre la multitud. Confiesa el narrador: "aqui falta la razón careciendo de términos, con que significar, la conturbacion de los ánimos, la variedad de los gemidos, los clamores de las campanas, la muchedumbre del Pueblo, la lástima de las mugeres, la ternura de los niños, la compasión de los pobres" (s.f.). Esta sincera y dolorida expresión de auténtico afecto se intensificó cuando todos deseaban recibir las bendiciones de su buen pastor, de las que concluye el bachiller en su corta pero concentrada epístola narrativa: "de que espero tranquilidad permanente, colmados frutos y prosperos sucesos" (s.f.).

LAS CELEBRACIONES EN HONOR DE LOS SEÑORES CELESTIALES

La fiesta y el culto a la divinidad siempre han estado íntimamente vinculados. La devoción a Dios, a la Virgen en sus más variadas advocaciones, así como a los santos patronos de cofradías, de templos y de congregaciones fueron abundantes en el ritmo de la vida y la cultura novohispanas. Esto se explica en buena medida por el papel de educadora que siempre ha detentado la Iglesia católica para reafirmar su espectro de poder y atraer hacia sí a los espíritus y conciencias. La periodicidad del calendario litúrgico con los ciclos que tratan los principales misterios teológicos merecieron siempre un espléndido despliegue de festejos para imprimir en los fieles la sensación de pertenecer a un orden trascendente que se delega en lo temporal. Esto se puede corroborar en los diaristas Guijo y Robles que año con año señalaban, por ejemplo, las festividades ordinarias como el Corpus o las dedicadas a los santos, y daban un lustre especial a las extraordinarias, como las canonizaciones de nuevos santos o las dedicaciones de templos. No faltan tampoco en sus textos las referencias a cómo la Virgen de los Remedios era trasladada desde su santuario a la capital cuando la sequía asolaba la ciudad.

Es pertinente recordar que parte esencial del acercamiento entre la Iglesia y los creyentes fue la fiesta, en la que se hacían corpóreos los signos inefables de lo eterno. El hombre virreinal estaba, además, familiarizado con imágenes, portadas, retablos, pinturas y esculturas que le facilitaban la identificación de los iconos propios de santas, santos y diversas advocaciones de la Reina del Cielo. La celebración religiosa congregaba en la fe compartida a todos los miembros de la comunidad, desde los más encumbrados hasta los más humildes.

De la forma de devoción de estos últimos contamos con un precioso testimonio del cronista franciscano Agustín de Vetancurt. En él nos refiere las procesiones que se organizaban los Viernes de Cuaresma en la parroquia de San José de los Naturales. Se montaban pasos del camino de Cristo al Calvario y los sacerdotes predicaban en lengua mexicana, la que el citado autor conocía a la perfección. Cada día de la Semana Santa salía una procesión organizada por las distintas cofradías de la parroquia. En el Domingo de Pascua se detiene Vetancurt para describir así la procesión: "al romper el alva sale la Procesión de la Resurrección del Señor… donde dá la vista se presenta el aparecimiento á la Virgen y á San Pedro; van en ellas todas las andas de los Santos que tiene cada barrio y los oficios con sus luzes; muchos clarines y trompetas, que es una cosa vistosa y para alegria espiritual á las almas".[12] Es en verdad interesante comprobar cómo en los barrios indígenas ya se representaba la Pasión de Cristo que ahora persiste en los rituales de Semana Santa. El que desempeñaba ese papel comulgaba con gran devoción. Para resaltar el patetismo y la devoción por la muerte del Salvador se colocaba en la llaga de una imagen del Cristo sangrante una vejiga de "licor de carmín". Aclara Vetancurt que estas impresionantes escenas se usaban desde los tiempos de los primeros frailes "porque los Naturales no tienen mas entendimiento que los ojos, les ponen á la vista los misterios para que queden en la Fee mas firmes".

La ciudad de Querétaro, una de las más opulentas del virreinato, se engalanó en

Cofradías, pendones e imágenes, detalle del cuadro anónimo *Vida de San Nicolás Tolentino. Procesión de agustinos y franciscanos durante una epidemia*, siglo XVIII.

1680 con la dedicación de un templo a la "Virgen criolla", la de Guadalupe. Don Carlos de Sigüenza y Góngora escribió una espléndida relación de estos festejos, conocida como *Glorias de Querétaro*. Los habitantes de la ciudad se dispusieron jubilosos a conmemorar la gran ocasión. Los festejos a la madre de Dios coincidieron con el Jueves de Corpus. La procesión con el Cristo sacramentado fue precedida por la "tarasca", "espantajo travieso de los muchachos, acompañada de gigantes disformes, que este día se vistieron de gala".[13] Muy importante fue el desfile de todas las cofradías que participaron. Destaca Sigüenza "el aliño de las calles" (p. 36); asimismo, las paredes se revistieron de seda y de adornos plateados. Los habitantes de Querétaro llevaron al límite su creatividad e imaginación escenográfica con la construcción de un monte artificial, remedo del Tepeyac. Relata el cronista que el día de la dedicación del templo guadalupano "con buscapiés y trompillos se regocijaba la plebe" (p. 47). Con el intenso brillo de luminarias y cohetes la noche se hizo día, al decir de don Carlos quien pone especial énfasis en las luces y en los olores de las flores ofrendadas a la Virgen como incitación deliciosa a los sentidos de los concurrentes, lo cual, como ya se dijo, es un rasgo propio de la búsqueda de efectos sensoriales en el barroco literario.

Una de las representaciones más interesantes fue la "máscara" que escenificaron los indígenas, alusiva a su pasado prehispánico: "y la gala que todos vestían era la antigua, que en las pinturas se manifiesta" (p. 51). Los atavíos fueron de gran vistosidad en un compendio de historia antigua en la que se mezclaron los señores chichimecas con los mexicanos. Llama la atención el numeroso listado de nombres indígenas que Sigüenza utiliza para nombrar el espectáculo; esto es no sólo un dechado de erudición por parte del autor, sino que demuestra su orgullo de criollo de inscribir a la antigüedad prehispánica en la historia de su tiempo.

Después de la llamativa "máscara" indígena apareció un espectacular carro triunfal en el que se colocó a la protagonista misma del festejo, la Virgen de Guadalupe, rodeada de "seis agraciados ángeles que se ocuparon con algunos atributos de la Santísima Virgen y arrodillada en lo ínfimo de las gradas una hermosísima niña adornada con los atavíos indianos, en que se ideaba no tanto la América en lo común cuanto con especialidad estas Provincias Septentrionales que llamó la gentilidad Anáhuac" (p. 53). Con estas palabras Sigüenza reconcilia el mundo idolátrico precortesiano con el establecimiento de la fe católica. Alrededor del carro "iba una danza del célebre Tocotín Mexicano; y si para remedar en ella la majestad con que los reyes antiguos la practicaban se visten ordinariamente con todo esmero, qué sería ahora en ocasión tan plausible?" (p. 53). La celebración fusionaba el sentido de espectacularidad propio del barroco con el que poseían los indígenas, logrando así una identificación dramática que reunía los dos mundos culturales. El fin de fiesta fue un gran regocijo general en el que se representó una comedia, sainetes, así como un auto sacramental alusivo al misterio de la Inmaculada Concepción: "y así se entretuvieron con gusto los que dedicaron su atención al aplaudido festejo" (p. 60). Como en toda gran ocasión, se convocó a un certamen poético y se celebraron las siempre gustadas corridas de toros.

Otra singular celebración que muestra el profundo apego de los novohispanos a la cultura religiosa fue un suceso que congregó a los habitantes de la capital en 1648 ante una ocasión feliz. Durante una visita del arzobispo don Juan de Mañozca al pueblo de Tepeapulco se encontró una hermosa cruz labrada en piedra, "plantada" por los primeros evangelizadores y cubierta casi totalmente por la maleza. Ante tan prodigioso hallazgo, el prelado decidió trasladar la cruz al atrio de la catedral de México. Con gran pompa se llevaron a cabo estos festejos. Cuenta el cronista Miguel de Bárcena que los caciques costearon el traslado de la pesada cruz. Por las principales calles aledañas a la catedral marchó una solemne procesión en la que se pregonaban indulgencias "para que los confesados y comulgados rezasen delante de la Santa Cruz".[14] Refiere el autor que en la tarde el cielo mostró un hermoso arco iris que dejó maravillados a los numerosos asistentes. Además de la relación en prosa, el texto contiene al principio una serie de poemas compuestos por destacados ingenios de la época, así como una relación

Gigantes y cabezudos representando las cuatro partes del mundo,
detalle del cuadro de Juan Arellano *Traslado de la Virgen de Guadalupe*, 1709.

en verso de los acontecimientos en los que se afirma lo siguiente: "Del patrio suelo, México glorioso/ erario de reliquias singulares,/ y en tener esta joya venturoso" (f. 9*r*). En estas palabras se observa, asimismo, el sentir criollo para exaltar a su "patria" como tierra plantada por la providencia divina. La celebración concluye con un novenario de rogativas: "queriendo Su Ilustrísima aplacar la justísima ira de Dios por nuestras culpas en el estrago tan lastimoso que la peste ha hecho en las islas de Barlovento y en Merida" (f. 27*r*). Durante los nueve días salieron solemnes y contritas procesiones; la de la cofradía de Jesús Nazareno llevaba atrás "más de dos mil hombres de sangre, que armando contra sí la disciplina iban obligando á Dios a que dexasse el azote" (f. 27*v*). El contraste entre lo misericordioso y lo terrible del sentimiento religioso se patentiza en este acto en el que los cofrades se golpean hasta sangrarse, para anular con su autocastigo el azote de la peste. Cuenta el cronista la impresión ejemplar de los espectadores cuando "otros con cadenas en los pies y esposas en los pulsos llevaban en las manos una desnuda calavera, leyendo en su difunta figura una provechosa licion de desengaños" (f. 28*r*). La idea del desengaño como forma de considerar la realidad terrena como falsa, fue una de las más difundidas durante la época barroca. Al finalizar el novenario se organizó otra procesión con la asistencia de todas las órdenes religiosas y del Cabildo de la catedral. Marchó esta última por la calle de San Francisco hasta la plaza Mayor: "estando las calles, encrucijadas, puertas y ventanas tan llenas de innumerable concurso, que apenas avia lugar á que pasasse la procesión, advirtiéndose una maravilla pocas veces vista que fue un reverente silencio en un pueblo tan barajado y confuso" (f. 29r). La idea que se tiene de la multitud como incontrolable está presente en todos los autores que relatan festejos.

Cuando la sequía y el calor del estío amenazaban a la capital del virreinato con epidemias, sed y demás calamidades, la mejor solución para estos males era traer a la Virgen de los Remedios, la advocación mariana que según la creencia generalizada los curaba. Las autoridades del Ayuntamiento de la ciudad anunciaron en cierta ocasión: "se solicita una nueva visita de la Virgen de los Remedios a la ciudad".[15] Se proclamó entonces, a solicitud de su excelencia el virrey, que "atento a la mucha seca que hay y daños que de ella resultan y á la devoción que esta ciudad tiene con la Santísima Virgen de los Remedios se traiga en prosecion [sic] como se ha hecho otras veces" (f. 29r). Fue en junio de 1641 cuando se decidió el traslado de la imagen para dedicarle un solemne novenario, después del cual se prometía regresarla a su santuario. Entre las disposiciones que se adoptaron destacan las siguientes: las luminarias que se debían encender a la llegada de la Virgen; el arreglo de los caminos; el acomodo a los indios provenientes de los lugares aledaños al templo de los Remedios: "Que todos los Caballeros Capitulares asistan a la procesion y á llevar las varas del palio, pena de cincuenta pesos aplicados para gastos de la fiesta sin poner escusa alguna".[16] Asimismo, se destinaron 300 pesos para cirios y comidas durante el traslado y regreso de la venerada efigie.

CELEBRACIÓN DE CORPUS CHRISTI

De lustre especial, casi "fiesta nacional" en el ámbito hispánico, era la celebración de Corpus Christi cuyos orígenes se remontan al siglo XIII. El papa Juan XXII, ya en el XIV, decretó que se llevara a cabo una procesión acompañando al cuerpo sacramentado de Cristo, máximo misterio de la redención para la religión católica. El día elegido era el jueves que seguía a Pentecostés, al cual se agregaba una segunda fiesta, la octava, una semana después. Durante la época barroca esta conmemoración alcanzó un esplendor especial dada la fastuosidad con la que se realizaba en las calles de las ciudades, teatro apropiado para la gran fiesta litúrgica, y la procesión que llevaba al Santísimo Sacramento en la que participaban todos los estamentos de la sociedad. En el Corpus encontramos, de nuevo, el ciclo ritual de la fiesta, y a pesar de que se celebraba año con año, la devoción que despertaba entre los asistentes tenía el peso de un rito renovado y siempre la respuesta era como si fuera la primera vez.

Del archivo del Ayuntamiento de la Ciudad de México hemos tomado algunos testimonios de cómo estas fiestas se preparaban, eran esperadas y despertaban gran interés en el cuerpo social novohispano. Se representaban comedias y autos, y en la procesión aparecían danzantes y la tarasca mencionada por Sigüenza. Como dice Antonio Rubial, ésta "simbolizaba el diablo, la herejía y la idolatría que serían vencidos por la gracia; la importancia de esta presencia estaba avalada por un refrán que rezaba: no hay procesión sin tarasca".[17] Era una enorme y grotesca figura de cartón que representaba a un dragón deforme y que suscitaba temor generalmente entre las mujeres y los niños. Junto con ella formaban la enorme procesión popular, organizada por el Ayuntamiento de la ciudad, los gremios, las cofradías y las parroquias. Fue en la época barroca cuando estas fiestas cobraron un esplendor especial. Es significativo que su decadencia se diera en el siglo XVIII con la Ilustración y el racionalismo. La conjunción de lenguajes plásticos y verbales, la presencia de las enormes custodias, de los carros alegóricos, de la tramoya, la escenografía suntuosa y el vestuario inspiraban en los fieles el sentimiento de pertenecer a la verdadera Iglesia y de ser parte del milagro de la redención y de la vida perdurable. Los sentidos exteriores e inte-

Las fiestas del Corpus Christi

Don Fernando de Angulo Reinoso, Regidor de esta ciudad, y don Fernando Carrillo, Escribano Mayor Comisario de la fiesta del Santísimo Sacramento de este año dicen que atento à que esta solemnidad está a cargo de esta ciudad y que ha descaecido el lucimiento y ornato de ella á causa de haberse estrechado el gasto, deseando que esta ciudad cumpla con toda ostentación en celebración semejante con acuerdo del Señor Corregidor tienen dispuesto con grande acrecentamiento de lo que otras veces se ha hecho y con menos costa lo siguiente, que porque en la octava no se hacía festejo ninguno está dispuesto se haga el día principal una comida en la parte ordinaria, y el viernes en la iglesia un coloquio, y el domingo intermedio en la calle otro, y el martes otro, y el jueves de la octava otra comida, que son cinco, y que por ellas con bastidores lo tienen concertado en mil trescientos y cincuenta pesos, y cuatro danzas en quinientos y sesenta pesos. Y los gigantes que estaban no son de provecho ni tenían bastidores han hecho otros nuevos por duocientos y treinta pesos y les han de bastar, y han de acudir todos los días á la iglesia á bailar, y tarasca nueva y ramendado [sic] lavela, y hecho muy lucidos fuegos y salvas de artillería y prevenido trompetas para las calles... y fuera de esto han prevenido un mitote, y en las calles, altares y mas ornato haciendo en ello gran diligencia sin tener esto costa ninguna y que en lo referido y flores y colgaduras han tentado ser necesario dos mil y ochocientos pesos.

Actas de Cabildo de la Ciudad de México, año 1623, vol. 655a (1910), pp. 23-24.

riores se solazaban con el espectáculo y la magnificencia de todo el aparato escéni-co. El oído se deleitaba con la música que trasladaba a su vez la melodía celestial. El olfato percibía el olor agradable del incienso como elemento sagrado y los espectadores muchas veces no dejaban de tocar los símbolos religiosos que desfilaban ante sus ojos. La música, tanto en las comedias como en los autos, tenía un protagonismo especial; como sabemos, en estos últimos la música era un personaje que acompañaba a los protagonistas alegóricos. La consideración especial que se tenía a los intérpretes se puede constatar en la siguiente cita: "A los musicos de la capilla que tienen salario de esta Santa Yglesia que acudieran con ynstrumentos y musica a las horas extraordinarias de el ochavario del Corpus se les mande dar cien pesos de oro común repartidos".[18]

Fue tal la importancia de esta celebración que el Ayuntamiento de la ciudad, igual que ahora con problemas económicos, buscaba conseguir dinero para llevar a cabo esta fiesta que se integraba dentro de la visión barroca del mundo. Para la procesión de Corpus, la Ciudad de México solicitaba los servicios de coheteros, músicos, carpinteros y maestros de danza; se elaboraba un contrato entre la ciudad y los distintos artesanos y artistas; se fijaba el precio y, si alguno no cumplía, el Ayuntamiento lo obligaba a devolver el dinero, además de pagar una multa:

> En la Ciudad de México a siete de mayo de mil seiscientos y noventa y cinco años… se trujeron al pregón los Gigantes y Tarasca para la Festividad del Santissimo Sacramento en el día de Corpus, y su octava: a lo qual hizo postura Diego de Moya, maestro de carpintero, y vezino de esta Ciudad… Se obliga a sacar d[ic]hos Gigantes, y Tarasca, segun y como se acostumbra, bien vestidos, y aderessados en el d[ic]ho día de Corpus y su octava por d[ic]ha cantidad de cinquenta y cinco pesos y a satisfazion de esta Ciudad, y por su defecto bolveran la d[ic]ha cantidad y mas en la que fueren multados.[19]

La fastuosidad de la celebración se enriquecía no sólo con la procesión popular sino con la asistencia de los más importantes miembros de las jerarquías civil y eclesiástica que lucían sus mejores galas. Evidentemente, el arzobispo presidía la procesión que salía de la catedral y también engalanaba esta gran festividad la presencia del virrey y de los miembros de los más importantes tribunales y órganos de gobierno. Como señala Antonio Rubial:

> Con la procesión de Corpus, retablo vivo de la sociedad, se afianzaba la idea de que cada estamento representaba un órgano del cuerpo social, que era, según el dogma, el cuerpo místico de Cristo. En ella el monstruo del pecado, de la herejía, de la idolatría, quedaba vencido y la fe cristiana triunfante.[20]

CANONIZACIÓN DE UN SANTO

La última gran celebración religiosa a la que quisiéramos referirnos es la canonización de un santo. Esto ocurría cuando en Roma, aprobada por el pontífice y por la congregación de ritos, se incluía el culto universal a un nuevo elegido para adornar los altares y formar parte del santoral católico oficial. Podemos destacar las de Santa Rosa de Lima, San Francisco de Borja y la de San Juan de Dios; cabe mencionar que estos santos tenían un especial interés por pertenecer al mundo español. Se publicaba el anuncio de la fiesta y la procesión. Participaban tanto el Cabildo civil como el eclesiástico, amén de todas las órdenes religiosas. De cada una de las iglesias partía un solemne séquito en el que se llevaba en andas tanto al nuevo grande del Cielo como a los patriarcas de cada una de las órdenes religiosas. Se erigían arcos triunfales con la efigie del nuevo canonizado y se organizaban danzas y escenas de raigambre prehispánica. Naturalmente, no podían faltar los sermones predicados durante los ocho días que duraba la gran celebración: los mejores oradores de cada una de las órdenes ensalzaban las virtudes ejemplares del santo para enseñanza y ejemplo de la grey católica.

En la canonización de San Juan de Dios participó nada menos que el célebre Juan Ignacio de Castorena y Ursúa, en el año de 1700. El atavío de la imagen del caritativo patrón limosnero, cuya orden se dedicó a la fundación de hospitales, era el siguiente:

> Iba el santo con hábito de gorbarón del color de su instituto, que costeó la señora virreina doña María Andrea de Guzmán, bordado a todo costo de ojuelas de plata y oro, entorchados con labores de flores y granadas; la de la mano era toda de esmeraldas guarnecida de oro; los granos que descubría eran rubíes también guarnecidos de oro, la diadema de perlas y diamantes: luego iba el padre de la iglesia universal nuestro gran padre y Sr. San Pedro... a quien cargaban los religiosos de San Juan de Dios.[21]

Fiesta de San Juan de Dios

Fueron por delante los gigantones y matachines, bailando danzas a lo romano y otras a lo mexicano; luego en su orden los estandartes de las cofradías; luego se siguió la Tercera Orden de San Luis, rey de Francia, ricamente vestido y adornado de muy ricas joyas; siguióse la hermandad de San Hipólito con ángeles, y su santo vestido de capitán general, con un estandarte y en él las armas reales en la mano derecha, ricamente aderezado, un bastón en la siniestra guarnecido todo de joyas y un curioso espadín con puño de oro, y en la diadema llevaba las ropas de riquísimas telas.

Antonio DE ROBLES [1665-1703], *Diario de sucesos notables*, vol. III (1972), p. 119.

Fuegos de artificio, cruces procesionales y "romano",
detalle del cuadro *Procesión de San Juan Nepomuceno*, siglo XVII.

Con la presencia del virrey se realizó un certamen alusivo a la vida de San Juan de Dios y se otorgaron los premios a los ingenios más destacados de la época. Como era frecuente en estas festividades, cada día del octavario se celebraban verbenas populares, se prendían grandes fuegos y luminarias que hacen decir a Robles que la noche "parecía el incendio de Troya",[22] con gran regocijo del público asistente.

FIESTAS PARA LOS SEÑORES DE ESTE MUNDO; FESTEJOS DEL PODER CIVIL

No tan fastuosas, no tan frecuentes como las religiosas ni tan apreciadas por la colectividad como éstas, las fiestas organizadas por las autoridades civiles eran, asimismo, una distracción para los novohispanos y les infundían el sentimiento de ser ciudadanos de ese ejemplar cuerpo social que era la "república cristiana" regida por la cabeza coronada del rey de España.

De entre las fiestas civiles, una que se celebró a lo largo de todo el periodo virreinal fue el llamado Paseo del Pendón, organizada por el Ayuntamiento de la ciudad. Cada año, para las autoridades virreinales y para los criollos descendientes de españoles, así como para los peninsulares asentados en la Nueva España, el 13 de agosto tenía un valor singular. Se conmemoraba la victoria de Hernán Cortés sobre los mexicanos y la toma de la gran Tenochtitlan a manos de los españoles. La importancia y popularidad de esta celebración era tal que ambos diaristas, Guijo y Robles, la consignan al igual que la fiesta de Corpus. Antonio Rubial expresa lo siguiente acerca de esta festividad: "El símbolo central de la fiesta era un pendón o estandarte con los escudos de armas de la ciudad de México, y de la monarquía española que representaba la victoria de Cortés sobre los mexicas y la sujeción de la ciudad a la corona".[23]

Otras ocasiones que resultaban de gran lustre no sólo para la Ciudad de México sino para todo el virreinato era la llegada del virrey en turno. El nuevo mandatario tardaba varias semanas en llegar a la capital desde Veracruz, donde desembarcaba, pues en pueblos y ciudades el pueblo esperanzado de que su gestión fuera benéfica para todos, lo festejaba a él y a su comitiva, en especial a la virreina. Se le ofrendaban presentes, se erigían arcos triunfales y el ambiente era festivo. A propósito de los arcos triunfales, sabemos que, al igual que los túmulos, eran unas enormes construcciones de materiales perecederos, que ensalzaban el linaje y las principales hazañas del representante de la monarquía. Los escritores que ideaban estas construcciones se ponían de acuerdo con los artesanos y los artistas plásticos para representar todo un programa visual y verbal que establecía la analogía entre algunos personajes de la mitología grecolatina y el nuevo funcionario. Se elegían dioses o semidioses como Hércules o Neptuno para recordar a los asombrados y embelesados espectadores que el gobernante era representante del rey, y que por ello debía obedecérsele como al monarca mismo, quien lo era por designio divino. En la recepción del virrey participaban el Cabildo eclesiástico y el civil, y ambos competían, al nombrar a dos ingenios famosos, en demostrar la mayor creatividad y suntuosidad en los sendos arcos. En el año de 1680, por ejemplo, cuando arribó el conde de Paredes a la Ciudad de México, fueron nada menos que sor Juana Inés de la Cruz y Carlos de Sigüenza y Góngora los elegidos para crear los arcos del Cabildo de la catedral y del civil, respectivamente.

Menos conocidos, y por ello los hemos elegido, fueron los preparativos para recibir a dos mandatarios de mediados del siglo XVII. Además, pensamos que es de gran interés para un lector del siglo XXI conocer las disposiciones de las autoridades de la ciudad para celebrar la llegada de un nuevo virrey. Cuando arribó a México, en 1640, Diego López Pacheco, duque de Escalona y marqués de Villena, la ciudad y el virreinato todo estuvieron de plácemes, pues este personaje era un grande de España, es decir, estaba emparentado directamente con la familia real. Se dispuso un desfile impre-

Entrada festiva, detalle del cuadro *Regreso de San Francisco del monte Alberna*, de Cristóbal de Villalpando.

sionante en colorido, lujo y acompañamiento festivo. En primer término iban los músicos, "atabaleros, música de chirimías, y trompetas. Con sayales de indios y sombreros de los colores desta ciudad morado y anaranjado".[24] Después, los "caballeros republicanos" y funcionarios importantes, seguidos por los miembros de la universidad con sus insignias de grado y borlas según la disciplina de la que eran especialistas. Se hizo la jura de fidelidad por parte de los funcionarios, que fue consignada por el escribano mayor. Después estaba previsto que el mandatario entrara al Cabildo de la catedral, donde fue recibido solemnemente. También se ordenó "que haya luminarias generales la noche de la entrada de Su Excelencia y… fuegos y faroles". Se previno y ordenó que se limpiaran las calles por donde iba a pasar el funcionario y "que la plazuela se limpie y se acabe de empedrar". Se organizó una máscara y "desde las dos de la tarde, toros atados en la calle" (pp. 84-85). Las fiestas de toros se guardaron para después de que Su Excelencia hubiera descansado. Por último, "que se dé todos los días de fiesta colaciones ricas á Su Excelencia, tribunales y obispos… todo lo cual se ha de ejecutar precisamente sin admitir disculpa" (p. 86). Los comisarios de Chapultepec, lugar de recreo de los gobernantes, pidieron cera para iluminar los aposentos y el bosque como lo merecía la altísima dignidad del enviado del monarca. Para la representación de las comedias se ordenó limpiar los aposentos del corral del Coliseo donde se escenificaron las representaciones para "que se dispongan lo más decentemente que se pueda" (p. 112).

Por desgracia, la administración de este virrey no cumplió con las expectativas. El duque era de natural ambicioso y su principal finalidad fue obtener riquezas. Por su cercanía con la casa reinante de Portugal y a causa de la sublevación de los portugueses contra la Corona española, Felipe IV lo destituyó, y se le confiscaron tanto sus propiedades como su dinero. Sin embargo, su recibimiento pleno de lujo y expectación quedó en la memoria de todos aquellos que lo presenciaron.

La falta de presupuesto y la estrechez del erario público parecen haber sido de los grandes y crónicos problemas de la Ciudad de México en la época colonial. Así lo demuestran las *Actas de Cabildo* cuando se organizaron los festejos para recibir, en 1642, al virrey conde de Salvatierra, un gobernante que después de su gestión fue premiado con el virreinato del Perú, lo cual se consideraba una promoción administrativa para los mandatarios que se habían desempeñado satisfactoriamente en la Nueva España. Las autoridades declararon que "la ciudad se halla con grande estrecheza en sus propios y rentas por haber salido dellas anticipadamente [*sic*] para diferentes efectos".[25] Se dispuso que se obtuvieran 15 000 pesos de inquilinos y arrendatarios. A pesar de la penuria económica, el Ayuntamiento realizó unas fiestas fastuosas y como en otras ocasiones no faltaron las comedias y las luminarias. Para las fiestas de toros se cercó la plaza Mayor con tablados y hubo juegos de cañas. A pesar

---

Penurias económicas del Ayuntamiento

Y visto por la ciudad que por la imposibilidad en que están los propios por embargo hecho por los oficiales reales y ser forzoso acudir a la fiesta del Santísimo Sacramento y no tener de donde valerse se acordó que los comisarios de esta fiesta supliquen á los señores de esta Real Audiencia de que de la venta del desagüe se presten a los propios de esta fiesta dos mil pesos por un año.

Actas de Cabildo de la Ciudad de México, año 1621, vol. 655 (1910), p. 66.

---

de la falta de recursos, pero con el deseo de mostrar suntuosidad y lujo, se ordenaron unas espuelas especiales para calzar al virrey, aunque una disposición enérgica fue que a los músicos no se les comprara ropa, sino que usaran el vestuario que ya poseía la ciudad.

Como último ejemplo de fiestas civiles, mencionaremos una relación especial que no describe la celebración de la llegada de un virrey, sino una ocasión histórica más importante para España y sus posesiones: la noticia de que el monarca Carlos II, conocido como "El Hechizado", al cumplir su mayoría de edad, había ascendido al trono español, en 1676. El autor de esta muy barroca descripción es el capitán Alonso Ramírez de Vargas; está fechada en 1677, pues como ocurría siempre, las noticias de la metrópoli llegaban varios meses después de ocurridos los sucesos. Gracias a la edición que de esta obra hizo el joven investigador Dalmacio Rodríguez es que tenemos acceso a ella. El estudioso asienta: *"Sencilla narración... narra los diversos actos que se llevaron a cabo: divulgación de la noticia; acción de gracias del virrey fray Payo Enríquez de Ribera; representación de la comedia El lindo don Diego... corridas de toros, y máscaras de los gremios en la cual se describen cinco carros alegóricos".*[26]

Otro aspecto interesante de esta relación es, como señala su editor, que está escrita en prosa y en verso. La comedia que se representó era, como también era frecuente en este tipo de festejos, de un autor peninsular, Agustín Moreto. A la corrida de toros llama Ramírez de Vargas "circo máximo". La descripción que hace el autor de lo que conocemos propiamente como "corrida" es memorable: "Diose al primer lunado bruto libertad limitada, y hallándose en la arena, que humeaba ardiente a las sacudidas de su formidable huella, empezaron las señales y silbos de los toreadores de a pie, que siempre son éstos el estreno de su furia burlada con la agilidad de hurtarles al ejecutar la arremetida- el cuerpo".[27]

En la primera "máscara" de los caballeros se ejecutó todo un despliegue de personajes enemigos, aliados o súbditos de la Corona española. Una estrofa manifiesta lo siguiente en relación con el tema tratado: "fueron leales ambiciones /el sacar di-

---

Cumpleaños del virrey Luis Enríquez de Guzmán, conde de Alba de Liste

Martes 3 de septiembre y algunos días antes de éste, después del día de San Luis, celebró el virrey cumplimiento de sus años con toros, que se lidiaron en el parque, con tablados que se armaron, y dieron los toros los condes de Calimaya y Orizaba, y Fr. Gerónimo de Andrada, provincial del orden de la Merced, y el día referido y el siguiente hicieron los mulatos y negros de esta ciudad una máscara a caballo con singulares galas, y todas las naciones, y armada una cuadrilla de punta en blanco que ésta salió de casa don Andrés Pardo de Lagos, oidor más antiguo de la real audiencia, con nota de todo el pueblo, así por esta permisión como porque la cuadrilla que representó a los españoles se pusieron hábitos de Santiago, Calatrava, Alcántara, San Juan y Cristo en los pechos, y rodearon toda la ciudad, y luego a la hora competente entraron en dicho parque a vista del virrey y audiencia y de los tribunales con el de la inquisición, que fueron convidados del virrey.

Gregorio Martín DE GUIJO [1648-1664], *Diario*, vol. I (1986), pp. 199-200.

---

versos trajes/ de que signa sus pendones,/ rindiéndole vasallaje/ al Rey todas las naciones" (p. 225). La segunda "máscara" estuvo a cargo de los gremios. Ramírez de Vargas describe minuciosamente la participación de cada uno de los grupos: "curtidores, tratantes de ganados y panaderos" (pp. 234-235). Dentro del gusto barroco por la diversidad y por la fuerza representativa de la imaginación destaca el señalamiento de que los integrantes de estas cuadrillas estaban vestidos a la manera romana para festejar las proezas del emperador Carlos V, gran antecesor de Carlos II. De gran atractivo resultó la "máscara" de los naturales: "alegres de la ocasión, por asistir en el festejo con la América su madre" (p. 252). Se representó una loa y después un tocotín bailado por un indígena ataviado como Moctezuma. El final de la narración es una alabanza al virrey Payo Enríquez de Rivera y el autor concluye su barroco texto diciendo que la celebración del ascenso al trono de Carlos II fue: "Este el superior ojepto [*sic*] a que miró la rendida sencillez de los indios en danzas, bailes, transformaciones, cortejos; en los caballeros a embozar y a descubrir la gravedad en máscaras, carreras, festines… los estímulos de los gremios que con tanta magnificencia mostraron el gozo de su fe… Guarde Dios a Vuestra Excelencia [fray Payo] felizmente en los puestos que necesitan de sus altas direcciones, prudencia, rectitud y piedad" (p. 267).

Después de este análisis de la fiesta en la Nueva España del siglo XVII se puede afirmar la importancia que en esa época cobró la inserción del tiempo y del acto rituales en la vida virreinal. Las celebraciones fueron más que "ocasiones de contento": significaron la comunión del individuo con su colectividad, con el orden temporal y con el trascendente, a más de regocijar sus sentidos, elevar su espíritu y darle una orientación de armonía y orden a su existencia terrenal.

NOTAS

[1] PIEPER, 1974, p. 11.
[2] CRUZ DE AMENÁBAR, 1995, p. 27.
[3] RUBIAL, 1998, p. 51.
[4] GONZALBO AIZPURU, 1993, p. 24.
[5] TURBERVILLE, 1975, p. 70.
[6] GUIJO, 1986, vol. II, p. 125.
[7] DÍAZ DE CEPEDA, 1659, ff. 5v-6r; la numeración es mía.
[8] MÉNDEZ, 1999, p. 65.
[9] GÓMEZ DE LA PARRA, 1699, s.f.
[10] ROBLES, 1972, vol. I, p. 290.
[11] RIBERA, 1681, s.f.
[12] VETANCURT, 1982, p. 42.
[13] SIGÜENZA, 1945, p. 34.
[14] BÁRCENA, 1648, f., 4r.
[15] *Actas de Cabildo...*, 1910, p. 225.
[16] *Actas de Cabildo...*, 1910, libro 32, pp. 226-227.
[17] RUBIAL, 1998, p. 53.
[18] *Actas de Cabildo de Catedral*, 1617. Ms. f. 10r.
[19] *Actas de Cabildo...*, vol. 372a, s.f.
[20] RUBIAL, 1998, p. 54.
[21] ROBLES, 1972, vol. III, p. 121.
[22] ROBLES, 1972, vol. III, p. 122.
[23] RUBIAL, 1998, p. 52.
[24] *Actas de Cabildo...*, 1910, libro, 32, p. 84.
[25] *Actas de Cabildo...*, 1910, libro 33, p. 370.
[26] RODRÍGUEZ, 1998, p. 105.
[27] RAMÍREZ DE VARGAS, 1677, p. 214.

REFERENCIAS

ACTAS DE CABILDO DE LA CIUDAD DE MÉXICO
    1910   Libros 32 y 33, años 1640-1644. México: Imprenta de A. Carranza e hijos.
BÁRCENA VALMACEDA, Miguel de
    1648   *Relacion de la pompa festiva y solemne colocación de una Santa y hermosa Cruz de piedra*. México: Hipólito de Ribera.
CRUZ DE AMENÁBAR, Isabel
    1995   *La fiesta: metamorfosis de lo cotidiano*. Santiago de Chile: Universidad Católica de Chile.
DÍAZ DE CEPEDA, Rodrigo
    1659   *Relacion del Auto General de Fee* (se encuentra sin portada ni pie de imprenta jun-

to con el *Auto General de la Fee* de 1649, de Matías de Bocanegra, que tampoco tiene portada).

GÓMEZ DE LA PARRA, Joseph
1699   *Panegyrico Funeral de la Vida en la Muerte de el Illmo. y Excmo. Señor Doct. D. Manuel Fernández de Santa Cruz, Obispo de la Puebla de los Angeles en la Nueva España, que predicó en la Santa Iglesia Cathedral el día de sus Exequias Funebres el Doctor Joseph Gomez de la Parra...* En la Puebla: por los Herederos del Capitán Juan de Villa-Real.

GONZALBO AIZPURU, Pilar
1993   "Las fiestas novohispanas, espectáculo y ejemplo", en *Estudios Mexicanos*, 9-1, pp. 19-46.

GUIJO, Gregorio Martín de
1986   *Diario (1648-1664)* (2 vols.). México: Editorial Porrúa.

MÉNDEZ, María Águeda
1999   "La fiesta de San Pedro Mártir: preparativos y vicisitudes de la Inquisición novohispana dieciochesca", en *Caravelle. Cahiers du Monde Hispanique et Luso-Brésilien*, 73, pp. 61-70.

PIEPER, Josef
1974   *Una teoría de la fiesta*, versión española de Juan José Gil Cremades. Madrid: Ediciones Rialp.

RAMÍREZ DE VARGAS, Alonso
1677   *Sencilla narración, alegórico fiel trasumpto... en la celebrada feliz de haber entrado el Rey Nuestro Señor Carlos II en el gobierno...* México: Viuda de Bernardo Calderón.

RIBERA, Diego de
1681   *Carta que escribe el Bachiller Diego de Ribera... dándole cuenta del general sentimiento con que salió desta Ciudad de México... Fr. Payo Enriquez de Ribera.* S.p.i.

ROBLES, Antonio de
1972   *Diario de sucesos notables (1665-1703)* (3 vols.). México. Editorial Porrúa.

RODRÍGUEZ, Dalmacio
1998   *Texto y fiesta en de la literatura novohispana.* México: Seminario de Cultura Literaria Novohispana, Instituto de Investigaciones Bibliográficas, Universidad Nacional Autónoma de México.

RUBIAL, Antonio
1998   *La plaza, el palacio, el convento.* México: Consejo Nacional para la Cultura y las Artes.

SIGÜENZA Y GÓNGORA, Carlos de
1945   *Glorias de Querétaro.* Querétaro: Ediciones Cimatario.

TURBERVILLE, A.S.
1950   *La Inquisición española.* México y Buenos Aires: Fondo de Cultura Económica.

VETANCURT, Agustín de
1982   *Teatro mexicano. Crónica de la provincia del Santo Evangelio de México.* México: Editorial Porrúa. [1697].

15
EL TEATRO Y OTROS ENTRETENIMIENTOS URBANOS. LA NORMA, LA CENSURA Y LA PRÁCTICA

GERMÁN VIVEROS

Instituto de Investigaciones Filológicas,
Universidad Nacional Autónoma de México

LOS ANTECEDENTES

Durante el virreinato, la teatralidad novohispana se dio en varias modalidades: teatro catequístico o evangelizador, de colegio y conventual, de coliseo, callejero, infantil y la llamada comedia o "máquina" de muñecos. Cada una de éstas tuvo idiosincrasia y finalidad propias. El teatro catequístico fue cultivado por los frailes franciscanos, apoyándose en antecedentes teatrales medievales y con el objetivo básico de adoctrinar cristianamente a indígenas de habla no castellana. Así, el propósito instructor relegó a segundo plano la espectacularidad aunque ésta no fue insignificante, si ha de juzgarse por los numerosos textos conservados de dramaturgia náhuatl del siglo XVI.[1]

El teatro colegial/conventual fue el que escribieron y escenificaron individuos de órdenes religiosas, particularmente los jesuitas y los frailes y monjas del Carmen descalzo. Fue una dramaturgia concebida y puesta en ejecución para celebrar acontecimientos diversos: inicio de un curso, llegada a Nueva España de una autoridad civil o eclesiástica, celebración de un priorato o de un cumpleaños, algún certamen literario el día de un santo patrono, etc. Esta modalidad literaria se expresaba mayormente en "coloquios" o en "diálogos", como los de fray Juan de la Anunciación,[2] o los *Diálogos místicos* de fray Mariano de la Concepción, estos últimos inéditos. También hubo, sin embargo, "comedias", como la escrita en 1641 por el jesuita Matías de Bocanegra: *Comedia de San Francisco de Borja.*

Los temas escénicamente desarrollados partían de la individualidad de un personaje festejado, enmarcados por mitos y temas de la antigüedad clásica grecorromana; hay que decir, no obstante, que hoy no es prudente afirmar cuál era la temática generalizada del teatro colegial/conventual novohispano dado el grado de desconocimiento que se tiene en torno a esta modalidad teatral; es posible decir, en cambio, que el pú-

Enanos bufones, detalles del biombo
Alegoría de la Nueva España, siglo XVIII.

blico asiduo a ella y que con ésta se entretenía o divertía, era el de los correligionarios de las órdenes religiosas que la cultivaban, acompañados de autoridades civiles o eclesiásticas que habían hecho de esta dramaturgia parte de su habitual diversión. A diferencia del esencial carácter instructivo del teatro catequístico de los franciscanos, en el colegial/conventual prevalecía el tono laudatorio y de amena celebración.

Hubo en Nueva España otras maneras de manifestarse teatralmente; entre éstas se hallaban las representaciones callejeras que se ofrecían en espacios públicos, para solaz de espectadores fugaces, despreocupados de las exigencias formales requeridas por el espectáculo de los coliseos, tan controlados por la autoridad virreinal y por la censura que aplicaba. Elementos favoritos de este espectáculo, hasta donde hoy es posible afirmarlo, eran la sátira, la caricatura de personas y de personajes de la vida pública, o las piezas de magia y de "maquinismo", tan gustadas por el auditorio ambulante, pero tan obstaculizadas por la autoridad virreinal, sobre todo desde los inicios del setecientos novohispano, fuertemente matizado por la ideología de la Ilustración que, entre otras cosas, evitaba todo lo que no fuera explicable por el ejercicio de la razón. Así, eran inaceptables —incluso en coliseos— piezas como *El mágico catalán* (primera y segunda partes), que en su momento fue sustituida por *La escocesa*,[3] o bien comedias como *La fuente de la judía*, de Cristóbal Monroy, por dar lugar en su texto a un anillo y a polvos con capacidad para esparcir el viento.[4] Hacedores de este teatro eran pequeños grupos tal vez profesionales, si se considera que a veces procedían de compañías que por alguna razón habían sido marginados de los coliseos; eran actores y acaso empresarios que incluso habían llegado a Nueva España provenientes de otras regiones de la América española, particularmente de Cuba y de Perú. Los recursos técnicos de escenificación eran muy escasos y sólo les permitían un modo de supervivencia que debía estar atento a la acción inquisitorial, para no verse definitivamente excluidos del quehacer escénico; aun así, la Inquisición a veces los perseguía, y gracias a esto pudieron conservarse libretos que de otro modo se habrían perdido del todo.[5]

Del teatro dedicado a niños se conservan noticias de fines del siglo XVIII y, sobre todo, de los inicios del XIX. De la última década del setecientos, se tiene noticia del teatro que, para público infantil, escribió Fernández de Lizardi; sin embargo, hoy sólo se dispone de documentos que hablan de las solicitudes de representación que escribió el autor, y de las correspondientes negativas que le entregó la autoridad virreinal, sin expresarle las razones de ello. Al empezar el siglo XIX, el teatro infantil ya había ganado popularidad, e incluso se hacían ediciones de sus libretos.[6]

Variante de la teatralidad antes mencionada fue la comedia o "máquina" de muñecos, cuyo público mayoritario era el infantil. Sus inicios se dieron desde el comienzo del siglo XVII, su desarrollo continuó a lo largo de las centurias siguientes y no se ha detenido hasta hoy día, incluso a partir de libretos.

Desde sus primeros tiempos fue considerada una "diversión lícita y de sano entretenimiento", aunque a veces perseguida por autoridades virreinales, que no temían al espectáculo en sí, sino a los "abusos y desórdenes" que cometía la concurrencia.[7] Los hacedores de este espectáculo eran, en general, ex miembros de compañías teatrales o gente de muy escasa o nula instrucción, que veían en la "comedia de muñecos" un modo relativamente fácil de subsistencia, pues bastaba con la autorización oficial y con disponer de los elementos necesarios para tal espectáculo. La exigencia mayor para este modo de teatralidad era el que la "máquina" no fuera establecida a menos de cinco leguas (casi 28 kilómetros) de una población que tuviera coliseo o espacio para representaciones, pues ello restaría público e ingresos en taquillas, con el consiguiente perjuicio para los hospitales, que dependían de tales ingresos para su mantenimiento. Esa distancia hizo de la "máquina" un espectáculo poco más que suburbano o campirano, en donde con frecuencia se refugiaban actores de coliseo que huían de las autoridades virreinales por diversos motivos.

La finalidad de la comedia de muñecos era sólo la de divertir a un público heterogéneo y sencillo.

Las cinco modalidades espectaculares brevemente mencionadas tuvieron su razón de ser y su momento histórico dentro del contexto social en que se dieron; cada una tuvo su peculiaridad esencial, su finalidad, sus destinatarios y sus modos de acción escénica. Todas fueron de alguna manera trascendentales en su ámbito y para su público. El teatro de coliseo, por su parte, ascendió a un nivel tal vez más relevante, no sólo por su pervivencia a lo largo de más de dos siglos de virreinato, sino en particular por su diversidad, por la amplitud de su público y por la capacidad de orientarlo y de influir sobre él que, de modo consciente, ejerció la autoridad virreinal. Ésta quiso —y lo logró— servirse del teatro de coliseo para entretener a su amplio público, para sostener a los hospitales —como queda dicho— y para educar cívicamente a los espectadores. Así, de la noción aristotélica de "catarsis" (purificación o perfeccionamiento de la sensibilidad) se pasaba a la de reforma de costumbres, una idea y un propósito de gobierno que en Nueva España se ejerció con decisión.

LA FINALIDAD DE LOS COLISEOS

Del teatro de coliseo puede decirse que tuvo triple finalidad: beneficencia, formación cívica y entretenimiento. En ese orden. Beneficencia, porque —como aquí se ha mencionado— la autoridad utilizaba parte de los ingresos en taquilla para tener en funcionamiento los hospitales. Téngase presente, además, que el primer espacio teatral estable con el que contó la actividad dramatúrgica novohispana estuvo en el mismo predio que ocupó el hospital Real de Naturales;[8] el hecho denota hasta qué punto hubo una estrecha y prolongada convivencia entre dos entidades esencialmente distintas. Todavía a fines del siglo XVIII, el coliseo de la Ciudad de México era considerado "la más segura finca con que el hospital Real de Naturales ha contado siempre, para cubrir en parte las necesidades que continuamente le afligían".[9] Consecuencia interesante de esta situación —dicho sea en otro sentido— es el que en la actualidad hay que revisar simultáneamente los archivos de uno y otro ámbitos, porque entre lo referente a hospitales se encuentra a veces información sobre la actividad en los coliseos, e incluso algún texto teatral; por otra parte, en beneficio de un mejor conocimiento sobre hospitales, se vuelve necesario hurgar en papeles que hablan de los coliseos. Era tan grande el interés de la autoridad pública por este aspecto de la beneficencia, que cada vez que decaían las finanzas derivadas de los coliseos, la autoridad misma propiciaba funciones teatrales adicionales, o bien las "follas", es decir la puesta en escena de partes líricas de dos o tres comedias; este recurso siempre resultaba exitoso desde la perspectiva económica y en bien de los hospitales, pues las follas conseguían que los coliseos se llenaran. Era tan atractivo este espectáculo escénico, que por largas temporadas se le dedicaban los jueves o los sábados de cada temporada.[10] Además de lo dicho, los coliseos a veces apoyaban económicamente a otras instituciones o personas; en efecto, durante algunas temporadas el coliseo de México debió dar diariamente "cuatro reales de limosna" a instituciones eclesiásticas;[11] otras veces —menos frecuentes— se organizaban funciones en beneficio de algún miembro de compañía teatral, aunque en general estos acontecimientos no estaban permitidos.[12] Así, el beneficio de las escenificaciones en los coliseos resultaba casi inherente a la esencia del teatro novohispano.

Queda dicho que con el teatro de coliseo la autoridad virreinal se proponía especialmente dar formación cívica a españoles, criollos y mestizos. En diversas fuentes documentales se ha constatado que la autoridad civil le asignaba al teatro una finalidad que no guardaba relación con el arte dramatúrgico en sí mismo; en efecto, a lo largo de todo el siglo XVIII y aun iniciado el XIX, los diferentes funcionarios que tenían que ver con las escenificaciones en coliseos (censores, jueces de teatro y el virrey mismo) de muchas maneras insistían en que el teatro debía ser, antes que otra cosa, expresión de "honestidad y moderación, destinada a la corrección de los vicios, a la instrucción del pueblo, al alivio de la frágil naturaleza humana, mediante honesto recreo, que lleve al auditorio al ejercicio de mayores virtudes". Este texto anónimo era atribuido por un juez y censor teatral a "un erudito sabio de nuestra nación", es decir novohispano, quien se lo envió al virrey Revillagigedo en octubre de 1790.[13] El pasaje se refiere a la educación popular considerada en su amplio sentido, pero da cabida al recreo o deleite, con lo cual el "deleitar aprovechando" se convertía en una cualidad básica de la dramaturgia novohispana de coliseo, pues años antes del texto remitido a Revillagigedo ya se hablaba, en el ámbito gubernamental, de que el objeto principal del teatro era dar al público instrucción moral, de modo que la "virtud" resultara amable y en oposición al "odioso vicio"; así, destacaría el fin legítimo del drama, que es precisamente "deleitar aprovechando";[14] sin embargo, los jueces de teatro a veces también pedían que los entremeses, por ejemplo, fueran más modernos y de mejor gusto, para constituir diversión para el auditorio[15] y, desde luego, mayores ingresos en las taquillas. Este argumento en realidad consideraba más el aspecto financiero que la calidad dramatúrgica.

La diversión era un hecho que había que tomar en cuenta y que había sido atendido desde fines del siglo XVI (marzo de 1595), tiempo en el que el conocido y prestigiado autor teatral, bachiller Arias de Villalobos, afirmaba que tenía compuestas muchas comedias "divinas y de historia", que ya habían sido examinadas y aprobadas por el Santo Oficio de la Inquisición y por el Ordinario de la ciudad capital; con esas piezas, Arias de Villalobos pretendía no sólo demostrar su ingenio, sino sobre todo ayudar al entretenimiento público de la Ciudad de México.[16]

A pesar del propósito de entretenimiento que quería realizar la autoridad virreinal con el teatro de coliseo, éste fue considerado, a lo largo del siglo XVII, particularmente durante el XVIII y hasta inicios del XIX, un "taller para labrar héroes y reformar costumbres".[17] El reglamento teatral de 1786 seguía insistiendo en que la dramaturgia de coliseo debía orientarse a enseñar buenas costumbres y a ser ejemplo de vida, en medio de un modo de escenificación "puro y recto", tal como lo exigían la "santidad de nuestra religión y lo resuelto por su majestad".[18]

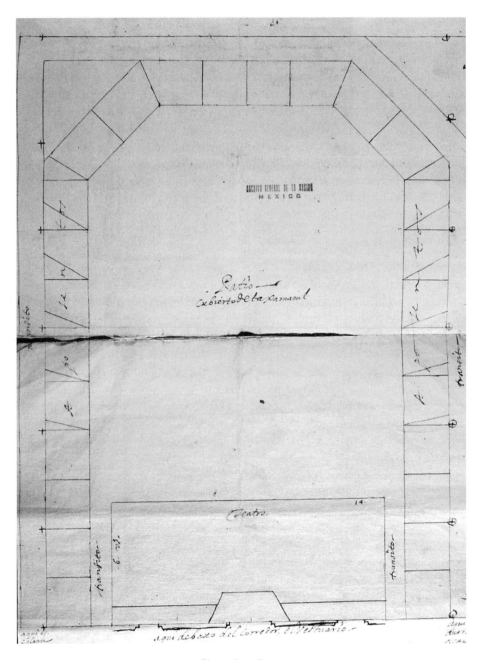

Plano de coliseo.

En los coliseos se procuraba ofrecer instrucción cívica y moral, pero también la relacionada con detalles que hoy resultarían intrascendentes, como el vestuario de los actores y del público, o el modo en que éste debía comportarse en el interior de la sala del espectáculo;[19] aspectos como éstos resultaban a veces —a ojos de la autoridad— más importantes que la calidad artística de una pieza representada. A la autoridad establecida le interesaba más una diversión "decente" que distrajera a los ciudadanos de "incidentes perniciosos" que ocurrían por falta de una loable diversión, como era llamada la comedia, que —según autoridades civiles— bien podía ser una auténtica escuela de moral, en donde incluso podían ser aprendidos los "lances de caballero", que harían mejor a la "tumultuaria y relajada juventud" que abundaba en la Ciudad de México.[20]

Los jueces de teatro abogaban por puestas en escena que sensibilizaran el ánimo de los espectadores y que les inspiraran una útil moralidad, a fin de que se cumpliera el propósito gubernamental de instruir y deleitar, mediante la representación misma y sus partes líricas,[21] pero sin perder de vista el orden, el decoro y la honestidad que pedían la religión y el Estado; este último debía responsabilizarse hasta del recato de las decoraciones, de modo que la representación no contuviera cosa alguna que ofendiera el "pudor" y la "decencia", y, si la tuviera, que pudiera suprimirse sin alterar la esencial escenificación. Con todo y los propósitos y reglamentos virreinales, el teatro de coliseo no siempre ofrecía obligadas escenas edificantes; más aún, la necesidad que había de sostener financieramente a los hospitales forzaba a jueces y a censores teatrales a tolerar comedias que —según ellos— no satisfacían los propósitos virreinales oficiales y que incluso contenían fallas que contravenían elementales reglas de preceptiva dramatúrgica; empero, había que aceptar tales deficiencias, pues de otro modo habría muy escasas representaciones, con el consiguiente perjuicio a las expectativas populares y a la buena marcha de los hospitales.[22]

La autoridad virreinal quería un teatro de coliseo destinado básicamente a la instrucción cívica y moral, pero al mismo tiempo —si las circunstancias lo permitían— con acción dramática, con expresión de sensibilidad, con nobleza y majestad,[23] cualidades dadas dentro de un marco de variedad temática, pero con unidad y coherencia, proporción y veracidad.[24]

Las características exigidas dejan ver, con la censura aplicada y con los reglamentos conocidos, cómo querían las autoridades que fuera la vida pública y cotidiana de la gente común: alejada ésta de preocupaciones sociales y atenta sólo a sí misma y a su núcleo familiar, en la que el teatro era considerado el medio popular de diversión por excelencia, al lado de las peleas de gallos y las corridas de toros, que, aunque con menor importancia, a veces estas últimas eran parte del espectáculo escénico, en el que las corridas de novillos se intercalaban en una función, con el propósito de incrementar los ingresos en taquilla. Cierto es que se prefería que tales corridas no se dieran como parte de la representación, pero las razones económicas prevalecían; éstas también daban lugar a las follas, que ocasionaban los llenos de los coliseos, con el consiguiente beneficio para los hospitales.

LOS REGLAMENTOS

El modo de lograr los fines asignados a la dramaturgia era la aplicación de "providencias", avisos, ordenanzas y reglamentos, que nunca faltaron a lo largo de la vida escénica del teatro novohispano de coliseo, que en México se inició en 1641, año en que quedó en pie el Coliseo Viejo.[25]

Antes del siglo XVIII, la actividad teatral careció de reglamentos en el sentido estricto de la palabra; las autoridades civiles expedían diversas clases de documentos, generales o imprecisos, que consideraban hechos meramente circunstanciales, como aquel de 1574 respecto a la prohibición para representar comedias en una iglesia, sin que antes fueran vistas por los integrantes de la Audiencia de México.[26] Decisión de reglamentar la actividad teatral en los coliseos se dio hasta el último tercio del siglo XVII y particularmente durante el XVIII, influido éste por la Ilustración borbónica. En todo caso, la reglamentación hoy conocida puede ser agrupada en dos criterios fundamentales: uno que podría ser llamado de índole externa y otro de carácter interno. El primero atendía aspectos intrascendentes respecto del arte dramático, pero que hoy permiten constatar los hábitos propios o impuestos al público asiduo al teatro. Así, los espectadores debían acatar el horario vespertino fijado para las representaciones; ya en éstas, el público debía evitar permanecer embozado en las escaleras, o que gente extraña se encontrara en lugares destinados a los actores; el mismo público se abstendría de introducir y consumir golosinas durante una puesta en escena, aunque podía hacerlo antes de ingresar en la sala; esta reglamentación, sin embargo, era con frecuencia infringida. El presentador de una función lo haría con plena formalidad, evitando frases ridículas, chocarreras y bufonadas, para que los espectadores no tuvieran ocasión de interpelarlo, ni tampoco a los actores o a otros asistentes. En general, a los concurrentes se les quería impedir que expresaran en voz alta o a gritos su simpatía o rechazo hacia todo lo que sucedía en el interior del coliseo.

Por su parte, el arrendatario de éste y las autoridades correspondientes estaban obligados a mantener aseado el edificio, con buena iluminación pero sin riesgo de incendio; además, debían determinar con oportunidad cuáles eran los programas mensuales de cada temporada y darlos a conocer al público con suficiente anticipación, así como a los actores, para que éstos manifestaran a tiempo "su gusto, inclinación y satis-

---

Poca devoción en las representaciones de Navidad

Es señor, protesto el respeto debido, muy indecoroso a nuestra sagrada religión, la representación que se hace en muchas casas de esta capital de los misterios sacrosantos del nacimiento y encarnación del Verbo Divino... Todas estas representaciones, en lugar de contener la prosa y verso unas expresiones de ternura, afecto y devoción, para mover a los oyentes a devoción, por lo regular no se ven más que unos afectos impropios e impuros. Allégase a esto que acabada la representación, y muchas veces en los intermedios, se mezclan bailes profanos, torpes, etcétera, con embriagueces y otros mil desórdenes... Por lo que me ha parecido deberlos denunciar, como lo hago, para que sólo se permitan a las religiosas, que es en quienes se verifican los buenos deseos y afectos de ternura, devoción, amor y consideración hacia tan respetables misterios.

"Escrito contra coloquios y petición de un edicto que los prohíba", AGN, Inquisición, vol. 1312, exp. 17, ff. 143-144.

---

facción" y, a fin de cuentas, su aceptación del trabajo profesional que se les asignaba, pues la relación entre el asentista o empresario y su compañía de actores debía darse con respeto y cordialidad. Estas partes involucradas también definían, de común acuerdo, los días y el horario en que se harían los ensayos, así como sus previsibles ausencias. De lo que acontecía sobre el escenario y en la sala, un juez estaba atento, para sancionar posibles infracciones a lo reglamentado. Había vigilancia incluso sobre lo que pasaba en la proximidad del coliseo, pues se cuidaba la fluidez del tránsito de los coches, por ejemplo.[27] Había otros modos de regular el contexto de lo propiamente teatral: se quería evitar el ruido excesivo en el interior de la sala, que el público fumara en ésta, que los espectadores no entablaran diálogo de un lado a otro de los palcos y que vistieran con decoro, igual que los actores al representar su papel sobre el escenario; ellos, por otra parte, debían atenerse a lo que el libreto les asignaba, sin alterarlo en sentido alguno, y además, estaban obligados a cumplir con lo establecido por su contrato, a riesgo de ser sancionado cualquier incumplimiento.[28]

El que líneas antes ha sido llamado criterio de índole interna es el que propiamente se refería al arte teatral en sí mismo, aunque de modo muy escueto, pues como ya se ha dicho, a la autoridad virreinal le interesaba más el efecto cívico-educativo de la dramaturgia que su mérito escénico y literario. En este sentido, por principio de cuentas se exigía que los libretos no se ocuparan de vidas de santos ni de temas "sagrados", aunque la realidad hacía ver que esto no siempre era respetado, a pesar de que revisores y censores de las piezas debían cuidar este aspecto, lo mismo que el de los bailes y tonadillas que a veces se les intercalaban.[29] Prohibición equiparable era la referente a comedias de "magia y de maquinismo", aunque esto se hizo más intensamente durante el siglo XVIII, por imperar en él "la cordura de un gobierno ilustrado".[30]

Actores de la comedia del arte, detalle del biombo
Alegoría de la Nueva España, siglo XVIII.

Cuando se trataba de aplicar una censura desfavorable, entonces sí las autoridades correspondientes se apoyaban incluso en criterios aristotélicos como los referentes a las "tres unidades" de acción, tiempo y lugar; se invocaban también la coherencia y la verosimilitud de los hechos ofrecidos, además de su organización y proporción; empero, cuando no eran considerados los "políticos oídos", entonces las cosas se dejaban pasar, porque, de impedirlo, "no habría comedias que representar"; así, sólo se cuidaba que los actores trabajaran con profesionalismo, dando énfasis a su capacidad de concentración. Toda esta situación se acentuó a lo largo del siglo XVIII,[31] pero los antecedentes se dieron desde que en la Ciudad de México se construyó el primer coliseo, poco antes de la mitad del siglo XVII. En realidad, desde este tiempo y hasta entrado el siglo XIX, los modos con que se dio la dramaturgia novohispana de coliseo fueron determinados por las mismas ideas que aquí han sido referidas.

EL PÚBLICO

Vistos la finalidad y los reglamentos que señalaban camino al quehacer teatral de coliseo, podría pensarse que el público potencial no tendría gran interés por esa dramaturgia; sin embargo, ésta era importante medio de entretenimiento popular que, con altibajos, pervivió a lo largo de todo el virreinato; de esto hablan las prolongadas y nutridas temporadas y programaciones teatrales,[32] a las que era aficionado un heterogéneo público, compuesto por el propio virrey y su familia, quienes se hacían acompañar de su allegada gente de corte; también asistían españoles peninsulares, criollos y mestizos, tanto varones como mujeres, aunque estas últimas en notoria minoría, como sucedía en todos los coliseos del mundo hispánico. También eran espectadores algunos representantes de profesiones liberales (médicos y abogados) e individuos con buen nivel de cultura, como curas y frailes, a pesar de que ellos tenían prohibida su asistencia al espectáculo teatral de coliseo, pero en éste como en otros aspectos, con frecuencia los impedimentos reglamentarios no eran tomados en consideración; hay que recordar, además, que uno de los dos censores de teatro era, por costumbre, un miembro del clero secular. Elementos de la milicia eran asiduos concurrentes, lo mismo que artesanos, labradores y comerciantes. Parte importante de la sociedad novohispana asistía al coliseo, que entonces daba buena idea de su constitución y de sus peculiaridades; sin embargo, había un sector de población —no menos significativo— que estaba excluido y marginado en barrios y pueblos en los alrededores de la Ciudad de México, eran los indígenas y los negros,[33] quienes, por su condición étnica y por su carencia de recursos económicos, no tenían posibilidad alguna de presenciar un espectáculo escénico de coliseo. Exceptuadas estas dos últimas clases de pobladores, cualesquiera que quisieran y pudieran pagar su boleto y "hacer valer sus derechos ante el Estado, organizarse legalmente y recibir asistencia",[34] podían asistir a una puesta en escena.

El público era disímil, pero había una especie de común denominador: la incultura y escasa educación e instrucción cívica; esto derivaba en desorden y ruido dentro de la sala, incluso durante la representación, pues los espectadores conversaban, entraban y salían sin discreción alguna; esto mismo hacían los vendedores ambulantes, a pesar de la prohibición establecida en los reglamentos. Los concurrentes instalados en las partes elevadas del coliseo, sin recato alguno lanzaban hacia abajo toda clase de obje-

---

Ataques episcopales contra las comedias

Porque no son las comedias sino un seminario de pasiones, de donde sale la crueldad embraveci-
da, la sensualidad abrasada, la maldad instruida para cometer pecados. ¿Qué cosa hay allí que sea
de piedad y religión? Ver hombres enamorando, mujeres engañando, perversos aconsejando y disponiendo pecados.

Juan DE PALAFOX [1649], "Prohibición a los curas de asistir a comedias, fiestas y juegos. Carta exhortatoria a los
curas y beneficiados de la Puebla de los Ángeles", en *Obras completas* (1762), vol. III, epístola II.

---

tos, incluidos desperdicios de lo que comían durante su permanencia en la sala.[35] Como en la península ibérica, buena parte de la audiencia iba al coliseo, no tanto para presenciar una obra, sino para "galantear, a ver a los demás como espectáculo, a cumplir
con el rito social".[36] Así, coliseos ibéricos y novohispanos constituían espacios para tur-
bas ociosas que colmaban la sala y la inundaban con el olor y el humo de los puros que
chupaban; era una hez a la que, a pesar de su relajación, actores y directores querían
agradar e incluso halagar. Las salas hacían eco con sarcasmos e injurias, y los espectadores reían con risa inextinguible y la sala resonaba con sus aplausos.[37]

EL ESPACIO TEATRAL Y LA ORGANIZACIÓN DEL ESPECTÁCULO

Público y compañías teatrales coincidían, desde el último tercio del siglo XVI, en espacios escénicos que no eran precisamente coliseos, pero que cumplían la misma función
que éstos, aunque con menos recursos técnicos y financieros. En efecto, la Ciudad de
México contaba con "casas de comedias" como las de Francisco de León, Gonzalo de
Riancho y Cristóbal Pérez;[38] las tres debieron ser edificaciones sencillas con patio central descubierto y rodeado de endeble gradería de madera, cubierta con frágil techum-
bre. Después de estos primeros escenarios, surgió, hacia 1665,[39] el destinado al mismo fin dentro de los terrenos del hospital Real de Naturales. Cuando este espacio dejó
de existir, la autoridad virreinal decidió construir un teatro más firme e independiente del hospital, que resultó ser el Coliseo Viejo, que perduró hasta 1722, año en que
fue destruido por un incendio, y arrasado para dar lugar a una nueva edificación, que
quedó concluida en 1725 con el nombre de Coliseo Nuevo. Éste era de cuatro niveles,
con amplio espacio central que disponía de cuatro filas de bancas en la parte más
cercana al proscenio. En la zona más elevada se hallaban los espacios destinados, por
separado, a varones y a mujeres. En ese nivel estaba instalado el cable que descendía
hasta el escenario; era el que permitía la aparición de seres fantásticos en las represen-

taciones que lo requerían.[40] El teatro podía acoger más de 800 personas, que, de alguna manera, describían la estructura social novohispana, empezando, en la planta baja o luneta, con autoridades civiles y españoles y criollos peninsulares, y concluyendo, en el cuarto piso, con los espectadores de menos recursos y a veces también con los más incultos.

El teatro de coliseo estaba bien organizado. Después de subasta pública, el edificio era rentado[41] por las autoridades de la ciudad a un asentista o empresario (en ocasiones también actor, director e incluso autor),[42] quien se encargaba de contratar a los integrantes de su compañía: actores, músicos, bailarines, cantantes, tramoyistas. Decidida la contratación, se emprendía la lectura de atril y los ensayos, que probablemente no eran muy concienzudos, en vista de las imperfecciones que resultaban durante la representación. Las causas eran imputables al escaso profesionalismo de algunos actores, quienes, además, al parecer no disponían de una escuela que los formara. Hoy se sabe de la existencia de una, en Puebla, pero quizá se ocupaba sólo del aspecto coreográfico y no con mucha respetabilidad, pues su propietario o director se vio inmiscuido en un conflicto con matices de inmoralidad.[43] La falta de actores competentes hacía que con relativa frecuencia se recurriera a la contratación de extranjeros, procedentes, la mayoría de las veces, de España,[44] Perú o Cuba[45] y, ya entrado el siglo XVIII, de Italia. Por otra parte, la irresponsabilidad y condición liosa y conflictiva de los actores hacía que éstos se vieran a veces en problemas legales, que repercutían de forma nociva en las representaciones, pues ocasionaban inesperadas ausencias en las compañías teatrales; otras veces, los actores simplemente desertaban de su compañía, para irse a trabajar a otras plazas teatrales: Puebla, Orizaba, Tlaxcala o Querétaro, por ejemplo.[46]

El calendario o programa mensual de representaciones de cada temporada de los coliseos debía ser presentado por el asentista con anticipación al inicio de cada mes, para que los censores designados tuvieran tiempo para leer y dictaminar los libretos representables, que eran numerosos y heterogéneos. En una muestra elegida al azar,[47] se observa que en el mes de octubre de 1793 fueron representadas, en el Coliseo Nuevo de la Ciudad de México, 23 piezas —aparte de loas y de entremeses— de las cuales 19 eran de autores peninsulares —entre los que destacaba Calderón de la Barca—, dos franceses —Molière y Racine— y dos comedias sin indicación de autor, aunque esto posiblemente se debió a un grado tal de adaptación o paráfrasis, que resultaba casi imposible identificar al autor o autores. Este hecho ocurría con frecuencia. Además, hubo dos follas o selección de partes con música y canto, de por lo menos dos comedias.

La programación mensual estaba sujeta a dos etapas de censura: la primera era la practicada por dos censores, con antelación al espectáculo; la segunda ocurría durante la representación misma y estaba a cargo de un juez ubicado como espectador en el in-

Hospital Real de Naturales con el techado del coliseo,
detalle del biombo *Vista de la Ciudad de México* o de los condes de Moctezuma,
atribuido a Diego Correa, *ca.* 1692.

terior de la sala. La práctica de la censura era bien conocida en la península ibérica, y en México fue establecida, al menos, desde el último tercio del siglo XVI; de ello hay numerosos testimonios documentales.[48]

En el siglo XVII, los criterios no reglamentados para aplicar la censura eran varios; por ejemplo, se trataba de evitar las escenificaciones en el exterior de alguna sede eclesiástica, con mayor razón si ocurría en su interior. Tampoco se quería la participación indígena sobre la escena, ni siquiera como ficción; así, en una ocasión fue censurada una pieza porque presentaba como sacristán a un supuesto indígena que además decía la misa. No se permitía el uso ni mucho menos el abuso o paráfrasis de las "sagradas escrituras". Tampoco se permitía —ni veladamente— alusión alguna ni el más leve cuestionamiento a la "limpia concepción de la Virgen María". En esta misma dirección, se volvía sancionable cualquier pieza que se refiriera críticamente a los sacramentos de la Iglesia católica; más aún, era reprochable el que un libreto contuviera mención a instituciones eclesiásticas, como era el caso del Tribunal de la Inquisición, y más todavía si el tono era burlesco. También era objeto de censura inquisitorial el que mujeres de vida deshonesta —como eran consideradas las prostitutas— participaran de algún modo en una representación hecha en honor de algún santo.[49]

Como se verá, durante el seiscientos la censura teatral atañía a aspectos de índole o matiz religioso; en el siglo XVIII entraron en juego otros criterios, además de los anteriores; así, se ponía especial atención a comedias de tema histórico (*México rebelado* o *Hernán Cortés en Cholula*, por ejemplo), para evitar interpretaciones populares, políticamente inconvenientes para el gobierno virreinal; éste también intervenía para impedir puestas en escena durante calamidades públicas como las epidemias;[50] lo mismo hacía con piezas que consideraba que inducían al libertinaje, o que presentaban acciones de bandoleros o hechos moral y legalmente sancionados, como el adulterio.[51] Otras veces se impedían las representaciones que incluyeran "bailes y sones prohibidos".[52]

Recomendaciones a los actores y al público

Reglamento 23. Ningún actor, actora, cantarina, sainetero o bailarín nombrará o señalará con palabras o acciones a persona ninguna en particular en ninguna de las piezas que ejecuten, excusando igualmente toda sátira en los hechos o dichos, directa o indirectamente; y de la misma suerte excusará también el público... las invectivas con que se ha sólido insultar a los actores y excitarlos al propio tiempo a lo mismo que debieran evitar.

Reglamento teatral emitido por don Bernardo de Gálvez, 1786, en Germán VIVEROS (1990), *Teatro dieciochesco de Nueva España*, p. 224.

CENSORES Y JUECES

Ejecutores de las dos etapas de la censura eran, en primer término, dos personas: un funcionario de la administración civil, nombrado por el virrey, quien actuaba en primer término durante el proceso calificador, y que debía ser elegido por su honorabilidad al desempeñar su trabajo como funcionario, aunque también contaba la confianza que le dispensaba el virrey. En segundo lugar participaba un religioso —sacerdote o fraile—, quien era escogido por su erudición y virtuosismo. Este segundo censor actuaba sin desearlo, pues la institución eclesiástica consideraba que el teatro era incompatible con la práctica religiosa;[53] sin embargo él, por disciplina, se veía forzado a realizar ese trabajo, en el que actuaba con máximo rigor. Ambos censores atendían su responsabilidad procurando ofrecer resultados 15 días antes de que el asentista formulara el programa mensual definitivo; ellos también censuraban con motivo de una precisa denuncia,[54] por solicitarlo el virrey en turno o con motivo de la celebración de algún festejo público importante que incluía representaciones teatrales, como era el caso del día de Corpus.

La última etapa censora era la que cumplía el juez teatral durante la función misma en el coliseo. Tal juez estaba allí para constatar que se cumpliera lo dicho por escrito por los dos censores previos, pero además debía considerar el criterio de selección de obras aplicado por el asentista o empresario y otros aspectos secundarios, como la conducta del público en el espacio teatral, o bien lo apropiado del vestuario, tanto de concurrentes como de actores en escena.[55] Este juez podía ser cualquier ciudadano —no del clero— designado por el virrey, quien incluso podía elegir a un coronel de infantería.[56] Los libretos escenificados, así como los rechazados o en parte modificados, eran archivados en el coliseo por el asentista, pues él con pleno arbitrio había escogido las piezas que podían constituir un programa.[57]

Prohibiciones que sancionan prácticas comunes en los teatros

1. Que los mozos que venden dulces y agua lo hagan sin gritar, y sólo en los intermedios de la representación, dejándose ver por los costados de las bancas o entrando por los claros de ellas...

10. Que siendo tan general el uso de tabaco de humo en esta capital, no se impide en el Coliseo, pero se prohíbe el que los concurrentes arrojen desde la cazuela y palcos yesca encendida y cabos de cigarros al patio, por haber sucedido no pocas veces que se quemen los vestidos y capas de las personas que ocupan los palcos más bajos... Prohibiéndose igualmente que escupan al patio, tiren cáscaras de fruta, cabos de velas y otras cosas con que incomodan al concurso, manchan la ropa y suscitan algunas riñas.

"Aviso al público. Para la mayor seguridad, decencia y buen orden en la concurrencia a las diversiones de este teatro", 1790, en Luis González Obregón (1987), *México viejo*, p. 355.

LAS COMPAÑÍAS TEATRALES

En Nueva España, el sistema de las compañías teatrales se dio desde fines del siglo XVI, años en que existía la de Gonzalo Riancho; iniciado el siglo XVII, hubo al menos dos: la del malagueño Marco Antonio Medrano y la del genovés Marco Antonio Ferrer, aunque éste emigró a Perú en 1606 junto con su mujer que también era actriz. Conforme avanzó el siglo XVII, el número de compañías se incrementó hasta 12, lo que evidencia la popularidad del espectáculo teatral en Nueva España.[58] Estos grupos de trabajo eran promovidos y organizados por un asentista o empresario, que era un profesional del teatro por vocación y que contaba con amplia experiencia como director y actor; tenía autoridad y capacidad para armonizar a personas muchas veces discrepantes y conflictivas; él era un hombre relacionado con autoridades públicas y con alguna capacidad financiera para conseguir el arrendamiento de coliseos, que era pagado por él; además, era el responsable último de las puestas en escena y de todo lo concerniente; así, él contrataba y pagaba a los actores, músicos, cantantes, bailarines y tramoyistas, cuidaba también los ensayos y atendía lo relacionado con reparaciones del edificio teatral y sus finanzas,[59] todo esto sin considerar que a veces el asentista era igualmente autor, actor o adaptador de obras, "por falta de autores";[60] un caso paradigmático de tal actividad fue —en el siglo XVIII— Juan Manuel de San Vicente, quien llegó a tener una compañía de 40 personas, y a ser calificado como "intrépido" y de "genio ardiente".[61]

La mayor parte de las compañías teatrales estaba constituida por escasos miembros, que en general se caracterizaban por su ignorancia y hasta analfabetismo. Ante la "inopia de cómicos", los asentistas buscaban actores fuera de Nueva España, y las autoridades apoyaban esas intenciones, para lograr mejor lucimiento del espectáculo;[62] la búsqueda de tales elementos se daba sobre todo en España y en Cuba, países en donde buenos profesionales estaban deseosos de instalarse en Nueva España; esta situación perduró hasta bien entrado el siglo XIX.[63] Hubo ocasión en que la ignorancia y poca calidad de los escasos actores hizo que un asentista solicitara a la autoridad competente que excarcelara a alguna buena actriz acusada de homicidio en Puebla, para que de ese modo se llenara un vacío profesional en el coliseo de la Ciudad de México.[64] Si algunos actores sufrían y hacían sufrir por su ignorancia, músicos, cantantes y bailarines los aventajaban en eso. Había cantantes, por ejemplo, que no firmaban su contratación por no saber escribir.[65]

Los actores llegados a México procedentes de otras ciudades o países del mundo hispánico se obligaban a permanecer en ciudades novohispanas durante 15 años; sin embargo, esta exigencia no siempre se cumplía; así, miembros de compañías teatrales las abandonaban por diferentes razones y se volvían tránsfugas perseguidos por las autoridades. No eran pocos estos casos.[66]

Hombres tocando la guitarra, detalle del cuadro anónimo
Visita de un virrey a la catedral de México, 1720.

La temporada teatral era prolongada: un promedio de 49 semanas por año; además, cada función estaba integrada por una loa, los actos o jornadas y los entremeses, de modo que los directores de las compañías debían estar muy atentos a que sus miembros cumplieran puntualmente con su contrato, para que no se afectaran las puestas en escena; más aún, a veces los actores se veían obligados a continuar su trabajo más allá del tiempo establecido en su contrato, si había escenificaciones extraordinarias, como las de beneficencia;[67] tales representaciones eran las llamadas "comedias de pilón", y en una temporada podían darse 10 como promedio. Como se verá, tal cúmulo de trabajo hacía que un actor profesional estuviera dispuesto y preparado para cinco funciones semanales, lo cual lo obligaba a tener listo un repertorio de hasta 64 "comedias hechas".[68] Estas circunstancias eran desfavorables para los actores, quienes no se daban el tiempo necesario para ensayar ni respetaban los horarios que les eran impuestos, todo ello en detrimento de su profesionalismo.[69] Entre otras razones, el exceso de trabajo forzaba a los actores a buscar mejores condiciones para desempeñarse en coliseos; ellos emigraban ilegalmente a diferentes ciudades y se hacían actores itinerantes, que muchas veces acababan formando compañías de titiriteros en suburbios o de plano en zonas rurales.[70]

AUTORES REPRESENTADOS. LA CALIDAD DRAMÁTICA

Durante los siglos XVII y XVIII, la autoridad civil quiso un teatro de coliseo destinado básicamente a la burguesía y al novohispano común, para imponerles un modo de moralidad y de civismo, en un marco de entretenimiento sencillo, que mostrara algo de la cotidianidad de los espectadores; se quería que los concurrentes se identificaran o reconocieran sobre el escenario, para de ahí obtener orientación para su conducta privada y pública. No interesaba mucho la teatralidad artística,[71] se prefería la comedia ligera o lacrimosa, el drama burgués y hasta el vodevil, tal como ocurría en la España peninsular y en Francia,[72] país éste que era uno de los polos de atracción teatral, sobre todo en el siglo de los ilustrados. Era una dramaturgia dirigida en particular al español peninsular radicado en México, al criollo y en menor grado al mestizo; no al indio, porque éste, como hemos visto, hasta como ente de ficción escénica estaba excluido de los espacios de representación en coliseos.

Para cumplir con la finalidad asignada al teatro, los autores elegidos eran muchos, especialmente de la península, pero también franceses y en ocasiones italianos; por ejemplo, Pedro Calderón, Juan Pérez de Montalbán, Pierre Corneille, Francisco Rojas Zorrilla, Agustín Moreto, Jean-Baptiste Molière, Jean Racine, Francisco Bances Candamo, Antonio de Zamora, José de la Mota y Silva, José de Cañizares. Hubo autores novohispanos o españoles que hicieron vida literaria en el virreinato, pero éstos eran escasamente considerados para la representación de sus obras, y cuando esto sucedía se les aprovechaba para el espacio de loas o entremeses, como un recurso para ir presentándolos en el ambiente escénico. Se encuentran nombres de comediógrafos, pero hasta ahora no sus huellas en programaciones de coliseos o en documentación relacionada con ellas; así, habrá que conformarse con citar, por ejemplo, a Agustín de Salazar y Torres, Juan Ortiz de Torres, Antonio Medina Soler y Alonso Ramírez de Vargas.[73] Con notables excepciones, la dramaturgia de coliseo del seiscientos constituía muestra del decadente teatro español peninsular, como lo evidencian obras de autores como Pérez de Montalbán, quien vio severamente juzgado y censurado su libreto de *El valor perseguido y traición vengada*. La censura, sin embargo, perdía rigor después de ser rechazada por primera vez una comedia; en efecto, con posterioridad se omitían frases y pasajes considerados inconvenientes, para finalmente permitir la representación.[74] Con estos comediógrafos y su obra el gobierno virreinal quería moldear costumbres cívicas y moralidad pública.

Hay, por otra parte, un hecho que merece ser relatado. Durante los siglos XVII y XVIII, la dramaturgia no sólo era representada, sino también muy leída. En efecto, la recepción y distribución novohispanas de textos teatrales impresos se habían popularizado a tal grado, que, a pesar de oposiciones significativas como la del arzobispo Francisco Aguiar y Seijas, los libretos se encontraban por todas partes; se vendían en "lotes" o paquetes de 12 ejemplares cada uno, o bien por ejemplares sueltos.[75] Esta afición por la lectura dramática perduró al menos hasta concluir el setecientos. Se conoce bien el intenso movimiento de compra-venta que había de libretos teatrales. En 1786, por ejemplo, desde Cádiz un tal Juan Pisón envió a México el texto de la comedia *El curioso entretenido*, para su venta en el virreinato; pero junto con ese texto llegaron 1 100 títulos diversos más, a manos de un librero de nombre José Perales, en Sayula, Jalisco, quien los vendería por lotes.[76] Como se verá, la dramaturgia en Nueva España —representada o leída— debió tener algún modo y grado de efecto en sus pobladores, independientemente de lo anhelado por sus gobernantes.

El público disfrutaba el teatro y su ambiente en los coliseos con la naturalidad, la fantasía, el lirismo, la crítica, la ridiculez, lo absurdo, la musicalidad o con la combinación de algunos de estos elementos. Los libretos podían ser buenos o malos por sí mismos. Lo que a veces alteraba esa idiosincrasia era el modo de la puesta en escena, el trabajo actoral o incluso el comportamiento del público dentro de la sala, es decir factores externos a la obra en sí; esto era lo que deterioraba la imagen del teatro de coliseo a ojos de autoridades civiles y eclesiásticas, que lo aceptaban sólo porque cumplía con el propósito de distraer las preocupaciones sociales. De estos hechos hay numerosos testimonios; uno notable es el que externó el viajero Gemelli Carreri hacia fines del siglo XVII (1698), cuando visitó la capital del virreinato y se dio ocasión de asistir a su coliseo. Le tocó en suerte una puesta en escena de *La dicha y desdicha del nombre*; fue tan mala, que el viajero afirmó que hubiera preferido pagar por no ser su espectador.[77] Situaciones como ésta también las refirió un siglo después un alabardero y asistente del virrey Revillagigedo, de nombre José Gómez. Él, acompañante obligado del virrey, asistió a representaciones teatrales con las características indicadas por Carreri; el hecho hace ver que la escenificación en los coliseos no había evolucionado en 100 años.[78]

Durante el espectáculo el público se entretenía y divertía y desahogaba sus cuidados y preocupaciones; de este modo las autoridades veían satisfecho uno de sus propósitos en relación con el teatro, aunque no fuera el más importante, pues éste era educar cívicamente.

Concurrentes a coliseos y autoridades, sin proponérselo, daban y siguen dando idea de una faceta de la vida diaria y sencilla novohispana, sólo en apariencia intrascendente.

ELEMENTOS METATEATRALES

El espectáculo teatral de coliseo con alguna regularidad incluía, como parte de su representación, otro tipo de entretenimiento, como finalmente fueron las corridas de novillos o las peleas de gallos sobre el escenario, a modo de un entremés, aunque sin la formali-

El palo volador, detalle del biombo
El Volador, siglos XVII–XVIII.

dad que tenían en palenques y plazas. En todo caso, el propósito de tal inclusión en los coliseos era claro: se trataba de asegurar el lleno de la sala, a fin de que los ingresos en taquilla alcanzaran para subvencionar el sostenimiento de los hospitales. La intención oficial era satisfecha con creces, dada la popularidad que tuvieron estos tres modos de entretenimiento, a pesar de que toros y gallos dentro de los coliseos no fueron bien vistos durante la administración virreinal, por el desorden, abusos y excesos que propiciaban, además de que eran considerados incongruentes con el objeto del teatro. El hecho era incluso sancionado en los inicios del siglo XIX,[79] y se le veía equiparable a la inclusión de aspectos de vida de santos dentro de una comedia; empero, las razones financieras siempre hicieron valer su peso. Hay que considerar, por otra parte, que peleas de gallos y corridas de novillos tenían espacios propios fuera de los coliseos, pero siempre en contra de la opinión del clero particularmente, con todo y que acontecimientos públicos notables eran celebrados —en España y en América— con corridas de toros.[80]

Danzantes indios en una fiesta, detalle del biombo con escenas
de la plaza Mayor de México, la Alameda e Iztacalco, siglo XVII.

La pelea de gallos no fue menos importante, pues se convirtió en un elemento lú-dico muy difundido y casi cotidiano,[81] pero no en los coliseos.

Así, novillos y gallos, en los coliseos, eran sólo un complemento de la esencial ac-ción teatral, cuando ésta de por sí no era capaz de atraer espectadores suficientes.

El teatro de coliseo estuvo reglamentado desde todo punto de vista: en lo interno, esencial o dramatúrgico y en lo externo (el espacio teatral y su uso, la administración, el público y su conducta dentro de los coliseos, por ejemplo), no obstante, la aplicación de las normas era flexible a la vista de los intereses financieros de los gobernantes; pa-ra lograr éstos sus propósitos, el medio siempre eficaz fue la censura, que no impidió del todo la fecundidad del teatro de coliseo ni obstaculizó su variedad, haciendo con ello que el teatro fuera —tal vez— la diversión popular por excelencia. No obstante, no pocas veces la censura hacía que las obras y el trabajo actoral derivaran en resultados escenificables poco profesionales o con alguna dosis de improvisación. A pesar de to-do, el teatro de coliseo cumplía —desde el punto de vista del gobierno virreinal— con la finalidad que éste le había asignado desde siempre: reformador de costumbres; el he-cho repercutió socialmente, en demérito de la calidad estético-literaria, pero esto era lo deseado por las autoridades, en particular durante la segunda mitad del siglo XVIII.

NOTAS

[1] HORCASITAS, 1974.

[2] ANUNCIACIÓN, 1996.

[3] BNM, ms. 1413, f. 179r.

[4] INAH, Colegio de San Gregorio, t. 151, ff. 196-197.

[5] Ejemplo dieciochesco de esto lo constituyen las mojigangas *De los frailes* y la dedicada *A Carlos IV y su estatua.*

[6] Muestra de ello son algunos folletos conservados en la biblioteca del INAH.

[7] AGN, General de Parte, t. 45, expediente 207.

[8] Véase, por ejemplo, el libro de A. ZEDILLO CASTILLO: *Historia de un hospital. El Hospital Real de Natu-rales.*

[9] BNM, ms. 1413, ff. 159r-163r.

[10] Al respecto pueden consultarse programas teatrales conservados, por ejemplo: AGN, Historia, t. 478, expediente 6.

[11] BNM, ms. 1413, f. 56r.

[12] SCHILLING, 1958, p. 265.

[13] BNM, ms. 1410, ff. 151-156.

[14] BNM, ms. 1412, f. 263.

[15] BNM, ms. 1413, f. 122.

[16] AGN, Historia, t. 467, f. 1.

[17] AGN, Historia, t. 473, expediente 16.

18   AGN, Bandos, t. 14, f. 62.

19   BNM, ms. 1410, f. 80.

20   AGN, Historia, t. 467, expediente 8.

21   AGN, Historia, t. 473, expediente 16.

22   BNM, ms. 1410, ff. 62 y 75, 80, 306 y 333.

23   AGN, Historia, t. 473, expediente 9.

24   AGN, Historia, t. 473, expediente 9, f. 305.

25   AGN, Hospitales, t. 17, f. 323.

26   INAH, Colección Paso y Troncoso, legajo 29, número 13.

27   INAH, Colegio de San Gregorio, t. 153, ff. 10-22.

28   INAH, Colegio de San Gregorio, t. 151, ff. 83-86.

29   BNM, ms. 1410, ff. 236-241.

30   AGN, Correspondencia de Virreyes, Silvestre Díaz de la Vega, "Discurso sobre los dramas", t. 150, ff. 83-107.

31   Detallado ejemplo de esto puede verse en: BNM, ms. 1410, ff. 304-324.

32   Al respecto puede verse, por ejemplo: AGN, Historia, t. 478, expediente 6.

33   VIQUEIRA, 1987, p. 72.

34   RUBIAL, 1999, p. 40.

35   VIQUEIRA, 1987, p. 73.

36   DÍEZ BORQUE, 1974, p. 27.

37   SUREDA, 1982, p. 116.

38   El tema del "espacio teatral" ha sido magníficamente estudiado por Giovanna RECCHIA, a quien se le debe la autoría de un libro con ese nombre; a él se remite para disponer de valiosos detalles.

39   ZEDILLO, 1984, p. 364.

40   RECCHIA, 1993, p. 67.

41   AGN, General de Parte, t. 42, expediente 319.

42   Fue el caso, a mediados del siglo XVIII, de Juan Manuel de San Vicente. BNM, ms. 1410, ff. 373-378.

43   BNM, ms. 1411.

44   INAH, Hospital Real de Naturales, t. 104, expediente 16.

45   AGN, Archivo Histórico de Hacienda, legajo 1212.

46   AGN, Reales Cédulas Originales, t. 97, expediente 114; General de Parte, t. 13, expediente 59; t. 16, f. 14.

47   AGN, Historia, t. 478, expediente 6.

48   Un par de ejemplos están en: INAH, Colección Paso y Troncoso, legajo 29, número 13, y AGN, Inquisición, t. 217, expediente 16.

49   AGN, Inquisición, t. 371, expediente 7; t. 437, 1a. parte, ff. 42-43; t. 339, expediente 81; t. 710, expediente 8; caja 168, carpeta 3, expediente 26; t. 667, f. 380; t. 399, expediente 15; t. 583, expediente 2.

50   AGN, Inquisición, t. 1235, expediente 15.

51   AGN, Edictos de Inquisición, t. II, ff. 39, 51 y 52.

52   AGN, Inquisición, t. 1181, expediente 7.

53   SCHILLING, 1958, p.166.

54   AGN, Inquisición, t. 710, expediente 8.

55   AGN, Historia, t. 482, expediente 14.

56   INAH, Colegio de San Gregorio, t. 152, f. 175.

[57] BNM, ms. 1410, f. 304.
[58] SCHILLING, 1958, pp. 69-72.
[59] BNM, ms. 1410, f. 303.
[60] AGN, Ayuntamientos, t. 199.
[61] BNM, ms. 1378, f. 141.
[62] AGN, Historia, t. 467, expediente 2 y expediente 9/10.
[63] AGN, Archivo Histórico de Hacienda, legajo 1212, sin número de expediente.
[64] OLAVARRÍA, 1961, vol. I, pp. 146-147.
[65] BNM, ms. 1412, ff. 328 y 348.
[66] Ejemplo de ello puede verse en: AGN, Archivo Histórico de Hacienda, caja 734, expediente 62.
[67] BNM, ms. 1410, f. 34.
[68] BNM, ms. 1412, ff. 234 y 274-275.
[69] INAH, Colegio de San Gregorio, t. 153, f. 2.
[70] Véase, por ejemplo: AGN, General de Parte, t. 45, expediente 207.
[71] BARRIÈRE, 1974, pp. 399, 407 y 422.
[72] PICARD, 1943, p. 281.
[73] USIGLI, 1933, pp. xxxii y xxxiv.
[74] LEONARD, 1986, pp. 157, 158 y 167.
[75] LEONARD, 1986, p. 160.
[76] AGN, Civil, t. 872, sin número de expediente ni folio.
[77] LEONARD, 1986, pp. 159-160.
[78] GÓMEZ, 1986.
[79] AGN, Historia, t. 473, expediente 12.
[80] VIQUEIRA, 1987, pp. 28 y 33.
[81] LÓPEZ, 1992, p. 230.

SIGLAS Y REFERENCIAS

AGN   ARCHIVO GENERAL DE LA NACIÓN, México
        Archivo Histórico de Hacienda.
        Ayuntamientos.
        Bandos.
        Civil.
        Correspondencia de Virreyes.
        Edictos de Inquisición.
        General de Parte.
        Historia.
        Hospitales.
        Inquisición.
        Reales Cédulas Originales.
BNM   BIBLIOTECA NACIONAL, México

INAH   INSTITUTO NACIONAL DE ANTROPOLOGÍA E HISTORIA, MÉXICO
       Colección Paso y Troncoso.
       Colegio de San Gregorio.
       Hospital Real de Naturales.

ANUNCIACIÓN, Juan de la
       1996   *Coloquios*. México: Universidad Nacional Autónoma de México.
BARRIÈRE, Pierre
       1974   *La vie intellectuelle en France*. París: A. Michele.
DÍEZ BORQUE, José María
       1974   *El teatro en el siglo XVII*. Madrid: Taurus.
GÓMEZ, José
       1986   *Diario curioso... 1789–1794*, introducción, notas y bibliografía por I. González
               Polo. México: Universidad Nacional Autónoma de México.
GONZÁLEZ OBREGÓN, Luis
       1987   *México viejo*. México: Editorial Patria.
HORCASITAS, Fernando
       1974   *El teatro náhuatl. Épocas novohispana y moderna*. México: Universidad Nacional
               Autónoma de México.
LEONARD, Irving A.
       1986   *La época barroca en el México colonial*. México: Fondo de Cultura Económica.
LÓPEZ CANTOS, Ángel
       1992   *Juegos, fiestas y diversiones en la América española*. Madrid: Mapfre.
OLAVARRÍA Y FERRARI, Enrique
       1961   *Reseña histórica del teatro en México. 1538-1911*, t. 1. México: Editorial Porrúa.
PALAFOX Y MENDOZA, Juan de
       1762   *Obras completas* (8 vols.). Madrid: Imprenta de don Gabriel Ramírez, impresor de
               la Real Academia de San Fernando.
PICARD, Roger
       1943   *Les salons littéraires et la societé française. 1610-1789*. Nueva York: Brentano's.
RECCHIA, Giovanna
       1993   *Espacio teatral en la Ciudad de México. Siglos XVI-XVIII*. México: Instituto Nacional de
               Bellas Artes.
RUBIAL GARCÍA, Antonio
       1999   *La Nueva España*. México: Consejo Nacional para la Cultura y las Artes.
SCHILLING, Hildburg
       1958   *Teatro profano en la Nueva España. Siglos XVI-XVIII*. México: Universidad Nacional
               Autónoma de México.
SUREDA, Francis
       1982   "Recherches sur la composition du public du théâtre à Valencia au XVIIIÈME siècle:
               approches méthodologiques", en *Table Ronde sur le théâtre*. Pau. Université de
               Pau, pp. 116-124.

Usigli, Rodolfo

    1933   Prólogo a Francisco Monterde, *Bibliografía del teatro en México*. México: Secretaría de Relaciones Exteriores, pp. xxxii-xxxiv.

Viqueira Albán, Juan Pedro

    1987   *¿Relajados o reprimidos? Diversiones públicas y vida social en la Ciudad de México durante el Siglo de las Luces*. México: Fondo de Cultura Económica.

Viveros, Germán

    1990   *Teatro dieciochesco de Nueva España*. México: Universidad Nacional Autónoma de México (Biblioteca del Estudiante Universitario, 111).

Zedillo Castillo, Antonio

    1984   *Historia de un hospital. El Hospital Real de Naturales*. México: Instituto Mexicano del Seguro Social.

16
LA SEXUALIDAD Y LAS NORMAS DE LA MORAL SEXUAL

ASUNCIÓN LAVRIN
Arizona State University, Tempe

EL ESTUDIO DE LA SEXUALIDAD EN LA HISTORIA DE MÉXICO ES RELATIVAMENTE NUEVO. Se comenzó a desarrollar a partir del último cuarto del siglo XX cuando se publicaron los primeros trabajos y se alzaron los velos sobre la conducta sexual de los novohispanos.[1] Esta situación refleja la apertura de la curiosidad de los historiadores hacia un tema que ya se estaba estudiando en otros países. La sexualidad entre los aztecas, la transposición de valores de ética sexual entre el mundo precolombino y el virreinal, el papel de la Iglesia en la definición y formación de la cultura sexual durante el virreinato y las prácticas sexuales de la población atisbadas en los documentos de justicia eclesiástica y civil, son algunos de los temas tratados hasta ahora.

Aunque el interés histórico es reciente, la sexualidad y su expresión en numerosas formas de conducta personal ha sido un elemento indispensable de la realidad cotidiana como fuerza primordial del comportamiento humano. La fundación de Nueva España se llevó a cabo sobre un basamento sexual. El regalo de mujeres indígenas a los conquistadores como gesto de confraternidad masculina y de expectativas de alianza política se registra desde el momento en que Cortés desembarca en Tabasco. Hernán Cortés tuvo relaciones irregulares con Malintzin, con las hijas de Moctezuma y con varias mujeres españolas antes y después de la conquista de Tenochtitlan, estableciendo una pauta que siguieron sus hombres, a pesar del silencio documental sobre este asunto.[2]

Una vez aceptada esta práctica, el encuentro físico-biológico entre indígenas, conquistadores y africanos que llegaban a las playas de Nueva España dio pie al mestizaje que se afianzó durante el siglo XVI como una característica demográfica del virreinato.

La Iglesia militante de principios del siglo XVI se fijó más en la poligamia de las altas clases indígenas que en la promiscuidad del resto de los habitantes, y no fue sino hasta el último cuarto de ese siglo que se llegaron a reafirmar los cánones morales para controlar el comportamiento sexual de todas las capas de la población. El paulatino

Jóvenes criollos en galanteo, detalle del biombo
El Volador, siglos XVII–XVIII.

desarrollo de diócesis y doctrinas con clérigos y frailes a cargo de vigilar la conducta personal, y el establecimiento de la Inquisición en 1571 ayudaron a establecer las reglas de la sexualidad aprobadas por la Iglesia católica aplicables a todos los sectores de la población. El Estado estuvo también involucrado en la normatividad sexual para mantener el indispensable orden social sin el cual la familia y muchos derechos individuales no podrían ser protegidos. Existió pues, un acuerdo entre Iglesia y Estado en el deseo de normar la conducta individual con vistas al bien común social.[3] Ya para el tercer cuarto del siglo XVI había tribunales eclesiásticos y civiles que regulaban las costumbres y la vida diaria en un intento por normar una sociedad en formación.[4] Pero para comienzos del siglo XVII era obvio que la Iglesia no podía poner coto a la conducta sexual de los novohispanos. Así lo indican los materiales provenientes de fuentes demográficas, casos inquisitoriales y juicios en los juzgados civiles y religiosos. Ellos nos permiten analizar cuáles fueron los criterios para juzgar las diversas modalidades de la sexualidad, así como las numerosas formas de transgresión cotidiana. El mestizaje biológico que se llevó a cabo en el siglo XVI fue el producto de una conducta sexual a veces muy desordenada que contribuyó a crear una cultura de la sexualidad con caracteres propios y diferentes de los europeos. La conquista involucró el ejercicio de la soberanía sexual del conquistador sobre las mujeres indígenas, así como una relajación de las normas de la ética cristiana entre los españoles. No es que no se realizaran matrimonios o que todos los hombres y todas las mujeres actuaran sin frenos morales, sino que se estableció un ambiente de promiscuidad paralelo al ortodoxo y que floreció a despecho de la policía social y moral del Estado y de la Iglesia. Uno de los indicadores de lo que ocurría, solapada o abiertamente, entre todas las etnias fueron las altas tasas de nacimientos ilegítimos en el mundo novohispano, que son peculiares de la experiencia americana, ya que en los países de la Europa central y meridional jamás alcanzaron esos niveles. De acuerdo con los pocos estudios realizados sobre la concepción y nacimiento de niños fuera de matrimonio, fruto de relaciones ilícitas entre hombres y mujeres de todas las clases sociales, en Nueva España las relaciones sexuales antes del matrimonio eran muy frecuentes a pesar de las fuertes condenas de la Iglesia. Thomas Calvo y Pilar Gonzalbo Aizpuru, en sus respectivos estudios sobre Guadalajara y México, revelan el alto grado de nacimientos ilegítimos en la segunda mitad del siglo XVII. Por ejemplo, Gonzalbo Aizpuru señala que en las parroquias de españoles de la Santa Veracruz y el sagrario de la Ciudad de México, el promedio de ilegítimos fue de 42%. En la parroquia del sagrario el promedio de ilegitimidad entre las castas era de 51%. Entre los indígenas el promedio era menor porque estaban, relativamente, más controlados por las autoridades eclesiásticas. En Guadalajara, Calvo encontró que alrededor de 1600, 75% de la población de origen africano había nacido sin beneficio de matrimonio. Su estado de esclavitud contribuyó a esta alta tasa por la dificultad de realizar matrimonios

---

Los hijos naturales

En el nombre de Dios Nuestro Señor, amén, sepan cuantos esta carta vieren, como yo Polonia de Rías, mulata libre, soltera, y vecina de este pueblo de Jalapa, hija natural de Clara López, negra esclava que fue del Lic. Pedro de Irala... Declaro que tuve por mis hijos naturales a Juan de Ribas, y a Melchora, Josefa, Micaela, y dicha Sebastiana de Irala, que ya son difuntas todas las susodichas, y solo de ellas fueron casadas, la dicha Melchora de Irala, que la casé con Diego del Villar, español, vecino que fue de este dicho pueblo, y hoy está en la nueva Veracruz y le di de dote por cuenta de herencia 3 000 pesos, poco más o menos, en esclavos, joyas, bueyes, reales, ropa y otras cosas... y la dicha Sebastiana de Irala, a quien casé con Felipe Falcón de Santiago, español natural de Veracruz... la cual dejó por su hijo legítimo a Juan Falcón y del dicho su marido; y otro hijo, que antes de su casamiento tuvo llamado Francisco José de Acosta, a los cuales declaro por mis nietos para que conste.

Testamento de la mulata Polonia de Ribas, 8 de marzo de 1679. Pedro de Irala había sido cura beneficiado del partido de Jalapa, citado en Gilberto BERMÚDEZ GORROCHOTEGUI (1995), *Historia de Jalapa. Siglo XVII*, pp. 415-418.

válidos. Pero a medida que el tiempo transcurrió las tasas de nacimiento irregular crecieron entre otros grupos étnicos. En la última década del siglo, el grupo español produjo 39% de "huérfanos" en un total de 674 nacimientos. Las tasas entre mulatos, mestizos y otras mezclas giraban entre 41 y 60%.[5] Dos peticiones matrimoniales de 1669 ilustran el proceso de mestizaje y el origen cierto e incierto de la población mestiza. En Acámbaro, el mulato Francisco González, "hijo de iglesia" y esclavo de Antonio de Trajopa, pretende el matrimonio con Ana Iji, india e hija legítima, vecinos de la hacienda del dicho Trajopa. En el valle del Armadillo Diego de Ortiz, mulato libre e hijo legítimo, pide matrimonio con María de la Concepción, mestiza e hija legítima.[6] En el primer caso, un esclavo mulato sin padres reconocidos fue el producto de una unión ilegítima entre una mujer africana esclava y un hombre blanco, de cuyo nacimiento nadie se hizo cargo. Puesto a la deriva social sin siquiera una madre que lo aceptara como suyo, solamente tenía su condición servil. Al casar con una india legítima elevaba su posición social y la de sus hijos, quienes serían libres. En el caso de Ortiz, dos hijos legítimos de diferente origen étnico demuestran haberse acomodado a los cánones impuestos por el Estado y la Iglesia, y se distinguen de sus congéneres precisamente por seguir esas normas. Sus hijos serían "casta" pero su legitimidad les aseguraba derechos legales. Tanto Francisco González como Diego Ortiz ilustran el deseo de ascenso social para sus descendientes, factor que eventualmente iría sacando a las castas de su limbo étnico y aminorando el número de ilegítimos en el siglo XVIII.

El análisis cualitativo de otras fuentes apoya la conclusión de que los hijos naturales (nacidos de padres solteros) y los ilegítimos eran una realidad social, especialmente entre la creciente población urbana, siempre caracterizada por su heterogeneidad.[7] Testamentos y litigios sobre herencias sacan a la luz la existencia de hijos de padre o aun de madre desconocida y de expósitos y "huérfanos" cuya ascendencia se ignoraba y que eran, a menudo, hijos de personas que no podían admitir su nacimiento por razones de honor personal, como mujeres solteras, o por ser casados, o miembros de la alta burocracia y de la Iglesia.[8] Antonia Niño de Estrada fue una niña "expuesta" en casa de un oidor de la Audiencia, Juan de Guzmán Padilla. Cuando casa con un hombre "español" de nacimiento legítimo, la viuda de Guzmán, Ana María Niño de Estrada le otorga dote de 587 pesos.[9] La joven puede haber sido hija de Ana María o de su marido, quienes usaron el apelativo de "expuesta" para proteger el honor de quien fuera su madre.

Las relaciones sexuales que produjeron esos hijos fueron todas "ilícitas", es decir contrarias a las disposiciones de la Iglesia. Obviamente, las normas morales personales no eran tan rígidas como las que estipulaba la Iglesia. La posibilidad de legitimación existía, y no es de suponer que todos los hijos nacidos fuera de matrimonio quedaran al margen de la sociedad, ya que el matrimonio de los padres de hijos naturales legiti-

Indio oculto tras unos matorrales solicitando a una mujer,
detalle del biombo *Alegoría de la Nueva España*, siglo XVIII.

maba su condición. Aunque tal situación tampoco parece ocurrir frecuentemente, no se puede afirmar que en el siglo XVII todos los mestizos fueran ilegítimos o "naturales". Todas las etnias y combinaciones raciales tuvieron problemas en controlar su conducta sexual y procrearon hijos fuera de matrimonio. En 1664 dos hermanas españolas y "muy nobles" reclamaban que se les reconociera como hijas naturales del presbítero Diego de Mesa, difunto *ab intestato*, quien "tuvo amistad y trato amoroso" con su madre antes de ser ordenado sacerdote. Aun después de su toma de estado, el clérigo siguió alimentando y vistiendo a sus hijas. Las hermanas reclamaban parte de sus propiedades, pero se les negó, con el apoyo del defensor de testamentos y capellanías.[10] El premio a la sexualidad conyugal canónica por parte del Estado era la herencia legítima a los hijos así engendrados, y el reconocimiento social que les abría las puertas a muchas prerrogativas que los ilegítimos no podían gozar. Por ejemplo, las mujeres ilegítimas, incluso siendo de extracción española, no podían aspirar a las dotes establecidas por patronos piadosos para su matrimonio o profesión. El pecado implícito en su concepción les cerraba la puerta moral y legalmente.

La clase social influía en el comportamiento sexual de las mujeres. Entre las familias de alto rango, las mujeres estuvieron más recluidas y vigiladas que aquellas que tenían que trabajar en el ámbito público, y que quedaban más expuestas a las tentaciones de la carne, a la seducción amorosa o a la necesidad de unirse en uniones irregulares con hombres que les podrían ofrecer una ayuda económica. La evidencia histórica corrobora que ese tipo de uniones y los delitos sexuales fueron más frecuentes entre los trabajadores manuales y las bajas clases sociales. Por otra parte, los hijos de "madres desconocidas" sugieren que aun entre la élite social el embarazo antes del matrimonio fue un hecho.

NORMATIVAS DE LA SEXUALIDAD

Las Siete Partidas, base del orden jurídico medieval español y virreinal en el Nuevo Mundo definían los crímenes derivados de la irregularidad sexual prescribiendo las sanciones consiguientes. Pero si el texto forense definía lo que era normal, la Iglesia era la fuente de la que emanaban las reglas más sólidas de la normativa sexual. Para el siglo XVII la diversidad demográfica hizo más difícil la regulación de las costumbres para las autoridades eclesiásticas. No se trataba ya de investigar la poligamia indígena, como en las décadas posteriores a la conquista, sino de averiguar raptos, adulterios, incestos, desfloraciones, hechicerías sexuales y otras prácticas provenientes del ejercicio de la sexualidad sin cotos morales. En vista de la amplia gama de transgresiones, cabe preguntar cómo se aprendían los valores morales que deberían regir la conducta sexual.

La enseñanza de las reglas éticas comenzaba con el aprendizaje del concepto de pecado y los mandamientos morales. El catecismo elemental se ampliaba con la prédica dominical y la confesión obligatoria. En todos los casos eran los clérigos o los frailes quienes representaban la fuente de autoridad como catequistas, directores espirituales, confesores y predicadores. Los confesionarios, guías prácticas para los confesores, son una de las fuentes más sugerentes para el estudio de los valores ético-sexuales de Nueva España. Los confesionarios adiestraban a párrocos y frailes en el examen de los pecados capitales, especialmente en el de la lujuria, y en la enseñanza de los mandamientos de la ley de Dios, de los cuales el sexto y el noveno regulaban el ejercicio del sexo. Las prohibiciones de fornicar y de desear la mujer ajena abrían las puertas para definir las formas de pecar en que se podía incurrir en el trato social cotidiano. Aunque los confesionarios para indios han recibido mayor atención que los dedicados al resto de la población, ambos se basan en premisas muy similares. La preocupación normativa se extendió a todos los grupos raciales.

Respecto a los indígenas, el confesor tenía que romper con el pasado indígena no sólo por medio de la predicación, sino de la confesión. Aunque la poligamia fue necesariamente objeto de interés en el siglo XVI, Serge Gruzinski sostiene que para el XVII los confesionarios —y por ende el interés de normar la sexualidad— se hicieron más intensos y más amplios en su búsqueda de otras transgresiones tanto en el pensamiento como en la conducta del confesado.[11] Los textos sugieren que las preguntas de los confesores extendían el pecado a formas específicas de placer sexual como el autoerotismo, el adulterio, el incesto causado por uniones entre parientes próximos, la sodomía, la homosexualidad, la bestialidad y aun los pensamientos sobre actos sexuales. A principios del siglo XVII los indígenas parecían recibir un tratamiento más flexible en algunos casos de pecados carnales por grado de uniones entre parientes, debido al "quebradero de cabeza de querer sacar de ellos cuantas veces llegaron a su mujer después de conocer a su cuñada o la prima hermana de su mujer".[12] Como otros pecadores, los indígenas encontraron formas de soslayar castigos en los actos de confesión si se trataba de pecados de fornicación y otros menores. Transgresiones mayores como la bigamia, fueron duramente castigadas por las autoridades episcopales. La evidencia histórica, sin embargo, demuestra que no fueron los indígenas, sino las castas y los españoles, quienes dejaron más huellas de esa y otras transgresiones ético-sexuales.

Los conceptos de lo que era moralmente aceptable en la conducta sexual tuvieron su origen en Europa, donde el proceso de reglamentación se había elaborado lentamente a lo largo del medievo. Esta reglamentación abarcaba todo el abanico de relaciones entre los géneros, tanto los aprobados como los prohibidos. Los dictados de la Iglesia definían los esponsales, el matrimonio, la cópula carnal y el divorcio, y se estipulaban muy claramente las prohibiciones de cópula ilícita producto de la fornicación y la lu-

---

Condena de un indio bígamo

Fallamos, queremos declarar, y declaramos por válido y firme el primer matrimonio contraído por el dicho Lucas Martín con la dicha Mónica Marta. Asimismo por nulo y de ningún valor, ni efecto, el segundo contraído con la dicha Isabel de la Cruz, indias. Y mandamos se les notifique a los susodichos no cohabiten ni se junten con apercibimiento de que serán castigados por todo... lo cual se haga notorio al Padre Cura doctrinero del Partido de Acámbaro y a la dicha Isabel de la Cruz, por libre de matrimonio y le damos licencia para que pueda disponer de su persona y elegir el estado que quisiera a su voluntad, y se les notifique al dicho Lucas Martín y Mónica Marta se junten y hagan vida maridable como son obligados. Y asimismo queremos condenar y condenamos al dicho Luis Martín, indio, a que se le den doscientos azotes por las calles [y] plazas acostumbradas del pueblo de Puruándiro donde cometió el delito, con una coroza de papel puesta en la cabeza con voz de pregonero que declare su delito, por lo cual sea llevado a dicho pueblo con guardia y custodia, y en ocho años de servicio personal en un obraje de dicho género de haciendas, por los cuales sea vendido en pública almoneda.

SGU, AHAOM, Francisco Verdín y Molina, obispo de Valladolid, noviembre de 1674, película 765260.

juria, el incesto, la violación sexual, el abuso sexual dentro del matrimonio, la bigamia o poligamia, la prostitución y la sodomía. La confesión no fue sino uno de varios mecanismos de control ejercidos por la Iglesia. La reglamentación de la práctica sexual precedía a la confesión y continuaba después de ella, y era el meollo de la cultura espiritual sobre la sexualidad.

Amén de revisar las formas de transgresión vividas por los novohispanos, comencemos con la reglamentación de la conducta. El sacramento matrimonial se establecía para validar la unión carnal, siendo el clérigo un administrador del mismo y testigo a nombre de Dios, pero sólo la pareja, al unirse físicamente, consumaba el matrimonio. La sexualidad dentro del matrimonio era la única fuente legítima de evitar la concupiscencia. Llevar "vida marital" significaba ejercer la sexualidad dentro de los parámetros establecidos a ese fin. El ejercicio sexual dentro del matrimonio, sin embargo, estaba le-

Escena familiar, detalle del biombo con escenas
de la plaza Mayor de México, la Alameda e Iztacalco, siglo XVII.

jos de ser definido como fuente de placer. Para finales el siglo XVI (1587) el papa estableció que la cópula matrimonial era "deuda" y debía siempre estar abierta a la concepción, ratificando que el fin de toda actividad sexual era la propagación de la especie. Tanto para la mujer como para el hombre, la obligación de satisfacer la sexualidad del cónyuge se denominaba "débito matrimonial" y estaba prohibido negarla. Todo acto sexual llevado a cabo fuera del matrimonio era fornicación y pecado capital. Como tal, debía ser confesado y era punible con la penitencia. La regulación se extendía a pensamientos de placer sexual, que debían ser confesados como cualquier otro pecado.

Las expresiones de sensualidad permitida o incluso amor como besos, caricias y abrazos eran permisibles entre esposos, pero no necesariamente como actos públicos. El amor conyugal se expresaría dentro de la intimidad más cerrada y, al igual que toda práctica humana, debía ser mesurado. Los excesos de lujuria podían llevar a un agotamiento físico que invalidarían la satisfacción del débito. Algunas situaciones podían hacer lícita la negación del débito, como las enfermedades contagiosas o un presunto peligro al feto durante el embarazo. Las relaciones sexuales durante algunos días del calendario religioso no eran recomendables. Aun las posiciones aceptables para el coito estaban reguladas por los teólogos morales que trataban de estos asuntos.

Indudablemente, estas regulaciones eran parte de la educación sexual de los novohispanos que las aprendían en el confesionario de boca del confesor. Pero, en la práctica, la libertad sexual era considerable. Los casos de violencia sexual son muy numerosos para pensar que las reglas de conducta aprendidas al pie del confesor tenían suficiente peso para prevenir raptos, estupros o abusos físicos dentro del matrimonio. Tampoco se descartaban medios alternativos de tratar de controlar la conducta sexual del cónyuge o amante mediante "encantamientos", "amarres" y otras formas de hechicería perseguidas por la Inquisición. Estas últimas indican formas populares de pensar y actuar la sexualidad y conseguir el control de un miembro del sexo opuesto. La Inquisición se hizo repositoria de confesiones o acusaciones de remedios para amansar cónyuges, obtener el amor de una o muchas mujeres, rendir a un hombre, casarse con el hombre deseado, cometer adulterio impunemente o conocer los engaños de un amante.[13]

La Iglesia también se arrogaba la facultad de determinar en qué casos estaba prohibido el matrimonio por causal de afinidad familiar, o sea, de parentesco sanguíneo, así como los concernientes a los padrinos, que establecían paternidad espiritual. Las personas relacionadas hasta el cuarto grado no podían casarse entre sí, aunque a los indígenas se les permitió el matrimonio después del segundo grado. Las relaciones sexuales entre individuos en los grados prohibidos eran ilícitas y se consideraban incestuosas. El incesto no era únicamente resultado de abusos sexuales entre personas con afinidad directa, como padre (o padrastro) e hija, o aun hermanos, sino entre personas que hubieran fornicado fuera de matrimonio con personas afines, como sería el caso de un hombre soltero que hubiera tenido relaciones sexuales con una mujer y después intentara casarse con su hermana o su prima.

Un matrimonio entre parientes en esa situación era anulable a menos que se consiguiera una dispensa obispal u arzobispal. En Nueva España fueron numerosísimos los casos de parejas que pidieron dispensas. La endogamia de clase y raza era responsable por estas peticiones cuando se concertaban matrimonios entre familiares para fortalecer los lazos sociales y económicos. En el norte novohispano la poca población blanca producía escasez de consortes socialmente aceptables provocando el recurso de dispensas. En Nuevo León, el alférez Jacinto de la Garza y doña María de Treviño solicitaron dispensa de tercer grado para su matrimonio en 1694 ya que en la provincia no entraban forasteros por su pobreza y por la guerra de los indios y no se encontraban parejas sin afinidad consanguínea.[14] Por otra parte, estas peticiones podían surgir de relaciones sexuales ilícitas llevadas a cabo entre parientes cercanos (tíos, sobrinas, primos, hermanas etc.), a impulsos de una sexualidad que a ojos de la Iglesia era desordenada y punible. Por ejemplo, en 1692, el "coyote" Salvador Aguilar declara haber tenido cópula ilícita por nueve años con su prima hermana Agustina Constanza de Arriola bajo palabra de casamiento. Arguyendo que la mujer no tenía otro amparo pidió permiso para casarse, que fue concedido por el obispo de Michoacán, Juan de Ortega y Montañés.[15] Una situación de hecho, como ésta, no se podía remediar de otro modo. Pero en algunas ocasiones, los ministros no cedieron a ese tipo de peticiones, y separaron a la pareja. Sería difícil dilucidar un caso remitido desde Colima, en el cual Alonso Gómez Esparza, español e hijo natural, pretendía casarse con Antonia de la Cruz, mulata libre y viuda. Alonso había tenido comercio carnal ilícito con la prima de Antonia, lo que habría puesto en peligro su petición, ya que en este caso se podía legítimamente argüir "incesto." El solicitante declaró que los actos sexuales no habían sido completos, no habiendo "derramado" "intra vas".[16]

Lo explícito de la información sobre la intimidad sexual —si fuera corroborable— se aúna a la facilidad con la que se entablaban relaciones sexuales entre miembros de una familia. La decisión del juez eclesiástico es desconocida, pero el argumento no luce aceptable bajo los cánones de la época, ya que la intención de pecar, además de todos las acciones dirigidas al acto carnal, serían tan punibles como si se hubiera llevado el mismo a sus últimas consecuencias.

Las peticiones de matrimonio tras años de convivencia fueron forzadas por familiares o por voluntad personal, indicando que el amancebamiento y las uniones libres eran bastante comunes como para ser aceptables, siempre y cuando los intereses sociales o familiares no fueran afectados. Eran miembros de las familias, usualmente los hombres, o las comunidades, en caso de las comunidades indígenas, quienes denunciaban esos casos y forzaban su resolución. En 1639 los indígenas de San Juan Peribán, jurisdicción de Xiquilpa, Michoacán, pedían la expulsión de Sebastián Martínez, español, quien vivía amancebado con una de las indias solteras del pueblo, dando un mal ejemplo a la comunidad. Se pedía que Martínez volviera a su mujer legítima. El interés en esa acción no era meramente moral. El acusado era bien conocido por maltratar a la comunidad y por sus exacciones ilegales de tributos.[17]

En teoría y hasta cierto punto en la práctica, el parámetro de formas de conducta sexual que abarcaba la mirada de la Iglesia, y la amplitud de la capacidad de los confesores y autoridades eclesiásticas como ejecutores de la misma, daban a la reglamentación de ambos una fuerza extraordinaria. Sin embargo, como los ejemplos anteriores ilustran, a pesar de su religiosidad los novohispanos del siglo XVII, en la vida real, no se sometieron dócilmente a la moral sexual cristiana. Al contrario, existió un diálogo entre la normatividad y la realidad que sugiere la búsqueda de un acomodo que siempre resultó tenso y lleno de retos por parte de la población laica. La malicia, la ignorancia de las enseñanzas de la Iglesia y aun el riesgo con conocimiento de causa, motivan las transgresiones sexuales para las cuales no existe otra explicación que la obsesión lujuriosa o amorosa. En su estudio sobre la fornicación en Nueva España, Ana María Atondo cree ver en ese tipo de transgresión cierto grado de rebeldía solapada, pero para desear a una mujer o a un hombre no había necesariamente que ser rebelde.

Oficial amancebado

Habiendo visto esto autos hechos en virtud de comisión de Su Merced contra el Capitán Don José Fernández de Mansilla, Justicia Mayor de la provincia de Jacona por estar en mal estado público y escandalosamente amancebado con Sebastiana María de Villaseñor, morisca libre soltera, que se llevó en su compañía de esta ciudad al pueblo de Jacona de donde en virtud de diligencias hechas por el Licenciado Juan Rodríguez Calvo de Mendoza, cura propio del partido de Chilcota y juez eclesiástico hubo efecto el traer a la dicha mujer a esta ciudad donde está. Y porque a noticia de Su Merced... ha llegado que el dicho Capitán... ha venido en su seguimiento para volverla a llevar, sacándola de la parte y lugar donde está puesta... requiere al Señor Don Joseph de Terrazas Cervantes, lugarteniente del capitán Don Andrés de Soto, Guzmán, alcalde mayor de esta provincia de Michoacán... sea servido de impartir el real auxilio para prender el cuerpo del dicho Capitán (Valladolid, 5 de octubre de 1674). Declaración de Sebastiana María: Dijo que conoce a Don José Fernández Mansilla, alcalde mayor de Jacona de mas de seis meses a esta parte. Que ha tratado con él en mal estado, y que a los 15 de junio de este año la llevó en su compañía con consentimiento de su madre y la ha tenido en dicho pueblo de Jacona en su casa y compañía y que está preñada de cuatro meses del susodicho.

SGU, AHAOM, Ante el señor provisor y vicario general de este obispado de Michoacán, Valladolid, 8 de octubre de 1674, película 778780.

LA SEXUALIDAD Y LOS GÉNEROS

Tanto en la normatividad de conductas sexuales, como en su valoración hubo un desequilibrio notable entre los sexos, independientemente de clase o raza. El hombre tuvo siempre una mayor libertad sexual que la mujer, a pesar de que las reglas de la Iglesia no establecían distinción entre los sexos. Pero la cultura de la virilidad, de antigua raíz mediterránea, permitía al hombre ejercer su sexualidad, antes y aun después del matrimonio, sin pérdida de su honor. El honor fue un conjunto de valores morales demostrados en el comportamiento personal y aceptados como rasero para juzgar a los miembros de la sociedad.[18] La mujer estaba sujeta a restricciones más fuertes en su conducta personal, ya que la transgresión sexual femenina afectaba no sólo su honor sino el familiar y, por ende, la estabilidad social. En esto, tanto la Iglesia como el Estado estaban de acuerdo. En consecuencia, la virginidad femenina no era una cuestión íntima y personal, sino una "cosa pública" que demandaba el cuidado de todos sus parientes. Si una mujer establecía relaciones sexuales con un hombre sin guardar ninguna discreción, se la consideraba "suelta" y perdía su título de "doncella" que era un término que denotaba su condición de virgen. El testimonio sobre la condición física íntima de una mujer se encuentra también en las cartas dotales, en las cuales se establecía el valor de la suma en efectivo y los objetos de uso diario que la mujer aportaba al matrimonio. La doncellez de la prometida era parte del formulario legal, a la par de su filiación étnica y la condición de su nacimiento. Si el hombre concedía a la mujer arras (un regalo en efectivo del hombre a su prometida) era por "su virginidad y limpieza." O sea, que entre los aportes de la mujer a su futuro marido, una de los objetos que merecía especial atención era la entereza física, que le garantizaba a aquél su absoluta y exclusiva posesión sexual y la seguridad de que la progenie era suya.

En los testamentos de mujeres de este siglo, el orgullo de haberse mantenido virgen se proclama como un patrimonio moral y legal al establecer muy claramente que morían doncellas, mientras que una declaración de ser "soltera" implicaba el haber tenido relaciones sexuales y, posiblemente, hijos fuera de matrimonio. Esto obligaba a muchas mujeres que deseaban resguardar su reputación a ocultar sus relaciones y el fruto de las mismas. Existieron madres solteras que permanecieron vírgenes públicamente tras exponer a sus hijos como "huérfanos" o encontrar quien los criara.

Por el contrario, los hombres, aun los de alto rango social, no se preocupaban de ocultar sus hijos, pues la procreación de los mismos y la inclinación a una vida sexual sin restricciones eran signos de virilidad y potencia sexual. Los consejos de los confesores parecen no haber hecho mella en esta común actitud. Sólo en aquellos casos en que una mujer de clase desigual trataba de impedir el matrimonio de su ex amante o de obtener una recompensa dotal del mismo, encontramos casos de hombres que negaban o cuestionaban su responsabilidad o paternidad en caso de mediar un hijo. Raramente asumían haber manchado su propio honor; al contrario, pretendían probar la falta de virginidad y de honor de quien los acusaba. El "deshonor" recaía sobre los hombres que no habían sabido cuidar el honor sexual de las mujeres de su familia, por cuyo motivo se iniciaban no sólo juicios legales para obligar al seductor a reparar el honor mediante el matrimonio, sino también venganzas personales con amenazas de muerte.

El discurso sobre la fornicación es eminentemente masculino, tanto en su definición como en su práctica. Ana María Atondo ha observado el predominio de los hombres en la discusión sobre la fornicación durante los siglos XVI y XVII. Si bien la presencia femenina aumenta con el tiempo, el interés de la Inquisición en reprimir la expresión de opiniones heterodoxas disminuye. En otras palabras, cuando algunas mujeres comienzan a adquirir voz en estos asuntos, la institución ya estaba interesada en otros. Este predominio masculino concuerda con el papel activo del hombre en la negociación de la sexualidad. Atondo considera que las proposiciones desviantes sobre la fornicación manifiestan "un discurso machista… que valorizaba la castidad y la disciplina conyugal".[19] Esta dicotomía entre la normatividad y la práctica es la que conduce a una riqueza inaudita en las formas de expresión sexual y en la preocupación de normar en el siglo XVII.

Cabe preguntarse cómo en una sociedad en la cual las normas morales de la religión y la ley civil se oponían tan firmemente a la sexualidad fuera de matrimonio, fue

---

Denuncia de la poca virtud de una mujer

Tengo bien plena y cumplidamente probado con testigos constantes[?] fidedignos y de toda excepción, que declaran mi recogimiento, y honestidad y la falta que tuvo de ella la parte contraria… Lo otro porque está probado que la dicha Rosa de Piedra estando en la hacienda del astillero tuvo ilícita amistad con un hombre llamado José, vecino de Guadalajara, quien la sacó de dicha hacienda que la lleva a dicha ciudad y con ella estuvo tres o cuatro días escondida, comiendo y bebiendo juntos en una casa; que el susodicho la iba a ver en su aposento estando ya depositada en casa de Doña Juana Calderón, vecina de dicha ciudad, quien por esta razón los riñó e hizo se removiese el depósito para la casa de Doña Luisa de Araiza (alias Aguilar) en donde estuvo asimismo en amistad con un hombre llamado Blas de Mendoza, con quien se encerraba en la caballeriza de dicha casa mientras la señora iba a sermón; que así mismo tuvo ilícita comunicación con un hombre de Aguascalientes llamado José Díaz, con quien la vieron una noche dormir en el corredor de dicha casa, y todo lo referido lo declaran.

SGU, AHAOM, Valladolid, 1699, película 755459.

posible una incidencia tan alta de uniones sexuales y nacimientos ilegítimos, amén de una miríada de juicios por desfloración, incesto y estupro. La explicación se encuentra en el proceso de definición de lo que era "matrimonio", que fue objeto de graves disquisiciones teológicas en el cristianismo medieval. En opinión del canonista Graciano (*Decretum* 1140), la palabra de casamiento intercambiada entre dos personas era un acto irrevocable; aunque la palabra implicaba un acto futuro, el proceso matrimonial comenzaba con esta promesa. Otros canonistas como Pedro Lombardo (*ca.* 1100-1160-64?) afirmaban que sólo la palabra dada de presente frente a un clérigo validaba un matrimonio. El papa Alejandro III (1159-1181) estipuló que la palabra de casamiento iniciaba el matrimonio como un acto no consumado, pero si se realizaba una relación carnal después de la misma, el matrimonio se convertía en una realidad. Cabe recordar aquí que *Las Siete Partidas* también definían esta situación. Sólo la abstención de relaciones sexuales daba a quien prometía matrimonio la posibilidad de revocarla. La unión física de los cuerpos era el acto que comprometía a la pareja por el resto de sus vidas. *Las Siete Partidas* dieron gran peso a la palabra de casamiento y aceptaban el derecho de los obispos a obligar al matrimonio a quienes se daban la palabra de casamiento, incluso sin la cópula carnal.

El resultado de estas disquisiciones canónicas e interpretaciones legales fue la aceptación de la "palabra de casamiento" como garantía de un matrimonio futuro, y prólogo al asedio masculino y la entrega sexual por parte de la mujer. El examen de los juicios civiles y eclesiásticos novohispanos en los cuales la mujer —o aun el hombre— denunciaban la falta de cumplimiento de la palabra de casamiento, corrobora que la presunta promesa de matrimonio fue la premisa que usaron quienes tenían relaciones sexuales antes del mismo.[20] No podemos afirmar, sin embargo, que la seducción del hombre fuera en todos los casos, el origen de la sexualidad ilícita. Ésa fue la justificación de muchas mujeres que cedieron a los requiebros masculinos y que después intentaron una "reparación" de su honor. En realidad, es difícil adentrarse en la problemática de la responsabilidad sexual de la pareja en estos casos, ya que las mismas reflejan, en su mayoría, un punto de vista masculino. Cuando una mujer se declaraba miserable y flaca ante el asedio sexual, usaba las expresiones que se esperaban de ella ante la agresión del hombre. Era su único modo de restaurar su crédito social y obtener las concesiones que pedía. La sexualidad femenina es raramente explícita. De hecho, estas formas de simplificar la conducta sexual indican que existe un patrón mental que se consolida en el siglo XVII y que identifica a la mujer como "víctima".

La castidad de la mujer era la premisa de la transacción individual y social. La relación sexual fuera de matrimonio era usualmente descrita —para beneficio de las autoridades eclesiásticas y civiles— como "torpe e ilícita amistad" o "mala amistad", suplicándose las exenciones de rigor para salvar a la mujer de la pérdida de su reputación

Escena galante en un banquete, grabado de Nicolás Benítez, 1690.

pública y que quedara "perdida" o "expuesta a los riesgos del mundo". En todos los casos, la sexualidad se pinta como una fuerza negativa que sólo puede llevar a la perdición de la persona, tanto física como espiritualmente, ya que la fornicación es un pecado capital.[21] El hombre quita la virginidad a la mujer y queda en deuda con ella si acepta la obligación de haber tomado algo de gran valor e irreparable. La mujer pierde gran parte de su valía social y se supone que su situación le resta posibilidades para reintegrarse a la comunidad, excepto mediante el matrimonio, que repara la falta cometida. En ambos casos, el hombre asume un papel protagonista en la determinación del destino femenino. La negativa masculina de asumir su responsabilidad puede reflejar una diferencia social o racial que resulta insalvable a ojos de la sociedad. Si la virginidad no existía antes de la relación sexual, la mujer estaba "usada" y el hombre que aprovechaba esa situación para tener relaciones sexuales no se sentía obligado a hacer reparaciones. Existe una línea muy difícil de definir entre relaciones sexuales que se entienden como oportunistas, y aquellas que eventualmente establecen una comunidad de intereses que lleva al hombre al matrimonio. Si bien la amenaza de parientes o el juicio ante las autoridades fueron factores en esa decisión, no lo fue en todas, sugiriendo que el matrimonio después de la cohabitación obedeció a otros resortes afectivos.

A pesar de las fervientes afirmaciones de los implicados en relaciones sexuales ilícitas sobre la torpeza de sus inclinaciones, no cabe duda que el placer era un elemento de la sexualidad. Usualmente se habla del placer masculino y refiriéndose al acto sexual, los hombres declaran "gozar" o a veces, vulgarmente, "usar" a una mujer, expresión de la cual se hacen eco las propias mujeres. Josefa de los Reyes declara en 1664 haberse entregado a Juan de Aguirre, diciendo: "y le hice dueño de mi honra, gozándome, lo cual ha continuado entrando en mi casa".[22] Refiriéndose a María Teresa, española e hija legítima, su amante de varios meses, Juan García refuta en 1721 el haberle quitado su virginidad, "porque yo la tuve como mujer del uso, no doncella, y con tanto desorden que fue el motivo de que la largare, por saber que la manejaban tres".[23] Obviamente hubo mujeres "del uso" que fueron prostitutas conocidas. Aunque existió una casa de prostitución en el siglo XVI, es difícil hablar de un abierto comercio sexual, aunque sí de prostitución en el nivel personal. En España la prostitución legal fue prohibida en 1623, y esta orden fue posiblemente extendida a los reinos de ultramar. Existieron mujeres de "poca virtud" que posiblemente operaban con el conocimiento de las

---

Pérdida de virginidad

Josefa de los Reyes, hija legítima de Cristóbal de la Cruz y de María de los Reyes, originaria de esta ciudad, como mejor puedo y a mi derecho convenga. Digo, que estando yo quieta y guardado el estado de doncella, y Juan de Aguirre, asimismo vecino de esta ciudad, por sí y por otras personas me solicitó, y requebró de amores, a que siempre me resistí mirando el no perder mi honra y buena fama, pidiéndole no me inquietase porque sólo lo permitiría a mi marido. Y llevado de su amor y afición prosiguió en la dicha solicitud con más beras (sic). Y viendo mi firmeza, ofreció de ser mi marido... Y con efecto me dio mano y palabra de casamiento delante de testigos, y yo acepté su promesa y se la di de ser su mujer, enpeñándonos en ello con fe y propósito firme y de nuestra libre y espontánea voluntad. Y mediante este contrato, y por conseguir estado del servicio de Dios, y con muchas persuasiones que me hizo ratificando la dicha fe y palabra, como mujer miserable me entregué en su poder y le hice dueño de mi honra, gozándome, lo cual ha continuado entrando en mi casa, asistiéndome, y cuidándome, habiéndolo yo por mi parte, y tratándonos en todo con estrechez y amor de casados. Y es venido a mi noticia que el susodicho, faltando a la promesa, ha solicitado y tratado con mucho secreto casarse con otra mujer, que si tiene efecto me dejará sin honra, defraudada de mi justo derecho, quedando el susodicho en estado de mala conciencia.

En la ciudad de María de la Concepción de Celaya, a once días del mes de julio de mil seiscientos y sesenta y cuatro, SGU, AHAOM, película 704998.

autoridades civiles y eclesiásticas. Algunas de esas prostitutas fueron cortesanas que cobraron notoriedad en la capital y atrajeron una variedad de clientes, entre los cuales se llegaron a registrar eclesiásticos.[24] En cuanto a expresiones de la sexualidad femenina, entendida como manifestación de una actitud protagonista en el placer sexual, quedan pocos rastros documentales. Se leen entre líneas algunas señales que quedan en los documentos, como evidencia de que el deseo sexual impulsó a muchas mujeres a cautivar a los hombres y desear tener relaciones con ellos.

SEXUALIDAD, CLASE Y RAZA

La actividad sexual ilícita en Nueva España tuvo amplias bases alimentadas por la disparidad de clases y de etnias. En otras palabras, las relaciones irregulares eran frecuentemente establecidas entre hombres de una posición social superior a aquellas mujeres con quienes cohabitaban. Aunque ésta fue una situación muy común, no todas las uniones irregulares se efectuaron entre miembros de clases sociales dispares, pues también fueron numerosas las que se realizaban entre miembros de las castas y con indígenas. En el caso de extrema distancia social, se encuentran las relaciones entre amos y sus esclavas negras, las cuales posiblemente existieron en mayor número de los que se registran en las fuentes.

El caso de Juan de Dueñas García, vecino de San Luis Potosí, entre los años 1696 y 1698 es una mezcla fascinante de situaciones de la vida cotidiana novohispana en el que los temas de sexualidad y honor cobran relieves inusitados, además de ofrecer detalles sobre relaciones entre amos y esclavas negras, y la población blanca entre sí. Los actores históricos fueron todos españoles. Juan de Dueñas García, maestro de cirugía y, al parecer, mercader en los reales de plata del norte de Nueva España, era casado con Josefa de Cuéllar, mucho más joven, aunque ya entonces de 48 años, en contraste con Juan, cuya edad parecía ser entre 66 y 80 años. Una de sus hijas, María, tenía un amante, Manuel Cabral, de origen portugués, con quien había tenido varios hijos con conocimiento de la familia.[25] En el centro del escenario, se encuentra la esclava mulata Francisca de Dueñas, con quien Juan tuvo una apasionada relación que motivó una larga reyerta familiar.

Josefa y sus hijas testificaron que la esclava y Juan mantenían una escandalosa relación sexual que absorbía la atención del último hasta el punto de negarle la atención necesaria a su familia. Se obtuvo permiso de las autoridades eclesiásticas para sacar a la esclava de la casa y ponerla en depósito en casa de un vecino, quien fue encomendado a venderla en Parral. Enterado, Juan inició un proceso legal para recobrar la esclava y otorgarle carta de libertad, decidiendo revelar la irregularidad dentro de su propio hogar. Dueñas acusó a Manuel Cabral de haber violado a su hija María, haber concebido hijos ilegítimos con ella y haber vulnerado su honor familiar. En una deposición de abril de 1698, Manuel Cabral confesó que su amistad y vecindad con la familia le permitió entrada en su casa, donde "engendró amores" con doña María, habiendo logrado "gozarla" por seis años sin promesa de casamiento, sino por "la unión de las dos voluntades". De hecho, habían tenido tres hijos sin reclamo alguno ni de María ni de su padre. La tensión entre suegro y yerno creció por días, pues lo que había sido tolerable, se convirtió en su reverso debido a la batalla familiar sobre la esclava. Cuéllar no creía haber ofendido el honor propio o el de la familia con su relación, pero acusaba a su yerno de haberlos vulnerado viviendo en amistad ilícita con su hija. El honor se interpretaba de acuerdo con la clase y la raza. Cohabitar con una esclava no era deshonor.

La unión física del amo y la esclava fue testimoniada por una de sus hijas y aseverada por las otras dos. Una de ellas había pasado por el corral de su casa donde vio a su padre y la esclava "en la torpeza de aquel acto" o en palabras de la otra "su padre sobre y encima de la dicha mulata ejecutando sus actos torpes e indecentes". Admirada quedó, según el testimonio, "de que un hombre de tanta edad que podía estar rezando estuviera en tan inicuos ejercicios sin temor de Dios". La falta de privacidad a que obligaban las relaciones ilícitas se encuentra no sólo en este caso, sino en muchos otros consultados, en los cuales testigos oculares corroboraban la unión sexual realizada en lugares accesibles a la curiosidad ajena. Aunque este caso carece de resolución en las fuentes, es un ejemplo de cómo dentro de un hogar podían existir complejas situaciones engendradas por la sexualidad irreprimible de hombres y mujeres.[26]

SEXUALIDADES PROHIBIDAS

Entre las formas más reprimidas de sexualidad estaba el pecado llamado nefando o sodomítico, hoy entendido por homosexualidad. Se concebía como una de las peores manifestaciones de la sexualidad y casi siempre se entendía como un problema entre hombres. El lesbianismo apenas tuvo resonancia en Nueva España.[27] Un tratadista de la educación de la mujer de mediados del siglo XVII creía que el descuido en la educación de los hijos por los padres, llevaba la sodomía, implicando que era una condición "adquirida".[28] La Inquisición investigó preferentemente a los hombres. El incidente más sonado respecto a la sodomía fue la muerte en la hoguera de 14 hombres el 6 de noviembre de 1658.[29] El ajusticiamiento fue el resultado de una investigación que reveló una red de homosexuales de 123 sospechosos y convictos de varias edades y diversas etnias concentrados en las ciudades de México y Puebla. El perfil demográfico de este grupo demuestra que las llamadas formas desviantes de la sexualidad por la Inquisición compren-

Santa Rosa tentada por el demonio,
cuadro de Cristóbal de Villalpando.

día a hombres que trabajaban en ocupaciones manuales y cuya vida sexual se había llevado a cabo, hasta entonces, dentro de una opacidad social que les permitió cobertura por largo tiempo. Se sabía que existían, eran aceptados dentro de ciertos círculos muy estrechos que se apoyaban mutuamente, pero siempre dentro de la incertidumbre provocada por la inseguridad de ser considerados parias sociales. El evento de 1658 fue la única instancia de una persecución en masa. Otros casos individuales fueron detectados por las autoridades, incluso entre miembros de la Iglesia que, desde luego, fueron sometidos a la disciplina interna de la misma, pero nunca condenados a la hoguera.

Clérigos y frailes, sujetos a votos de castidad, no escaparon al llamado de la sexualidad propia e incurrieron en casos de solicitación de favores sexuales o de relaciones carnales, ejemplos de los cuales se encuentran en abundancia en los archivos de la Inquisición. Estas aventuras amatorias poco propias de su estado pusieron en duda la fibra moral de la Iglesia.[30] Revelados algunos aspectos íntimos de estas situaciones los religiosos se nos presentan simplemente como hombres sujetos a las mismas pasiones y flaquezas de la carne que los demás de su sexo. El celibato, aunque respetado por la mayoría, no fue universal, especialmente en áreas rurales. En León, doña Juana Hurtado de Mendoza confesó un "adulterio" con fray Nicolás Macías, relación de la cual trataba desesperadamente de salir en 1686.[31] Pero fray Nicolás persistía en actuar como cualquier amante desesperado. "Llevado de celos", según confesión de doña Juana, "por haber visto entrar en mi casa un hombre soltero", siembra cizaña con el marido, "atenta maltratar de obra con ella" y envía "recados indecentes" con su criada. Las autoridades franciscanas deseando guardar sigilo pidieron se mantuviera el caso en secreto y prometieron tomar acción contra el apasionado fraile.

Los requiebros con mujeres jóvenes fueron otra forma de solicitación. En el pueblo de Pirihuán, obispado de Michoacán, dos jóvenes hermanas españolas y una amiga mulata fueron solicitadas con palabras y galanterías por fray Juan Rangel, franciscano, que al parecer anteriormente había solicitado a una mujer india. Otro franciscano de la misma provincia fue acusado de intenciones sodomíticas al interesarse en uno de sus confesantes hombres, de habla purépecha, obligándole a tener actos de manoseo sexual durante la confesión.[32]

También se dieron casos de frailes solicitantes de monjas que resultaron en acusaciones ante el tribunal de la Inquisición. Uno de los más escandalosos casos fue la relación amorosa y finalmente carnal establecida alrededor de 1580 por fray Juan Plata y sor Agustina de Santa Clara, del convento de Santa Catalina de Siena. Este caso se complicó cuando los teólogos infirieron que las relaciones de fray Juan con unas monjas estaban teñidas de la herejía de los alumbrados.[33] También temprano fue el caso del capellán del convento de Regina Coeli, licenciado Frutos García, de 44 años, que requirió de amores a varias de sus hijas espirituales alrededor de 1590.[34]

Fraile solicitante

Solamente declara [la india soltera Mónica] que el dicho fray Joan Rengel casi todas las más veces que venía a su casa y la veía a solas —esto fue siete u ocho meses antes de haberse las tres contenidas confesado con él— le tomaba las manos y decía si quería ser sus amores. Y que esto sólo le dijo, y por cosa de veinte veces durante el espacio de dos o tres meses de los del número sobredicho. Y que por el aspecto amoroso con que esto decía y hacía, y especial por haberla acometido cinco o seis veces en diversas ocasiones de las expresadas, con su rostro hacia el de ésta para quererla besar, lo que no tuvo efecto por haber huido y retirádose luego de él, entendió y creyó siempre de él, el fin malo que le movía de querer pecar con ella. Y siempre le respondió que no quería, y que al punto se apartaba de él.

AGN, Inquisición, leg. 340, ff. 5-10, los Tres Reyes, Michoacán, 1621, en Concepción COMPANY COMPANY (1994), *Documentos lingüísticos de la Nueva España*, p. 258.

En este y otros casos del siglo XVII se trata de relaciones iniciadas por hombres de más de 40 años, débiles ante la juventud, inocencia y posible gracia de las novicias o recién profesas. El requiebro fue de carácter verbal y siempre iniciado en el confesionario, cuya intimidad y aislamiento permitía una proximidad que de otro modo nunca hubiera sido permitida.

En el siglo XVII fue extraordinario el caso de Antonia de San José, del convento de Jesús María, quien mantuvo relaciones sexuales con el agustino fray Pedro Velázquez, de cuya unión nació una criatura cuyo destino se desconoce. El escándalo se hizo público en diciembre de 1693, y dio como resultado el emparedamiento perpetuo de la inculpada. Respecto al monje, la causa ocasionó una controversia entre la orden agustina y el arzobispo Francisco Aguiar y Seijas en cuanto al medio de castigarlo, causa que fue llevada hasta el Consejo de Indias. El resultado fue un juicio privado que llevó a fray Pedro a una cárcel de su orden en Guatemala.[35] Éste fue un caso muy raro en Nueva España, donde las monjas envueltas en casos de sexualidad fueron usualmente pocas. La visita de frailes y clérigos a los locutorios de monjas fue parte de la vida urbana social, muy condenada por obispos y arzobispos como fuente de tentaciones. La necesidad de confesión daba la ocasión de entablar relaciones que se deslizaban a terrenos prohibidos con intercambio de palabras y cartas amorosas. En 1682 arribó a Nueva España el provincial franciscano armado de una real cédula de 29 de enero de ese mismo año, en la cual incitaba a los obispos y prelados a que cortaran las conversaciones de monjas con seglares, que "son muy frecuentes… en los conventos de las Indias", por los abusos y escándalos que ocasionaban.[36] En 1709 otro ministro provincial franciscano, fray Manuel Vigil, emite una patente a sus subordinados ordenando cuiden de elegir cuidadosamente a los vicarios y confesores de monjas. Deseaba que "las religiosas sir-

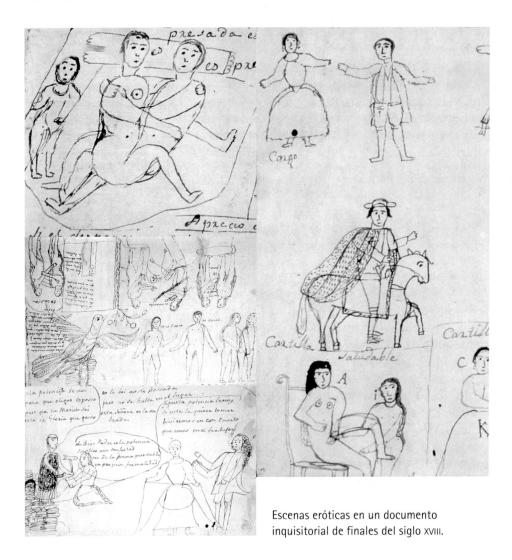

Escenas eróticas en un documento
inquisitorial de finales del siglo XVIII.

van a su Divino Esposo y observen las leyes de finas esposas" y había notado que se estaban nombrando "sujetos menos aptos, así en edad como en virtud y literatura," dándose lugar a "afecciones privadas".[37]

La solicitación masculina y los casos de transgresión de los votos de castidad en clérigos y frailes fueron difíciles de resolver para la Iglesia que, en general, sacaba a los inculpados de su diócesis, prohibiéndoles confesiones con mujeres, privándolos de beneficios eclesiásticos y la administración de bienes materiales si los tenían. La excomunión estaría reservada para casos de suma renuencia en cumplir las órdenes superiores. La Inquisición se ocupó de los delitos de solicitación, mientras que los juzgados de justicia eclesiástica se ocuparon de otros delitos sexuales. La disciplina interior no erradicó el problema, que persistió hasta el fin del periodo virreinal. Se ha observado un incremento en el número de casos de solicitación registrados en el Santo Oficio en la segunda mitad del siglo XVII, posiblemente resultado de una política de supervisión más estrecha en la península.[38] Tanto las órdenes como la Iglesia episcopal trataban de mantener la más completa discreción en estos casos, pero en los pequeños pueblos la comunidad conocía estas situaciones.

CONCLUSIONES

La importancia de contar con la sexualidad como móvil de peso en la vida cotidiana queda sugerida con la exposición que precede. Aunque parezca un poco vulgar señalar el deseo y el ejercicio sexual como origen de muchas formas de conducta social, los moralistas y juristas siempre han tenido conciencia de que la regulación de la sexualidad es indispensable para mantener la formación de la familia dentro de cauces aceptables para el orden social. La sexualidad obliga a la definición de los papeles de género y la prescripción de formas de conducta apropiadas para cada sexo, factores esenciales en el establecimiento de las reglas de convivencia intergenérica. En Nueva España existió una situación especial creada por la conquista que, expresada sexualmente, asumió primero relaciones desordenadas y después el establecimiento de una sociedad en la cual la mezcla de razas fue inevitable, dado el carácter de encuentro biológico que tuvo lugar en el siglo XVI. En términos demográficos, ese encuentro sexual marcó el inicio de una nueva sociedad en la cual sus miembros entablaron un complejo diálogo sobre las reglas de la unión física y de sus resultados morales. En el siglo XVII ese diálogo no sólo no se había resuelto, sino que se había multiplicado con la injerencia de las múltiples voces de las castas resultantes.

La imposición de modelos cristianos sobre los indígenas resultó en un proceso de acomodamiento por parte de los últimos que, en líneas generales, no podía diferir de los del resto de la población porque sufría de los mismos castigos. En su conducta sexual los indígenas no eran en el siglo XVII ni mejores ni peores que el resto de la población, aunque se permitieron seguir modalidades propias siempre y cuando cumplieran primero con la Iglesia. Todos los miembros de la población, fuesen españoles, indígenas, africanos o castas, se debatían entre modelos de perfección y realidades de transgresión que mantuvieron a las autoridades eclesiásticas en constante desvelo. La falta de disciplina sexual en un nivel personal fue indudable. En la vida cotidiana del novohis-

Escena con una celestina, detalle del biombo
Alegoría de la Nueva España, siglo XVIII.

pano común y corriente el placer sexual tuvo un lugar prominente. En el siglo XVII las consecuencias de una vida sexual bastante libre se hicieron evidentes en la heterogeneidad racial y los nacimientos irregulares. La castidad se definió, en la práctica, como un ideal esencialmente femenino, pero también se entendió como un "estado" temporal (excepto para las religiosas) que servía de premisa a la sexualidad bendecida por la Iglesia o no. La sexualidad masculina tuvo sus reglas y responsabilidades, pero en la práctica, los hombres (incluso los religiosos) tuvieron una libertad de acción muy difícil de controlar. Nunca podremos saber a cabalidad los numerosos matices de lo erótico, pero el juego de relaciones entre los sexos sugiere que en el preámbulo del cortejo existían fórmulas y señales que regulaban el entendimiento de las parejas. El obispo Juan de Ortega y Montañés se escandalizó con los descotados femeninos cuando los confesores le informaron que "cualquiera acción de movimiento descubre hasta el talle" y prohibió la absolución a quienes ofrecían esas tentaciones.[39] La delgada línea entre la tentación y la caída en la flaqueza de la carne nos ofrece hoy un amplio campo para reflexionar sobre los variados y profundos efectos que el impulso sexual ha dejado sobre las más fundamentales instituciones sociales.

NOTAS

[1] Entre los varios autores que han cultivado este campo, tenemos a Alfredo López Austin, Jorge René Gónzalez M.; Sergio Ortega, Serge Gruzinski, Pierre Ragon, Richard Hexler; Noemí Quezada, Carmen Castañeda, Asunción Lavrin, Patricia Seed, Steve Stern, Richard Boyer, Thomas Calvo, Ana María Atondo, Solange Alberro, Sonya Lipsett-Rivera y Louise M. Burkhart.

[2] Bernal Díaz del Castillo comenta elípticamente sobre los regalos de mujeres y nos informa de su propia petición a Moctezuma de una para sí. DíAZ, 1983, p. 189.

[3] Véase Las Siete Partidas (ALFONSO X, 1972) y BENASSAR, 1984, cap. 9 ("El modelo sexual: la defensa del matrimonio cristiano"), pp. 270 y ss.

[4] Como ejemplo véase: AGN, Bienes Nacionales, legajo 1072, 1576, que contiene 24 casos de amancebamiento y un caso de prostitución con consentimiento del marido (lenocinio).

[5] CALVO, 1989, pp. 287 y ss; GONZALBO AIZPURU, 2001, pp. 163 y ss.

[6] SGU, AHAOM, película 765274.

[7] Hijo natural era aquel nacido de dos padres solteros; hijo ilegítimo era el nacido de una pareja uno de cuyos miembros estaba casado con otra persona. El hijo natural tenía más oportunidades de llegar a ser reconocido legalmente por tener una carga menor de "pecado" que el ilegítimo. Era muy difícil legitimar a un ilegítimo, ya que uno de los padres había transgredido el sacramento del matrimonio. GRAJALES y ARANDA, 1998, pp. 209-226, señalan que entre los negros de Puebla, la ilegitimidad era muy alta (7 de cada 10); entre los indios mucho más baja (3.3 de 10), y entre españoles y mestizos entre 4 y 4.2 por cada 10); estos autores denominan hijos ilegítimos a los de padres no conocidos y a los naturales, y afirman que cerca de 3/5 de los hijos naturales fueron procreados por madres negras o mulatas. Sólo una décima parte eran españoles (p. 215), lo cual es bastante diferente de lo que dice Calvo para Guadalajara respecto a los españoles.

[8] Véase TWINAM, 1999. Como ejemplo, cito el testamento de Antonio de Ojeda, hijo legítimo y casado dos veces, matrimonios de los cuales tuvo seis hijos legítimos, pero que declara en su testamento tener un hijo natural de 27 años, cuya edad lo identifica como concebido antes de su primer matrimonio. AN, notario Ramón de Espinosa, 1693, f. 29. Para otros casos, véase notario José Anaya Bonilla, 1695, f. 285; notario Juan de Zearreta, 1698, f. 237. El bien conocido autor de la Descripción de la Nueva Galicia, el presbítero Domingo Lázaro de Arregui, procreó dos hijos con una mujer cuya identidad, por respeto de su calidad y deudos, nunca reveló. Tomó el estado eclesiástico y sólo los reconoció públicamente al final de su vida, cuando hizo arreglos para que heredaran unas prendas y se les tuviera como "nobles"; la legitimación no fue oficial en cuanto no fue tramitada en España. CASTAÑEDA, 1997, cita a Thomas Calvo como fuente de su información sobre este incidente. Notemos que entre las clases que redactaban sus testamentos ante notario, los hijos naturales no fueron tan numerosos como entre las clases pobres.

[9] AN, notario José Anaya y Bonillas, 1695, f. 13v.

[10] AGN, Bienes Nacionales, vol. 1040, 1664.

[11] GRUZINSKI, 1989, pp. 96 y ss.

[12] BAPTISTA, 1600, f. 89v.

[13] MÉNDEZ et al., 1987.

[14] SGU, ASMG, película 167980, 4 de julio de 1694.

[15] SGU, ASMG, 24 de abril de 1692. El español Nicolás Cortázar, de 20 años y de Aguascalientes, pidió dispensa de cuarto grado de consanguinidad para poderse casar con Francisca de Ruelas, también española, a quien había quitado la virginidad. SGU, ASMG, Matrimoniales, hojas sueltas, película 162980, 25 de octubre de 1691.

[16] SGU, AHAOM, película 755456, 1698.

[17] ZAVALA y CASTELO, 1945, vol. 7, pp. 175 y ss.

[18] JOHNSON y LIPSETT-RIVERA (eds.), 1998.

[19] ATONDO, 1986, pp. 129 y ss.

[20] Véase la variedad de casos presentados por los siguientes autores: LAVRIN, 1989, pp. 4-6 y 46-92; BOYER, 1995; QUEZADA, 1996; SEED, 1988, y TRASLOSHEROS, 1995.

[21] Respecto a la estrecha visión del sexo como fuente de pecado, véase fray Andrés de OLMOS, 1996, cuyo *Tratado* fue escrito para beneficio de los indígenas, pero sigue a pie juntillas la ideología católica sobre el tema, misma que se extiende al siglo XVII.

[22] SGU, AHAOM, Celaya, 1664, película 704998.

[23] SGU, AHAOM, 1721, película 763238.

[24] RUBIAL, 1998, p. 118.

[25] SGU, AHAOM, 1698, película 755456; este proceso continuó en años posteriores. En 1700, en San Juan Tzitácuaro, el juez eclesiástico del obispado de Valladolid detalla la relación entre la negra esclava Juana de la Cruz y su amo el mercader Francisco Ortuño. Véase SGU, AHAOM, 1700, película 778785.

[26] CALVO, 1989, pp. 287 y ss.

[27] Fray Andrés de Olmos define cuatro modos de "pecado contra natura", al que describe como "espantosísimo, gravísimo, asqueroso": el autoerotismo; la sodomía propiamente dicha entre hombres; la bestialidad, y una forma extrema de sexualidad femenina. Dentro de la sodomía, Olmos admite la posibilidad del lesbianismo cuando afirma "y también cuando la mujer tiene acceso con la mujer del mismo modo con quien tiene acceso con un hombre." Véase OLMOS, 1996, p. 135.

[28] HERRERA, 1636, p. 779.

[29] GRUZINSKI, 1986, pp. 255 y ss; BENASSSAR, 1984, cap. 10 ("El modelo sexual: la Inquisición de Aragón y la represión de los pecados 'abominables'"), pp. 295 y ss; ROBLES, 1972, vol. II, p. 307.

[30] Véase, por ejemplo, MÉNDEZ *et al.*, 1997, Sección Relaciones. Sobre el siglo XVIII, consúltese sobre todo, GONZÁLEZ, 1986, pp. 239 y ss. No existe, sin embargo, ningún estudio amplio sobre este problema para el periodo virreinal.

[31] SGU, AHAOM, película 77870, León, Autos Secretos, 1686.

[32] COMPANY, 1994, pp. 255 y ss. Las solicitaciones fueron frecuentes durante todo el virreinato.

[33] AGN, Inquisición, vol. 186.

[34] AGN, Inquisición, vol. 177, exp. 1.

[35] RUBIAL, 1995, pp. 351 y ss.

[36] México, BN, Fondo Franciscano, caja 75, leg. 1259, ff. 15-16. Véase, además, ff. 17-18: patente de fray Francisco de Ávila, sobre malas costumbres en los conventos, fechada el 13 de marzo de 1683, y dirigida a conservar la decencia y pureza que se debe al instituto regular y el estado religioso a que están obligadas. En esta fuente se critican las conversaciones en los coros y locutorios, ordenando que "las religiosas se abstengan de comunicaciones y devociones procurando vivir con la pureza de costumbres y recogimiento que deben como esposas de Jesucristo y apartando la voluntad de lo terreno pues su vivir ha de ser como de celestiales espíritus".

[37] BN, Fondo Franciscano, caja 75, exp. 1262, ff. 8-9. Un problema que conspiraba contra la uniformidad de nombramiento fue el hecho de que los obispos y arzobispos reclamaban tener derecho a nombrar confesores para todas las religiosas, mientras que las órdenes luchaban por mantener confesores propios en los conventos de su jurisdicción. Véase un ejemplo en la misma fuente, leg. 1270, 1761-1762, Puebla.

[38] HALICZER, 1996, pp. 50 y ss.

[39] SGU, AHAOM, película 778777, Valladolid, 4 de marzo de 1686. Reproduce cédula real del 15 de noviembre de 1685, dirigida al obispo Juan Ortega y Montañés, quien se enfrentó a esta situación en Guatemala, pero el envío de la copia de la cédula a Valladolid nos habla de un fenómeno común en la época.

SIGLAS Y REFERENCIAS

AGN   ARCHIVO GENERAL DE LA NACIÓN, MÉXICO
Bienes Nacionales.
Inquisición.
AN   ARCHIVO DE NOTARÍAS, MÉXICO
BN   BIBLIOTECA NACIONAL, MÉXICO
Fondo Franciscano.
SGU, AHAOM SOCIEDAD GENEALÓGICA DE UTAH, Archivo Histórico del Antiguo Obispado de Michoacán
Celaya.
León.
Valladolid.
SGU, ASMG SOCIEDAD GENEALÓGICA DE UTAH, Archivo de la Sagrada Mitra de Guadalajara
Matrimoniales.

ALFONSO X
1972   Las Siete Partidas del Rey Don Alfonso El Sabio (3 vols.). Madrid: Real Academia de la Historia-Ediciones Atlas.
ATONDO, Ana María
1986   "De la perversión de la práctica a la perversión del discurso: la fornicación," en Sergio ORTEGA (ed.), De la santidad a la perversión. México: Grijalbo, pp. 129-163.
BAPTISTA, Joan
1600   Advertencias para los confesores de naturales. México: M. Ocharte.
BENASSAR, Bartolomé
1984   Inquisición española: poder político y control social. Barcelona: Crítica.
BERMÚDEZ GORROCHOTEGUI, Gilberto
1995   Historia de Jalapa. Siglo XVII. Xalapa: Universidad Veracruzana.
BOYER, Richard
1995   Lives of the Bigamist. Marriage, Family, and Community in Colonial Mexico. Albuquerque: University of New Mexico Press.
CALVO, Thomas
1989   "The Warmth of the Hearth: Seventeenth-Century Guadalajaran Families", en Asunción LAVRIN (ed.), Sexuality and Marriage in Colonial Latin America. Lincoln, University of Nebraska Press, pp. 287-312.

CASTAÑEDA, Carmen

> 1997   "Bienes, libros y escritos de Domingo Lázaro Arregui", en *Estudios Hombre*, 6, pp. 101-119.

COMPANY, Concepción

> 1994   *Documentos lingüísticos de la Nueva España. Altiplano central*. México: Universidad Nacional Autónoma de México.

DÍAZ DEL CASTILLO, Bernal

> 1983   *Historia verdadera de la conquista de la Nueva España*. México: Editorial Porrúa (Sepan cuantos…, 15). [1632].

GONZALBO AIZPURU, Pilar

> 2001   "Familia y convivencia en la ciudad de México a fines del siglo XVIII", en Pilar GONZALBO AIZPURU (coord.), *Familias iberoamericanas. Historia, identidad y conflictos*. México: El Colegio de México, pp. 163-178.

GÓNZÁLEZ M., Jorge René

> 1986   "Clérigos solicitantes, perversos de la confesión", en Sergio ORTEGA (ed.), *De la santidad a la perversión*. México: Grijalbo, pp. 239-252.

GRAJALES PORRAS, Agustín, y José Luis ARANDA ROMERO

> 1998   "Niños abandonados e hijos naturales en la ciudad de Puebla a mediados del siglo XVII", en *Novohispania*, 3, pp. 209-226.

GRUZINSKI, Serge

> 1986   "Las cenizas del deseo. Homosexuales novohispanos a mediados del siglo XVII," en Sergio ORTEGA (ed.), *De la santidad a la perversión*. México: Grijalbo, pp. 255-281.
>
> 1989   "Individualization and Acculturation: Confession among the Nahuas of Mexico from the Sixteenth to the Eighteenth Century", en Asunción LAVRIN (ed.), *Sexuality and Marriage in Colonial Latin America*. Lincoln: University of Nebraska Press, pp. 96-115.

HALICZER, Stephen

> 1996   *Sexuality in the Confessional. A Sacrament Profaned*. Nueva York: Oxford University Press.

HERRERA, Alonso de

> 1636   *Espejo de la perfecta casada*. Granada: Blas Martínez.

JOHNSON, Lyman L., y Sonya LIPSETT-RIVERA (eds.)

> 1998   *The Faces of Honor. Sex, Shame and Violence in Colonial Latin America*. Albuquerque: University of New Mexico Press.

LAVRIN, Asunción

> 1989   "Sexuality in Colonial Mexico: A Church Dilemma", en Asunción LAVRIN (ed.), *Sexuality and Marriage in Colonial Latin America*. Lincoln: University of Nebraska Press, pp. 46-92.

MÉNDEZ, María Águeda, Ricardo CAMARENA CASTELLANOS, Fernando DELMAR y Ana María MORALES

> 1997   *Catálogo de textos marginados novohispanos. Inquisición: siglo XVII*. México: El Colegio de México-Archivo General de la Nación-Consejo Nacional para la Cultura y las Artes.

OLMOS, Andrés de
  1996   *Tratado sobre los siete pecados mortales, 1551-1552*. México: Universidad Nacional Autónoma de México.
QUEZADA, Noemí
  1996   *Sexualidad, amor y erotismo. Mexico prehispánico y Mexico colonial*. Mexico: Universidad Nacional Autónoma de México-Plaza y Valdés.
ROBLES, Antonio de
  1972   *Diario de sucesos notables (1665-1703)* (3 vols.). México: Editorial Porrúa.
RUBIAL, Antonio
  1995   "Un caso raro. La vida y desgracias de sor Antonia de San Joseph, monja profesa en Jesús María", en Manuel RAMOS MEDINA (coord.), *Memoria del II Congreso Internacional. El Monacato Femenino en el Imperio Español. Monasterios, Beaterios, Recogimientos y Colegios*. México: Centro de Estudios de Historia de México Condumex, pp. 351-358.
  1998   *La plaza, el palacio y el convento*. México: Consejo Nacional para la Cultura y las Artes.
SEED, Patricia
  1988   *To Love, Honor and Obey in Colonial Mexico: Conflicts Over Marriage Choice, 1574-1821*. Stanford: Stanford University Press.
TRASLOSHEROS H., Jorge E.
  1995   *La reforma de la Iglesia del antiguo Michoacán. La gestión episcopal de fray Marcos Ramírez de Prado, 1640-1666*. Morelia: Secretaría de Difusión Cultural, Universidad Michoacana de San Nicolás de Hidalgo.
TWINAM, Ann
  1999   *Public Lives, Private Secrets. Gender, Honor, Sexuality, and Illegitimacy in Colonial Spanish America*. Stanford: University of Stanford Press.
ZAVALA, Silvio, y María CASTELO (comps.)
  1939-1946 *Fuentes para la historia del trabajo en Nueva España* (8 vols.). México: Fondo de Cultura Económica.

17

LA EMBRIAGUEZ, LA COCINA Y SUS CÓDIGOS MORALES

SONIA CORCUERA DE MANCERA

Facultad de Filosofía y Letras
Universidad Nacional Autónoma de México

Pasada la conquista armada, dos bebidas de origen mesoamericano, el pulque y el chocolate, atrajeron la atención de médicos y moralistas. El sabor del pulque, llamado también "vino de la tierra", desagradó a los europeos. No vieron en él nada comparable con el vino de la vid, al punto de que no hubo voces españolas que lo defendieran cuando los religiosos lo calificaron de bebida infernal y causa de la perdición indígena. La historia del chocolate es otra cosa: originario del sur de México viajó a Europa y pronto hizo furor en España, desde donde conquistó al mundo. Tanta pasión por una bebida indiana despertó una curiosa polémica médico-moral que alcanzó dos continentes. ¿Qué peligros para el cuerpo y para el alma se ocultaban detrás de ese "embriagante" sabor, conocido en América, pero recién descubierto por los habitantes del Viejo Mundo? ¿Tenía en verdad propiedades que justificaran su uso medicinal? Si así fuera, ¿podía tomarse como bebida salutífera sin quebrantar por ello el ayuno penitencial mandado por la Iglesia? Estas cuestiones resultan difíciles de asimilar en el siglo XXI y pudieran, incluso, provocar una sonrisa escéptica, pero entonces tenían su razón de ser.

MÉDICOS DE CUERPOS Y ALMAS

La Iglesia delegaba en la persona del director de conciencia —párroco, confesor, catequista, ministro, predicador o evangelizador— la divulgación de la norma del justo medio o templanza en el comer y beber;[1] a él estaba encomendada la cura de almas. En el prólogo a su *Historia general de las cosas de la Nueva España*, Sahagún advierte que para curar las enfermedades espirituales conviene a los predicadores tener "experiencia de las medicinas y de las enfermedades espirituales". De manera paralela, las reglas para conservar y en su caso restaurar el equilibrio físico del cuerpo corresponden al médico; él es responsable de la salud física. "El médico no puede acertadamente aplicar las medicinas al enfermo [sin] que primero conozca de qué humor, o de qué causa proceda la enfermedad; de manera que el buen médico conviene que sea docto en el conocimiento de las medicinas y en el de las enfermedades para aplicar convenientemente a cada enfermedad la medicina contraria".[2]

El concepto de la medicina "contraria" tuvo su origen en la Antigüedad clásica, primero como resultado del trabajo de Hipócrates y siglos más tarde con las aportaciones de Dioscórides y Galeno.[3] Los médicos árabes, en particular Avicena, sumaron a los conocimientos acumulados, teorías tomadas de Egipto y de otras culturas del mundo antiguo. Este *corpus* incorporó conceptos de dieta y nutrición de dudosa efectividad que formaron la base de los tratados médicos medievales, luego pasaron a la Nueva España y mantuvieron su vigencia por lo menos hasta principios del siglo XVIII. Los médicos o galenos debían conocer la fisiología de la digestión, las propiedades nutritivas de los alimentos y las características de una comida saludable.[4] A ellos correspondía advertir los peligros de una dieta poco equilibrada y para no errar prestaban atención a cada ingrediente y buscaban la combinación apropiada para cada paciente. Una dieta balanceada debía ser capaz de mantener un equilibrio adecuado entre los humores o fluidos corporales. En organismos sanos —decían— los humores se encuentran en equilibrio y el cuerpo humano ideal también es ligeramente caliente y ligeramente húmedo, pero en la vida real la proporción exacta varía dependiendo del sexo y edad y de la persona y de su ubicación geográfica.

Las personas se veían precisadas a corregir las carencias o excesos de sus humores corporales y para tener éxito, los médicos acostumbraban recurrir a terapias poco eficaces aunque muy difundidas, como sangrar al paciente, aplicarle ventosas, provocarle el vómito o administrarle un purgante. En cualquiera de esos penosos casos "algo sale" del cuerpo y para sustituir esa pérdida con "algo que entre", el médico necesitaba adaptar la dieta de cada paciente a su complexión particular. Los doctores, sobre todo cuando atendían a pacientes acomodados, centraban su interés en los alimentos y bebidas que mejor les convenían. La enfermedad de los pobres, en cambio, era producto del hambre.[5] Lejos de la cocina los médicos tenían poco que ofrecer a sus pacientes. Ellos no cocinaban, pero su influencia —aunque invisible— se tradujo en una presencia real en la cocina. Para lograr resultados debían contar con el apoyo del cocinero, aunque no estoy sugiriendo que sus recomendaciones fueran consignadas en las recetas comunes. La voz del médico debe buscarse en los textos de moral.

La comida y la bebida estaban sujetas a una estricta norma moral. Siempre era recomendable el justo medio, pero con mayor razón en los días de ayuno. Este ejercicio era obligado las vísperas de todas las fiestas importantes, el tiempo de Adviento y los días de Cuaresma. Las reglas variaban según los lugares y se dispensaba a los muy jóvenes y a los viejos, así como a los enfermos y a las mujeres embarazadas. El espíritu del ayuno alentaba, además, a renunciar a cualquier placer del paladar porque la mortificación dispone al servicio de Dios y contribuye a marchitar la amenaza siempre latente del apetito sensual.

EL CHOCOLATE, LA VOZ DEL MÉDICO Y LOS TEXTOS DE MORAL

¿Dónde, pues, ubicar el chocolate? ¿Cuáles son sus bondades curativas? Y por supuesto, la pregunta clave: ¿puede una bebida tan delicada ser compatible con el espíritu de mortificación propio de los días de penitencia? Difícil contestar por tratarse de cuestiones que se encuentran en el límite de ambos discursos, el moral y el médico. Nombrar, analizar y explicar el haz de relaciones que los moralistas deben tomar en consideración al hablar del binomio chololate-ayuno requiere la colaboración del médico.

En fecha temprana (1591) un médico novohispano de origen andaluz llamado Juan de Cárdenas publicó en México *Problemas y secretos maravillosos de las Indias* para dar razón y causa de las preguntas que se le hicieren. Llegó adolescente y descubrió una cultura que valoraba la moderación y la templanza en todas las áreas de la vida. No es posible establecer semejanzas entre la cultura judeocristiana y la mesoamericana dadas las diferencias existentes entre las dos concepciones del mundo. Sólo intento señalar que las nociones de salud y enfermedad de los antiguos mexicanos también giraban en torno a las ideas de equilibrio y desequilibrio orgánico. Para los indígenas, las categorías de "fríos" y "calientes" que se asignaban a productos vegetales y animales constituían una de las bases de la compensación. El organismo recibía del alimento los principios que requería para mantener ese equilibrio, pero cualquier tipo de trabajo ocasionaba un sobrecalentamiento que provocaba un desgaste; para compensarlo la persona debía descansar, alimentarse e ingerir pulque para enfriar su cuerpo y devolverlo a la normalidad. Otro tipo de desgaste implicaba la pérdida de energía; para nivelar esa pérdida y ayudar a recuperar la energía faltante se debían ingerir productos de naturaleza caliente como el cacao.[6] Así se explica que los *pochtecas* o comerciantes que se encontraban en expediciones mercantiles llevaran una provisión de cacao.

Para su sorpresa, Cárdenas encontró en la herbolaria indígena una manera de practicar la medicina más avanzada y sin duda más eficaz que la española. Los indígenas tenían un vasto conocimiento empírico de las propiedades curativas de las plantas y las utilizaban con éxito desde hacía siglos. Sin renunciar a las enseñanzas de Hipócrates y sus discípulos, Cárdenas incorporó y acomodó a su marco conceptual de formación europea diferentes elementos curativos indígenas.

El médico novohispano atendió a las supuestas propiedades medicinales del cacao

Niño con tazas de chocolate,
detalle del cuadro de castas: *De mulato y
española sale morisco*, siglo XVIII.

y estudió los ingredientes que acompañan a la semilla en la preparación del chocolate para luego informar acerca de la naturaleza de la bebida. De acuerdo con las reglas de la "buena medicina" buscó la fórmula para mantener o en su caso restablecer el balance entre las calidades opuestas. Distinguió en el grano tres partes opuestas y contrarias entre sí: una fría, seca y melancólica que "en buen romance" correspondía a la naturaleza de la tierra; otra era aceitosa, caliente y húmeda por seguir la naturaleza del aire; la tercera resultaba para él calidísima, muy penetrante y correspondía al fuego.[7] De acuerdo con la descripción de Cárdenas esas partes se mezclan al moler el cacao y cada porción del grano enriquece y a la vez corrige los excesos y carencias de las otras. Lo mismo sucede con los condimentos que se adicionan para mejorar el sabor y moderar efectos no deseados. A quien sufría por falta de calor en el estómago le sugería beberlo muy caliente y a los que padecían de excesivo calor de hígado, estómago o riñones, evitarlo o prepararlo con atole por ser de naturaleza fría. Asimismo, Cárdenas advierte sobre ciertas prácticas nocivas para la salud, como la vieja costumbre de mover el chocolate y batirlo hasta levantar gran espuma, porque se tiene por mejor, "en cuanto es más espumoso". En efecto, consideraba "muy sano batirlo y quebrantarlo" para adelgazar la "grosedad" y crudeza del cacao, pero también advertía los inconvenientes de beber aquella espuma por ser sólo aire que avienta el estómago, impide la digestión y suele causar terribles tristezas.

El caso era difícil y suscitó controversias porque los hombres y mujeres de aquellos tiempos manifestaban una gran preocupación por su salud. El doctor Cárdenas reconoce que "unos abominan el chocolate haciéndolo inventor de cuantas enfermedades hay; [mientras] otros dicen que no hay tal cosa y que con él engordan".[8] ¿Puede una bebida con esas características tomarse en días de penitencia? Luego de aplicar las

---

El chocolate en la iglesia de Chiapas

Las mujeres de aquella ciudad [San Cristóbal], al parecer, fingen gran debilidad y sensibilidad de estómago, la cual según ellas es tan grande que no pueden permanecer en la iglesia lo que dura una misa farfullada a la carrera, mucho menos una misa solemne (así las llaman) cantada con su sermón, sin beber una taza de chocolate y comer algunos dulces para fortalecer el estómago. Para ese fin acostumbraban hacer que sus doncellas les llevaran a la iglesia, en mitad de la misa o del sermón, una taza de chocolate, cosa que no se podía hacer a todas o a la mayoría de ellas sin causar gran confusión e interrumpir la misa y el sermón. El obispo percibió ese abuso y les advirtió claramente que lo evitaran, pero ellas no se enmendaron y en consecuencia él consideró oportuno fijar en la puerta de la iglesia una excomunión contra todo el que osara comer o beber dentro de la iglesia durante el servicio.

Thomas GAGE [1648], *El inglés americano: sus trabajos por mar y tierra, o un nuevo reconocimiento de las Indias Occidentales* (2001), p. 259.

---

reglas de la "buena medicina", el doctor Cárdenas llega a dos alarmantes conclusiones: el chocolate satisface el hambre a la vez que mitiga la sed en lugar de provocarlos, como corresponde a un apropiado ejercicio de mortificación, y debido a su naturaleza caliente inflama el ardor de la carne en lugar de reprimir la sensualidad. Por estas razones su ingesta sí rompe con las exigencias del ayuno establecidas por la Iglesia y su uso debe ser restringido en las fechas señaladas. No obstante, tales recomendaciones fincadas en razones morales no bastaron para alterar los hábitos de los aficionados, quienes lo llegaron a tomar hasta en la iglesia. Un napolitano, llegado a México procedente de Filipinas en 1697, observaba que el chocolate "se usa tanto que no hay en las Indias negro ni peón que no lo tome cada día y las clases más acomodadas cuatro veces al día".[9]

La popularidad del chocolate también aumentaba en España a pesar de ser una bebida cara y de calidad desigual porque sus ingredientes venían de lugares lejanos y con frecuencia llegaban descompuestos a su destino. En años difíciles o cuando los barcos que transportaban el producto se perdían en el mar, el cacao escaseaba, se disparaban los precios y muchos comerciantes le incorporaban ingredientes de dudosa naturaleza para hacerlo rendir. En 1636 Antonio de León Pinelo publica en Madrid *Questión moral. Si el chocolate quebranta el ayuno eclesiástico*. El texto recoge la opinión de diferentes autoridades, todos ellos médicos de cuerpos y almas, y confirma que en pleno siglo XVII los conceptos de nutrición, dieta, salud y enfermedad vigentes en España y sus colonias americanas son todavía premodernos, a pesar de que en Inglaterra y otros lugares del norte de Europa comienzan a evolucionar como parte de los albores de una verdadera revolución científica. A mediados del siglo XVII Thomas Willis (1621-1673),

Batiendo el chocolate, en el cuadro de castas: *De español y negra, mulato*, siglo XVIII.

miembro fundador de la Royal Society of London, así como otros médicos contemporáneos, comienzan a hablar del proceso de la digestión como resultado de la fermentación de los alimentos, no de su cocimiento como lo continuaba proponiendo la medicina tradicional. Se empieza a decir que, como resultado de los "fermentos" naturales de la tierra, las semillas se transforman en plantas. Una fermentación posterior provocada por el hombre transforma los granos y frutos de esas plantas en pan, cerveza y vino, y luego, con la ayuda de los jugos gástricos, el proceso continúa en el sistema digestivo. El cosmos es todavía una cocina, pero ahora equipada con una asombrosa tinaja de fermentación, y el cuerpo humano contiene copias en miniatura de ese equipo.[10] El nuevo esquema tardó en divulgarse porque, como es común en esos casos, el viejo paradigma se resiste a morir y no se vuelve súbitamente obsoleto. Los cambios

profundos que apenas se inician en el norte de Europa están lejos de afectar el contenido de los textos que León Pinelo publicara en España en 1636.

Tomado con moderación y adaptado a la complexión de los diferentes bebedores,
León Pinelo confirma que el chocolate beneficia la salud y remedia todo tipo de males.
El autor, que dicho sea de paso nunca viajó a México ni conoció el chocolate en su tierra de origen, cita a otro médico novohispano, Juan de Barrios, e insiste en las bondades derivadas de la combinación de ingredientes que entran en su preparación de
acuerdo con el "humor" dominante de la persona. Los hombres y mujeres sanguíneos
son risueños y amables; como tienen calor deben atemperar ese exceso bebiendo el
chocolate en agua, tibio o frío. Los flemáticos son tranquilos y gordos, de carnes muy
blandas, buenos para dormir y lentos para enojarse; como sueñan con agua fría, granizo y nieve, les conviene el chocolate caliente, tanto como fuera posible. Con los coléricos sucede lo contrario: su "humor" es la bilis amarilla, caliente y seca; son "un poco
altos", de complexión delgada, cabellos rubios o bermejos, cara medio amarillosa y se
enojan con facilidad; de ordinario andan con sed, padecen de calor y sueñan con pen-
dencias (disputas) y fuegos; para nivelar su espíritu, deben preparar su chocolate en
agua o atole tibio, con azúcar y poca canela. Las personas melancólicas resultan ser poco favorecidas por la vida: son feas y malencaradas, padecen de almorranas y ventosi-
dades, duermen mal y sueñan con muertos y otras cosas tristes; como se irritan con facilidad —¿quién no se irrita al padecer tantos males?— deben tomar su chocolate sin
chile, que por ser caliente destempla el ánimo, y añadirle ingredientes de buen olor para mejorar su disposición.

Bien administrado el chocolate conviene a todos, incluso a la gente "ociosa".[11] Este término, lo mismo que otras huellas poco delimitadas de un pasado distante, intriga y desconcierta al mismo tiempo, pues su propia indefinición se traduce en lecturas
diferentes. El ocio es la madre de todos los vicios y en buen español, ociosa es la persona que no hace nada. Pero también existe un ocio amable y creativo que practican
quienes se "deleitan" en desarrollar un esfuerzo real, aunque no rinda beneficios materiales porque no se lleva a cabo con las manos. Es el caso del chocolate que proporciona vida en forma de placer, esto es, de una satisfacción que no debe confundirse con la
felicidad, aun cuando se relacione con ella. El placer es sólo el índice de una condición
temporal de satisfacción, en tanto la felicidad es un estado constante o duradero de satisfacción total o casi total. La voz "deleite" tiene una tercera connotación, esta vez relacionada con el placer voluptuoso. Este tema preocupó a teólogos y moralistas desde
los inicios del cristianismo.

En el siglo V los llamados monjes del desierto alertaron contra la gula o concupiscencia del paladar. Juan Casiano (365-435 *ca.*) escribió sobre el particular y su doctrina sobre las virtudes que deben motivar al hombre a renunciar al mundo y vencer los

Comida y cortejo

La comitiva del virrey, que suele ir a ese lugar [la Alameda], es tan suntuosa que algunos dicen que es tan grande como la de su señor el rey de España. A su reunión llevan a vender muchos tipos de dulces y papeles de confites, y también agua dulce que se ofrece en vasos muy limpios, para enfriar la sangre de esos ardientes galanes. Sin embargo muchas veces esas reuniones endulzadas con conservas y confites terminan con una salsa agria, porque los celos no soportan que se corteje a una dama, y a veces ni siquiera que se le dirija la palabra, y ponen furia en la violenta mano para sacar la espada o la daga y herir o matar al causante de esos celos. Y cuando se desenvaina una espada salen en seguida miles, unas para defender al ofendido o asesinado, otras para defender al asesino.

Thomas GAGE [1648], *El inglés americano: sus trabajos por mar y tierra o un nuevo reconocimiento de las Indias Occidentales* (2001), p. 164.

vicios inspiró, por conducto de San Benito, toda una corriente ascética que se desarrolló posteriormente en Europa. Casiano, distinguido contemporáneo de San Agustín, renunció a la vida activa y se retiró a los monasterios de Mesopotamia y Palestina para buscar en el aislamiento, en la contemplación y en la mortificación de lo sentidos, el camino para educar "el corazón y la inteligencia".[12] Es una pena que León Pinelo no lo cite (Casiano fue acusado de herejía), porque fue un observador penetrante de la realidad y su doctrina proporciona ciertos argumentos benévolos capaces de ser esgrimidos a favor de una bebida con las características del chocolate. Casiano cuestiona la conveniencia de los ayunos exagerados porque el organismo necesita tomar el alimento suficiente para conservar la salud y reponer las energías provocadas por la fatiga que llevan consigo los achaques de la vida. El rigor de su doctrina no le impide aprobar los alimentos agradables al paladar porque "los manjares suculentos, al par que procuran la salud del organismo, no dañan a la castidad si se toman con moderación".[13]

Mil años después los moralistas aún preguntan al médico si el chocolate, bebida "deleitosa", despierta "un gusto carnal venéreo", porque si incita a la lujuria los religiosos deben evitarlo.[14] El alegato acerca de los peligros o las supuestas bondades del chocolate resulta largo y denso, hasta que aclarada la duda, analizada la dificultad y movido el escrúpulo, León Pinelo concluye que "cada uno podrá consultar con su confesor o con su conciencia".[15] La medida es prudente y razonable, y a pesar de algunos reparos deja, cuando se invoca una causa apropiada, un resquicio o margen de libertad suficiente para tomar o no tomar chocolate en fechas restringidas sin violentar la norma eclesiástica correspondiente.

La norma del ayuno eclesiástico conservó su validez, los aficionados quedaron satisfechos al poder invocar razones personales válidas para justificar el uso de la bebida y amainó la tormenta desatada por una taza de chocolate. El calificador del Santo Oficio, celoso guardián de la ortodoxia, encargado de velar por las buenas costumbres y de avalar con su firma la solidez de la doctrina moral, otorgó la licencia solicitada por el bachiller León Pinelo. La Inquisición muestra en la persona de este funcionario una cara poco usual, ajena al rigor con que se identifica la presencia del tribunal, por ser éste un asunto menor que no pone en riesgo la integridad de la fe. La opinión del padre Soria, así se llama el inquisidor, es la de un funcionario prudente, también goloso, afecto a los pequeños placeres de la vida cotidiana, buen lector e ingenioso para escribir. Un hombre, me parece, como hubo muchos en el Siglo de Oro español. Confiesa encontrar en el chocolate "provechoso sustento" y afirma que guisar (escribir) para muchos y satisfacer a todos los lectores no es fácil, pero León Pinelo "guisa" sus argumentos con tanta sazón, trincha las dificultades con tal destreza y reparte sana doctrina con tanta abundancia que el libro resulta dulce como la miel.[16]

Banquete de Cortés y Moctezuma,
detalle del enconchado de Juan González, 1698.

LA EMBRIAGUEZ, CRUEL ENEMIGO DE LAS COSTUMBRES CRISTIANAS

En México, los catequistas, confesores, párrocos y curas de indios también se esforzaron por trazar las fronteras entre lo permitido y lo prohibido, pero los resultados dejan que desear, porque es difícil fijar los límites cuando se trata de indios, "plantas nuevas en la fe". Tampoco encuentran los canales de comunicación adecuados y suficientes para transmitir la información pertinente. En la práctica la catequesis osciló entre una permisividad confusa y una severidad extrema, sin más límites que la desigual tolerancia o el rigor de los clérigos. Con frecuencia lo tolerable podía ser sospechoso y estaba siempre sujeto a cuestionamiento, aunque lo cuestionable terminara por ser —paradójicamente— tolerado en la vida práctica. Esto se verá más adelante al hablar de la pulquería.

En cambio los textos prestan escasa atención a los posibles excesos cometidos por los bebedores "de calidad", los españoles y criollos aficionados al vino y a los destilados de uva de origen español. En estos casos la voz de la autoridad se atenúa porque a pesar de las innegables diferencias que pudiera haber entre ellos, los españoles de cualquier condición social o económica cerraban filas alrededor de la vid hecha vino y compartían una cosmología que identificaba esa bebida con la sangre de Cristo. En la cultura judeo-cristiana el vino —compañía obligada de cualquier celebración— se convirtió en un elemento unificador que permitió a hombres y mujeres que no tenían nada en común, ser partícipes de una misma manera de gozar la vida. Cómo poner en duda su bondad si Jesús convirtió el agua en vino durante un banquete de bodas; cómo negar su valor si lo escogió para transformarlo en su sangre la última vez que se reunió con sus amigos. Con el pulque que bebían las clases populares, el nivel de tolerancia de la autoridad quedaba reducido a su mínima expresión. Los curas, formados en la cultura del vino de la vid, temían que sacados de su juicio, los revoltosos se desembarazaran de su escaso barniz de conversión, perdieran el temor al castigo eterno y regresaran a su referente común, el vino del maguey asociado a su nacimiento, a su familia y a su cultura.

No les faltaba razón: en el año 1629 el cura y párroco Hernando Ruiz de Alarcón, hermano de Juan, el conocido dramaturgo del mismo apellido, se lamenta de que la embriaguez resulte entre los indios naturales de la Nueva España "tan perjudicial y cruel enemigo de las costumbres cristianas" y sea por lo tanto el mayor de todos sus vicios.[17] El *Tratado de las idolatrías* es un texto singular, primero por el esfuerzo de indagación desarrollado, y segundo por señalar que los curas de indios son corresponsables de la deficiente evangelización de los naturales. Alarcón afirma que la bebida excesiva y desordenada es el principal estorbo para la conservación de su salud. Peor aún, asocia la embriaguez con la idolatría, definida como un vicio oculto, particularmente insidioso y difícil de ubicar. A su manera de ver, ambos males, embriaguez e idolatría, inhiben la conversión de los indios y un mal alimenta al otro.

Cuenta el párroco que los indios ofrecen el pulque nuevo "al dios que se les antoja" y lo ponen en su altar con mucha veneración y lo acompañan con incienso y velas encendidas y derraman un poco en señal de sacrificio; por último dan "buena" cuenta de él; o mejor dicho, "mala" cuenta, porque hombres y mujeres beben hasta quedar fuera de su juicio. Podemos inferir que 200 años después de la conquista, el pulque conserva su alcance ceremonial en los pueblos y las comunidades apartadas donde trabaja Alarcón, en la zona correspondiente al actual estado de Guerrero. Él procura sacar la cuestión a la superficie. Hacerlo es condición previa para comprender y comprender permite corregir.

En las tradiciones de origen semítico el vino es símbolo del conocimiento y de la iniciación en razón de la embriaguez que provoca. Es, además, símbolo del extravío con que Dios golpea a los hombres y a las naciones infieles y rebeldes para mejor castigarlas.[18] Así se explican las continuas amenazas de los curas y confesores contra los indios borrachos, aunque de poco sirven porque los indígenas casi no comprenden la cosmovisión judeocristiana, ni la geografía o el clima mediterráneos, ni las razones culturales

Cantores y borrachos alrededor de un expendio de pulque, detalle del biombo *El Volador*, siglos XVII-XVIII.

de los antiguos asentamientos humanos del Oriente Medio que hicieron posible la cultura de la vid. Esta ignorancia del "otro" no significa que los naturales sean tan simples como aparentan o dicen ser. Alarcón intenta comunicarse con ellos pero no logra avances sustanciales. El intercambio verbal es deficiente porque las lenguas de indios son muchas y arduas de aprender; aun aprendiéndolas los párrocos, los naturales muestran poca disposición al diálogo. Los muertos se fueron sin decir palabra sobre la idolatría, y si algo conocen los vivos, lo ocultan porque saben que son cómplices. En realidad los habitantes de los poblados que el párroco atiende sí hablan, pero no dejan registro formal de sus palabras porque no saben escribir. Lo poco que hay sobre la materia resulta difícil de leer debido a los problemas de lenguaje que plantean los conjuros, invocaciones y encantos que utilizan los indios, sobre todo cuando se embriagan con pulque, así como por el uso generalizado de figuras y tropos, por las continuas metáforas y por las figuras alegóricas. Alarcón no atina a descifrar el lenguaje de los mitos porque desconoce la clave cultural para invocar unas figuras que apenas atina a vislumbrar.

El mejor intento de solución deriva de la fuerza de la palabra. Expresado en otros términos, el párroco destaca el poder de la comunicación y valora el aprendizaje de una lengua común, la de los naturales, para reducir los márgenes de incomprensión cultural. No fundamenta su alegato, como sucede con otros ministros, diciendo que los indios son de natural poco hábiles para el aprendizaje o simples como niños. Esa ruta no cuadra con su percepción de los problemas. Se atreve a explicitar lo que otros prefieren callar: la catequesis es un proceso de enseñanza inacabado y superficial, no sólo porque los indios tienen el hábito de la embriaguez, sino porque la primera generación que desechó la gentilidad y la idolatría, murió antes de recibir la instrucción suficiente, "por haber los ministros entrado tarde en las lenguas de los feligreses" y porque los ministros de indios no permanecen suficiente tiempo en el mismo lugar, desconocen las costumbres locales y las necesidades de los indígenas y ni siquiera aprenden sus nombres.[19]

De la naturaleza del indio

Son muy templados en la sensualidad cuando no se hallan ocupados los sentidos y embriagados con unas bebidas fuertes que acostumbran de pulque, tepache, vingui y otras de ese género. Y aunque tienen entonces algunas flaquezas grandes y al vicio de la sensualidad no hace menos grave el de la embriaguez; pero mal podríamos condensar comparativamente, a estos miserables indios que pecasen e hiciesen [ocupados o embarazados sus sentidos], lo que hombres muy hábiles y despiertos y políticos pecan con todos su cinco sentidos desocupados.

Juan de Palafox y Mendoza [1648], "De la naturaleza del indio", en *Documentos inéditos o muy raros para la historia de México* (1974), p. 645.

Acabamos de ver cómo, en las comunidades indígenas aisladas, el pulque propició la continuidad de prácticas que "el otro", en este caso el hombre que otorga al vino de la vid poderes extraordinarios, identificó con la idolatría. En los centros urbanos y poblaciones intermedias la bebida desordenada tomó otra fisonomía. Los religiosos afirman que en la Ciudad de México el pulque provoca mayores estragos que nunca porque causa la perdición total de las almas, las haciendas y las vidas de las clases populares. Los indios y mestizos acostumbran beber en la pulquería. El nombre cambia: pulquería, taberna, vinatería o cantina —borrachería le llaman algunos curas— pero su común denominador es la venta de bebidas embriagantes, sólo fermentadas o también destiladas. Cada individuo con su nombre y su historia a cuestas, acompañado de hábitos, juicios y prejuicios de los que no puede o no quiere desprenderse, define en la inmediatez del momento qué beber, con quién juntarse, cuánto consumir, hasta dónde hacerlo y cuánto gastar. La pulquería saca a la luz la existencia de una pugna entre valores diferentes ofrecidos a la elección del hombre. Allí las reglas del "deber ser" que norman idealmente cualquier actividad se someten sin atenuantes ni contemplaciones a la prueba empírica de la cotidianidad: dura prueba que devela una "pluralidad" de valores y de "esferas" de valores. En efecto, las tradiciones y las costumbres, la salud, las reglas de convivencia social y otras manifestaciones de la vida tuvieron su expresión en la pulquería.

Algunos expendios de pulque, la mayoría, no pasaban de ser modestos puestos callejeros, tolerados aunque no autorizados, donde se practicaba el comercio informal de embriagantes en pequeña escala a la luz pública. Rincón donde el bebedor se detenía sin desviar sus pasos, punto visible y abierto en el que nada quedaba oculto, aunque los transeúntes inconformes voltearan la cabeza y procuraran no detenerse, ni escuchar, ni ver, ni oler, ni reconocer las siluetas, la ropa o las facciones familiares de algún pariente o conocido que podía tener, como dicen los ministros de la Iglesia, atenuadas o perdidas las luces de la razón. Otros eran locales mejor establecidos, sitios donde se recibía, almacenaba y despachaba el pulque que entraba diariamente a la ciudad, en particular los martes y los sábados. Abrían temprano y cerraban tarde, todos los días del año, incluso fiestas de guardar, Cuaresma, Semana Santa y celebraciones de jubileo. Los fieles, con harta frecuencia inobservantes de sus obligaciones, asisten a la iglesia los domingos y fiestas religiosas sólo porque el ministro los compele y saca de sus casas y así ha sido desde los tiempos de la conquista. Los párrocos desesperan porque más auditorio hay en una pulquería que en la misa dominical y más gente dispuesta a gastar en beber, que en escuchar al padre que predica. Una vez adentro, los asiduos están a salvo porque "tienen las pulquerías privilegio para que ningún ministro —de la Iglesia— bajo de graves penas, pueda entrar a sacar indios de los que van a beber".[20]

El control era más eficaz en los pueblos pequeños sin el estorbo de las personas interesadas en la comercialización y venta de las bebidas alcohólicas. En el medio urbano, afirma fray Agustín de Vetancurt, párroco de indios con larga experiencia en la Ciudad de México, los asentistas del pulque buscan la protección de las autoridades y para evadir las sanciones previstas por incumplir los reglamentos, se hacen compadres de los oficiales responsables de impartir justicia. Con tantas manos involucradas, la bebida desordenada pasa a ser una enfermedad social pues todos los que "tratan" con el pulque tienen su parte de culpa. En lugar de impedir los excesos, los españoles, los criollos y los mestizos involucrados en el negocio trasquilan a los indios como si fueran ovejas, induciéndolos a beber hasta perderlo todo y quedar en harapos o desnudos.

Vendedora de pulque, detalle en el cuadro de castas: *De cambujo e india, zambaigo*, de José de Páez, siglo XVIII.

Entrar en una pulquería era abrir la puerta a un espacio plural y cotidiano de valores relativos, ideal para escuchar en diferentes tonos las voces de los habitantes de la Ciudad de México. Seguimos las huellas de hombres y mujeres anónimos. No conocemos sus nombres; de lo que pensaron e hicieron sólo quedan indicios, todos válidos, algunos dramáticos, ninguno suficiente. La pulquería tenía una cara amable y divertida, sobre todo los domingos. Los encargados, hombres y mujeres, conservaban el local más limpio y barrido que la iglesia y la gente se entendía bien al hacerse "con la bebida camaradas".

Asisten familias enteras; el padre, la madre y los hijos se juntan para escuchar música de guitarras, los pobres y plebeyos para beber y cantar. Acuden no sólo hombres y mujeres indígenas, sino de todas las castas y la gente ordinaria se "sale" de su lugar para alternar con la "gente de estofa", esto es, con personas de calidad. Incluso muchos españoles o criollos, cuando son parte de algún altercado, vuelven a tomar "su lugar", esto es a invocar sus fueros de españoles porque, como ellos dicen, en realidad lo son y por serlo no manifiestan la voluntad para acatar disposiciones supuestamente obligatorias para todos por igual. Los zaramullos, pícaros malvivientes de sangre española también son clientes asiduos, los peores a la manera de ver de Carlos de Sigüenza y Góngora, porque se mezclan con negros, mulatos, chinos y mestizos para reiterar sus quejas contra "el mal gobierno" y cuestionar el desempeño de las autoridades, incluida la gestión del virrey.[21]

En la pulquería el ocio se identifica con la vagancia y despierta la sensualidad: las encargadas y vendedoras son mujeres "hermosas y limpias", dispuestas, paradójica- mente, a ensuciar las almas y las conciencias. Los religiosos se disculpan por ofender con su relato los castos oídos de las personas virtuosas, pero se ven forzados a señalar que para atraer gente dispuesta a beber, tienen en esos locales de pública disolución "prevención de sujetos de todos sexos para la torpeza".[22]

Cuando los bebedores se exceden, la "gente de razón" advierte que los altercados llegan a ser graves porque en estado de embriaguez, dentro o fuera de la pulquería, en las calles y en las casas, se cometen delitos mayores, incluidos adulterios, violaciones, incestos y homicidios. Los borrachos se tornan en delincuentes y cuando las dos justi- cias, la eclesiástica y la civil, llaman a cuentas al infractor, éste se escuda en la embria- guez y alega que "fuera de su juicio" no es responsable de lo sucedido.

La norma que predican los párrocos carece del carácter constrictivo o coercitivo de la ley misma, y norma sin coerción no sirve. Para ser eficaz, la norma infringida debe causar una sanción apropiada, de preferencia pública, pero la Iglesia no encuentra ma- nera de castigar la falta. Amenaza al infractor con penas eternas, pero éstas sólo son apli- cables después de la muerte y el hoy impone al bebedor un carácter de urgencia inapla- zable. La autoridad civil sí dispone, al menos en teoría, de los recursos necesarios. Por eso en reiteradas ocasiones la Iglesia pidió a la Corona legislar sobre la materia.

Muy pronto en la historia de la Nueva España, el 24 de agosto de 1529, Carlos V aprueba las primeras ordenanzas del pulque, "vino que los indios acostumbran en los tiempos que hacen sus fiestas y en todo el más tiempo del año".[23] La ley no cuestiona la bondad del pulque blanco o fino pero prohíbe adicionarle "cierta raíz" que lo forti- fica y enfurece a los indios que se van a las manos y matan entre sí. El pulque así forti- ficado daña el cuerpo y perjudica el alma pues provoca vicios carnales y nefandos y se bebe en ceremonias y sacrificios iguales a los festejos que los naturales solían hacer en su gentilidad. Esta ordenanza argumenta razones morales y de salud para combatir la embriaguez, pero llegado el siglo XVII el problema se volvió más complejo y la autori- dad debió recurrir a reglamentos más puntuales que contemplaran los efectos sociales y económicos de la bebida excesiva.

En 1672 la Corona actualiza toda la legislación anterior sobre la materia y aprue- ba un cuerpo de ordenanzas muy completo.[24] Sólo se autorizan el pulque blanco, lim- pio de mezcla, raíz o corrupción, y las bebidas fermentadas o destiladas de origen espa-

---

La embriaguez en la norma y en la práctica

Los indios naturales de esa Nueva España hacen un cierto vino que se llama pulque, en el cual, diz-
que en el tiempo en que hacen sus fiestas... echan una raíz que ellos siembran... para le fortificar
y tomar más sabor en ello, con el cual se emborrachan. Y así emborrachados hacen sus ceremonias y sacrificios que solían hacer antiguamente, y como están furiosos ponen las manos los unos
en los otros y se matan. Y además de esto se sigue de la dicha embriaguez muchos vicios carnales y nefandos, de lo cual Dios Nuestro Señor es muy deservido, y que para el remedio de ello con-
vendría que no se sembrara la tal raíz.

Real cédula, Toledo, a 24 de agosto de 1529, en Sonia CORCUERA DE MANCERA, *Del amor al temor* (1994), pp. 206
y ss.

ñol. El número de pulquerías no debe pasar de 36; los puestos públicos deben estar
descubiertos por tres lados para ver y registrar desde afuera todo lo que allí suceda; no
deben juntarse hombres y mujeres para beber, ni "comer de asiento [sentarse] en ellos",
ni detenerse después de haber bebido, ni bailar, tocar música de arpas, guitarras u otros
instrumentos. Cualquier persona encontrada en estado de ebriedad en los puestos, plazas o calles, será aprehendida y encarcelada. Los reincidentes recibirán 50 azotes en el
palo de la plaza y se les cortará el cabello. Los ministros inferiores y alguaciles están
obligados a llevar a efecto las diligencias encomendadas, bajo pena de privación de sus
oficios y dos años de destierro a 10 leguas del contorno de la ciudad.

Los pulqueros desobedientes quedaban sujetos a castigos equivalentes y al incurrir
en falta una segunda vez, la pena aumentaba a 200 azotes y destierro por cuatro años.
Los castigos por usar, tener, vender o contratar cualquier bebida prohibida también
eran extremadamente severos: la pérdida de bienes, 200 azotes y seis años de galeras.
La Corona ordenaba una precisa y puntual vigilancia de lo dispuesto e instruía a los alcaldes del crimen, corregidores y demás justicias, a denunciar cualquier abuso, escándalo o exceso. Cualquier omisión, negligencia o simulación de las justicias responsables
se castigaba con privación de sus oficios y destierro de la Nueva España. El testimonio
de tres testigos diferentes y aptos bastaba como prueba del delito, incluso de los que
pudieran resultar por omisión de las justicias.

Eso decía la ley; sin embargo, durante los años siguientes, los religiosos informaban
que no había barrio, ni calle, ni plaza pública de la ciudad sin pulquería y aseguraban
que indios e indias se juntaban libremente en esas guaridas para beber y bailar. Las ordenanzas de 1672 podían ser claras pero eran excesivamente severas y para efectos
prácticos esa fiscalización desproporcionada resultó contraproducente. Los afectados,
cada quien respaldado por sus razones particulares, ignoraron la ley y las justicias mayores y menores encargadas de ejecutar los castigos cayeron en prácticas simulatorias.

Al final, todos tuvieron su parte en la corrupción resultante. La sociedad no cuestionó la bondad de la norma: el equilibrio, la mesura y el justo medio eran y continuaron siendo valores deseables, pero, en esta ocasión, el "deber ser" no se tradujo en un "hacer" cotidiano y la sobriedad como objeto de preferencia fue ignorado con harta frecuencia.

Dos décadas más tarde, el pulque como mal social tuvo una de sus manifestaciones más perversas en el llamado "motín del maíz". Se incubó durante meses debido a un malestar general atribuido a las malas cosechas del año anterior y al alza generalizada de los precios de los granos y otros productos de consumo popular. Se manifestó en los primeros días de junio al resultar insuficiente el maíz disponible en la alhóndiga, lugar público destinado al abasto del grano. Lo desataron las indias tortilleras, nerviosas ante la incertidumbre provocada por la escasez de maíz que ellas compraban para elaborar las tortillas que cotidianamente ofrecían por las calles o vendían por "montón" en las plazas y mercados.

Entre las clases populares y sobre todo en el medio rural, las mujeres elaboraban en el hogar las tortillas que consumían todos los miembros de la familia, pero la estructura social de la Ciudad de México proporcionó a numerosas indias una fuente estable de ingresos y una clientela fiel. En todos los hogares se comían tortillas, pero no todas

Mujer moliendo chiles en un metate, detalle en el cuadro de castas:
De español y mestiza, castiza, siglo XVIII.

las familias molían el grano y las "echaban" en su cocina. Los sirvientes de las casas de postín las compraban hechas y los negros, mulatos libres, mestizos e indios sin domicilio fijo también dependían de las tortilleras para su mantenimiento. Mientras ellas con su trabajo ganaban para comer y contribuían a la economía familiar, sus hombres empleaban el tiempo en la pulquería bebiendo lo que habían ganado o derrochando lo que no tenían. Ironías de la vida, las mujeres que vendían pulque —la perdición de los hombres— tenían buenos ingresos. "Es de notar que las vendedoras [de pulque] siempre son hembras y ordinariamente estas indias pulqueras son ricas".[25]

El domingo 8 de junio el maíz disponible se volvió a terminar antes de que las mujeres acabaran de hacer la compra. Irritadas, buscaron a los hombres en las pulquerías y borrachos como estaban, los sacaron a la calle. Ocurrieron hechos graves y cuando amainó el motín 24 horas más tarde, los incendios, robos, saqueos y agresiones diversas fueron oficialmente atribuidos a la plebe propensa a la sensualidad, a los hurtos y a otros vicios. Los documentos reiteran la presencia de un factor que fue visto alternativamente como atenuante o agravante de los hechos: la borrachez de los revoltosos.

Veinticuatro horas más tarde, el lunes 9 por la mañana, el virrey de Galve mandó "que ni una sola carga de pulque le entrase en México".[26] Otros testigos, también consternados por los desmanes de la plebe, hicieron notar que los indios siempre han usado el pulque y sin embargo "no ha habido otro tumulto de indios". Estas voces alegaban como causa del motín, entre otras razones, la tiranía de las autoridades, quienes se pasaban la vida "usurpando la jurisdicción a los tribunales y vendiendo la justicia, quitando el remedio natural de las apelaciones y demás recursos a Vuestra Majestad… pasando a prender a cualquiera para remitirlo a los Tejas aunque fuese casado, y oficial sin probarle ser vagabundo", además de que hacían trabajar a los indios en las calzadas, acequias y zanjas de sol a sol por una fracción del salario usual para esas labores.[27] No había transcurrido un mes cuando las autoridades pidieron a los médicos de la Real Universidad un informe completo sobre el pulque. El claustro en pleno estudió el caso. Dedicó más tinta a los pecados públicos y males morales resultantes de la embriaguez que a las virtudes salutíferas de la moderación y encontró suficientes razones "de interés público" para no "alzar" la suspensión del pulque decretada el 9 de junio anterior. Los 28 médicos firmantes recomendaron la derogación de las ordenanzas de 1672 por resultar imposible la observación de las leyes, pues los indios siempre adulteran el pulque y lo beben "*huelchichic*, que quiere decir bueno, bien agrio, bien picante y fuerte y [por eso] el motivo de la prohibición es el estudio de los indios en la trasgresión".[28]

La prohibición del pulque, incluso del blanco sin adulterar, y de las demás bebidas embriagantes, perjudicó no sólo a los bebedores a quienes se pretendía meter en cintura, sino a la mayoría de los hogares de la capital, porque el pulque formaba parte de la mesa diaria y era considerado por las familias como un producto salutífero de uso cotidiano. También dañó a los españoles, mestizos e indios que vivían de él: como no podían cambiar de actividad de un día para otro, continuaron involucrados en su producción, traslado, distribución y venta, sólo que ahora lo hacían al margen de la ley. La calidad, limpieza y pureza de la bebida dejaron de estar sujetos a supervisión, por lo que se la adulteró y fortaleció con mayor libertad y la Corona dejó de percibir los beneficios derivados de los impuestos del ramo. El remedio no rindió los efectos deseados. Cinco años más tarde se recibió una cédula real permitiendo de nuevo la bebida y se restableció el impuesto correspondiente.

LAS RAZONES DE UN BANQUETE

Los novohispanos bebían chocolate y se emborrachaban con pulque, pero ¿cómo comían? En un intento por responder, quiero narrar un hecho excepcional, un gran festejo ocurrido apenas pasada la conquista. Luego trataré, con el apoyo de un cuadernillo de cocina atribuido a sor Juana, de dar razón de la cocina diaria en su diversidad conventual, a finales del siglo XVII. Con ambos pretendo contribuir a la explicación de los cambios profundos ocurridos a partir de dos tradiciones, la de "allá" y la de "acá". Durante el lapso que medió entre el mencionado festejo y los últimos años de la Casa de Austria, se modificaron los esquemas explicativos en todos los órdenes de la vida colonial incluso los que daban razón de las maneras de pensar la cocina y de hacer la comida.[29] El desplazamiento no fue fácil, ni se dio súbitamente, ni se manifestó de un día para otro, ni tomó una sola dirección. En la cocina, la presencia de un esquema llegado de España no significó la pérdida de fe en el paradigma tradicional, más bien se tradujo en una incorporación importante, pero selectiva y libre de productos relacionados con la cocina. A diferencia de lo que pasa con la ciencia cuando aparece un paradigma y desplaza al anterior, en la cocina el viejo paradigma no fue eliminado, ni el nuevo plenamente aceptado, ni los primeros resultados del encuentro se divulgaron de inmediato. En el proceso debieron resolverse muchas diferencias. Estos acomodos se lograron en la medida que ingredientes, métodos y técnicas nuevos para "el otro" se dieron a conocer, compitieron por mostrar su bondad, interactuaron, se transformaron y sirvieron como detonante de diferentes cocinas mestizadas.

En el año 1538 don Antonio de Mendoza y Hernán Cortés fueron anfitriones de uno de los primeros encuentros culinarios documentados en la Ciudad de México. Se ofrecieron dos solemnísimos banquetes para festejar las paces entre Carlos V de España y Francisco I de Francia. "Uno hizo el marqués en sus palacios y otro hizo el virrey en los suyos y casas reales".[30] Las razones de este género de eventos eran políticas, no gastronómicas: hacían posible un acercamiento informal y amistoso, no siempre duradero,

Diferencias alimentarias entre Europa y América

¿Porqué es allá [Europa] frecuente en las casas de comodidad, y en las Comunidades el uso de diversas aves, peces, cuadrúpedos, y frutas secas, como pasas y almendras, y esto ni abunda, ni se gasta aquí [América] aún en las familias de muchas facultades, sino en los días clásicos, siendo la gallina (que vale dos reales y medio) y cuando mucho el pichón (que cuesta a real y medio el par) el regalo ordinario de que usan los ricos y los enfermos? ¿Porqué allá es muy común para todos, el gasto de la vaca y poco el del carnero, y aquí por el contrario, pues de aquella sólo usan los muy necesitados? ¿Porqué son allá de mas sustancia y vigor las carnes, semillas, peces, y legumbres? ¿Porqué es allá saludable y común el uso del vino, que se da por raciones en las Comunidades, y aquí sobrecaro, notablemente nocivo aun a los mismos europeos, que lo frecuentan, y medicinal el del pulque, que allá no se conoce? ¿Porqué se gasta el pan de trigo o de centeno, que cada uno hace amasar por lo regular en su casa, sin hacerse otro uso del maíz que para las bestias, y aquí es esta semilla el común auxilio de los más pobres para su atole y sus tortillas, y pocos de estos prueban el pan de trigo, ni aquí se amasa sino en las panaderías? ¿Porqué allá sirven del aceite para aderezar las comidas, ó de la manteca de baca, y aquí sólo de la de cerdo aún en el tiempo cuaresmal, sin embargo del precepto general de la Iglesia, y aun sin otro indulto que el de la necesidad se pueden usar especialmente por los pobres los lacticinios?

Baltasar LADRÓN DE GUEVARA (1774), *Manifiesto vida común*, pp. 78-79.

entre grupos o individuos distanciados por rivalidades personales o por rencillas políticas. De allí el sentido de aprovechar la ocasión para compartir, "partir juntos", el pan.

La descripción de la cena da razón de una combinación de artes visuales y técnicas gastronómicas afines al ceremonial europeo (francés e italiano) de los siglos XIV y XV. Los banquetes medievales se organizaban en varias partes o "servicios" de acuerdo con una configuración similar a la que describe el soldado y cronista Bernal Díaz del Castillo para la Ciudad de México: cada servicio debía incluir varios platillos de carnes, aves (mientras más exóticas, mejor), pescados y dulces y todos se presentaban a la vez puesto que, literalmente, la comida cubría el espacio disponible en la mesa. Hasta finales del siglo XVII no hubo diferencia entre los sabores salados y dulces y los cocineros intercalaban azúcar de manera indistinta en la preparación de carnes, potajes (cualquier platillo líquido espeso), salsas o postres, aunque también es cierto que los españoles aprendieron de los árabes formas de utilizar el azúcar en la confección de platillos específicamente "dulces".[31]

Un banquete debía incluir frutas hervidas en azúcar o miel (de acuerdo con la "teoría de los humores", las frutas frescas dañan la salud), algunos vegetales como nabos, coles y garbanzos hervidos en caldo, purés espesos y carnes acompañadas de salsas de sabor fuerte, agrias o agridulces. La más popular era la salsa "camelina" hecha de agraz, jugo de uvas aún no maduras verdes y ácidas, fermentadas o no, espesada con migas de pan, pasas de uva molidas, almendras picadas, clavo y canela. Nunca faltaba el "manjar blanco", platillo muy popular en la Edad Media y potaje favorito de Isabel la Católica[32] que consistía en una espesa mezcla de arroz y pollo remojados en leche de almendras, azúcar, especies y todo molido con la manteca que fuere menester. La comida se acompañaba con aloja, bebida de origen árabe preparada con agua, miel y especies, muy popular entre las señoras, y con hipocrás, vino tinto con propiedades digestivas así llamada en honor a Hipócrates. Como el vino era frío y seco, el mayordomo tenía entre sus responsabilidades entibiarlo y añadir canela, jengibre, pimienta, azúcar y otras especies, y probarlo "con la boca y con la lengua" hasta encontrar el balance apropiado para evitar posibles daños a la salud de su amo y de sus invitados. En aras de combinar el buen comer con la salud, se mezclaban en el orden y proporción adecuados, ingredientes dulces y agrios, "calientes" y "fríos" y los géneros "húmedos" debían equilibrarse con otros de naturaleza "seca" o con especies capaces de modificar la digestión y evitar males posteriores.

La gran cocina entraba por los ojos. Bernal muestra mayor interés por la abundancia, costo y presentación de los manjares que por su calidad y sabor. La cena ofrecida por el virrey se llevó a cabo en los corredores altos de palacio. En las casas de prestigio, la cocina estaba a cargo de un mayordomo profesional[33] que sabía cocinar, tenía a su cargo las compras y el buen manejo de la casa y era el responsable de transformar los principios dietéticos en platillos saludables.[34] Agustín Guerrero, mayordomo principal del virrey, coordinó al equipo de cocineros; sus ayudantes, cocineros eventuales, debieron tener en el desempeño de su trabajo oportunidad de observar técnicas de cocina y utilizar ingredientes apenas llegados de Europa y las islas.

El servicio de las mesas se dispuso siguiendo el estricto orden de precedencia propio de un banquete de Estado. Asistieron 300 caballeros y 200 señoras, además de muchos españoles que no habían sido invitados, pero que venían a ver el banquete (era costumbre en Europa admitir público para observar los banquetes reales) y que por ser tantos, no cabían en los corredores. Se acomodaron dos cabeceras, una para el virrey y otra para el marqués, y en cada extremo "grandes músicas de cantares" y truhanes y decidores que improvisaron en loor de los anfitriones "cosas muy de reír".[35] Embriagados, algunos participantes alzaron la voz y gesticulaban para decir "lo suyo y lo ajeno", y luego arrojaron al suelo las fuentes de vino y de pulque hasta que fueron tomados por la fuerza y retirados de los corredores, no sólo para que ellos callaran como dice Bernal, sino para que los otros dejaran de oírlos. Bernal consignó estos hechos en el manuscrito original de su obra, pero cuando sometió el texto a revisión, tachó el episodio, queriendo borrar su memoria. Los invitados a un banquete bebían en abundancia, así se acostumbraba, y beber en estas circunstancias era una práctica social aceptada. Pero la

Escena de banquete,
detalle de *Las bodas de Canaán*, de Juan Correa, 1698.

sociedad también compartía ciertos códigos no escritos que se traducían en un rechazo al transgresor de los límites. Agresivos e impertinentes, los borrachos se excedieron y por eso fueron excluidos.

El banquete se sirvió en ricas vajillas y los manteles y las servilletas se cambiaron varias veces, una para cada servicio. En esa época las servilletas todavía se amarraban al cuello y llegaban hasta las rodillas para proteger las costosas ropas de unos invitados acostumbrados a comer con los dedos. Cuando aprendieron a hacerlo con cierta discreción y se popularizó el uso del tenedor, los jugos y las grasas dejaron de chorrearles por las manos y pudo reducirse el tamaño de las servilletas.[36]

Comer pasaba a un segundo plano; muchos platillos no se comieron, se presentaron sólo "por grandeza", como ejercicio de creatividad y atrevimiento para regocijo de los invitados. Trajeron ánades y gallinas de la tierra con sus picos y patas dorados y plateados con hoja de oro y plata que los cocineros fijaban con clara de huevo. Para lograr un efecto visual, se acostumbraba retirar la piel de las aves sin dañar las plumas y una vez cocinado, se "encamisaba" de nuevo para enviarlo a la mesa. Luego llegaron cabezas de venado, de puerco y de ternera y empanadas muy grandes llenas de codornices y palomas y otros pajaritos vivos puestos en la mesa a un tiempo para admiración de todos y cuando les quitaron los cobertores, salieron volando. Mientras, en los patios de la planta baja, los mozos de espuelas, los criados, los mulatos y los indios bebían pulque y celebraban con novillos asados rellenos de pollos, gallinas, codornices, palomas y tocino. Ya viejo y retirado en Guatemala, Bernal describió al detalle estos festejos. Consignó el hecho efímero, la ocasión única que encuentra su otra cara en la repetición propia de la vida cotidiana.

LOS ACOMODOS SILENCIOSOS DE LA COCINA COTIDIANA

Los conventos femeninos de la Ciudad de México dan razón de esa rutina y de acomodos sucesivos y silenciosos que anuncian la aparición no sólo de una sino de muchas cocinas mexicanas. Se calcula que a mediados de siglo XVII la ciudad tenía 15 conventos de monjas en los que vivían alrededor de 1 000 mujeres enclaustradas, casi todas españolas o criollas.[37] Algunos estaban sometidos a una rigurosa observancia, el voto de pobreza se cumplía sin atenuantes y los alimentos salían de una cocina común porque todas las monjas vivían en comunidad. En otros conventos económicamente mejor dotados la observancia llegaba a ser menos rigurosa; existía una cocina común para atender las necesidades generales de aquellas monjas que habitaban celdas comunitarias, pero con frecuencia algunas religiosas disponían de celdas o viviendas privadas que incluían su cocina independiente, eje de un activo intercambio de prácticas culinarias. En cada celda vivía un núcleo femenino compacto y dispar constituido por mujeres de edad, posición económica y origen social diversos que comían de la misma cocina. Hacía cabeza la dueña de la celda, una religiosa casi siempre española o criolla con conocimientos más amplios que las mujeres seglares contemporáneas y autorizada para administrar sus gastos, incluso los de su cocina. Con frecuencia venía de una familia acomodada habituada al vino, el trigo y la carne.[38]

La religiosa podía tener a su cargo una o varias niñas de condición similar a la suya, que ingresaban al convento para educarse.[39] Pasaban tiempo en la cocina porque aprender a cocinar era parte de su formación, y sin esfuerzo, incluso jugando, asimilaban sus secretos. Las que decidían permanecer con vistas a profesar, podían aportar algunas recetas de familia que aspiraban a sumarse a las "recetas del convento". Las que salían "al siglo" o al mundo concluida su formación, conservaban en un cuadernillo sus recetas favoritas, las que habían seleccionado para disponer la comida en su futuro hogar.

También podían habitar en la celda una o varias acompañantes en calidad de criadas, sirvientas, esclavas o mozas de sangre india, mestiza o mulata que asistían a las monjas; entre sus obligaciones estaba la preparación cotidiana de los alimentos y de manera informal fungían de maestras de cocina de las niñas. En los conventos más prósperos hubo religiosas que llegaron a mantener cinco o hasta seis acompañantes[40] provenientes de hogares donde el maíz, el chile y el pulque tenían presencia cotidiana.

La pluralidad de la comunidad conventual obliga a considerar su cocina desde una perspectiva que rebasa los límites de sus muros. A pesar de la influencia de una élite con posibilidades reales de hacer prevalecer sus gustos en diversos aspectos de la vida, en la práctica de la cocina no cabe el término imposición. Es preferible otro más ambiguo: "marginalidad positiva", para dar razón de las alteraciones que se producen desde la periferia, pero cuyos efectos benéficos, por ser incluyentes, repercuten en el núcleo de esa sociedad. Los cambios en la selección, uso, combinaciones y preparación de los ingredientes utilizados en la cocina no son fáciles de percibir de un día para otro y por lo mismo no atraen la atención ni originan resistencias perceptibles; resultan de pequeños cortes o estallamientos silenciosos apenas palpables a primera vista, unos logrados y otros fallidos. Durante la segunda mitad del siglo XVII inciden en un esquema explicativo plural de la cocina y en la aparición más o menos simultánea de propuestas culinarias interrelacionadas capaces de atender las necesidades de una sociedad plural que rige su alimentación conforme a conceptos que surgen, permanecen, se desplazan, se interrumpen o sustituyen a ritmo desigual. Esas propuestas culinarias dan simultáneamente cuenta de varias cocinas. Puede intentarse una explicación de esos reacomodos en San Jerónimo, uno de los conventos femeninos más prestigiosos de la Nueva España, ubicado en la Ciudad de México y escogido por sor Juana Inés de la Cruz para su ingreso en 1668.

Esta mujer de intereses universales dejó entre sus papeles un cuadernillo de recetas de cocina. Existen otros ejemplos manuscritos de la cocina conventual de ese periodo, pero el de sor Juana atrajo mi atención por llevar su nombre, por estar precedido de un soneto en el que afirma haber tomado las recetas del libro de cocina del convento y por formar una unidad. Esto a pesar de que el documento no pase todas las pruebas "de la veracidad". Pronto supe que se trata de un texto no fechado, al parecer escrito en papel del siglo XVIII y por lo mismo posterior a la muerte de la religiosa ocurrida en 1695.[41]

No me corresponde juzgar si las recetas del cuadernillo que lleva el nombre de sor Juana son "buenas" o "malas", ni encuentro la forma de saber si, en efecto, ella seleccionó, cocinó o probó esos platillos. Tampoco pretendo agotar las posibles líneas de análisis que sugiere el texto. Sólo intento examinarlo para orientar algunas reflexiones encaminadas a señalar el juego de distancias y cercanías entre el *pensar* la cocina de manera ideal y el *hacerla* cotidianamente en el siglo XVII. Ajeno a nosotros, lejano en el tiempo, el *Libro de cocina del convento de San Jerónimo* que se atribuye a sor Juana, se

---

Libro de cocina del convento de San Jerónimo.
Guisados que se contienen

Buñuelos de queso	Leche quemada
Buñuelos de requesón	Torta de arroz
Buñuelos de viento	Turco de maíz cacaguazintle
Hojuelas	Clemole de Oaxaca
Huevos moles	Torta de arroz
Huevos reales	Guisado prieto
Ante de natas	Pudín de espinacas
Postre de nuez	Ante de almidón
Ante de cabecitas de negro	Ante de piña
Ante de betabel	Hojaldrado
Ante de mantequilla	Torta del cielo
Postre de huevos mejidos	Sopa de leche
Ante de mamey	Gigote cuajado
Ante de nuez	Gigote de gallina
Ante de mantequilla	Manchamanteles
Bienmesabe	Pollas portuguesas
Huevos reales	Alfajores
Huevos hilados	Regla para todo género de cajetas
Jericalla	

Libro de cocina del convento de San Jerónimo (1979), p. 39.

presenta como una cadena apenas visible de huellas o palabras. Por sí solas, esas huellas no bastan para aprehender el marco de referencia que las hizo posibles porque 300 años nos alejan de la persona que hizo la selección, nos separan de los argumentos que pudiera esgrimir para justificar su trabajo y nos diferencian del contexto cultural que dio vida a aquellas cocinas conventuales. Una primera lectura muestra una simple pluralidad de recetas dispersas y yuxtapuestas sin orden ni método evidentes y no es fácil, con los escasos datos que aportan, percibir cómo fueron organizadas, modificadas o mutiladas en la práctica conventual.

Resulta paradójico pero las circunstancias mencionadas no restan calidad al documento, sólo ponen en evidencia ciertas lagunas de la memoria histórica. En todo caso, el valor de las recetas trasciende el estudio de sus analogías externas y lecturas posteriores permiten aventurar diferentes correlaciones entre ellas, aislar los elementos que se consideran dominantes e integrarlos de manera vertical. Esta manera de abordarlas también contribuye a sacar provecho de los aparentes desórdenes o inconsistencias que desconciertan al historiador de la cocina por no tener cabida en un esquema tradicional.

A finales del siglo XVII las encargadas de la cocina tenían pocas posibilidades de

Cocina con fogones, detalle del cuadro de castas: *De español y negra nace mulata*, siglo XVIII.

aprender a leer y escribir, por eso la "manera de hacer las cosas" dependía de su memoria. Unos cuantos garabatos eran suficiente apoyo para una cocinera hábil con las manos aunque de pocas letras o, en su caso, analfabeta. Cabe aclarar que la situación variaba en los conventos porque era común que las responsables de esos quehaceres aprendieran a leer y escribir. La fecha de un viejo recetario manuscrito, cuando se consigna, fija el año de la escritura, no el hipotético año "inicial" de la elaboración del platillo. En efecto, podían pasar años para que los ingredientes y la manera de proceder que definen una receta quedaran escritos en un cuaderno. En ese lapso muchas se perdían porque la cocinera se llevaba el secreto a la tumba o porque los vivos las relegaban al olvido. Otras, libres del yugo de la palabra escrita que, por lo menos en teoría, las hubiera sujetado a cantidades y técnicas prefijadas, se actualizaban, se reinventaban o modificaban con absoluta libertad.

La distinción moderna entre platillos dulces y salados no era común entonces. En el libro de recetas que se supone fue escrito por sor Juana, encontramos un "Pudín de espinacas" preparado con dos libras de azúcar, leche y yemas de huevo. Cómo aventurar si hace las veces de lo que ahora se conoce como "plato de entrada" porque lleva espinacas (la receta no dice cuántas) o, puesto que se le pone mucha azúcar, rescatarlo como un postre "anticuario" de raíz medieval.[42] Nadie está obligado a emitir juicio sobre el particular; sólo quería señalar que ahora las cosas son diferentes y por eso ciertas maneras de hacer la cocina resultan distantes y ajenas. Baste caer en la cuenta de que preparar ese u otros platillos requiere habilidad manual y precisión mental, de modo que las viejas recetas, aun las "anticuarias", sirven como indicadores del avance técnico de la época y de la pericia de la cocinera, no sólo para ejecutar lo que pide la receta, sino para subsanar deficiencias y llenar los vacíos de información. No cualquiera se arriesga a preparar un "Turco de maíz cacaguazintle" (único platillo con maíz) con "las yemas que quieras con tal que no sean muchas" o unos "Huevos moles" con azúcar clarificada de "punto subidito".

El "Clemole de Oaxaca" y el "Manchamanteles" se preparan con chiles secos y conservan el espíritu de la vieja cocina indígena, aun cuando casi todos los ingredientes que requieren sean de origen ultramarino. Mientras más viejas y más indígenas son sus raíces, mejor responden las recetas al concepto de "marginalidad positiva" mencionado en párrafos anteriores. Toman su lugar en la cocina urbana desde la periferia social, entran al convento sin alardes, traídas por las acompañantes indígenas o mestizas que comparten la celda y su cocina con las religiosas, y en su caso con las niñas. Pueden llegar de provincias distantes, modificarse y enriquecerse en un ambiente no exento de tensiones, rivalidades y envidias; en un espacio cultural-religioso que aprueba, cuestiona, tolera o simplemente padece diferentes maneras de pensar la comida y de practicar la cocina. Refuerzan una mentalidad mezclada o mestizada con vocablos, utensilios,

Mujer negra rellenando un pavo, detalle de un cuadro de castas, siglo XVIII.

técnicas, productos y sabores de ultramar, sin soslayar sus lazos con las zonas de alta cultura indígena.

Me interesa una variante de la cocina indígena que adolece de prestigio social por ser considerada "cocina de pobre". Antes de dar cuenta de ella, quisiera hacer hincapié en ciertos cambios iniciados en la estructura de la cocina europea entre 1650 y mediados del siglo XVIII. Surge, teniendo la corte francesa como eje, una manera de cocinar que adopta características "modernas"; se desliza desde la mesa noble hacia los hogares burgueses y eventualmente desplaza el esquema dietético culinario tradicional. Es difícil unificar criterios para dar razón de esas modificaciones profundas, pero existe cierto consenso general acerca de por lo menos tres alteraciones significativas: primero, aumenta el gusto por las frutas, vegetales, ensaladas verdes y hierbas frescas y se reduce el interés por la mayoría de las especies a excepción de la pimienta, el clavo y la nuez moscada; en lugar de las numerosas especies importadas, se utilizan con mesura hierbas aromáticas locales. Segundo, los sabores salados y dulces son claramente diferenciados. Tercero, se crean las salsas que dieron fama a la "alta cocina" francesa con el uso de aceite, manteca o mantequilla combinados con vino, vinagre y la reducción de los jugos de carnes y verduras hervidos hasta concentrar el sabor.[43] También se modifica la actitud mental hacia la cocina que aspira a ser doblemente reconocida como arte y como ciencia. El cocinero mayor (*le chef de cuisine*) es ahora un artista: se le concede un trato especial, se toleran sus caprichos y abusos y es común sacrificar a otros sirvientes con tal de tenerlo contento.[44] Comienza a hablarse de un progreso gastronómico que aborrece la mediocridad y rechaza la monotonía, de una deseable armonía entre la teoría y la práctica de la cocina; de la precisión del trabajo manual en el "laboratorio" de la cocina y de la importancia de textos apropiados para aspirar a la perfección.[45]

Mientras la llamada alta cocina francesa se abre camino a paso desigual, México lleva a efecto sus propios acomodos, incluida la "cocina de pobre" que resulta ser la gran ausente del libro de sor Juana, aunque me inclino a pensar que fue el sostén de la dieta cotidiana conventual. Es una cocina tan simple y probada que nadie ve la necesidad de registrar sus ingredientes, ni la manera de combinarlos, ni vale la pena el esfuerzo porque las mujeres de las clases populares, incluidas las cocineras del convento, conservan en su memoria el modo de proceder. Se fundamenta en productos locales, en guisos y caldillos de fácil preparación que conforman la base de una cocina sencilla y económica, apropiada para mantener la salud y cuidar el gasto diario. Privilegia las frutas locales frescas, las hierbas silvestres cultivables y semicultivables y los productos vegetales autóctonos, ligeros y valiosos para la nutrición, como los nopales, verdolagas, huauzontles y romeritos. Mezclados con otros productos vegetales y animales de origen y procedencia diversa, conforma la cocina común de las clases populares del Valle de México. Tiene capacidad para mezclar y combinar con discreción, para realzar el gusto particular de los chiles locales, de preferencia frescos, y de las hierbas recién cortadas como epazote, pápalo-quelite y hoja santa. Sus objetivos son modestos pero de largo alcance: es conciliadora y se sustenta en la cotidianidad, sin competir con los platillos costosos, laboriosos y festivos propios de ocasiones de excepción y representativos de la llamada "gran cocina mexicana", como el mole poblano y otras salsas elaboradas no por completo ajenas a las salsas medievales de sazón fuerte, condimentadas con todo género de especies, incluido el azúcar como saborizante, que simulan y distorsionan los sabores naturales de las carnes o aves con las que se sirven. Sin buscarlo, en México la "cocina de pobre" resultó la forma más "salutífera" y moderna de cocinar, si por ese término se entiende cierta afinidad al menos con dos de los tres elementos mencionados para la "nueva" cocina francesa.

De las 37 recetas consignadas, 24 o más, dependiendo de los criterios utilizados, son postres de filiación española y la mayoría utiliza sólo ingredientes traídos originalmente de Europa. ¿Cómo justificar en el área conventual un porcentaje tan alto de postres golosos, laboriosos y ajenos al espíritu de pobreza, renuncia y penitencia propios de la vida religiosa? Esos postres resultan por su propia naturaleza creaciones efímeras y aportan luz acerca del tiempo muy breve requerido para trabajar con eficacia y disciplina una creación apetecible, delicada y frágil para consumo de los amigos y benefactores del convento, pero también contribuyen a dar cuenta de lo "preferible", lo "deseable". Los postres no son valores absolutos, pero son objetos de preferencia que pueden ser estimados por su presentación estética o apreciados como signo de prestigio o de amistad. En los conventos, incluido el de San Jerónimo, en pleno periodo barroco y coincidiendo en España con el reinado de los últimos monarcas de la Casa de Austria, el postre es un objeto concreto de preferencia. Las religiosas jerónimas los nombran de muchas maneras: "Huevos reales", "Torta de cielo" o "Bien me sabe", entre otros. Se les aprecia no sólo por "lo que son", platillos preparados con ciertos ingredientes, sino en su "deber ser": por lo que representan y por lo que de ellos se piensa. Nada impide a las religiosas y a sus colaboradoras liberar la imaginación y soñar con unos "Suspiros de monja" o perder la paz interior con una "Leche de obispo" o sonreír discretamente ante unos imposibles "Huevos espirituales".[46]

Escena de banquete, detalle del biombo
Alegoría de la Nueva España, siglo XVIII.

El valor de la buena cocina —incluyo una buena taza de chocolate o un buen vaso de pulque— se calcula o mide no sólo por el placer sensorial que despierta, sino por su "deseabilidad"; pero un platillo deseable no es necesariamente un objeto real, sino un objeto que provoca interés y el interés, a diferencia del deseo, es sólo una posibilidad. Esta simple distinción viene al caso para explicar la presencia de tantas preparaciones golosas en el *Libro de cocina del convento de San Jerónimo* y explica, indirectamente, la notable escasez de recetas austeras y "pobres" capaces de ser traducidas en los platillos de uso común, pero por los que nadie mostraba interés, porque ese alimento diario no formaba parte de la cocina ideal, del "deber ser", sino del "hacer" cotidiano.

La mejor definición de "valor" aplicada a la cocina es la que se considera como una posibilidad de elección, porque es la más dinámica y la que mejor garantiza los márgenes de libertad mínimos que conducen a eliminar algunas preparaciones culinarias o a declararlas irracionales o dañosas y abre la posibilidad de privilegiar otras. La historia de la cocina en México es la simple historia de un enfrentamiento entre valores diferentes ofrecidos a elección de una sociedad en verdad plural.

NOTAS

[1] Aplicada a la comida, la templanza se llama abstinencia y relacionada con la bebida se denomina sobriedad. AQUINO, 1955, 2-2 q. 143, a. único.

[2] SAHAGÚN, 1975, p. 17.

[3] De acuerdo con la teoría hipocrática circulan por el cuerpo cuatro "humores": sangre, flema, bilis amarilla y bilis negra, y su presencia determina las cuatro posibles complexiones de la persona: sanguínea, flemática, colérica y melancólica. El humor de las personas sanguíneas es la sangre, su cualidad es caliente y húmeda y se asocia con el aire; el de los flemáticos es la flema, su cualidad es fría y húmeda y semeja al agua; el de los coléricos es la bilis amarilla, caliente y seca y es similar al fuego; el humor de los melancólicos es la bilis negra, fría y seca, semejante a la tierra.

[4] Los médicos creían que el proceso de digestión de los alimentos era una forma de cocinar. El ciclo se iniciaba con la germinación de las semillas depositadas en la tierra. Más tarde el calor del sol literalmente "cocía" las plantas jóvenes, madurándolas en granos y frutos. Luego, en la cocina los ingredientes se volvían a cocinar, se tornaban en platillos comestibles, eran ingeridos y el calor interno del cuerpo los cocinaba una vez más y transformaba la comida en sangre. Una vez que el cuerpo excretaba los residuos no digeribles y regresaban a la tierra, el excremento unido a las plantas y animales en estado de descomposición hacían posible el inicio de un nuevo ciclo de vida. LAUDAN, 2000, p. 78.

[5] El Buscón, personaje literario creado por Francisco de Quevedo en el siglo XVII, enferma debido a las tremendas hambres pasadas en el colegio del licenciado Cabra. Por eso, al percatarse de lo poco que había de "entrar" en su cuerpo, no osó, aunque tenía gana, "echar" nada de él. QUEVEDO, 2000, cap. III, p. 82.

[6] LÓPEZ AUSTIN, 1984, t. 1, pp. 110 y 112.

[7] Las reglas de la buena medicina encuentran sustento en la buena filosofía: "Por negocio cierto y ave-

riguado se tiene entre los filósofos que toda base y principal cimiento de la filosofía y medicina estriba y se reduce a calor, frialdad, sequedad y humedad". CÁRDENAS, 1980, pp. 72 y 178-179.

8 CÁRDENAS, 1980, pp. 185-186.

9 GEMELLI CARERI, 1976, p. 140.

10 LAUDAN, 2000, p. 80.

11 BARRIOS, cit. en LEÓN PINELO, 1636, f. 120v.

12 Su doctrina espiritual contiene huellas de pelagionismo y fue condenado por el Concilio de Cartago (412), luego absuelto y vuelto a condenar en el Concilio de Éfeso en 431. San Benito, el patriarca de los monjes de Occidente, incorpora a su *Regla* (cap. XLII, 3 y 5; cap. LXXIII, 5-6) la doctrina monástica de Casiano y recomienda a sus hijos la lectura de sus escritos. En CASIANO, 1957, "Presentación", pp. 7-8 y 28.

13 CASIANO, 1957, pp. 180-181.

14 BARRIOS, cit. en LEÓN PINELO, 1636, f. 120r. Según el *Diccionario de la lengua castellana*, de 1732, deleite es delicia, placer o recreo, pero advierte que el deleite sensual es el "gusto carnal venéreo". Véase también COVARRUBIAS, *Tesoro de la lengua*, 1611.

15 LEÓN PINELO, 1636, f. 104r.

16 El padre Soria cita a Ezequiel, 3, 1-3: "Yo abrí mi boca y él me hizo comer el rollo y me dijo: 'Hijo de hombre, aliméntate y sáciate de este rollo que yo te doy'. Lo comí y fue en mi boca dulce como la miel". Aprobación del R.P.M.F. Francisco de Soria, calificador del Santo Oficio, en LEÓN PINELO, 1636.

17 Carta de Hernando Ruiz de Alarcón a don Francisco Manso y Zúñiga arzobispo de México, en RUIZ DE ALARCÓN, 1953, p. 18.

18 "Así dice Yahvé, el Dios de Israel: Bebed, emborrachaos, vomitad, caed y no os levantéis delante de la espada que yo voy a soltar entre vosotros". Véase Jeremías, 25, 15-27.

19 Por la diversidad y dificultad de sus lenguas "aún hoy algunas [lenguas] de todo punto se ignoran". RUIZ DE ALARCÓN, 1953, p. 19. SAHAGÚN señalaba que los confesores "ni saben lenguaje para se las preguntar —las idolatrías—, ni aun lo entenderán aunque se lo digan". SAHAGÚN, 1975, "Prólogo".

20 VETANCURT, 1982, p. 333.

21 "Los vasallos leales…", Archivo General de Indias, Patronato, sec. 1, leg. 226, cit. por LEONARD, en SIGÜENZA, 1932, p. 130.

22 VETANCURT, 1982, p. 330.

23 Real cédula despachada en Toledo el 24 de agosto de 1529, en FONSECA, 1978, pp. 346-347.

24 Su objeto principal era la extirpación de las bebidas prohibidas, incluido el pulque amarillo o corrupto y el aguardiente de caña o chinguirito. Real cédula aprobatoria de las Ordenanzas del Ramo del Pulque, fechada en Madrid, a 6 de julio de 1672, en FONSECA, 1978, pp. 345-349.

25 *Informe que la Real Universidad…*, 1692, f. 10v.

26 SIGÜENZA, 1932, p. 80.

27 "Los vasallos leales…", Archivo General de Indias, Patronato, sec. 1, leg. 226, cit por LEONARD, en SIGÜENZA, 1932, pp. 134-136.

28 *Informe que la Real Universidad…*, 1692, f. 1v.

29 Elías Trabulse desarrolla para la ciencia y la religión un concepto de paradigma que, me parece, puede contribuir, respetando diferencias significativas, a la explicación de las cocinas mexicanas en el siglo XVII. TRABULSE, 1974, pp. 49-51 y ss.

30 DÍAZ DEL CASTILLO, 1976, p. 546.

31 Bernal menciona mazapanes hechos de almendra y alcorzas, masas o tabletas muy blancas y delicadas hechas con una costra de azúcar refinada, útiles para formar flores y ramos con mucho primor. Las

alcorzas también tenían un uso medicinal: mezcladas con polvos cordiales, se daban a los enfermos para confortar el corazón.

[32] "Cuando fisyere manjar blanco para vn escudilla que le den vna gallina y vn açumbre de leche y vna lybra de aros y quatro onças de açucar y para todos los otros potajes que fisyere que le den el açucar y almendras que ouyere menester y que faga juramento [el cocinero real] de non gastar dello mas de lo necesario en lo que tyene de guisar para la Reyna nuestra señora". Archivo General de Simancas, Casa y Sitios reales (legajo 43, folios 2-3, año 1483), en DOMINGO, 1984, p. 17.

[33] El mayordomo era responsable no sólo del banquete, sino de los arquitectos y decoradores encargados de los espectáculos que daban su carácter al festejo. En la plaza Mayor de México se montó un bosque con variedad de árboles, animales y unos indios que hacían batalla con arcos y flechas. Al día siguiente se recreó la ciudad de Rodas con sus torres, almenas y troneras y cuatro navíos con sus mástiles y trinquetes. DÍAZ DEL CASTILLO, 1976, p. 545.

[34] "Un buen cocinero es mitad médico", Andrew BOORDE, "Breviary of Health, 1547", en LAUDAN, 2000, p. 76.

[35] DÍAZ DEL CASTILLO, 1976, p. 547.

[36] Las servilletas eran un importante elemento decorativo y se presentaban en la mesa dobladas de manera fantasiosa para darles forma de azucenas, melones, una mitra obispal u otras, pero el uso del tenedor les restó importancia. WILLAN, 1992, p. 42.

[37] GONZALBO AIZPURU, 1987, p. 227.

[38] "Merca pan y vino y carne" ordena en Madrid el amo a su criado Lázaro, porque "ni gota de vino ni bocado de carne he comido". QUEVEDO, 2000, p. 39.

[39] Pocas en número, ejercían una influencia significativa en la sociedad al difundir una formación que servía de modelo ideal al que las jóvenes de "buenas familias" podían aspirar. GONZALBO AIZPURU, 1987, pp. 215 y ss.

[40] GEMELLI CARERI, 1976, pp. 68-69.

[41] Muriel encomendó al laboratorio de la Procuraduría General de la República el estudio del manuscrito. El dictamen indica que se trata de una obra escrita en papel del siglo XVIII. MURIEL, "Presentación" al Libro de cocina del convento de San Jerónimo, 1979. Otra edición del mismo año, México, Instituto Mexiquense de Cultura, es más cauta en cuanto a la posible autoría de sor Juana y en lugar de poner "Selección y transcripción por sor Juana Inés de la Cruz", el subtítulo reza: "Selección y transcripción atribuidas a sor Juana Inés de la Cruz".

[42] Me parece que una receta se vuelve anticuaria cuando sólo por inercia pasa de un texto a otro, inapropiada para la vida diaria, carente de significado y perdida la capacidad que un día tuvo de generar expectativas o despertar un deseo. Los cambios en la cocina resultan de la rebeldía, la necesidad o la insatisfacción, nunca de la sumisión al texto escrito.

[43] La modernidad en la cocina es un concepto sujeto a debate, pero los investigadores, Rachel Laudan incluida, aceptan los tres puntos arriba señalados. La Ciudad de México no permaneció inmune a esta cocina: las "pollas portuguesas" del libro de San Jerónimo, aportación culinaria de alguna religiosa de origen peninsular; se preparan con perejil, hierbabuena, jitomate y ajos, y se cuecen con bastante vinagre y aceite.

[44] Rara vez tuvo la mujer acceso a consideraciones semejantes, aunque se dieron excepciones: después de un cena soberbia, Luis XV pidió hablar con el chef. Cuando le presentaron a una mujer quedó tan impresionado que le otorgó una de las más altas condecoraciones francesas, la Orden del Espíritu Santo, conocida como Cordon Bleu, por la banda de ese color que llevan sus miembros. Hasta la fecha, el término "cordon bleu" se aplica correctamente sólo a una mujer. WILLAN, 1992, p. 86.

⁴⁵ MENON, 1978, "Avertissement".

⁴⁶ Estas tres últimas recetas no se encuentran en el cuadernillo atribuido a sor Juana, pero eran parte del repertorio virreinal.

REFERENCIAS

AQUINO, Tomás de

    1955   *Suma teológica*. Madrid: Biblioteca de Autores Cristianos.

CÁRDENAS, Juan de

    1980   *Problemas y secretos maravillosos de las Indias*, edición, estudio preliminar y notas de Xavier Lozoya. México: Academia Nacional de Medicina (Nuestros Clásicos, 3). [1591].

CASIANO, Juan

    1957   *Instituciones*, presentación por Dom León Ma. y Dom Próspero Ma. Sansegundo. Madrid: Ediciones Rialp.

CORCUERA DE MANCERA, Sonia

    1994   *Del amor al temor*. México: Fondo de Cultura Económica.

COSMAN PELNER, Madelaine

    1976   *Fabulous Feasts. Medieval Cookery and Ceremony*. Nueva York: George Braziller.

COVARRUBIAS, Sebastián de

    1611   *Tesoro de la lengua castellana o española*. México, 1984: Ediciones Turnermex. [Edición facsimilar].

Diccionario de la lengua castellana…

    1732   *Diccionario de la lengua castellana, en que se explica el verdadero sentido de las voces, su naturaleza y calidad, con las phrases o modos de hablar, los proverbios o refranes, y otras cosas convenientes al uso de la lengua [Diccionario de autoridades]*, vol. D-Ñ. Madrid, 1976: Gredos. [Edición facsimilar].

DÍAZ DEL CASTILLO, Bernal

    1976   "Cómo en México se hicieron grandes fiestas y banquetes…", en *Historia verdadera de la conquista de la Nueva España*, introducción y notas de Joaquín Ramírez Cabañas. México: Editorial Porrúa (Sepan cuantos…, 5), pp. 544-550.

DOMINGO, Xavier

    1984   *De la olla al mole*. Madrid: Ediciones Cultura Hispánica-Instituto de Cooperación Iberoamericana, pp. 16-20.

FONSECA, Fabián de, y Carlos de URRUTIA

    1978   "Ramo de Pulques", en *Historia general de la Real Hacienda*. México: Secretaría de Hacienda y Crédito Público, t. III, pp. 339-428. [Edición facsimilar de la de 1850].

GAGE, Thomas

    2001   *El inglés americano: sus trabajos por mar y tierra o un nuevo reconocimiento de las Indias Occidentales*, traducción de Stella Mastrángelo, introducción y notas de Eugenio Martín Torres. México: Fideicomiso Teixidor-Libros del Umbral. [1648].

GEMELLI CARERI, Giovanni Francesco
    1976   *Viaje a la Nueva España*, estudio preliminar, traducción y notas de Francisca Perujo. México: Universidad Nacional Autónoma de México. [1700].
GONZALBO AIZPURU, Pilar
    1987   "La vida de perfección", en Pilar GONZALBO AIZPURU, *Las mujeres en la Nueva España. Educación y vida cotidiana*. México: El Colegio de México, pp. 213-252.
Informe que la Real Universidad…
            Informe que la Real Universidad y Claustro pleno de ella de la Cuidad de México de esta Nueva España hace a el Excelentísimo Señor Virrey de ella en conformidad de orden de su Excelencia el 3 de julio del año 1692 sobre los inconvenientes de la bebida de el pulque. México: Biblioteca Nacional (Colección de Libros Raros y Curiosos), Universidad Nacional Autónoma de México.
LADRÓN DE GUEVARA, Baltasar
    1774   *Manifiesto vida común*. México: Imprenta de don Felipe Zúñiga y Ontiveros.
LAUDAN, Rachel
    2000   "Birth of the Modern Diet", en *Scientific American*, 283:2 (ag.).
LEÓN PINELO, Antonio de
    1636   *Questión Moral. Si el chocolate quebranta el ayuno eclesiástico*. Madrid: Impreso por la Viuda de Juan González.
Libro de cocina del convento de San Jerónimo
    1979   Selección y transcripción por sor Juana Inés de la Cruz, presentación de Josefina Muriel de González Mariscal, versión paleográfica de Josefina Muriel y Guadalupe Pérez San Vicente. México: Talleres de la Enciclopedia de México.
LÓPEZ AUSTIN, Alfredo
    1984   "Cosmovisión y salud entre los mexicas", en Fernando MARTÍNEZ CORTÉS (coord. general), *Historia general de la medicina en México*, t. 1. México: Facultad de Medicina, Universidad Nacional Autónoma de México-Academia Nacional de Medicina, pp. 101-114.
MENON
    1978   "Avertissement" a *Les Soupers de la Cour ou l'Art de travailler toutes sortes d'Aliments*. París: Librairie SOETE. [Edición facsimilar de la de 1755].
PALAFOX Y MENDOZA, Juan de
    1974   "De la naturaleza del indio", en *Documentos inéditos o muy raros para la historia de México*, publicados por Genaro García. México: Editorial Porrúa. [1762].
QUEVEDO, Francisco de
    2000   *Vida del Buscón Don Pablos*, estudio preliminar de Guillermo Díaz Plaja. México: Editorial Porrúa (Sepan cuantos…, 34).
RUIZ DE ALARCÓN, Hernando *et al.*
    1953   *Tratado de las idolatrías, supersticiones, dioses, ritos, hechicerías y otras costumbres gentilicias de las razas aborígenes de México*, vol. I, con notas, comentarios y un estudio de Francisco del Paso y Troncoso. México: Ediciones Fuente Cultural.

SAHAGÚN, Bernardino de
    1975   "Prólogo" a la *Historia general de las cosas de la Nueva España*, escrita por él mismo y fundada en la documentación en lengua mexicana recogida por los mismos naturales, con numeración, notas y apéndices de Ángel María Garibay. México: Editorial Porrúa, pp. 17-20.

SIGÜENZA Y GÓNGORA, Carlos de
    1932   "Copia de carta de D. Carlos de Sigüenza y Góngora, Cosmógrafo del Rey... con que da razón al Almirante Don Andrés de Pez del Tumulto", en *Alboroto y motín de México del 8 de junio de 1692*, edición anotada por Irving A. Leonard. México: Talleres Gráficos del Museo Nacional de Arqueología, Historia y Antropología.

TRABULSE, Elías
    1974   *Ciencia y religión en el siglo XVII.* México: El Colegio de México.

VETANCURT, Agustín de
    1982   "Manifiesto. Del celo de un religioso ministro de los naturales, acerca del estado de la república de los indios con el pulque que beben y la perdición que tienen", en *Teatro mexicano. Crónica de la provincia del Santo Evangelio de México.* México: Editorial Porrúa [1697].

WHEATON, Barbara Ketcham
    1983   "Cookbooks and cooking in the Sixteenth Century", en *Savoring the Past. The French Kitchen and Table from 1300 to 1789.* Filadelfia: The University of Pennsylvania Press, pp. 27-41.

WILLAN, Anne
    1992   "Martino", "Bartolomeo Scappi", "Menon", en *Great Cooks and Their Recipes, from Taillevent to Escoffier.* Hong Kong: A Bulfinch Press Book, pp. 23-35, 37-51 y 85-97.

18

ENFERMEDAD Y MUERTE EN LA NUEVA ESPAÑA

MARÍA CONCEPCIÓN LUGO OLÍN

Dirección de Estudios Históricos,
Instituto Nacional de Antropología e Historia

INTRODUCCIÓN

EN LA ENFERMEDAD Y EN LA MUERTE se encierran aquellos males que han afligido a la humanidad entera en todos los tiempos, culturas y confines del mundo. Su llegada, casi siempre inesperada y ajena a la voluntad del individuo, no sólo altera el curso de la vida cotidiana, sino también pone de manifiesto la fragilidad de la condición humana y su carácter finito y perecedero.

Sin embargo, la necesidad de conservar la salud ha llevado a los hombres de todos los tiempos a desarrollar múltiples, diversas y cambiantes acciones tendientes a explicar las causas de las enfermedades y su posible cura, mientras que el consuelo para la hora de la muerte se ha dejado en manos de distintas religiones y creencias que, mediante una promesa de inmortalidad, satisfagan el imperioso afán que tiene el hombre de trascender más allá de la muerte.

Hacia el siglo XVII la doctrina católica, sistematizada a la luz del pensamiento tomista y aprobada en el Concilio de Trento en la segunda mitad del siglo XVI, había logrado imponerse como la ideología dominante en el imperio español y sus colonias, puesto que sus postulados llevaban implícita la justificación del ejercicio del poder, amén de contribuir con la Iglesia y con la Corona a mantener una ortodoxia cerrada, lejos de los embates del protestantismo, que garantizara la unidad religiosa y política del imperio.[1]

Este hecho permitió a la Iglesia novohispana apoderarse del manejo de la vida y de la muerte de los moradores del virreinato e incluso controlar la circulación del conocimiento; de ahí que la ciencia médica se desarrollara en ese tiempo bajo la vigilante mirada de la institución eclesiástica y siguiendo de cerca viejos esquemas medievales que para ese entonces, en otros confines del continente europeo, empezaban a desplazarse de todos los ámbitos del conocimiento en virtud de los descubrimientos que realizaran

[555]

tiempo atrás Vesalio y Leonardo da Vinci, cuyas observaciones abrirían caminos insospechados para la ciencia médica y para otras ramas del saber. Muy importante fue también el descubrimiento de Nicolás Copérnico quien, al desplazar la teoría geocéntrica en que se sustentaban el conocimiento y la doctrina de la Iglesia en la Edad Media, favorecería el surgimiento de un largo proceso que terminaría por secularizar diversas costumbres en el mundo occidental.[2]

Esa herencia medieval que sirvió de norma y guía a ciencia y religión en la Nueva España se inspiraba fundamentalmente en la escolástica que es, en un sentido amplio, la filosofía cristiana que floreció en Europa durante el medievo y se deriva de una síntesis del pensamiento cristiano y de los sistemas filosóficos paganos dentro de los cuales se destacan las enseñanzas de Aristóteles.[3]

Tomando en cuenta esa dualidad propia de la ideología dominante de la época, se consideró pertinente estructurar el presente trabajo a partir de la visión que tenía, y que sigue teniendo, la Iglesia católica acerca del hombre, protagonista de la historia. Tal visión sostiene que como ser creado a imagen y semejanza de Dios, el hombre participa de una naturaleza espiritual o alma incorruptible y eterna, mientras que como descendiente de Adán es heredero de una naturaleza corporal, corruptible y perecedera.[4] En virtud de esa dualidad, el hombre viene a representar el escenario microcósmico donde se desarrolla un combate entre dos entidades antagónicas. Para la ciencia médica de la época esas entidades se traducen en cuatro humores, dos de los cuales, por sus mismas características, son necesariamente contrarios. Su equilibrio se manifiesta en la salud, en tanto que su desequilibrio ocasiona la enfermedad y hasta la muerte del cuerpo. Para la religión, en cambio, esas entidades están representadas por el bien o virtud, propia de la naturaleza espiritual, y su contraparte o pecado, inherente a la naturaleza corporal del individuo.

A partir de esta visión analizaremos en primer término la naturaleza corporal, en la que se contemplarán la ciencia médica, las enfermedades y la muerte del cuerpo, para después referirnos a la naturaleza espiritual, la religión, las enfermedades y la muerte del alma; en un tercer apartado estudiaremos los rituales del cuerpo para sanar el alma del moribundo y de los fieles difuntos, es decir, las ánimas del purgatorio.

LA CIENCIA MÉDICA, LAS ENFERMEDADES Y LA MUERTE DEL CUERPO

Desde el punto de vista cronológico el siglo XVII novohispano empezaría a contar a partir de 1600 para concluir en 1699, pero si se toman como parámetro los brotes epidémicos del hambre, uno de los principales males endémicos causantes de múltiples enfermedades, resulta que desde el punto de vista patológico el siglo XVII se iniciaría en la Nueva España en 1615, fecha en que el hambre diezmó la población debido a la escasez y carestía de alimentos y terminaría en 1692, año en que por el mismo motivo se registró otra terrible hambruna cuyos efectos se prolongaron varios años más[5] (cuadro 1).

Durante ese periodo la presencia alternada o conjunta de múltiples y diversos factores propiciaron que los cuatro jinetes del Apocalipsis, Hambre, Guerra, Peste y Muerte cabalgaran a sus anchas por el inmenso territorio. La despiadada destrucción ocasionada por la conquista militar, para ese entonces todavía inconclusa, la brusca destrucción de las estructuras de la sociedad indígena y la desaparición de diferentes especies de la flora y de la fauna que formaban parte de la dieta en el México prehispánico, así como la imposición forzada de leyes y religión europeas, la creciente y cruel explotación de los aborígenes, las enfermedades traídas por los españoles, como la viruela y el sarampión, y la propagación de otros males casi todos infecciosos y transmisibles que, como el tifo, se extendieron rápidamente a causa del hacinamiento y la suciedad reinante y por la movilización de las tropas que participaban en las guerras de conquista, se cuentan entre los factores que ocasionaron irremediablemente el descenso de la población, puesto que su presencia propició el desarrollo de pandemias, epidemias y endemias cuyos orígenes y terapéutica la ciencia médica de aquel tiempo estaba lejos de vislumbrar.[6]

Esta situación preparó el terreno donde pudiera cabalgar el Hambre, jinete que hizo su aparición en virtud de la alta mortalidad de la población indígena dedicada principalmente a las labores del campo. El abandono del campo provocó que la población entera estuviera a merced de los elementos; las malas cosechas, ocasionadas por heladas o bien por lluvias excesivas o sequías, se habían convertido en el "pan nuestro de cada día", dejando a su paso una estela de escasez y carestía de los productos agrícolas de primera necesidad como el maíz y el trigo. Para el indígena, morador y trabajador de ese campo, significaba además el desempleo, la pobreza, la desnutrición, el hambre e incluso la muerte. En breve, esos males dieron origen al bandolerismo, la rapiña, la prostitución y otros disturbios sociales, al tiempo que propiciaron el desgano vital y el alcoholismo que privaron entre ese sector de la población a raíz de la conquista.[7]

A estas mortíferas comparsas del hambre se sumaron la falta de higiene y de atención médica para facilitar que distintas enfermedades endémicas adquirieran niveles epidémicos y catastróficos. Ante el abandono del campo, la frase que reza "mueran indios que hartos nacen" era una realidad. La desnutrición llevada a sus últimas consecuencias desencadenaba severos brotes de neumonía, mal conocido en la época como dolor de costado, mientras que el hambre, la suciedad y el hacinamiento preparaban el terreno para que el piojo ocasionara mortales epidemias de tifo, sobre todo entre los

Cuadro 1. Cronología de epidemias, crisis agrícolas, hambrunas y otras catástrofes

1600	Cosechas escasas, se elevan los precios del maíz
1601	Cocoliztli (gran enfermedad)
1604	Cocoliztli, sarampión y diarreas. Terremoto en la Ciudad de México que afecta también a otros puntos del territorio
1605	Escasez de alimentos. Epidemia de cocoliztli, sarampión y diarreas
1612-1613	Cocoliztli
1615-1616	Lluvias tardías, sequía y escasez extrema. Gran cocoliztli, hambre, sarampión y viruela
1618	Sequía, escasez de alimentos, hambre
1623	Se desbordan las aguas del río Cuautitlán ocasionando una severa inundación en la Ciudad de México
1624	Sequía
1629	Lluvias e inundaciones que afectan las cosechas en diversas partes del territorio. La inundación se prolonga hasta 1633. Escasez y carestía de alimentos
1630	Peste en la Ciudad de México provocada por las inundaciones y falta de alimentos
1633-1634	Cocoliztli
1637	Temblores en diversas partes del territorio
1639	Sarampión y sequía
1641	Cocoliztli
1642	Sequía, escasez de maíz, hambre
1648	Peste en Puebla y Yucatán
1651	Peste
1653	Sequía, fuerte calor, viruela
1658	Escasez de alimentos y hambre en las misiones del norte
1659	Calentura, dolor de costado, sarampión
1661	Sequía, heladas, escasez de maíz y trigo
1662	Hambre y peste a consecuencia de la escasez de alimentos. Epidemia de viruela y tabardillo. Las misiones del norte se ven especialmente afectadas
1663	Sequía, hambre, viruela
1667	Peste en las misiones del norte. Avanza hasta Durango. Sequía, catarro, dolor de costado y tabardillo
1668	Sequía, escasez de maíz, carestía de alimentos. La escasez y carestía se prolongan hasta 1676
1677	Mucha enfermedad
1678	Viruela
1680	Aparición del cometa tenida como presagio de calamidades
1686	Sequía, tabardillo
1691	Lluvias continuas, heladas, escasez de maíz y trigo, motines y muertes por hambre
1692	Sarampión, peste y hambre
1693	Escasez de maíz, muertes por hambre
1694	Tifo
1695	Epidemia, sequía, escasez de maíz y trigo
1696	Tumulto en la Ciudad de México por carestía de granos. Peste
1697	Se prolonga la escasez. Brotes de descontento en la Ciudad de México por la escasez y carestía de granos
1699	Chahuistle en el maíz y trigo

FUENTE: *Diarios* de Gregorio Martín DE GUIJO y de Antonio DE ROBLES, 1648-1664 y 1665-1703, respectivamente.

habitantes de las zonas templadas del Valle de México. No menos dañinos eran el ta-bardillo común en la época de secas, las diarreas o misereres, las disenterías, tifoideas y otras enfermedades que hacían crisis en la estación de lluvias y de calor a causa de la contaminación del agua y de los alimentos. Frecuentes eran, asimismo, los brotes epi-démicos de paludismo, conocido por sus fiebres intermitentes, y los de fiebre amari-lla, cuyos estragos se dejaban sentir preferentemente en las regiones lacustres, panta-nosas o silvestres donde pululaban los moscos causantes de esas enfermedades. A estos males habría que agregar los brotes de viruela y sarampión, patologías proceden-tes de la metrópoli, que llegaban por barco a las costas de Veracruz, el puerto comer-cial más importante del virreinato, para después introducirse y propagarse por todo el territorio a través de las rutas comerciales junto con los hombres, sus mercancías y sus animales.[8]

Si bien los moradores del campo, por ser el sector más indigente de la población, fueron presa fácil de los estragos del abandono, de la desnutrición y del hambre, los ha-bitantes de las ciudades no estuvieron del todo exentos de padecerlos, como tampoco lo estuvieron de contraer, por contagio, múltiples enfermedades que proliferaban en el campo y que entraban por la periferia urbana, donde se hacinaba la población menes-terosa, para después propagarse por doquier por el constante ir y venir de las tropas que participaban en las guerras de conquista y por la suciedad que imperaba en la ciu-dad entera.[9]

Pudridero, escena para meditación
sobre la caducidad de la vida, siglo XVIII.

Para facilitar la incursión del jinete de la Peste, en el siglo XVII se aliaron al Hambre y a la Guerra la insalubridad, la deficiente atención hospitalaria y el atraso en que el saber medieval mantuvo a la ciencia médica. En esa época, las teorías destinadas a explicar el origen y terapéutica de las enfermedades siguieron los rumbos que desde tiempo atrás marcaran las doctrinas hipocrático-galénicas, sólo que en la Nueva España se vieron influidas por distintas creencias avaladas por el catolicismo y por el manejo de plantas medicinales propias de la botánica mexicana, cuyos beneficios habían sido ampliamente reconocidos desde los primeros años posteriores a la conquista.[10] Entre esos métodos curativos no podía faltar lo que actualmente se conoce como medicina alternativa, constituida en aquel tiempo por la magia que practicaban brujos, curanderos y hechiceros lejos de la mirada del Santo Oficio, y los de la misma religión católica que hacía de la plegaria el recurso idóneo para curar toda clase de males.

Varias obras publicadas en las prensas novohispanas a lo largo del siglo reunieron los conocimientos médicos vigentes en la época, mismos que estarían en boga hasta bien entrado el siglo XIX y algunos incluso hasta el XX. Entre dichas obras se pueden mencionar *El reportorio de los tiempos y la historia natural desta Nueva España*, del científico alemán Enrico Martínez; *La verdadera medicina, astrología y cirugía*, de Juan Barrios, madrileño y médico de cámara de Felipe III, y una versión poética de los sistemas curativos que plasmara sor Juana Inés de la Cruz en *Primero sueño*.[11]

Siguiendo las teorías hipocrático-galénicas en esos textos, la salud se define como el resultado de un equilibrio perfecto entre el hombre y la naturaleza; ésta se componía de cuatro elementos, cada uno con sus respectivas cualidades, de tal suerte que el aire era caliente y húmedo, el agua húmeda y fría, el fuego seco y caliente, y la tierra fría y

Las enfermedades endémicas de la capital

Por los meses de abril y mayo, si hace calor por la falta de aguas hay erisipelas, esquilencias, sarampión, viruelas, que en los naturales chiquitos son de muerte, y calenturas... y en lloviendo dos aguaceros grandes cesan los achaques, porque si el agua es poca levanta más vapores. A la mudanza de tiempo hay destilaciones catarrales, tabardillos, calenturas podridas y fiebres malignas que en otoño son difíciles de curar... La general enfermedad son disenterías, diarreas, que llaman seguidillas, que han muerto a muchos. La causa que dan es, unos que la humedad del suelo, otros, que el agua que viene por plomo, otros que el salitre, porque levantan los huracanes el salitre que abunda en sus contornos y lo echan en las aguas que corren, y bebidas causan enfermedad tan penosa.

Agustín DE VETANCURT [1697], *Teatro mexicano* (1982), pp. 50 y ss.

seca. Su desequilibrio, causante de la enfermedad y a veces de la muerte del cuerpo, se debía principalmente al concurso de los planetas o causas superiores y a causas inferiores entre las que se contaban la corrupción de las aguas, el hedor de los cadáveres y de otros animales y sabandijas muertas, los vapores que despedían ciénagas, pantanos, muladares y lugares hediondos que contaminaban el ambiente alterando así la salud del individuo. Para restablecer el equilibrio se aconsejaba purificar el aire con olores aromáticos y salutíferos que recrearan el espíritu y reconfortaran el cerebro, amén de limpiar muladares y letrinas, cegar charcos y pantanos y enterrar a los muertos a una profundidad conveniente.[12]

Los cuatro elementos de la naturaleza y sus respectivas cualidades se proyectaban en el cuerpo humano mediante cuatro humores formando, de este modo, un puente que unía el macrocosmos con el microcosmos. Esos cuatro humores, llamados cardinales, tenían su origen en diferentes órganos y se componían de la sangre, cuyo origen se localizaba en el corazón y participaba de la calidez y humedad del aire; la flema, en el cerebro, que era fría y húmeda a semejanza del agua; la bilis amarilla, en el hígado, que era caliente y seca como el fuego, y por último la bilis negra que se localizaba en el bazo y era seca y fría como la tierra. Estos cuatro humores se manifestaban a su vez en cuatro temperamentos: el sanguíneo, flemático, melancólico y colérico. Por sus mismas cualidades, dos de esos humores eran necesariamente contrarios; a saber, el colérico era opuesto al flemático, y el melancólico al sanguíneo, y como tales entablaban una lucha en el microcosmos por la supremacía. En esta lucha la salud era el resultado de la *eukrasia* o equilibrio, mientras que el desequilibrio o *dyscrasia* ocasionaba irremediablemente la enfermedad y muchas veces también la muerte si no se corregía al humor desenfrenado.

A semejanza de los elementos, los humores se descomponían por dos causas principales: unas que eran propias del individuo o microcosmos y se debían a excesos humanos como esfuerzos desmedidos o bien a una dieta defectuosa, y otras que eran el re-

Enfermo llevado en litera, detalle, *Exvoto de los cuatro milagros de San Miguel*, siglo XVIII.

sultado de la influencia celeste o macrocosmos.[13] De acuerdo con esta influencia, los médicos de la época sostenían que había horas y situaciones geográficas y astrológicas singularmente propicias para la enfermedad y la muerte. Entre las más peligrosas se contaban las "cabrillas" que era cuando la luna estaba en conjunción con las Pléyades; la muerte natural acaecía entonces en "el menguante de la marea; esto es seis horas antes de que saliera la luna y seis horas antes de ponerse".[14] Muy dañosa al humano vivir era también "la magna conjunción de los planetas Júpiter y Saturno en el noveno del signo Sagitario".[15]

Antes de aplicar cualquier remedio para restablecer el equilibrio perdido, los médicos recomendaban, en primer término, aplacar la ira divina, ya que desde los tiempos bíblicos enfermedad y muerte eran los males con los que Dios castigaba los pecados de los hombres; acto seguido se recetaba reposo y una dieta adecuada compuesta generalmente de caldos, y si la enfermedad era caliente y húmeda debía tratarse con plantas de la botánica mexicana de cualidades contrarias a la enfermedad, a fin de equilibrar los humores. Persiguiendo los mismos fines, a estos remedios por demás rebuscados habría que añadir las socorridas y espantosas lavativas y las no menos temidas sangrías, tratamientos que en múltiples ocasiones lejos de curar aceleraban la muerte del enfermo.

Esos conocimientos y desconocimientos eran los que debían orientar muchas de las medidas destinadas a salvaguardar la higiene, la salud pública y controlar las enfermedades. La aplicación de tales medidas se encomendó a muy diversas autoridades. En la capital del virreinato esas autoridades estaban representadas por el Ayuntamiento y el Protomedicato, cuyos miembros se organizaban en numerosas comisiones o consejos a los que se responsabilizaba del cumplimiento de determinadas funciones, las cuales casi siempre se duplicaban. De tal forma que, para 1613, la Audiencia aprobaba las ordenanzas de policía que dejaban en manos del Ayuntamiento las labores relacionadas con el sanea-

Enfermo de llagas, detalle, *Exvoto de los cuatro milagros de San Miguel*, siglo XVIII.

miento de la ciudad. Esto equivalía a desempeñar simultáneamente y con poco dinero múltiples y diversas tareas como eran: vigilar y mantener en óptimas condiciones el abastecimiento de agua, cuidar del acarreo oportuno de inmundicias y basuras, limpiar calles, plazas y canales, empedrar y alumbrar calles, limpiar cloacas, atarjeas, acequias y drenajes. Controlar, asimismo, el buen estado de los alimentos y bebidas que se expendían en diferentes puntos de la ciudad, vigilar las condiciones higiénicas de los siempre malolientes mercados y pulquerías, inspeccionar fondas, vinaterías, panaderías, rastros, tocinerías, pesas y medidas, amén de vigilar el buen estado de cementerios, hospitales, asilos, boticas, como también los servicios que ofrecían cirujanos, parteras, farmacéuticos y flebotómanos.[16]

Más tarde, por real cédula de 1628 se constituía el Protomedicato. Entre las funciones que este tribunal realizaba en la Ciudad de México se contaban la de orientar al virrey respecto a los asuntos relacionados con la medicina y con la salud pública, examinar a los aspirantes a ejercer la medicina, la cirugía, la farmacia y la flebotomía, vigilar la buena calidad y los precios de remedios y drogas que se expendían en las boticas, inspeccionar el buen estado de alimentos y bebidas, establecer cuarentenas para prevenir la propagación de los gérmenes causantes de enfermedades, aislar a los leprosos, mantener en perfectas condiciones la higiene de calles, plazas y cementerios.[17]

En esta variedad y duplicidad de funciones los miembros del Ayuntamiento y del Protomedicato encontraron el pretexto idóneo para que nadie cumpliera realmente con sus obligaciones, por lo que los servicios de la ciudad quedaron a merced del abandono, del olvido y del tiempo, en aras de la negligencia y de la irresponsabilidad de sus servidores. Es por ello que en poco tiempo la ciudad entera fue invadida por toda clase de plagas de roedores, insectos y gérmenes que proliferaban entre los muladares y basureros en los cuales era frecuente encontrar desechos e inmundicias humanas y animales que irremediablemente iban a parar a las calles, plazas y fuentes que abastecían de "agua potable" a sus habitantes.[18]

En ese tiempo la falta de higiene no era un mal característico de las ciudades sino que también afectaba los hospitales y las iglesias donde se ubicaban los cementerios. Durante el siglo XVII a los hospitales ya existentes, como el de Jesús, el de San Lázaro y el del Amor de Dios, entre otros, se fueron sumando distintas fundaciones debidas principalmente a las órdenes hospitalarias, llamadas así porque sus miembros, además de los tradicionales votos de castidad, pobreza y obediencia, hacían un voto especial, el de hospitalidad, que los obligaba a brindar atención a enfermos y hospitales.

Desde 1604 y a lo largo del siglo fueron llegando a la Nueva España esas órdenes hospitalarias, entre ellas, los juaninos, fundadores del hospital de San Juan de Dios; los betlehemitas, que establecieron el hospital Real de Belén; los hipólitos, a quienes se les debe la fundación de los hospitales del Espíritu Santo y de los Remedios, y por último, los antoninos que tuvieron a su cargo el hospital de San Antonio Abad.[19]

Si bien en esos sitios imperaba la hospitalidad y la caridad cristiana, también prevalecía la insalubridad, pues en su interior los religiosos albergaban a toda clase de gente, incluso enfermos contagiosos, no sólo para dar cumplimiento a su cuarto voto, sino también porque en ese tiempo predominaba el concepto medieval que consideraba los hospitales como lugares donde se hospedaban caminantes y se daba asilo a los desvalidos. Desde el siglo XVI las Leyes de Indias habían prohibido aceptar enfermos contagiosos en esos lugares, pero, como siempre, las leyes se acataron pero no se cumplieron.[20]

Los cementerios representaban otra grave amenaza para la salud y la higiene pública puesto que se ubicaban invariablemente en el corazón mismo de los poblados, ya fuera en los atrios anexos a templos, conventos y hospitales en donde la Iglesia católica, encargada del manejo de los lugares de entierro, llevaba a cabo distintas actividades religiosas y recreativas que iban desde procesiones y fiestas patronales hasta corridas de toros, o bien en los altares y en el interior de los templos, favoreciendo así una estrecha convivencia entre vivos y muertos, en detrimento de la salud de los vivos. De acuerdo con las costumbres y creencias promovidas por la Iglesia, el entierro en los atrios garantizaba a los fieles la cristiana sepultura, así como la cercanía y la protección de los santos; los altares e interiores de los templos donde se celebraba diariamente el sacrificio eucarístico aseguraban, además, la participación en la misa después del deceso y junto con ésta el descanso del alma. El manejo de esos lugares representó para la Iglesia una importante captación de ingresos por el alto costo de los derechos.[21]

Por la limitación de esos espacios y la gran cantidad de muertes causadas por las frecuentes epidemias, era preciso de cuando en cuando exhumar los restos más anti-

Misa de difuntos después de una epidemia, cuadro anónimo del siglo XVIII.

guos, algunos de ellos todavía en plena fase de descomposición, y así poder contar con lugares suficientes para efectuar nuevas inhumaciones. Con estas acciones, el pútrido olor que despedía el cuerpo en descomposición pronto infectaba el sacro ambiente y cada mañana, al abrirse las puertas del templo, el desagradable olor hacía acto de presencia contaminando los aires, al tiempo de recordar a la piadosa concurrencia que la muerte estaba presente y que todos debían preparase para recibir su llegada.[22]

Estos factores propiciaban irremediablemente el desarrollo de enfermedades. Para afrontar sus estragos se imploraba la ayuda de todo un escuadrón de santos a quienes la Iglesia había otorgado facultades terapéuticas. Era entonces cuando entraban en escena San Antonio de Padua invocado contra el hambre; San Judas Tadeo para las causas perdidas; Santa Lucía para los males de la vista; Santa Eulalia para combatir la disentería; mientras que la ayuda de San Roque, San Sebastián y San Cristóbal resultaba especialmente eficaz para afrontar los avatares de las epidemias. Entre esos miembros de la corte celestial no podían faltar las súplicas a la Madre de Dios en sus advocaciones de los Remedios y de Guadalupe, quienes por su cercanía con el Redentor tenían la facultad de curar toda clase de males.[23]

Sin embargo, por las mismas condiciones del reino, la enfermedad adquiría con frecuencia características epidémicas e incontrolables que rebasaban con creces la intensidad de las súplicas. En medio de esta situación, el jinete de la Peste hacía acto de presencia para enfrentar a los hombres al temible jinete de la Muerte.

Ante el cabalgar de la Peste y de la Muerte, la indiferencia fue la respuesta que dieron las autoridades a los moradores del campo, a quienes no les quedaba otra alternativa que la de continuar con sus ruegos y enterrar a sus muertos; en cambio en ciudades como la de México, para contener su inminente avance, no sólo intervenían el Ayuntamiento y el Protomedicato sino también la población entera. No obstante, todos ellos tenían en contra la insalubridad, el desconocimiento del mal, su duración casi siempre impredecible, amén del alto costo que implicaba su control.

En teoría, el manejo de las epidemias por parte del Ayuntamiento y del Protomedicato estaba sujeto a un estricto reglamento, aunque en realidad dependía de otros factores que difícilmente se podían contemplar de antemano en un documento de ese tipo, tales como el tipo de enfermedad y las nociones que se tuvieran de ella, las condiciones climáticas, el abasto de alimentos y agua, la disponibilidad de camas, médicos y medicinas, pero, sobre todo, el dinero que hubiera en las arcas.[24]

El primer problema a resolver era invariablemente el económico pues sin dinero se dificultaba la aplicación de las medidas respectivas. Para tal efecto el Ayuntamiento solicitaba cuantiosos préstamos a los tribunales de Minería, del Consulado, al Cabildo eclesiástico o bien a otros poderosos ramos gubernamentales. Cuando éstos se negaban o los recursos se agotaban se recurría entonces a las corporaciones piadosas, cofradías o congregaciones pudientes o bien a la caridad de españoles y criollos acaudalados que vivían en la ciudad.[25]

Con dinero o sin él, los miembros del Ayuntamiento pretendían arreglar en poco tiempo todos los servicios de la ciudad que habían estado permanentemente abandonados. Esto significaba, en teoría, limpiar y arreglar fuentes públicas, acueductos, acequias y atarjeas, nivelar calles, desecar aguas estancadas y pantanos tan perjudiciales para la salud; proveer de agua a los habitantes de la periferia, quemar muladares, alejar los basureros de la traza urbana y construir carretones adecuados para el acarreo de inmundicias y basuras. Sin embargo, en la realidad, ante el avance del mal y la imposibilidad de efectuar en poco tiempo y con menos dinero todas estas labores, en la ciudad entera seguían proliferando los muladares, los asquerosos albaña-

Enfermo de parones y empeines, detalle, *Exvoto de los cuatro milagros de San Miguel*, siglo XVIII.

les, lodazales malolientes y otras inmundicias a las que en múltiples ocasiones se sumaban un buen número de cadáveres en espera de sepultura.[26]

En medio de esta situación, el Protomedicato se encargaba de abrir lazaretos donde se atendía a los enfermos, al tiempo de estudiar el origen del mal y su posible cura; establecía también cuarentenas, llamadas así en recuerdo de los cuarenta días que Cristo estuvo orando en el desierto. Ambos métodos, tendientes a aislar a la enfermedad, se derivaban de la experiencia adquirida por los médicos europeos del siglo XIV quienes observaron, durante el azote de la peste negra, que la enfermedad epidémica se difundía por el contacto de hombre a hombre.[27]

A estas actividades habría que agregar otras más que llevaban a cabo conjuntamente el Ayuntamiento, el Protomedicato y algunos habitantes de la ciudad invadidos de un enorme espíritu de caridad cristiana y poco temor al contagio. Todos ellos se organizaban en juntas llamadas de caridad, para brindar la atención que requerían los enfermos, epidemiados o apestados, como se les conocía genéricamente. Conforme a las siete obras de misericordia corporales que predicaba el catolicismo, tal atención implicaba albergar a los enfermos, alimentarlos, darles abrigo, asistencia médica y medicinas y muchas veces también el traslado y la sepultura del cuerpo sin olvidar, desde luego el auxilio espiritual que los prepararía para la salvación del alma.[28]

Para albergar a los enfermos se recurría en primer lugar a los hospitales que dispusieran de camas suficientes; sin embargo, como a esos lugares acudía cotidianamente toda clase de gente en busca de hospitalidad y abrigo, estaban casi siempre repletos, por lo que la atención se daba en los lazaretos, templos, conventos y en las mismas calles de la ciudad. Cuando la magnitud de la epidemia rebasaba los espacios y la capacidad de los médicos, se atendía a los enfermos en sus propias casas, mismas que, conforme a la tradición medieval, debían marcarse previamente con una bandera amarilla para desinfectarlas una vez que sus habitantes morían.

Si la epidemia coincidía con escasez y hambre, como sucedía con frecuencia, también se alimentaba a los enfermos. Con ese propósito se improvisaban cocinas en diferentes puntos de la ciudad, casi siempre en las parroquias que habían informado tener el mayor número de enfermos. En esos sitios se preparaban caldos, "sopas de pobres" y atoles que se repartían gratuitamente entre la población enferma y menesterosa, por lo que pronto resultaban insuficientes por la gran cantidad de gente que los demandaba.[29]

Entre las múltiples tareas a desempeñar, los miembros del Ayuntamiento se dedicaban a conseguir, ya fuera gratis o a precios moderados, grandes cantidades de mantas, frazadas y petates para dar cobijo a los apestados. Después de su muerte no faltaba quien vendiera, revendiera o rentara esas prendas, facilitando de este modo la propagación del mal. Por el mismo motivo estaba prohibida, en tiempo de epidemia, la renta de ropa de duelo.[30]

De la atención médica se responsabilizaba a los facultativos del Protomedicato, quienes además de atender a tiempo los llamados de los enfermos y

Indios en un hospital durante una epidemia, detalle, *Exvoto de los cuatro milagros de San Miguel*, siglo XVIII.

administrarles los remedios adecuados, tenían a su cargo la distribución de medicamentos. Esta tarea se realizaba mediante la contratación de boticas para que vendieran los medicamentos a precios subvencionados o los repartieran gratuitamente, sobre todo a los indigentes, a costa del Ayuntamiento. A pesar de las buenas intenciones, los boticarios aprovechaban la ocasión y, lejos de rebajar los precios o regalar drogas y remedios, hacían su agosto elevando los precios a sumas inaccesibles para la población.

Con la muerte y el entierro del cuerpo se daba por concluida la atención a los enfermos. El acarreo de los cadáveres a su destino final se hacía en carretones abiertos y a diferentes horas del día, dependiendo de la demanda. Después se sepultaban en los atrios anexos a hospitales, templos y conventos o en los altares y en el interior de los templos, cuando era posible pagar el alto costo de esos lugares. En unos y en otros, los entierros se hacían a flor de tierra, mientras que algunos cuerpos quedaban insepultos en espera de algún espacio, ya que en tiempos de epidemia el número de muertos rebasaba con creces al de las sepulturas y sepultureros.

Para contener los estragos y avances del mal, los moradores del virreinato contaban con el recurso de la oración. Auxiliados por la Iglesia organizaban procesiones, misas, novenarios y toda clase de rogativas, siempre con la esperanza de aplacar la ira divina y la realización de un milagro. No obstante, el milagro se hacía esperar, puesto que en esas manifestaciones tumultuosas de religiosidad se daban cita el hacinamiento, la insalubridad, el contagio y la proliferación del mal que se pretendía erradicar.

Tarde o temprano, y tras los insistentes y piadosos ruegos, el milagro se cumplía cuando el Ayuntamiento y el Protomedicato anunciaban a los habitantes de la noble ciudad, por medio de bandos o sermones que se leían en las principales parroquias, que el contagio había disminuido y que, por lo tanto, se daba por terminada la epidemia así como las medidas aplicadas durante su permanencia. Del alto costo y de la ineficacia de tales medidas, el Ayuntamiento culpaba al Protomedicato y éste, a su vez, al Ayuntamiento. Uno y otro responsabilizaban a los habitantes de la periferia por las precarias condiciones de higiene en que vivían. Finalmente, todos se lavaban las manos y era Dios quien, como siempre, castigaba con la enfermedad y con la muerte las malas acciones de los hombres.[31]

LA RELIGIÓN, LAS ENFERMEDADES Y LA MUERTE DEL ALMA

Con el propósito de afrontar los embates de la herejía y del protestantismo, causantes de la división de la Iglesia romana y de la fractura del poder eclesiástico, entre 1545 y 1563, distinguidos teólogos y moralistas de la contrarreforma católica se reunieron en el Concilio de Trento para sistematizar la doctrina de tal forma que exaltara, por un lado, la necesidad que tenían los hombres de pertenecer a la Iglesia, por ser la única que garantizaba la resurrección, la inmortalidad y la gloria eterna, y por el otro, permitiera recuperar y extender el poder eclesiástico, manteniendo la unidad entre los fieles mediante el ejercicio de un mismo credo y reunidos bajo una sola cabeza representada por el pontífice de Roma.

En la difusión de la doctrina por el mundo católico, tarea que se prolongaría por casi dos siglos, la palabra oral y escrita se apoyaría en un lujoso y bien reglamentado culto externo destinado a manifestar los sagrados misterios de la fe, la inmensa gloria de Dios y el poder ilimitado de su Iglesia mediante signos visibles capaces de catequizar a los fieles a través de los cinco sentidos, considerados como las vías del conocimiento.[32]

Para justificar el ejercicio de la doctrina, a lo largo de esos siglos el "vivir para morir y el morir para vivir", tal como rezan los Evangelios, se convirtió en la frase que marcó la pauta para configurar y darle sentido a la vida cristiana. Esto equivalía a hacer de la vida una constante preparación para salvar el alma a la hora de la muerte, en la que este vivir muriendo se traducía como una lucha individual y cotidiana que el hombre, como poseedor de cuerpo y alma, tenía que entablar en contra del pecado y la tentación, con el propósito de mantener la pureza de espíritu, conservar la gracia o amistad con Dios y, de esta forma, triunfar sobre la muerte.

La batalla se desarrollaba en dos escenarios precisos: el interior del propio individuo o microcosmos y el mundo exterior que lo rodeaba o macrocosmos. Estos lugares, a semejanza de las teorías médicas, estaban regidos por dos entidades antagónicas pero inherentes a la humanidad entera: el bien o virtud y el mal o pecado. Su lucha se manifestaba en un combate entre la naturaleza espiritual que motivaba al hombre a ejercitar la virtud, y la naturaleza corporal que lo inclinaba al vicio y al pecado.[33] El combate se iniciaba en el momento en que el hombre ingresaba a la Iglesia por medio del bautismo, sacramento que lo transformaba en soldado de la milicia de Cristo y como tal lo comprometía a luchar todos los días y a lo largo de su vida, en contra del pecado y la tentación, siguiendo siempre el ejemplo del Redentor.

Para ayudarlo a mantener la gracia y fortalecer el espíritu, la Santa Madre Iglesia había implementado un poderoso armamento, compuesto por el fuerte escudo de la fe, en el que se contemplaban los principales dogmas y creencias que justificaban la importancia de pertenecer a la Iglesia y practicar su doctrina. Sin embargo, para salvar el alma esa fe resultaba insuficiente si no se manifestaba en diversas obras o prácticas religiosas como sacramentos, oraciones, misas y otras celebraciones más que se rodeaban de un lujoso culto externo, armado ex profeso para conmover e impresionar a los fieles, y en el que no podía faltar el recuerdo insistente de la muerte y su carácter inesperado para configurar la vida cristiana, como tampoco las promesas de inmortalidad y gloria eterna y las amenazas del infierno.

La muerte del justo, escena para meditación.

Estas prácticas se complementaban con otras de carácter ascético y moral y todas, en conjunto, tenían la finalidad de fortalecer el espíritu a lo largo del combate y, al mismo tiempo, brindar un servicio a Dios, a la Iglesia, al prójimo y a sí mismo. Finalmente, con el triunfo en la batalla, el soldado conquistaría la Jerusalén celestial mediante la salvación de su alma.[34]

En esa lucha la salud del alma era el resultado de un estado de gracia permanente que se lograba con el fomento de la fe y la práctica de diversas obras, cuyo ejercicio cotidiano, o al menos frecuente, permitiría al soldado de Cristo vincularse con la divinidad y con la Iglesia para contar con su auxilio y salir triunfante del combate, al tiempo de ayudarlo a convivir pacíficamente con el prójimo y consigo mismo.[35] La enfermedad espiritual, en cambio, se traducía como la derrota del soldado ocasionada por las heridas del pecado y tenía la facultad de romper los lazos que unían al hombre con Dios y de alterar el estado armónico que debía privar en el microcosmos y en el macrocosmos, amén de poner en peligro la unidad requerida por la Iglesia.

Las consecuencias del pecado eran diversas, a semejanza de las enfermedades que atacaban el cuerpo. Los pecados capitales: soberbia, avaricia, lujuria, ira, gula, envidia y pereza se contaban entre los peores males que podían afectar el espíritu. Su gravedad radicaba en que tenían la propiedad de perturbar no sólo la voluntad, sino también la razón y los sentidos, facultades en las que, de acuerdo con la doctrina, se encerraban las vías del conocimiento. Por ese motivo, el hombre quedaba a la deriva de sus instintos y pasiones que, por ser irracionales, lo inducían a cometer cualquier clase de faltas como las mortales, llamadas así porque van en contra del amor a Dios y de la caridad, virtud motora de la vida cristiana.[36]

Muy graves eran también las enfermedades del alma ocasionadas por los pecados que se cometían contra la fe y contra la virtud de la religión; a juicio del cristianismo del barroco eran el resultado de un error de entendimiento. Los primeros se manifestaban en la infidelidad hacia la Iglesia por no existir una fe verdadera. Entre esas enfermedades se contaban la apostasía o comportamiento propio de quienes habiendo practicado la fe católica se habían alejado de ella, el judaísmo, la herejía (léase protestantismo) y, por último, el hecho de tentar a Dios pidiéndole milagros con el fin de poner a prueba la fe católica para asegurarse de sus beneficios.[37]

Dentro de los pecados que se cometían en contra de la virtud de la religión se contemplaban: la superstición, en la que se incluían prácticas relacionadas con la idolatría, la adivinación, la vana observancia, la magia y el maleficio; la blasfemia, o hablar mal de Dios; el sacrilegio; la violación del voto de castidad o de la sacralidad de un templo; el robo de los bienes de la Iglesia, y la simonía, nombre que tomara la Iglesia de Simón Mago, quien quiso comprar a los apóstoles la gracia de hacer milagros.[38]

Estas faltas, por su gravedad y a semejanza de las epidemias, además de causar la enfermedad del alma podían ocasionar incluso la muerte o la condenación eterna. Tras una temida muerte en pecado, llamada también muerte repentina o sin sacramentos, el alma era lanzada irremediablemente al calabozo eterno donde se le castigaba con dos tipos de penas: la pena de daño, que se traducía en la certidumbre de que jamás podría reunirse con su Creador, y las penas de sentido, entre las que se contaban el remordimiento, el rencor de la ira, el temor infinito al Juez Supremo, el horror a los demonios y condenados, la envidia que causaba el ver a los bienaventurados del cielo. Entre tanto, el fuego eterno y la interminable y macabra visión de los demonios atormentaba el cuerpo y los cinco sentidos con los que los hombres habían ofendido a Dios.[39]

De menores consecuencias eran las faltas veniales, pues sólo se manifestaban en un debilitamiento del sentimiento devoto. Las heridas causadas por estos pecados podían curarse en el purgatorio, en donde permanecían las almas desde el momento de la muerte corporal hasta el Juicio Final privadas de su libre albedrío, de ahí que su estancia en ese lugar dependía forzosamente de las obras que los vivos ofrecieran para rescatarlas cuanto antes del fuego purificador para que pudieran reunirse con Dios a gozar de vida eterna.

Si bien la muerte del cuerpo era irremediable y hasta necesaria por representar la salida de una cárcel, el final de un destierro, la llegada a puerto seguro después del tempestuoso navegar de la vida, el término de un viaje azaroso y la exclusión de todos los males, el castigo del purgatorio y la muerte del alma, en cambio, se podían evitar gracias a la confesión o penitencia, sacramento en el que la Iglesia fundamentó la moral tridentina.[40]

Un año de muertes violentas en la Ciudad de México, 1686

Julio: viernes 5, cayeron cinco aguaceros grandes sobre tarde, y un rayo que mató dos hermanas de Osorio, el herrador, en el salto del agua. Lunes 15, mataron los ladrones junto a la Alameda a don Nicolás de Moctezuma, por robarlo.

Septiembre: lunes 23... hubo un entierro con vigilia y misa de un hombre que mató un cohete en Balvanera el sábado en la noche. Domingo 29, mató un alguacil a su mujer preñada; sacáronle la criatura y la bautizaron.

Octubre: sábado 12, mató un mulato a una muchacha de cinco años por ir a matar a su mujer. Lunes 14, se dio de puñaladas un hombre monedero y lo enterraron, porque era melárchico [melancólico].

Noviembre: lunes 18, entraron en la capilla un mulato y un mestizo para quemarlos por sométicos [homosexuales]. Miércoles 20, quemaron en San Lázaro a los dichos.

Diciembre: martes 14, se cayó una moza del campanario de Regina y se quebró pies y manos. Martes 31, se dieron de estocadas dos criados del capitán de Palacio... quedó el uno casi muerto; un mulato y un mestizo, por un pedazo de pan.

Antonio DE ROBLES [1665-1703], *Diario de sucesos notables*, vol. II (1972), pp. 122-132.

Juicio del pecador o el árbol vano, cuadro anónimo del siglo XVIII.

Conforme a la doctrina, este sacramento había sido instituido por Jesucristo para perdonar los pecados cometidos después del bautismo y para que, de esta forma, el hombre pudiera recuperar la gracia y disponerse a recibir dignamente el cuerpo de Cristo o eucaristía, sacramento que encerraba en sí mismo una promesa de vida eterna.

Con el propósito de preparar al soldado para realizar una buena confesión cada vez que saliera derrotado de la lucha, se recomendaba la práctica cotidiana, o al menos frecuente, de la meditación y recordar especialmente, la pasión y muerte de Cristo y las cuatro postrimerías del hombre: muerte, juicio, infierno y gloria, conocidas también como novísimos.[41] Gracias a estas meditaciones fundamentales para el cristianismo del barroco, además de alejar al soldado del mal recordándole insistentemente el carácter finito de la vida y lo inesperado de la hora de la muerte, se le advertía de los peligros que lo acechaban en su penoso transitar por este Valle de Lágrimas, al tiempo de poner a su alcance el ejemplo por excelencia que debía guiar su preparación para la muerte.

El recuerdo de las cruentas escenas de la pasión y muerte del Redentor debía hacerse ante un crucifijo para arrancar del corazón de los fieles el indispensable acto de contrición, es decir un arrepentimiento sincero, y el dolor de los pecados;[42] en tanto que la meditación de los novísimos debía practicarse ante una calavera para que el recuerdo de la muerte despertara en los fieles la atrición o arrepentimiento por el temor al castigo, más que por el dolor por haber ofendido a Dios.[43]

Gracias a una vida llena de sacrificios, de sanar su alma mediante la confesión y de fortalecer su espíritu con el divino manjar, el soldado en cualquier momento que llegara la muerte podía tener la certeza de haber conjurado el peligro de la enfermedad y muerte del alma, muerte repentina o sin sacramentos, amén de asegurar su ingreso directo a la gloria a gozar de vida eterna.[44] Recuérdese que las largas agonías eran para el buen cristiano el mejor medio para prepararse al bien morir, pues ese tiempo de espera daba oportunidad de pedir perdón, de corregir los errores cometidos restituyendo lo mal habido y de arrepentirse de los pecados; sin embargo, a muchos no les era concedida esa gracia y, al igual que ahora, las muertes violentas o accidentales eran algo cotidiano, cosa que los predicadores supieron utilizar muy bien en sus sermones para conseguir que sus oyentes enderezaran sus vidas hacia Dios.

RITUALES DEL CUERPO PARA SANAR EL ALMA DEL MORIBUNDO Y DE LOS FIELES DIFUNTOS

Dentro de la preparación para la muerte, la unción de los enfermos era el último ritual con el que la Santa Madre Iglesia ayudaba a sus hijos a luchar, desde esta vida, por la salvación de su alma. En virtud de sus propios fines, el ritual se conocía, asimismo, como extremaunción o sacramento de los moribundos y tenía la propiedad de sanar el alma del enfermo próximo a morir y fortalecer su cuerpo para que pudiera entablar el último combate mientras agonizaba. El sacramento debía complementarse con otras ceremonias que se llevaban a cabo después del deceso, como el duelo, entierro y exequias, mismas que formaban parte de una ceremonia mayor denominada sepultura eclesiástica, con la cual se ponía de manifiesto la creencia que sostenía la resurrección de los cuerpos. En estas ceremonias posteriores al deceso y en la extremaunción se encerraban los rituales del cuerpo, cuya finalidad, además de justificar la existencia del purgatorio y de promover distintas prácticas que permitían a la Iglesia prolongar su poder más allá de la muerte, radicaba en moralizar a los vivos recordándoles, de manera insistente, la omnipresencia de la muerte y la necesidad que tenían de prepararse cristianamente para recibir su llegada.[45]

La doctrina católica sostenía que la unción de los enfermos era un sacramento instituido por Jesucristo como celestial medicina para el cuerpo y para el alma y que fue el veneradísimo apóstol Santiago quien promulgara la ley de ese sacramento al afirmar: "¿Enferma alguno de vosotros? Llamen a los presbíteros de la Iglesia y hagan oración por él ungiéndole con óleo en nombre del Señor… y sanará al enfermo y lo aliviará el Señor y si está en pecado se le perdonará".[46]

Para dar cumplimiento a sus fines moralizantes, la extremaunción se dividía en tres etapas: el cuidado del enfermo, el auxilio del moribundo y la administración del sacramento cuando se presentaban los primeros estertores de la muerte. Durante ellas se exaltaba la importancia de la enfermedad y de la agonía, por ser los momentos que encerraban el ideal de la muerte barroca; ésta se traducía como una muerte esperada, tras una larga y penosa enfermedad, a la que se le consideraba como la gran maestra, cuyo valor moral radicaba en permitir al enfermo ejercitar la paciencia y serenidad, despachar sus asuntos terrenos y prepararse para recibir el sacramento de la extremaunción, con el cual alcanzaría la gracia de una buena muerte o muerte con sacramentos.

La primera etapa del ritual se iniciaba en el momento en que el sacerdote recibía la noticia de que alguna de sus amadísimas ovejas había enfermado. A raíz de conocer la noticia, el pastor de almas se proponía visitarla diariamente para consolarla, fomentar su paciencia y su fe en los méritos de la redención de Cristo, pero sobre todo para convencerla de redactar su testamento, antes de que perdiera el conocimiento a causa de la agonía, pues en el documento se encerraba un acto de caridad y de justicia, por lo que no se debían omitir cuantiosas sumas destinadas a la Iglesia.

Con la agonía daba comienzo la segunda parte del ritual. El discurso cristiano de la muerte barroca sostenía que, durante ese tiempo, el moribundo era sometido a un primer juicio o juicio personal que tenía lugar en la penumbra de su alcoba. En el lecho

Detalle del retablo *Los siete sacramentos: Extremaunción*, 1735.

de muerte, rodeado de parientes, amigos y otros miembros de la comunidad, el agonizante era el único que podía observar la lucha que se entablaba entre el bien y el mal; en medio de ella, Dios y el demonio se disputaban su alma, mientras que el arcángel San Miguel pesaba las obras del moribundo en una balanza. Para ayudar al enfermo en ese último combate, el sacerdote ahuyentaba al demonio valiéndose de la oración ante un crucifijo, aplicando indulgencias, reliquias, rosarios, imágenes milagrosas y agua bendita sin olvidar, desde luego, fomentar en el agonizante la esperanza en la salvación.

Cuando la muerte anunciaba su llegada, el sacerdote iniciaba la tercera etapa del ritual. Una mesa cubierta con impecables y blancos manteles, símbolo de pureza, una cruz, un recipiente para contener los siete copos de algodón para limpiar las partes ungidas, una miga de pan con la que el sacerdote limpiaría sus dedos, agua para lavarse las manos y candelas encendidas era lo que se requería en esa tercera etapa. La cruz traería a la memoria la pasión de Cristo, columna vertebral del cristianismo y ejemplo de vida cristiana por excelencia, al tiempo que simbolizaba la bandera bajo la cual había militado el soldado próximo a la muerte. Las velas encendidas, además de facilitar el trabajo del sacerdote, tenían el poder de alejar las tentaciones que inquietaban al enfermo en su lecho de muerte, amén de ahuyentar a los demonios.

En el interior de la alcoba, alumbrada apenas por la tenue luz de las candelas, el sacerdote procedía a ungir el pecho y la espalda, en representación del cuerpo mismo con el que el moribundo había ofendido a Dios. Ungía después todos y cada uno de los órganos donde radicaban los sentidos, considerados en la doctrina como las puertas de entrada del conocimiento, pero también del pecado: la boca, con la que había injuriado a Dios y al prójimo, y vía de acceso del pecado de la gula; los oídos, a través de los cuales habían penetrado las palabras que lo alejaron del bien; los ojos, símbolo de las luces vigilantes del cuerpo; la nariz, órgano del discernimiento entre el buen y el mal olor y representación del exceso; manos y pies, sede del tacto y miembros del cuerpo donde se originaban la ociosidad y los malos hábitos de la juventud.[47]

Una vez que el enfermo exhalaba el último suspiro, la extremaunción se daba por concluida y era entonces cuando sonoros e insistentes toques de campana anunciaban a los presentes y a los miembros de la comunidad, el deceso del enfermo y su nacimiento a la vida eterna.

Entre tanto, en la intimidad de la alcoba, el médico del cuerpo o el médico del alma cerraban los ojos y la boca del difunto, en señal de que los sentidos corporales habían muerto para el mundo. Enseguida se preparaba el cuerpo para ser expuesto a la mirada siempre curiosa de los dolientes. Siguiendo antiguas costumbres de la Iglesia y como símbolo de pureza, primero se lavaba el cadáver, después se amortajaba con un paño blanco de lienzo en recuerdo de que así fue sepultado el Redentor, o bien, para ganar indulgencias, se le vestía con algún hábito religioso de las órdenes mendicantes.

Con uno u otro atuendo se colocaba en un ataúd de madera, puesto que Cristo había muerto en un madero para redimir los pecados de los hombres; más tarde se le adornaba con guirnaldas y flores para simbolizar que así como las flores anuncian la fértil primavera y el dichoso verano en que se cosechan los frutos de la tierra, así también el tránsito de la muerte es una primavera en que se espera el fruto de los trabajos de la vida. Por último, se ponía entre las manos del cadáver la bula de la Santa Cruzada, documento mediante el cual la Iglesia perdonaba a su comprador todos los pecados, de ahí que la Bula resultara indispensable para ingresar directamente al Reino de los Cielos.[48]

El arreglo del cuerpo ponía punto final a la intimidad de la muerte para dar inicio a la sepultura eclesiástica con los rituales de duelo, entierro y exequias, durante los cuales la parca salía a pregonar su llegada inevitable y su sentido ejemplar, mientras que el número de los rituales recordaría a los fieles el dogma más importante para el catolicismo, el trinitario, y las tres virtudes teologales: fe, esperanza y caridad, que vinculaban al hombre con la divinidad.[49]

Gran parte de la población novohispana acostumbraba recibir el duelo en la propia casa del difunto. Un homenaje especial, rodeado de lujo, derroche y ostentación, merecían los leales servidores de la Iglesia y de la Corona, como también los miembros de las poderosas élites urbanas, cuya capacidad económica les permitía destinar, de antemano, cuantiosas sumas para cubrir el alto costo del funeral. De tal suerte que los cuerpos de arzobispos, obispos y otros jerarcas de la Iglesia eran velados en el palacio arzobispal, en tanto que en el palacio virreinal, se recibían las condolencias por la muerte de virreyes, virreinas y otros distinguidos personajes de la burocracia colonial.

Después, el cortejo fúnebre recorría las calles de poblados o ciudades para trasladar el cuerpo del lugar del duelo a la iglesia donde se celebraría la misa de cuerpo presente. Parientes y amigos del difunto, vestidos de riguroso luto, encabezaban el cortejo portando luminarias, hachas y ceras encendidas como símbolo de la finitud de la vida y para recordar a los fieles que el alma, a semejanza de la luz que irradiaban las velas, viviría para siempre, gracias a la resurrección. Algunos miembros del clero participaban en el cortejo para orar en el trayecto. Entre rezo y rezo se dirigían a los miembros de la comunidad que llevaban en hombros el ataúd y cerraban el cortejo, con la frase que decía a la letra: "Ve en paz que ya te seguiremos".[50]

Al llegar al templo y durante la ceremonia, el féretro se rodeaba de recipientes con incienso para simbolizar que las oraciones ofrecidas por el descanso del alma del difunto se elevarían al cielo a semejanza del humo. Se rociaba, asimismo, con abundante agua bendita en señal de que así como cayeron los muros de Jericó, gracias a esa ceremonia de cuerpo presente caerían los muros del purgatorio para que el alma pudiera entrar directamente a la gloria.[51]

Cuando terminaban los responsos, el cortejo trasladaba el cadáver al lugar del en-

Pira funeraria del Carmen,
cuadro anónimo del siglo XVIII.

tierro, que en múltiples ocasiones se realizaba en el atrio o en el interior de los mismos templos, conventos u hospitales donde se había celebrado el sacrificio eucarístico. Como mencionamos, estos lugares de entierro eran una garantía para la salvación del alma por estar cerca de Dios, bajo el amparo de la Virgen y la protección de los santos.[52]

La exequia era la ceremonia que cerraba el ritual de la sepultura eclesiástica y se inspiraba tanto en las tradiciones paganas de griegos y romanos, como en las costumbres judeocristianas, por lo que en su recuerdo se le llamó, indistintamente, ceremonia de obsequias, en remembranza de las ofrendas que unos y otros hacían en honor a sus muertos, o ceremonia de honras fúnebres o exequia, palabra latina que significa seguir hasta el fin, o lo que sigue después de la muerte.[53]

El ceremonial estaba debidamente reglamentado conforme a reales órdenes y otros estatutos eclesiásticos y, en la Nueva España, se dedicó sobre todo a conmemorar la muerte de los miembros de los grupos de poder como virreyes, oidores, arzobispos y

---

Muerte y entierro de la sobrina de San Felipe de Jesús

Viernes 3 de diciembre de 1677. Murió en la sala del hospital de Jesús Nazareno Petra de las Casas, sobrina de san Felipe de Jesús. Y mandó Su Excelencia el señor arzobispo virrey, que sin embargo de estatuto del hospital, se enterrase por los curas en la Santa Iglesia Catedral en la capilla de su tío, y la cargaron los religiosos de san Francisco; también fueron los de San Diego y toda la compañía de palacio y familia de Su Excelencia.

Antonio DE ROBLES [1665-1703], *Diario de sucesos notables*, vol. I (1972), p. 228.

---

obispos, y la de las élites urbanas, casi todas benefactoras de la Iglesia, en tanto que las exequias populares pasaron sin dejar huella en la historia.

El lujoso homenaje fúnebre que rindieran los vasallos de la Muy Noble y Leal Ciudad de México al poderoso monarca Carlos V, sería sólo el inicio de una larga tradición que pronto se extendió a las principales ciudades del virreinato y en especial a aquellas que, por su importancia, habían adquirido el rango de cabecera de arzobispado o de obispado, donde se concentraban las élites españolas y criollas. Con tales exequias, esos grupos manifestaban su lealtad al monarca espiritual y temporal, amén de demostrar su poderío mediante un excesivo derroche de lujo y ostentación.[54]

En esas ceremonias, durante las misas, responsos y sufragios posteriores al entierro, el cuerpo del difunto era suplido por un fastuoso monumento denominado indistintamente catafalco, pira, túmulo o máquina de la muerte que la Iglesia de la contrarreforma adoptó de la cultura griega. La forma del monumento, casi siempre piramidal, representaba la inmortalidad y la eternidad, mientras que su decoración, a base de estatuas, emblemas y poemas o motes, exaltaba las virtudes del difunto, fueran éstas falsas o verdaderas, para de esta forma moralizar a los vivos y rendir un homenaje póstumo a la memoria del difunto.

La máquina de la muerte se colocaba en el crucero del interior del templo, bajo la cúpula. El crucero era la representación misma del cuerpo de Cristo, redentor de los pecados del mundo, y la cúpula simbolizaba la inmortalidad, cuando su forma era circular, o la resurrección cuando era octogonal.[55]

El simbolismo de tal ubicación se complementaba con el túmulo mismo, el cual, por su carácter efímero, recordaba con insistencia a los asistentes la finitud de la vida y la necesidad que tenían de imitar las virtudes del difunto para salir victoriosos del combate. En la cúspide del túmulo emergía triunfante el símbolo principal representado por el primer novísimo, es decir, la muerte manipulando un reloj, tema que se explica por el sentido que el tiempo tenía para el hombre del barroco.[56] Cuantiosas ceras encendidas iluminaban profusamente el monumento y venían a complementar

Entierro de doña Jacinta Vidarte y Pardo

Fue el entierro uno de los actos de más lucimiento y ostentación que ha admirado aquesta ciudad, porque sobre ser el acompañamiento numeroso, era de lo más lucido e ilustre. Llegó la cruz de la catedral a las casas de donde había de salir el cuerpo con los señores capitulares... y cantado que fue el responso empezó a salir el entierro guiando procesión tan lúgubre los pobres inocentes y desvalidos que llevaban en las manos hachas de cuatro pabilos. Después todas las cofradías de aquesta ciudad (veintinueve) con sus estandartes y guiones... Luego el santo Cristo de los entierros... con las demás imágenes, banderas, campanillas y cruces e inmediatamente la de la santa catedral con numerosa y lucida clerecía que acompañaba el cuerpo a la sepultura. Tras de él iban algunos parientes tiernos, enlutados y llorosos, y después de él el noble cabildo secular acompañando al afligido viudo. Luego llegó el cuerpo, que iba cerrado en una caja de madera forrada de terciopelo carmesí, con clavazón y franjones de oro, que llevaban de seis aldabones dorados seis nobles republicanos.

Gregorio SEDEÑO, *Descripción de los funerales exequias por un sermón que en ellas se predicó en la muerte de la Muy Noble y Piadosa señora doña Jacinta de Vidarte y Pardo que se hicieron en el convento de Nuestro padre Santo Domingo. Lunes 25 de agosto de 1681.*

el sentido simbólico del catafalco. Con las velas los dolientes manifestaban, en nombre del difunto, su fe en Jesucristo como la luz verdadera, su esperanza en la salvación por los méritos de la redención, al tiempo que representaban la finitud de la vida misma.[57]

El homenaje luctuoso rendido al cuerpo y a la muerte individual se cerraba con la lectura de la oración fúnebre, pieza literaria que la Iglesia adoptó también de griegos y romanos y que consistía en una corta biografía ejemplar de carácter militante y combativo que resumía la lucha del soldado de Cristo por la salvación de su alma.

De esta forma, la oración fúnebre venía a cerrar el ritual del cuerpo mediante el cual se moralizaba a los vivos y además convertía al soldado en un verdadero apóstol, en tanto que su biografía era utilizada para difundir y justificar la utilidad de la doctrina, en una época en que la vida cotidiana giraba en torno a la Iglesia, la religión y la muerte.

NOTAS

[1] SMOLINSKY, 1995, p. 54.
[2] SMOLINSKY, 1995, p. 54.
[3] *Diccionario enciclopédico hispanoamericano*, 1890, vol. 7, pp. 642-643.

⁴ Génesis, 1-3.

⁵ *Análisis histórico de las sequías*, 1980; Malvido, 1982, vol. 1, pp. 171-176, y Galeana (coord.), 1991, pp. 115-136.

⁶ Schendel, 1968, pp. 139-152.

⁷ Gibson, 1967, pp. 138 y 151.

⁸ Orvañanos, 1981, vol. 1, pp. 477-480.

⁹ Schendel, 1968.

¹⁰ *Recopilación de Leyes de los Reinos de las Indias*, 1973, vol. 2, libro v, título 6 de los protomédicos, cirujanos y boticarios, p. 159. "Deseando que nuestros vasallos gocen de larga vida y se conserven en perfecta salud tenemos a nuestro cuidado proveerlos de médicos… y reconociendo de cuanto beneficio sera… la noticia y comercio de algunas plantas, hiervas, semillas y otras cosas medicinales que puedan conducir a la curación y salud de los cuerpos humanos". Véase también Sáenz de la Calzada, 1971, pp., 104, 116 y 117.

¹¹ Sáenz de la Calzada, 1971, pp. 129, 134 y 138.

¹² Sáenz de la Calzada, 1971, p. 129.

¹³ Sáenz de la Calzada, 1971, p. 129.

¹⁴ Sáenz de la Calzada, 1971, p. 134.

¹⁵ Sáenz de la Calzada, 1971, p. 134.

¹⁶ Cooper, 1980, p. 31.

¹⁷ Cooper, 1980, p. 31; Schendel, 1968, pp. 36-37.

¹⁸ Cooper, 1980, pp. 31-32.

¹⁹ Muriel, 1960, vol. 2, pp. 9-29.

²⁰ Schendel, 1968, p. 131. *Recopilación de Leyes de los Reinos de Indias*, vol. 2, libro v, título 6, f. 159 y vol. 1, libro i, título iv, f. 16.

²¹ Aries, 1984, pp. 39, 181 y 184.

²² Malvido y Lugo, 1994, vol. 2, p. 304.

²³ Sandoval, 1997, y Seller, 1995.

²⁴ Malvido y Lugo, 1994, p. 338. Véase también ahacm, Actas de Cabildo, vol. 366A, año 1629, sesiones del 20 de agosto al 31 de octubre, en las cuales se contemplan las medidas que aplicó el Ayuntamiento para combatir los estragos de la inundación de ese año.

²⁵ Malvido y Lugo, 1994, p. 304; Cooper, 1980, p. 40.

²⁶ Véase Cuenya Mateos, 1994, pp. 69-115.

²⁷ Sigerist, 1987, p. 203.

²⁸ Cooper, 1980, pp.41-42; Gutiérrez y Esparza, 1989, p. ii.

²⁹ ahacm, Actas de Cabildo, vol. 366A, año 1629.

³⁰ Cooper, 1980, p. 157.

³¹ ahacm, Actas de Cabildo, vol. 366A, año 1629; Cooper, 1980, p. 157.

³² Borromeo, 1785, pp. 5-10.

³³ Borromeo, 1785, pp. 9-25.

³⁴ Borromeo, 1785, pp. 9-25.

³⁵ En la doctrina católica la divinidad está representada en el dogma de la Santísima Trinidad que sostiene la existencia de tres divinas personas en un solo Dios: Dios Padre, creador del universo, Dios Hijo, redentor del mundo, y Dios Espíritu Santo, que santifica las obras para que adquieran el carácter de virtud. Véase Borromeo, 1785, pp. 9, 29 y 33.

³⁶ *Historia de la Iglesia católica*, vol. 2, pp. 637-658.

[37] ASCARGORTA, 1724, pp. 215-216.
[38] ASCARGORTA, 1724, pp. 216-217.
[39] PALAFOX, 1762, vol. 5, p. 48.
[40] BOUZA, 1990, pp. 380-381.
[41] BORROMEO, 1785, pp. 116-158.
[42] ESTRELLA, 1675, p. 141.
[43] PALAFOX, 1762, vol. 5, p. 26.
[44] CRASSET, 1788, p. 82.
[45] BORROMEO, 1785, pp. 178-179.
[46] BORROMEO, 1785, pp. 178-179.
[47] SÁENZ DE LA PEÑA, 1642, pp. 70-77.
[48] CARRILLO, 1602, pp. 205-206.
[49] *Funeral lamento...*, 1667, p. 15.
[50] CARRILLO, 1602, p. 205.
[51] CARRILLO, 1602, p. 205.
[52] CRASSET, 1788, p. 115.
[53] *Diccionario enciclopédico hispanoamericano*, 1890, vol. 14.
[54] CERVANTES DE SALAZAR, 1963, pp. 182-183. Existen numerosos textos conocidos indistintamente como Libros de exequias, Libros de honras fúnebres o Libros de obsequias, que describen en detalle los funerales elitistas y urbanos.
[55] ANAYA DUARTE, 1996, pp. 125-132.
[56] PAZ, 1990, p. 220.
[57] VENEGAS, 1766, p. 314.

SIGLAS Y REFERENCIAS

AHACM   ARCHIVO HISTÓRICO DEL AYUNTAMIENTO DE LA CIUDAD DE MÉXICO
Actas de Cabildo, 1629-1630.

Análisis histórico de las sequías
        1980   México: Secretaría de Agricultura y Ganadería.
ANAYA DUARTE, Juan
        1996   *El templo en la teología y en la arquitectura*. México: Universidad Iberoamericana (Colección Fe-Cultura, 6).
ARIES, Philippe
        1984   *El hombre ante la muerte*. Madrid: Taurus Ediciones.
ASCARGORTA, Juan
        1724   *Manual de confesores*, 3a. reimp. Madrid: Tomás Rodríguez.
BALDERAS VEGA, Gonzalo
        1996   *La reforma y la contrarreforma. Dos expresiones del ser cristiano en la modernidad*, prólogo de Luis Ramos. México: Universidad Iberoamericana.

BORROMEO, Carlos

    1785   *Catecismo del Santo Concilio de Trento para los párrocos, ordenado por disposición de San Pío V*, traducido por fray Agustín Zorita, O.P., 2a. imp. Madrid: publicado por orden del Rey en la Imprenta Real.

BOUZA ÁLVAREZ, José Luis

    1990   *Religiosidad contrarreformista y cultura simbólica del barroco*, prólogo de Julio Caro Baroja y Antonio Domínguez Ortiz. Madrid: Consejo Superior de Investigaciones Científicas (Biblioteca de Dialectología y Tradiciones Populares, 25).

CARRILLO, Martín

    1602   *Explicación de la Bula de Difuntos, dedicada a las ánimas del purgatorio*, 2a. imp. Zaragoza: Ángeles Taumano.

CERVANTES DE SALAZAR, Francisco

    1963   *México en 1554 y túmulo imperial*, prólogo de Edmundo O'Gorman. México: Editorial Porrúa (Sepan cuantos…, 25). [1554].

COOPER, Donald

    1980   *Las epidemias en la ciudad de México, 1761-1813*, traducción de Roberto Gómez Ciriza. México: Instituto Mexicano del Seguro Social (Colección Salud y Seguridad Social, serie Historia).

CRASSET, Juan

    1788   *La dulce y santa muerte*, traducción de Basilio Sotomayor. Madrid: Imprenta de González.

CUENYA MATEOS, Miguel Ángel

    1994   "Epidemias y salubridad en la Puebla de los Ángeles (1650-1833)", en LORETO y CERVANTES (coords.), pp. 69-115.

Diccionario enciclopédico hispanoamericano

    1890   27 vols. Barcelona: Montaner y Simón Editores.

ESTRELLA, Diego

    1675   *Tratado de la vanidad del mundo*. Madrid: Imprenta Real.

FLORESCANO, Enrique, y Elsa MALVIDO (comps.)

    1982   *Ensayos sobre la historia de las epidemias* (2 vols.). México: Instituto Mexicano del Seguro Social (Colección Salud y Seguridad social, serie Historia).

Funeral lamento…

    1667   *Funeral lamento, clamor doloroso y sentimiento triste a la piadosa memoria del ilustrísimo y reverendísimo señor doctor don Alonso de Cuevas y Dávalos, obispo de Oaxaca y arzobispo de México en las sepulcrales pompas de su muerte honorario túmulo, pompa exequial y imperial mausoleo que la más fina Artemisa la fe romana por su santo tribunal erigió y celebró llorosa a su católico numa y amante rey Philippo IV*. México: Imprenta del Santo Oficio.

GALEANA, Patricia (coord.)

    1991   *Los siglos de México*. México: Editorial Patria.

GIBSON, Charles
  1967   *Los aztecas bajo el dominio español, 1519-1810*, traducción de Julieta Campos. México: Siglo XXI Editores.
GUIJO, Gregorio Martín de
  1952   *Diario (1648-1664)*, edición y prólogo de Manuel Romero de Terreros (2 vols.). México: Editorial Porrúa (Colección de Escritores Mexicanos, 64 y 65).
GUTIÉRREZ, Félix Alonso, y José María ESPARZA
  1989   *Guía del fondo de cofradías*. México: Unidad de Información y Documentación Institucional (Serie Guías, 12), Secretaría de Salubridad y Asistencia.
Historia de la Iglesia católica
  1890   4 vols. Madrid: La Editorial Católica.
LORETO, Rosalva, y Francisco CERVANTES (coords.)
  1994   *Limpiar y obedecer. La basura, el agua y la muerte en Puebla de los Ángeles 1650-1925*. Puebla: Universidad Autónoma de Puebla-Centro de Estudios Mexicanos y Centroamericanos.
MALVIDO, Elsa
  1982   "Cronología de epidemias y crisis agrícolas en la época colonial", en FLORESCANO Y MALVIDO (comps.), pp. 171-176.
MALVIDO, Elsa, y Concepción LUGO O.
  1994   "Las epidemias en la ciudad de México, 1822-1859", en Regina HERNÁNDEZ FRANYUTI (comp.), *La ciudad de México en la primera mitad del siglo XIX* (2 vols.). México: Instituto de Investigaciones Dr. José María Luis Mora.
MURIEL, Josefina
  1960   *Hospitales en la Nueva España* (2 vols.). México: Editorial Jus.
ORVAÑANOS, Domingo
  1981   "Enfermedades epidémicas y endémicas del valle de México", en FLORESCANO y MALVIDO (comps.), pp. 477-480.
PALAFOX Y MENDOZA, Juan
  1762   *Obras* (8 vols.). Madrid: Imprenta de don Gabriel Ramírez, impresor de la Real Academia de San Fernando.
PAZ, Octavio
  1990   *Sor Juana Inés de la Cruz o las trampas de la fe*, 3a. ed. México: Fondo de Cultura Económica.
Recopilación de Leyes de los Reinos de las Indias
  1973   4 vols., prólogo de Ramón Menéndez Pidal, estudio preliminar de Juan Manzano Manzano. Madrid: Ediciones Cultura Hispánica.
ROBLES, Antonio de
  1972   *Diario de sucesos notables (1665-1703)* (3 vols.). México: Editorial Porrúa (Colección de Escritores Mexicanos, 30, 31 y 32).
SÁENZ DE LA CALZADA, Carlos
  1971   *Geografía médica*, 2a. ed. México: Editorial Pax-México.

SÁENZ DE LA PEÑA, Andrés

    1642   *Manual de los santos sacramentos conforme al ritual de Paulo V formado por manda-*
            to del reverendísimo, ilustrísimo y excelentísimo señor don Juan de Palafox y Mendoza,
            obispo de Puebla de los Angeles, electo arzobispo de México. México: Francisco Roble-
            do, impresor del Santo Oficio.

SANDOVAL, Anette

    1997   *El directorio de los santos. Guía para reconocer los santos patronos,* prólogo de Leti-
            cia Leduc. México: Aguilar.

SCHENDEL, Gordon

    1968   *La medicina en México. De la herbolaria azteca a la medicina nuclear,* traducción de
            Héctor Libertella. México: Instituto Mexicano del Seguro Social.

SEDEÑO, Gregorio

    1681   *Descripción de los funerales exequias por un sermón que en ellas se predicó en la muer-*
            te de la Muy Noble y Piadosa señora doña Jacinta de Vidarte y Pardo que se hicieron
            en el convento de Nuestro padre Santo Domingo. Lunes 25 de agosto de 1681. Puebla:
            Viuda de Juan de Borja y Gandía.

SELLER, Albert Christian

    1995   *Calendario perpetuo de los santos.* México: Editorial Hermes.

SIGERIST, Henry

    1987   *Civilización y enfermedad,* traducción de Ramón Aguirre Dávila. México: Fondo de
            Cultura Económica.

SMOLINSKY, Herbert

    1995   *Historia de la Iglesia moderna,* versión castellana de Ramón A. Diez Aragón. Barce-
            lona: Editorial Herder.

VENEGAS, Miguel

    1766   *Manual de párrocos para administrar los santos sacramentos y ejecutar las demás sa-*
            gradas funciones de su ministerio. Puebla: Imprenta del Colegio de San Ignacio de
            Puebla.

VETANCURT, Agustín de

    1982   *Teatro mexicano. Crónica de la provincia del Santo Evangelio de México.* México: Edi-
            torial Porrúa. [Edición facsimilar de la de 1697].

A MANERA DE CODA

19

LA INVENCIÓN DE LO COTIDIANO, ¿UNA EMPRESA DEL BARROCO?

PERLA CHINCHILLA PAWLING

Departamento de Historia,
Universidad Iberoamericana

A LO LARGO DE ESTA OBRA HEMOS TENIDO OPORTUNIDAD de aproximarnos a la vida cotidiana en la época del barroco en la Nueva España; tan sólo quisiera hacer algunas reflexiones sobre las no pocas dificultades documentales con las que se topan los historiadores para reconstruir este tipo de realidad.

Situada en las antípodas de lo que por siglos fuera el objeto de la escritura de la historia —la narración de las hazañas de los héroes—, la pretensión de historiar el quehacer cotidiano del común de los mortales se ha convertido casi en una "obsesión" en nuestros días. Sabemos que llegar a conocer la multitud infinita e indescifrable del silencioso actuar de todos aquellos hombres y mujeres que nos han precedido es una empresa casi imposible y, sin embargo, como toda obsesión creativa, a fuerza de enfrentarse consigo misma, se acaba consiguiendo más de lo que se ha propuesto. Aquel que no practique el oficio de la historia, sobre todo con este objeto de estudio, no puede imaginarse lo que implica de tiempo, imaginación y rodeos cualquier enunciado sobre alguna costumbre, actividad o práctica, en el pasado, y a medida que más nos remontamos hacia atrás la dificultad se acrecienta debido a la escasez de fuentes. ¿Por qué esta carencia?

¿EL ACTUAR DE QUIÉN RECUPERA ESTA HISTORIA EN EL SIGLO XVII NOVOHISPANO?

Podemos registrar un cambio interesante hacia el siglo XVII europeo en relación con la mayor abundancia de información, a partir de la cual es posible obtener datos sobre lo cotidiano, en comparación con el pasado anterior. Pueden esgrimirse diversos motivos; destaco dos, especialmente relevantes. Por una parte, ésta es la época en que realmente se hace visible el impacto de la imprenta sobre el volumen de lo escrito; como empresa comercial que siempre ha sido en Occidente, la imprenta amplió enormemente los géneros de escritura y el público lector durante este siglo.[1] En su fundante estudio sobre el barroco "mexicano", I. Leonard ya asentaba el impresionante aumento en la producción y adquisición de libros entre las élites novohispanas. Para el último cuarto del siglo, nos dice, la Ciudad de México era "más importante que nunca como emporio de bibliotecas", y algunos particulares competían con las órdenes religiosas en relación con el volumen de libros que tenían en sus bibliotecas, como el caso de Mateo Alemán, quien se "jactaba" de contar con uno de los acervos más importantes de América: 12 000 volúmenes.[2]

Pero no es sólo la cantidad sino el tipo de publicaciones lo que puede aportar más información sobre la vida cotidiana de entonces. Desde finales del siglo XVI y durante el XVII se generó una atención particular de las élites hacia el "vulgo", a partir de los frecuentes sacudimientos sociales que por entonces se produjeron en Europa, los cuales mostraron la necesidad de un mejor control. En la línea explicativa de Maravall, se inició en el contexto occidental, sobre todo en el espacio católico al que pertenecía Nueva España, "una cultura masiva".[3] Empezó la elaboración de productos artísticos destinados a "persuadir" a este público para que viviese su vida cotidiana según las pautas morales y sociales propuestas por los grupos dirigentes; éstos, a su vez, tenían que estar muy atentos a los estilos y "los gustos" del "vulgo" —por más "estragados" que los percibieran—, pues la normatividad no podía alejarse mucho de ellos, a riesgo de poner en peligro la paz social. Así, los cambios que podemos advertir en dichos productos, indirectamente nos permiten penetrar en las transformaciones de las prácticas cotidianas de los hombres y mujeres de entonces. Si bien las páginas de la historia no registran la introducción del "vulgo" como actor social hasta el siglo XIX, cuando Michelet introdujo al "pueblo" como el héroe central de las hazañas dignas de registrarse, su centralidad en otro tipo de textos, tanto en términos de personaje como de lector, ha de rastrearse ya en el XVII.[4]

Por este camino podemos distinguir dos aspectos que, en forma diversa pero complementaria, iluminan el aspecto documental que aquí se resalta. Por un lado está la abundancia de textos religiosos, los que durante el siglo XVII seguirán siendo el núcleo de la producción hispana y que, en su aparente permanencia y monotonía, no aportarían nada al tema. Sin embargo, durante esta centuria, además de pequeñas huellas de cambios en las dimensiones de los libros, en la multiplicación de textos introductorios, en la aparición de instrucciones cada vez más especializadas para diversos grupos de destinatarios, se dio la diversificación y el reuso de géneros, tradicionalmente orales, para nuevos fines: sermones como libros de espiritualidad, devocionarios para grupos diferenciados socialmente, manuales de meditación ajustados a las necesidades de tiempo y ocupación, no sólo distinguiendo entre religiosos y laicos, sino esbozando ya diversas "ocupaciones profesionales" entre los segundos, etcétera.[5]

Todo ello nos permite asomarnos entre líneas a la conformación de conjuntos de lectores, los que no eran sino grupos que iban construyendo espacios de identidad social mediante sus prácticas cotidianas. Por ejemplo, con relación a la distribución de su tiempo, mismo que nos indica intereses, ocupaciones, presiones, etc., tenemos una interesante muestra en los manuales de meditación que los jesuitas redactaron para los laicos. Si bien el texto de las meditaciones ignacianas permanecía intacto, las instrucciones para su uso variaban según el caso. Veamos el ejemplo de un fragmento del "Retiro espiritual ó Exercicios para un dia de cada mes…", de un jesuita cuyo nombre no se proporciona, traducido del francés al español y publicado en México a principios del siglo XVIII:

> Preparación à la muerte. Este exercicio puede ser muy util, como se haga con el espiritu que necesita. Para que sea su práctica facil à todo el mundo, se ha puesto cuidado en que todas las cosas estén muy claras, y especificadas cada una en particular, como tambien los sentimientos que han de esforzarse de introducir en el alma, y las oraciones, que pueden producir estos sentimientos.
>
> En fin, la ultima parte del Libro, consiste en reflexiones Christianas sobre diferentes materias. Pueden servir para leer, y entretenerse en lugar de las consideraciones, que se hallan en otros libros de exercicios espirituales.[6]

Por otro lado, hay una gran cantidad de impresos que, contradiciendo lo que habitualmente se supone, se alejaron ya en el siglo XVII de los temas religiosos. En la comparación que el propio I. Leonard hace de los lectores novohispanos y los anglosajones, nos hace patente la insospechada cercanía de los gustos de la población laica protestante y la católica, y nos refiere la afición de ambas a la lectura de textos "ligeros" en esa época. Nos cuenta cómo la lectura de comedias, tan de moda en el mundo hispánico del siglo XVII, no sustituyó por completo a la que ahora se conoce como novela en prosa, en sus diversas formas. Y si bien esta última se tornó un tanto "aburrida" dado su tono didáctico, sobrevivió en su forma corta o extensa, al lado de apotegmas, misceláneas, fábulas y leyendas.[7] Por supuesto que la "picaresca" del mundo hispano, con todo y su carácter irónico y generalizador, es una fuente especial para rastrear las costumbres en la vida diaria del "vulgo".

A éstos hay que añadir los géneros modernos que ya abiertamente se anunciaban en el XVII, como la pedagogía, la filosofía y la ciencia, y que también son un valiosísimo espejo de los cambios en la vida de la población de las urbes barrocas. De hecho la paulatina especialización "profesional" puede apreciarse incluso en el espacio aparentemente monolítico de la Iglesia. Por una parte están aquellos géneros dirigidos al clero que se ocupaba del trabajo "misional" cotidiano, tanto rural como urbano, en tanto que otros se ven claramente destinados al sector "erudito" y "culto" de sus miembros, quienes, y también contra lo que podría suponerse, eran profundos conocedores de las "letras humanas". Al lado de textos teológicos y devocionales, como puede observarse tanto en sus

"La Aritmética", detalle del biombo
Alegoría de las artes, de Juan Correa.

bibliotecas, como en diversos comentarios, había los de los autores clásicos y de los poetas y letrados contemporáneos. Todo ello nos permite percibir, de nuevo, formas de interacción y de agrupamiento que pueden servir de indicios para detectar cambios y reacomodos en la estratificación social de la época, y que a su vez engendraron necesidades inéditas tanto en términos de objetos de consumo, como de prácticas cotidianas.

Ciertamente, a todos los espacios documentales que se han enunciado, tiene que enfrentársele el tamiz de la retórica. Rara vez encontraremos un texto impreso de entonces —la filosofía y la ciencia ilustrada que apenas emergían— que no haya sido construido a partir de las reglas del género que "el arte del bien decir" tenía prefiguradas, si bien la producción y el uso de los manuales de retórica como tales fuera declinando a lo largo del siglo.[8]

CUÁL ES EL ESCENARIO EN EL QUE SE DESPLEGABA LA VIDA DE ESE ACTOR

Sólo unos breves apuntamientos, a manera de corolario, sobre una ventaja más que el siglo barroco reporta en términos de fuentes. Me refiero a la también relativamente mayor cantidad de registros relacionados con el escenario en el que se llevan a cabo las acciones del "hombre barroco": la ciudad.

Como bellamente hace notar De Certeau, "la voluntad de ver la ciudad ha precedido los medios para satisfacerla",[9] y justamente en el siglo XVII se hace más claro no sólo ese deseo, sino más factible en términos de recursos técnicos. Si algo caracteriza al siglo barroco en general, y en España y Nueva España en particular, es este proceso de urbanización. El aumento demográfico, la emigración del campo a la ciudad y el interés del Estado absolutista por el control y centralización del poder son algunos de los factores principales que indujeron a que la ciudad estuviese en el centro de todo tipo de acontecimientos. No es de extrañar, entonces, el interés por el registro de todo aquello que aconteciera en la urbe por parte de las élites gobernantes. Por otra parte, los progresos de la imprenta, no sólo en términos de texto sino de grabado e ilustración, ofrecieron los medios técnicos para conseguir estos fines, lo que redunda en un interesante y novedoso cúmulo de fuentes textuales e iconográficas para el estudio de la vida cotidiana publicadas entonces: planos de las ciudades, imágenes de edificios, grabados de representaciones, eventos y fiestas, diarios de sucesos notables y de viajeros, entre muchos otros.

Entre la disciplina estricta y estratégica del *Vigilar y castigar* de Foucault y la antidisciplina táctica de *La invención de lo cotidiano* de M. de Certeau, se movían estos ciudadanos de la Nueva España barroca del siglo XVII.

NOTAS

[1] Eisenstein, 1994.

[2] Leonard, 1986, p. 237

[3] "Una nueva sociedad —aun en los términos relativos en que podamos hablar de ella— necesita una nueva cultura configuradora de los nuevos modos de comportamiento y de los fundamentos ideológicos que han de darse en su seno: una nueva cultura manejada como instrumento de integración —tal es el destino de todo sistema cultural— en el nuevo estado de cosas. Con ella, aunque no haya de llegar nunca a eliminarse, se espera por quienes la propongan que se dominarán mejor las tensiones internas, las cuales desde dentro de ella misma amenazan la sociedad. Bajo tal punto de vista hemos de considerar la cultura que llamamos barroca, una cultura desarrollada para reducir, no solamente la inquietud religiosa —como tantas veces se ha dicho—, sino toda la inseguridad producida como consecuencia del largo periodo de cambios que las sociedades del Occidente europeo venían conociendo, desde algunos siglos atrás". Maravall, 1998, pp. 177-178.

[4] A partir de que el "pueblo" ingresó como un actor social ha habido una serie de cambios en la conceptualización del papel de este recién llegado a las páginas de la narrativa histórica, que a su vez dan cuenta tanto de los movimientos dentro de la disciplina como del mundo moderno en la que ésta se inscribe. Por una parte se ha transitado desde este personaje universal —un cuasipersonaje en los términos de Ricoeur, el cual, como antes lo hiciera Dios, daba sentido al devenir mismo, hasta el individuo que sigue y transforma las reglas sociales. En este trayecto, que se sobrepone al de la propia escritura moderna de la historia, se pueden identificar diversos momentos a partir de los cuales se va dibujando y desdibujando este personaje-objeto de la historia de la vida cotidiana.

[5] Chinchilla, 2001.

[6] *Retiro espiritual…*, 1716.

[7] Leonard, 1986, p. 245.

[8] Chinchilla, 2001.

[9] Certeau, 1996, p. 104.

REFERENCIAS

Certeau, Michel de

    1996   *La invención de lo cotidiano. I. Artes de hacer*. México: Universidad Iberoamericana-Instituto Tecnológico de Estudios Superiores de Occidente-Centro Francés de Estudios Mexicanos.

Chinchilla, Perla

    2001   "Predicación jesuita en el siglo XVII novohispano. De la *compositio* a la república de las letras", tesis de doctorado, Departamento de Historia, Universidad Iberoamericana (presentación como libro, en prensa).

Eisenstein, Elizabeth L.

    1994   *La revolución de la imprenta en la Edad Moderna europea*. Madrid: Akal.

FOUCAULT, Michel
    1976   *Vigilar y castigar. Nacimiento de la prisión*. México: Siglo XXI Editores.
LEONARD, Irving
    1986   *La época barroca en el México colonial*. México: Fondo de Cultura Económica.
MARAVALL, José Antonio
    1998   *La cultura del barroco*. Barcelona: Ariel.
Retiro espiritual…
    1716   *Retiro espiritual ó Exercicios, para un dia de cada mes. Compuesta en francés, por un Padre de la Compañía de Jesús; traducido en español, para la utilidad espiritual de los hermanos de la Congregación de la Buena Muerte, fundada en Authoridad Apostólica, en la Iglesia de la Casa Professa de la Compañía de Jesus. De mandato de el Exmo. Señor Duque de Linares, Virrey de esta Nueva España. Por Don Iuan Bautista Ioseph de Barry, y de Ricavilla, Licenciado en Sagrados Canones, y Leyes en la Universidad de Paris*. Con licencia en México: Por los Herederos de la Viuda de Miguel de Ribera Calderon.

FICHAS TÉCNICAS DE ILUSTRACIONES*

Pág.
21. Diego Correa (atribuido)
 Biombo *Vista de la Ciudad de México*
 o de los condes de Moctezuma, *ca.* 1692
 Óleo sobre tela. 205 × 545 cm
 Museo Nacional de Historia, Castillo de
 Chapultepec, INAH/CNCA

22. Anónimo, siglo XVIII
 Visita de un virrey a la catedral de México, 1720
 Óleo sobre tela. 212 × 266 cm
 Museo Nacional de Historia, Castillo de
 Chapultepec, INAH/CNCA

26. Anónimo, siglo XVII
 Biombo *Ciudad de México*
 Óleo sobre tela. 184 × 488 cm
 Museo de América. Madrid, España
 Foto Joaquín Otero Úbeda

29. Cristóbal de Villalpando (1650-1714)
 Vista de la plaza Mayor de México, 1695
 Óleo sobre tela. 180 × 200 cm
 Col. James Methuen Campbell. Corsham Court,
 Bath, Inglaterra
 Reprografía

35. Pedro de Arrieta (?-1738)
 Catastro pintado de la Ciudad de México
 Óleo sobre tela
 Museo Nacional de Historia, Castillo de
 Chapultepec, INAH/CNCA

Pág.
36. Cristóbal de Villalpando (1650-1714)
 Vista de la plaza Mayor de México, 1695
 Óleo sobre tela. 180 × 200 cm
 Col. James Methuen Campbell. Corsham Court,
 Bath, Inglaterra
 Reprografía

39. Francisco Rodríguez Juárez (siglo XVIII)
 Plano de la Ciudad de México
 Museo Nacional de Historia, Castillo de
 Chapultepec, INAH/CNCA

40. Anónimo, siglo XVII
 Biombo *Ciudad de México*
 Óleo sobre tela. 184 × 488 cm
 Museo de América. Madrid, España
 Foto Joaquín Otero Úbeda

51. Pedro de Arrieta (?-1738)
 Catastro pintado de la Ciudad de México
 Óleo sobre tela
 Museo Nacional de Historia, Castillo de
 Chapultepec, INAH/CNCA

53. Anónimo, siglo XIX
 Azoteas de la Ciudad de México
 Óleo sobre tela
 Col. particular
 Reprografía

55. Diego Correa (atribuido)
 Biombo *Vista de la Ciudad de México*
 o de los condes de Moctezuma, *ca.* 1692
 Óleo sobre tela 205 × 545 cm
 Museo Nacional de Historia, Castillo de
 Chapultepec, INAH/CNCA

* Las fotografías y reprografías son de Ernesto Peñaloza, con la asistencia de José Antonio Martínez Atayde, salvo cuando se indica otro fotógrafo.

Pág.
119. Anónimo, siglos XVII-XVIII
Biombo *El Volador*
Óleo sobre tela. 180 × 500 cm
Museo de América. Madrid, España
Foto Joaquín Otero Úbeda

122. Anónimo
Mapa de Amatlán, 1600
Archivo General de la Nación, México
Fondo Tierras, vol. 2754, fol. 10

130 y 134. Anónimo, siglo XVII
Biombo *Ciudad de México*
Óleo sobre tela. 184 × 488 cm
Museo de América. Madrid, España
Foto Joaquín Otero Úbeda

144. *Álbum del marqués de la Victoria*
Lám. 101: "Vista de la compostura de un altar en los navíos"
Museo Naval, Madrid, España
Reprografía

147. *Álbum del marqués de la Victoria*
Lám. 1: "Arquitectura naval antigua…"
Museo Naval, Madrid, España
Reprografía

152. *Álbum del marqués de la Victoria*
(*Arriba*) Lám. 104: "Provisiones que se embarcan para dar las raciones diarias a los equipajes de los navíos"
Museo Naval, Madrid, España
Reprografía

(*Centro*) Lám. 104: "Utensilios de la repostería del comandante de un navío"

(*Abajo*) Lám. 97: "Utensilios de la bodega de un navío, pertenecientes al contramaestre, y otros del cargo de los pilotos"

155. Theodor de Bry (1528-1598), *América*
[1590-1634], "Peces voladores en el mar"
Madrid, Ediciones Siruela, 1992, p. 157
Reprografía

Pág.
157. Heinrich Scherer
Alas novus exhibens orbem, 1700: "El Caribe"
Biblioteca Nacional, Fondo Reservado, UNAM.
Ciudad de México
Reprografía

160. Abraham Ortelius (1527-1598)
Theatrum orbis terrarum, 1579: "Indiae"
Biblioteca Nacional, Fondo Reservado, UNAM.
Ciudad de México
Reprografía

171. Anónimo, siglo XVIII
Capítulos carmelitanos
Óleo sobre tela. 96 × 77 cm
Museo de Bellas Artes, Instituto Mexiquense de Cultura, Toluca, Estado de México
Foto Arturo Piera-Museo Nacional de Arte/CNCA/INBA

174. Anónimo, siglo XVII
Silencio
Óleo sobre tela. 181 × 109 cm
Museo Regional de Querétaro, INAH/CNCA
Foto Arturo Piera-Museo Nacional de Arte/CNCA/INBA

179. (*Arriba*) Anónimo, siglo XVII
El banquete de Santo Domingo y San Francisco
Óleo sobre tela
Ex convento de San Pedro y San Pablo, Teposcolula, Oaxaca, INAH/CNCA
Foto Antonio Rubial

(*Abajo*) Anónimo, siglo XIX
Cocina del convento de San Francisco
Óleo sobre tela
Col. particular
Reprografía

184. Anónimo, siglo XVIII
Fray Francisco de Santa Ana
Óleo sobre tela. 217.5 × 137.5 cm
Museo Nacional del Virreinato, Tepozotlán, INAH/CNCA
Foto Dolores Dahlhaus

185. Anónimo, siglo XVIII
Muerte y entierro del beato Sebastián de Aparicio
Óleo sobre tela
Templo de San Francisco, Puebla, INAH/CNCA
Foto Arturo Piera-Museo Nacional de Arte/CNCA/INBA

Pág.

188. A.C. Ramírez
   Antesacristía y convento de San Francisco de México,
   1881
   Óleo sobre tela. 110 × 125 cm
   Col. particular
   Reprografía

196. Pedro de Arrieta (?-1738)
   Catastro pintado de la Ciudad de México
   Óleo sobre tela
   Museo Nacional de Historia, Castillo de
   Chapultepec, INAH/CNCA

199. Portada del libro *Discurso Etheorológico...*, de fray
   Diego Rodríguez, 1652
   Reprografía

202. Anónimo, siglo XVIII
   Retrato del mercedario fray Juan de Herrera
   Óleo sobre tela. 199 × 109.4 cm
   Museo Nacional de Historia, Castillo de
   Chapultepec, INAH/CNCA

204. Diego Valadés, *Rhetorica christiana*, Perugia,
   1579, f. 5
   Biblioteca Nacional, Fondo Reservado, UNAM.
   Ciudad de México
   Reprografía

207. Portada del libro *Ithinerarium exstaticum*, de
   Athanasius Kircher, 1660
   Reprografía

210. Diego Valadés, *Rhetorica christiana*, Perugia,
   1579, f. 17
   Biblioteca Nacional, Fondo Reservado, UNAM.
   Ciudad de México
   Reprografía

225. Regla y constituciones del convento de San
   Jerónimo de Puebla
   Reimpresión de la edición del siglo XVII del libro
   Regla del Glorioso Doctor de la Iglesia San Agustín,
   por Manuel Fernández de Santa Cruz, Puebla,
   Imprenta Nacional, 1825
   Foto Enrique Tovar

Pág.

228. R.A. Ogier
   La venerable madre María de Jesús Angelopolitana
   Grabado (en el libro de Diego de Lemus, *Vida...*)
   Col. Centro de Estudios de Historia de México,
   Condumex. Ciudad de México
   Reprografía

231. José María Medina (atribuido) (1807?-1874)
   Coro de monjas, siglo XIX
   Óleo sobre tela. 83 × 93 cm
   Museo Nacional del Virreinato, Tepozotlán, INAH/CNCA
   Foto Dolores Dahlhaus

232. Anónimo, siglo XIX
   Refectorio de carmelitas descalzas
   Óleo sobre tela. 85 × 67 cm
   Museo Nacional del Virreinato, Tepozotlán, INAH/CNCA
   Foto Dolores Dahlhaus

235. Anónimo, mediados del siglo XVIII
   *Retrato de sor María Guadalupe Juan Villalobos con
   Santa Bárbara*
   Óleo sobre tela
   Museo Nacional de Historia, Castillo de
   Chapultepec, INAH/CNCA

239. Andrés Lagarto (1589-?)
   Medalla de pecho con la Virgen, el Niño, San
   Francisco, San José, Santa Catarina y Santa
   Gertrudis la Magna, principios del siglo XVII
   Perteneció a Francisca de los Reyes
   Col. particular
   Reprografía

243. Anónimo, siglo XVIII
   Pira funeraria del Carmen
   Óleo sobre madera
   Museo de Bellas Artes, Instituto Mexiquense de
   Cultura, Estado de México
   Foto Arturo Piera-Museo Nacional de Arte/CNCA/INBA

246. Anónimo
   Retrato de sor Magdalena de Christo muerta
   Óleo sobre tela
   Casa Museo de Arte Religioso ex Convento de
   Santa Mónica, Puebla
   Foto Dolores Dahlhaus

Pág.

248-249. Mapa de la República mexicana y sección de la actual Delegación Cuauhtémoc en la Ciudad de México, con la ubicación de los conventos de monjas y fundaciones de los siglos XVI y XVII. Plano original tomado del disco compacto *Cien*, México, INEGI, 1994; redibujó y señalizó Jocelyn Morales Ibarra en la Unidad de Informática de la CNMH, INAH/CNCA, 2001.

250. Plato llano
Col. particular
Exposición temporal en el Museo Franz Mayer.
Ciudad de México
Foto Nuria Salazar

263. Anónimo, siglo XVIII
Retrato del doctor Pedro de la Barreda
Óleo sobre tela. 114 × 108 cm
Col. Universidad Nacional Autónoma de México

266. Juan Patricio Morlete Ruiz (1713-1772)
Vista de la plaza del Volador, 1770-1772
Óleo sobre tela. 98.5 × 152.5 cm
National Museum of Fine Arts, Valleta, Malta

273. Anónimo, siglo XVIII
Fray Alonso de la Veracruz en su cátedra con sus alumnos de Tiripitío
Óleo sobre tela. 207 × 114 cm
Col. Iglesia de San Agustín, Morelia, Michoacán
Foto Arturo Piera-Museo Nacional de Arte/CNCA/INBA

277. Anónimo, siglo XVIII
Carro triunfal de Santo Tomás de Aquino
Óleo sobre tela. 106 × 84 cm
Museo Universitario de Puebla
Foto Arturo Piera-Museo Nacional de Arte/CNCA/INBA

280. Tesis de bachiller de fray Ildefonso Sedeño con el escudo de la capital
Archivo General de la Nación, México
Fondo Universidad, vol. 363, foj. 399

285. Anónimo, siglo XVII
Retrato del doctor Nicolás del Puerto
Óleo sobre tela
Museo Nacional de Historia, Castillo de Chapultepec, INAH/CNCA

Pág.

288. Anónimo, siglo XVIII
Retrato del doctor Sebastián de Castro, 1714
Óleo sobre tela. 79.5 × 60 cm
Col. Universidad Nacional Autónoma de México
Foto Juan Carlos Rodríguez Ogarrio

291. Anónimo
Retablo *Los siete sacramentos*, 1735
Óleo sobre tela
Iglesia de Santa Cruz, Santa Cruz, Tlaxcala

293. Anónimo, siglo XVIII
Retrato de Juan Ignacio Castorena y Ursúa
Óleo sobre tela. 196.5 × 125.2 cm
Col. Universidad Nacional Autónoma de México
Foto Juan Carlos Rodríguez Ogarrio

296. Cristóbal de Villalpando (1650-1714)
Aparición de San Miguel
Óleo sobre tela
Catedral de México

298. Juan Arellano
Traslado de la Virgen de Guadalupe, 1709
Óleo sobre tela. 176 × 260 cm
Col. particular
Foto Pedro Ángeles-Instituto de Investigaciones Estéticas, UNAM

310. Ex colegio de San Pedro y San Pablo, Ciudad de México

314. Anónimo, siglo XVIII
San Ignacio enseña a los niños novohispanos
Óleo sobre tela. 160 × 130 cm
Pinacoteca de la Compañía de Jesús, Guanajuato
Foto Arturo Piera-Museo Nacional de Arte/CNCA/INBA

316. Anónimo, siglo XVIII
Virgen de Loreto
Óleo sobre tela. 160 × 105.5 cm
Museo Nacional del Virreinato, Tepozotlán, INAH/CNCA
Foto Dolores Dahlhaus

Pág.

380. Anónimo, siglo XVIII
Visita de un virrey a la catedral de México, 1720
Óleo sobre tela. 212 × 266 cm
Museo Nacional de Historia, Castillo de
Chapultepec, INAH/CNCA

385. Anónimo, mediados del siglo XVIII
Biombo *Alegoría de la Nueva España*
Óleo sobre tela. 175 × 530 cm
Col. Banco Nacional de México, S.A.
Ciudad de México
Foto Rafael Doniz-Fomento Cultural Banamex, A.C.

389. Plantas baja y alta del palacio virreinal de México
en la segunda mitad del siglo XVII
Reconstrucción de Milagros Miranda a partir de
Eugenio ZALDÍVAR, "Obras de restauración y
arqueología", en *Palacio Nacional*, México,
Secretaría de Obras Públicas, 1976
Reprografía

392. Juan y Miguel González
La visita de Cortés a Moctezuma, 1698
Enconchado. 97 × 53 cm
Museo de América. Madrid, España
Foto Joaquín Otero Úbeda

395. Anónimo, siglo XVIII
Biombo *Entrada de un virrey a la capital de Nueva
España*
Óleo sobre tela. 245 × 504 cm
Col. particular
Reprografía

410. Carlos López
Exvoto de San Miguel en un obraje textil, 1740
Óleo sobre tela. 84 × 59 cm
Museo Soumaya, Ciudad de México
Foto Michel Zabé-Fomento Cultural Banamex, A.C.

413. José Joaquín Magón
Cuadro de castas: *De indio y cambuja nace zambaiga*,
siglo XVIII
Óleo sobre tela. 115 × 141 cm
Museo Nacional de Etnología, Madrid, España
Foto Joaquín Otero Úbeda

Pág.

414. Anónimo, siglo XVIII
Visita de un virrey a la catedral de México, 1720
Óleo sobre tela. 212 × 266 cm
Museo Nacional de Historia, Castillo de
Chapultepec, INAH/CNCA

417. Anónimo, siglo XVIII
Cuadro de castas: *De cambujo y mulata, albarasado*
Óleo sobre cobre. 24 × 39.5 cm
Col. particular
Reprografía

420. Anónimo, siglo XVIII
Cuadro de castas: *De español e india, mestizo*
Óleo sobre tela. 105 × 64 cm
Museo de América. Madrid, España
Foto Joaquín Otero Úbeda

423. Anónimo, siglo XVIII
Cuadro de castas: *De indio y mestiza, coyote*
Óleo sobre lámina. 36 × 141 cm
Museo de América. Madrid, España
Foto Joaquín Otero Úbeda

424. Anónimo, siglo XVIII
Visita de un virrey a la catedral de México, 1720
Óleo sobre tela. 212 × 266 cm
Museo Nacional de Historia, Castillo de
Chapultepec, INAH/CNCA

427. Anónimo, siglo XVII
Biombo *Ciudad de México*
Óleo sobre tela. 184 × 488 cm
Museo de América. Madrid, España
Foto Joaquín Otero Úbeda

438. Anónimo, mediados del siglo XVIII
Biombo *Alegoría de la Nueva España*
Óleo sobre tela. 175 × 530 cm
Col. Banco Nacional de México, S.A.
Ciudad de México

440. Anónimo, siglos XVII-XVIII
Biombo *El Volador*
Óleo sobre tela. 180 × 500 cm
Museo de América. Madrid, España
Foto Joaquín Otero Úbeda

604 LA CIUDAD BARROCA

Pág.
443. Anónimo
Túmulo funerario del obispo Domingo Pantaleón
Álvarez Abreu
Grabado (en el libro *El corazón de las rosas*, 1764)
Col. Centro de Estudios de Historia de México,
Condumex. Ciudad de México
Reprografía

446. Anónimo, siglo XVIII
*Vida de San Nicolás Tolentino. Procesión de agustinos
y franciscanos durante una epidemia*
Óleo sobre tela. 270 × 338 cm
Convento de San Agustín, Atlixco, Puebla, INAH/CNCA
Foto Rafael Doniz-Fomento Cultural Banamex, A.C.

448. Juan Arellano
Traslado de la Virgen de Guadalupe, 1709
Óleo sobre tela. 176 × 260 cm
Col. particular
Foto Pedro Ángeles, Instituto de Investigaciones
Estéticas, UNAM

453. Anónimo, siglo XVII
Procesión de San Juan Nepomuceno
Óleo sobre tela. 78 × 190 cm
Col. Banco Nacional de México, S.A.
Ciudad de México
Foto Rafael Doniz-Fomento Cultural Banamex, A.C.

455. Cristóbal de Villalpando (1650-1714)
Regreso de San Francisco del monte Alberna
Óleo sobre tela. 251 × 292 cm
Museo de Arte Colonial, Instituto de Antropología
e Historia, Antigua, Guatemala
Foto Pedro Ángeles, Instituto de Investigaciones
Estéticas, UNAM

462. Anónimo, mediados del siglo XVIII
Biombo *Alegoría de la Nueva España*
Óleo sobre tela. 175 × 530 cm
Col. Banco Nacional de México, S.A.
Ciudad de México

466. Plano de coliseo
Archivo General de la Nación, México
Reprografía

Pág.
470. Anónimo, mediados del siglo XVIII
Biombo *Alegoría de la Nueva España*
Óleo sobre tela. 175 × 530 cm
Col. Banco Nacional de México, S.A.
Ciudad de México

474. Diego Correa (atribuido)
Biombo *Vista de la Ciudad de México*
o de los condes de Moctezuma, *ca.* 1692
Óleo sobre tela. 205 × 545 cm
Museo Nacional de Historia, Castillo de
Chapultepec, INAH/CNCA

478. Anónimo, siglo XVIII
Visita de un virrey a la catedral de México, 1720
Óleo sobre tela. 212 × 266 cm
Museo Nacional de Historia, Castillo de
Chapultepec, INAH/CNCA

481. Anónimo, siglos XVII-XVIII
Biombo *El Volador*
Óleo sobre tela. 180 × 500 cm
Museo de América. Madrid, España
Foto Joaquín Otero Úbeda

482. Anónimo, siglo XVII
Biombo con escenas de la plaza Mayor de México,
la Alameda e Iztacalco
Óleo sobre tela. 229.7 × 292 cm
Col. Rodrigo Rivero Lake Antigüedades.
Ciudad de México
Foto Rafael Doniz-Fomento Cultural Banamex, A.C.

490. Anónimo, siglos XVII-XVIII
Biombo *El Volador*
Óleo sobre tela. 180 × 500 cm
Museo de América. Madrid, España
Foto Joaquín Otero Úbeda

493. Anónimo, mediados del siglo XVIII
Biombo *Alegoría de la Nueva España*
Óleo sobre tela. 175 × 530 cm
Col. Banco Nacional de México, S.A.
Ciudad de México
Foto Rafael Doniz-Fomento Cultural Banamex, A.C.

Pág.

496. Anónimo, siglo XVII
Biombo con escenas de la plaza Mayor de México,
la Alameda e Iztacalco
Óleo sobre tela. 229.7 × 292 cm
Col. Rodrigo Rivero Lake Antigüedades.
Ciudad de México
Foto Rafael Doniz-Fomento Cultural Banamex, A.C.

503. Nicolás Benítez
Escena galante en un banquete, 1690
Grabado
Reprografía

507. Cristóbal de Villalpando (1650-1714)
Retablo de Santa Rosa de Lima: *Santa Rosa tentada
por el demonio*
Óleo sobre tela. 132 × 53 cm
Catedral de México
Foto Rafael Doniz-Fomento Cultural Banamex, A.C.

510. Escenas eróticas, fines del siglo XVIII
Archivo General de la Nación, México
Fondo Inquisición, v. 1505, exp. 3

512. Anónimo, mediados del siglo XVIII
Biombo *Alegoría de la Nueva España*
Óleo sobre tela. 175 × 530 cm
Col. Banco Nacional de México, S.A.
Ciudad de México

522. Anónimo, siglo XVIII
Cuadro de castas: *De mulato y española sale morisco*
Óleo sobre tela. 38 × 50 cm
Col. particular
Reprografía

524. Anónimo, siglo XVIII
Cuadro de castas: *De español y negra, mulato*
Óleo sobre tela
Col. particular
Reprografía

527. Juan González
Banquete de Cortés y Moctezuma, 1698
Enconchado. 97 × 53 cm
Museo de América. Madrid, España
Foto Joaquín Otero Úbeda

Pág.

529. Anónimo, siglos XVII-XVIII
Biombo *El Volador*
Óleo sobre tela. 180 × 500 cm
Museo de América. Madrid, España
Foto Joaquín Otero Úbeda

532. José de Páez (1720-?)
Cuadro de castas: *De cambujo e india, zambaigo*,
siglo XVIII
Óleo sobre tela
Col. particular
Reprografía

535. Anónimo, siglo XVIII
Cuadro de castas: *De español y mestiza, castiza*
Óleo sobre tela. 24 × 39.5 cm
Col. particular
Reprografía

540. Juan Correa (1646-1716)
Las bodas de Canaán, 1698
Óleo sobre tela. 220 × 240 cm
Pinacoteca Virreinal ex Convento de Nuestra
Señora de Guadalupe, Gualupita, Zacatecas,
INAH/CNCA
Foto Rafael Doniz-Fomento Cultural Banamex, A.C.

544. Anónimo, siglo XVIII
Cuadro de castas: *De español y negra nace mulata*
Óleo sobre tela. 77 × 98 cm
Col. particular
Reprografía

546. Anónimo, siglo XVIII
Cuadro de castas
Óleo sobre tela
Col. particular Ángel Cristóbal
Reprografía

548. Anónimo, mediados del siglo XVIII
Biombo *Alegoría de la Nueva España*
Óleo sobre tela. 175 × 530 cm
Col. Banco Nacional de México, S.A.
Ciudad de México

Pág.
559. Anónimo, siglo XVIII
Pudridero
Óleo sobre tela. 107 × 214.5 cm
Pinacoteca del templo de La Profesa.
  Ciudad de México
Foto Arturo Piera-Museo Nacional de Arte/CNCA/INBA

561 y 562. Anónimo, siglo XVIII
Exvoto de los cuatro milagros de San Miguel
Óleo sobre tela. 88 × 62 cm
Col. particular
Reprografía

564. Anónimo, siglo XVIII
Misa de difuntos después de una epidemia
Óleo sobre tela. 90 × 220 cm
Templo del ex convento de San Miguel,
  Huejotzingo, Puebla, INAH/CNCA
Foto Rafael Doniz-Fomento Cultural Banamex, A.C.

566 y 567. Anónimo, siglo XVIII
Exvoto de los cuatro milagros de San Miguel
Óleo sobre tela. 88 × 62 cm
Col. particular
Reprografía

570. Anónimo
La muerte del justo
Óleo sobre lámina. 63 × 47 cm
Museo Nacional de Arte, Ciudad de México, CNCA/INBA
Foto Arturo Piera-Museo Nacional de Arte/CNCA/INBA

573. Anónimo, siglo XVIII
Juicio del pecador o el árbol vano
Óleo sobre tela. 43 × 31 cm
Museo del Pueblo, Guanajuato, CNCA/INBA
Foto Arturo Piera-Museo Nacional de Arte/CNCA/INBA

576. Anónimo, siglo XVIII
Retablo *Los siete sacramentos: Extremaunción,* 1735
Óleo sobre tela
Iglesia de Santa Cruz, Santa Cruz, Tlaxcala

579. Anónimo, siglo XVIII
Pira funeraria del Carmen
Óleo sobre madera
Museo de Bellas Artes, Instituto Mexiquense de
  Cultura, Toluca, Estado de México
Foto Arturo Piera-Museo Nacional de Arte/CNCA/INBA

Pág.
592. Juan Correa (1646-1716)
"La Aritmética", en el biombo *Alegoría de las artes*
Museo Franz Mayer. Ciudad de México

LÁMINAS A COLOR

1. Juan Gómez de Trasmonte
Plano de la Ciudad de México, 1629
Cromolitografía
Museo Nacional de Historia, Castillo de
  Chapultepec, INAH/CNCA

2. Anónimo, siglo XVIII
Visita de un virrey a la catedral de México, 1720
Óleo sobre tela. 212 × 266 cm
Museo Nacional de Historia, Castillo de
  Chapultepec, INAH/CNCA

3. Luis Berrueco (primera mitad del siglo XVIII)
Banquete místico de Jesús con sus padres y abuelos
Óleo sobre tela. 235 × 358 cm
Catedral de San José, Tula de Allende, Hidalgo,
  INAH/CNCA
Foto Rafael Doniz-Fomento Cultural Banamex, A.C.

4. Anónimo, siglo XVIII
Dama con caja de rapé
Óleo sobre tela. 83 × 63 cm
Museo Nacional de Historia, Castillo de
  Chapultepec, INAH/CNCA

5. Luis Berrueco (primera mitad del siglo XVIII)
El encuentro de San Juan de Dios con los nobles
Óleo sobre tela
Ex convento de San Francisco de Asís, Haquechula,
  Puebla, INAH/CNCA
Foto Rafael Doniz-Fomento Cultural Banamex, A.C.

6. Anónimo, siglo XVII
*Mapa de Santa Catalina, San Pedro Cuitláhuac y San
  Francisco Tetlalpa, Chalco,* 1656
Archivo General de la Nación, México
Fondo Tierras, vol. 1631, exp. 1, cuad. 11, f. 96

7. Anónimo
Mapa de San Andrés Chalchicomula
Archivo General de la Nación, México
Fondo Tierras, vol. 888, exp. 4, f. 6

8. Anónimo, siglo XIX
Coro del convento de San Francisco
Óleo sobre tela. 85 × 185 cm
Col. Banco Nacional de México, S.A.
    Ciudad de México
Foto Rafael Doniz-Fomento Cultural Banamex, A.C.

9. Pedro Gualdi
Interior de la Universidad
Óleo sobre tela. 57 × 41.2 cm
Col. Universidad Nacional Autónoma de México

10. Juan Correa (1646-1716)
"La Geometría", en el biombo *Alegoría de las artes*
Óleo sobre tela
Museo Franz Mayer. Ciudad de México

11. Juan Correa (1646-1716)
"La Astronomía", en el biombo *Alegoría de las artes*
Óleo sobre tela
Museo Franz Mayer. Ciudad de México

12. Anónimo, siglo XIX
*Retrato de la Venerable Madre sor María de la Antigua
en su celda*, 1815
Óleo sobre tela. 110 × 70 cm
Parroquia del Sagrado Corazón de Jesús, "Santa
Clara", Querétaro, INAH/CNCA
Foto Rafael Doniz-Fomento Cultural Banamex, A.C.

13. Anónimo, siglo XVIII
Los desposorios místicos de una monja con Cristo
Óleo sobre tela. 63.5 × 84 cm
Museo Nacional del Virreinato, Tepozotlán, INAH/CNCA
Reprografía

14. Anónimo, siglo XIX
Fray Manuel de la Asunción
Óleo sobre tela. 111 × 195 cm
Museo del Carmen, San Ángel, INAH/CNCA

15. Francisco Antonio Vallejo (*ca.* 1721-1785)
Glorificación de la Inmaculada
Óleo sobre tela. 529 × 855 cm
Museo Nacional de Arte, Ciudad de México, CNCA/INBA

16. Anónimo, siglo XVIII
Traslado de las monjas de Valladolid, 1738
Óleo sobre tela. 500 × 850 cm
Museo Regional de Michoacán, Morelia, Michoacán,
    INAH/CNCA
Foto Vicente Guijosa, Instituto de Investigaciones
    Estéticas, UNAM. Ciudad de México

17. Anónimo, siglo XVIII
Arco triunfal de recepción del virrey de las Amarillas
Óleo sobre tela. 129 × 98 cm
Col. particular
Foto Arturo Piera-Museo Nacional de Arte,
    Ciudad de México, CNCA/INBA

18. Anónimo, siglo XVII
Biombo *Ciudad de México*
Óleo sobre tela. 184 × 488 cm
Museo de América. Madrid, España
Foto Joaquín Otero Úbeda

19. Jerónimo Zendejas (1724-1815)
Exequias de San Ignacio de Loyola
Óleo sobre tela. 235.5 × 341 cm
Col. Colegio de las Vizcaínas, Ciudad de México

20. Juan Arellano
Traslado de la Virgen de Guadalupe, 1709
Óleo sobre tela. 176 × 260 cm
Col. particular
Foto Pedro Ángeles-Instituto de Investigaciones
    Estéticas, UNAM

21. José Padilla
Escenas de la vida de San Estanislao de Kotzka, 1759
Óleo sobre tela. 234 × 420 cm
Museo Nacional del Virreinato, Tepozotlán, INAH/CNCA
Foto Dolores Dahlhaus

22. Miguel Antonio Martínez de Pocasangre (atribuido)
    *Procesión de flagelantes en la Semana Santa de San
    Miguel el Grande*
    Óleo sobre tela. 287 × 87 cm
    Santuario de Jesús Nazareno, Atotonilco,
    Guanajuato, INAH/CNCA
    Foto Rafael Doniz-Fomento Cultural Banamex, A.C.

23. Anónimo, siglo XVIII
    *Traslado de la imagen de Jesús Nazareno al hospital de
    la Purísima Concepción*, 1781
    Óleo sobre tela. 150 × 320 cm
    Col. Hospital de Jesús
    Foto Arturo Piera-Museo Nacional de Arte, Ciudad
    de México, CNCA/INBA

24. Anónimo, siglo XVIII
    Retablo de los pecados capitales: La lujuria, 1735
    Óleo sobre tela
    Iglesia de Santa Cruz, Santa Cruz, Tlaxcala, INAH/CNCA

25. Anónimo, siglo XVIII
    Retablo de los pecados capitales: La gula, 1735
    Óleo sobre tela
    Iglesia de Santa Cruz, Santa Cruz, Tlaxcala, INAH/CNCA

26. Anónimo, siglo XVI
    Mujeres (una india y una española) con demonios
    detrás de ellas susurrando el pecado de la lujuria
    Pintura mural
    Iglesia de Santa María Xoxoteco, Hidalgo, INAH/CNCA
    Foto Manuela Álvarez

27. Anónimo, siglo XVIII
    Cuadro de castas: *De indio y negra, lobo*
    Óleo sobre lámina. 36 × 48 cm
    Museo de América. Madrid, España
    Foto Joaquín Otero Úbeda

28. Anónimo, siglo XVIII
    Esclava con cuchillo y taza
    Loza de Puebla
    Casa de la marquesa de Uluapa (Toallas la Josefina)

ÍNDICE ANALÍTICO